图书在版编目（CIP）数据

中国哲学原论. 原性篇 / 唐君毅著. -- 北京 ：九
州出版社，2020.7
ISBN 978-7-5108-8847-2

Ⅰ．①中… Ⅱ．①唐… Ⅲ．①古典哲学－研究－中国
Ⅳ．①B215

中国版本图书馆CIP数据核字(2020)第123239号

中国哲学原论·原性篇

作　　者	唐君毅　著	
出版发行	九州出版社	
地　　址	北京市西城区阜外大街甲 35 号（100037）	
发行电话	(010)68992190/3/5/6	
网　　址	www.jiuzhoupress.com	
电子信箱	jiuzhou@jiuzhoupress.com	
印　　刷	三河市兴博印务有限公司	
开　　本	650 毫米 ×950 毫米　16 开	
印　　张	34.5	
字　　数	420 千字	
版　　次	2021 年 5 月第 1 版	
印　　次	2021 年 5 月第 1 次印刷	
书　　号	ISBN 978-7-5108-8847-2	
定　　价	118.00 元	

中国哲学原论·原性篇

中国哲学中人性思想之发展

唐君毅　著

九州出版社
JIUZHOUPRESS

目　录

自　序

一　本书写作之宗趣及其所论述之范围

本书名"原性"，又名"中国哲学中人性思想之发展"，为《中国哲学原论》之第四编，其前三编为《导论编》《名辨与致知编》《天道与天命编》，合为《中国哲学原论》上，已列为东方人文学会丛书，由人生出版社印行。兹编因篇幅较多，故别为一书，今更为之序，以略说明其论述之宗趣、范围、方式、态度及内容如下：

吾《原论》诸文，皆分别就中国哲学之一问题，以论述先哲于此所陈之义理，要在力求少用外来语，以析其所用之名言之诸义，明其演生之迹，观其会通之途；以使学者得循序契入，由平易以渐达于高明，由卑近以渐趋于广大；而见此中国哲学中之义理，实丰富而多端，自合成一独立而自足之义理世界，亦未尝不可旁通于殊方异域之哲人之所思，以具其普遍而永恒之价值。兹论述中国先哲之言性，其宗趣自亦不能外是。

此书之原性，乃与吾《原论》中《原命》一文，同为通中国哲学之全史以为论，而牵涉之广，又大过之。盖人生之事，无不根于人性，而中国先哲言人性，亦称天性，故又多由天地之性、万物之性、万法之性以言人性。人能成圣、成贤、成佛，而至诚以如神，乃更可由人之成圣贤之性、佛性、神性，以言人性。故吾此书第一章，尝谓："就人之面对天地万物，而有其人生理想处以言性，为中国言性思想之大方向之所在。"循此以论中国人性思想之发展，乃势必于人生宇宙之一切问题，无不牵涉，即将无异为一具体而微之中国哲学史。然吾此书仍力求免于泛滥，唯扣紧此"性"之核心问题而为论。故对关联于天地万物之本身，及人生理想之本身，以及如何实现此理想之内圣外王之道，等等问题，恒避而不及。即与言性密切相关之诸言心、言命之说，其未见于吾《原论》上之《原心》《原命》之文中者，亦能略则略之。本书附篇有《原德性工夫》一文，乃就朱陆之辨内圣工夫之问题以为论。此文是吾述朱陆言性既毕，更沿之而写出者。其中所陈之义，既上接朱陆言性之义，亦下接本书之论杨慈湖、陈白沙、王阳明之说者。若置之本书中，亦原未为不可。唯继因念其牵涉太多，又可与朱陆之言性之义，分别了解，仍裁为另篇。今若仿此之例，以更述朱陆以外之先哲言内圣工夫者，其言亦可什佰倍于此。此皆见本书之所陈，有其核心之问题，自具界域范围，而亦自具限极，学者更当自求本书之所无，于其所有之外也。

又即就中国先哲人性思想而言，吾书亦未能一一加以尽论。吾之所以不论，有因非先哲立教之重点所在，或非其明言所常及，而不论之者。如孔子罕言性，《墨子》《老子》《庄子》内篇皆不及性。孔墨老庄之言教，实重在直接示人以道之所在，期人之共行，以自成其德。此亦正为原始开创形态之圣哲共同之立教方式。不特孔、墨、老为然，释迦、耶稣、苏格拉底、谟罕默德，亦同罕言性也。盖本圣哲之初怀，必人道先立，人乃更能自反省及其性之能顺道与否；必人德既成，人乃更能反省及其德之原于性与否；然后人性之何若，乃可得而言。故圣哲之立教之始，恒只直接示人以道，使人成德，于性乃不言或罕言也。昔欧阳修尝谓，无论性之为善为恶，道德皆不可废。则于性不言或罕言，非罪也。圣哲既罕言不言，而明文不足征，则吾虽可为之推说，亦可姑存而不论。此其一。再则吾之所不论者，又有以其非一家思想之核心特色所在之故者。如佛家之唯识宗言五十一心所，不可谓不详密，亦大有助于吾人对一般人性之了解。然此唯识家心所之分，乃近承俱舍之论，远本印度以前他家之说，尚非其思想之特色所在，故吾书全未及之。此其二。更则有一家之论，虽非有意沿袭古人，然实不出先贤所论之外，则今既及先贤之说，即唯有对此后贤之论，加以割爱。如韩愈原性之说，上同王充，宋儒如司马光、王安石、苏东坡等之言性之说，亦实多早已有之，故皆略而不及。此其三。

此上所言，乃意在说明吾此书所论，不特在中国哲学全体中，乃唯以"性"之问题为核心以为论，而自具限极；即在中国全幅之言性之思想中，亦有所简择，而自具限极。学者乃更当自求其所无，于其所有之外也。

二　本书论述之方式、态度与方法

至于克就此书之所有者而观，其论述之方式，虽是依历史先后以为论，然吾所注重者，唯是说明中国先哲言人性之种种义理之次第展示于历史；而其如是如是之次第展示，亦自有其义理上之线索可寻。故可参伍错综而通观之，以见环绕于性之一名之种种义理，所合成之一义理世界。此一义理之世界，固流行于历史之中，亦未尝不超越于历史之外，而无今古之可言者也。故吾此书，不同于将一哲学义理，隶属于一历史时期之特定之人之思想，而观此思想与其前后之其他思想，及社会文化之相互影响之一般哲学史之著，亦不同于面对永恒普遍的哲学义理而论之之纯哲学之著；唯是即哲学思想之发展，以言哲学义理之种种方面，与其关联之著。故其论述之方式，亦可谓之即哲学史以言哲学，或本哲学以言哲学史之方式也。吾书中如对汉儒之言气及阴阳五行、魏晋人之言独体与体无致虚之关系、佛家之言对自性之遍计执、起信论一流思想之言心生万法、伊川言性即理及朱子之言理先于气等处，其所以咸本己意，不厌繁文，为之推说辨解者，皆意在见此诸哲学史上之陈说，所自具之普遍永恒之哲学涵义，有为今世所未知者而言。此固非一般哲学史中所有者也。

至于吾书之征引古人之言，而论述之之态度，则持与昔之学者相较，其异同亦可得而言。大约先秦学者，如儒墨诸家之言，皆重在直接陈述其心所谓是之义理，其征引《诗》《书》古训，皆姑取古人略相类似之言以自证，以意逆志，而不必求合其本旨。其评论同时他家之言，亦未必先客观地研究其为说之果为何若。凡后之学者论学，其征引他人之言，以自注其说，如陆象山所谓六经注我者，其态度亦类是。此可称为一哲学家自为宗主之态度。然自汉以降之学者，则其陈述其心所谓是之义理，恒同时自谓其有合于其所崇信宗主之古圣先贤之言之本义或隐义，乃喜辗转对彼古圣先贤之言，加以训诂考证，以见其实相合而未尝违。或进而更谓凡后世之学者所言之美义，皆不出于其所崇信之古圣先贤所言者之所涵隐义之外。此则为兼宗教性之崇信的历史考证之态度。至于今世之纯本历史眼光，以论哲学者，则亦重文献之考证，然又初无所谓圣贤之言教为其所崇信宗主；恒于一切哲学思想，皆平等观之，各视如一历史时代之社会文化之产物。既无圣贤之言教为所宗主，则所谓圣贤之言教，亦非即足为人类思想之标准所在，其言教中所陈之义理，自非即普遍永恒之义理；而纯就人类思想之随历史时代而变化以观之，世间亦实可不见有普遍永恒之义理之存在也。此则为一般自命为纯历史学者之态度，而迥异于自汉至清之学者之信圣贤之言教，足为万世之标准者也。

依吾之意，凡依上述哲学家自为宗主之态度以为言者，意不在于先究他人之言之本义，即恒长于自道其所见之义理，亦能"以仁心说"其所见之义理以示人，而未必能"以学心听"他人之言，以见他人所见之义理，则于智未能无亏。《荀子·正名》篇尝为此"以仁心说、以学心听"之言矣。然观荀子之斥孟子，则荀子于孟子，果尝细究其说，而"以学心听"之乎？吾不能无疑也。其时如墨之非儒，后世如儒道佛之徒之相非，以及程朱陆王之徒之相非，皆时或未能先细究其所非之说。盖凡哲人之本其所见之义理，以教后之学者之怀过切，皆不免长于以仁心说，而短于以学心听，乃恒于智或未能无亏也。

至于凡依上述之兼宗教性之崇信与历史考证之态度以为言者，则恒善能本恭敬心，以上探古圣先贤之微言隐义，乃能见人之所不见、知人之所未知。恭敬者，礼也。然极恭敬之诚，至于归天下之美义于所崇信之圣贤，而没其外、其后之学者之功，则非义也。此则远如汉儒之谓孔子作《春秋》，乃为汉制法，近如皮锡瑞之谓《易经》非孔子不能作，皆崇信孔子而过之非义之论也。或曰，依义理之相涵以为说，佛家尝谓一语有无量义，则后之学者，将其自己所见之义理，一一归诸其所崇信之圣贤，固所以见其谦德，而亦未尝不可说者。故一切佛弟子之真实语，皆可谓之佛说，一切孔子之徒之真实语，皆可谓之孔子说也。然复须知：今若转而依孔子与佛之谦德以言，则孔子与佛，于其徒之能就其言，而更引出其所涵隐义之言，必仍将推让于其徒，而不忍没其功。一语固可涵无量义，然将此无量义一一说出之语，仍不在此一语中。则谓孟子尝言孔子之所未言，程朱之言有进于孔孟之所言，皆未尝不遥契于孔子之谦怀，亦正所以见儒学慧命之相续而不断者。后之学者将天下之美义，皆归之孔子，足以见后之学者之谦德，而不足以见孔子之谦德，亦非义也。

若乎上述之第三态度之长，则在知义理之呈现于人之心思，而为人之所言说，必有其历史上之时节因缘。时节因缘不至，则义理藏于智者之默契与内证，不仅不彰于言说以使人知之，亦可不凸显于心思之前，以为己之所知。则谓义理之呈现于人之心思，为人所言说，必与历史中之其他思想及社会文化，有其相互影响或因果关系，乃更考诸文献，求客观地知之，可为智矣。依此而视任何哲学思想，皆唯是一时代之社会文化之产物，如一生物之为生物演进之产物，亦未尝不可也。然谓必无圣贤之言教，足为人类思想之标准，世间不见有普遍永恒之义理之存在，此则为一种"历史主义"之哲学观点，而非历史事实之所证成。历史之研究，亦无待于此种历史主义哲学之成立。盖谓义理之展现于人心，为一历史的历程，不同于谓：每一新时代之人所思之义理，即前一时代人所思之义理之否定。则世间自可有流行不息于人心，而亦万古常新之义理之存在。凡能见及此类义理者，即皆可名之曰人类中之真有智者，而更锡之以圣贤之名。则今谓必无圣贤之言教，足为人类思想之标准，乃等圣贤之言教，与众说而齐观，是无礼也。此与昔之归天下之美义于所崇信之圣贤，同为一偏之态度，非吾书之所取，亦非吾所谓即哲学史以为哲学之态度也。

吾今之所谓即哲学史以为哲学之态度，要在兼本吾人之仁义礼智之心，以论述昔贤之学。古人往矣，以吾人之心思，遥通古人之心思，而会得其义理，更为之说，以示后人，仁也。必考其遗言，求其诂训，循其本义而评论之，不可无据而妄臆，智也。古人之言，非仅一端，而各有所当，今果能就其所当之义，为之分疏条列，以使之各得其位，义也。义理自在天壤，唯贤者能识其大。尊贤崇圣，不敢以慢易之心，低视其言，礼也。吾人今果能兼本此仁义礼智之心，以观古人之言，而论述之，则情志与理智俱到，而悟解自别。今若更观此所悟解者之聚合于吾人之一心，而各当其位，则不同历史时代之贤哲，所陈之不同义理，果皆真实不虚，即未尝不宛然有知，而如相与揖让于吾人之此心之中，得见其有并行不悖，以融和于一义理之世界者焉。斯可即哲学义理之流行于历史之世代中，以见其超越于任何特定之历史世代之永恒普遍之哲学意义矣。

然吾人真欲由哲学义理之流行于历史，以指陈其真实不虚者，咸能相与融和，即必须指陈一切真实哲学义理间，其表面上之冲突矛盾，见于诸哲人之相非之言中者，皆貌似冲突矛盾，而实莫不可由吾人之分疏，而加以解消。此中之疏解之方法，吾意要在就诸哲人所用名言之似同者，而知其所指之实不同；兼知其所指之同者，其所以观之之观点或不同，而所观之方面亦不同；更知其所观之方面同者，所观入之层次，又或不同。以不同为同，遂以同为不同，则触途成滞，无往非冲突矛盾；以不同还之不同，乃能以同者还之同，而冲突矛盾乃无不可解，斯可如庄生所谓"不同而同之""不齐而齐之"矣。

然今复须知，人之所以用同一之名言，而所指不同，或所指同而人之观此所指之观点方面不同、观入层次不同者，又皆由于人之心思之运用，其方向之不同，或虽在一方向运用，而运用之深度不同之故。此人之心思，原可随顺一名言及一事物，以有其在种种之不同方向、不同深度之运用，正为种种不同义理，所以得分别显示于此心思前之理由所在。此中，人若只自限于某一方向、某一深度之心思之运用，即只能知某一方面层次之某一种义

理，而于其他方面层次之他种义理，更无所知。人若进而只依其
所知之义理，以观他人所知之不同义理，遂恒不能善会，以如实
而观，乃不免加以歪曲，而以不同者为同，亦以同者为不同；而
后诸真实不虚之义理，乃宛然互相冲突矛盾，更不见有融和之道
焉。实则此宛然之冲突矛盾，追源究本而论，唯起于吾人之心思，
原有不同方向、不同深度之运用，而吾人又恒不免于依其所自限
之某一深度、某一方向之心思运用之所知，以观他人沿其他方向，
运用其心思之所知，而不能善会之故。则今欲以不同还之不同，
亦以同者还之同，使各当其位，其道又不在只直就其不同而观其
不同、就其同而观其同；而更应先自察：同此一吾人之心思，原
有此不同之方向之运用，足以分别与种种不同之义理相契会。夫
然，亦唯有人之善自旋转其心思之运用之方向，如天枢之自运于
於穆者，方能实见彼一一义理之各呈于一一方向深度之运用之前，
以咸得其位，如日月星辰之在天；亦方能实见得一切真实不虚之
义理，其宛然之冲突矛盾，皆只是宛然而暂有，无不可终归于消
解，以交光互映而并存于一义理世界中。此则吾素有志焉，而未
敢云逮，而唯持之以自勉，以论述中国先哲之言之法也。唯今兹
之论性，则窃自谓差近之耳。

再复须知，此上所说之宛然之冲突矛盾，固有可加疏解之法；
然其所以有此冲突矛盾，亦自有其义理。上文所述"人之不免于
其心思在一方向之运用，以观他人所知"，即其"所以有"之义理
也。则人类果一日有此所谓"不免"，此宛然之冲突矛盾，即亦
将永存于人类思想史之中，而一切加以疏解之法，其效亦必有时
而穷。大较而论，则并世而生之人，互于其所思之义理，更难真
相知，最难免于种种"未尝不可无"之辩争，而当时亦无人能为
之疏解以息之者。斯则有如彼并肩齐步之人，唯互见其头之侧面，

而相视如歪面之人，乃互斥其非正。斯亦是势之所必至，理有所固然，思之可知。夫然，而世乃不能不待于后世之人，以平观昔人之所思，而分别其言之殊方，与义之各有所当之处。此亦正如唯有彼居后之行人，乃能平观彼居前之行人，而更能分别其方位之所在也。昔亚里士多德与柏拉图并世，而亚氏未必能真知柏氏；朱陆并世，而朱未必能知陆，陆亦未必能知朱。然后世之人，其德慧之不如柏亚朱陆者，又未尝不能知柏亚朱陆之依其运用心思之方向之不同，方致其所见义理之有不同，而各有千秋。则以吾之下劣，今兹论中国先哲之言性，亦固未尝不可分别诸先哲之心思之不同方向，而分别知其所知于性之义理，见其相融和而不悖，以并存于一哲学义理之世界之处。此即吾之所以不揣冒昧，凡遇先贤之异说纠纷之处，皆尽力所及，为之疏通，以解纷排难。盖亦将以聊补彼先贤之在天之灵，念其在生之日，或尚有未能相知之憾云尔。若徒学侏儒之立于两大之间，左右采获，以折衷为和会，则非吾之志也。吾之写此书，虽上下数千年，然初非搜集资料，而后次第为之。乃先以数十日之功，一气呵成其大体。然后络续补正，更于校对时，字斟句酌；兼以目疾之故，悠悠四载，方得出版问世。故吾亦望读者先通吾书之大体，然后更察其微旨。吾书于每章每节，皆时具新意，以疏释疑滞。然皆不宜断章而直取，唯可随文以顺求，方可于此义理之天地中，得峰回岭转，前路以通之趣。此吾之论述之道然也。至若吾所述论，不免于先哲之言，抑扬过当，还失本旨，或治丝益棼，求通反塞；则学力所限，无可奈何，是吾之罪。然其本旨固自在天壤间，可通之理亦固自在天壤间。此亦唯有期诸后人更匡其不逮耳。

三 本书之内容

吾此书之所陈，吾原已约其大意于最后一章。如更归摄其义而言，则吾意中国文字中之有此一合"生"与"心"所成之"性"之一字，即象征中国思想之自始把稳一"即心灵与生命之一整体以言性"之一大方向；故形物之性，神灵之性，皆非其所先也。大率依中国思想之通义言，心灵虽初是自然生命的心灵，而心灵则又自有其精神的生命；"生"以创造不息、自无出有为义，心以虚灵不昧、恒寂恒感为义。此乃一具普遍义究极义之生与心，而通于宇宙人生之全者；非生物学中限于生物现象之生，亦非经验心理学中限于所经验之心理现象之心也。依普遍义究极义之心与生，而说其关系，则生必依心，而其生之"有"乃灵；心必依生，而其"感"乃不息。生依心，故此心即心之所以为生之性；心依生，而生亦即心之所以为心之性。生不离形，而有形不同于有生。《墨经》言"生，形与知处也"，而知是心。心能知身之形与物之形，而凡有形者，又皆不同于此"能知之心知"之"无形"。世言有形之物与有形之身相感而有知，实则感已是知，亦已是心矣。未感而寂天窦地，已感而开天辟地，此一感知，即一生之跃起，心之跃起，亦天地之跃起。荀子言："天地始者，今日是也。"进而言之，则当下之一感知是也。当下之一感知之开天辟地，即无异盘古之开天辟地，上帝之无中生万物也。在此感知中，此生命心灵自是面对天地万物，而亦自有其理想，更本之以变化此天地。吾人当下之一感知之如是如是，并无奇特，亦人人当下可实证之此生命心灵之性。然人果能把稳此当下一感知之如是如是，更无走作，则任随千思万想，翻江倒海，终可滴滴归源，无一毫泄漏矣。

　　然克就人之千思万想而言，则其源虽皆出于生命心灵之感知，然此生命心灵既有所感知，而有所思、有所想，即恒以其所感知、所思想者，为其自己，或杂其所感知所思想者，以知其自己。于是真知其自己，遂成大难事。如人离家，远行异域，既已经年，归途更须历千山万水，回家乃成大不易。于此，人即已还故里，"遥望是君家"，亦初不知其门庭安在。在西方思想，人初乃本其生命心灵之感知，以求穷彼自然之物理，更探彼上帝之密怀，乃离故家愈远，而其知其自己之性之事，更多是沿其所知于自然或所信之神者，而为之。如亚里士多德以降，直至今之西方之为心理学人类学者，凡只由人为自然万物中之一类，以求知人之生命心灵之性者，皆唯是沿其所知之自然以知其性之说；而西方中古思想之言人性，即多为沿其所知之神性以知人性之说也。凡此等等，皆与中国文化传统，自始即面对此心灵之整体，先绘出此一整体之图样，于此"性"之一字之中，更求自知其自己之性之何若者，其用思之方向，初大异其趣。然人即已能面对此一生命心灵之整体，以求自知其性，其自知之事，亦非一蹴即就。人于此之所见，或偏或全，或深或浅，或泛或切，或透或隔；人仍须历种种崎岖之径路，方渐有豁然开朗之境，又或再迷其道而入歧途。此为学之难，亦知性之学之难，乃人类所共有。此中国先哲之言性之说，所以亦至繁至赜，而难为今世学者之所知也。

　　然吾今姑避难就易，以说本书所论之中国先哲言性之思想，则亦可归摄之于上所谓性之一名所涵之义之中。以周秦之思想而论，孔子大矣，其一生之生命心灵之表现于其为人、其文章者，即是性与天道；故其言性与天道，不可得而闻。创教之圣多如是，前文已及。故吾书于孔子言性，唯略言之。下此以往，大率由于中国最早之性字即生字，故学者或徒即生言性，如告子是。此便是识得性字之右一面。孟子即心言性，乃兼识性字之左一面。庄子更识得人心既感知外物，便可以物为己，是为心知之外驰，而离于常心，亦与生命相分裂，使人失其性。此是见到性字之左面右面，虽合在一整体中，而未尝不可分裂。分裂原于心知之外驰，则唯有心知回返于生命，更与生命冥合，而后能复于此一整体。故庄子之言要在复心以还于生，而返于性。荀子则又见到人之自然生命之情欲，为不善之源，而此生之欲即性，故言性恶；乃倡以心治性，以心主性，亦即以心主生；乃与庄子所见为对反。此告庄孟荀之性，吾书最后章尝称之为中国先哲言性之四基型。此四基型中，告庄皆重生，孟荀皆重心；大率后之道家之传，首重在生，后之儒家之传，首重在心。此皆由于对此一生命心灵之性之整体之所见，不能略无偏重而来。亦皆不外初由面对此一整体，而各人思想，略有毫厘之方向之异，而分别开出之论。吾人今将其返本归原而观，则亦皆未尝不可会而通之，以见其不出此"性"之一字之左右二面之义之所涵之外也。

告孟庄荀之论，其本身固不如吾人之所说之简单。告孟庄荀以后，更有种种综贯之说，如《中庸》《易传》《礼记》所言者。自兹以降，而中国哲人乃更皆言心必及生，言生必及心。秦汉学者更多有将此人性，逐渐加以客观化，以为人之为政施教、定人之品类之根据，以及视人性为客观的阴阳五行之表现于人者之说，如《吕览》、《淮南》、董仲舒、王充、刘劭之说。至魏晋而王弼、郭象重个性独性，更将此独性，加以空灵化。此皆各代表一形态之人性思想，详在吾书，而亦皆未尝溢出于此生命心灵之外以为言者。即王弼郭象之言无、言寂，仍是要讲生讲心，唯重在说：此生既以"自无出有"为义，则无当是有之本；又此心既是恒寂斯恒感，则寂便是感之本耳。至于佛学东来，则更由无讲空，而以空性为万法之法性，以寂灭为涅槃。知法性即是般若，证涅槃即是佛性佛心。只执"有"不知空者，为妄执性；染业招"感"，而不知涅槃性清净者，为众生性。生原是由无出有，心原是恒寂恒感，今众生执有，而其与物相感之事，无非染业。故佛家主舍染取净，于有观空，由生证无生，而归向于寂灭寂净之涅槃。此仍不外是一在生命心灵之性上，求返本归源之学也。

宋明儒言生命心灵之性，固不同于佛学。然亦初非谓妄执之有不当破，亦非谓人当任染业之流行以招感。唯是谓：吾人之生命心灵之"自无出有，由寂而感之创造不息"的生生之灵几，毕竟不可断；此"生生之灵几"，不是妄执，不是染业，亦不当断，而佛家亦未尝言其可断当断也。若其可断，则佛亦不能利乐有情，穷未来际也。宋明儒即在此不可断、不当断者上，正面立言，谓此生生之灵几即是性，即是理，即是道，亦即生命之所以为生命，心之所以为心。此生生之灵几，不在"自无出有"之"有"那里，亦不在"无"那里，而在"出"那里。此"出"不是已有故出，此出是纯创造。此纯创造，不落在所创造之"有"之中，即非一切执有而生之妄执与染业之所依止，而人亦正当依此纯"创造"，以化掉相当于佛家所谓染业之人欲、习气、意见之类也。宋明儒之一切工夫作到家，只是要成就一个纯创造而健行不息，恒寂恒感的心灵生命，是即圣贤之心灵生命也。成就此一心灵生命，即尽此心灵生命之仁义之性，仁至义尽，此外更无所得，故未尝不空寂。此性是每一个人之独体之性，亦是一切人之性，亦即生天生地之天地之性，此性无乎不在，而无始无终，尽性之圣贤之生命心灵，其鬼神之在天地，亦体物而不可遗，洋洋乎如在其上，如在其左右，以悠久而无疆，至诚而不息。于此要谈玄说妙，亦可说得无穷无尽。但宋明儒于此所言，要必由极高明以道中庸。

后之清儒所见，更求平实，乃更不如宋明儒之偏在精神生命、精神生活上说性，而偏在人之自然生命在社会之日常生活上说性，乃有只就一个人在自然与社会中有其血气之生与心知之觉上说性，如戴东原之说者。然要之由佛学至宋明儒以至清儒之学，与时贤之承中国言性之传统所为之论，以及吾个人昔年由文化意识与道德理性，以论人之所以能创造人文之性，虽曰千门万户，各自出入，其用思之大方向，仍是要面对生命心灵之一整体，而其全部之思想义理，皆未尝不可归摄在此一"从心从生之性字"所涵之义之内，而更无一丝一毫之漏泄也。

丁未二月于南海香州

再版附注：此书再版，除第十三页及第三二四页、第三五七页文句，有所改动外，并将初版误字，加以校正。读者持有此书初版者，宜自加核对。

甲寅五月于南海香州

第一章　中国人性观之方向与春秋时代之对德言性、孔子之对习言性、告子之即生言性与孟子之即心言性

一　人性观中西哲之胜义及中国人性观之方向

世皆知中国思想，素重人性问题之论述，而于人性善恶之辨，尤似为各家学术分异之关键所在。然各家学术中，所谓人性或性，果何所指？其所指者，是否为同一之物？或其涵义是否同一？又各家学术是依何态度观点，以求了解人性或性？其相沿而衍生之关键与迹相如何？吾人今日又当如何使一般习于西方哲学与心理学之观念者，能对之有一契入之途？则为吾人所当注意之诸问题。本文即拟循此诸问题，以通观直接环绕于人性或性之一名之中国哲学思想之发展，就其转折之关键，通其始终本末以为论。此中之根本观点，虽不外吾昔于《中国文化之精神价值》中《中国先哲心性观》第六节之所陈。然所及之范围，则大小不同，与时贤所述复重点有异，亦时有别具匠心之处，望读者亦通观之而有以自得焉。

在今日一般流行之常识科学及若干哲学之观点中，恒以性之一名，直指吾人于所对客观事物，所知之性质或性相，此性质性相之为一类事物所共有者，为种性，或类性，或普遍性；其为一事物所独有或异于其他同类之事物者，为个性或特殊性。故由种类之观点与特殊个体之观点，以论一事物之性，其说自异。又人

于此或就吾人当下所经验客观事物之现实状态之何若，便视为其性之所在；或就吾人所推论或假设之事物之自身，及其与其他事物发生关系后，"所可能表现之状态"或"潜伏的可能"之何若，而视为其性之所在。故由现实之观点与潜伏的可能之观点，以论一事物之性，其说自异。然要之，在吾人以性指吾人所对客观事物之性或性质之情形下，吾人必以一定之概念，表达吾人所知事物之种种性质或性相。如谓羊好群、犬好独为类性。此羊独不好群，此犬独不好独，为此羊此犬之个性或特殊性。今见此羊在群而安之，即知其有好群性，为现实性。今见此羊不在群，乃径向其群之所在而趋，以知其有好群性，则为其可能性。此好群好独之性，固皆为一概念。此中所谓特殊性、普遍性、个性、现实性、可能性之本身，亦皆为一概念。在今之中文，亦皆有"性"之一字，在此诸名中。此诸概念之所以为概念，亦有其共同之性相。如概念有概念性，概念所表示之事物，亦有"可加以概念化"之性。此皆为吾人今日用性之一名之所许，而亦吾人以性指吾人所对之事物之性质或性相时，所涵之一义。由是而人或以为吾人今日对人性作研究，即只能将人性视作一客观所对，更由概念之构造，对之作种种特定之假设、推论、观察、实验，以求对人性加以测定或规定，以成一科学之心理学；并视中国先哲之人性论，为一初步之心理学。然吾人于此首将指出此性之一名之流行的意义，以及此种以性指吾人所对之客观事物之性质性相，而视人性亦如为一客观事物，而求加以测定规定之观点，在中国传统思想中虽亦有之，然其见重，乃始自秦汉以后。佛学输入后其所谓性之义中，乃确定的有"种类性""性相"等概念。然此皆非原始义之中国思想中之性，亦非中国思想中性之一名最重要之义。此诸义之性，在今日之流行，实由兼受西方之哲学思想之影响之故。本此观点以看中国思想之性论与人性论之原始，乃一入路上之大歧途；亦永不能真知中国先哲论性之主要涵义所存，价值所在，

与其思想发展之迹，何以如此之故者。由此所成之一切论述，皆
必归于似是而非。此吾人所不可不深察而明辨者也。

依吾人之意，以观中国先哲之人性论之原始，其基本观点，
首非将人或人性，视为一所对之客观事物，来论述其普遍性、特
殊性或可能性等，而主要是就人之面对天地万物，并面对其内部
所体验之人生理想，而自反省此人性之何所是，以及天地万物之
性之何所是。缘是而依中国思想之诸大流，以观人之性，则人虽
为万物中之一类，而不只为万物之一类；人之现实性不必能穷尽
人之可能性，而欲知人之可能性，亦不能如人之求知其他事物之
可能性，而本推论与假设以客观知之；而当由人之内在的理想之
如何实践，与如何实现以知之。既对人性有知，自亦必有名言概
念，加以表达。然此名言概念，乃顺此所知，而随机以相继的形
成。此中可无人之先持名言概念加以悬拟、预期或构作假设等事。
此便不同于吾人之求知彼动物植物之性，亦不同今之科学的心理
学，视人之性为一客观所对，而依一定之概念求加以规定或测定，
必须先有假设之构作者。人必知此义，方知中国先哲之人性论之
大方向所在。诸先哲于此所述，固有精粗之不同，亦时有别出于
异途之论。然通数千年之思想史之发展以观，其为循此大方向而
前进，则归趣显然，固无可疑也。

此种对人性，不视之同于所对其他万物之性之一种，因而不
先本特定之概念之构作，自外假设其何所是，而唯由内部反省，
以知其与万物为异类，进而透视“人之超乎万物上之性”之论，
在西哲胜义中，亦有之。西哲之本“种”“类”“现实”与“可能”
之种种概念，以论万物之性与人性者，首先完成其系统于亚里士
多德。其为后世之所承，即近代之分门别类之科学之所自始。亚
氏谓人性与其他动物之所以为异类，在人有理性。人之有理性，
即人类共有之普遍性，亦人异于其他动物之特殊性之所在。人之
有理性，非只指其现实而言，亦可指其潜能而言。人之有理性，

为人之所以异于万物之种类性，亦同时为"人之所以能分辨一切万物之种类，及人之种类，而以概念规定之"之根据。克就人之理性的思想之自身，能分辨万物之种类，而以概念规定之而言，此理性的思想乃又居于所面对之万物与对万物所形成之一切概念之上一层次者。此理性的思想，面对万物，而以对之所形成之一切概念，为所思之内容。此理性的思想自身，则非"所对"之万物之一，而只是一"能对"。此理性的思想之反省其自身，而以自身为所对，乃有思想的思想，以自知此思想中有理性在；亦并不使之失其为一能对，而沦为所对之万物之一者。由是而亚氏于此人所有之能自思想之理性的思想，即视为同于上帝之思想此世界之思想，而为神圣者。吾人今只须了解此能思想其自身之"理性的思想"之原，乃在人所对万物之上一层次，亦即不难了解亚氏所以必以此人之理性的思想，视同上帝的思想而为神圣之故。在此义上，则人之理性，即不只为人类之异于万物类之相对的种类性，而是人之超于万物以通于神圣之绝对性。此"理性或理性的思想"之概念，亦为一具普遍性之概念，乃用以标别人之所以为人者，实不同于其他居下一层次，而为理性的思想之内容之一般普遍概念。因一般普遍概念，皆由理性的思想所形成，亦即皆以理性为其得形成之根源。吾人今亦须超出于万物之一切种类性之概念之上，更顺吾人对此理性之自身之存在之体验，而向内反省，乃能形成此上一层次之"理性"本身之概念。此"理性"本身之具普遍性，则是由其遍为一切普遍概念所自形成之根源而言。非如一般普遍概念之普遍性，乃只自其可普遍应用于一种类中之诸个体事物而言。至于谓人普遍的具有此"理性"，则固又可自此"具理性"之概念，可应用于人类之各个体而言。然能知此"人之皆具理性"之"理性"，又是"理性"之更上一层次之表现。缘此种向内而又向上转进之反省的用思方式，历中古至近代之西方思想中，尽有其种种对人之"理性"之神学的与形上学的论述，以

论人性之精微之说。此皆非视人性为所对之事物之一，而只客观
的比较其与其他种类之万物之性之不同之一般心理学之所能及。
于此，人必先由人之自问其何以能辨万物之种类，以形成概念知
识等，而层层向内向上，深入反省，乃能逐渐契合此中之胜义。
此固非本文之所能详。今惟举亚氏之说，以见由种类之概念出发
以论性者，及其论人性，即终不能停于此，而必将引入向上一层
之观点；亦即终不能只视人性为所对之万物之性之一，而不能不
及于人之超于"万物"之上之绝对性。是见即在西方一般心理
学之外之说，别有知人性之途径，而此亦非同于原始的心理学之
谓也。

复次，凡吾人视事物为所对，而论其种类性，皆指一定之
性。如人之以两足行，与犬之以四足行，水之寒，火之热，皆
各为一定之性。通常所谓性质性相之性，如西方人之 Property,
Characteristics, Propensity 及 Essence 诸名之所指，皆是一定之
性相性质或性向。然吾人若由人之面对天地万物与其所体验之内
在理想，而自反省其性之何所是时，是否可言人有定性，则大成
问题。因人之所面对之天地万物与理想，皆为变化无方者。则
人之能向往理想，能面对天地万物之性，亦至少有一义之变化无
方。中国思想之论人性，几于大体上共许之一义，即为直就此人
性之能变化无方处，而指为人之特性之所在，此即人之灵性，而
异于万物之性之为一定而不灵者。缘此义以言人之性或性者，西
方哲学中亦非无之。此即如西方斯多噶派及近世如斯宾诺萨之
言 Nature。此 Nature 之一字，与中国之性之一字，恒可互译。
Nature 之一字，可专指一定之 Nature，如中国所谓"性相""性
质"之亦可指一定之性质性相。然在斯多噶派与斯宾诺萨所谓
Nature，则特涵具一能自然生长变化之义。在彼等所谓顺从自然
或顺性之教中，亦涵教人安于一切所遇而无所怨尤之意。谓人能
安于一切所遇而无怨尤，即涵人性能自然的或自由的变化生长，

以"恶乎往而不存",而对其自身之欲望,能加以转移、节制、化除之意。此即大异于其他万物之欲望之有定,而有定性者。至于人之所以能如是,而其他万物不能者,则以其他之万物,皆各依其定性而生,以合为一自然之全。人则能反观此自然之全中,一切事物之有定,以及其自身在一时一地,其存在于此自然之状态之亦有定;而其能知此一一之有定之心,则又超乎此一一之有定,而契合于此自然之全,以不为此诸有定之所定,而非此有定之定。由此而人乃亦能任顺此诸有定之定,以所遇而皆适,而不失其自己,乃有其自在与自由。此自己即为一有契合于自然之全德者,亦即自然之全之德,表现于人之自己者。自然之全之德,即自然之自性。自然与自性,在斯多噶派,皆称为 Nature。斯宾诺萨则分 Nature 为 Naturans 与 Naturata。前者义同自然之自性,亦可译为自性。后者义同自性之表现,略同于中国之"自然",而不宜译为自性。此斯多噶派与斯宾诺萨,所谓自然之自性,原能作无定限之可能之表现,以成此变化无方之自然。故能契合于此自然之全之贤哲,其德性或人性,即不同于由自然所生之其他万物之性之有定。若谓之为有定,只能谓为定于此自然之能生长变化之性,而以定于"生长变化中之无定"为性矣。

然上所说 Nature 之义,在西方近代自然科学发展以后,即归于泯失。在近代思想中,能包涵此义之 Nature 者,反为近代理想主义哲学中之所谓理性心灵之概念。然此理性心灵,在近代哲学家,又恒视为超越于 Nature 之上之外者。故 Nature 一字,在西方近代现代自然科学与哲学中,遂恒只以指"为人所知所对之自然现象之全"。对此自然现象之全,加以类分,而分别研究其律则与共性,则成分门别类之自然科学。则自然界所有者,遂唯是各有其定律、定则、定性之各类自然现象之和。此定律、定则、定性,则皆只为人观此自然现象,而比较归纳之所得。本此自然科学观点,以观自然现象之变化,亦为其定律、定则、定性所规约

者。于是"能无定限的生长变化之全体之自然或自然之自性"之
概念，乃对近代自然科学之观点，为无意义或无用之一名。由是
而本自然科学以论人性者，亦初只视人为生物之一类而论之，以
成所谓科学的人类学心理学。人既为生物之一类，则不能同于生
物之他类，更不能同于无生物类，则人自亦难言为能契合于自然
之全者。所谓自然之全之德表现于人，更徒为虚语矣。此则唯待
于吾人之知西方所谓 Nature，原尚有另一古典的哲学意义，如斯
多噶派与斯宾诺萨之所持，亦当代西方哲学家，如柏格孙、怀特
海言 Nature 之创新性时之所指，方能知此近代自然哲学中之所谓
Nature 之概念，与自然科学中所谓事物之性质之性，实局限于一
偏，不足以概西方之言自然之自性与自然之人性之全也。吾人今
能有此对西方哲学中之 Nature 一字之古典的哲学意义，有所了解，
亦或可为通中国思想中之人性论，或性论之一邮。以其皆非徒视
人性为一客观所对，而论其种类性，而是就人之能面对万物与其
理想，而反省人之自性之何所是者。观中国之人性论思想之发展，
吾人尤可谓几全循此方向而发展，而不似西方之多所歧出者也。
吾今之首先提出此一点，乃意在使人之习于一般所谓科学的心理
学与一种西方哲学之观点者，知即在西方哲学思想中，亦有种种
论人性之胜义，而先自其偏执之见中解脱；然后可更逐渐契入于
中国先哲言性之胜义也。

二　具体生命之性，非性相之性，及春秋时代之对道 德理想而言性，与孔子言性相近、习相远之涵义

　　溯中国文字中性之一字之原始，乃原为生字。近人傅斯年《性
命古训辨证》，尝遍举西周之金文，以为之证。昔贤亦素多以生释
性之言。生字初指草木之生，继指万物之生，而于人或物之具体
生命，亦可径指为生，如学生、先生、众生是也。一具体之生命

在生长变化发展中，而其生长变化发展，必有所向。此所向之所在，即其生命之性之所在。此盖即中国古代之生字所以能涵具性之义，而进一步更有单独之性字之原始。既有性字，而中国后之学者，乃多喜即生以言性。以生言性之涵义，包括有生即有性，性由生见之义。生乃一具体生命之存在，而人之生乃人之主观所能体验其存在者，而非只为一所对之客观存在之性质性相。以所对之存在之性质性相为性，则圆物有圆性、方物有方性，就其方圆之性相，而思其为方圆诸物所共有，以及种种方圆等之性相之所以不同，此即一几何学与科学之思路。然就一具体存在之有生，而即言其有性，则重要者不在说此存在之性质性相之为何，而是其生命存在之所向之为何。如草木之生长向于开花结实，即说其有开花结实之生性。然草木未开花结实时，而谓其有开花结实之性，此性即非一直接所对之草木之性相。吾人于此诚可谓某草木有开何色何形之花、结何色何形之果之性，此何色何形之花果之开结，即此草木之可能性。此何色何形，亦可为吾人思想之所对之一性相，而此性相，即此所谓草木之可能性之内涵。通常说一事物之可能性，亦必指出其内涵而说。然吾人今试问：若吾人于一事物不知其可能性之内涵，是否即不能说一事物之有性？若吾人不知草木之将开何花结何果，是否吾人即不能说其有性？此在中国之语言中，明为可说者。因在中国之语言中，吾人可说一物有生即有性。一物生，则生自有所向，即有性。然吾人却尽可不知其所向者之为何。缘是而吾人于一物之生长变化而无定向，或时时转易其所向，使吾人穷于一一加以了解时，亦仍可称之有生之性者。是即见中国之所谓性字，乃直就一具体之存在之有生，而言其有性，而初不重在说其存在、其生之为一如何之存在、如何之生也。今吾人谓圆物有圆性，圆自身又有可纳方于中之性，此乃更纯由以性相为性以后之说。依中国古所谓性之原于生，则圆物之性，应自其生长变化处说，尽可变非圆；而圆之自身实不宜说更有性，因圆自身不能有生长变化也。

因中国古代之言性乃就一具体之存在之有生，而即言其有性，故中国古代之泛论人物之性，通常涵二义：一为就一人物之当前之存在，引生其自身之继起之存在，以言其性；一为就一物之自身之存在，以言其引生其他事物之存在之性。在中国之《诗经》中，有"俾尔弥尔性"之言，此性字或即生字。所谓弥尔性，即使人自遂其生，而自继其生，以使其自身得引生其自身之继起之存在之谓。又《左传·昭二十五年》"因地之性"，此所谓地之性，乃指地之宜于种植何类之物，是否宜于人之居住等而言，亦即指地之存在可引生其他之物之存在之功用，而言为地之性。在中国后人之论物性，亦大率自其能引生其自身之继起之存在，或其他事物存在之功用而言。如言药物之性寒性热，皆是指其能导致人身体之寒热之功用而言，而非只就物之呈显于人前之直接性相，而谓之为性。此直接呈显之性相，在中国古人或称之为其形其色，而罕称之为其性。至如孟子所谓"形色，天性也"，亦非克就人之形色之自身而谓之性；而是就人之有形色之身体之生命，为人之心性之所统率与表现之所，有表现心性之功用，以言其亦为人之天性之所存。谓物所有之形色之性相之本身为性，乃后起之义，而非原始义之性也。

至于中国古代思想之克就人之自身而言人性，则又始自即就人之面对天地万物与其人生理想，以言人性。由此所言之人性，在先秦诸子中，或为人当谋所以自节，以成德而与天地参者，如在荀子；或为人当谋所以自尽，以备万物，上下与天地同流者，如在孟子；或为人当谋所以自复自安，以与天地并生，与万物为一者，如在庄子。此中有种种不同之说。溯此诸说之原于孔子以前之言性者，则由来有自。如上引《左传·昭公二十五年》"因地之性"之下，又有语曰："淫则昏乱，民失其性，故为礼以奉之，……哀乐不失，乃能协于天地之性。"又《襄公十四年》："天生民而立之君，……勿使失性。天之爱民甚矣，岂使一人肆于民上，以从其淫，而弃天地之性。"《襄公十六年》："小人之性，衅于勇，啬于祸，以足其性。"又《昭公八年》："今宫室崇侈，民力凋尽……莫保其性。"《昭公十九年》："吾闻抚民者，节用于内，而树德于外，民乐其性。"《国语·周语》言于民"懋正其德，而厚其性"。凡此在《左传》《国语》中言性，皆同时言及一对此性之态度，如"正之""厚之""不失之""保之"等。即皆是对一政治上亦道德上之理想而言性。此中所谓性，盖皆指人自然生命要求而言。如"乐其性"疏曰："性，生也。"至对此性而名为天地之性，则又是自人生于天地中，能面对此天地，以言其性。《书经·召诰》有"节性……王敬作所，不可不敬德"。又《西伯戡黎》有"故天弃我，不有康适，不虞天性，不迪率典"之文。后一段文据孙星衍《尚书今古文注疏》："虞，度也；迪，由也；率，法也。"此文谓不虞天性、不迪率典为非，即涵天性之当虞，如率典之当法之旨。前一段文"节性"之性，当是指人自然生命之要求。此言节性，乃对敬德而言此性之当节。此德，乃人对"一道德标准或礼义之理想，为天之所命，而人之所当为者"，兼对"我以外之他人与万物"，而由人自己所成之德。对敬德而言节性，亦即就人面对其人生理想，与其自己以外之人物，以自反省其对人性之态度之言也。

　　然中国古代之言性，虽多对一理想而言，却又无以人性为恶之论。在上所引《国语》之言"正民"，"懋正其德，而厚其性"，《左传·襄公十四年》言"天生民而立之君，勿使失性"，《昭公二十五年》"民乐其性，不失民性"之诸言中，固无人性必恶之说。即在"节性"之言之涵义中，虽有此性不宜放纵，放纵则陷邪恶之义，亦未明言性恶。中国之古代传统思想，亦素无如西方之阿非克宗教、摩尼教与基督教所传，人具先天恶性或原始罪恶之论。然孔子以前，如《诗经》所谓"天生烝民，有物有则，民之秉彝，好是懿德"，及刘康公所谓"民受天地之中以生，乃所谓命也，是以有动作威仪之则"等语中，对照人所好之懿德及动作威仪所自能顺之"则"上，言人性，则隐涵性善之义。唯此中于人所好之懿德与则，未明言其出于性，则亦未尝不可说其是原于圣王之教命教则，如《国语·周语》"昭明物则以训之"，《左传·文公十八年》"周公制周礼曰：则以观德……毁则为贼……则其孝敬……则其忠信……不可教训，不知话言，告之则"，《国语·楚语》言"教之礼，使知天下之则"。直至孔子言性相近、习相远，亦未明言性善。孔子谓人之生也直，我欲仁而仁至，而仁者能中心安仁，此仁在心，更宜即视为此心之善性所在。其所谓相近亦当涵孟子所谓"同类相似"，"圣人与我同类"，而性皆善之义。然就孔子之已明言者上看，则固尚无性善之论也。今若就孔子之将"性相近"与"习相远"对举之旨以观，则其所重者，盖不在克就人性之自身而论其为何，而要在以习相远为对照，以言人性虽相近，而由其学习之所成者，则相距悬殊。人由学习所成就者如何，初系乎人之所志与所学。立志好学则孔子之所恒言。是见孔子之于此言人之性相近，亦对照人之所志所学者之相远，而言其相近；以见人性之相近者，即皆为善，犹不可恃，立志好学之为不可少；亦见相近之人性，可为人之不同之志向与学习之所成者之根据，而见此相近之性，可连系于各种可能之形态之志与学。此即孔子不重人性之为固定之性之旨，而隐涵一"相近之人性，为能自生长而变化，而具无定限之可能"之旨者也。

观孔子之言，言性者甚少，故子贡谓夫子之文章可得而闻，夫子之言性与天道，不可得而闻。然子贡此语，其意何在亦难知，而人可异说。吾意在孔子前人固已视上天所示人之道而命于人者，乃於穆不已，人德之纯，亦与天契，然性则指自然生命之生长之可能。孔子亦于此二名之通义，未尝有异议。孔子之教之所重者，则在人之所志所学。为仁由己，使心不违仁，是为"质"；见于礼乐，为文章。此学此教，即所以上达客观而超越之天命天道，而由下学时习之功，以自成其性者。在孔子前，天命与人性，犹有上下内外之相对。自孔子教人志道据德，依仁以游艺学文，下学之事，通于上达，乃更无天命人性之相对之可言。此是以学以教，通此相对，而非以言以理通之。以学以教通者，其表见者唯在文章礼乐，故夫子之文章可得而闻。非以言以理通者，即不必有通天命人性或天道与性之相对之言，亦可无此言可闻矣。然有此文章，实即已是通此性与天道二者之相对。后儒之通此二者之言，所谓穷神知化之言是也。宋儒程伊川言，"穷神知化，由通于礼乐"。故谢上蔡更谓：子贡所闻于夫子之文章即性与天道，则孔子固于通性与天道，可言可不言也。大率在孔子以后之学者：孟子方由人之能欲仁为仁，而心不违仁，进以言此心之性之善，而更于言上、理上，教人充达此天所与我心之性，以贯通于天所生之吾人之自然生命而为之主。荀子则缘孔子重礼乐文章之旨，而本之以化性。告子庄子与道家之流，则皆顺原始之自然生命之可能，以言性之流，而亦归向在开人之天德而合性命之情者；然文章礼乐，又非其所重。由孟荀告庄以降，而后通性与天道之言，乃得大而闻。此诸家之分异，不外于天命天道与人性，所以通之之道，为说不同。孔子则直以其学其教其文章，通天命天道与人性。故就其言之所及以观，则于天命天道与性之差别，犹存旧义；而就其意之所极以观，则又非至孟子之以心性之善，为孔子之学之教之文章之本源之义不止。至于荀子，则为承自然生命言性之旧义，由文章礼乐与性之自然，互相对反处，而更视性为恶者。此亦未尝非源自孔子。是亦即孔子言性之旨之所以难知而难言也。

三 告子之言义外及生之谓性之诸涵义

孔子之后明主性善之论者为孟子。自思想史之发展观之，则孟子之承孔子而发展之新义，初盖皆所以答他家对孔子之教之疑难。孟子之性善论，亦宜由其与墨家思想相对较，更见其实义。原孔子言仁兼言义。仁自性情上言，义自行事上言。性情在内，而行事则著见于外。著见于外之行事，如何始得称为合乎义，似应有一客观之标准。墨家贵义，而又言义与不义，其究极之标准在天志。天为一客观存在，亦无所不在之人格神，而其志在兼爱。故一切人之行事之合乎天之兼爱之志者，皆为义，否则为不义。义则是，不义则非，而是非之标准，亦得由兹以定。然此以义与不义标准在天志之说，同时忽略人何以必须以客观之天志，为其主观之心志之所合，及人之学天之平等的兼爱一切人，又是否与人之性情上要求相合等问题。如天自天，人自人，人即无其自身在道德上之定然之理由，谓必顺从天志。至多只有在利害上之畏天罚与希天赏之心，不敢不顺从天志耳。故墨子言天志，亦终归于以天之赏罚为说。此即墨子义外之论，言天志而忽人性之根本缺点。在孟子时代与孟子辩之告子主义外，而兼言人性，盖已为墨子思想之一发展。① 告子之主人性无善恶，与《孟子》书中所提及之当时主"性可以为善，可以为不善"之说相通。此二说，与当时主有性善有性不善之说者，皆同为人之由仁义与天志等观念之自身，更回转其注意，以观此人之性与此仁义之关系之新说。此诸说之言人性，亦皆唯在就其与人之仁义等理想之关系而言时，乃见其实义。大略当时之主性可以为善、可以为不善者，乃自人之善恶之可随习而变化之性以立说。故曰"文武兴而民好善，幽厉兴而民好暴"。当时之主人性有善有不善者，"以尧为君而有象，以瞽瞍为父而有舜，以纣为兄之子且以为君，而有王子比干"，则就人之善恶有不随习而化者以说，亦即就人各有其善不善之个性

———————————

① 赵岐注《孟子·告子》篇谓告子在儒墨之间，乃意告子问学于孟子而为言。实则告子与孟子辩，固非问学于孟子者，而当谓其思想实近墨者；而克就其即生言性，重性之可变化义言，则近道家者也。

以立说。此后者又是自人之不随习化即拒绝习之影响力处，以消极的言人之有其一定之善恶之性。告子之言性无善无不善，性犹湍水，"决诸东方则东流，决诸西方则西流"，则一方未尝确定人性之为善不善，亦未尝确定人性必随习而化，或必不随习而化；而要之其善不善，乃由于一后天之决定，而此决定乃如水之可东可西，而可善不可善者。象之不善，无碍于其性之可善，舜之善亦无碍于其性之初无此善。人无论其现实上善不善之状况如何，亦未尝不可重加决定，以归于善或不善，如水之东流者皆可决之向西流者。由此亦可借以明修养工夫之重要。故告子亦有其不动心养气之说。告子之能识得此人性之无善无不善，而具善不善之各种可能，亦即就人与其善之理想之关系，原有各种可能而立之论。亦是缘其有见于人性原非定常之物而生之一论。此亦即其说在理论层次上，高于有性善有性不善之说者之执定人性之善恶为定常而不易者；亦高于主张可以为善可以为不善之说者，执定人性纯随外在之习染之善不善，而亦定然的与之俱化之说者也。

告子所谓人之性乃无先天之善不善，而可由后天之决定以使之善或不善，而涵具善不善之各种可能者。故人生在其过去今日与未来，其具有之不同之善或不善之存在状态，亦皆同可说为人性之一表现。由此而凡生之所生，即性之所在，无无性之生，舍生亦无以见性。此告子主生之谓性之旨也。

生之谓性之涵义中，初未尝限定生为何状态之一生。然生之谓性之涵义中，同时包涵生之为一有所向之一历程之义。此有所向之一历程，即其现在之存在，向于其继起之存在，而欲引生此继起之存在之一历程。故生之谓性之涵义中，包括求生之义。求生，即求相续之存在，求相续之生命之存在。而此求相续生之性之满足，则待于人之摄取他物，以养其生，并进而传其生命于子孙，以子孙之生命之存在，为其自身继起之存在。由是而此人之生之性中，即包涵食色之性。故告子又曰"食色，性也"。此食色之为性，实根于此求生之生命之自身之性。至于一生命之所赖以满足其食色之道如何，在此道中所表现之性如何，如本《庄子·齐物论》之言鸱鸦有嗜鼠之性，民有食五谷之性，麋有与鹿交之性，以及人有以毛嫱骊姬为美之性，则应皆为属于下一层次之生命之种类性，而不可与此食色之根于生命自身之求生之性者并论者也。

循告子所谓"食色性也"及"生之谓性"之说，人性之自身，亦确不能言善不善者。此善不善，只能就此性之表现于一生命之存在状态，与其他生命之存在状态之关系上说。如人为求自己之食色之欲之满足，而妨碍及他人之生，妨碍他人之足其食色之欲，即为不善。然此不善，可说只为一生命之存在状态，与其他生命之存在状态之外在的关系。人当求此外在的关系之能调协，自尊重其生，亦即当尊重他人之生，此为人之义。有如后起之一生命，当尊重彼先行之一生命，即称为敬长之义。然此义之为义，乃由外面实有先行之他人之生命之存在，方可说其为当然之义。故此义虽为吾人之心之所能知，而却初非原自吾人之性。故告子必主义外。至于告子于仁之所以说之为内者，则盖以仁之表现为爱。此爱虽为爱其他之生命，然此中可说我要爱才爱，则爱纯为我之生命所发，不似义之当敬其他之生命，乃由客观上之其他生命之存在，使我觉得不当不敬，而不得不敬也。

然告子之说，终有其不自足之处。此即在其谓义由外在客观存在之生命等所决定云云，仍须以吾人之肯定承认外在客观存在之生命，为先行之条件。如吾人之敬长，乃以肯认此长为吾人之长，为其先行条件。若吾人不肯认此长为吾人之长，则我即无敬长之义。吾既肯认此长为吾之长，然后知吾对之之敬为义，则长不只为外在客观于我之长，而此敬此义，亦非由外在之长者之生命所决定，而为由吾人之自己所决定，而敬之义亦当视为内出者矣。由此即导致孟子之说。

此孟子之说与告子之说之不同，在义外义内之分。此义内之说之根据，则在吾人之自知其所以对人有敬长之义等，乃由吾人肯认此长为吾人之长。缘是而吾人对一切家庭国家天下之事，所以能自知其义之所当然，皆由吾人之肯认此家庭国家天下，是吾人之家庭国家天下，作为其先行条件。则此家庭国家天下，亦皆不得外在于吾人之此一肯认者。凡吾对之而自知之一切义之所当然，亦皆同为内在于吾人之自己而备于我者矣。故曰："万物皆备于我，反身而诚，乐莫大焉。"然此能肯认长为吾之长，肯认家国天下为吾之家国天下，并知此义之亦为内在于我自己者，则只是吾人之心，而非只是吾人之此能求生而有其食色之欲之一自然生命。孟子之能言义内，与告子之只能言义外，其思想之根本分野，亦正在孟子之能即心以言人之自己之性，而告子则止于即生以言性。观告子之能早不动心，其不动心，盖缘于其能守义，故孟子谓之为义袭而取。是见告子亦非不知重心者。唯其以义为外，心即无善性之可说，亦不能见性之善。吾人欲由告子之说转进至孟子之说，则正当由告子之义外说，当如何转进为孟子之义内说处，加以识取也。

四　孟子不自生言性之即心言性可统摄即生言性之说之四义

关于孟子言性之旨，吾于《孟墨庄荀言心申义》一文中，已详辨孟子言性，乃即心言性善，及此心即性情心、德性心之义。所谓即心言性善，乃就心之直接感应，以指证此心之性之善。此谓心之直接感应，乃不同彼自然的生物本能或今所谓生理上之需要冲动之反应者。简言之，即与自然生命之要求不同者。由是孟子之言，乃大与告子之以生言性者异趣。此心之性为善，又兼可由心之自好自悦其善以证。缘是而孟子之养心之工夫，亦唯是正面的就此心之表现于四端而扩充之，直达之，另无待于曲折之反省。再此养心之事，亦与自然生命食色之欲，虽为二类，而又不相为对反。此皆具详前文，今不复更赘。唯该文乃以心为中心而论，非以性为中心而论。故于此心与自然生命要求相关联之问题，孟子何以必即心言性，及其所谓性之涵义之诸问题，尚有所未及。如吾人只视人自然生命食色之欲与仁义礼智之德性心或性情心为二类，而俱属于人，人即可问：何以吾人不可就人自然生命之欲言人性，而必须就仁义礼智之心以言人性？此则吾于《先秦思想之中天命观》一文，已本昔贤释《孟子》之言作答，谓此乃由仁义礼智之义，乃人求诸己心，即可得而自尽，"求则得之，舍则失之"，故纯属于自己，而为人之真性所存。至于其他自然生命之耳目小体之欲，与缘之而有之富贵之欲等，乃求诸外，"求之有道，得之有命"，而非人所得而自尽；故亦非全属于自己者，而非人之真性所存之地矣。然吾今更须加以申论之一义，即仁义礼智之心与自然生命之欲，不特为二类，一为人之所独，一为人与禽兽之所同，而实唯前者乃能统摄后者。吾于上引之一文中，谓人之此心与自然生命之食色之欲俱行，人即可得依其食色之欲，而生起不忍人饥寒及望内无怨女、外无旷夫之心云云，已意谓：人之此心能居于吾人自己与他人之自然生命之食色之欲之上一层次，以俱加以肯定，而包涵之之义。今当更引申其旨，以进而说明：唯曰此"心"之能统摄"自然生命之欲"，孟子之"即心言性"之说，乃能统摄告子及以前之"即生言性"之说；而后孟子之以"即心言性"代"即生言性"，乃有其决定之理由可说也。此则唯有重就《孟子·尽心》章一节文之解释问题，次第说来。孟子之文曰："口之于味也，目之于色也，耳之于声也，鼻之于臭也，四肢之于安佚也，性也，有命焉。君子不谓性也。仁之于父子也，义之于君臣也，礼之于宾主也，智之于贤者也，圣人之于天道也，命也，有性焉。君子不谓命也。"

此段文明为孟子自言其所以必即心言性，而不即生言性之理由者。然昔贤之注解，则多未能通此段全文于《孟子》之全书之义。如赵岐注本当时三命之说，谓此命为命禄。于此须知谓人之得声色臭味由命禄犹可说。若谓人之行仁义礼智，必待命禄遭遇，则此明与孟子言人皆能自尽其仁义礼智之心，大行不加，穷居不损之义相违者。朱子承程子之言，于上一命字，以品节限制释之，而于下一命字，则曰：谓仁义礼智之性，所禀有厚薄清浊，故曰命。此又以人之天生之气质之性之差别为命。对同一章之命字，先后异训，即自不一致。朱子尝谓气质之说，起于张程，又何能谓孟子已有此说？清戴东原《孟子字义疏证》以《礼记》之血气心知之性释《孟子》，谓声色臭味之欲根于血气，仁义礼智为心知，并皆为性。乃以借口释"谓"字，说孟子立言之旨，非不谓声色臭味之欲为性，而只言人不当借口于性以逞其欲。此亦明反于孟子之"不谓性"之明言，亦与孟子他处言君子所性仁义礼智根于心，处处即心言性，不即声色臭味之欲言性之旨相违。焦循《孟子正义》，则既于他处言人性即食色，又于此段言口鼻耳目之欲不遂，与仁义礼智之德不育，皆为命。其所谓仁义礼智之德不育之命者，则如于父子之伦中，遇父顽母嚚，圣人道大莫容之类，以合于赵岐言命禄之旨。是直全撇开了孟子何以于耳目口鼻之欲不谓性之一问题。其书所引程瑶田说，亦同为撇开此一问题者。焦氏既引戴氏说于先，其意亦谓"谓"乃借口之意，孟子言不谓性者，非真不谓之为性之义。若然则又与戴氏亦同其谬矣。

吾对此段文，尝反复把玩，历经曲折。忆吾尚在中学，即注意此一段文，又见孟子言养心莫善于寡欲之语，即悟孟子之言性，乃即心言性，而非即自然生命之欲以言性。当时即曾作文数千言论孟荀之言性，谓孟荀皆尊心，孟子之所谓欲即荀子之所谓性云云。后入大学，吾之第一篇于学术杂志发表之论文，即为缘此而作之《孟子言性新论》。该文即不慊于昔贤之说此段文者，而谓孟子之所以不以耳目口鼻之欲为性，则由其乃求在外，而不同于仁

义礼智之心之求在己之故，盖求在外，则非自己所能完成，即不
直属于我自己，故君子不谓之性云云。后数年冯友兰《中国哲学
史》出版，谓孟子言性，乃就人之所以为人之特殊性即仁义礼智
之心性，以为人之定义，亦尝甚以为然。然对此段中之命，无适
当之解释。十年前吾写《先秦天命思想之发展》，乃就义命之观念
相连，谓孟子所谓命，不只为外在之品节限制之意，而兼涵此品
节限制之所在，即吾人当然之义之所在，而义之所在即心性之所
在。耳目口鼻之欲，受限于外在之命，即受限于义，故非吾人真
性之所在。然人之行天所命之仁义礼智，即所以自尽其心性，故
虽为命，又即为吾人内在之真性之所在云云。此则既合于《孟子》
书中及当时所言之命原有外在之义，又可以说明孟子摄命之所涵
于义之所涵，及其以义为内在于心性之论，其所以为一创发之新
说之故。自以为差胜昔贤之说。吾今将更进而说者，则以生言性，
既为孟子以前之通说，则孟子之改而即心言性，亦必有其一定之
理由。若只说此为孟子对性之定义如此，则定义可由人自造，便
无一定之理由。当时人既即生言性，则约定俗成，又何必改作？
如谓因人之所以为人，即在其有仁义礼智之心为特殊性，则人亦
有耳目口鼻之欲以同于禽兽，为与禽兽之共同性。前者为人在生
物中之"种性"，后者为其"类性"。二者同为人性所涵，何得偏
举仁义礼智之心，为人之定义？若依吾昔日之说，谓此二者有求
诸外、求诸内与可得而自尽与否之别，则何以求诸外，非人之所
得而自尽者，即不可谓之性？如水下流遇阻，则不得自尽其下流
之性，此亦非水不以下流为性之谓也。故吾今当沿《孟子》之上
一段文之义，更进一步，本《孟子》全书之言，试探测孟子即心
言性，而不以生言性之一定之理由所在。

　　依吾今之意，孟子之所以不以耳目口鼻四肢之欲声色臭味安
佚，以及食色等自然生命之欲等为性之理由，乃在此诸欲，既为
命之所限，即为人心中所视为当然之义之所限，亦即为人之心之

所限。此即见此诸欲，乃在心性之所统率主宰之下一层次，而居于小者；而此心性则为在上一层次而居于大者。故孟子有大体小体之分。此中大可统小，而涵摄小，小则不能统大而涵摄大。故以心言性之说，亦可统摄以生言性之说。此方为孟子之必以仁义礼智之根于心者，为君子所性，而不即此自然生命之欲以谓之性，以心言性，代其前之以生言性，其决定的理由之所在也。

吾人如细读《孟子》全书，则孟子所言心之大体，其可统摄耳目之官之躯体之小体，或自然生命之欲之理由，亦"即心言性"可统摄"以生言性"之理由，更可分为四者以说。一是自心之对自然生命之涵盖义说，二是自心对自然生命之顺承义说，三是自心对自然生命之践履义说，四是自心对自然生命之超越义说。

所谓自心对自然生命之涵盖义，说"即心言性"之理由，即自人之仁心原对人出自自然生命之欲望，如食色等，能加以一肯定而言。人之仁心之不忍人之饥寒，不忍孺子之入井，即望人与孺子之自然生命得其存在之心。人之仁心之望内无怨女、外无旷夫，即望人之有家有室，使自然生命得其相续之心。此人之仁心，恒在遂人之自然之情欲处表现，乃清儒戴东原、焦循等之所重，而孟子之依仁心，行仁政，亦实不外遂人之情欲。戴、焦于此乃将血气心知二面，相对并举以言性。然实则此二者间，有上下二层之不同，则不宜只二面相对并举说；而当谓人之仁心等，即以遂人之情欲等，为其所涵之内容。人诚能尽此仁心，则当于一切人之情欲，无不求遂之，即此而可见人之仁心之量之所涵盖统摄者，即无量无限，而能万物皆备于我，上下与天地同流者。故举此大体而小体皆摄，然举小则不能摄大。故即心言性，可摄以生言性之说也。

所谓自心对自然生命之顺承义，说"即心言性"之理由，即人之仁义礼智之心，孟子恒谓其乃原自人之爱亲敬长之心而说。孟子以人仁义礼智之心之初表现于孩童，即爱亲敬长。故曰："仁之实，事亲是也；义之实，从兄是也；礼之实，节文斯二者是也；

智之实，知斯二者是也。"达人之爱亲敬长之心于天下，仁义之道
即行于天下。原彼父母之生子女，与子女之相继生出，乃自然生
命之向前向下流行而不返之一度向。此人之食色之欲，与禽兽繁
殖之欲，初无不同者。然人既出生，而对生之之父母与同生之兄
姊有爱敬，更推此爱敬而上达于先祖宗，则为对此向前流行之历
程与度向，加以承顺，而回应反抱之另一种历程与度向，以对前
一历程度向之只前流下流，与以一"往而再复之贞定"者。此乃
吾于《文化意识与道德理性》等书所论，固非孟子之所已说。然
孟子即子女之亲亲敬长之心以言性，明与告子之自自然生命之食
色言性者，乃自不同方向看人性。此中，人之爱亲敬长之心中，
包涵对父母兄姊之肯定尊重，即包涵对"依于食色之欲而有之其
前之人类自然生命之流行"之肯定尊重。人之本于孝心，以念身
体发肤，受之父母，不敢毁伤，与求嗣续以承宗祀，则又包涵对
自己之养身之事、婚姻之事之肯定尊重。此中人依此心为主宰，
以尽孝心，而人之承其先之自然生命，与启后来之自然生命，以
成此自然生命之向前向下之流行者，皆包涵备足。至于人之只知
食色之欲者，则未必能尽孝心。此即见人之德性心，可统摄人之
食色之欲而成就之；人之食色之欲，则不能统摄人之德性心。此
亦"即心言性"可统摄"以生言性"之义，而"以生言性"之义，
不能统摄"即心言性"之义者也。

　　所谓自心对自然生命之践履义，说"即心言性"之理由者，
此即自人具自然生命之身体，皆可成为人之德性心所赖以表现其
自己之具上说。孟子言："君子所性，仁义礼智根于心。其生色
也，睟然见于面，盎于背，施于四体，四体不言而喻。"此即谓由
君子存心养性、尽心知性而践形，则形色之躯体，莫非此心此性
之表现之所；而此形色之躯体之性，亦即为此心之所充实所透明。
故曰："形色，天性也。"人尽心必归于成君子圣人，人成为君子
圣人，人之自然生命皆化为德性之生命，而形色之躯体之性，乃

莫非此心之性。是见此形色躯体或自然生命，即终归于以表现此心之性为性，而二性实只一性。故可举心之性以摄自然生命之性。然此中人可以形色之躯体，为表现人之德性心之具，人却不能颠倒之，而以德性心为形色之躯体或自然生命，自遂其片面之情欲之具。若然，则纵欲败德，德性心不得尽，而人亦终不能自安。故唯可举心之性，以摄此形色躯体之自然生命之性，而不可举此后者，以摄前者也。

所谓自心对自然生命之超越义，说"即心言性"之理由者，此即就此心之可主宰决定此形色躯体之自然生命之存亡而说。盖于此心，人在平常之时日，固亦自爱其父母之遗体，而借之以为践形成德之具。然因此心所欲之仁义等，恒有溢乎其自己之形躯之外者。故人亦可在欲义欲生，不得两全之时，舍身取义，杀身成仁。"一箪食、一豆羹，得之则生，弗得则死，呼尔而与之，行道之人弗受，蹴尔而与之，乞人不屑也"，"志士不忘在沟壑，勇士不忘丧其元"，"富贵不能淫，贫贱不能移，威武不能屈，此之谓大丈夫"，皆孟子所常言。此处最能见人为遂其心之所欲，可置其具自然生命之形躯之存亡于不顾。于此既见此心之至尊而无上，亦见此自然生命之形躯，对此心为可有，而未尝不可无者。则此自然生命之性，对此心之性而言，亦可遂，而未尝不可不遂者。彼能成仁取义者，可遂此性，即可以之为性；不遂此性，即可不以为性。人之成仁取义者，不遂其此性，而杀生舍身，其为人乃流芳百世，而益为世所尊；即见人之所以为人之性，在此而不在彼。然吾人却不能说：人之自形色之躯所发之自然生命之欲等，能超越于人之德性心之上，而决定此心之存亡。亦不能说：无此心者，尚可称为人。人之能尽此心，即人之成为人之充足而必然之理由。至于人之遂其自然生命之欲，对人之成为人，乃既非充足亦非必然之理由。人之所以为人，乃在其有此心，依此第四义，乃全彰显而无遗。孟子之所以必即心言性，不即生言性，亦正由其深有见于人之心所欲，超溢于其生之所欲，而此心能自舍身杀生而来者也。

吾上言之第四义，乃自心之对形色之躯之超越义说，第三义乃自心之借形色之躯，以表现其自己说，即自心之内在于此形色之躯之内在义与主宰义说。第一义自心之涵盖彼出自形色之躯之自然生命之欲说，乃横面的说心之包括自然生命之欲于其下。第二义自心之承顺自然生命之流行而肯定之，乃纵面的说此心之贯通于自然生命之流行中。此四义，同可由人之出自形色之躯之自然生命之欲，原受限于命、受限于义，亦受限于心，为心所主宰，而居心之下层之义，加以引绎而出者。亦皆同所以见即心言性之义，可统摄即生言性之义者。《孟子》之书中既兼有具此四义之言，则吾人即可推断：其所以以心言性之理由，即要在乎此四者。否则孟子之即心言性与言性善，皆无一定之理由，其必反对告子及以前以生言性之通说之故，亦不可得而明；而吾人于其《尽心》章之于耳目口鼻之欲谓命不谓性一段，亦终无善解也。

五　孟子之即"心之生"以言性之意义

吾人上文既说孟子即心言性之理由，今更当讨论孟子之即心言性，是即心之何义上言性。因心性二名既别，则即心言性，不同于即心言心。对此问题，须有一答。依吾人之意，孟子之即心言性，乃又即此心之生以言性。所谓即心之生以言性，乃直接就此恻隐、羞恶、辞让、是非等心之生处而言性。此与吾人前文谓孟子之言性，乃就心之直接感应言性之说相通。所谓就心之直接感应言性者，即如就心之感孺子将入井，而直接的、别无目的的，即应之以不忍；心之感嗟来之食，而直接的、别无目的的应之以羞恶之类。此皆具详前文。我今将进而说者，则是说孟子之所谓心之由感而应之中，同时有一心之生。心之感应，原即一心之呈现。此呈现，即现起，即生起。然此所谓心之生，则是此心之呈现中，同时有一"使其自己更相续呈现、相续现起生起，而自生其自己"之一"向性"上说。此生非自然生命之生长之生，而是心之自己生长之生。孟子即心言性，而心性之所以又可以为二名，其理由即在此心之性，乃克就此心之生长，或能生长而言。吾人观孟子之言心，恒喻如火之始燃，泉之始达，草木之萌蘖，便知孟子之言心，乃重此心之自生自长之义。所谓心能自生自长，即心能自向于其相续生、相续长，以自向于成一更充实更扩大之心。简言之，即心之自向于其扩充。由心之此"自向"，即见心之性。此性决不可说为性质性相之性。如自心之性质性相说心，则吾人于此可谓今之心理学，亦可较孟子所言者为细密，道佛二家所说心为虚为无，以无相为相，亦可远较孟子所说为高明。此性亦不须说为深藏于心之内部之性理，与心之表现于外之情才相对者。谓心之性理与心之情才相对，乃程朱诸儒对孟子所言重加一反省的追溯，依概念的分解而生之论。直就孟子之所言而论，心之性与情才，并无明显之内外之别，而初是即心之情之生而俱见。如人有具恻隐不忍之情之心之生，见于对孺子之入井等，孟子即就此心之生，即可扩充为一切不忍人之心，而言人性之有不可胜用之仁。又可由人有具羞恶之情之心之生，见于不食嗟来之食等，孟子即就此心之生，可扩充为一切不屑不洁之心，而言人性有不可胜用之义。此中人之恻隐羞恶之情之心之生，而自向于其扩大充实者之所在，即仁义之性之所在，故即心之情而可见性；而其能如此自向于其扩充之"能"，即才也。

吾人今之以心之生，说孟子所谓性，乃合于性从心生之字原者。近人傅斯年著《性命古训辨证》，谓先秦之性皆作生，此在春秋时或然。然谓孟子时仍无性字，则其言无征。当时既有从心之情志意等，何得无性字？吾友徐复观先生已辨之于其《中国人性论史》第一章之中，今不赘。按今性字，据《说文》曰："人之阳

气，性善者也，从心，生声。"谓性为人之阳气，此乃汉儒义，非
孟子义。谓性从心从生，依中国文字之声之所在，恒即义之所生，
则吾以心之生释性，于古训无违。宋明儒论性多以心之生理释性。
如明儒孙淇澳即明言心生为性（《明儒学案·东林学案》）。唯其下
文谓，唯性善故心善，则非孟子意。孟子乃即心之生，以言心之
性之善。吾人今扣紧心之生以言性之善，则可免于毕竟人性善为
已善未善等疑难。如人之难孟子者曰：人固有恻隐羞恶之心，然
一般人所表见之恻隐羞恶之心，乃至小而至微，此毕竟不同于圣
人之仁义之心。如以圣人之仁义之心之善为标准，则一般人之性
只能言未善，如董仲舒之说是也。又人在表见恻隐羞恶之心之后，
亦可由食色之欲之间隔，而失其恻隐羞恶之心，以归于残贼与无
耻，则人性善之谓何？如苏辙即尝由此以疑孟子之即心言性之善
说，而自归于性无善无恶之论矣。然吾人以心之生释孟子之性，
则自人之恻隐羞恶之心之生处说，此生即自向于扩大充实之义；
则心之现有而表现之善，纵至小至微，而此心之生之所向或其性，
则非小亦非微。谓其小且微者，乃自外观其尚未扩大充实，以至
乎其极，而以至乎其极者为标准，而反照反溯之言。然克就其向
于扩大充实之性以观，则亦可不见其小且微，则亦无所谓未善。
然此又非谓一般人之有恻隐羞恶之心者，即已全善，而同于圣人
之善之谓。因此心之性既向于扩大充实，即心之不自足于现有之
表现，而未尝自以为已全善，而可以更为善之证。心之生所以为
心之性，非纯自心之现实说，亦非纯自心之可能说，而是就可能
之化为现实之历程或"几"说。在此历程或"几"上看，不可言
人性不善，亦不可言人性已善，而可言人性善，亦可言人性之可
以更为善。然此所谓可以更为善，却非须用"可以更为不善"之
一语，加以补足者。谓人可以为善，亦可以为不善，此乃自外观
人之未来之可能之语；而非克就人之有恻隐羞恶之情之心之表现
时，以观其心之生、心之性之语。克就此等心之表现时说，此中

固只有可以为善之性，而无可以为不善之性。此义须细心识取。

　　至于人之心性情既善，人何以有不善，何以会由食色之间隔，而失其恻隐羞恶之心，以归于残贼无耻等，若此问题是客观的问，何以世间之人之善的心性情，虽偶有表现，而不能扩大充实，以皆成圣成贤，更无一切之不善，此盖非孟子所能答，亦非孟子之问题。吾今亦难遽答。然吾以生释性，则言心自生自长，本不必然涵蕴心之在事实上必相续生之义。心不相续生，而自然生命之欲相续生，则人固可由食色之欲之间隔，而只务养小体以失大体，浸至自暴自弃，而陷溺其心，梏亡其心，失其本心也。此心之丧失陷溺梏亡，即孟子所谓不善之原。然此由心之丧失而有不善，并不证此心之性之不善，而正反证此心之为善之原。如以日没而黑暗生，不证日之无光，而正反证日之为光明之原也。此心之一时梏亡丧失，不碍人之仍具此心者，以此心之舍则亡，固不碍此心之操则存。此心之操则存，即此心之自操自存而自生，以见此心之以生为性者也。此心之自以生为性，而能自操自存，人只须试一自操自存其心，便可当下实证。然只由外观他人之心之一时之梏亡丧失者，不见他人之心之自操自存者，亦尽可疑人之亦有此心，疑人之心之亦能自操自存而自生。然人既能知其心之自操自存而自生之后，再以己之心度人之心者，则于此将能有以自信，而亦更无所疑于人心之能自操自存。人果不疑于水无有不下，则水虽未流，人之不疑于此水之性之向下也自若。人果不疑于人心之能自操自存，则人虽梏亡丧失其心，其心之能自操自存而自生也自若。人之能信此者，乃是在耳目之官之所接者外，作一超越的肯定。若人之所知，徒限于耳目之官之所及，而未能自知其心能自操自存自生，并本己之心，以度人之心者，则于孟子之言，亦诚有难契之处。吾今所能为孟子代答者亦无他言，即求问者之试自操自存其心，以自知其心之能自操自存而自生，而再以之度他人之心而已矣。

第二章　庄子之复心言性、荀子之对心言性与《中庸》之即性言心

一　心知、机心、成心之祸患

先秦诸子中，道家之《老子》书中虽有关连于人性之思想，而未尝环绕于性之一名而论之。盖老子之论道，重在视道为客观普遍者，亦如墨子之言天志兼爱等，皆重其为一客观普遍之原则。老子与墨子，皆客观意识强而主观意识弱之人。人之情性则属于人生之主体，故二人皆初不直接论性。先秦道家中庄子之主观意识强于老子，而对人生之感情，亦远较老子为深厚。《庄子》内篇中之论道，实皆人生之道。其论此人生之道，皆恒直就人当如何达逍遥无待之境、丧我物化之境，以有其养生达生之事，全其安命致命之德，以及成为真人、至人、大宗师，足以应帝王之道术为说。唯又恒连之于人之天君、灵府、灵台之常心以为论；而罕直就其与"人性"之关系以为论。然在《庄子》外杂篇，则时言及于性。或言"壹其性"（《达生》）、"体性"（《天地》），或言"反其性情"（《缮性》）、"若性之自为"（《天地》）、"不失性命之情"、"任其性命之情"（《骈拇》）、"性情不离"（《马蹄》）、"安其性命之情"（《在宥》《天道》）、"长乎性"（《达生》）；而以"侈于性"、"塞性"、"削其性"、"失其性命之情"、"决性命之情"、"伤性"、"损性"（皆见《骈拇》）、"淫其性"、"不安其性命之情"、"性命烂漫"（《在宥》）、"失性"（《天地》《缮性》）、"乱人之性"（《天道》）、

"性飞扬"、"离其性"、"灭其情"、"擢吾性"（《则阳》）为大戒。其旨盖归于"性不可易"（《天运》），亦可统其旨于"复性命之情"之一语。[1] 顾其及性之言，唯散见各篇，而不成统类，亦偶自相出入。然细察之，亦大体可互通，合以见此道家型之人性论，实亦为一独特之形态，而与上述之告子之言性，有可得比较而论，以见其特色者也。

《庄子》外篇之言性，而对性或作类似定义之言，并表见一重性之思想者，可先行引下列数段文，再试为之释。

《天地》篇："泰初有无，无有无名，一之所起，有一而未形。物得以生谓之德；未形者有分，且然无间谓之命；留动而生物，物成生理谓之形；形体保神，各有仪则谓之性。性修反德，德至同于初。同乃虚，虚乃大。合喙鸣，喙鸣合，与天地为合；其合缗缗，若愚若昏。是谓玄德，同乎大顺。"

《则阳》篇："圣人达绸缪，周尽一体矣，而不知其然，性也。复命摇作，而以天为师，……生而美者，人与之鉴，不告，则不知其美于人。若知之，若不知之；若闻之，若不闻之；其可喜也，终无已，人之好之亦无已，性也。圣人之爱人也，人与之名，不告，则不知其爱人也。若知之，若不知之；若闻之，若不闻之；其爱人也，终无已，人之安之亦无已，性也。"

《庚桑楚》："彻志之勃，解心之谬，去德之累，达道之塞。富、贵、显、严、名、利六者，勃志也。容、动、色、理、气、意六者，谬心也。恶、欲、喜、怒、哀、乐六者，累德也。去、就、

---

[1] 按庄子言反性复初、复命、复心，老子言观复，乃异于儒之重尽性成性者。然李翱以降至宋明儒，皆言复性，清儒谓为袭道家语，此不可为讳。朱子于《孟子》尧舜，性之也；汤武，反之也"下注曰："程子曰，性之反之，原来有此语。盖自孟子发之。吕氏曰无意而安行者，性也；有意利行，至于无意，复性者也。"此乃以孟子"反之"即"复性"。然孟子实只言养性知性，未尝言复性。《孟子·尽心》章言："尧舜，性之也，汤武，身之也。"又言"反身而诚"，则反之即同于反身而尚未能诚，乃强恕而行之之谓。不必径以反性复性释之也。

取、与、知、能六者，塞道也。此四六者，不荡胸中则正。正则静，静则明，明则虚，虚则无为而无不为也。道者，德之钦也；生者，德之光也；性者，生之质也。性之动谓之为，为之伪谓之失。"

《达生》篇："孔子观于吕梁，县水三十仞，流沫四十里，……见一丈夫游之，以为有苦而欲死也；……孔子从而问焉，请问蹈水有道乎？曰……从水之道，而不可私焉。……吾生于陵而安于陵，故也；长于水而安于水，性也；不知吾所以然而然，命也。"

《缮性》篇："古之治道者，以恬养知；生而无以知为也，谓之以知养恬。知与恬交相养，而和理出其性。……彼正而蒙己德，德则不冒，冒则物必失其性也。"

"德又下衰，及唐虞，始为天下，兴治化之流，浇淳散朴，离道以善，险德以行，然后去性而从于心。心与心识知，而不足以定天下；然后附之以文，益之以博。文灭质，博溺心，然后民始惑乱，无以反其性情，而复其初。由是观之，世丧道矣，道丧世矣，世与道交相丧也。……古之存身者，不以辩饰知，不以知穷天下，不以知穷德，危然处其所而反其性。"

《达生》篇："养形必先之物，物有余而性不养者有之矣；有生必先无离形，形不离而生亡者有之矣。生之来不能却，其去不能止，世之人以为养形足以存生，而养形果不足以存生。"

"凡有貌象声色者，皆物也，物何以相远？夫奚足以至乎先是色而已？则物之造乎不形，而止乎无所化；夫得是而穷之者，物焉得而止焉。彼将处乎不淫之度，而藏乎无端之纪，游乎万物之所终始，壹其性，养其气，合其德，以通乎物之所造。夫若是者，其天守全，其神无却，物奚自入焉。"

《骈拇》篇："自三代以下者，天下莫不以物易其性矣。小人则以身殉利，士则以身殉名，大夫则以身殉家，圣人则以身殉天下。故此数子者，事业不同，名声异号，其于伤性，以身为殉一也。……且夫属其性乎仁义者，虽通如曾史，非吾所谓臧也；属其性乎五味，虽通如俞儿，非吾所谓臧也；属其性乎五声，虽通如师旷，非吾所谓聪也；属其性乎五色，虽通如离朱，非吾所谓明也。吾所谓臧，非仁义之谓也，臧于其德而已矣；吾所谓臧者，非仁义之谓也，任其性命之情而已矣。吾所谓聪者，非谓其闻彼也，自闻而已矣；吾所谓明者，非谓其见彼也，自见而已矣。夫不自见而见彼，不自得而得彼者，是得人之得而不自得其得者也，适人之适而不自适其适者也。夫适人之适，而不自适其适，虽盗跖与伯夷，是同为淫僻也。"

上第一段以形体保神，各有仪则谓之性，此语句正类似《诗经》所谓"天生烝民，有物有则"。孟子既引此言，以证人性善，则庄子之言性，似宜与孟子不相远。然庄子以"去性从心"，为"德之下衰"，则明与孟子即心言性之旨不同。庄子以"性者，生之质也"，其语又类告子生之谓性之说。然告子未尝以反其性情而复其初，即所以反德而合道。告子言"生之谓性"，又言"食色，性也"。食色之性在求自继其生，亦自养其形，以生出有形之子孙。庄子则言养形与养生之分，以知"物之造乎不形，而藏乎无端之纪，游乎万物之所终始"，为壹其性、养其气而合其德之事。此又与告子之言生之谓性，未尝分别养形养生，亦未尝及乎不形之境者，大异其趣。则庄子之言性，乃于孟子告子之外，固别为一形态。吾人今于其所谓性之名之所实指者为何，则当深察。

循告子所谓"生之谓性""食色性也"之言，则人之一切自然生命，求自继其生而有之一切活动，如饥餐渴饮、耳闻目见皆是性。孟子之言口之于味，耳之于声，目之于色，性也，亦是顺此义而说。唯孟子以此乃小体，而统之者乃大体之心，故即心言性，而不即此自然生命之欲以言性耳。然观庄子之言性，则彼于《马蹄》篇固亦谓"民有常性，织而衣，耕而食"，而承认此人之自然生命之衣食之欲为性。然其不以"属其性于五色五声"为然，谓不闻彼而自闻，不见彼而自见，乃可以复其性命之情，以自适而自得，则又似不任顺人所自然发出之耳目五官之欲。然《庄子》外篇之言，又数及于"自然"之名，而魏晋人之释老庄者，尤重其"自然"之义，其故何也？

吾人今欲解上文之疑窦，首须了解一般所谓任顺吾人所自然发出之耳目等五官之欲，恒归于放纵，其中实亦有一不自然者或非自然者，夹杂乎其中。此不自然或非自然者，即原于庄子所谓可与性相违之心知。缘此心知，而有庄子所贬之"故智""机心""贼心""心厉"；而庄子乃有"心斋""刳心""洒心""解心""斋戒疏瀹而心"，而主"外于心知"，谓"师心者不足以及化"之论。此如吾于《孟墨庄荀言心申义》中所说。当知庄子所谓心知，非孟子之所谓心知，而别为一种心知。孟子所谓心知，乃德性之心知，道德上之是是非非之心知。庄子所视为可与性相违之心知，则初为一认识上向外寻求逐取，而思虑预谋之心知。在此心知中，人知此可致彼，是为故智；欲利用此为手段，以得彼，是为机心。故庄子以用机械取水，为机事而引起机心者。至于人之顺过去之所习，期必未来如今日之所料，是为成心。人生之无穷祸患之原，则正在此种种故智、机心、成心，与人之自然生命之情欲之相结合，乃有其种种非自然而不自然之情识意念之火驰而不反，以成心厉、贼心，而导致人之灵台之心于死亡，人乃失其自然之性命之情矣。

所谓向外寻求逐取，思虑预谋之心知，即一由当前直接所感所遇或既欲之而既得之物，更凭之以预谋，并求获得另一其他之物，以至可连类而及于无穷之心知。由此心知与情欲之相结合，人乃见卵而求时夜，见弹而求鸮炙，闻见声色而既知其美，即欲穷天下声色之娱，而尽得之。一朝饥既得食、寒既得衣而乐之，即一生劳心焦思于衣食是谋。"欲恶之孽为性，萑苇蒹葭；始萌以扶吾形，寻擢吾性"（《则阳》），其原皆出自此心知。此即正为人之丧德之原，而人生之无穷祸患之所由起者矣。

如更详说此心知所以为人生无穷之祸患之原，此即在：吾人依此心知，而欲凭当前所已见已得者为条件，而另求有所得时，其意欲由此致彼，连类所及，即原有无穷之可能呈于前。此时，人之心知即随此"无穷之可能"而浮起，以成一债骄之心，亦夹带吾人之生命，若向此"无穷之可能"而膨胀。如常人忽得意外之财，尚未加使用时，其心中念及此货财之种种运用之可能，即顿可使其人之心浮起、债骄而膨胀，是一显例。然实则此时人之生命之中心，乃已成为空虚无实者。此时之心知，若再自敛抑，而观此"无穷之可能"，又将感其"无一之能必"。因凡此非已现实者，皆亦有"不现实之可能"，即不可必也。如吾人今日积财千万，亦不能必明日之不以喉管破裂而饿死是也。凡欲期必彼未来而未现实之事，化为现实，必待其他种种条件之补足。吾欲补足此种种条件，又更有另外之其他条件；此另外之其他条件，是否为我今有力以补足者，仍终不可必。终不可必，而昔愿已化为成心，人乃必欲必之；人生乃永在向外寻求之中，而人之祸患忧虑，亦终无已。此即庄子之所以叹"人之生也，与忧俱生，久忧不死，何其苦也"。世人不知其苦，则人生之芒，人生之大惑大愚，而终身不解不灵者也。

魏晋之际，嵇康尝作《答难养生论》，本庄子之旨而言曰："不虑而欲，性之动也；识而后感，智之用也。性动者遇物而感，足则无余；智用者从感而求，倦而不已。故世人之所患，祸之所由，常在于智用，不在于性动。"其所谓性动，乃纯属于自然。其所谓智用，即上所谓化为机心成心之心知。此心知之恒先识而后求感，故倦而不已。此即似自然而实非自然，使人永在向外寻求之中，而忧虑无已者也。

至此心知之化为成心机心等，所以兼为人之丧德之源者，则不只由于人之依成心，以为自己之未来作种种预谋者，必于当前所接之他人，唯知加以利用，而不知敬爱；兼由人之成心机心，与人之自动表现之道德心情相结合，亦可能化此道德心情之表现本身，成为吾人凭之以达其他预谋之手段；并可使人对其未来道德心情之呈现，亦有一预求与期必，而亦有一成心；由此而使人以后之道德生活，成为一单纯之"还愿"，以合于此预求与期必之成心。此即为人之道德生活纯形式化而外在化之一大危机。如吾人今有信于友之道德心情之表现，此为一当下现成之事。然吾人之心知，对此一事，既加以自觉之后，人亦可念此我之信于友，将为吾友及他人所称美，而吾将缘是得名而得利。此中一念欲凭此当前已表现之心情，以另有所得，即为一机心。人有一念如此，则天旋地转，而德行尽丧矣。又如吾人念我当前有信于友之心情之表现，我即自预求我以后亦必能如是，我将永无不信于友之事；于是我与友约于桥下相会，而桥水骤涨，亦将如尾生之守桥而不去。此中吾人之所以必守信，即唯是欲求自合于昔日我之所先期必于我之成心。于是此一守信，即实非真道德，而唯是使自己之行为，合于此成心所预先定立之一守信之形式者。此形式，乃外在于我当时之实感中之所当为，而预先定立者；则我之必求自合于此形式之道德，即一外在化之道德。凡人之预定一忠孝仁义之道德标准，并无忠孝仁义之实感，而为忠孝仁义之行，以合古人所传或世俗所定之标准者，亦同为此外在化之道德，而实非真道德者。此一外在化之道德，亦皆无不原自人之先有一思虑预谋，而自期必其未来之如何之成心。吾人尚在当前之情境中，即预谋我在一切未来之情境，其道德心情皆如在今日之所期必，此即无异以今日之我，斩断我之未来之道德心情之当机的创发性。此即一不道德之念，使吾之未来之道德生活归于僵化者。凡世之定忠孝仁爱之道德标准，强人以必行，而不能开导人之自发的相应心情者，亦将使人之道德生活，归于僵化，而礼教杀人，亦实有之。此即庄子之所以既反对人之向外驰求声色名利，而不知返，以身殉之者，亦反对人之殉外在化之仁义之名之故也。

二 复性命之情之生活意义

由此再回到《庄子》本文，则于庄子所谓去性而从于心，为德之下衰之义，即不应难解。庄子所谓丧失其性之本义，即不外言人之心知冒过其当下之所遇、所表现，而欲凭借之以有所预谋，并生一机心，冀得其所不能必者之谓。此预谋而冀得其所不能必者，一方固出自期未来之定如今所期之成心，此成心即欲封闭未来世界其他一切可能，以归于我所预谋之唯一可能者。此即一其杀若秋冬之心之杀机。在另一方，则人于此又未尝不知此未来之实不可必。知实不可必，又必欲必之，则人欲趣欲舍，"趣舍滑心，使性飞扬"（《天地》篇）之机心，乃起伏顿挫，而吾人之心，乃忧虑不已，亦摇荡无已。此中，不仅人求名求利之事，足致此心之忧虑摇荡无已，即本此预谋之心，以为仁义，救天下国家，亦将同不免于此忧虑摇荡之无已。故《庄子·骈拇》篇曰："意仁义其非人情乎，彼仁人何其多忧也？"吾人若会得孟子即恻隐羞恶言仁义之旨，则仁义实是人情。彼仁人君子有终身之忧，而忧以天下，亦出自其之仁义之情，而此忧亦不容非议。然此仁人君子之忧以天下，必亦乐以天下。乐以天下者，乐此忧之出自性情而不容已，乃自知其当忧，亦自安于其忧者也。终身有天下之忧，而必自尽其力，以为其今日之所当为，为其今日之所能为，而又实无必得之念，则此忧盖亦非庄子之所能非议。然人在道德生活中，亦实有出自预谋思虑，而求必得此仁义之忧虑。是则依宋明儒学之发挥，亦只能说是一私欲。此则正为庄子之所讥者。此忧虑虽在求必得仁义，与小人之忧虑在求必得利，士之忧虑在求必得名者不同，然其为向外驰求，"驰其形性，潜之万物，终身不反"（《徐无鬼》），欲以无有为有，使人心摇荡，亦使"性之动"，徒从

心知而外徇外驰，而其所"为"皆"伪"，以失其当下之性命之情，
则一也。

今吾人更当问：庄子所谓复其性命之情者，其生活状态毕
竟如何？是否上文所谓"若愚若昏""不闻彼而自闻""不见彼而
自见"，即真为一"塞耳杜目"，更无容动色理气意、恶欲喜怒哀
乐、去就取与知能之一切表现，而只宅心于"不形""无端""游
心万物之始终"之无万物处，即为"玄德""大顺""性修反德"
而"复其初""同于初"，而"自得其得""自适其适"乎？或者人
必返于《马蹄》篇所谓上古"至德之世，其行填填，其视颠颠……
同乎无知……同乎无欲"之"素朴"，"民居不知所为，行不知所
之"之"含哺而熙，鼓腹而游"之原始生活，乃为复性命之情乎？
若果如前者，则复性命之情者，实应归于一耳无闻、目无见，而
一无所为，只念念在混沌之真，而与之终身不离者然后可。此则
与庄子言无为而又言无不为之言，明相矛盾。若果为后者，则唯
在上古至德之世之民，乃可言不失其性。今与昔既异世，今人将
永无复其性命之情之望矣。则庄子所说为真人至人者，如鲁之兀
者王骀之类，何以亦见于春秋战国之世？故吾人对庄子所言，必
须谋一善解。盖庄子所谓若愚若昏，必非实愚实昏。其所谓不闻
彼不见彼，应非耳目无闻无见，此言之关键，应在"彼"之一字。
人固不免有见有闻，然人尽可见所见、闻所闻，而不以所见所闻
为彼。所见所闻者，若皆在当下，即为此而非彼；则人之见所见
闻所闻，即自见自闻矣。此中唯在人缘此所见所闻，而另有所思
虑预谋寻求者，方得为彼。故见此一色而求尽诸色之相，则诸色
成彼；而此一色为诸色之一，乃亦成彼。闻一声而求极诸声之相，
则诸声成彼；而此一声为诸声之一，乃亦成彼。人若唯此声色等
之求，是谓属其性于五色五声，而时在往求见彼闻彼之中。人之
此心知，一往求见其非所见，闻其非所闻，不求见其所见、闻其
所闻，而其心乃行尽如驰，是谓不能自适其适、自得其得，人乃

失其性命之情矣。则所谓自闻自见，亦非谓一无所闻一无所见；而只是自求闻其所方闻、自见其所方见之谓。即只是：有所闻，则自闻此所闻，有所见，自见其所见；而使此心知不外驰，乃循耳目之所及以内通，以神直与所见所闻相遇之谓也。此即其《徐无鬼》篇所谓"以目视目，以耳听耳，以心复心"之本旨。若必就文字表面解释，则目焉能视目？耳焉能听耳？目视目，耳听耳，心复心者，收此视此听此心，更不外驰，以止于所视所闻所思而已矣。吾人若能知此义，则知庄子所谓"彻志之勃，解心之谬，去德之累，达道之塞"，而"无为"，固不必归于实无容动色理气意，无恶欲喜怒哀乐，无去就取与知能；唯当只是使此等等不荡于胸中之意而已。欲此等等不荡于胸中，盖非必全绝去此等等而去之；固可唯是：当人有此等等之任一表现时，不更有一自外来之自知，以自生一矜持。人乃不更执此表现，而别有希求，而必之于未来；则其依时而发者，虽喜怒哀乐、去就取与不同，而各居其时，各当其位，即可不致相摇相荡，而相碍相销，而皆可自适其适，自得其得矣。故无为亦能无不为也。

循吾人上文之解释，则庄子所谓复其性命之情之实义，即不外化除一切向外驰求之心知，或收回此心知，以内在于人生当下所遇所感之中之谓。是之谓知与恬交相养。人有所感而生情，人一时只感此所感而非他，是为命。人之所以能感所感而生情者，即吾人之生命之性。合性与命，为一性命之情。性命之情之所在，即吾人之生命之当下自得自适之所在，亦即生命之恬愉之所在。人心知不外驰而止于是，是谓以心复心，以复性命之情。此中人之有心知之外驰者，与无之者之不同，唯在人之有此心知之外驰，则人在其直接所见所闻之外，另加了一分意思。如凡在人之自发而不容已之活动之外，凭空外加一自知，以成一自我之矜持的意思，便可使性飞扬。《则阳》篇初言"生而美者，人与之鉴，不告，则不知其美于人也……圣人之爱人也，人与之名，不告，则不知其爱人也"，归于言：不论人之知不知、闻不闻，此人之美之可喜可好，圣人之爱人之为其所安，终无已，是为性。此其义尤深切。盖意谓唯人之喜美、好美、爱人之事，其自发而自不容已者，方为性也。此自发而不容已者之可喜、可好、可安，人皆可直感，而不待乎另加之一"知"。此"知"，乃由"鉴"与"他人之告"而外至，初非自然有，亦非必须有者也。人多有此一知，则恒化为一矜持。此矜持乃飞扬冒起于性之自然表现之上者。冒于性之自然表现，则冒于德，而冒于天下之物之上。此冒起，亦将对他物成一滞碍，使他物失其性，亦同时为自己之失其性，终为己之自发而无已之性之滞碍矣。故《缮性》篇言"德则不冒"。此冒字旧注，皆作冒于物解。实则必兼冒于己、冒于性，然后冒于物。此义思之自知。原人之感所感而生情也，其中亦原自有一心知，此乃不冒出所感之物之上，以外溢外求，而恒随所感之变化无方，以与之俱运，无不周尽，而绸缪相依，以为一体者。故出自此心知之行，唯如此如此然，而"更不知其所以然"，如孔子所见游水者之长于水则安于水，即以与之俱化，更不知其所以然而然也。是方为复性命之情者之所以遇物。此亦即《庄子·养生主》篇，所谓以神遇物之事也。盖人之能以神遇物，此神乃依人之感其所感而生，则亦即此人之能感之性之表现。唯人有此"神"之表现，能随所感，而应之以"序"以"则"，方见人之性。此性之名，即以序以则而表现之神，就其为形体之所保而言者也。故曰"形体保神，各有仪则谓之性"。有序有则即有仪也。人有性而能感所感，以相续感所感，而有生。故性为生之质，而生亦可说为性之文。文者其表现，质者其内容。此尚不必有后人所谓质由气成之义，更不必有西方之所谓质，纯为一质料之义者也。

　　此上所述庄子言性之义，如与孟子告子之言对较而论，吾人所特当注意者，是此性之概念与神之概念之结合。神在传统思想与《墨子》中，乃指鬼神。鬼神非人知之所及。孟子言神，乃以之指圣而不可知之境界，唯君子能所过者化，所存者神，此化与神，皆非可以说常人之心者。庄子之单言神，则指人不思虑、不预谋，能随感而应，变化无方，以与物直接相遇之人心之功能，初不只属于圣人与神人，而亦人所共有者。人当思虑预谋之心知既盛，其能随感而应，变化无方，以与物直接相遇之神，乃隐而不见。故必外于此心知，而无思无虑，"不以心稽"——亦即不以思虑中之概念名言，期必所感所遇者之何所似，然后人之神能随物之变化无方，而运行不滞，无阻无隐，以充周于天地万物之变化之流中，以无乎不在，"周尽一体"；然后所感所遇之天地万物，乃亦一无所隐遁，以为此"超一般之心知，直自灵台灵府之流出而不竭之光明"之所照。以神明言此灵台灵府之心，尤庄子之所擅长。神与明之异，唯在"神"乃自其为心所直发而说，"明"则要在自其能照物而说，故明亦在神中。神明亦实不外直指人能与变化无方之物相遇，而不以思虑预谋之概念名言，加以间隔之一高级之心知，兼为性之表现，于其所遇之物之变化之中——即表现于命之流行中——之一"其情无阻"之情也。

三　心之思虑所成之礼义文理与性之对较关系，及性恶之义

荀子言性恶，似对孟子而发；然荀子中心之思想，则在言心而不在言性。其所谓心与孟子不同，尊心则与孟子同。孟荀之异，在孟子即心言性，而荀子分心与性为二，乃与庄子之别一般之心知于性有相类处。然《庄子》外篇，以去性而从心，为世之衰，乃尊性而抑心，又与荀子为对反。荀子以生之所以然者谓之性，与告子言生之谓性，庄子言性者生之质也，又相似。唯庄子言复性以养德，则性应为善；荀子则言化性而成德，性乃为恶；告子则以人性初无善无恶，而亦可约范之以成仁义之善，如约范杞柳，

可以为杯棬。此三家言性又异。今论荀子之言性，则待吾人更知荀子之性所指者为何，然后能知其特见所在，与其言之所以立，并使其言与他家之言，似相矛盾者，皆各得其所，而安于其位也。

荀子之论性恶，见其《性恶》篇，而其论性及与性直接相关之名之义，则见于其《正名》篇。其言曰：

"生之所以然者谓之性，性之和所生，精合感应，不事而自然谓之性；性之好恶喜怒哀乐谓之情；情然而心为之择谓之虑；心虑而能为之动谓之伪，虑积焉，能习焉，而后成，谓之伪。"

其《性恶》篇又曰：

"性者，天之就也。……不可学，不可事，而在人者谓之性；可学而能，可事而成之在人者，谓之伪。是性伪之分也。今人之性，目可以见，耳可以听；夫可以见之明不离目，可以听之聪不离耳，目明而耳聪，不可学明矣。"

此可见荀子之言性，乃分出此心之虑积能习，一切待学待事而成者，而属之于人伪；而唯以天之就之不可学不可事，而自然者，方属之于天性。然此一分别中，固未涵性必恶之义也。

《荀子·天论》又曰："形具而神生，好恶喜怒哀乐藏焉，夫是之谓天情；耳目鼻口形能，各有接而不相能也，夫是之谓天官；心居中虚以治五官，夫是之谓天君。"此中之言天情天官天君，皆未言其为恶。又据上段所引，荀子以目明耳聪，为不可学不可事，而原于天者，皆属之天性。此目明耳聪，荀子亦未尝径以为恶。是见由天所就之性初无恶之义，如耳聪目明之自身，即不可说为恶者。然则荀子之所以又明言性恶者，何也？

吾今之意，以为荀子所以言性之恶，乃实唯由与人之伪相对较，或与人之虑积能习，勉于礼义之事相对较，而后反照出的。故离此性伪二者所结成之对较反照关系，而单言性，亦即无性恶之可说。如上文所引之言是也。

此中性伪所结成之对较反照关系，实即在人之虑积能习所依之礼义文理之理想，与此理想所欲转化之现实间之一对较反照关系。唯人愈有理想，乃愈欲转化现实，愈见现实之堕性之强，而若愈与理想成对较相对反；人遂愈本其理想，以判断此未转化之现实，为不合理想中之善，为不善而恶者。故荀子之性恶论，不能离其道德文化上之理想主义而了解。今若只视荀子为自客观经验中见种种人性恶之事实，乃归纳出此性恶之结论，或先有见于天性之恶，然后提倡人伪以化性，皆一间未达之言，而尚未深契于荀子言性恶之旨者也。此下即将略析《荀子·性恶》篇言性恶之理由，以证荀子之言性之恶，皆对较荀子之理想，所反照出者。

《荀子·性恶》篇之第一段曰："今人之性，生而有好利焉，顺是故争夺生，而辞让亡焉；生而有疾恶焉，顺是故残贼生，而忠信亡焉；生而有耳目之欲，有好声色焉，顺是故淫乱生，而礼义文理亡焉。然则从人之性，顺人之情，必出于争夺，合乎犯分乱理，而归于暴；故必将有师法之化，然后出于辞让，合于文理，而归于治。用此观之，然则人之性恶明矣，其善者伪也。"

荀子于上文明指出：彼乃自人之礼义与性之对较对反关系而观，以言性恶者。性之所以为恶，乃由人之生而有好利之性等，则必使礼义辞让亡之故；故人欲归于文理辞让，必化性而后可。此即一礼义文理与性间之"顺此则违彼，顺彼则违此"互相对较对反之关系也。故礼义文理善，则性必不善而为恶。礼义文理为理想，性则为其所转化之现实；唯因理想之善，方见现实之恶。此非孤立此性，而言其为恶，乃就人之顺性，必使礼义文理不存，方谓性为恶也。

《荀子·性恶》篇之第二段，则自人必待师法得礼义然后治，以成君子，否则纵情性、安恣睢而违礼义，成小人而说。人成小人则不得成君子，成君子则必不可为小人。由君子之善，方见小人之不善，此亦为一对较对反之关系，故《不苟》篇曰："君子，小人之反也。"小人之所以为小人，在纵性情；纵性情而人不得为君子，以有君子之善。故曰性恶也。

《荀子·性恶》篇之第三、四段，为驳孟子之说，言其不能知性伪之名之分；并谓人之所学所事，皆意在反乎性而悖乎情，亦唯反性悖情乃成其善。故曰："饥而欲饱，寒而欲暖，劳而欲休，此人之性情也。今人饥，见长而不敢先食者，将有所让也；劳而不敢求息者，将有所代也。夫子之让乎父，弟之让乎兄，子之代乎父，弟之代乎兄，此二行者，皆反于性而悖于情也……故顺情性则不辞让矣，辞让则悖于情性矣。"

此饥而欲饱，劳而欲休，克就其自身而观，并无恶义甚明。其恶亦唯由人若顺之，则与辞让结成一对较对反之关系，顺之而辞让亡，方见性恶也。

《荀子·性恶》篇之第五段，答覆性既恶，则礼义自何而生之疑难。荀子之意，是礼义出自圣人之积思虑、习伪故，以异于众，而圣人之性则未尝不同于众。此为释难之言。依荀子所谓"凡生于思虑伪故者，皆非出于性"之定义，则出于圣人之思虑伪故者，自不得言出于性也。故此段文实无多理趣。

《荀子·性恶》篇之第六段，是直就人之欲为善以证性恶，其言曰："夫薄愿厚，恶愿美，狭愿广，贫愿富，贱愿贵，苟无之中者，必求于外。故富而不愿财，贵而不愿势，苟有之中者，必不及于外。用此观之，人之欲为善者，为性恶也。今人之性，固无礼义，故强学而求有之也；性不知礼义，故思虑而求知之也。"

此段文最有理趣，而问题最大。然荀子之言性恶，惟在性与礼义之对较关系中言之意，亦最显。人之欲为善，正孟子所持之以言性善者。如由人之能欲义甚于生，即孟子之所以证性善也。今荀子乃谓人欲善，即反证人初之无善。然此无善是否即为恶，则大有问题。克就无善而言，固未必为恶也，如无"数"之不必即为一负数也；又如人中无特贵者，非人皆为贱者也。至于无善而"欲善"之欲，则无论依孟子之言，与常识之论，皆不能不说是"善"也。今荀子乃缘此人之欲善,以言性恶,正见其唯在"人所欲之善"与"其现实上之尚无此善",二者互相对较对反之关系中,以所欲之善为标准,方反照出其尚未有善之现实生命状态之为恶;正如人惟因有贵者在其意念中,而为其所慕,乃自知其为贱者是也。

《荀子·性恶》篇之第七段,大意归于谓假设天下"无礼义之化,去法正之治,无刑罚之禁,倚而观天下人之相与也,若是,则强者害弱而夺之,众者暴寡而哗之,天下之悖乱而相亡,不待顷矣"。此则明是自客观之天下中之"有由思虑伪故起之礼义"与"无此而人任其性必致天下于悖乱"之对较对反之关系,而言人性之为恶也。

由上所述,可见荀子之论证人性之恶,乃皆从人性与人之礼义之善所结成之对较对反之关系中,二者之此起彼伏、彼起此伏中看出的。荀子于此之特见,则在其能见人之欲礼义、行礼义、造礼义之积思虑习伪故之心,乃恒对较其所欲转化之现实生命状态以存在。此所欲转化者,对吾人之道德文化理想所在之礼义言,即为一负面者。故前者为善,后者即为不善而为恶。此非谓离此人之理想,人之天性之能自称为恶也。在此人已有此一道德文化理想之情形下,对此理想之实现,必待于人对于其现实生命之状态能有所转化之义,荀子之所认识者,实较孟子为深切。既欲转化之,即不以之为善,而当以之为恶;性恶之论,亦即在此义上,为不能不立者矣。

人于此最易发生之对荀子言之一驳难,是吾人欲得礼义,虽必须转化吾人现实生命之状态,而化性,然此性可化,人可为圣贤为禹,又如何可言性之必恶?《荀子·礼论》篇尝言"性者,本始材朴也;伪者,文理隆盛也。无性则伪之无所加,无伪则性不能自美","性伪合而天下治",又以"至备情文俱尽"言礼,皆只谓性情为材质,不能自美,固亦无性情必恶之说也。然依《荀子·性恶》篇第八段之意，则以人虽可以为禹，或欲为禹，而非必能为——即所谓"可以而不可使"——如足可遍行天下，而未必实能遍行天下。此即谓只一单纯之可能，不同于实际上之必能。人今未实为禹，亦无由据实以断其必能。人今未实为禹，则人之为禹之可能，或堪为禹之材质，虽未必恶，然克就其实无禹之善，而观人之现实生命之状态，即未善而不善，便仍可谓其性之趋向在为不善，而乃为恶。人之欲为禹者，亦未必能实求自转化其现实生命之状态。人果必求转化之，即必意谓此状态为未合于善，而为不善、为恶；不得因其可能被转化而可为善，即不谓其性恶矣。

四　心欲善，心中理、合道，与中理合道之"心之理"或"心之性"

对荀子之言性恶，进一步之讨论，仍是就荀子所承认人有欲为善之理想一点上追问。今姑无论此欲为善之欲，是否能使人必得其所欲之善。今只问；此欲为善之欲，克就其自身而言，是否为善？如其为善，则岂能否认此欲之本身，其性之为善？此欲为善，即求转化恶。此求转化恶之虑积能习，又岂能不说是善？上言荀子固不肯谓此欲为善之欲之本身是善，依其用名之定义，一切求转化恶之虑积能习，乃原于心，属于心者不属于性，则此属于心之欲与虑积能习虽善，仍当言性恶。然吾人于此仍可再问：此欲为善与有思虑能习之心，其本身岂能无性之说？即心之本身岂能无性之说？纵"非心"之自然生命之欲等之性，不可说善，何不谓此心之性为善？《荀子·修身》篇言："身劳而心安，为之；利少而义多，为之。"又曰："见善修然，必以自存也；见不善愀然，必以自省也。善在身，介然必以自好也；不善在身，菑然必以自恶也。"人能自存其善而好之，自省其不善而恶之，此岂非见此心之性能好善恶恶以归于善，而有类于《大学》之言如好好色如恶恶臭以诚意之旨？《荀子·乐论》篇尝用善心之名，其《不苟》篇又言"养心莫善于诚……唯仁之为守，唯义之为行"。心之能守仁义，正如其能制礼义等，岂不皆可持以证心之性善？荀子固以圣王所垂之仁义礼乐，为客观的历史上之存在，然其《荣辱》篇谓"仁义之统，诗书礼乐之分"，乃圣人之"为天下生民之属，长虑顾后而保万世"之大虑。仁义之德性之统，与诗书礼乐之人文之类，固皆内在于圣人"心之大虑中"。此心能为天下万世作此大虑，又岂可说其性非善？然荀子终未有孟子即心言性之善之义，而不主心善者，何也？

荀子对上述之问题，固自承认人心能守仁义、知礼义，为天下万世作大虑，而世亦实有其心能如是之圣人君子；此即其所谓心之所可中理，而能知道守道行道之人也。然荀子仍将谓：心之所可者虽能中理，亦可不中理；人能知道之统类，亦可不知；人能守道行道，亦可弃之而不守不行。心固能自禁自使、自夺自取、自行自止，世固无有外力，使心必不中理合道者；然心不自使其中理，以欲为善而合道，心固亦可不中理合理，而不欲为善也。故《解蔽》篇首论及人心之种种蔽障，继论必解此蔽而后能有中理合道，以知道守道行道之心。人欲有知道守道行道之心，须先用力有所专以至于精一。然人心之能强忍以求精一者，或有挫其精者，则人心不免于危。[①] 人心能知其危，以求进达于道心之微，即"养一"之微，故荀子以孟子能知人心之危，尚未达于养一之微。人必由此养一之微，至于"无为""无疆"，其思"恭"而"乐"，如至人圣人之用心，能知统类之道而行道守道之境。此则略同《中庸》所谓"夫微之显"之境。是皆《荀子·解蔽》篇之

---

① 荀子之所谓危，当依王先谦《集解》所引王念孙注，乃兢业戒惧之意，为人之用精一之工夫时之所经历者，如登高临深而有危栗之心。非如宋儒所谓陷于人欲之危之谓也。

旨。然此中种种工夫之历程，谈何容易。凡此人心之"由可中理合道，至中理合道，更知危知微，求精求一"之治心养心之工夫历程中，如有一步未及，则善不全尽，而人心犹未善。况吾人今日之心，蔽障重重，尚未能自知其蔽障所在，亦未能真求中理合道者乎？故荀子终不言心之性善也。

　　察此荀子之只言治心养心之工夫之历程，而终不言心之性善，即见其言心之异于孟子者，乃在其不似孟子之直下以人当下所表现之德性心为心，而即此心之情之向于善者，以见其性之善；乃由此心之不必然能得其所向，而不言其性之善。上文所论之庄子，其所以恒欲"外于心知"，亦先由感于此心知之思虑预谋，可导致人之向外驰求，以归于失性丧德而言。依庄子义，心亦不必皆与德性相连，人固有离于德性，与德性相悖之心，而不必皆为合道者。此亦正如荀子之言心，有可不中理合道者。荀子以心可不中理合道，故心可为不知危之凡人之心，亦可为学者之能知危之人心，而尚未及于道之微者。庄子亦有偾骄之人心，与知道之灵台之心之分。是二家之言，虽不必相同，然其为能依心之状态，以对心作分别，而不混然说一心，则同。故荀子言人心道心之语，亦引自《道经》。然庄子以人心之偾骄，而欲外于此心知，以复性命之情；同时即摄此外求之心知，以内反，而以心复心，以显其灵台之心。荀子之学，则意在历人心之危，以达于道心之微，以进而如圣人之为天下万世作大虑，立仁义之统，成诗书礼乐之类，以全尽其善。然二家不直就吾人之心，由贤而圣以说其性为善之故，皆在有见于心之在现实上，实可有不善而未善，则一也。

　　然吾人今欲曲尽此心性问题之理蕴，当更由荀子之言心性之所限者在何处，以凸显荀子之言之所及；便仍当本孟子之旨，对荀子之说，更作一评论。即吾人可说，荀子之此以人心为可中理合道，可不中理合道之说，乃由荀子无意中，立于自外观人心之立场，而后有之论。此乃吾人于《原心篇》论荀子处已提及，而未能多发挥者。此所谓自外观人心者，即非在自己道德修养之历程中，直接自内观此心之性之谓；而唯自居于道德修养历程之外，视他人与自己之心，为一客观所对，而就其与所对治之性情之恶之力量之大小关系等，而平观其可中理合道，亦可不中理合道之谓。若人在其正作道德修养之历程中，自观其心之求中理合道，则此心即为"求精求一，能识人心之危与道心之微，而求历此人心之危，而达道心之微，以求自同于圣人之用心"之心。荀子既言危微之几，唯明君子而后能知之，则亦当自知其能知此危微之几之心，果是何心。此心实即一"求精，求一，求历此危，求达此微而显之"之心也。在人心之危中，固有败之而挫其精者；在道心之微中，人固亦可不达其微；而人之心即终有不中理合道之可能。然人之"能知此中之有危有微，知有不中理合道之可能，而意在历此危、达此微，以求自同于至人圣人之用心"之心，则同时为"求"排去此心之"不中理合道之可能"之心。此心在其如此如此之"求"中，即为一只向于中理合道之心之呈现，而未尝向于其"相反之可能"者。因其即以"排去其相反之可能"为事也。此心既以"排去此之相反之可能"为事，便只能说其为一"定然必然的向道之心"。如道为善，则此向道之心，亦必定然必然为善者。此中如说此道乃心之所向，道善非心善，则吾人可答：此道善，则向道之"向"必善，而此向道之"向"，即发于心；则由此"向"之善，仍可转以此证"此能向道之心"之善也。

然在荀子之思想中，则终未能进至此一步。其所以未能进至此一步，非因荀子不重道德修养之工夫，而是因荀子对其修养工夫之所以可能，尚缺乏一超越的反省。荀子固期在积善之全尽，而深知此事之艰难，故勉于自存自好其善，自省自恶其不善，以求有诚固之德。荀子又深有见于人心之可不中理合道，与其蔽障之多，及人心之危、道心之微，历危而达微之不易；故必言解蔽、精一、种种治心养心工夫，以使此心得无往而不中理合道，并使人心有诚固之德；然后人心之合理，乃不为偶然，而成为常然；
"心之不中理合道"，成为不可能，而心之合道乃成为必然而定然。
然荀子终未能自反省：此求有诚固之德之心，求使此"心之不中
理合道成为不可能"之心之自身，为何种之心？亦未试思：如此
如此之心之性，是否为定然必然之善？若其思之，则荀子亦终将
谓此心为定然必然之善也。对此心，荀子于其道德修养之工夫中，
当自知其有之；则亦当依类而推，依理而推，以己度人，以谓人
皆有之也。即人在实际上未有之，实际上人皆不善而未善，实际
上之人心皆未能历人心之危，以达道心之微，仍当谓此"不善"
之有可去之理，于人心之危，有历之以"进于安"之理；于道心
之微，亦有达之以"更显其微"之理也。此理既在此人之心，亦
即此心之性。依此理此性以观心，仍当说此心之性，乃定然必然
为善也。此即可导致宋儒如程朱之以理为性，即心之理善，以言
心之性之善之说，而为荀子之所未能及。荀子之所以未能及此，
则由其于虽知理之重要，然只知理为心之所对，心之"所知"与
"所中"，而不知此"求知理中理"之本身，正为此"心之理"；此
为心"所中""所知"之理，亦为此心所有之"求知理、中理"之
"心之理"之所摄，此"心之理"即"心之性"。荀子亦未知此心
之有"求知理中理"之"心之理""心之性"，即此心之自求历其
危，而达其微之理之性；此理此性，固必当为善者也。斯即荀子
之不及程朱。程朱之论，盖亦正每为人之由荀子之论，再转进一
步，以重引入孟子性善之论，所宜经之一论也。学者若因此而疑
程朱之为荀学，则大悖矣。

五 《中庸》之即诚言性，即明言心，与率性尽性

《中庸》一书，初在《礼记》中，朱子尝列之为四书之一，并
承汉儒及程子之言，谓为子思著，兼视为传授孔门心法者。其列

《中庸》为四书之末，正是自其为《大学》《论语》《孟子》之义之汇归综结处而言；则《中庸》之成书，亦宜在孔孟之后。今观《中庸》之言性，更可见其为能释除庄荀之流对心之性之善之疑难，以重申孟子性善之旨，而以一真实之诚，为成己成物之性德，以通人之自然生命、天地万物之生命与心知之明，以为一者。其成书，固宜亦在庄荀之后也。按《中庸》言诚之语，多同孟荀言诚之义。然孟荀皆未尝以一诚，统人之一切德行而论之。《中庸》则明谓三达德之智、仁、勇，五达道之君臣、父子、夫妇、昆弟、朋友，与为天下之九经之尊贤、敬大臣、柔远人等，以及人之为学之博学、审问、慎思、明辨、笃行之工夫，一切天人之道，皆以一诚为本，而后能贯彻始终，以有其成功。故曰诚者物之终始，不诚无物。此则孟荀所未言。人能思及并论及诚之重要，而专以之立教，盖亦必由人既知从事种种德行之修养之后，同时见及其中恒不免于夹杂，而有非德行中所当有者间之，致其德行乃断而不续，既有而终归于无，方知此立诚之重要；并知诚与不诚，乃为一切德行之死生存亡之地，而不可不以之立教。故此立诚之教非圣贤之"始教"，而为其"终教"。按孔子之立教，唯多举仁孝为说。孟子立教，则多就人当下表现之不忍、羞恶之心上指点，以使人自知其仁义之不可胜用。此皆重在正面昭示人生之道。孟子之言思诚，谓不诚不能动人，亦唯是勉人之道德实践之语。至荀子言性之恶，并知人心之危，道心之微，人心可中理可不中理，可合道亦可不合道，而见守仁行义之不易，遂特重诚固之工夫。《中庸》之言不诚无物，则使人警惕之意益深；君子乃不能不时时常存敬畏，以"戒慎乎其不睹，恐惧乎其所不闻"。而诚乃不只有工夫义，亦有为存在之物之本体义。此吾人于《原心篇》论《中庸》处，亦尝及之。《中庸》定达道为五，达德为三，天下之经为九，而皆统之于一诚。此种综述而贯通之论，亦固属终教之形态，而非始教之形态也。

诚之所以能统一切德行者，由一切德行，无论如何相差别，然要必纯一无间杂而后成，亦要必继续不已而后成。此求纯一无间杂，求继续不已，即诚之之道。人而能诚，即为有诚之之德者。此道此德，为必当遍运于一切德行之成之道之德，亦此一切道之能行、德之能成之超越的保证与根据；而能涵摄一切道之行、德之成，以为其内容之一道一德，而可称之为一切道之道，一切德之德者也。

诚之为德，在使一切德行中无间杂；而常存敬畏之戒慎恐惧中，即包含有对彼为德行之间杂者之克制，而必求去除此间杂者之义。此间杂为反面之不德，则诚为面对彼为反面者，而"欲反此反面者以归于纯一之正"之道之德。诚之为德，在使一切德行继续不已，亦必然包涵对"德行之或不得相续不已"之戒慎恐惧。更哲学地言之，德行之不得相续不已，即德行之可由有而入无；而诚则为面对此"可无"，而欲无此"可无"，以成此德行之不已于有，而保有之之道之德。人之一般德性之自然的表现于行为，如孩提之童之爱亲敬长，及一切仁义之心之自然流露，尽可未尝遇有间杂之者，人亦初未尝虑其不能相续。然此中确可有间杂之者继之而出现之事。如自然生命之耳目之欲之起，"妻子具而孝衰于亲，嗜欲得而信衰于友"之事，或持其仁义之心之表现以要名是也。有此间杂，人之自然表现的德性行为，乃随时可断。此中便见人之德性行为，亦实尚未能自成其为德性行为。确切言之，即只见德行之始生，尚不见德行之完成。德行之由始生至完成，唯赖于诚之之工夫。此诚之之工夫之所以可能，则由吾人之有此一能自诚之德性或性德。此性德，又不仅只为人之德性之自然表现于行为之根据，亦为人之能自去其德性之间杂，而使此表现，能相续不已而完成之根据。吾人亦当说：唯此人之能自诚之性或性德，乃为吾人之真正之性。此真正之性，乃不只能表现为德行，使德行生发，亦为能去除间杂，使德行相续，而使德行为纯一不已之德行，而得完成者。亦唯因此性德，能去除间杂，使德行相续，而后可见其为绝对之真实、绝对之善；方可言人只须率此性，即是道，人欲成道成德，亦除率性以至于尽性以外，更无他事。故《中庸》首曰，率性之谓道，而终于言尽性也。

以《中庸》之言率性之归在尽性，与孟庄荀之言相较，则孟子言尽心知性、存心养性，庄子言复性，荀子言化性，皆未尝言尽性。言尽心知性，是说人当由恻隐羞恶之心之呈现，而知此心之呈现，即有自向于扩充之性，而用勿忘勿助长之工夫以集义，即所以养气而养性。此义乃指合义之行事。合义之行事者，人之善心之表现。集义者，集此善心之表现，以使此心自向于扩充之性，亦日益表现。故尽心即所以知性，此中尽可无消极性的如何对付不善者之间杂之戒慎恐惧。庄子言复性，则意谓当人既徇其心知，而向外驰求，即离其性之本，足致人之忧患，以丧德失性；故必还引此心知，以返归于性之所直感直通之当下所遇，使知与恬交相养，乃为复性。在庄子心知与性，其义可不同；知与恬交相养，乃所以复性之工夫；然此工夫，毕竟由心出或由性出，则似皆可说。荀子言化性，而能化性者，为知道行道之心；养此心以诚，即所以化性。此中，心与性之相对，乃一能治与被治之相对；而于此心之能自诚之性之善，则荀子盖未能识。庄子之性有待于复，不能自尽；荀子之性为恶，更不当尽。二家乃无尽性之教。孟子言尽心知性，是尽此善心，即知此善性；别无因不善者之间杂，而未能尽之性。心既尽而性即知，亦无待乎更言尽性。孟子之尽心知性，全幅是一正面的直截工夫。其言强恕而行以求仁，固若为更经一转折，而以"恕"自己勉强以求仁之工夫。然此仍可说是不外：由人之更向上一步，反省其心之如何，而以己心忖度他人之心，直举此心加诸彼，而推之于彼之工夫。若然，则此亦是直依于心之能推之性，以言人当推心之直截工夫。人欲强恕而行，亦可由一直下对己心之反省，以知其性，以为其强恕之工夫之所据。是即亦可只言尽心，而不必更言尽性也。然《中庸》即人之能自诚之性以言性，则人虽已知求诚强恕，仍不同于其已尽此能自诚之性。故人即已有强恕之心，仍有诚不诚之问题在。此自诚之性，必须表现于时时之择善，而固执之，以去一切间杂之不善；而人于其求自尽其心之继续不已之无穷历程中，乃恒见有未能自尽而当尽者在，故必须言尽性。是见《中庸》之尽性，与孟子之尽心，正不必全同其旨。尽心可只须顺当下已呈现之德性心而扩充之，尽性则必须去除一切心中之间杂，以归于纯一而不已。故尽心犹可是始教，可不包括如何去除一切不善者之间杂者之工夫，亦可不包括自防其工夫之断，而常存敬畏之戒慎恐惧等。尽性或具此尽性义之尽心，则必须包括此一切于其内，以使人之道德生活能成始而成终，而为终教者也。

　　《中庸》之尽性之教，如必连心而说，即尽此能自诚之性以尽心之教。此性之尽，包涵人之去除不善、择善固执等于其内。故其善，即无不善之可能之必然定然的绝对善。对孟子之德性心，庄子荀子可谓外尚有向外驰求、使人丧德之心知不中理之心。在《中庸》能自诚之性之外，则更无不善之心、不善之性与之相对。因此性，即以去除一切不善者为其性也。（《朱子语类》六十四谓尽心乃知上说，是浑沦的；尽性自行上说，涵零碎工夫。其言与上文略异。然朱子亦有尽性为底细之究竟工夫之意也。）

　　吾人识得此人之能自诚之性之存在，初可由吾人之守仁行义、改过迁善之一念之诚中识取。既识得之，而知其为一绝对善，乃可表现于无尽的人所自命自令于其自己，诸尽性之事中者；吾人即知此性乃一超越于其已有之一切表现之上之性；乃若自一无穷渊深隐微若不可见之泉源而流出，遂可说此泉源，为超越于现实人生之已有之一切事之上之无声无臭之天，亦可说此性乃天所命于我，以见于我之自命者。故《中庸》谓此性为天命之性。至于就此性之表现言，则有二形态：其一形态为直承其为绝对之善，而自然表现为一切善德善行。此即吾人于《原心篇》下所谓直道的顺天德、性德之诚，以自然明善，其极为不思而中、不勉之得、至诚无息之圣境，是所谓自诚明谓之性也。至诚无息者，其生心动念，无不为此能自诚之性之直接表现，而"明著于外"者。《中庸》于此乃更不言心、言意念，而只言明。明即心知之光明，人至诚而无息，则其心知即只是一充内形外之光明，以表现此自诚之性，此外即更无心可说。是谓由诚而明。另一形态为人之未达至诚，而其性之表现，乃只能通过间杂之不善者，而更超化之，以去杂成纯，以由思而中、勉而得。此即吾人于《原心篇》，所谓由择乎正反两端，以反反而成正之工夫。人在此工夫中，乃以心知之光明开其先，而历曲折细密之修养历程，以至于诚。即所谓"自明诚，谓之教"，"致曲"以"有诚"也。以《中庸》观孟子，则孟子教人直接识取本心，当下反身而诚，而自见其乐莫大焉，即直下以契圣境教学者之自诚而明之语；荀子之重在由心之中理合道，以化性起伪，而自勉于诚心以守仁行义，则为由曲以有诚，由明而诚之教也。然荀子未能识其诚心守仁、守义所本之人性，为一至善之性；孟子即心言性，不自耳目之官之欲言性，则亦未尝言此心之性，能运于一切非心之耳目之欲，以及不中理之心之中，更历尽曲折，而超化之，以成其纯一无已之表现。《中庸》于此则能兼综此至诚无息与曲能有诚之二义，而见其皆本于一天命之性；乃一面以直率此性为道，一面以思勉之工夫，修治此道，去其间杂不纯者，而恒自戒慎恐惧于人须臾之离于此道。此即《中庸》之张大孟子之义，而使人于此天命之性之善，更可无疑者也。

六 尽己性与尽人性、尽物性之涵义

《中庸》之由人之能自诚以言性，亦即由人之能自成其德，而成己处言性。此成己，即成就吾人之真实之生命。《中庸》之言性，亦重在将吾人之生，与他人之生、万物之生等相关连而论。《中庸》未尝重心之一名，亦未尝如孟子之处处即心而言性。其言性之多关连于生与生之成而论，乃有类乎告子之即生言性，而又有迥然不同者在。此不同，即告子之即生言性，乃自人之个体之自然生命之生与自然生命之食色之欲等上言；而《中庸》之关连"生"与"成"以言性，则自此性之为一普遍的成己成物，通于天地之生，万物之道者而言。由此而《中庸》有尽己之性即能尽人之性、尽物之性，以赞天地之化育，与天地参之说。此则远非告子之所能及者也。

何以尽己之性即可尽人尽物之性？此性字如指己与人物之个体性与种类性说，则我之个体不同他人，又与其他万物为异类，此语又如何能说？孟子言"尽其心者，知其性也"，盖亦只指知人之心之性而言，未尝明谓由此可知禽兽草木等万物之性也。依孟子之严人禽之别，亦绝不谓人与万物为同类，则人尽心知性，固不直涵尽物性之义也。今欲明《中庸》之此言，盖惟有待于吾人对《中庸》所谓能尽己之性而自诚，所成就之自己之真实生命之内容，有一切实之了解。须知所谓人能尽自己之性而自诚，不外人能诚仁、诚智、诚勇，以成其三达德，及行于父子、兄弟、夫妇、朋友、君臣之五达道，而以九经等为天下国家之谓。此中仁始于力行，智始于好学，勇始于知耻。即知仁勇始于人之外有所知、所好、所耻，而后其德乃成。父子兄弟之伦理，依人己之交而有；九经之为天下国家，亦即自明善诚身，更通乎天下国家之事。此中，德为通达内外人己之德，道为通达内外人己之道，故曰达德达道。达道达德，原于性之自诚而成己。则此性亦自始为一求通达内外人己之一性德，其求成己即兼求成物，而于成物中成己，或成己中成物者。此性方为人之达德达道之所以可能之超越的根据。故曰："成己，仁也，成物，智也；性之德也，合内外之道也。"

　　识得所谓尽自己之性而自诚，唯见于人之成达德、行达道，通达内外人己，以兼成己成物之一义；则知人之能自诚之性，即一既求成就自己，亦求成就其所感通之一切人物之性。人之求成就人物，依于其成就物之仁，而成仁即以成己。人有知他物之智，而其智十己，即所以成物。仁者，诚之见乎情之所感通，智者，诚之见乎知之明照；皆原于能自诚之性德。仁智俱运而相乎。仁在成己而诚在于物，心之知乃不驰于情所感通者之外，则此知不导致庄子所虑之丧德失性之祸。智在成物而知自明照，心之情乃不胶滞于所感通者之中，则此情亦不同于荀子所谓待化除矫厉而后善之性情。仁且智，而后心与性情不相离，不相裂，人乃有其真实存在之生命而自成其生，方能成人物之生。故言能尽其性，方能尽人物之性也。本仁智以自尽其性而自诚者，乃一纯亦不已而相续无穷之历程。尽人之性与尽物之性，亦为一无穷之历程。尽而不穷，则此尽非穷尽之尽，乃往尽之尽。往尽而更无穷尽，是为尽而无尽之尽。故人物之无穷，圣人固亦终不能有一一皆完满成就之之一日。然此非圣人不能往尽彼人物之性之谓；唯是此圣人之尽己之性、尽人物之性之历程，原是一尽而无尽之历程之故，是正所以见圣人之圣德之无尽也。此有如天之化育万物之无疆而不已，非天之未尝化育未尝生物之谓；而是正赖此无疆而不已，以若时有所憾，乃见此天德之无尽之谓也。则吾人之学圣人，而求自具仁智之德，亦非必赖吾人能完满成就一切人物，而后吾乃可言尽人之性、尽物之性，以自尽其性；因尽原非穷尽之尽，唯是往尽之尽故也。由是而凡人能往尽其性之事，无非成己成物之事，亦无非位天地育万物之事。凡妻子好合、翕兄弟、顺父母等庸言庸行，其发乎中而形乎和者，皆无非成己成物，尽己之性而尽人之性，而致中和以位天地育万物之事也。在此任何当下之尽性之事中，人若只自其所表现之仁智之性上看，则此性之至小至微之表现，亦未尝不至大至显，至潜伏未尝不至昭彰。然后人在尽性之历程中，乃无往而不见此性德之无尽，而不待于外求，乃无所疑于人物之性，由我之自尽其性而尽矣。然人于此，若一念视他人他物为外于自己之客观所对，而思彼人物之无穷，其个性类性之无穷，再回顾自己以藐尔之躯，厕身于此无穷之人物世界中，以为其一，则将疑彼人性物性如何能由尽己性以得而尽；乃惟有观彼之无尽，还自阻其尽其性之工夫矣。此则亦正如由庄子所谓人之心知之明之外驰不返，方有此出位之思。是还赖人之收归此心知之明于当下之庸言庸行中，以自知此当下之庸言庸行中，所表现仁智，所本之性德，即当下为无穷而无尽者，方能知人之真能尽其性者，当下已在兼尽人物之性，而为位天地育万物之事。《论语》所谓一日克己复礼，天下归仁焉，朱子注《中庸》致中和，所谓"吾之心正，则天地之心亦正矣；吾之气顺，则天地之气亦顺矣"是也。人知此义，而更能使此庸言庸行中所表现之仁智，相续无间，由博厚，而高明，而悠久，即可达于圣境之至诚无息，纯一不已，而可赞天地之化育，与天地参矣。

《中庸》由率性修道，而言成己成物之尽性之教，乃尽己性，即尽人性，尽物性，以合内外为一率性修道之教。尽性自必待乎心知之明之合乎智，与感物之情之合乎仁。《中庸》未尝言心，亦不重论情，唯皆摄之于一率性、修道、尽性之教之中。故《中庸》之教，如归之一语，则"尽性"二言而尽；再约之为一言，则"诚"之一言而足。诚为内在之性之自诚，此自诚之表现于外为明，为发而皆中节之喜怒哀乐之情。诚之道具于天，为天德，其具于人，为人之性德。人尽其性德，即达乎天德而成圣。圣德之见于圣人之发育万物之圣道，亦同于天德之见于天之化育万物之天道。圣人之"不思而中，不勉而得"，是至诚之诚，乃即后儒之即本体而即工夫之境。学者之思而得，勉而中，是"诚之"之诚，乃后儒所谓由工夫以复本体之事。诚则无间杂而纯一不已，故能成始而成终，为物之终始。故有此诚之一言，而天德、性德、天道、圣人之道与学者之道皆备；随处立诚，而内外始终，无所不贯。是见此《中庸》之尽性立诚之教，为终教，亦为圆教。然吾人今若不能对较于上文所述庄子荀子对心性未能圆满之论，及由之引起之诸问题，亦不能见此只正面的尽性立诚之教，其弘扬孟学之功，及其为终教圆教之胜义所在也。故上文论之如此。

第三章 乾坤之道、礼乐之原、政教之本，与秦汉学者之言性

一 《易传》之即继言善、即成言性，与本德行以有神明之知

在春秋时代，性命二名，初为异义。《左传》言性者，后儒固或以命释之，如《昭公八年》"莫保其性"，杜注："性，命也。"此乃以后代之义释古代之言。今按，在《孟》《荀》与《庄子》内篇，皆未见性命合为一名。《庄子》外篇则屡言性命之情。《大戴礼》"分于道谓之命，形于一谓之性"，《乐记》"性命不同"，《易传》"各正性命"，"穷理尽性以至于命"，"顺性命之理"，皆与《中庸》言"天命之谓性"，同为一时代之思想。凡此连命于性或即命言性之论，与今所谓即所对之一物之性质性相，而谓之性者，其义迥然不同，最为显而易见。因所对一物之性质与性相，如此者即如此，无所谓命或不命也。此性命之合为一名，在儒家方面，盖导原于孟子。孟子于"命也有性焉"而谓之性，乃大不同于其前之以性命为二之言者。在孟子之前，大约于由己出者乃谓之性，于由外之人或天所要求命令于我者，即谓之命。孟子之于"命也有性焉"而谓之性，乃由其视外之所命于我者，即我自己之命于我者，因而见我亦有能立此命之性在，命在性中，而命亦性。此性命之合为一名，在道家方面，则始于《庄子》外篇之由安命致命而适性顺性，以合为任性命之情之言。此皆吾于《原命篇》所

已论。缘是而性命之合言，乃为晚周儒道之所同趣。至于《中庸》之自尽其性，而自诚自成之教，所以亦连于天命之谓性之义者，则其旨初不大殊于孟子。故吾于《原心篇》谓其原于：人在其尽性之事中，即见有一道德生活上之自命。此自命，若自一超越于现实之人生已有之一切事之原泉流出，故谓之原于天命。实则此天命，即见于人之道德生活之自命之中，亦即见于人之自尽其性而求自诚自成之中，故曰天命之谓性也。至《中庸》之连天命以论性之思想之特色，亦即在视此性为一人之自求其德行之纯一不已，而必自成其德之性，是即一必归于"成"之性，亦必归于"正"之性，而通于《易传》之旨。此性，亦即彻始彻终，以底于成与正，而藏自命于内之性命。故人之尽性，即能完成天之所命，以至于命也。是又见《易传》之言成之者性，言各正性命，尽性至命，正为与《中庸》为相类之思想形态也。

按《易传》有"一阴一阳之谓道，继之者善也，成之者性也"，"成性存存，道义之门"之语，又言"乾道变化，各正性命，乾知大始，坤作成物"，及乾坤之鼓万物之盛德大业等。其思想似纯为以一形上学为先，以由天道而人性之系统。此与孟子尽心知性以知天，存心养性以事天之言，乃直下在心性上取证者固不同；与《中庸》由圣人之至诚无息，方见其德其道之同于化育万物之天德天道者，亦似有异。《易传》之阴阳、乾坤并举，尤与《中庸》之举一诚为一贯天人之道者不同。《易传》之文，尤似皆为结论，而未尝言其何以得此结论。阴阳乾坤等名所实指者为何？何以先道而后善而后性？更难得其实解。此则仍须有入路以通之。此入路，吾意是仍须先在吾人之道德生活之历程上，及吾人如何本此心之神明，以观客观宇宙之变化上，有所取证。

所谓自道德生活之历程上取证者，即道德生活之求自诚而自成，即求其纯一无间，而相续不已，此即为善善相继之历程。善有间杂而无继之者，《中庸》谓之不诚无物，即言善无继之者，同于无善也。《易传》盖即更顺此义，而言必有继而后有善，故曰继之者善也。实有善而后善成，而后性尽，此成亦即由于性之尽，即由于人之有能自成之性，故曰成之者性也。此中是先有继之善，而后见其性之成，故先言继善，而后言成性；非必谓继中只有善而无性，性中只有成而无善，善与性分有先后之谓也。人在道德上继善成性之关系，有所取证，然后可以此言说客观之宇宙中二者之关系也。

至于上文"一阴一阳之谓道"一语之在先，亦不涵有此"道"与"继"有先后之意。① 盖继之者善，即继道为善。道继而善继。善之相继即以"能继之善"之生，完成"所继之善"，以使之实"成"其为善者。此"善之相继而生而成"中之"生"，则谓之阳，其中之"成"，则谓之阴。一生一成之相续无间，即一阴一阳之不已之道。是此一阴一阳不已之道，即此善之相继所以可能之形上根据，或此"继"之所以然。此道亦非与"继"及"成"，为截然不同之上下三层之谓。至于此三语之所以依如此顺序而说者，则因必有此一阴一阳之一生一成，乃有善之相继；有此善之相继，乃见性之必求"生之归于成"；缘是方见此"性"之贯彻于此相继之历程中，以为其"生之归于成"之根据。性即道。横观一生一成之相继曰道，纵观此一生之必归于此一成曰性；公言之曰道，私言之曰性也。

至于上所谓本吾心之神明，以观客观宇宙之变化，而求有所取证云云者，则首姑可自万物之生必求相续生，以食色求其生之相续上看。万物之生，非只求其现实上之一刹那之生。即此一刹那之生，亦向于后一刹那之生，而求有后一刹那之生以继之，然后成其为生。遽尔无继，则生同不生。故生必求继，唯继可以成

---

① 宋儒程明道言继之者善所在，即道之所在。朱子乃以道属理，继属气；人物生而具理，为成之者性。王船山更分道善性之大小。然而《易传》本旨，未必如朱王说之曲折。本文则循明道意，别为说以通之。

生，而有所谓生，生求有继之之生而生，是谓阳，生得其继，而
自成其为生，即为阴。此即为一始向于终，终还备始，而原始要
终之历程。是即一切生命之所以为生命，亦一切有生之存在之所
以为存在。然学者于此，必既本神以知来，又本知以藏往；乃能
真原始要终，识得一切当今者皆向于方来，而使来者继之以成，
一切方来者，皆所以酬既往，而使往者底于成。知此往来之不穷
而相通，又纯赖此心知之明，能通乎神；而此心知之明之能通乎
神，则又赖人之有彻始彻终之德行。故又唯有此德行者，乃能知
始知终，而原始要终，以观万物之当今者，无不向于方来，而方
来者皆所以酬既往；然后能贯通此当今、方来与既往，于一天地
万物之变易之流中，以见其密密相继而相涵，而于易见不易；亦
于一阴一阳之相继，而相保合，见一太和、一太极与乾坤之道。
故曰："神而明之，存乎其人；默而成之，不言而信，存乎德行。"
若人无德行，神不足以知来，知不足以藏往，其心知之明不通乎
神，则往者已过，即谓之无，来者未生，亦谓之无；唯于当今之
所见所思，则坚执而不舍，视以为常，则必不足言于易见不易。
或者遂由往者之可无，以推今者亦必往，而谓当今者，乃乍有还
无；遂谓世界空虚，而成断见。又或念方来者，皆为可由无入有，
故永寄望于方来，而劳神于梦想。再或知方来者之不可必，现在
之乍有还无，惟已往者之藏于知者，则历历如在，乃唯以忆往为
事，依恋往昔而不能自拔。又或于当今、已往及方来之相续，皆
截断而观之，视如在一平面上之过去、现在、未来，而以所谓变
易之流，即刹那刹那片断事物之生灭之相续。此盖皆未尝能有契
于易教，不能兼本藏往之知与知来之神，而通观往来之相生相涵
之故。夫然而人心知之所及，乃或执常，或执断，或只瞻来，或
只顾往，或平观三世之相续，皆使三世互相隔历，而不相为用。
是其知，皆割截变易之流，以成偏执之不易，不足以言神明之知，
于易见不易也。然无默成之德行，存乎其人，安土敦仁而能爱，

知周乎万物，而以道济天下，则人无知以藏往，而不知今依于故，乃不免于忘故，而不能见天地之富有，乃易而不易；人无神以知来，而不能见方来者之超越乎往者之上，而继今以起，则不免于顾往，不能见天地之亦趋于日新，以不易而易。故"苟非其人，道不虚行"，圣人必"神明其德"也。

二　运神明以知乾坤之道，与即道言性

至于吾人真能本吾心之神明，以观客观宇宙之变化时，以论《易传》所言之乾坤与天地阴阳之名义之异，及其与吾人之性命之关系，则吾人当说：所谓天地者，即指吾人所见一切形象之所托或总体。故曰在天成象，在地成形。所谓阴阳者，初当指此一切形象之往来相继之状态，而非必为一阴阳之气。阴（陰）字，原为仌，从云，初为云蔽日之意。故凡有形象之事物，其显以归于隐，自今而归于已往，皆为阴。阳（陽）字，原为昜，从日，涵日出之意，故凡有形象之事物，其由隐而显，方来者之至今，皆为阳。一阴一阳，即吾人所见之一切有形象之事物，不断隐显往来不穷之别名；乾坤则指天地阴阳之德或道，亦即使一切有形象之事物，得生而显、成而隐、生而来、成而往之天地之德性，或阴阳之道也。

此乾坤之概念所以难把握，在其不同于天地为形象之所托或总体，亦不同于阴阳所以指此有形象之物之隐显往来之状态，是皆可见可睹者也。乾坤则指此一切有形象之物所以有生有成、有显有隐、有来有往之天地阴阳之道之德。此乃纯超乎形象者，故其义难知。今欲知之，亦惟赖人有一能超形象以知德知道之神明耳。

人之神明，何以能超形象而于天地万物之变化中，知此乾坤之德之道？此正不外由吾人之神明，能兼藏往与知来之故。此藏

往，初固可只为一藏所知之往之形象，此知来，亦可是预想一未来之形象。往者之形象与继之而来者之形象，固初可为二并在之形象。然人之神明，能通观此往者与来者，则来者已来，而往者无形象，来者未来，则来者亦无形象；往者未往，则来者无形象，往者已往，则往者亦无形象。人能通观此往者与来者，即见往者来者，皆运于有形无形之间，而由无形以之有形，又由有形以之无形；遂可见一切形象，实乃行于一无形象之道上，或形而上之道上，以一屈而一伸。此无形之道，又不可只说为虚理之道，而为一能使形"生而显，成而隐"之有实作用之乾坤之道也。

何以说此中之道，为一无形而有实作用之乾坤之道？此亦待于吾人之运神明之知，以通观此中之有形与无形之关系，以知此有形者之性，然后能知道。由此通观而所知得之性，乃一有形者在其正由有形，以归往于无形时，即同时以引生继起者之来为其性者；而此继起者之来，即所以成就实现此往者之引生来者之性者。是见往者虽往，其性则未尝往，而正由来者之来，以实现。此性亦可说为使此来者得成其为继往之来者者。故此往者虽由有形而无形，而疑若不存；然往者之性，则直贯于来者之生之中。来者生而存，则往者之性亦未尝不存。此往者之自往，以引生来者，为往者之"性"，亦即为往者之自行入往，以引生来者之"道"。此性乃不以往者之往而不存，而是直贯于来者之生之中，由来者之存，以见其存者；则此道亦然。此性为实存而有作用之性，此道即亦当为实存而有作用之道也。至于当来者之再化为往者时，则此性此道，又见于更继起之来者之生之中。于是此继起之来者之必有，则正由往者之引生来者之性之道所保证。由此而宇宙之存在事物，乃永无断绝之虞；而此性此道，亦永有所以自见；亦永为一实存之性、实存之道，而必能引生继起之存在，亦必有其所引生之继起者之存在者也。

至此道之可分为乾坤二者说之者，则亦可由此道之为往者引生来者之道，加以一引绎便得。盖谓此道为往者引生来者之道，即谓其为一面顺往者之往，一面迎来者之来之道。迎来者之来，以实现往者之引生来者之性，即所以完成此往者，而使之善终。顺往者之往，以使来者得有以继往，即所以使来者生起，而使之善始。迎来而顺往，使往者善终，为道之坤一面，即坤道；顺往以迎来，使来者善始，为道之阳一面，曰乾道。乾与坤相保合以成太和，合一而名太极。依乾道，而来者不息于始、于生，曰"生生之谓易"，见天地之日新，曰至健。依坤道，而往者亦相继以终以成，即相继以得成其性，而得存其所当存，曰"成性存存"，见天地之富有，曰至顺。此日新与富有，皆在乾与坤相保合所成之太和之中，以相依并进，以见天地之盛德大业者。乾善始，当始之际，故者变易，而已知向于新生；然新者未生而方始。故曰：乾知大始，乾以易知，易则易知。坤善终，物成而后有终，即坤尽其能，于此物之作成之一节中，以别为一简；简静自正而变易相从。故曰：坤作成物，坤以简能，简则易从。

乾之德为生，而生为"善之长"，为仁；生盛以有生之交会，为"嘉会以合礼"；生物而使物进于成，是为"利物"之义；及其实成，则贞固而事干，物成而各正其性命。此生物而又使之进于成之"义"，与物实成之"贞固"，本皆为坤德，然亦为乾之德所引起，故亦可谓之为乾德。乾既可统坤，而坤亦承乾，故乾元即坤元。乾之为阳道，坤之为阴道，仍不碍其合为一太极之道。故以乾坤对言，则乾动而坤静；依乾坤之相涵言，则乾有静而坤亦有其动。乾之动即显于坤之顺，故乾至健而动也顺；坤之动即显于乾之刚，故坤至柔而动也刚。又乾之动，乃其邻于坤之贞固之专，以直进，故乾"其静也专，其动也直"；坤之动，乃舍静翕以从乾，而自辟，故坤"其静也翕，其动也辟"。此皆可寻其文，而自细心引绎以得者也。然尤须善学者之神而明之，先通观此天地间，往者来者之相顺相迎、以生以成之事，随处加以体玩，有所契会，而后方能实见此易之乾坤之道之大，实弥沦天地之间，无乎不在也。

至于论此客观宇宙中之乾坤之道，与吾人之性命之关系，则此当有二种论法。一种论法是谓吾人之所以见宇宙有此乾坤之道，乃依吾人心之神明之知。人能有神明之知，乃出于吾人之心之性，亦出于吾人之性命；则此客观宇宙中之乾坤之道，皆宇宙对吾人之性命之所呈，而内在于吾人之性命者。人之穷彼客观宇宙之理，亦即所以自尽性，而自至命。故曰："穷理尽性以至于命。"另一论法，则为将吾人之性命，亦客观化为与万物之性命同存在于客观宇宙中之性命，亦同为依于乾坤之道之所生之变化，以得自生而自成，以正其自己之一性命者。《易·乾·文言》曰："乾道变化，各正性命。"则吾人之性命，亦由乾道之变化，而后得自生自成而自正者也。至于此后一论法之所以亦可说者，则以上一论之所谓吾人神明之知，其知之藏往，即原为坤道表现于吾人之心性之一实例，其神之知来，即乾道表现于吾人之心性之一实例之故。吾之心性中有此乾坤之道存焉，亦如天地万物生成往来之事中，无不有乾坤之道存焉。吾人固不能私此乾坤之道，为吾人之心性、吾人之性命所独有也。然吾人如必欲本前一种论法以为论，亦可更说：吾之所以能将自己性命亦加以客观化，为万物之性命之一，此仍本于吾之心之知之能藏往于密，故亦能将自己涵天盖地之神明之知，亦卷而藏之于密，乃得自视为万物之一；亦惟以吾心之神能知来，以更放之弥六合，乃能知外于吾所已知之世界之物之外，更有客观天地万物之无穷。则吾人之能谓此客观宇宙万物中，有我之性命为其一，亦依于我之性命中，原有此心之神明或神知能自卷以退藏于密，自放以弥六合之故。然依后一种论法，则此能卷即坤道，即心之阴，能放即乾道，即心之阳，则又可说此客观的乾坤阴阳之道，仍为本。是则见此二种论法之互为根据，亦互为其本。由人以知天，与由天以知人，皆可同归于天人合德之旨，以见外穷宇宙之理，与内尽自己之性，皆可以正性命而尽性至命。《易传》之为书，欧阳修《易童子问》谓其非一人之著，其中所论，亦间有不一致者。然大体言之，亦有一贯之旨。其精义所存，如上所述者，要皆可以上文之二论法，加以解释，而畅通无阻，即见《易传》之论性命与乾坤之道，在根底上，仍为一视天人内外之关系为相生而相涵之圆教，而与《中庸》同为一具大智慧之书也。

三　《礼记》之尚情，与其即礼乐之原之人情以言性之论

《礼记》一书，《汉志》谓七十子后学之所作。其书除少篇纪制度者外，上记孔子及孔门弟子之言，亦涵具若干孟荀与后儒之旨；本由辑集成书，似更无一贯之思想系统。然大皆不外解释礼乐之意，更连于人之德行以为论者。按儒家之言礼乐，自孔子起，已不以玉帛钟鼓为礼乐，而以仁为礼乐之本。孟子更自人之不忍其亲之委之沟壑，以言葬礼之源；又以人之乐而不可已，以言乐之源。孟子之以人心之性情为礼乐之本，即所以答墨子一派以礼乐为无用之疑。后之荀子，虽别心于性情，亦承此意而言礼乐之源于人情者。如其《礼论》篇言三年丧之源曰："称情而立文，所以为至痛极也。"又言人之孝思之源曰："凡生乎天地之间者，有血气之属必有知，有知之属莫不爱其类。今夫大鸟兽则失亡其群匹，越月逾时，则必反沿；过故乡，则必徘徊焉、鸣号焉、蹢躅焉、踟蹰焉，然后能去之也。……故有血气之属，莫知于人。故人之于其亲也，至死无穷。"此其言人生而具有此对亲之"志意思慕之情"，皆极恳挚，而与孟子所言者无别。《礼记·三年问》之文，全同于《荀子》，盖即袭用荀子之言。《荀子·礼论》篇言：礼之至备，情文俱尽。其《乐论》篇又言：乐为先王之所以饰喜，如军旅铁钺为先王之所以饰怒。是荀子于礼乐军旅之事，同溯其源于人情之喜怒哀乐。然荀子于《性恶》篇，又言人之性情，离

礼乐文理，必趋向于恶。其《礼论》篇虽不言性恶，仍言"无性则伪之无所加，无伪则性不能自美"。此即谓只有情之本始材朴，不足以成礼义文理，此礼义文理为自外加于性之上者。《荀子·礼论》篇，更随处申论必有礼义文理，方足以养人情性之义。故又曰："一之于礼义，则两得之矣；一之于情性，则两丧之矣。"有礼义养情性，以成其两得；只有情性，则与礼义两丧。是即仍不失其贵礼义文理，而次情性之立场者也。

荀子贵礼乐之文而次性情，乃至言情性为恶。庄子则言天乐与天地之大美，轻人间之礼乐，而重复性命之情。庄子虽为多情之人，而其复性命之情之言，则要在使人不外驰其情性；故不重此情性之表现为一般喜怒哀乐者，乃有无情、忘情、去情之言。后之汉儒尊性而贱情，乃有性善情恶之说。魏晋时代之何晏，亦有圣人无情之论。王弼虽不谓圣人无情，然其意盖谓圣人乃能复性而性其情者，故有情同无情云。佛学传入，其用情识与妄情之名，亦恒涵劣义。李翱《复性书》，亦以情为不善之源，故亦有性其情之言。宋明诸儒，虽罕直以情为不善之源，然善之源，亦在心与性理而不在情。此皆遥承庄荀轻情之论而来。直至明末王船山，乃大发性情并尊之义。清儒意在矫宋儒言性理之偏者，亦不轻情。今按先秦儒学之传中，孔孟之教原是性情之教，《中庸》《易传》诸书，承孟学之传，皆兼尊人之情性。如《中庸》言喜怒哀乐之发而中节谓之和，明是即情以见性德之语。《易·大象传》亦喜言见天地万物之情，如曰"观其所恒，而天地万物之情见矣"，"观其所感，而天地万物之情可见矣"等。《易·文言传》谓利贞者，性情也，亦性情并重之语。又谓"六爻发挥，旁通情也"，更特举情为说。《系传》言"圣人之情见乎辞"，"以通神明之德，以类万物之情"。则《易传》为书，于情之重视，盖犹有甚于性者。《中庸》原在《礼记》中，《礼记》中其他之文，亦与《中庸》《易传》之时代相先后。今就此《礼记》一书，除其述制度者不论，其言义理之文，亦对性情皆无贬辞，其善言情并甚于言性。其言人情为礼乐之源，则旨多通孟子，而大有进于荀子者在。

此《礼记》中若干篇，言人情为礼乐之源，其进于荀子者，即在荀子之思想中，礼乐虽亦原自人情，然此人情只为一原始之朴质。圣王所制礼乐之节文，则为对此朴质外加之形式，对此人情与以文饰，而亦养之，以维系其存在者。此固非无其所见。然荀子未尝及于人性情之表现，亦可自有其自然之节奏、段落、方式，以成此礼乐之节文之处。《礼记》若干篇，其论礼乐之原于人情，则正多本此后义而说。今先就礼而论，《礼记·问丧》一篇，于人之何以有种种丧礼之仪节，如三日而殓、孝子何以有杖等，一一溯之于人情之自然，更总而断之曰："此孝子之志也，人情之实也，礼义之经也，非从天降也，非从地出也，人情而已矣。"此外如《礼记·祭义》之论春禘之祭所以有乐，秋尝之祭所以无乐之故曰："春禘秋尝，霜露既降，君子履之，必有凄怆之心，非其寒之谓也；春，雨露既濡，君子履之，必有怵惕之心，如将见之。"故春禘有乐而秋尝无乐云云。《祭义》之言斋之三日等，亦纯自孝子之情之不容已者上说。凡此等等，皆是直就人之哀乐之情，原自将表现为种种祭祀之礼仪，以为其内在之形式，而无俟于圣王预为之定，成一外加于人性之文饰以言礼之源之说也。其次就乐而言，荀子依其礼乐为圣王所制定之旨，尝谓"先王之制雅颂之声"，乃意在为免于人之"乐"之"形"之不"合道"，使其"曲直、繁省、廉肉、节奏，足以感动人之善心"。然《礼记·乐记》论乐之源，则首直谓："凡音之起，由人心生也，人心之动，物使之然也，感于物而动，故形于声。声相应，故生变，变成方，谓之音。比音而乐之，及干戚羽旄谓之乐……故治世之音安以乐……乱世之音怨以怒……亡国之音哀以思。"此直谓由人心之表现，即有声之相应，变之成方，以有其节奏；人之自然的情感，即自然表现为音乐中之情感。即大不同于荀子之只言音乐与其节奏等，纯由圣王自外定者，以感动人心者矣。此《礼记》诸篇之谓礼乐之节文，初原自人情，则又正为与孟子言乐之有"手舞足蹈"之节奏，原于人之"乐生"之"不可已"，而为其自然表现之旨相通者也。

由《礼记》之论礼乐之仪文之本，原即在人情之自然之表现，故《礼记》论礼乐之源，恒溯及于人文始创之时，此亦与孟子之溯葬礼于上世之旨同。《礼记·礼运》篇论礼之源曰："夫礼之初，始诸饮食，其燔黍捭豚，污尊而抔饮，蒉桴而土鼓，犹若可以致其敬于鬼神。及其死也，升屋而号，告曰皋某复；然后饭腥而苴孰，故天望而地藏也。体魄则降，知气在上，故死者北首，生者南乡，皆从其初。"下文又言其他养生送死之事、鬼神上帝之礼，"皆从其朔"。朔亦初也。是见《礼记》之论礼乐之源，皆直在人文之始创处立根，以见此礼乐之文之始创，乃纯出于人情之自然。是皆所以见此《礼记》诸文，不同于荀子只自后王之制礼作乐处，言礼乐之源，只知礼乐之为圣王所制以变化人情者，而不知礼乐之本于人原始之自然之情者矣。

然《礼记》言礼乐，其最重要之《乐记》《礼运》二篇，虽皆溯礼乐之源，于人情与人文之始创，然又未尝不亦重君子圣人之成就此礼乐教化之德之功，与礼乐之管乎人情，为人情之防之义。故《乐记》一方以人情必表现为乐，一方亦以唯君子为能知乐，圣人方能作礼乐。《礼运》溯礼之源于人情，而又以唯圣人能知人之喜怒哀乐爱恶欲之人情，而"礼义以为纪，人情以为田"，故曰"人情者，圣王之田也"。盖《礼记》之为书，乃兼具孟荀之旨。《礼运》言民有血气心知之性。血气之性，即荀子所谓生之所以然之性。心知之知，则决非只为理智之知。《荀子·礼论》及《礼记·三年问》言"有知之属莫不爱其类"，则心知之知即涵人心之爱，此正同孟子之说。然《荀子·礼论》不以此心知为性，而《礼运》则直谓此心知连于血气，而皆名之曰性，即摄孟荀所成之论也。唯孟荀皆以性摄情，重养性或化性，而《礼记·礼运》，虽提及此民有血气心知之性，然下文继曰"无喜怒哀乐之常"，乃归重在如何治此人情。《乐记》言："人生而静，天之性也，感于物而动，性之欲也。"此段语，于人性言静，亦未明言性善，昔陆象山谓其原自道家。然静则亦无不善，即未尝不可通于孟子。至下文以性之欲之流，可归至人化物，灭天理而穷人欲，则又意涵性之欲可归于恶之说，而近于荀子。然《乐记》全文，仍不重在如何复此人生而静之天性，而重在以礼乐节其好恶之情。孟荀重养性化性，重在言学者之如何成德，立义皆甚深挚。《礼记》言礼乐，则要在直以"礼乐管乎人情"，以化民成俗为要，则又自有其切实之义。此皆吾人不可不知者也。

四　礼乐、人情、德行与天地之道

《礼记》虽以人情待乎有礼乐为之治、为之节，唯圣人乃真能制礼作乐，然于圣人之所以能制礼作乐，又归于圣人之能知礼乐之情。故《乐记》曰："故知礼乐之情者能作，识礼乐之文者能述。作者之谓圣，述者之谓明。"此所谓知礼乐之情之义，当兼涵知礼乐所彰显之人情之不容已，或人情之能合道义者之谓。是即同于谓，能知礼乐之情之圣人君子，其性情实较一般人为深且盛，或其性情皆为具德之性情者。故《乐记》曰："君子反情以和其志，广乐以成其教。乐行而民向方，可以观德矣。德者，性之端也；乐者，德之华也。金石丝竹，乐之器也。诗，言其志也；歌，咏其声也；舞，动其容也。三者本于心，然后乐器随之，是故情深而文明，气盛而化神，和顺积中而英华发外……乐者，心之动也。……情见而义立，乐终而德尊。"此所谓君子反情，非与情相对反之谓，乃反回其情，而更内和其志，以成其德，得见其性之端，使乐如为德性之所开出发出之英华之谓。此亦即所以使君子之情更深，气更盛，其内在之光明与和顺，更外发为英华，其感化之功更神者也。故其情之见于乐，亦即其义之由此以立，其德之由此以尊。此乃纯为将君子之乐，视为君子之性、情、志气、德之直接表现之论。固非只以礼乐为性情之文饰，或化导性情之具之说也。《乐记》下文又曰："乐，乐其所自生，礼，反其所自始；乐章德，礼报情。"乐，乐其所自生，此所自生者，即人之性情之德。礼，反其所自始者，盖当指丧祭之礼等，依人之报本复始之情而言。是见礼乐皆纯所以表现人之德性与至情者也。

《礼记》此种以礼乐唯所以表现人之德性与至情之义，乃本于人之性情与德，原有可合而为一以俱尊之义。此中德性之必自见于情中，尤为君子之所以能对礼乐有所述作之关键之所存。

何以德性之必见于情，为君子之所以对礼乐有所述作之关键之所存？此即因礼乐原为人情之表现。苟无德性之见于情，则无充盛之情之流行；无充盛之情之流行，即不能有此礼乐之表现，人亦可不要求有此表现也。

因此中充盛之情之有无，为礼乐述作之有无之关键，故《礼记》一书言礼乐，多直就礼乐所本之爱敬尊亲之情而言，而仁义之德，在《礼记》恒自其见于爱敬尊亲之情中者论之。《礼记》有《表记》一篇，郑玄注谓是记君子之德之见于仪表者，此语未必全当。表于外者必先见乎情，观《表记》之旨，盖实重在言人之德之见乎情者。《表记》曰"中心憯怛，爱人之仁也"，又以"憯怛之爱"，"心乎爱矣，瑕不谓矣"言仁。是即以充满憯怛之爱之情之心言仁也。《表记》言仁义，又或以尊亲二字释之，故曰："凯弟君子，民之父母……使民有父之尊，有母之亲。"尊亲之所至，即仁义之所至。"母，亲而不尊；父，尊而不亲；水之于民也，亲而不尊；火尊而不亲；土之于民也，亲而不尊；天尊而不亲；命之于民也，亲而不尊；鬼尊而不亲。"尊亲之情，无所不运以及于父母水火天地，而仁义之心，无所不运。尊即敬，亲即爱。《乐记》

更以爱敬之表现，为礼乐之源，而爱敬之无所不运，即礼乐之无所不在，礼乐之道遂通乎天地鬼神之道。此义亦惟有人之爱敬之情，至深至挚，充盛洋溢，而无远弗届者，方能真实契入者也。

按《乐记》言仁义曰："仁以爱之，义以正之。"言礼乐曰："礼者，殊事合敬者也；乐者，异文合爱者也。"爱自内出，"合爱为同"，"同则相亲"；故"乐由中出"，"乐者为同"。所敬在彼，"合敬为异"，"异则相敬"；故"礼自外作"，"礼者为异"。同则为和，异则成序。内外、一异、和序，又为天地之大法；则礼乐之道，即通于天地之道。故曰："乐者，天地之和也；礼者，天地之序也。""和故百物皆化，序故群物皆别。""天高地下，万物散殊，而礼制行矣；流而不息，合同而化，而乐兴焉。""天尊地卑，君臣定矣；卑高以陈，贵贱位矣；动静有常，小大殊矣；方以类聚，物以群分，则性命不同矣；在天成象，在地成形；如此，则礼者，天地之别也。地气上齐，天气下降；阴阳相摩，天地相荡；鼓之以雷霆，奋之以风雨，动之以四时，暖之以日月，而百化兴焉，如此，则乐者，天地之和也。……乐著太始，而礼居成物。著不息者，天也；著不动者，地也；一动一静者，天地之间也。"此上之言与《易传》语多同。《易传》以乾坤为天地之道，而《乐记》则以天地之道即礼乐之道。盖即谓此天地所表现之序别而分，即天地之大礼，其所表现之合同而化，即天地之大乐也。此就自然之天地，而视为人文之礼乐之所弥沦，实为一儒家之礼乐思想之一最高之发展。此视天地之道为礼乐之道，亦即视天地之道，为仁义之道。天地之合同而化，以春作夏长，即仁也；天地之序别而分，以秋敛冬藏，即义也。生长乃温厚之气，敛藏乃严凝之气。《乡饮酒义》篇又曰："天地严凝之气，始于西南，而盛于西北，此天地之尊严气也，此天地之义气也。天地温厚之气，始于东北，而盛于东南，此天地之盛德气也，此天地之仁气也。"而《乐记》曰："仁近于乐，义近于礼。"又乐重和，故"率神而从天"；礼重别，故"居鬼而从地"。而礼乐之道即通乎鬼神之道。然此天地鬼神仁义与礼乐之道，所以能相通，唯待吾人能透过礼乐之道，以观天地鬼神仁义之道者，然后此相通之义，乃昭陈于人之前。故曰："大人举礼乐，则天地将为昭焉。"善哉此"昭焉"之言也！然人之能举礼乐，而透过礼乐之道，以观此天地、鬼神、仁义之道，则又系于人之先有本仁义而发之爱敬之情，充盛洋溢于内，而表现为礼乐；然后其爱敬之情，乃随礼乐之见于外，亦著乎在外之天地鬼神，无远弗届。人——本礼乐之精神以观之，方能见此整个之天地，即一大礼大乐之天地，而人之仁义，亦充塞于天地之春生夏长、秋敛冬藏之中也。反之，若人之爱敬之情，未尝充盛洋溢，以求表现为此客观之礼乐，而只为一未发之仁义之性，或只见此仁义于日常之对于人之行为之中，则欲见此天地之和序，即天地之大礼大乐，仁义之自在天地间，又焉能哉。

由《礼记》之论礼乐，必以性情为根，故《礼记》之言礼乐之意，恒超乎礼乐之仪文。由此而《孔子闲居》有五至三无之言。其言曰："志之所至，诗亦至焉；诗之所至，礼亦至焉；礼之所至，乐亦至焉；乐之所至，哀亦至焉；哀乐相生，是故正明目而视之，不可得而见也；倾耳而听之，不可得而闻也。志气塞乎天地，此之谓五至……夙夜其命宥密，无声之乐也；威仪逮逮，不可选也，无体之礼也；凡民有丧，匍匐救之，无服之丧也……犹有五起……无声之乐，气志不违；无体之礼，威仪迟迟；无服之丧，内恕孔悲。无声之乐，气志既得；无体之礼，威仪翼翼；无服之丧，施及四国。无声之乐，气志既从；无体之礼，上下和同；无服之丧，以畜万邦。无声之乐，日闻四方；无体之礼，日就月将；无服之丧，纯德孔明。无声之乐，气志既起；无体之礼，施及四海；无服之丧，施于孙子。"

此中五至，谓志至而后诗至，诗至而后礼乐至。志即情志，诗以达情，有达情之诗，乃有礼乐。此即谓情志为礼乐之本之旨，故结以哀乐相生之言。此哀乐之情志，塞天地而不可得见、不可得闻，故超溢乎礼乐之仪节之外，而有无声之乐、无体之礼、无服之丧；本气志之不违、既得、既从、既起，以日就月将，纯德孔明，而施及四国四海，畜万邦，闻四海，以及于孙子之无穷。此中言人之气志之起，即人之哀乐相生之恻怛之情，相续生发、表现、升起，既充塞于礼乐之中，又洋溢于礼乐之外。此正与《乐记》之言礼乐之道之通乎天地鬼神之道者，互相呼应，同见《礼记》一书中重情志之旨者也。

按《檀弓》记孔子之言曰："丧礼与其哀不足而礼有余也，不若礼不足而哀有余也；祭礼与其敬不足而礼有余也，不若礼不足而敬有余也。"重哀敬之情之溢乎礼仪之外，原是孔子之精神，亦孔子"人而不仁如礼何，人而不仁如乐何"之言所自生。故《礼记》之言实本自孔子之教，其言情志之相续生发表现而自起，尤为要点所在。此情志，皆为直接相应于人之仁义之善性自起之情志。此即与《易传》所谓"性情"之情、"旁通情"之情，为同义之情，亦与孟子所谓恻隐辞让之情为同义之情。然自汉以降，世之言情者，多以情与欲相结相连所成之情欲为情，而或忽此爱敬尊亲之性情，及此性情之连于喜怒哀乐者，实不可称之为情欲。于是后之学者，乃尊性而贱情，而或昧于儒学中原有之性情俱尊之义。《礼记》一书，为古代儒家所留书籍中，最能知此义之情之重要者，故今特提出而论之如此。

五 秦汉学者言性之目标，与《吕览》《淮南》之贵生全性、即寿言性与摄德归性

秦汉之时，学者言性之思路与先秦学者不同，在其渐趋向于为成就客观政教之目的而言性，而不同于先秦学者之多为成就人之德性生活、文化生活、精神生活而言性。此在上承先秦诸子而

为杂家言之《吕览》《淮南》，已开其机。故今先论二家之言，以为承上起下之资。

先秦言心性者，以孟庄荀三家代表不同之三型。孟子即心言性，以尽心知性、存心养性，为入圣贤之途，以成就人之道德生活，其心亦唯是一德性心。荀子以心治性化性，为入圣贤之途，亦兼成圣王之治，而其心即为一知圣王之礼义之统类之心，又可称为一历史文化心，荀子之圣王，亦即真在历史文化之统类中生活者，而性则指自然生命之欲，而待治待化者。庄子则特有见于人之外驰之心知与自然生命之欲之结合，使人失其性；故必摄此外驰之心，反之于内，以复心而复性，自见其灵台天府之虚灵明觉心，以神明应化，而自得其性命之情。此性亦非只为自然生命之欲，而为一神明所润泽之自然生命之流行。今可就庄子初重言精神或神明之运用，而称其所尚者为一特殊义的精神生活。此诸家皆各有其政治理想，然皆自说自论，以待为政之采择，或意在为王者师，初非以其言为佐治之具也。至《中庸》《易传》之书，则皆为体承孟子思想之流，而更上达于天地万物与人物之原以为论者。此与《礼记》他篇之论礼乐德行，盖大皆七十二子之后学，于秦汉之际，居潜龙勿用之位，上承孔孟荀之学，更尊其所闻，加引绎贯通之述作，意在守先待后以立教，亦非意在佐治于当时者。故著者之名多不见称于世。然秦汉之天下既归于一统，学者乃或归附为帝王宗室之宾客，而道术之未得帝王之尊信者，亦不能自驰说于天下。故学者唯有自言其道术，为王治之不可少。其意固仍在为王者师，而实际上则其言多成佐治之具。马上得天下者，固不能马上治之，则学者之言，固有可用也。由此而成之哲学性之著述，则首有吕不韦与淮南王宾客集体创作之《吕览》与《淮南王书》。至于其意明在教帝王之陆贾《新语》及贾谊《新书》，及董仲舒之《天人三策》与《春秋繁露》，亦皆以成就当时之政教为目标者。汉人凡言通经致用者，以及帝王之设五经博士，集诸儒会议，以论定经术之事，其意皆不出乎是。唯西汉末扬雄，仿《易》著《太玄》，仿《论语》为《法言》，"窃自比于孟子"，乃不求知于当世，唯俟后世有扬子云之知其书。王充之书，意在破其时流行之虚妄之见，而在当世为秘笈。然汉末之为论者，如仲长统、桓谭、徐幹，则其著书之态度，皆一面自陈其志，一面亦期在其言之足以佐治。成治之事，待于知人与用人，乃有汉末之人物才性之论。故由秦至两汉之学术思想之流，其目标之所在与学者之用思之态度，整个言之，乃与先秦大异。此一言以蔽之，即为客观之政教之成就，而客观的论述一"道术之当时之效用价值"之态度，过于"直接发抒其人生道德政治之理想与价值观念，而自立言以开来世"之态度是也。

由此一学术上用思之态度，而影响及于言人性之态度者，则为人性渐化为一所论之客观对象，而人性渐成一独立之论题。两汉儒者对人性与其他事物之关系，定义、内容、种类，皆有不同之说，下文当论之。及于汉末，而汉人之重经术治道之思想之流，乃流入重个人才性之了解欣赏之思想之流，而下开魏晋之清谈。然吾人欲溯此汉人之为成就政教之目标，而客观的论述人性之态度之源，则《吕览》《淮南》二书，实开其端。此二书为杂家，皆兼采儒家重礼乐教化之旨，而其言人性，则是承道家之传，重在以生言性，而言尊生、贵性、养生、全性。儒家固亦重生，然其第一义在重"心"。虽或即心言性如孟子，或不即心言性如荀子，然其重心则一。汉之董仲舒未尝即心言性，然亦重心之地位。后之儒者，亦无轻心者。然道家之流，则在第一义，初皆重"生"。庄子齐生死，亦言养生尽年，达生全形。《大宗师》之真人，不知悦生，不知恶死，亦"受其生而喜之"；唯受生而更忘生以生，故不知悦生恶死耳。老子更外身后身以求身存，明长生久视之旨。后之为道家言者，更无不重养生。庄子之言性，乃即自然之生，而润泽之以神明，以外于一般之心知；其言复心安性，即初是重生重性而轻心。此与告子之即生言性，而强制其心使勿动之教，与杨朱之贵身之教，乃属同一之型态。于《吕览》之书，陈澧《东塾读书记》尝言其中多儒家之说。然其《贵生》篇，举子华子全生之说，《本生》《重己》二篇所言，不外《审为》篇所记，魏公子牟重生轻利之旨，与子华子贵身于天下之旨。今按《庄子·让王》篇亦载子华子贵身于天下，及公子牟之重生轻利之言，盖《吕览·审为》篇之所本。《汉志》有《公子牟》书，固属道家也。《淮南子》更明以道家言为本，其人性论初属道家一流，更可无疑。然此二书之言人性，与道家庄子之不同，则亦颇有可得而言者。

此《吕览》《淮南》之言人性，与庄子之大不同，即在庄子之言任性命之情，安性命之情，直下以一切伤性、损性、淫性之事为非；乃先意许此性之不可伤，不可损。故既有伤损之者，则任之安之，为理所宜然，亦不须另说明其理由。至于对人性之状态性质之初为如何，庄子对之亦罕有直接之陈述与论列。此即见庄子言人性，乃意其乃人所同喻，其当安当任，亦初视为不成问题者。盖人之性即人之生命，本为传统之旧谊。言人之生命不可伤损，人固皆可本其爱生之情，而视为无可疑者也。然在《吕览》《淮南子》言贵生贵身而重性，则兼是对为政者说，彼当自贵其生其性，亦当贵天下人民之生之性。天下人民之生之性，对为政者为一客观之对象，而为政者当其纵于嗜欲之时，闻此贵生贵性之教，而自反省此生此性而自贵之之时，此生此性，亦为一反省之所对。此即开以性为客观对象而论列之之说矣。

《吕览》《淮南》既始视人性为一所对而论述之，故庄子老子所说为人生理想之境界者，二书皆本之以直指为人性之所本具。老庄之人生理想，初皆寄之于道德。道为所行，德为所得。清静无为、丧我物化皆道，而人行此道之所得者即德。道在天下，为公；德为己有，属我。老子言道德不言性，《庄子》内篇之言德，皆指圣人真人至人之所具，亦初属理想非属现实之人性。至外杂篇乃即安性命之情以成德，而性乃多与德并言。性与德并言，即已隐涵可摄性于德，亦可摄德于性之旨，性与德，固均我有也。然《庄子》外杂篇尚未尝明就其言之说德者，皆转以之说性。《吕览》《淮南》则正为即老庄之言之说道德者，更明以之说性者。于是在老庄尚为属于人生理想或修养所成之道德，在《吕览》《淮南》皆成为自然之人性之本来所具者，而理想上之当然者皆化为自然中之实然矣。老子言长生久视，庄子亦尚养生尽年。此乃属于理想。《吕览》则径言："水之性清，土者抇之，故不得清；人之性寿，物者抇之，故不得寿。"则寿为人性矣。老庄皆尚清静无为、平淡恬愉之生活。《庄子·刻意》篇谓："恬淡寂寞，虚无无为，此天地之平，而道德之质也……故心不忧乐，德之至也；一而不变，静之至也；无所于忤，虚之至也；不与物交，淡之至也。"《管子·内业》亦言虚静之道，谓内静外敬，人反其性。然皆未尝明言此虚静等为人性原来如此也。《淮南子》则言"古之圣人，和愉宁静，性也"（《俶真训》），"清静恬愉，人之性也"（《人间训》），又言"人性欲平"（《齐俗训》），再言"夫唯易且静，形物之性也"（《俶真训》），更言"水之性真清，而土汨之；人性安静，而嗜欲乱之"（《俶真训》）。按《庄子·在宥》篇言："昔尧之治天下也，使天下欣欣焉，人乐其性，是不恬也；桀之治天下也，使天下瘁瘁焉，人苦其性，是不愉也。夫不恬不愉，非德也。"又《刻意》篇言："水之性不杂则清，莫动则平。"此与《吕览》《淮南子》此二语略相类。然庄子谓乐其性而后不恬，苦其性而后不愉，则不恬不愉乃苦乐其性之结果，恬愉只为德之目，而非性之目。然《淮南子》则径以人性为清静恬愉矣。庄子只借水之性清以喻人性当求清，尚未如《吕览》《淮南》明以水性之清，以喻"人之性寿"或"人性安静，而易且静也"。此后一语与《乐记》之言"人生而静，天之性也"，皆同为就其先之道家所视为属理想为当然者，转以之直说人性之自然与实然，对人性之内容，更加以一肯断的界定之论；而亦开启以后之客观的论述人性之思想方式者也。

《吕览》《淮南》直说人之性为寿，人之性为清静恬愉、为易且静等，其要旨在说明，其先之道家所视为理想、为当然者，乃人性自始之所安所向。然此人性所安所向之如此如此，则又不必与人所表现之现实状态，全然一致。故此又非直就人所表现之现实状态如何，而直述其性之如何之论。是即又不同于荀子之言性恶，恒直就人现实上所表现之恶，或事实上之种种"辨合符验"上，说无礼义之治必归于恶之说。此《吕览》《淮南》说人性之自始之所安所向，在寿、在清静恬愉，非指现实上之自然实然之人性，而是一"有其所向之理想"的自然实然之性。故现实上人所表现之种种状态，亦不必皆出于人之性，而尽可为人之乱其性或汩其性之结果。此乱其性、汩其性者，非性之原义之所涵，而亦可说为性外之物。于是去此性外之物之乱人性、汩人性者，使性得保其清静恬愉等，而顺性之自然，遂得确定为一人生或政治上之理想矣。

所谓非性之所涵，而当去之性外之物，不外初原于性而有之自然生命之要求，而终于害性之物欲或嗜欲。故《吕览》言人之性寿，物者扣之。《淮南》言人性安静，嗜欲乱之。汩者如土之汩水，使杂使浊，于此人便当求不杂以反清。此与庄子同旨。故《淮南》言人当节嗜欲，以反性安性，《吕览·谨听》篇有"反性命之情"之语，《勿躬》篇有"反其情"之语，《为欲》篇有"去非性"之语。《淮南》更言嗜欲原于心知聪明，其意亦与庄子同。如《俶真训》言："嗜欲连于聪明，诱于外而性命失。"《本经训》言："冥性命之情，而智故（智故即原于心知，庄子言去智与故）不得杂焉。"《人间训》言："人生而静，天之性也；感于物而后动，性之欲也；物至而神应，知之动也；知与物接，而好憎生焉；好憎生而知诱于外，不能反己，而天理灭矣。"此段文与《乐记》大同小异，未知孰先孰后。然皆是先说人之天性之为静，然后明说彼出自性之欲与知之诱于外，足以成嗜欲而害性。此与《吕览》之先说重生贵性，而后说扣性害性者同。然与庄子之未尝先说人性之为静者，固有立言方式之异矣。

《吕览》《淮南子》之先说人之性寿，清静恬愉等原为人之性，即意涵人之生命，原已自然实然的自向于寿，自向于清静恬静，而自成一生命之自然生长之度向；有如树木之有一自然向上生长，以向清静之太空之度向。此中人之嗜欲之初发自性，如横出之枝叶，亦初发自树之本根。此枝叶既生，其所向乃不同其本之所向。今若任之顺其异向，离其本根以生长，则亦将耗竭其本根之力，而使之不得更向上生长。故人欲使树木生长，必须剪去其枝叶。此剪去其枝叶之事，亦正所以合于树木之向上生长之性。若树木能如人之有知，欲自全其向上生长之性，亦将自愿剪去其枝叶，而自收摄枝叶之离其本而生长者。此即喻人之节欲、反性，即所以全性也。

此上所谓全性之一名，乃《吕览》《淮南》所常用。《淮南子·氾论训》，谓杨朱尝主全性保真之说。今按《庄子·德充符》诸篇有全德之名，而无全性之名，此亦见《吕览》《淮南》之重摄德于性之旨。庄子言反性任性安性，乃就人之驰其形性而不返不安，故当反而任之，以安其性说。《淮南》之言"全性"，则正面的由性之自全上说。《吕览》除于《贵生》篇首论养性之说外，于《至忠》篇言"安形性"，于《审分览》言"定性"，故当去彼扣性或伐性者。于《重己》篇，言"达于性命之情，安性自娱"；于《有度》篇，言"通于性命之情"；于《知度》篇、《勿躬》篇，言"服性命之情"；《勿躬》篇又言"安育其性"；《知度》篇又言"正性是喜"；于《本生》篇，言重生；于《贵生》篇，言贵生尊生，而谓"全生为上，亏生次之，死次之，迫生为下"。全生即全性也。《情欲》篇，言"欲有情，情有节"，谓"由贵生动，则得其情"，亦即谓由贵性动，则得其情也。《论人》篇言"中情洁白"，《上德》篇言"顺情"，而全书未见贱情欲之语。此其重性情，明更近儒家之思路，而《吕览》言政教礼乐，亦明多儒家之言，此可不多论。

至于在《淮南子》，则除说全性之言，散见《览冥》《氾论》《诠言》诸训外，亦正面说养性（《诠言训》）、循性（《修务训》）、通情性（《诠言训》）、明于性（《本经训》）、"性……自见也"（《齐俗训》）、"通性于辽廓"（《俶真训》）、"随自然之性"（《本经训》）。此皆唯依于先肯定一具德或有其所向之理想的自然生长之性，为一形而上之真实，然后能有此率之、循之、明之、见之、全之之语也。

《吕览》《淮南》谓人性中自具寿性，或谓清静恬愉等，为性所具之德，亦谓之为人性所具之自然之善。庄子未明言性之善，而《淮南子》书则屡见性善之语。盖此人性之清静恬愉本身，即是一善。如《氾论训》："所谓为善，静而无为也。"如《人间训》言："于以决其善志……启其善道……民性可善。"《本经训》言："反其初心，而民性善。"《修务训》赞尧舜之"身正性善"。此性之善可说由修成，亦可说为其本来已具之德之自循、自率、自见、自明之所显也。

六 率性循性，与人生行事及政教之本

由《吕览》《淮南》一方言反性命之情、去"非性"以反性以安性，一方言养性、全性、安育其性、率性、明性、见性、循性等，亦即以此人性，为一切人生行事与政教之根本与准则，或终极理想之所据。故《吕览·贵当》篇谓："性者万物之本也。不可长，不可短，因其固然而然之。"其《诚廉》篇谓："性也者，所受乎天也，非择取而为之也。"又其《贵生》言养性曰："利于性则取之，害于性则舍之，此即所以全性。"《知度》篇言"治道之要，存乎知性命"。此皆见《吕览》以性为人生行事政教之准则之所据。《淮南

子·原道训》首谓"形性不可易"，《齐俗训》明言"乘舟而惑者，不知东西，见斗极则悟矣，性，人之斗极也，有以自见也"。《人间训》言"直行性命之情，而制度可以为万民仪"，"灌其本而枝叶美，天地之性也"。此皆谓行事当以性为准则之意。其《诠言训》更溯政教之本源曰："安民之本，在于足用；足用之本，在于勿夺时；勿夺时之本，在于省事；省事之本，在于节欲；节欲之本，在于反性；反性之本，在于去载。……能有天下者，必不失其国；能有其国者，必不丧其家；能治其家者，必不遗其身；能修其身者，必不忘其心；能原其心者，必不亏其性；能全其性者，必不惑于道。"《齐俗训》又曰："治物不以物，以睦；治睦不以睦，以人；治人不以人，以君；治君不以君，以欲；治欲不以欲，以性；治性不以性，以德；治德不以德，以道。"（按此语亦见《吕览·贵当》篇）于此所谓道德者，《齐俗训》又曰："率性而行，谓之道；得其天性，谓之德。"则一切有天下有国之道术，皆在由反性而率性。此中所谓"去载""不惑于道"者，即不外去为性之负载，去能"堁性"而"使人性芜秽"（《齐俗训》）之物欲等害性者而已。其意乃归在正面的率性、循性、全性为政教之最高准则。此与庄子之唯叹惜于人之乱其性、失其性、淫其性、残生伤性之种种反面之现象，而徒作一安性命之情之呼唤，以自寄其一人之意者，大不同其趣；而与昔之儒者孟子言尽心知性、存心养性，《中庸》言性德，言率性以修道者，诸正面言心性之善之旨，亦日近矣。《淮南子》言有天下必不失其国之二段，与《大学》言欲平天下在治其国一段之别，唯在《大学》以诚意为正心之本，《淮南》则以全性、不亏其性为原心之本。全性、不亏其性，要在去彼为性中负载芜秽者，则《淮南》之全性、不亏其性，即略相当于《大学》之诚意。其以知道在知性、率性，其语既类《中庸》之言率性之谓道，其旨亦相当于《大学》之致知，在知物之本末，而知诚意为正心之本，正心为修身之本之教。则《淮南子》之言，固本道家之说，而转近儒者之论者也。

　　至于此《淮南子》之思想，仍毕竟本在道家之说者，则在其说人性之清静恬愉平易等，皆是自人之生命之状态情调上言之。自儒家义上看，此所谓清静平易，仍是自其无扰乱等上，消极的说此性之状态。故其循性率性全性之言，虽涵积极的正面的循性、率性、全此性之义，而此所循所率所全者，则为一消极的无扰乱等之生命状态、生命情调。此便与孟子、《中庸》之说，自始自仁义礼智之心、成己成物之诚上说者，仍有不同。《淮南子》固不废仁义礼乐，如《人间训》谓"为本者，仁义也；所以为末者，法度也。本末，一体也，其两爱之，一性也"，即以仁义为本之言。然《淮南子》以爱或仁义属于性，则性之义又即不同于仁义。故其《俶真训》言"使人民乐其性，即仁"，《修务训》称"尧舜文王，自正性善，发愤而成仁，隅凭而成义"。此以仁义为乐"性"，而由性出，非性即仁义之谓。《泰族训》谓"人之性有仁义之资"，即继谓"非圣人为之法度而教导之，则不可使乡方"。此仁义之资，如荀子所谓仁义法正之质，亦非即仁义之谓也。故其前文曰："民有好色之性，故有大婚之礼；有饮食之性，故有之大飨之谊；有喜乐之性，故有钟鼓莞弦之音；有悲哀之性，故有哀经哭踊之节。"后文又曰："乃澄列有金木水火土之性，故立父子之亲而成家，……以立君臣之义而成国，……以立长幼之礼而成官。"则仁义礼乐，皆外饰于性者也。《本经训》又曰："仁义礼乐，可以救败，而非通治之至也。谓仁者所以救争，义者所以救失，礼者所以救淫，乐者所以救忧。"此又谓仁义礼乐之价值，乃为消极的救败，故非通治之至。通治之至，乃在下文所谓"神明定于天下，而心反其初心；反其初心，而民性善"。故《齐俗训》谓"性失然后贵仁，道（率性而行谓之道）失而后贵义"，则仁义礼乐皆为第二义以下之事，此与老子失道德而后仁义礼，庄子之《天道》篇之先明天而道德次之，道德以明，而后有仁义礼乐，皆同是以道家之言道德、率性之义为第一义之本，而摄取儒家之言为其第二义之末。至如其《本经训》之言"玄知神明，然后知道德之不足为也，知道德，然后知仁义之不足行也"，则神明居第一义，道德而为第二义，仁义乃第三义矣。至此训后文又谓"至微者，神明弗能为矣"，则对知微者言，仁义又居第四义矣。至其所谓因民有好色之性、饮食之性，故有大婚之礼、大飨之礼云云，其意盖亦是唯有此礼，方可救人之淫其性之败之谓。此则意涵如人无性之淫，则无事于礼乐之义。此则固与儒者如孟子之言礼乐，直接根于人心性之不可已，荀子之以无礼乐之文，性不能自美，皆正面的肯定礼乐之价值者，相异矣。依孟子、《中庸》之言，则仁义与成己成物之仁智等，即心之性；尽心率性，即尽此仁义礼智等心之性。此非《淮南子》所谓不能率性，乃有仁义之说也。依儒家义，以言仁义礼乐，皆重其率性尽性之正面的意义价值，《淮南子》则重其救败之消极之价值。《淮南子》之率性循性之性，乃以清静平易为说。故吾人上文本儒家义，而说其只为具消极的"不乱""不淫"之意义者，《淮南子》则求积极的率之循之，而若视为有积极的价值者。此即见其虽摄取儒家重仁义礼乐之旨，而其所立本之性，仍与儒家思想为二流也。

七　综论道家型之生命状态之价值

至于克就人之得自见自明其清静恬愉之性，而唯率循此性所成之道家型之生活，毕竟如何真可说其有客观之积极的价值，自亦难言。如依荀子之重心知客观礼义之统类之道而行道之观点、孟子之重扩充仁义之心以达于天下之观点，以及由人之溺于嗜欲外驰不返者之观点，三者以观，皆可谓其似无价值可言。然实则此问题，亦不如此简单。此即因吾人至少可说生命之为物，原可即其存在而言其有价值，亦能直接自肯定其存在之价值者。此即人之所以好生恶死之真正理由所在。依人之好生恶死，可不论此生为何状态之生，有生皆胜于无生。人即将其一切嗜欲与种种道德文化之理想，刊落净尽之后，仍有此能自肯而自求存在之一生命之核。故人在对其理想失望，与对嗜欲亦加以厌弃之时，人皆有一求自反于此生命之核之趋向。此有如人之终日工作疲倦之后，恒自向于休息与睡眠。人由睡眠而入黑恬乡，纵一无所思、一无所求，此中亦有一生命自肯其存在、自玩味其存在之恬愉。此恬愉，自心之底层而发，如人之食色之欲之出自心之底层，其满足之乐亦来自心之底层。此恬愉，亦可同时存在于其"生命之自向于其寿之性，得其自然之自尽之中"。吾人固不可说，道家所向往之清静恬愉而有之达生尽寿之境，即只同于休息睡眠之境；而当说道家所向往之清静恬愉，乃一清明的心灵境界中清静恬愉与达生尽寿；此乃不同于于一般休息睡眠时人心之散乱与昏沉，恒终归于不自觉其睡中向寿之性之得尽，与缘是而有之清静恬愉等者。然吾人至少可说，一般之休息睡眠所达之境，与此自觉的心灵境界，同原自人之收摄一般醒时之嗜欲与外驰之心思而来，亦即由吾人之生命之"时骋而要其宿"而来。吾人亦可说，人在得休息睡眠时，其朦胧感得之向寿之性之尽，与清静恬愉，若转而为灵台灵府之心之光明或神明之所润泽，即皆可化为一"自觉其达生尽寿"与"自觉其在达生尽寿之途程中，其生命之自然发展，而平流顺进中之清静恬愉"。故此道家所向往之境界，与人之休息睡眠中之境，虽二者之高下悬殊，不可道里计，实亦可说其初唯是否有"心灵之自觉"，与"此性之得尽"俱生而俱运之别。由此而吾人可说，人之求自觉的清静恬愉之境界，与人之休息睡眠中之自返于生命之核，而在朦胧中自肯、自玩味其生命之存在，有一本质上之类似与关联性。若说此中二者差别之胜义，盖唯在道家所得之自觉的清静恬愉之境中，因有一上述之灵台之心光或神明之润泽——此尤为庄子所重，如前所陈——则此人之自然生命之核，亦可因有此心光神明之润泽，而随此润泽以俱化；此生命运行之范围，亦即可与此心光所照耀之范围，同其广大。如此即可如《淮南子·俶真训》所谓"通性于辽阔"，此所成就者，即可为一与天地并生、与万物为一之精神生命之运行与发展；人乃可"与天地兮比寿，与日月兮齐光"，而非如休息睡眠只成就一自然生命之延展者矣。人有此精神生命之延展，则人亦可通接于宇宙之精神生命之泉源，或造物者之生命，以使其所自觉之清静恬愉，成为乐不可胜计，而无尽的相续流出之清静恬愉。后世道教之求长生，则更欲由实际上之种种炼养工夫，以使人达此境界者，能实际上永不死亡。人之长生不死而居此境界中者，因有其心光之照耀与润泽，即亦仍有其对天地万物之知，则其生活虽至平至淡，而非全无内容；唯是其对天地万物之知，乃虽知之而知不外驰，恒能自收摄，以自反自复于其生命之自身。是谓以恬与其知交相养，人之神明自运，而又若愚若昏，如吾人前论庄子所向往之生活，固非只为一耳无闻目无见之生活也。此状态之精神生命之延展至无疆，固未尝不可说为一具最高价值之事。今若说此为《淮南子》之率性循性全性之教之极致，则亦未始在实际上不与儒者如孟子之尽心知性而知天，所达之圣而神之境界，有相通共契之处。吾意此即后之道教之理想。然道家道教所以达此精神生命之状态，所凭借之人性观念，则又可止于人之性寿、人之性为清静恬愉等观念。此诸观念，对儒者与嗜欲重之世人，固亦可只具消极义，而若另无积极之意义。故道家之人性思想之理论，与儒家之即仁义之心性言性之理论，便仍不可同日而语，而唯可视为沿即生言性之一路发展以成者也。

第四章 汉魏学者对客观的人性之分解的说明

一 汉儒之谓人性为一客观之论题，董仲舒之为成王者之任，而随名入理以言性之说

吾人于上文，尝谓秦汉以后之思想，趋向于客观政教之成就，而人性之问题亦渐转成一客观之论题。上二节所述《吕览》《淮南》，已归政教之本于人性。唯其言仍是散论人性，而未正式视人性为一客观的论题，以更为之立说。汉儒为之立说者，乃或正视此性之种种关系，如贾谊《新书》之以"性"为其说明人生政教之"道德性神明命"六理之一，而论性之状态与其他五者之关系，及汉儒之本阴阳五行之言论人性与天地之阴阳五行之关系之诸说是也。董仲舒之论性，则既本性之名之定义，辨性之非善，又就人性与阴阳之关系，以分解一整全之人性，为兼具阳善阴恶之性情二者，正同纬书中之分解人性为性之阳与情之阴二者，以言性善情恶之说。扬雄《法言》谓人之性善恶混，修其善者为善人，修其恶者为恶人，此于人性善恶，则既分而混之，更混而分之以说。刘子政之不以性善为阳，情恶为阴；而以不发、未表现、在内，而名曰性，为阴；发出、表现、形于外，即名曰情，为阳。是亦分解一人性为内外阴阳之又一论也。此外又或重各个人之性之本质上的善恶品级之分，如王充、荀悦之性有三品九品之言。再推扩为比较各品类之人之才性之同异离合之论，如锺会、刘劭之书。凡此等等皆视人性为一客观之论题，而就其关系、定义、

内容、品类，更为之分解以立说者也。

汉儒论性诸家中，董仲舒为一方面志在论性以成就当时之政教，另一方如上文所说将人性分解为阳善阴恶之和合体，而又初正式视人性为一客观之论题，而如上文所说，本性之名之定义以辨性者。其以性为阳善阴恶之和合体之说，上亦已言其同纬书之言性善情恶、性阳情阴之说。按纬书如《孝经钩命决》谓："情生于阴，欲以时念也；性生于阳，以理也。阳气者仁，阴气者贪，故情有利欲，性有仁也。"此盖汉儒言性情中最盛之一说。《说文》谓："性，人之阳气，性善者也。情，人之阴气，有欲者。"又谓"欲为贪欲"，盖即本此最盛之说，而为诂训也。王充《论衡·本性》篇综董子言性情之大意曰："董子览孙孟之书，作情性之说……性生于阳，情生于阴；阴气鄙，阳气仁。曰性善者，是见其阳也；谓恶者，是见其阴者也。"是即纬书与《说文》言性情之旨也。董子《深察名号》篇曰"谓性善者，奈其情何"，又言"情亦性也"，正是自广义之性，言性中亦有此不善之情也。东汉诸儒会于白虎观，所论定之《白虎通》一书，其《情性》篇，亦归在于此性善情恶之说。此说之谓人有性情之善恶二者，一方是由综合先秦之孟荀之说而来，一方亦即纯就人之现实的客观表现，有善恶之两方面而分类述之之语。更辅以阴阳，言善恶与性情，即连于气之观念以论性，亦汉儒之通说。友人牟宗三先生于《才性与玄理》一书，尝取王充用气为性之一言，以统汉儒诸家论性之说于一路。下文亦当更论此汉儒之气之观念，如何自先秦之气之观念发展而来。兹唯先就董子本于性之名之定义以辨性之言，一加分析，以见其论性之观点态度，一方纯为名理的，一方亦为意在成就一客观之政教者。

董仲舒于《深察名号》篇论性善之问题，由问性之名之义是否与善之义之相当始；其《实性》一篇，则首引孔子名不正则言不顺之语，谓如以性已善，则"几乎无教"，而"不顺于为政之道"。此可见其明视人性问题为一客观之论题，并为成就为政之道而讨论此问题。至其纳此问题于《深察名号》之下而论之，其立论处处重在随其名以入其理，而自谓是本孔子《春秋》正名之旨以论性；又处处说明性与政教之关系，则又可见其随名理之观点，乃统率于一建立政教之观点之下者。此随名入理，兼从建立政教之观点论性，要为一论性之一新路。吾人亦宜依此新路，以看董子之论性，方能得其说之价值之所在。此则或为人所忽。故此下将依其《深察名号》立言之序，以略析其义。其文之首曰：

"今世暗于性，言之者不同，胡不试反性之名？性之名非生钦？如其生之自然之资谓之性。性者，质也。诘性之质于善之名，能中之钦？既不能中矣，而尚谓之质善，何哉？"

董子谓性之名之所指者，乃生之自然之资或自然之质。告子曰："生之谓性。"荀子曰："生之所以然者谓之性。"（《正名》）庄子曰："性者，生之质也。"（《庚桑楚》）《孝经援神契》曰："性者生之质。"《白虎通·性情》篇曰："性者，生也。"《论衡·本性》篇引刘子政曰："性，生而然者也。"《广雅·释诂》亦曰："性，质也。"董子盖以此性之名为生之质，即天下之公言，故即据此公言，为其"随其名以入其理"，以论性之始点。依此性之名为生之质之义上看，此中初未包涵善之义，又性中既有阴阳贪仁二者之质，便不可定说为恶，亦不可定说为善。此生之质所以不能即定说为善，又可依吾人常用之心之名之涵义中，即包涵人之生之质原不全善之义而说。故《深察名号》篇曰："栣众恶于内，弗使得发于外者，心也。故心之为名，栣也。人之受气苟无恶者，心何栣哉？吾以心之名，得人之诚。人之诚，有贪有仁。仁贪之气，两在于身。身之名取诸天。天两有阴阳之施，身亦两有贪仁之性。"至于人虽能为善，善固可由生之质而来，然此非生之质即可称为善之证。故继曰："性比于禾，善比于米。米出禾中，而禾未可全为米也；善出性中，而性未可全为善也。善与米，人之所继天而成于外，非在天所为之内也。天之所为，有所至而止。止之于内谓之天性，止之于外谓之人事。事在性外，而性不得不成德。"今按《淮南子》亦喻性如茧卵，与董仲舒以禾喻性之旨同。此盖汉人言性之通说也。

此所谓善，乃由生之质之所成。质与其所成者，已自异义，况人之生之质中，亦非全为善质。生之质由天生，而"止于中"，不同于善之原于"止于外"之人事，而由人之成德来者也。此其分"天生之内"与"人事之外"之异，及性与善德之异，亦略同荀子分天生人事以论性之旨者也。

董子次又就人民之民之一名之涵义，以见人性之不涵善义。其言曰："民之号，取之瞑也。使性而已善，则何故以瞑为号？以霣者言，弗扶将颠陷猖狂，安能善？性有似目，目卧幽而瞑，待觉而后见。当其未见，可谓有见质，而不可谓见。今万民之性，有其质，而未能觉。譬如瞑者待觉，教之，然后善；当其未觉，可谓有善质，而不可谓善……民之为言，固犹瞑也；随其名号，以入其理，则得之矣。……性情相与为一瞑，情亦性也。谓性已善，奈其情何？故圣人莫谓性善，累其名也。身之有性情也，若天之有阴阳也；言人之质而无其情，犹言天之阳，而无其阴也。穷论者，无时受也。名性不以上，不以下，以其中名之。"（《深察名号》）

此即就民之涵义之同于瞑，以还证上言性之只有善之质不当，名性当就其"兼涵善与不善之性与情之质"之中人之性言。是即就"善之名"并不能"中"于此"人之性之名"，以驳性善之论者也。

复次，董子又谓王者之政教之所以有，亦依人民之已有善质而未能善之故。其言曰：

"天生民，性有善质而未能善，于是为之立王以善之，此天意也。民受未能善之性于天，而退受成性之教于王，王承天意以成民之性为任者也。今案其真质，而谓民性已善者，是失天意，而去王任也。……今万民之性，待外教然后善，善当与教，不当与性。与性，则多累而不精，自成功而无贤圣。"(《深察名号》)

此与荀子言性善，则不贵礼义圣王，性恶乃贵礼义圣王同为善当与政教，不当与性之说也。

董子《深察名号》篇最后谓善之名有异义，如孟子之说性善，乃善于禽兽之意。然此善当以圣人所谓善为标准，则一般人之性不得言善。故曰：

"性有善端，动之爱父母，善于禽兽，则谓之善，此孟子之言。循三纲五纪，通八端之理，忠信而博爱，敦厚而好礼，乃可谓善，此圣人之善也。是故孔子曰：善人吾不得而见之。……吾质之命性者，异孟子。孟子下质于禽兽之所为，故曰性已善；吾上质于圣人之所善，故谓性未善。善过性，圣人过善。"性必待教而后善，善必全而后圣。三名异义，故性不可言善也。

二 随名入理之思路之局限，与成就政教之目的以外之言性观点之讨论

观董子之辨性，其特色乃在即就公认之"心""性""民""王之任""圣人所谓善"之名之涵义，及善之涵义，以见此人民之性之不能直说为善，而只为一生之质，唯可由王者之政教以使之成善成德者。此其所谓随其名以入其理之思路，可谓真正之本名理以为论，或即以后魏晋之名理一名之所自始。此乃昔人之所未有。在此思路上，董子之为论，亦极严谨，亦难谓其有何推论上之不当。此中吾人之根本问题，则在人是否于此只须直接随其名以入其理，即可解决此人性善恶之问题？又吾人即依董子之随名入理之思路，知性之名不涵善之义后，吾人对性果有何新知可得？又此新知，果有何价值之可言？对何目的，方可言其价值等？亦为

吾人应有之问题。

今若如此问，则将见董子之由随其名以入其理，所得之理，唯是人所用之诸名之义之同异，其是否在逻辑上必然相涵之理。此实非一名所指之事物之本身之理。一名所指之事物之本身之理，尽有初不包涵于吾人所知之此名之义中者，则试问此中吾人如何可由名以得其理？即以董子所举之例言之，吾人今固可由禾之名，以得此"能出米"之义，而谓为此禾之理。然试思：当吾人初用禾之名，以指所见之禾之时，吾人岂能即禾之名，以得此"能出米"之理？吾人实唯因后来既知禾之一名所指之禾之一物，自有其出米之理之后，乃于禾之名中，增此一能出米之义。则吾人固是先由物得其理，而后赖之以定吾人所用之名之义，方可更视名之义为物之理；而固不当直就吾人所知之名之义，以定一名所指之物之理也。故知董子所谓随名以入理之理，只能是吾人所已知之名之"义之同异"之理，而初非吾人所赖以定此名之义之"物之理"。董子于此未辨，而泛言随名以入其理，以为只深察名号，即可对人性之善恶之问题，得一究竟之解答，即大误矣。

由上可知，人性之善恶之问题，并非一般所用之人性一名之所指，是否涵善之义之问题；而当是人性之为物，是否实具有可说之善之理之问题。此问题之如何解答，即当视吾人对人性之体验了解之深度而定，非徒分析一般所谓人性之名之所涵，便能决定者也。

如就董子之说其由心之名涵具枙众恶于内之义，故知性非善之说而论，则吾人于此当曰：今即假定心之一名，涵具枙众恶于内之意义，此所谓者，要不外此心实际上枙众恶于内之一事实。然此事实之涵义，毕竟如何，其理如何，则正有待于人直对此事实加以体验思索而了解之。此中正有不同之深度，而非只就此心之名，枙众恶于内之名，直接分析思索其一般之意义，或就吾人主观所了解之意义，即可得者也。

　　如所谓柜众恶于内之义，依古注，可涵有自求损抑其恶于内之意，亦可只涵包括其恶于内之义。要之，此为指一实际上"人心自觉其内部之有恶"之事实。然此事实之涵义，毕竟如何，则明须看吾人如何了解此事实为定。如吾人岂不可直由心之包括其恶于内之时，有损抑之之意，或不欲使人见之意，以证此心之性乃向于去恶，而实以恶为耻，以求合乎义乎？董子《春秋繁露·身之养重于义》篇，谓："心不得义，不能乐……义者，心之养也。"此亦正涵有心以合义为性之旨。在此，其他之人固亦可对此"不欲人之见其恶"之事实，另作解释，谓此不欲人之见其恶，乃出自一欺人之心，此欺人之心即为恶；又可谓人之欲损抑其恶，即证人之本有恶。然此仍原于此其他之人，对同一事实之本身之另一方面之了解，方有此种种之说。此中之争辩，要非直接起自语言原有之涵义为何之问题之争辩，而是起自吾人对名言所指事实之本身之意义或理之了解不同，而有之争辩。此即唯待吾人对事实之意义或理之了解，逐步深入，更及于其种种之方面后，方能逐步决定者。固非直求知其名之一般的涵义，即可加决定者也。

　　今再就此心之不欲使人见其恶之一事实而论，此事实，既包括此心对其恶之存在于内之自觉，又包括不欲使人见之意。此不欲使人见，可原于羞耻，亦可是为欺人。如说其是羞耻，则此羞耻心虽善，然彼既有恶可羞耻，则非全善可知。如谓为欺人，则此欺人之念虽是恶，然其所以欲欺人，岂非因其知他人之好善而恶不善？此又岂非因其信他人之心之向善？……循此以思，则知此中言人之善不善，尽可有各方面之观点、不同深度之层次；而说恶说善，亦可各有其当与不当，当依其方面、观点及层次之为何而确定者。缘此即足见人性之善或不善，亦为一真实之问题，并可依不同之层次、观点、方面，而各有其确定之义理可说者。先秦诸家之言性，亦即尝自不同之层次观点等，而有其对此中之义理之发现者。孟、荀、庄子、《易传》、《中庸》之言性虽不同，亦各有其所当。若诸家初皆只由性之名之最初之涵义以入理，焉能有此乎？

其次，吾人试问：由董子之辩，谓性只为生之质，而不涵善义，此果使吾人对性有何新知之可得？此直可谓吾人于此几全无所得。因只谓性为生之质，对生之质之内容，乃全无所规定。其中唯一之规定，只是说性是属于生之质之一面，或属于生命之潜能，此性只为其"所成之德，与由政教而成之善"之"质料"之一义。故董子又谓朴质之谓性。此朴质之性中，尚无由之而成之一切，而只为由之而成之一切之质料。此即为吾人由董子之说，所得对性之本身之唯一知识。其次，则为由董子对此性曾加以分解为仁贪之性情二方面，以与天之阴阳相配合，而可使吾人对此性之有此二面，亦有一知识。然此二单纯之知识，克就其自身而言，则价值至微。则董子为此言，其目的安在？此二知识之真正之价值，又何在乎？

吾人于此试思，便知董子之目的，实即不外如上引之文之说，唯在成就王者之政教，或王者之受命之任。董仲舒著书之根本目标，亦实即在立此政教，以化民成俗。欲立政教，即必须肯定此政教之必要，与政教之可行。此即似必须言无政教之人性之不足，又似必须谓人性之有承受政教之可能者，只为一原始之朴质。故其《实性》篇又曰："圣人之于言，无所苟而已矣。性者，天质之朴也；善者，王教之化也。无其质，则王教不能化；无其王教，则质朴不能善。"其无所苟之言，唯在使政教成为必要与可能之意，由此即显然易见。以彼为政施教者之目光，看蚩蚩冥冥之待教待化之民，固亦似只为一朴质，无知未觉，如在睡梦中，待政教以使之觉者。由政教而民乃善，则民亦不能有其成功，而功皆在政教；善亦当与教，不当与性矣。吾人从为政施教之观点看民性，本可以如此看。凡欲说明政教之重要，加重王者为政施教之责任，与使民对王者有尊重之心，而愿承受此政教，亦本可以如此说。

此亦盖即董子之所以如此说也。

然吾人此处如换一观点，而纯从个人之如何成就其道德生活，此道德生活如何可能上看，则吾人即又可本孟子之思路，而反问：此王者之性是否与人民同？如其亦同，则王者之性亦为瞑者，谁又觉王者？如谓王者能受命于天而觉，王者之性，又与人民同，则人民应亦能受命于天而觉。人民皆同有觉性，何得谓为瞑？若性能自觉，又何得只视为一质朴乎？若谓性虽能自觉，此觉者实是心，然此心仍栝众恶于内者，则又须知人在其道德生活之进程中，人乃时时以其心自求改其所觉之众恶，而自恶其恶，而自善其善者；则此众恶即在一自化而被自己所否定之历程中，而善乃在一自生而被自己所肯定之历程中。此岂不即证此道德生活中之心，为善善恶恶，而定向于善者？此定向于善，岂非一当下之绝对之善？此定向于善，固不必即能实现善之全，而使人成圣人；然自为使人更近于圣人，以同乎圣人之善者，要不得言其善为必异于圣人之善者。盖此定向于善，既能使人近于圣人，近之又近，以至于同，则不得言必异也。如其必异，又何能使人近圣人乎？董仲舒于《玉杯》篇，亦尝言："人受命于天，有善善恶恶之性，可养而不可改，可豫而不可去。"于《人副天数》又言："人之受命乎天也，故超然有以倚。"此当亦是董仲舒在其道德生活所自体验得之语。此善善恶恶之性，又岂能只说为一质朴之性，或只为一兼有贪仁之性？此善善恶恶之性，岂非善仁而恶贪，以居于仁贪之上一层次之性？谓贪与阴相当，仁与阳相当，则此性应与董子所谓恒转阴以成阳之天之元相当。天之元为绝对善，则此性亦宜为绝对善矣。然董子之只偶及于人有此善善恶恶之性，而不以之为其论性之核心，何也？盖亦唯在其论性所取之观点，非自人之如何成就其内在的道德生活，即自此道德生活如何可能上看人性；而唯自如何成就外在的政教之施设之必需上看人性之故耳。若然，则董子与孟子言性之异，乃唯在其看性之观点之异。此固

非直接就性之一名之义，是否涵善之一名之义，便能加以解决者
也。至于此中之二观点，应如何相统率，则又当看道德生活之事
与为政施教之事，二者孰为本，何种观点可包括其他观点之根据
以为定。依孔孟之正宗儒家义，则固当以道德生活为本也。此则
又须待于吾人思想之更上一层，以对此二事二观点，更加以反省，
乃能知之。然此则非吾人今之所拟论，读者可自思之。然要亦非
学董子之《深察名号》，即能得此决定者也。

　　吾人上文之批评董子之说，乃一方意在为吾人以前所论之诸
说留地位，一方亦在说明董子之论性，亦表现一前所未有之立论
之法与新观点者。此立论之法，在由反省吾人所用之名之义，以
求论定一言之是非。此虽不能使人即知事物之理，至少可使人知
于名之涵义之同异，而入于名理。此新观点又为自政教之何以必
要上与可能上论性者。此质朴之谓性、生之谓性、性兼有善恶等
语，虽未与吾人以多少对性之新知识，然即此亦已足以为一政教
之必要与可能，建立一理由。当汉之初建，王者之为政施教，正
为一大事，则董子之言之历史价值，亦至大也。

三　气分为阴阳二者之观念之形成与其涵义

　　董仲舒之论性，除本于一随名入理为政施教之观点外，亦本
于一客观宇宙之观点，乃与其时代之人，同自阴阳与性情之关系
上论性。此于上文已及之。阴阳之观念，为阴阳家言与《易》之
一书之重要观念。《易》之本经虽少用此二字，而《易传》则屡及
于阴阳。《易传》之基本概念固为乾坤，然亦以乾为阳德，坤为阴
德，故《易传》又谓乾为阳物、坤为阴物。汉儒乃更承阴阳家之
说，以阴阳摄乾坤；而阴阳为气之说，更为汉儒之所重。此气之
观念，始于先秦，先秦孟子言"浩然之气""体之充"之气，皆指
人生中之精神性、生命性之气。庄子之气，则在内篇仍多指人生

中之精神性、生命性之气。在外篇则多有以气指一客观宇宙中流行之气，而有宇宙论之意义者。汉儒即连其义以说阴阳家之阴阳，更兼以摄《易》之乾坤。董子与其他汉儒，以阴阳之气说人性之新观点，亦为昔之所未见者也。

此种本阴阳之气以言性之观点，乃先视人为天地之阴阳之气之和所生，故人性亦有其阴阳之二面。天有阳以生，有阴以杀，而人性中亦有仁以为人性之阳，有贪有戾以为人性之阴。天以生为本，而恒扶阳而抑阴；其扶阳者天之仁，其抑阴者天之义。则人亦当抑贪戾以成仁义，以德教兴仁，以刑政成义；然后天人合德之义，于是乎在。此其为说，乃与《中庸》同为一由天命而人性，而依人性言道言教之说。郑康成注《礼记》，亦持其说以注《中庸》"天命之谓性"之言，谓即天之阴阳五行之性之命于人，以成人性。朱子《中庸》注亦承郑注，唯更益以阴阳五行之理之言，而视为阴阳五行之气之本而已。然《中庸》篇首之所谓天命，实唯当由其篇末之言尽性，乃得知其实义。又《中庸》篇首之"天命之谓性""率性之谓道"二语，亦实未尝界别天命、人性、政教为不同之三层级。然在董子，则既言能立政施教之圣王，异于万民，又言天之高于君。天之自抑阴而扶阳，又本于天之元之深，而人君则当奉此元之深以为政。天之气至高而至广，人又皆本于天之元气以有其生。此吾已详之于《原命篇》，今不再赘。董子之说，既尊君而屈民，又屈君而尊天；则天命、人性与王者之政教，显然为上下之三层。于是《中庸》之即就"人之修道之诚，以见人之自诚之性与天命之於穆不已"之天人一贯之说，到此即开为一"天命、人性与王者政教，三者各居其位，以相应而成和"之一客观的自然世界与人文世界之全体观。此中"气"之一概念之应用，亦正有其成就此全体观之价值在。兹更细论之于下。

原吾人于所对之世界，初唯见为种种差异之形色性相所合成之全体。然于吾人生命之自生而自成，吾人又初未尝能自见其形

色与性相。当夜深人静之时，吾之感吾自然生命之存在，可唯由
吾呼吸相续不已以知之。呼吸一断，人命云亡。故以生命之本，
在此呼吸之气，以气为体之充或生之充，为吾生命得存在之根据，
盖极早之人类所自然迸发出之一思想。然吾人之生命，固有其心
志。当人之心志之有所感动，而有所向往之际，人亦皆可自觉其
呼吸，亦因之而易其疾徐与强弱，吾人遂知充此吾人之生之气，
或充此吾人之体之气，乃恒随吾人之心志以俱往，并知此心志之
能率气。于是此为心志所率之身之气，与由此有所向往，而生起
之一切心之观念、心之情感等，皆可同视为此心志之所率，而为
此心志之气之内容。此心志之气，即为精神性之气，其涵义固远
较只充生之气、充体之气为广大而深远者也。孟子即循此而由人
之心志之配义与道，以言人之志气之可至大至刚，而塞乎天地。
此精神性之气之为一统摄性之概念，固由生命之气之为一统摄性
之概念，以引绎而来者也。

　　至于此生命之气之一字之更早之原义，则初又当为指人所见
之云气。此即为一自然之气。溯此气之概念之所由成，则由人之
见物（如云气）之形相之在变化流行中，遂不本此形相，以谓此
物之为何，乃本此形相之恒在自己超化之历程中，谓此中所有之
物，无一定之形相，唯是一流行的存在，或存在的流行；遂不视
同一般有一定形相之物，而只名之为气。及乎人之智慧更增，则
于一切在流行变化中之物，皆谓其有气，亦可转而谓其由气之凝
聚所成。乃于吾人之生命之呼吸之际，所自感其在内鼓动，以成
此呼吸之流行者，亦名之为气。此盖即气为生之充、体之充之初
义所自出。至于道家之徒，因其善能极自然万物之流行变化，以
观自然万物“皆出于机，皆入于机”（《庄子·至乐》），于是渐发
展出：视一切万物皆有气流行其中，皆由气所成，而更相化相生
之思想。故庄子即由“臭腐复化为神奇，神奇复化为臭腐”，以言
“通天下一气耳”（《知北游》）。因气在流行中，恒自超化其形相，

故此通天下之一气，亦为遍运于天地中，实无形相，而只可视之为一普遍的"存在的流行"，或普遍的"流行的存在"。此为一具客观义的形而上的存在之气。由此气之能流行、能遍运，而能变化无方，即见此气之道。此道亦正为庄子之人生所向往之道，亦道家所赖以通天人，以游乎天地之一气之道也。

然人对此为普遍的存在的流行之道，虽初不可言其一定之形相，然可由其流行变化，以见其往来起伏与节奏。吾人之呼吸，固有往来起伏与节奏，而气之运行于万物或凝聚以成物，亦然。此气之往来起伏与节奏，乃初由一形相之往来起伏于事物之中，或有形相之事物之起伏于世界中，见之。一形相之物之来而起而显，是为阳；一形相之物之往而伏而隐，是为阴。自阴阳二字之字原说，吾人于论《易传》一章已言，阳原从日，涵日出之义，阴原为从云，云即雲，应涵有云蔽日之义。日出为阳，则日所照之山南为阳，日出时之暖为阳，而一年气候暖时之春夏为阳。春夏之时，物皆生长而出，即皆自起而自显。故皆为阳。反是而日所不照之山之北，日没之时之寒，气寒之时之秋冬，秋冬时万物之收藏而隐伏，即皆为阴。故阴阳之分，亦即有形相之物之隐显、往来、起伏之分也。由此而吾人于有形相之物之往来、隐显、起伏之状态，皆可视为一阴而一阳之状态。今将此阴阳之观念更连于气，则可说此一阴一阳之状态，由气之流行使之然。此一阴一阳，亦可说为此气之流行之二状态，或气之流行之二方式。凡气之在来而起之状态方式下，或气之来者、起者，即可称为阳气；凡气之在往而伏之状态方式下，或气之往者、伏者，即可称为阴气。一气遂得分解为阴阳二气以观之。于是谓天地万物为一气之运之思想，即化为天地万物由阴阳二气之和所成之思想。今于阴阳二气，既分为二之后，再溯此二气之本于一气，则此一气可视为此二气之原或元，而元气为万物之气之原，亦为阴阳二气之原之说遂生。至于就此阴阳之气之分合，以说万物之往来、起伏、升降于天地间，与其所以能往来、起伏、升降之性，及万物之互为往来、起伏、升降等关系，即汉儒之用心之一大所在也。

四　人性与阴阳善恶及性三品之论

本此阴阳之说以论人性，则人性只能为一"气"之性。人之气之起之升，为人之生，人之气之伏之降，为人之死。此人之由生而死，固由人之气有阳有阴使之然。人之气生，而更乃以生其他之人物为事，以有其仁，亦由人之阳气使之然。若人之气生，而只求自遂其生，自贪其生，而可害及其他人物之生，此气亦称为人之阴气。人之有此阴气，亦即人性之戾、之贪。人之气既有阳有阴，人性必有仁，亦有贪戾，而人性亦即有善有恶。于其善者，汉人或谓之性，而于其恶者，汉人或谓之情。然董子则又谓"情亦性也"。要之，人之为人之本然，总有此阴阳、情性与善恶之二方面。此则由汉人之旷观天地间之事物，原有此相生以相成，亦可相杀以相克之性，而本之以自证其人性而来。大率凡物之生，必求自成其生，其自成其生，乃其阴。此欲自成其生，初乃意在自继其生，亦原于阳，固为善。由此阴之自承其阳而起处看，正所以成此阳之性，亦未为不善。此即《易传》言一阴一阳之谓道，乾生坤成之旨。故《易传》言阴亦有美，乾坤皆具德也。然人物之求成其生，而只求自成之生，以贪己生而杀他生，则明对他为不善。是即见此自成其生之阴中，更具此贪此杀，而有一不善之性。此中，克就其阳生之性，因此而不能发展为兼生其他人物之生言，亦见其善之未备。缘此以观吾人之性，亦实趣向于一更深度之认识，而能见及人性之"始乎阳而卒乎阴"处，"其原虽善，而可转出一不善，以呈一辩证之现象"处。此则为汉儒贵阳贱阴，以人性非必善，而兼含善恶之正反两面之所本。依此说以观人性之阴一面，则人乃一面求自成其生，而一面排拒其他生之成者。

此即所谓人性之私也。《说文》曰："自环为私,背私为公。"就此人性之自私之状态或自私之机,而更深观之,则可见此人性之阴一面之状态或几,因其是自顾自己,只环绕此自己,以自降于自己之内者;即具一无底止的只向自己沉入堕落,而封闭于自己,以一往排他,而不惜欲杀害一切其他人物之状态或几,而可通于西方基督教所谓原始罪恶,佛家所谓人深心之无明者。此固非董子之言之所及。然此中之用阴之一字,以表人性之此一面,则明涵此义。人性之此一面,亦唯用阴之一名,方可表其暗蔽而自私,而不见有其他人物之状态或几。此非泛说之"不善"或"人欲"或"恶"之名之可及者也。

对此人性之善恶,以一阴阳之气说之之另一价值,即在此中之气一名,乃初含动态义者。气虽有阴阳之别,而阴阳恒可相继而互转。由此而性之可转化之义,亦在说性为气之性时,较易显出。如只说性为物之性,因物可不含动态,则性可转化之义不显。说性为心之性,因心恒有一定之情意之方向,故即心言性,或归于善,或归于不善,或归于无善不善,皆可只为一定之论。然气之一名,则自始涵具流行变化之义者。故即气言性者,虽分气为阴阳,谓其一向善而其一向恶,仍恒重其可转化之义。故董子言人性之有阴一面之不善,乃初自其由阳之所转出处,看其所自来;亦自其可更有阳气之生,而再转化处,以看其所自往。故董子与其他汉儒之有见于人性之阴一面者,亦终未尝如基督教佛教徒之对之而战栗;乃仍归于信人之政教之能化性,以出善而成德。故其说虽谓人性有善恶阴阳两面或主善恶混,而又非以人性为包涵绝对相反之善恶二端之说,乃归于以"生之质"为性之名之所实指之论。本此气之能转化之义,以观人性之此两面,及此两面之可相转化,则善恶之性之概念之相对,固可相与而俱泯于一"性之为生之质之概念"中也。

此上所说,乃顺董子之自客观宇宙之观点,以阴阳之气说性之价值，而代为发挥。凡此所陈，亦唯对一自客观宇宙之观点而说，方为有效，而得见其意义与价值之所在。若改而自人在自己之道德生活中，自观其如何能转恶成善中，所显之善善恶恶之性，则此性只可说为定向于善，其本身亦非更可转为善、转为恶者。此则当顺孟子之意以论性。是乃在董子之思路所及之外，备如前述，今可弗赘。

五　性之品级之观念之所以立，与王充之即命言性，及纯价值义之性

汉儒之言性，大体皆如董仲舒之持一由为政施教及客观宇宙之观点，本阴阳之气以论人性，并言其为政教所得而施。缘阴阳之气之有不同之组合，则人性原可有阴气重，而更易为恶者，亦有阳气重，而更易趋于善者。则人性宜有其品级之差别，非只言其有同类之性一语之所能尽。由此而汉儒乃有性之三品九品之论。如王充荀悦等之所持。而董子言性有圣人之性、中民之性、斗筲之性，即已涵此义。唯其言性以中民之性为准，故未明立三品之说。此三品之说，可遥契于孟子时代人，言人之性有善有不善之说，亦与孔子之分中人、中人以上之上智、中人以下之下愚之言，若相类似者。此说亦似可由人性之为阴阳二气之组合，而所具之成分之不同，加以引绎而得者。

然由人性所具之阴阳善恶，有不同之成分，则分人性为三品，或三三以为九品可，分人性为四品五品七品八品，亦未尝不可。然三品与九品之说，所以为独盛者，亦非无其理由。此即因自客观上分人性之善恶，虽可分为无数品，然吾人通常言人之善恶，必有吾人所定之标准。以此标准而观他人之性，则其善有过于此标准者，亦有不及于此标准者，而人性即成三品。一品之中更三之，即成九。然此三品九品之分，亦唯吾人本一标准以客观

的看他人之性时为然，亦人在为政施教而悬一标准，以望人趋赴之时为然。若人在道德生活中自观其向善之性，或足为善之阻碍之恶性而言，则仅可只有一品而无多品。一人固不能自有三品之分。一人唯在将其自己之性客观化，而依标准与他人比较而观时，乃可自定其性之属何品也。然人于此，亦罕有愿自定其性为下品者。是知此性三品之说，唯依汉儒重客观的观人，而恒期人之合于一政教之标准时，方得盛行之说。按《尚书》有"知人曰哲"，知人则能官人之语。《大戴礼·文王官人》篇，言官人当先知人。《吕氏春秋》亦有论观人之篇，谓此乃圣王之所以知人而用人。故中国传统之观人之论，固与用人官人之意相连而发展。性三品九品之说，终逐渐演为汉魏之客观的评量人之品级，而授之以官之九品官人之说，亦非无故而来者也。

汉儒之充量表现一自客观自然宇宙之观点，以观人性，虽持性三品之说，亦与董仲舒同持教重于性之观点者，为王充之即气言命、即命言性之说。至于扩大为政施教之观点，以客观的依人之品类，而论人物之性者，则为刘劭。此下当略述此二人如何本其观点，以论性之思路。

王充于其《论衡·初禀》篇谓"性者，生而然者也"。此与董子言"性，生之质也"，略同其旨。然王充本客观自然宇宙之观点以看人性，则特重人本特定的自然之气以生之义，乃不复重气之可变性。其故盖由于其将一人之生命之气，自始定置于一定之时间空间，或一天星地理之交会而观之。人之生命即显为在客观宇宙中，有其时空之定位之自然的存在，以自有其所禀得之特定的自然之气，而与同在世界之其他人物，有特定的现实及可能之关系者。以此上种种为一定，人即有其一定的自然之命运。此命运，初纯由其所本之气所决定。人依其禀气之强弱、生时天星之交会等，而有其寿命禄命；更依其禀气之厚薄多少等，而有其善恶贤愚（见《率性》篇）。此中，以人性之如何，依于其生命之如何，

而此气为生命之本质，其厚薄多少，即为决定人性之或智或愚或
善或恶者；而人善恶之性之自身，则不能决定其气之如何。此遂
不同于孟子之心之性之能自率气之说。在王充，唯气为实际有力
者。其力亦唯可由其他实际的教化之力，方能多少加以变化。故
王充重教。王充言由教率性，即由教以变化其气质之谓。此非如
《中庸》言天命之性，能自率以成道，而修道以成教。此乃以性外
之教化率性之谓教也。此其重教化之旨，与董子亦大体不殊。唯
董子于人性无三品之分，于教化之效，未尝加以限定。王充则于
人性有三品之分，上品之极善与下品之极恶，皆非教化所能转移，
此则又异于董子。然知人性有非教化之力之所能转，则为政者理
当于下品之不肖者，但依法以治之；于上品之贤才，则举荐而用
之；固不必尽人而教之。后之荀悦言人之三品九品之分，即亦言
教之有所不能及，亦有不必及者；至魏晋有九品官人之法，而刑
名法术之论亦再兴矣。然观王充之视人善恶之品，有纯由人之生
命所禀得之气所决定，而不移者，即更当知其所谓性之善恶之名，
唯所以表示此禀得之气之状态、活动方向者，如吾于《原命篇》
所说。善恶之名，于此即只为此气之形容辞，而无实质义之可言。
夫然，而王充所谓人之善恶之性，即略同于今所谓价值性之性，
与先秦之言性者，其性皆涵能生之义者大不同，而与董子以性为
生之质，能出善德，如禾之能出米，而指一实际存在之说，亦不
同者。先秦之所谓性，乃皆可称为一内在之存在者，而能为人之
生、心之生之根据者。董子之性指生之质，亦即可以指人生中之
阴阳之气之存在。董子较信教化之力，则人之善恶宜多可转，而
其性亦有一能生之实质义。然王充之性，可为决定不移者，则善
恶之性之名，便只能为气之一状态与活动方向之价值性的形容辞，
无能生之实质义矣。王充《论衡·实知》篇，有"性智开敏，明
达六艺"之言。此连性与智以成名，有如其连智愚以言善恶，智
主知而不主行，固亦不必连于能生之实质义也。然此视性之善恶

为形容辞，而去其实质义，自为一言性之新义，而契于后之佛家及今之本西方科学哲学以性相为性之论者，则其义亦不可忽也。

六　刘劭为任使众材，而即形征性，论才性之品与逐步客观化之观人术

于刘劭《人物志》，汤用彤先生之《魏晋玄学论稿》，尝综其大意为八端，言其学术史上之关联。友人牟宗三先生之《玄学与名理》，[①] 乃详析其书前数章之大旨及哲学涵义。至对全书文句分别作释，则友人程兆熊先生亦近有《人物志讲义》一书之著，以便学者。吾今则不拟多涉及此书之内容，而侧重在就此书之序言与各章之次第，以说其论性之观点与思路。

刘劭自序言："圣贤之所美，莫美乎聪明；聪明之贵，莫贵乎知人。知人诚智，则众材得其序，而庶绩之业兴矣。"此其论人性，明出自一求客观的知人，而任使众材，以成庶绩，而兴政教之观点。故其言人之情性，要在就人之客观之形质，以知人之情，乃首之以九征，由人形体之五物，或其五行征象之见于外者，知人内具之五德等，即以知其质。此九征者，"平陂之质在于神，明暗之实在于精，勇怯之势在于筋，强弱之植在于骨，躁静之决在于气，惨怿之情在于色，衰正之形在于仪，态度之动在于容，缓急之状在于言"。此即纯从人之外在的身体上之表现，以观其内具之情性之思路，而遥契于孟子偶言及之由人之眸子，以观人之胸中之正与不正之义。亦略同《大戴礼》中《文王官人》篇之观人以官人之论，复与王充之缘骨相以知人性之意，不甚相远者。此即与孟子之言即心见性，赖于人之自度其心，荀子之言性恶，乃就其恒与礼义相违以反照出，庄子言性命之情，待人之性修反德而

---

① 编者注：作者所指，应为《才性与玄理》。

后知,《中庸》之天命之性,《易传》言继之者善之性,待人之尽性存性而后知者,皆截然不同其思路矣。

刘劭之观点与其思路,乃外循九征以观人之情性,故其论九征之后,即次之以《体别》,以论各类人之才性之得失。其得在是者,则可与为者在是;其失在是者,则不可与之为者亦在是。故谓:强毅之人,刚狠不和,是故可与立法,难以入微;柔顺之人,缓心宽断,是故可与循常,难与权疑等。此皆备详其书,今不赘述。凡此所言,要不外知人之长短得失,以论我当如何与之相接,以用其长而舍其短之道。刘劭论材性之意,初在知人之材性,以为用材之所资,其意亦甚明。故其书《流业第三》,即进而本人之材性之不同,以论人之流业,以言人之见用于政教之业,乃各有所宜,而互异其流,故有清节家、法家、术家、国体、器能、臧否、伎俩、智意、文章、儒学、口辩、雄杰诸流业之分。至于其书第四篇《材理》,则又进而就人之材性之异,而论其所见之理亦有别,乃或为道理之家,或为事理之家,或为义理之家,或为情理之家。再以人之材性之有九偏之情,而以性犯明;故于理,亦各从其心之所可以为理,而各有得失。人之于理,亦有似知之而实非知者,乃论七似。缘人于所见之理有别,而人之相辩以求相喻,亦将以九偏之材,有同、有反、有杂,而同则相解,反则相非,杂则相恢,于是人之为说,则有三失;以言相难,则有六构;而通于天下之理,则有八能。此其所分篇论列,明是依序以进,而客观的讨论不同材性之人如何见理,"如何本理以相论难,以求通理"之历程中,种种由才性之偏,而引起之障蔽,及此障蔽如何得渐破除之道。此非刘劭自论其所见之道理义理之为何,而是只言人当如何往观"他人之如何见理而论理",亦求见"人之见理",而论"人之论理"之论也。

至于其书之《材能》一章,则更就人材之不同,而论其于事之所能为者之不同,所堪任之国家之责任之不同。《利害》一篇,则言人业之流，在国家中其穷达用舍之际之顺逆利害。《接识》一篇，则言异材之人，其相接识而相知，亦或易而或难。《英雄》一篇，则言人才之特出者，聪明秀出谓之英，胆力过人谓之雄。英之智能知，而以明见机，故为智者所归往，而能用智者。雄之胆能行，而以力服众，故为雄材所推服。英雄者，人之胆识之足以得他人者也。然英能得英，不能得雄，雄能得雄，不能得英。一人之兼为英雄，乃能得英雄，而成大业。此亦是自客观之观点，持英雄与非英雄相较量，英雄与英雄相较量，而论其与政治上成大业之关系之言也。

至于其书第九篇《八观》所论者，即明言吾人之观人之材性，当自不同之方面，依种种之方式、种种之观点，以求得人之情性之实，而无疑于似是而非、似非而是者。如观其夺救，以明间杂，观其感变，以审常度等。此则刘劭之更进而客观的讨论：吾人观人所应取之种种可能的方式观点。至于《七缪》一篇，则更进而论世人之观人，恒未得其道，而有七种之谬误的观人之方式。《效难》一篇，则归于论人之知人之效，有二难：有难知之难，有知之而无由得效之难。此亦即言人之见知而见用于国家之政教中之难。最后一篇《释争》，则又由人之对其才之是否自矜，是否能让，人之如何自处其才，以见人之德行之高下。于是吾人即当观人之如何自处其才，以观人之德，而达于观人之极致。此观人之道，总而论之，即由人之形体之九征，以及于人之性格，人之流业品类，人之如何见理论理，人之对人对物对事之材能，人在世间之用舍顺逆，人之是否能得人而役人而为英雄；进而更自观其能否用八观，免七谬以观人；缘此而并观"世间之人之难知与人得效之难"，再观彼"自知其见知得效之难，而有才者，其人之能否不矜而让贤等"，以见其人之内心之德。此内心之德，则为人之所自知，而亦为我之缘他人之形貌，以知他人之事，最后之所归止者也。此"始于形体，终于德行"之观人之材性之历程，即一顺自外观人，以达于其底之一历程。刘劭之《人物志》，即缘之以论此人性之表现各方面、各种类、各层次，而成一逐步转进，以展开此各方面、各种类、各层次之人性表现者。其每篇之持论，虽不必皆与他篇一一相对应，然其各篇之次第间，即明见一逻辑上之次序，亦代表此客观的论人性之观点，次第运行于所观之人性中之序，读者可更自察之。人若只截取其言之一段以为论，则不能见其所言之人性，乃次第展现于其观人性之观点之运行之中之人性，初不能离此观点之运行，而有其意义；其言之范围，实亦即为其观点之运行所及之所局限者。故吾人亦不能即其言以谓人性之全幅即如此，复不能谓此外更无另一观人性之观点也。

此上所论，乃重在说明刘劭如何论人物之性情之观点，与其观点之如何运行而转进，而未及其内容。此内容初为一本于汉儒之阴阳五行之说，以说人之形体德性之人性论。由五行以说人之形体之构造，与基本之德性，汉儒之他家亦多言之，盖为当时之一流行之思想。阴阳之观念如何连于五行之观念，或如何可由阴阳演出五行之观念，以说人之形体与基本德行之关系，在当时人应有一共取之思路。兹试缘上文论阴阳之旨，更加以探测而说之。

七 由阴阳至五行之观念之展成

原彼任何存在之事物，就其存在而说，皆可就其正生，而以生之一言说之。然生之为生，即涵求自继其生之意。自继其生，即以其生之得继之者，而自成其生，以自尽其生之性。故一生与继之者对言，则前者为生，后者为成。生为阳，则继阳而成阳者为阴。于是每一存在或生命之历程，即皆可开为生与成、阳与阴二者相继，所合成之历程。然吾人上文，又谓当一物由生而成、由阴而阳之际，即可有排他害他，以只求自继其生、只求其自己之成之性。此即其一对他为恶，亦其一"不知生他之善"之不善或恶之阴性，如董子之所言及。然此对他为恶，而不知生他之阴性，仍依于一生命或存在，求自生自成而有，其原仍为善。此一生命或存在，于其排他害他之事，初不自视为不善，而亦可自视为善者。因彼固可自谓：若不排他害他，即不得自生而自成也。吾人如纯自客观之观点看，则一切生命或存在，无不由食他物以生以存，即无不由对他有所刑杀，以生以存。若无此刑杀之事，则无物能生能存。由是而吾人亦即可说一生命或存在，乃以对其他生命存在有所刑杀，以成其为生命与存在者。此刑杀，固对被刑杀者为不善。然对此生命存在自身，则非不善，而恒若自视为善者。至于吾人如本纯客观观点，以观一生命存在对其他存在之刑杀，是否为善，则吾人标准恒是：若由此刑杀而成就之生命之存在，为一更充实之生命之存在，此刑杀即为善，反之则为不善。由此而对一更充实之生命之存在言，则由其对次充实之生命之刑杀，以充实其自身，即为此更充实之生命，在自继其生之历程中，似当有而不可免之恶。此即一由刑杀以生成，由恶以得善之一事。吾人今即在一生命自体之存在历程中，看其细胞之更迭，生理组织之更易，亦可说其旧细胞组织，为其自己所新生之细胞与组织所刑杀。吾人在思想历程中，看吾人之以一新观念代其旧者，亦即为一观念之刑杀。则吾人可说，由刑杀以求一似更充实之全体之生命之存在，乃自一生命之存在之内外而观，皆同为当有，而不可免之恶。若吾人于此更视此整个之宇宙之生命存在——或全体之天——为一大生命存在以观，则此整个宇宙之大生命存在——或全体之天，因无其他在外之生命存在，为其所对，则固不能对其他生命存在，有所刑杀。故此整个宇宙之大生命存在，亦无对外之恶，而只有其以今日之生命存在，代替昔日之生命存在之恶。然此恶皆为使此宇宙得相继存在，以自成其生生不已者。则此宇宙，乃唯以对自己之刑杀之恶，以成其自己之生生不已之善；此恶，对其自己之生生不已言，亦毕竟非恶者。缘此而观宇宙之流行，则此流行，即为一吾人必须自其全体而肯定之为善之一"既生物而成物，又杀物使毁，而更生物成物"之历程。此即表现于"其所生之万物，既各自生而各自成，以相对而存在之后，更互刑互克，以更有其余之物与新生之物之存在"之现象。由此而观此宇宙之流行，即不能只以一生一成二言说之，而当说之以"同时生起并生之物，兼各使之成，而又使之有相刑杀之事，再使其余之物或新物得生得成"之语。此中吾人如自一物之生成上看，则一物之生成，克就其自身而言，固可只以一生一成说之。至就其恒须经一对他之刑杀，或其内部之刑杀，而后得继其生成言，即为"一生、一成与其他物相对而相望，或自保其内部各部之平衡，而更历对他之刑杀或内部之刑杀，以得自生而自成"之历程。在此历程中，自一生命存在其初有自生自成而言，则皆可说其"自生"为生，生而"自成"，即为生之盛。此为二阶段。其生成而与其他物之生成，相对相望，或其内之各部相对相望之平衡状态，又为其一所经之阶段。其对其他刑杀，而使之毁，或由其内部之刑杀，使其内之一部毁，此中由往刑往杀，至刑成杀成，又分为二阶段。此即合为五阶段，而成五行。至于此刑杀完成之际，亦即继此刑杀而始得之生命，由之而生之际。故一生命存在之五行之终，即其后之生命存在之五行之始。本此五行之历程，以观宇宙之生命存在之相续，汉儒即于一年之春夏秋冬，谓春为生，夏为生之盛，夏秋之际为一生杀之平衡，秋为刑杀之始，冬为刑杀之终。此为天之五行之见于一年中，宇宙之全体生命存在之流行者。对于万物，则其五行，可兼自其内部与对外之关系上说。自内部说，则一生命存在之一生，其由少而壮而老死，乃依于一内部之生成与刑杀。在每一段落之生命中，其内部生理组织之易旧迎新，亦有其内部之刑杀。至以诸生命存在相望言，则各有对外之刑杀，而亦有对外之相生。于是除内在于一生命存在之五行之流行外，又有诸生命存在间，相望为相生或相刑杀之五行之流行。

此即不同于天之五行，皆为其内在之五行者也。

上言整个宇宙之生命存在——或全体之天，只有内在之五行之流行，而将此全体之天中所包含之万物，相对而观之，则又相对而有其外在之五行。故自万物之任一物，对外关系而观，即皆有其外在之五行；而克就其自己之生命存在，为一由生而壮而老死之历程而观，则只有一内在之五行。然吾人今若更进一步，以将一生命存在之内部，亦分为各部以相对而观，则此各部亦应相对，而有其外在之五行。如身体之内部之心肝肺等之相生相克之关系是也。缘是而世界中之任何有组织之全体，皆可有对外之五行，而将其组织分为各部时，此各部间亦相对而有其外在之五行。至于克就任一组织自身之全体，而观其流行，即只有内在之五行，而亦皆如就天之全体而言，只有一内在之五行者矣。

本上述观念，以言万物之五行，初无某一物定属某一行之义。如谓一物始生为木，生盛为火，其生与刑杀之平衡为土，刑杀始于刑，为金，刑杀终于杀，为水，则凡助一物始生者，即对之为木，助一物生盛者，即对之为火，对一物既无助亦无杀者为土，刑之者为金，杀之者为水。是则万物尽可互为金木水火土，而无一物可言定属于何行。然吾人亦可说，对一定之全体组织之生命存在言，则此全体组织之各部，对此全体组织之贡献，尽可有或为助成其生与生盛之用者，或为供其对外对内之刑杀之用者。如在一国家中所谓司农或司徒之官，在养民教民，即使人民得生而国家亦得以生者。司马之官在统军队，使民力强盛，则为成就民与国之生之盛者。司寇之官，为对罪犯用刑者。司空之官在伐木破土，而变化改易自然之状态，则如对彼自然，加以刑杀者。此中孰为担负五行之何一行之任务者，即显而易别也。如萧吉《五行大义》论五行配官职，即多以司农司徒之官为木，司马之官为火，司寇之官为金，司空之官为水是也。缘此观点，以观吾人身体各部组织之功能，亦可说其中各部，乃或生血，如肝；或使生

命运动，而见生命力之盛者，如心；或用在有所排泄，去除污秽
之气者，如肺；或能为后起生命之原，而多用之，又可以促生命
之衰亡者，如肾中之精血。肝为木为春，心为火为夏，肺为金为
秋，肾则能开未来之春木，而其自身则为冬为水者也。至于对此
五行之气，所以名之为金木水火土者，则意其初当是自宇宙之物
之全体而言，其中之木，乃自地向上生，故以象征春之始生之一
行；火更向上升，故取以象征夏之生盛之一行；土之平衡不降不
升，即取以象征春生与秋刑之际之一行；而金之凝聚收敛而沉重，
故取以象征天地在秋时之刑万物之一行；水更向下自沉如归向潜
隐，故取以象征天地之在冬时之收藏万物而杀之一行也。又自此
五物之在天地间对人物之作用言，则人与动物，皆必赖植物之木
而养，则木为使人与动物始生者；火之热或热力，为使始生之物
生长运动者，故为使物生盛者；金则坚固而能毁他，故人亦恒用
金为刑杀之具；而水则为能淹没冲杀一切，物亦莫之能御，而又
为木所赖之以生者，故水所担负之任，类似冬之能藏物杀物，而
又能起春者也。

　　吾人方才之所论，非意在说明万物之分属五行之说，为确定
而不可易。唯在谓于一组织之全体中，吾人如自其中之各部分，
对全体或对其他部分所担负之任务，或为使之始生，或为使之生
盛，或为刑之，或为杀之等种种言之，即可将之分属之于五行。
故一物之属于某一行，乃以其相对之功能而定。在此功能确定之
情形下，则一物之属于某一行，亦即有其确定之意义。然一物相
对之功能，毕竟为生为杀等，则不能先知，而有待于人之本观察
与推论以知。故人身之各部，毕竟何者担负何行之任务，亦尽可
有异说。国家中之官吏，毕竟何者担负何行之任务，亦可有异说。
将天地间木火金土水，作五物来看，毕竟何者对整个天地而言，
其生之用最大，或其刑杀之用最大，亦可有不同上说之异说。然
要之，吾人总可说：一物之存在于天地，必有生之或克之者，对

之分别表现五行之功能，亦总可说一物对其他之物，能分别对之表现五行之功能。即吾人用五行之范畴以观物，总为可能者。此则依于任一物之生之历程，必可分为五行，其相对之关系，亦必有此五者而来。此五行观念，乃自"物之为一存在，而一存在之必为一由生而成，并历刑与杀以生成之历程，及物之相望必有相生或相刑杀之关系"，所演绎以出，而必可应用于存在事物之范畴。由此范畴之应用而得之知识，虽可谬误，此范畴并不即因之而误。故汉儒之以五行说万物之论，虽多牵强不可解，然此五行之观念，为当时人所共用，亦不为后之为说者之所废，则正由此观念之本身，有其必然可应用以观物之意义在之故也。

八　五行与五常及刘劭之即形知性论试诠

汉儒本此五行之观念以观物，于是其观人之性，亦以五行为之说。由此而儒家所传之仁义礼智信之五常之性，皆可分属之五行，而此义亦为宋儒如朱子等之所承。吾人于此亦须了解其在何观点之下，说此仁义礼智信之可分属于五行。

汉宋儒者将五德与五行相连而论者，大皆以仁为木德，礼为火德，义为金德，智为水德，信为土德。盖远本驺衍五德之论，而初为汉儒所承。此中金木水火土，如只视为人所知之五种物质，则此五者何以能相应于此人之五德，似难得而明。然吾人能知此五行之名，乃表示天地或任何存在事物之生成历程中之五段落，又是自一物对他物之生刑等功能而说者，则仁义礼智信之分属五行之理由，即亦可得而说。如仁之德为爱物而生人物之德，此亦自昔共认之人之一切道德生活之始德；而木即原所以表物之始生，及一年之春者。仁为直表生之德，则称为木德固宜。人对人之礼，恒表现为恭敬人，而如对人加以升举之情。此内心之仁之形于外，即人之生之盛，亦即人之道德生活之盛。恭敬人而升举之，则如夏之长物，火之升物，则礼为火德即可说。仁与礼，即正面之德之大者。仁而有礼，斯为君子之盛德。人之能育万物而兴礼乐，则治道之大盛，亦不外乎是。至于义，则对己而言，见于羞恶及自制之情，对外而言，则见于制暴乱以裁万民。此乃意在去不德者，使"不德之行，不存于内，不德之人与事，不存于外"之一似消极而以制裁为事之一德。此人之能为义而有所制裁，由又其心中有所信守。如先有对仁礼之信守，方能以义制不仁，制无礼。则义之先，应有内心之信德，为义之发之所自。此信守之德，既未表现为爱人利物之仁及恭敬人之礼，又未表现为"制裁不仁不义"之义之时，即为在一阴阳之中和状态，其德即同于土德之为一阴阳之平衡。至于义之既有所制裁，有所去除，即有刑杀而为金德。内去己之不德之行，外去不德之人与事，即对此视为不德者之刑杀也。人缘义内去其自己之不德既尽，则德性之心归于清明，缘义以外去世间不德之人与事，而遏暴乱之后，则于世界见清平。此清明清平，即一不德者去尽之状态，亦即对不德者之加以刑杀净尽之状态。此心之清明之状态，即为道德的智心之本状；世界之清平，亦是暴乱之不存在之状态，为此智心之所见。此缘义而起之智心，达一清明之状态，或见世界之清平，乃由见其心之所恶者之既去，以入于无，而此外乃更无所见之境界。此即如秋尽冬来时之万物收藏，人于收藏之万物之更无所见；又如水之下流至极，停滀不动，以归于澄明时，其中泥沙之一无所有。故以智为水德，亦即于此义上可说。至吾人之谓此人之智心，既能非非，亦能是是，则又见非非而归清明，尚不足概智心之全。智心应尚有其能由非非而往是其所是一面。当此智心非非而使心归清明之际，所同时引起之往是其所是之一面，即应说为心之向其所是，而更求自生之一面。此乃依智心而再起之仁心之表现。如春回大地，原可依冬之尽而同时以起，则谓春在冬中固可，说智心亦兼为"人向其所是而更自生"之仁心之所在亦可。然此非仁智不分，智心不以自归于求清明，而望见世界之清平为本性之谓也。

吾人知仁义礼智信之五德，有此可以五行说之之义，则吾人于此仁义礼智信之五德，亦可全不自其具体之内容，及所关联之具体事物看，而只视仁为吾人之心或生命中之一生意；礼为此生意之盛而形于外；信为此生意之平，而若无所生，亦为一心意之平，或一平心之生意；义则本此平心之生意，以制裁生意之对若干事物为过盛，而补其所不足，以求平彼不平而去之者；智则不平者既去后之一清平，而使此生意更得流行者。此即通宋儒之明言，以就此五德与生意之关系而说者也。

吾人既于此仁义礼智信等，可唯以生意之流行说之，则此道德生活中之仁义等，与吾人之自然生活或自然生命、生理的形体中之生意之流行，即可亦有一种应合。于是人之自然生活、自然生命与生理的形体，可以五行说之者，亦可以五常之德说之。此二者间其能同以五行之某一行说之者，其间亦应有相生相连之关系在。此即为汉代《内经》之所以说人之五脏五官等，亦连于五常之性之故。刘劭之论人性，谓由人之表现于形体之外之九征，即可知人于五常之性之所偏至或得其中和，亦即缘是而可说。按其《九征》篇首曰："盖人物之本，出乎情性，情性之理，甚微而玄。……凡有血气者，莫不含元一以为质，禀阴阳以立性，体五行而著形。苟有形质，犹可即而求之。凡人之质，中和最贵矣。中和之质，必平淡无味，故能调成五材，变化应节。是故观人察质，必先察其平淡，而后求其聪明。聪明者，阴阳之精。阴阳清和，则中睿外明……自非圣人，莫能两遂。故明白之士，达动之机，而暗于玄虑；玄虑之人，识静之原，而困于速捷。犹火日外照，不能内见；金水内映，不能外光。二者之义，盖阴阳之别也。若量其材质，稽诸五物，五物之征，亦各著于厥体矣。其在体也，木骨、金筋、火气、土肌、水血、五物之象也。五物之实，各有所济。是故骨植而柔者，谓之弘毅；弘毅也者，仁之质也。气清而朗者，谓之文理；文理也者，礼之本也。体端而实者，谓之贞固；贞固也者，信之基也。筋劲而精者，谓之勇敢；勇敢也者，义之决也。色平而畅者，谓之通微；通微也者，智之原也。五质恒性，故谓之五常矣。五常之别，列为五德。是故温直而扰毅，木之德也；刚塞而弘毅，金之德也；愿恭而理敬，水之德也；宽栗而柔立，土之德也；简畅而明砭，火之德也。虽体变无穷，犹依乎五质。"①

此段文乃刘劭论及人性之内容时，对人性之基本认识。此乃全以汉儒之宇宙论中，元气阴阳五行之论为根据者。其所谓元一之质，即董子所谓为阴阳之所本之元气之质，而尚无阴阳之分之中和之质。人之聪明，本此中和之质以有，而为人之阴阳。人之聪明之表现，或为外明，而达动之机，此如天之阳，如火日之外照；或为中睿，而识静之原，此如天之阴，如金水之内光。阳以外伸而自起为性，阴以内屈而自伏为性。人之外明，即外伸而自起；人之中睿而善反省，即内屈而自伏也。此皆与吾人前论阴阳之义，可相照映而说。至于其下文言五行，则就人之形体之骨筋等，及其连于五常之质如弘毅等五德以说。此五行之观念，原依物之相对而有其相生相克，或一物之可分为诸部分，而有其内在之相生相克以说者，如前所论。故于可分为各部以观之形体，亦可分为五行说，如前谓五脏可分为五行以说是也。刘劭以五行言形体，则为自形体之分为骨、筋、气、肌、血五者，而以五行说之，并说此人之五者之形态，与其五常、五质、五德之密切相关连者。由是而可即人之气血在体之状，与人所表现于容仪声色

① 刘劭之五德之名，乃本《书经·皋陶谟》之九德"宽而栗、柔而立、愿而恭、乱而敬、扰而毅、直而温、简而廉、刚而塞、强而义"，而约之以说。今按乱古训治，治即理，故刘劭易乱而敬为理敬。但今刘劭书之"扰毅""弘毅"，名义重复。"弘毅"盖当为"强义"之误也。

与精神，合以知其五常五质五德。察其言木骨者，乃自骨之在人身，使人身直立撑开，以生于天地言，故通乎仁之宽弘而刚毅。其谓火气者，乃自气之在人，乃使人明朗而简畅言，故通乎礼。其谓金筋者，乃自筋之在人身，乃所以约束裁制以自精而言，故通乎义。其谓水血者，乃自血之流行通于微细，如水之流行而通微细，以透彻无凝滞言，故通乎智。其谓土肌者，乃自肌肉之充塞连结此身之各部，以使体端以实，如土之充实于事物间言，故通乎有信德者之内所无疑之充实。此其所言者，与吾人今之所释，是否一一皆确当而必然，或唯堪作此譬喻象征之辞，或尚非今之所能定。然要之，是因刘劭有见于此五常之德之性，与人之形体中之五者之性，可同本五行观念以说之，然后方有是说也。此五行之说，固可为其一客观的自外由人形貌之表现，以知人性之思想进路之入口处也。今按本五行以论人性观万物，汉儒之言甚多。此本五行以观万物而论人性之价值，亦实不在诸家五行论之细节之内容，而在此五行之为依于存在与生命之有其生成等，所必然演绎出，而为具必然的应用性之一宇宙范畴。此义则汉儒之为五行论者，亦唯大体同许共认，而未尝明加论述者。后人徒胶滞于诸家五行论之细节者，或不免归于迷信与附会之论。此即今文之所以试探此五行之论，所以展成之理由，及何以可本之以说五常五德，并作为通此五德五常与形体之关系之邮，而使人亦得即形以知德之故。吾之所言，虽为古人所未及，然此盖为使此古人之论，成为可理解所必经之一途，是望学者之善观而自得之者也。

第五章　客观的人性论之极限与魏晋人之重个性及个性之完成之道

一　个性与品类性，及"放达""超拔"之消极的意义

上述董仲舒以降之论人性者，皆明是欲成就为政施教之目标，乃论民之有受教之质，与人之善恶之品级；而及于才性之同异，以为知人用人之所据；亦皆不离一宇宙论上之阴阳五行之系统以论人性。此中之人性，在根本上为在种种思想范畴、格套或品类之概念，所笼罩下之人性。于是人之性乃可分为三品九品，而有种种之才性流业之别。此中之人性，亦初皆是种种具对政治社会之客观的功用价值之人性，而非只一具本身价值之个别之人性。至重此个别之人性与其本身价值，则为魏晋思想之流。个别之人性与其本身之价值，就其为个别言，乃不可加以定义界说者，亦不能只视为一品类或一种类中之一分子；而至多只可自各方面加以描写、形容、嗟叹、赞美者。此即魏晋人言个别之人性者，恒趋于用文学之语言，以言某一特定个人之风度与性情，而罕用表抽象之概念之语言之故也。

此魏晋人以文学性之语言，描写形容嗟叹赞美一个别之人性，皆出自一直接面对个人之个性与风度，而有之体验感受与品鉴。人之所以能直接面对个人而品鉴之，亦犹其能直接面对任何当下所接之事物而品鉴之，乃由于其能自其心知中之一切固定概念中超拔，亦自一切思虑预谋之中超拔。此正为庄子所谓直接以神遇

物之态度。故此魏晋人对人物之品鉴之态度，亦最与庄子精神，能遥相契合。然此"个性"之所以为"个性"，其本身之涵义为何，又其连于魏晋人如王弼郭象尚虚无、重独化之玄学者，毕竟何在，则不易说。今须绕一大湾，涉及题外，先自魏晋时代对人物之品鉴之态度，及如何定一有个性之人之品格高下等问题，次第说来，方能烘托出此中之微旨。

魏晋人之品鉴人物之态度，乃原于其能自汉人所尚之出自品类与功用观点之范畴、格套、概念中超脱，故其所最能认识了解之人物，亦即能自礼法规矩、现实之社会政治之一般关系中，超脱而出之人物。因惟此种人物，乃与此种认识了解之态度，最为相应。由此态度所认识之人物，即自成一不属一般社会中任何一定品类之一类。此可姑统名之为有放达而不羁之风度之品类。如《世说新语》在《任诞》《简傲》《栖逸》《排调》《轻诋》等篇所记之人物，固多此类；其《德行》《言语》《文学》等篇所记之人物，亦同多有此广义之风度者。即如黄叔度之德行"汪汪乎若万顷之波，澄之不清，扰之不浊，其器深广难测量"。此亦原于一高级之放达，有如自庄子之所谓"天放"而"达乎无端之纪"而来，故亦不可羁，而难器测也。

此放达而不羁之人物之成一类，乃由其消极的不属任一品类以成一类。其个性风度之表现，亦即表现于其自种种一般人物之礼法规矩格套等之解脱超拔之行为中。然吾人又不能只凭其任何特定之放达不羁之行事，以定之为某一类之人。阮籍之母死而食酒肉，食尽而呕血，此可见其不为世之礼法所羁。然吾人不可因此而界定阮籍为母死而食酒肉之人，或食尽而能呕血之人，或为此类之人中一分子。凡一切放达之人之行事之表现，为一自某格套规矩中超拔解脱者，亦皆不能依其所赖以成其超拔解脱之行事，以定之为一品类。如依此而定品，谓此中有不守丧礼之放达之品，有作青白眼视人之品，即成为笑谈。是见对此"不属于某一定之品类"之一类之人，亦不能以所以成为此一类之人之行事，以积极的更为之分类者也。

　　然吾人虽不能据此放达不羁之人之行事，以积极的更为之分类，然此中之人之任何一能自一定之格套超拔之行事，又皆所以表其为人之个性与特殊之风度者。此中人之任一行事，亦皆为指向其个性，而为他人所得凭之以了解欣赏其个性之指标。所谓人有个性，即指其性非任一种类性之所能概括，其行事恒能不断超拔世俗之人，在同类情形下之常行与规矩格套之谓。能超拔，则有异乎人，故《世说新语·文学》《言语》《品藻》诸篇，屡见以"超拔""神超""超超玄著"为赞美之辞。反之则为"竟不异人"（见《轻诋》），"了不异人意"（见《文学》篇），"老生之常谈"（见《规箴》篇），乃魏晋人之所叹息。由是而言，故吾人欲了解人之个性之存在，初虽可从其所具之积极的性质看，自其能有他人之所无而过人处了解，如《世说新语》之时言及当时人之善术解、巧艺、名理等者，为"有苍生来所无"（见《巧艺》篇）或某人之性情过人、哀乐过人之类；而进一步，则当自其有个性，能消极的不具他人所具之性质，或其所具之性质中，若无他人之所有，或有之而较他人为少处去了解。于是观人之于世俗之常行与规矩格套，而见其若于此有所不及，遂为吾人更真切的了解人之个性之存在之路道。个性者，种类性所不能加以规定限定者也。真有个性之人者，即恒表现自世俗之常行规矩格套中，遁逸而出之人也。自常行规矩格套中，遁逸而出，谓之有逸气、有风度。亦即可谓之有个性之人。个性之为个，乃在其独有与唯一。此独有与唯一，所以为独有唯一，唯在人凡以格套规矩加以规定时，彼即能自遁逸而出，而吾人亦即唯有沿其自遁逸而出之种种路迹，以想见其个性与风度也。

二 有个性之人其品格之高下之衡定标准

此有个性之人，虽不容人本其行事以定其类，唯许人沿其行事之迹以想见其个性与风度，然此个性与风度，如可想见，则初又不能全无一定之内容，而亦必借一超拔常行之行事，乃能加以表现者。于是人之放达不羁，而具个性与风度者，其品格似仍可就其行事，以说其有高下之分。则此品格之高下，毕竟依何而定，此中之品格之概念，其不同于一般所谓人之品类之概念者又何在，亦须有所以说明之。

吾意一真有个性与风度之人，其品格之高下，可自其有此超拔格套常行之行，是否亦依于其生命所习之格套而生，又其所赖以成其超拔格套常行之行，是否另落入一格套等以定之。此所谓超拔格套常行之行，即如上述之阮籍之饮酒吃肉之类。此乃阮籍所赖之以自见其不屑如当世之君子，只求其行为之表面合于礼法，而自见其不属于当世之君子之类，以超拔世之君子之格套常行者。此即表现一真个性，真风度。然此时如阮籍之饮酒吃肉，乃由其素性之好酒贪杯，彼乃自顺其好酒贪杯之习惯所成之格套，而不守丧礼，此即全不足贵。因其乃自依于其所习之格套，以有此超拔常行之行也。又如今另有一人见阮籍之母死饮酒吃肉，遂意谓名士当如此，而其母死，亦学阮籍之饮酒吃肉，并学其呕血，此即彼已落入阮籍之行为之格套，而其行为亦令人作呕。凡世之非真名士，而学名士之风流者，皆同为似超脱格套，而实自落入另一格套，而成可厌之假士。故真名士之风流不可学，真名士如风之流之行，亦不能为世人之所效，以相习成风。成风，则人不能流于风之外，以表现其真个性真风度矣。即人之独善某一种术艺，如琴棋书画，而精绝以至如顾恺之痴绝者，如其习，已成一格套，则其与《世说新语》之惑溺相距，亦不能以寸。浸至《世说新语》所谓栖逸之士，如浮慕隐逸之名，或"厉然以独高为至"，以处于山林岩穴，亦非真名士之风流。由此吾人可以会得郭象注《逍遥游》谓山林岩穴之士，亦可为俗中一物之意。山林岩穴之士，本为不为世俗之轩冕所羁縻，而表现一真个性者。然如隐逸已为世之所尚而相习成风，人浮慕隐逸之名而归隐，或既隐居山林岩穴，而"兀然立乎高山之顶，守一家之偏尚"，则其居山林岩穴，即是俗情。故郭象释庄子之视许由，亦尧之外臣、俗中一物。然庄子之本意是否如此，则亦有一问题。盖当许由之世，尚无隐逸之风，许由之不为尧臣，即非必出于浮慕隐逸之名，而彼实亦可别无兀然自守之意。即可尽无俗情。庄子亦即可是真正称道之，而非必意其不如尧之冥迹，如郭象之所释矣。此中，如更进一步以观郭象之谓隐逸自高之士，为俗中一物云云，固所以自见其非此俗中一物之类，而彼亦自居于庙堂，以为当时之显要。然其自居于庙堂而为显要，是否实初出乎其原希此世俗之荣，则不可知。如其然也，则彼亦先自落于其生命中原来之格套中，方有此转谓许由为"俗中一物"之言。则此言虽不俗，而其所以为此言之动机，则更为俗中之俗。后世之实希此世俗之荣，而借此郭象之言自解，而讥隐逸之士为俗者，其俗又更有甚焉。今观郭象注《庄》，唯知有自居山林岩穴，实为俗中一物者；而未言人有自甘隐逸，亦无兀然自守之情，其拔俗即真拔俗者。则郭象亦不免自落其思想所成之一格套中。虽不必为俗，然要不足言真名士思想上之风流。若其有之，则于此必不作一概之论。似当更明谓有居山林岩穴而俗者，有居之而不俗者，有居庙堂而俗者，有居庙堂而不俗者。此乃随人而异，更无定型。唯必于此分作四类，亦又有其俗处，此即必分品类之俗。则此四句亦不当说，此四句之格套，亦不能落。郭象之不分别说此四句，又或正郭象之不落格套也。今如此辗转言之，殊无定论可得。然要之，吾人仍可言：人之是否真不落入俗套，唯当视其在超拔世俗格套之后，是否又落于另一世俗格套或自己所习之格套而定也。

　　然如何人可有超拔世俗格套之行，而又不落入另一世俗之格套，或自己所习之一格套，此则唯赖其有超拔世俗格套之行之时，彼乃唯以此行为，作为消极的超拔于格套外之用，而初不视此行为有何积极之意义。如定要合于另一事先认定之标准，或求有任何另外之对己之效用，便为有积极的意义矣。如阮籍之母死而饮酒吃肉，此饮酒吃肉，在此便只唯表现其消极的不甘自同于"当世君子之无性情而虚守礼法"，此外另无任何其他积极的意义。故其饮者实非酒，食者亦非肉。彼之饮食，亦实未尝知味，此饮酒吃肉，方成为表现阮籍之真正不甘同于世之君子之个性者。嵇康临刑而能奏《广陵散》，亦当只唯是表现其能消极的不为常人好生恶死之欲望所桎梏，乃到此能不张皇失措，更不念平日言养生之论，无所用于此，故能以不异平日之情怀，于临刑之际，奏此人间绝响。由此二例，而吾人可说：凡人之真超拔世俗格套之行，其本身皆同无任何积极的意义，其行自永不宜有习惯之定型；而人之任何行为，亦皆未尝不可成为吾人凭借之以超拔世俗格套者。如阮籍母死，固可以饮酒吃肉，表现其能超出世俗格套。然若世之名士，皆学其饮酒吃肉，而成世俗格套时，则谨守丧礼，正所以超出此新世俗格套也。嵇康固可弹《广陵散》，以见其不为好生恶死之情之所桎梏。然彼若于临死之际，忽自感平生唯此好琴之积习未忘，则先自碎其琴，而任人琴俱亡，亦正所以见其生命中之桎梏之解除净尽者。此即证明人所赖以超出格套之行，其本身原不必成格套，亦初为无定型，可只具此消极之意义，别无积极之意义者也。至于人所凭借以自格套超拔之行，是否真为只具此消极之意义者，则当视其有此行时是否初全无所袭取，亦无事先之安排，及是否不见此行之任何效用，而纯为自动自发等，以定之。此自动自发之行，人乃当机而有，以自遁逸于格套之外。彼亦不知其所以然而然，是谓自然。他人即于此见其真性情焉、真个性焉。彼固初无意欲有此自然之行，或欲人之见其有此真性情真个性也。若其欲之，则正为大不自然矣。

三　个性、我性、纯浪漫性，以无内容为其内容，而必归于体无致虚，所遇而皆见其独

若知真有个性之人，其所表现之超格套之行，只有消极的意义，而无积极的意义，则知人之表现真个性之行，即初似有一定之内容而终实无一定之内容，而归在以无内容为其内容者。真个性者，人之绝对无二之独也。此绝对无二之独，乃由其不入格套而表现。此不入，必归于一切格套皆不入，此即无内容。此如我之所以为我之自身之无内容。谓我如何如何，皆可指我之格套，亦皆我之"如何"，而非我也。故人欲显此我之所以为我于世间，亦恒显为于世间一切格套皆不受。此即为纯粹的对世间之反抗性，以反抗权势，反抗礼法，反抗一切。此反抗性，亦即为一纯粹之浪漫性之本质。为反抗而无所不可：讥弹可，如嵇康；纵欲可，如《列子·杨朱》篇；放浪形骸可，如刘伶；穷途痛哭可，如阮籍；而以谋叛逆见疑，亦正魏晋诸名士之所以多遭杀身之祸也。然此人之一切反抗之行为，其正面意义，则初惟在显出其人之我，不受世间之一切。此即为浪漫性之本质，亦人之所以表现其我之为唯一无二于世间之道。人性之此一面，其源亦深邃而不可测者也。

然人之以反抗世间为表现自我之个性之道者，其反抗之行为，初必为一类之行为；而欲防止此行为之成一习惯，以重成为一格套，以桎梏其自我之自身，则彼还须自反抗此行为之自身。故人之欲由反抗，以表现其我性、个性于世间者，亦恒归于表现一内在的"自我对自我之行为之反抗"于"其自我之内"。于是其自己之行为，亦如在一内在的翻腾跌荡中，既逃此之彼，又逃彼而之

他，再逃他而或还入此，长以今日之我与昨日之我挑战。此即永不能自安之生命，如西方浪漫主义者之常型。于是，人真欲求自安于其自我个性之表现中，遂唯有更求超出此一切翻腾跌荡之外。人于此，乃可不作任何对外对内之反抗，而唯以一真正之栖神玄远之心，表现其在世俗与自己之一切格套之外之我性、个性。此即归于直接以体无致虚，为表现我之我性、个性、"我之为一绝对无二"或"我之独"之一思想形态，而为魏晋思想之最高向慕之所在者也。

此体无致虚以表现我之独之思想，其进于只以反抗世俗之格套与自己之格套，以表现我之独者，则在由此尚不仅可自见其自我之独，亦可知他人之各为一独，万物之各为一独，而无物不独，无不见有其个性，有其绝对无二之性。此即不同于以反抗之行为，表现我之个性或独者，只能表现我之独，而不能知人之独，而恒害及人之独，或以今日之我之独，害及昨日之我之独者。盖在人以体无致虚表现其独之时，彼即能自见其不为任何格套之所约束，而彼亦无意造格套，以约束天下一切之人物与事物，此即为一绝对无为之心。此绝对无为之心，不为一切之障碍，则可任一切事物之往来于其中，而皆得其自在；则一切人物之独，"一时之标，千载之英"，"楂梨橘柚，各有其美"（《世说新语·品藻》），皆可为有此体无致虚之心者之所知。此即能无为而亦无不为矣。

此体无致虚之心，所以能知一切人物之独者，以此体无致虚之心，所遇之当下之境，原无所不独。吾人于当下所遇之境，所以不视为独者，唯以吾欲纳之于一类之中，而以思想之格套限定之。此体无致虚之心，初无格套，以限定任何事物，则无纳之于一类之中之意。人亦自知其果纳之于一类之中，原不能尽此当下所遇者之为独。人断此纳之于一类之想，而其所遇者，乃无往不独矣。

四　当前实境之消极的运用，为所遇而皆见其独所以可能之根据

然此中仍有一问题，即吾人当下所遇之境，毕竟有其内容，而为实境。若为实境，则人以虚心遇之而与之接，此心即不得更虚，而亦不能同时自见其超出于一切约束规定之外。由此而人于其当前所遇之境，是否能永无思想之格套，加施于其上，亦是一问题。再人之心，总有所思。其思之所成、念之所及者，亦为一内在的当前所遇之境，呈于心中。此心又如何可兼体无而致虚？岂必需人心之一无所思、一无所念，然后能体无致虚乎？

若吾人对此问题，欲求有一善答，则须知人心之所以能有所遇之境，而仍能体无致虚者，此关键仍在吾人于所遇之境，可只念其消极的意义，而不念其积极的意义。则无论此境为未经思维之感觉所遇之境，或经思维而成，而为念之所及之境，吾人皆可只体其消极的意义，而不体其积极之意义。此所谓不体其积极的意义，非谓此境无积极之内容之谓，而是谓在吾知其积极内容时，即同时对之作一消极的运用之谓。此所谓消极的运用，即由知此境之“异于其他一切境”，以成就吾人此心之自其他一切境之超拔解脱，以自见其心之独之谓。溯此事之所以为可能者，则在吾人当前所遇之境，原为“非其余之一切境”之一境。其“非其余之一切境”，即其所以成其为唯一之当前所遇之境，而为独者。纵此当下所遇之境，经吾人之思维，以使之成概念所规定之一境，或此当前所遇之境，即吾人心之思维所成之一极抽象之概念，然吾人仍可说之为一独。此只赖吾人之先反省吾人之当前对此概念之一“遇”之为独，便可知此概念之此时之呈现于我，亦为一空前绝后之事。此概念之呈现于我，能使我超拔于一切其他概念、一切其他之境之外，则此概念，即有使我心自一切其他概念，及一

切其他之境中，超拔解脱之消极的意义。吾人如只体此概念之"消极的使我心得超拔解脱于一切其他之外"之意义，则吾人即于有此概念之际，同时仍可致虚而体无。吾人于此时，既体此概念之消极的意义，则此概念之积极的内容，虽未尝不呈现于吾心之前，然此概念可另无积极的意义。此所谓积极的意义，即"概念之如是，更有其此如是"之意义；所谓积极的内容，即此概念之如是。吾有概念之如是，而此如是，唯使吾得超拔解脱于其他一切境之外，而未尝念此如是有此如是之意义，则其有内容，未尝不同于无内容；而此概念之呈现于吾此时之心，即凌虚而透明。唯由其使吾心自其余一切境超拔解脱，而言其为一独。是知当下所遇之境，纵为一概念，而此概念亦未尝不可与遇会之者，同独化于玄冥也。

吾人若知人心可于其所遇之境，无不可视为独，而体无致虚，则知人之应境，亦不碍其体无致虚。人之欲自体其独，而表现其真个性我性者，亦正当能时时应境而见其独。亦唯能时时应境而见其独者，能时时有赖以体无致虚之资。此所谓应境而见其独，其所重者，在体此境之消极的非一切境之意义；亦如上文所言，吾人知一人之有其真性情、真个性，在消极的体其不落入格套，非一切格套所能羁縻之风度。彼有真性情真个性之人，其所表现之一切超拔于世俗格套之行为之风度，固皆原只有由其消极的意义以知之，而不能由其行为外表之自身之积极的意义以知之者也。

五　道家之圣人之向往与其非历史人物性

由吾人上之所论，吾人可说有最高之个性之人，即能体无致虚，自见其独，而于其所遇之境，亦无往不见其为一独者。体无而不系，王弼之圣人；游外以弘内，郭象之圣人也。老子言"众人熙熙，如享太牢，如登春台，我独泊兮其未兆"，又言"知我者

希，则我者贵"；庄子言"见独而后能无古今"（《大宗师》），"独
与天地精神相往来"（《天下》），"独有之人，是谓至贵"（《在宥》）；
而虚无之言，更老庄所同有。唯老子有其所抱之"朴"，而以空虚
不毁万物为"实"，庄子亦有其蕴积充实于内而不可已以者在。然
王弼之体无致虚，则无此"朴""实"之意，唯以虚冲为用；郭象
之玄同彼我，亦更内无所藏，唯以应化为迹。此则皆与老庄，有
毫厘之差。在王弼之言中，其体无致虚之意旨重，而一往任物之
自然其所然义，亦乃相随而至；郭象则又即物之各"自"之
"然"其所然，重观我与物之"独"化其所化。此二人亦非无别。
然大体言之，则此四人皆有一体无致虚，以自知其"自"与"独"，
观万物之自然独化；而以超拔于一切世俗与自己之格套之外之圣
人，为共同之向往也。

　　今若以此上述之圣人为标准而言，则一般所谓有个性之人，
去此盖远。此中人之风格之高下，则一方自当视其所以自世俗格
套超拔之行之本身，是否不另落入一格套而定，其愈能不再落入
者，其品亦应愈高，此如上所已说。另一方亦似唯有视其所赖以
自世俗格套超拔之行为自身之高下，即以定其风格之高下。如由
纵欲以自礼法解脱者，自不如游于自然之山水，以自礼法解脱者
之高。乱杀人以见个性之不羁者，自不如豪侠尚义，以见其个性
之不羁者之高。此则须承认吾人所赖以自世俗格套中超拔之行为
本身，亦有高下之次序，然后能说。此定高下次序之标准，则盖
不能由上述之道家义以得之。此标准，应或为来自儒家之道德标
准，或为一般之行为之审美标准，或如世俗所承认之其他标准等。
混合此其他之标准，以论有个性之人之风格之高下者，亦皆须兼
就人之积极的属于何种类之人之种类性以为论，而非只就其纯粹
之个性或纯独性以为论者。纯个性纯独性，乃唯于能超拔任何世
俗格套之人物中见之。故此种人物之风格，亦宜唯由其一往超拔
世俗格套之行见之。于此，人若能一念而一往超拔，即一念中可

达一至高之标准，而自见其独，并见其所遇之境，与境中之人物之独。自此以去，亦无往而不见独，即一念达于道家之圣人之境，而人亦不能更自外测其高下。若欲自外测其高下，便只有自上述之人，其是否再另落入一格套中为定。此中所落入者愈多，其格弥下；旋落旋升，而翻腾不已，自非上格。如只见其一往超拔，而永不见其落，则可谓其格长居在此至高之境。其格之高者，其所表现之行事，亦不必多，尽可一事而已足。如老子之留五千言于世，一任彼后人之逞臆推测，自骑青牛出函谷关而去，遂不知所终，即亦足表见其格之至高，而更不待乎其他之行事者也。

上言道家之人物，以一超拔而不见其落，如老子之出关一去，不知所终为上格。吾于此因更联想及凡中国之道家人物，其传记，大皆亦不详其先世、生地、平生踪迹与生卒年月等。其著作真伪，亦皆同难考定。老子如是，庄子亦如是。有道家精神之张良与赤松子游，固不知所终，陈抟入华山为道士后，亦无下文。道家之书籍，如老子庄子之书，以及后来道家著作，今收在《道藏》中者，亦多难确定其著者之身世与时代。此皆由道家人物，原不在某特定之时空中生活，其行事原以如神龙之见首不见尾为上格之故。由此而吾人可谓道家人物，原亦不宜于入史。其书籍亦原非必须考定其时代。盖必欲本历史之眼光，以为之作史，考定其书籍之时代，即欲以种种时空之概念，种种历史性之概念，加以规定，此实不免大煞风景之事；亦固与道家人物之精神相违，而为彼等所绝不愿受者也。道家之祖师，世传为老子。《史记》谓老子尝为周守藏室之史，而《汉志》谓道家出于史官。于老子尝为史官之事，人固多有疑之者。《汉志》谓道家深观成败兴亡，然后清虚自守，卑弱自持，亦视道家太浅。依吾今之意，谓老子尝为史官与否，固均无关大体。要之《史记》言老子乃弃史官而去者。言其弃史官而去，即所以见其欲出乎历史之外，亦欲出乎"为历史上之人物"之外矣。司马迁著《老子传》，于其出关后，唯言其莫知所终。于其年岁，忽言百余岁，忽言二百余，又谓或曰太史儋即老子，或曰非也，而定之以"世莫知其然否"一语。善哉，此"莫知所终""世莫知其然否"之语，真老子之正传也，亦道家人物传中同应有之语也。司马迁之为良史，亦正在其知有"此出乎历史之外，而不在一切历史格套"之人物也。《庄子》书言老聃死，后之人作老子化胡经者，谓老子出关至印度，而化胡为净饭国王子，此皆同为煞风景之言。唯幸庄子未言老子何年何处死，又言其化胡成佛者，仍不知其后所终耳。魏晋时之王弼、郭象，皆能发挥老庄之义，言体无致虚，以观万物之自然与独化，以求超拔于一切世俗之概念格套之外。然惜二人之一生事迹，皆赫然具在。此则不如老子庄子之一生之惝恍迷离，更为道家人物之典型，使后人得时时想见其精神之荡漾于历史之外。吾人今亦必须于其一生事迹之惝恍迷离，"莫知所终"，"世莫知其然否"等，安然顺受，更无遗憾，然后方知老庄之所以能为独有之人之故也。

六　老子不言性，而王弼言万物以自然为性，及郭象注《庄》之重独性

吾人于上文言魏晋思想中，所重者在个性、独性，唯举魏晋人之风尚，及由王弼郭象之注《老》《庄》之宗旨等为言，而未尝举诸家之言性之言为证。因个性与独性本身，原不可加以界定，除上文所陈者外，亦无可多说。兹按老子王弼皆言自然。然《老子》书中，此自然之名只数见，而王弼则随处及之。又《老子》书中未明言及性字，而王弼注《老子》二十八章曰："万物以自然为性。"又注二十六章曰："不违自然，乃得其性。"此所谓物之自然之性，即物之各自然其所然之个性独性；而人之能任顺物之此性，又正赖在于人之能体无致虚以合道，然后能容能公，以任顺之也。此义在老子固涵有之，然直点出此"自然之性"之名，则

亦王弼进于老子者也。

至于郭象则言及自然与独化之语尤多。兹唯举郭象注《庄子》之本文之言性之语，明与《庄子》本文意相反者二处，以见其重独性个性之思想趋向，更有甚于庄子者焉。

《庄子·骈拇》:"骈拇枝指，出乎性哉，而侈于德；附赘悬疣，出乎形哉，而侈于性；多方乎仁义而用之者，列于五脏哉，而非道德之正也。"

庄子此段文中，三句相对成文，明是以骈拇枝指、附赘悬疣，与多方乎仁义相比，以言其或为侈于性，或非道德之正者。侈者，犹言皆对生命之性之自然，为多余之物也。然郭象注则曰:"骈与不骈，其于各足，而此独骈枝，则于众以为多，故曰侈耳，而惑者或谓云非性，因欲割而弃之。"

今按当割弃骈枝与否，乃另一问题。然庄子既以骈为侈，则明视为多余而非性，而郭象则谓独骈为性，而欲任之，此则唯因郭象尤重物之独性，方有是言也。

《达生》:"孔子观于吕梁，悬水三十仞……见一丈夫游之……孔子从而问焉……请问蹈水有道乎？曰:亡，吾无道。吾始乎故，长乎性，成乎命……吾生于陵而安于陵，故也；长于水而安于水，性也；不知吾所以然而然，命也。"

此段文吾在《原命篇》尝引及。此言乃即就人之所安以为性，初不重所安者在水不在水，此性亦非专指一安水之性而言，其意甚明。然郭象则曰:"此章言人有偏能，得其所能而任之，则天下无难矣。"郭象之意，盖谓生陵安陵，长水安水，即见人之所偏能，而此所偏能之所在，即人之故与性之所在。郭象于此凭空插入此"偏能"之观念，以释《庄子》文所谓性之初无偏能之意者，此即唯因郭象之特重人之特殊性、个性之为性之故也。

第六章　佛家言性之六义及其与中国传统言性之异同

一　法与性

印度原始佛家之思想，重人之求自烦恼业障中解脱，而不似婆罗门教之重对梵天之祈祷祭祀，赖其力以求解脱烦恼；亦不如耆那教中之一派之信自然解脱，复不如数论之谓人之神我被缚，乃由于其外之自性。佛家谓人之业障，原由人自作，此解脱亦自力之所能致。循此意言，似宜自始即谓人有自造其业之性，亦有自业中解脱之性。然释迦说法，初言四谛，言十二因缘，言八正道，其中皆未用性之一名。四谛即四真理，其中苦谛说世间之苦相，集谛说苦之所由集聚而成之因，灭谛说出世间之寂灭相，道谛说拔苦转业，还至此寂灭之道。故言世间则集为因，苦为果；言出世间，则道为因，灭为果。然又因有世间之苦集，乃有出世间之灭道，故苦集皆为因，灭道皆为果。更分别言之，则苦为因，集为因之因；道为果，则灭为果之果。此中苦集之历程，又可分为十二段，而以十二因缘之流转说之。灭道之历程，亦可分为十二段，而以十二因缘之还灭说之，故有十二因缘之说。至于八正道，则专就道中之八者而说。佛之说法，乃重在说一切有情，依何道以得还灭清净之涅槃之果。法之广义，则包括用以说此有情与其世界之全部名言所及，或任何非名言所及而能为任何圣或凡之心思行为之轨持者。故法为包涵一切之名。然世人之说法，或

所传为佛所说者，有真有妄，如何定其人所说者为真或妄，则又
有法印，为印证评判所说法之真妄标准，亦即今所谓真理标准也。
小乘佛学乃以诸行无常、诸法无我、涅槃寂净为三法印，或增有
漏皆苦为四法印。有此法印，以为印证评判真理之标准，则人若
谓诸行为常，或有我，或谓涅槃非寂净，则知其必非佛说，亦非
实有是法。按此诸法印中，有漏皆苦即苦谛；诸行无常与诸法无
我，即以反面语，说一切行，皆由因缘集聚而成，而流转无常，
一切法无主宰之我者。涅槃寂净即灭谛。此亦不出四谛之外。然
龙树之大乘佛学，则以法印唯一，即实相印。凡所说法能契实相
者，是为真实法。此为大乘言法印之略不同于小乘者。佛之说法，
包括彼由因缘生或不由因缘生之一切诸法。此一切诸法之全体，
合名法界。对此法界中之诸法，初不可一一尽说，故分类而说。
如释迦初说法，或说五蕴，或说十二处，或说十八界，即其分类
之较简者。后如《俱舍论》之分法为七十五，或如唯识宗之分法
为百法，则为较繁者。说法时，对法有种种分类方式不同，而法
数不同，乃有种种法数。佛教经典中，《增一阿含经》，即妙善法
数。六足论中舍利子《集异门足论》，《瑜伽师地论》，皆谓分法为
一、为二者，有种种，分法为三、为四者有种种，以至分法为十
者有种种。[①] 此即对各种之分类方式，更依其所分出之法数，再作
一分类。法界之一切法，无量无边，则分类之法，亦未尝不可无
量无边；而能证知此法界之一切法之实相者，即为佛。此中如说
到性，则性亦可为一法，而统于一切法或法界之中。故人亦可不
特标出性之概念，而说法即可概尽佛学之内容。能知法而如法行，
则可极至于成佛。观佛家经论，其言及各种解脱道者，如三十七
菩提分之类；言证道所历之境地者，如《唯识》之五位，《璎珞》
之四十二位，《楞严》之五十五位，《华严》之五十二位之类；言

---

① 《瑜伽师地论》卷十三至十五，由二种至十种佛教应知处。

修行所证得之果者，如小乘之四果，大乘之菩萨、佛及种种之涅槃等，其言皆不厌其详，尤可见佛家之善说此由行以证果之法也。

上文已言佛之说法，已包括性于内，不须特加标出。然性为可说之法，则吾人亦可用性之一名以说法。今观《阿含》诸经之中译本，其用及性之一字者，亦复多重在用性之一名以说法，而初未尝以性为单独之论题，而加以论说。性之一名，初盖亦只是用以说种种诸法之范畴之一。① 印度之他宗如数论等，固尝单独建立自性为一实有者而论之；然此实有之自性，正为佛家各派所共同否认者也。此就《阿含》等经之重分别说种种之法而观之，其思想方式，初乃纯为广度的随机遍说。唯就佛教徒之向往解脱涅槃之志言，则又自始为深度的誓愿成佛。故佛徒既闻佛种种所说诸法之后，欲不归于广度之散漫，以连系于其深度的誓愿之道，即为于此依各种分类而分说之法，更言其如何可相摄而论，于是言诸法之相摄，遂为由小乘毗昙，以及大乘诸论典之主要内容。然法可相摄，则摄之又摄，应可归约于简，而以简摄繁。简既摄繁，则不同之法，即有共同之性之可见。如大乘之法相唯识宗之其他经论，先分万法为五位百法，再摄五位百法于心法之内，更统诸心法于阿赖耶识，与如来藏藏识等，即为摄万法之繁，以归

---

① 如《法华经》谓唯佛能究竟诸法实相——如是性、如是相、如是体、如是力等十如是。《大智度论》卷二十七、卷三十二，论一一法之九种或八种相中，即亦举性与相、体、力、因、缘等。然卷三十三举法之七种相中，则又无性相二者，可知性之概念，不较余等为重要也。又按《翻译名义集》卷五谓"驮摩，秦言法性"。按驮摩应即 Dharma。此语今之正译，即法。则中国所译为法性之文，印度亦或只称为法也。圭峰《华严疏钞》卷二十一，于法性三义中第一义曰："法名差别，依正等法。性乃谓彼法所依体性。"此性之义与法有别，乃后文所谓体性。其第三义曰：一切法以无性为法性。此指一切法之无自性为性，此乃后文所谓空性，与法之自身亦有别。其第二义曰：性以不变为义，即此可轨，亦名为法，此性即法，故名法性。据此第二义，则法与性固无别也。我因更疑中土所译佛家经论之以性字为译者，在梵文可能多只为如西文中之语尾——ing 之类，而实非一可单独加以论列之对象，如中国所谓性者也。

之于简之思路之所成。对此心识，佛家即皆论及其性。诸大乘经同有以一法摄一切法之义。欧阳竟无先生《藏要叙》中《无尽意经》叙，谓："《般若》摄九十三法于般若一法，《华严》摄遍法界法于唯心所造一法，《楞伽》摄一百八法于唯心所现一法，《法华》摄三乘诸法于佛之知见一法，《涅槃》摄无量法于一切众生皆有佛性一法。"兹姑不及《华严》《法华》与《涅槃》诸经，即就《楞伽经》与瑜伽宗其他经论，与般若宗经论而观，前者言心识，固必及于此心识之性。后者之言般若，此般若智慧，乃能照见一切法之实相者。此实相为空，则般若摄一切法，此空亦摄一切法，故般若宗亦同时以此空为法性。此空之为法性，乃就其为一切诸法之共性共相而言。此诸法之共性共相，可以空说，亦可以清净、寂灭、涅槃、圆成实性等说之。由此而见佛家于法性，亦有种种说。又法与法性，即佛之所证，故法性亦即佛性，而于佛性，亦有种种说。佛为众生所成，故依佛性可更说众生性；而于众生性，亦有种种说。是见由佛家之说法，而至说法之相摄，以归向于说心识，说法之实相，说法性、佛性、众生性，必更重视此性之一名。即终必归于如慧远《大乘义章》卷一之佛性义中，所谓"诸法无不性"，"据性辨法，无法非性"。此亦正证明佛家之初重说各种法之思路之发展，至于由法之相摄，以见诸法之共同之性，固有渐与中国昔贤重说性之思路相契之道也。

今按中译《楞伽经》卷一《一切佛语心品》，有"集性自性""性自性""相性自性""大种性自性""因性自性""缘性自性""成性自性"七自性之名，而涵义未有确解。[1] 智者《摩诃止观》五上释《法华经》如是性曰："性以据内，总有三义，一不改名性，《无行经》称不动性，性即不改义，又性名性分，种类之义，

---

[1] 按《楞伽》之七自性中之性自性，略同《大乘义章》体义名性，及后文第四义之性者。相性自性，盖略同《大乘义章》不改为性之性，及后文第三义之同异性，大种性自性与其余之性，盖皆略同《大乘义章》第一义之性，及后文第五义之性者。

分分不同，各各不可改；又性是实性，实性即理性，极实无过，即佛性异名耳。"慧远《大乘义章》卷第一释佛性，第一释名，谓性之一名义有四："一者种子因本之义；二体义名性；三不改名性；四姓别为性"，则意义甚明晰。近世太虚法师于其《性释》中（《全书》二），则分佛家之性为十义：一诸法离言自性；二诸法空理为性；三诸法之如实相为性；四心、心所之自性为性；五各各有情之自体为性；六诸现行法亲能生之种子因为性；七亲能生起无漏佛智之无漏种为性，即佛性；八异生之分别二执，所具之二障种子以为性；九诸法相似不相似之差别分位以为性，此即通俗所谓类性，胜论所谓同异性，小乘萨婆多部所谓同分，《大乘百法明门论》所谓众同分之分位假法；十指所谬计妄执之一个实在质体以为性，即我法实质性。罗时宪先生《六祖坛经管见》（《新亚学术年刊》第一期）分别佛家自性义为六：一数论之物质的本体。二独立不变之实体。三瑜伽之诸法当前相状为自性，如依眼了别色为眼识之自性，妄情所执妄相，为遍计所执自性。四与他性相对为自性，他性作他类解，自性作自类解。五因明中之宗之主辞为自性。六《坛经》所谓自性。今按太虚文分性为十义似太繁，罗文意在释自性，而自性与性之名义，亦应有异，故善恶染净之性以及种子等，皆不在其内。又二氏于此诸义之性，皆未分别一一释其哲学意趣之所存。今文则以性之一名，摄自性于其下，而亦析佛家之性之涵义为六，更略易其名，再加以解释，以见佛家所谓性之哲学意趣之所存，并便于彰显其与中国昔所谓性之旧名之涵义之出入之处如下。

二　妄执之自性诠义

（甲）妄执之自性。按太虚法师最后一种，所谓我法实质性，即执有实我实法之自性，此为佛家所破之妄执的自性。印度之外道，如数论，更力主宇宙间另有与神我相对之存在的实体，而名之为自性，或译为冥性。依佛家之教，则凡执有任何自身独立不变之实体，而不待因缘生之实法实我之自性，亦皆同为执有自性，而为一妄执。佛家思想以缘生论为本，故小乘佛学无不破自性。大乘佛学虽言另一义上之自性，然于小乘之破实我实法之自性，亦未有异义。故破实我实法之自性，不许有离因缘而独立常住之自性，为佛家大小乘之共许义。然此所谓自性，[①] 佛家既视之本非实有，而人意以为有；即同于法相唯识宗，所谓只由吾人心识之执取而成之 [②] 自性见，则吾人于此当试思何谓自性见，是否实有此自性见，又当亲切了解何以佛家必破此人之自性见，方可实契于佛家破自性之义也。

佛家所破之自性见，即见有一为人心所对之实我实法自有、常有，不待任何因缘，而能主宰，有实作用，以生吾人所分别或所意想之物之见。人与一切有情众生，亦确有此见，深植于其生命之自身，以为其无量烦恼染污之本。佛家说法之所以必破此见者，则不特因其为人之妄执，为烦恼染污之本，亦因人若持此见，则一切修道之事无功，人由烦恼染污，转依清净，亦应可不待修道之因缘而自致。佛家之根本精神，即信修道之有功。人之转依清净，必待修道之因缘而成。人若执有此自性，即与佛家之重视因果，而由因以得果之根本精神相反。上文言耆那教之一派，信自然解脱者，即有谓人可不待修道，历若干劫，不待因缘而解脱

---

① 印顺《中观今论》四十四页：自性 Svabhava，凡诸法体性、法、物、事、有，名异义同，或译自体、无法、有法（的）法，或译无自性（的）性，《婆沙》七十八，自性有种种异名，如说自性、我、物、自体、相、分、本性，应知亦尔。

②《摄大乘论》卷五，于论大小乘共此无自性之义后，又谓"如执取不有，故许无自性者，此无自性，不共声闻"。印顺《性空学探源》一八六页，引此一段文，谓声闻亦有此义。今无论有无此义，然佛家既以自性为空，则此所无者，只能为人之执取而成之自性见。确定其由执取而成，即《摄论》所谓大乘之进于一般声闻之论，而可谓大乘之不共论也。

者。其对梵天祭祀祈祷者，亦信只赖梵天之自力，可不凭任何因
缘，以使我得解脱。数论亦以"自性"之缚神我，乃初无因缘而
自致；又虽有此缚，而二者之本体，仍两不相干者。此即皆非佛
家之所许。因修道方有果，故不能无我自己修道之因缘，以使我
解脱；我之被缚，亦应由于我之旧业，决非无此我之旧业而自致；
亦非与我初不相干者之自性，能来缚我也。世间之宗教哲学思想，
如西方基督教之所谓"上帝"，能于任何时任何地，本其意志以创
造任何事物，或不凭任何理由，施恩典于人，以使之得救；以及
凡人之执有"宿命"者，谓此"宿命"使人不能有意志之自由，
以另造新因；是皆佛家所谓妄执之自性见。而一般人所共有之一
妄执，即为自执其有一恒常之自我，能离其心色诸法之因缘而自
在，所谓"人我执"是也。人之一切我慢、我爱、我贪、我嗔，
即由人我执而生。次则为执有其他恒常之法之"法我执"或"法
执"。观释迦之立教，言诸法无我，初仍以吾人生活为中心，并意
在对治当时主实有自我之他派思想，而重在破人我执。故小乘佛
学，尚不免留有种种之法我执。然吾人生于今世，顺理性思维之
次第，则吾意应先自吾人生活中，试先自体验法执之一名，果何
所指。吾今所体验者是：吾人在日常生活、日常思虑中，凡本吾
人之理解，以思维一事物之后，皆可形成一事物或其性质之观念
概念。此观念概念与其内容，即皆如为一定不变，又如不待其他
因缘，而自在常在者；吾人于此亦实恒望此概念观念与其内容，
能不待因缘而实现于实际之世界，若只由其自身即能导致实在事
物之出现者。此即为吾人"妄执一实法，能不待因缘而生物，或
妄执一法有自性"之自性见。观世间之人，确常于事物得一观念
概念后，即恒只存此观念概念于心，以判断一事物。即此事物已
灭，仍本此观念概念之存于心，以意其常住不变。人又常梦想或
意想其观念或概念中之事物，能蓦然自尔从天而降：或以为只凭
其所意想之观念与表达观念之语言，作咒辞，即能召致实事。印

度哲学之一派，如弥曼差之信声常，谓语言自身能有实作用，亦即由此而来。今之科学家哲学家，以抽象观念为具体事物者，与一般人之信其所意想之世界，即真实之世界者，亦无不原于人之有此自然生起的"以自己之观念与意想为实际"之妄执。此亦为未得见全幅实际世界之真相之一切人，同不能免者。一般人自谓其已能免者，常正足反证其此类妄执之多且深；乃竟无暇以反省：其初视为实际者，而后又被其自己更知为非实际者，已不知多少。又此"以吾人之意想观念为实际，或直接有实际能由之而生"之妄执，乃恒与人之意想、观念，俱起而俱生，而不为人所自觉。人生之种种痴望、迷恋、贪欲、妄希幸得与种种颠倒梦想，以及由嗔恨而来之诅咒等，无尽之人生烦恼，亦皆由其初"以实事若可直接由其意想观念以生"而来。是即皆本人之有此法我执而来。至于人之自执其自我之为实常住不变之人我执，则可说亦是一种对吾人自己之一种意想观念上之妄执，即法我执之一种；而与吾人之其他法我执，可相互为用、相互增盛者。故人若非能澈底去除此中与意想观念俱起俱生之此二妄执之根，亦无人能免于此二妄执与无尽之烦恼者。然则谓破此二妄执、破此有实法实我之自性见，为一切人生智慧之本可也。

按此佛家所谓妄执的实我实法之自性，与人之意想观念俱起者，其原乃出于佛家所谓妄想分别心。此心亦实与前所论庄子之所谓向外驰逐之心知，在本质上并无不同。依庄子之教，人须外于此心知，佛家则须去此分别心之分别所执，此乃佛家与庄子之义可相通者。然庄子之所谓性，则又在此所谓妄想分别心之外。此佛家所谓自性之观念，不仅庄子未有之，其他道家儒家之言性者，亦未有之。中国先哲言性，无不连于生化之义，即皆不能视同于一人之意想所执之恒常不变的自性。中国思想家盖罕如印度人之执有自性者，此亦即佛家破自性之教，为中国思想家所易于契入之故。然此固无碍吾人之克就如此如此之自性之概念，与破自性之思想而论，谓其非中国之固有，而纯为一自佛家所传来者也。

三　种姓之性，同异性

（乙）另一由印度传来之性之观念，即种姓之性。此所谓种姓，有其所以成种姓之本性，故今用此一名。法相唯识宗言有情种姓之别，由其所依之本性住种之别。自文化历史上言之，此一种姓之观念，初乃原于印度人重阶级种姓之别，而用以分人之种别者。然佛家所谓种姓之种别，则其原唯在人本有之心性之种别。故此种姓，同时为一心性论之概念。此种姓二字，在中国佛经中，亦有径书为种性者。兹按《唯识述记》十三举种种经论，如《瑜伽》《楞伽》等，说一切有情本有五种姓，即声闻种姓、独觉种姓、菩萨种姓、不定种姓、一阐提种姓。①依此种姓说，人之修道，是否能得圣果及其所得圣果之种类，乃先天的为人之本性住种所决定。依此而佛之说法，亦可对不同种姓之众生而有不同，以有大小乘之分或三乘之分。缘是而更有此三乘是否可归一乘之问题，三乘是方便说或究竟说之种种问题。对此问题，法相宗主三乘为究竟，于本性住种谓其可由熏习令增长，如窥基《唯识述记》卷五十三之论及习所成种。然此习所成种，唯指本性住种之增长而言，非谓能全变此本性住种之谓，故仍有决不能成佛之一阐提种姓。然依天台宗华严宗之主三乘归一、一乘究竟者，则应无此所谓不能成佛之一阐提。法相唯识宗与天台宗，于此争辩尤烈。在中国先秦思想，无论儒道，皆以圣贤为人人所能达，而初未有分为圣人种姓贤人种姓之说。唯汉儒或以圣人为天生；为性三品说者，或以人性善恶之品有不可移者。此在思想形态上，则

---

① 窥基《大乘法苑义林章》卷六，更举诸经有一乘二乘三乘四乘五乘诸说，则亦可有一二三四五各种之种姓之说也。

与之相类似。此种姓之性，如下所谓同异性，乃可分为类别者，即皆可摄于慧远所谓性别为性之义之中者也。

（丙）同异性质之性、总别性、种类性。印度胜论原有所谓同异性之一范畴，此乃由吾人思维而知之事物之共同点，或不同点，而称之为同性异性，或同相异相。中国佛经中多称此同相为共相，异相则为依于自相而成之别相。同相，又可视为事物之总相，以与别相分别。总相别相，亦可称总性别性，如《大智度论》三十一初释总性别性，后释总相别相，即义无大别。[1]《瑜伽师地论》[2] 问云何性下，即以自相共相等为答。此佛家所谓共相共性、自相自性[3] 之分，实无异今所谓共同的性质与差别的性质之分，亦即佛学所谓平等性与差别性之分。同异之观念，中国固有之，然谓事物或诸法之同异总别之相为性，此亦佛学传入后乃有之新观念。此同异总别之性相，或今所谓共同的性质、特殊的性质；乃吾人之思维，同时以若干事物为所对，而对之作比较

---

① 《智论》三十一总性者，无常、苦、空，无我；别性者如火热性、水湿性；总相者如无常等，别相者如地有坚相。问曰：性相有何等异？答：有人言其实无异，名有差别，说性则为说相，说相则为说性。譬如说火性即是热相，热相即是火性。有人言：性相小有差别，性言其体，相言可识。如释子受持，禁戒是其性，剃发割截是其相；近为性，远为相；相不定从身出，性则言其实，如黄色是金相，而内是铜。按此所谓性相之种种差别，人尽可说为一物之对内、对外、对远、对近，貌似与真实之诸相之差别（或诸性之差别），不必说为性与相之差别也。印顺《中观今论》第八章，论佛家性相二名，多可互用，又释《大智度论》之分别性相，除依远近、内外、貌似与真实之外，兼以初后、通别、名实为分别。初后者，谓习所成者为性；通别者，谓自相为性，共相为相；名实者，离名言意想之法性为性。按习所成性人各自别，属后文第四义种子因本之性。是见以通别分性相者，原非正规。自相亦可称自性，共相亦可称共性也。以名实分别性相者，亦可以之分别一般之色相与实相，实相固亦离名言意想分别者也。是即证《大智度论》所谓性相二名，实皆可互用也。

② 《瑜伽师地论》言自相共相语，见卷十三，十七页。

③ 佛家言自性，或为别异于他，以称为自。此所谓自，则克就其自身而言曰自。如下文第四义中自性之"自"是也。

及抽象的理解后，所抽出；而以之标别事物之同与异，并凭之以形成事物之类与种之概念者。故此同异总别之性，亦可称为种类性。如《唯识述记》卷十六，窥基释"有漏种子，俱是所缘，此识性摄故"一语，尝依三义说之。其第三义"谓是性类，其并有漏，以故类同，故不相违背，得为所缘"。此即言因种子与识，同属有漏之类，故称为识性所摄。此即谓类同即性同之谓也。吾人原对任何事物，皆可就其与他物之种种方面之同异、其所属之类别，以言其性之如何。如《究竟一乘宝性论》第三卷，以十义说佛性，一者体，二者因，三者果，四者业，五者相应，六行，七时差别，八遍一切处，九不变，十无差别。慧远《大乘义章》第一卷，即本之而更一一加性字，遂为十性。此十性，实就佛之为体、为因、为果、其业、其行、其在时间之段落、在空间之处所与不变及无差别之各方面，言其别于众生之性相性质也。今由一物与他物之同异、其所属类别，所看出之事物的性相性质，即荀子所谓共名别名之所涵。此同异种类之名，中国亦固早有之，然直名之曰同性异性、共同性质、特殊性质、种类性，则中国昔所未有。中国前所谓性或质，其习用之原始意义，皆指属于具体存在或生命或人心之一内在之"性"或"质"，而罕指纯由吾人之思维，同时以若干事物为所对，比较其同异类别，而抽出之抽象的性质也。

大乘般若宗所谓空性、法性，实即由一切法之无自性而显之共同的空相空性或无自性性，而又为一一法之本性、自相、自性之所在者。此俟后文，当更及之。

四　体性、当体与所依体

（丁）自体或自己为性。此即谓一名之所指者之自己或自体，为性或自性。据丁福保《佛学大辞典》体字条，梵语 Dhatu 译体、界或性。此所谓自体或自相自性，初当即一文句中之主辞之所指，而可以差别之宾辞说者。如谓声是无常，此声一名所指者之自己或其本身，即可名为自性或自体。[①] 一主辞所指者，可是一实在事物，如"人是动物"中之人；亦可是一性质或相状，如"白是色"中之白；此盖即前文所谓一相状性质，皆可称为自性之故。但此相状性质之自性，如亦称之为自体，则此自体，乃可不对其用而说者。至一主辞所指者，如为一实在事物，则为可缘之而有发用发业等事者。此实在事物，对其用而称体或自体或自性，即不同于自性自体如白等，可不对其用其业而言者。按《成唯识论》释实有之诸心所，恒兼用性业二字相对以释。如谓欲之心所，乃"于所乐境，希望为性，勤依为业"。此即言人之欲望，乃以对所乐之境有所望，为其自体自性；而人之努力即依之而生，以为其用。又谓"慢以恃己于他，高举为性，能障不慢，生苦为业"。此即谓傲慢，乃仗恃自己，而对人高举，为其自体自性，并以能障碍不慢而生苦，为其用业。此中所谓一心所或一心理活动之体性，即指此心理活动自己而言，业用即指由此心理活动，而发出之正面反面之作用而言。依此以言性言体，即溯业用之所自发而目之之名。此所自发之体之性，即一心理活动之自己。此自己，如西文所谓 Itself，亦即此心理活动之名之所指；非此心理活动之上之内之另一自我，如西文所谓 Self 也。对此自我，如视为常一者，乃唯识宗所谓妄执，而实非有者。此心理活动，如慢如欲等，则为实有者也。又按此以与业相对之自体为性，似同中国传统思想

---

① 佛学中所谓体或自体，原不必具一般所谓实事实物之实体义。天台宗释经，依体、宗、用等诸方面而释。所谓经体，即一经之体制。如《法华玄义》卷一谓体字，训礼，礼法也。《华严疏钞》卷六："相举于外，性主于内，体者性相之通称，若言体者，通事通理，若言性者，惟约于理……约性亦体亦性，故事但可称体。"是见于理、法、性皆可称之为体，不必实事实物之有今所谓实体义者，方可称体也。此即如中国文中所谓文体、国体、政体、事体皆以体构、体制、理法为体。缘此而言之"自己""自性"，亦即可就一理、一性之自己而言，则一性质相状之自己，自亦可称为体也。

之以情所自发为性之义。然中国之以情之所自发为性，此性恒指一内在而隐微之物，非显著之心理活动。凡显著之心理活动，依中国传统思想，似应称之为情，或知或意。唯识宗所谓心所，即皆属于显著之知情意之类。然依此唯识宗之性义，则于任何显著之知之活动、情之活动之自己，即皆当目之为性、为体，由是而生之作用，则为业。则今说此怒能伤生，此中之怒即体即性，此伤生即其用其业。依此义以说体说性，则一切显出之一切存在或活动，对其用其业言，即为其性其体。一切为因为果者，克就其自己之为因为果而言，亦皆可称为其自体自性。如慧远《大乘义章》卷一第二义体义名性下，谓："佛因自体，名为佛性，谓真识心；佛果自体，名为佛性，所谓法身。"此所谓自体，即还指其自己而言。又此自体自己之义，与佛家言当体之义无殊。《翻译名义集》谓："发菩提心者须识其体，一者当体，二者所依体；其当体者，悲心、智愿心；其所依体者，自性清净圆明妙心。"任何心之正生，克就其自身自己自体而言，即为其当体。与当体自体同义之自性之一名，亦即对任何事物之用与业，而还指其自己之别名，如西文所谓 Itself，此外无他义。此自性之义，亦中国昔所未有，而纯为"性"之一新义也。

（戊）种子与心识之因本或所依体性之性。[1] 此即慧远所谓种子因本为性义。兹所谓体性之性，非指一物之性质而言，亦非指一物之自己，名之为体之"当体"；而是就一当下之一相用或当体，而更追溯其潜隐的内在根原，而名之为性或其所依体；更即此性此体，以为其用或当体之所依之体。此可摄太虚法师所言之六、七、八三者之以种子为性者言。按此义之性，乃上一义之性之引申。因吾人虽可以一心理活动之自己自体为性，以为其作用

---

① 前页注所引《华严疏钞》卷六"体者性相之通称，若言体者，通事通理，若言性者，惟约于理"之下，又言"摄境唯心，若约真心，即通性故，……所入实体，即是性故……"数语，此即谓真心之为体，乃通性而言之性体或体性也。

业用所自发，然吾人如果更追溯此心理活动之本身之所自发，则依唯识宗义，必更追溯至一潜伏之功能或种子。此种子方为其真正体性所在。然如吾人对种子所自发，再作追溯，则又当谓此种子乃原自阿赖耶识。由此而阿赖耶识方为最后之所依体，种子又皆为此体之用，此识乃最后之性之所在。故窥基于上所引《述记》十六卷，释识性摄之第一义曰："性者体也，体即本识，种子是用。"近世欧阳竟无先生《唯识抉择谈》，更谓阿赖耶识，本于一真法界，故说一真法界，方是体中之体；赖耶识尚是体中之用，种子则是用中之体，现行则用中之用而已。此乃是更向上追溯，以开体用为四层之说。依此义以言性与其业，亦应同可开为四层，而当说一真法界为赖耶识之性之所在。[1] 然此四层之分，皆不外由追溯吾人现有之心理活动之原，而次第上溯之所成。此在印度传来之佛学，亦有即以阿赖耶识为最后之体之说。外此，又有如南北朝时真谛之于阿赖耶识外，另立第九识庵摩罗识之体者。更有以阿赖耶识为染污之如来藏识，唯清净之如来藏识，乃真正之心体，或以如来藏识与阿赖耶识不一不异之如来藏藏识为体者，如《大乘起信论》及《胜鬘》《密严》《楞伽》诸经之所说。中国华严宗自澄观、圭峰以降，自称为法性宗或性宗。此所谓性，实迥异般若宗之法性之性，为一切法之共同的空性之性者，而是直指一常住清净之心体为性。如圭峰《禅源诸诠集都序》卷三，以十义辨空宗与性宗。其第二义心性二名异，第三义性字二体异，即谓空宗以无性为性，性宗以灵明常住不空之体为性，此性体即心体也。凡此上得名为体性之性者，虽有种种层次之所指，然皆是由其为种种当前之相用或当体之所依之实体，而得名者也。

---

① 欧阳竟无先生晚年讲唯智学及涅槃学，其《大乘华严经》叙（《藏要》第三辑经叙）又以此四体用讲四涅槃，以自性涅槃为体中之体，以无余涅槃为体中之用，以无住涅槃为用中体，以菩提为用中用。依此四体用以言性，又当不同于其旧说。此过涉于专门，非今之所及论。

五　价值性与三性

（己）价值性之性。此即上所引窥基述义，释种子为识性摄之
第三义。其言曰："识者性也，若使本识，同无记性，故能缘之。"
此谓种子与赖耶，同具无记性，即同具无善无恶之性，故种子得
为赖耶所缘云云。此无记性或无善无恶之性，与善性、恶性，并
称三性。善中又分有漏无漏之别。善与不善，更有种种，此皆非
今所及。按此三性乃克就善、恶、无善无恶三者而名之为性。此
三性，乃可用以分别形容各种心理活动者，如谓贪嗔之性为不善，
信惭愧等为善，苦乐之本身为无善无恶是也。称此善恶等本身为
性，即今所谓价值性。克就一心理活动之自身而言其价值性，则
善即善，恶即恶，而此性即涵具不可改，而决定之意。此盖即《大
乘义章》所谓不改为性之义之一所涵。[①] 按唯识宗论种子之六义，
其四曰性决定，谓"随因力生善恶等功能决定"。此即谓善之种子，
决定生善之现行，恶之种子，决定生恶之现行。此非谓种子在其
为种子之阶段，已有一般善恶义；若然则与其谓种子与赖耶识不
异，赖耶为无记性之义相违矣。此唯是谓种子所能生之现行之善
恶为决定。是乃明以善恶无记之价值性本身为性。此性即非指一
实在事物，如心理活动与种子等，而唯用以标别此实在事物之价
值意义者。溯自释迦说法，其三法印中之涅槃寂净，十二因缘中
之还灭，皆为价值义上之无烦恼、无染污、无流转之苦之寂净性、
还灭性。缘是而在究竟义上所谓空性、真如性与佛之涅槃三德、
四德，亦无不具一由无反面之烦恼染污等，而昭显之价值义。佛
家之言性，亦必归在此义；而非只归在一知识论上之无妄执，而

---

① 《大乘义章》所谓不改为性，多就因果之一定，或如是因有如是果之定律以言。
　然亦谓"通说诸法体实不改"为性。

知真实等，又非只归在一存在论上之真常法性者。然在此究竟义上，知识义、存在义、价值义，三者恒不可分，故佛家之用一名，亦即可兼摄此三义。然此又非谓佛家所归，不在此价值义之性之谓也。唯因佛家用一名，或即已涵此三义，世乃或偏在余二义，以了解其所用之名之义，而失此一根本义。即佛徒言佛学，亦不免有此病者。如慧远《大乘义章》"佛性"一章，言性之四义，皆偏就存在论上之体性为释，独不及善恶无记之为性。唯于"法性实际"章，乃及此三性之名，更补以"此非体性"一语。然此非体性之性，何独不列于前，以为第五义之性乎？按中国先哲言性，实最重性在价值上之善恶等，儒道之所归在善、在真、在诚、在至德或上德、全德，皆有价值义。然中国先哲，又多以性指一有存在论意义之实在，而具实作用者。中国先哲固谓性自具善恶，而用善恶之名以状"性"，然亦罕谓此善恶等，本身为"性"自身之又一性，故亦初无别出此价值义之性，为另一义之性之说。单指善、恶、无记三者之自身为三性之说，亦昔所未有。佛家有三性之说，故可言人之心识心所之性，更有其善性、恶性、无记性等。在中国先哲则言性善性恶，而不言此性自更有其恶性、善性，刘蕺山所谓"理无理、性无性"是也。唯王充用性之一名，或唯以指人所禀之气之状态方向之不可易者，乃谓此状态方向之善恶，为性之善恶，[1] 则其所谓性，盖略同佛家所谓三性之性矣。

六 佛家言性之方式与中国先哲言性之方式之比较

上述性之六义，盖可略尽佛家所谓性之一名之所涵。此六义之性，虽可相摄，如价值义之性、体性之性，亦自可有其同异与种类；种姓之分，亦唯依人之同异种类而生者是也。然此诸"性"

---

[1] 参考前文论王充之性论处。

本身之义界，仍毕竟不同。今分为六，已较前引太虚之分为十者，大为简化，但仍较中国传统思想中所谓性之意义，大为复杂。此佛家之所以有此种种之性之分，又初实原自一根本之思维方式。此方式，则又由佛家初重说一切法而来。沿说一切法之思路而论性，其起点，即为佛家思维所对之种种法。此种种法，原为可一一加以举述，而客观的论述者。然吾人所视为客观实有之法，可为本非实有之妄法。如上所谓第一项之自性，即为一妄法。凡人视为能不待因缘，而能直接由之以生出实在之法，即皆人所视为有自性之妄法。此妄法本非实有，而唯是虚妄之主观的分别心，所执为实之观念而已。在此种种之性中，最可称为实法者，则首为有情之种姓之性。此乃依于有情究竟能否成圣，与所成之圣之种类，而将具体有情，分为各种者。再其次为吾人所赖以分一切事物为各种类之同性、异性、同相、异相，而此亦即为吾人所本以论述客观事物之抽象性质，如一般形容辞之所表者也。至于上述之第四义之性，恒为对业用，而还指其所依之以生者之名。一业用乃初由动辞表之者。业用之所依，则或可为初由另一动辞表之，而后亦可以名辞表之之 ·实在或实体。此实在或实体，可为显出而正现行者，此仍属第四义之性。然亦可为潜隐之种子等，或为究极义之如来藏等，则当属第五义之性。至于第六义之性，则为本此上述之各种性之价值意义，而说其善恶染净之性。如说色法自身无善恶，心法有善恶，缘妄执而起之心理活动，恒染而不善，不缘之而起者，乃清净而善是也。此上所说各种之性，盖皆不外依吾人所视为客观实有之法，是否真有其种与类、同与异、体用、因果与善不善，而次第建立之义。唯此诸义，乃自不同方面建立，故不可加以混淆。此性之一名，有此多义，亦皆当为之清晰的加以分辨出者。至于在每一义之性之项下，所以又可以说有种种，如种种之自性执，种种之种类性、同异性、体性、善恶性，则是由一切法之原可有种种，而依之以说者。此中依佛家唯识法相之教，"法法不相知，法法不相到"，而各有其性相；故吾人之知之，则于法法当不使之相乱；吾人论性更亦须自种种义之性，而分别论之。法不相同，性之义不一，则不能以一性为之说。如慢之心所之性，与忿之心所之性不一，与色法之性更不一；而说一心所，以其种子为"性"，与说其善恶之"性"，亦非一性。由此论性，虽极其复杂，然人皆可归至对一一之性之义，有确定之了解。中国先哲之论性，恒视性若为一。其所论性之意义为何，常只赖人之将其上下文或全文，参互错综，以观其言之义所辐辏，而求印证于吾人之心与生活经验，乃能体会及其义之辐辏者在是，其所谓性者亦在是。人既体会及此性之所在，固可更无余论。如不能体会及此，则人于此便只能有一模糊恍惚之想象。本此模糊恍惚之想象以言性，乃多成混淆不清之论，而性亦若有而若无矣。今佛家之论性虽繁，人如能对其概念，一一加以了解，反较对中国先哲所谓性之概念之了解为易。此亦不仅在对性之一概念为然。吾人尚可推扩而说，佛书之经卷虽多，名相虽繁，似极难读，而循序求之，实亦不难。中国先哲之儒道之书，则文虽较简，名辞较少，似易读；而实又非熟玩其言，而前后错综参伍以观之，不能见其义；非循序求之即必可得者，而实更难读也。

　　然依唯识法相以言性，其性之义虽有种种，然亦非无一名而涵众义者，如上引窥基所谓识性摄，即涵三义。又非谓全无一法以摄一切法为义，亦兼摄一切法之性者，如阿赖耶识，即摄一切法为义，亦摄一切法之性为其性是也。人之思想，必求由多而返于一，以为总持之资，故人亦必求一究竟义上能摄一切法之性之性。由此而佛家之言性之繁，亦终将以中国先哲之言性者，恒归于一至简至易之流相交涉。而由中国佛家思想之发展以观，即见其论性之方式与其所谓性之内容，固有其与中国传统思想之言性者，有相通接之路道在也。

　　此中佛家思想与中国思想，其言性相通接之路道，初表现为用老庄之思想，以与佛家般若宗所谓性空、空性、一切法之实相、实性或法性之观念之相通接。次表现为：由唯识法相之论五种姓、三性与八识之性，转至天台华严之言性具或性起之心，即渐若类似孟学之言本心之性善之旨。三表现为禅宗之言见自本心自性，见本性自性；若忘此"自性"之一名之原义，初原所以指人之虚妄所执，只为应加以摒斥者。佛家之言心言性，亦由禅宗之言直指以见本性本心之自性，而益转近中国传统思想，重简易之工夫之旨矣。此皆将于下列诸章，络续及之。

第七章　般若宗即空言性，与唯识宗即识言性及即种姓言性

一　般若宗之精神与法性即空性义

按小乘之佛学之求解脱，乃出自一视三界如火宅，而迫切求出离之愿望。欲得出离，则待一继续不断之坚苦的修道工夫；人之达须陀洹、斯陀含、阿那含、阿罗汉等四果，其中仍有种种之进退历程。其论此人生与世界之所由成，与种种修道之工夫，亦极其复杂而繁难。此皆意在策励学者对谛理之思维，并坚固其"千里虽遥，不敢不至"之志愿者。此种佛学之精神，在由小乘转入大乘之成实论及俱舍论，犹可见之。然人在修道之历程中，历经艰难而有所进益之后，人最易发生之病痛，即为自以为已有所得，而妄自矜许，此即翻成魔障。大乘《般若经》之重般若波罗密，而重以智慧深观无所得之义，即正所以对治此魔障者。小乘佛教，原亦以去除贪嗔痴等之迷执染业，而归于寂灭寂净之涅槃为事；人之染尽，而空一切烦恼，证寂灭寂净，亦即另无所得。故空与无所得，原为佛教之精神。至大乘般若之教，其进于此义者，则盖有见于彼修道者，在其工夫历程中，能渐空烦恼者，或因自谓已能空烦恼，而妄自矜许。此即一对其已空烦恼之心境，再作回头之执取。此即执空，而求得其不可得，而将不免于沉空滞寂之病。大乘《般若经》与释《般若经》之《大智度论》等经论，虽卷帙浩繁，要不外以大智慧照见此空之亦不可执，此不可得之亦不可得。故其言佛教之布施，

即人纵能在无尽期中，自舍自己所受之无尽之身，如《金刚经》所谓"以恒河沙等身布施，如是无量百千万亿劫，以身布施"，亦不"住相布施"，不见有自己身可舍，亦不见有所施之人、众生及自己布施之事，方为真正之布施。修道者于其一切修道之六度万行，由布施以至持戒、忍辱、精进、禅定之行，能皆作如此深观，则修道之事，虽无穷无尽，而同不自见有所得，而仍将自谓无所得，亦不得此无所得。是能空空，而空亦空，是为般若波罗密。此般若经论之所说，亦正较一般部派佛学之分析种种法数，而比对之以为论者，更契于释迦说空无我之本意。[①]《般若经》本此空空之义以言，故于人在修道之六度万行中，所遇之万物万法，皆同说为空，而其空亦为空者；以至言涅槃亦不可执为有，胜于涅槃者亦不可执为有。故说"假令有法胜涅槃者能入，我亦说如幻如化，何况涅槃"。此非谓此万行万法与涅槃，如龟毛兔角，或如外道与常情所妄执者之毕竟无有；而是于一切万行万法之有，皆当视为如幻如化之有，而自性空者之谓。万法万行之自性空，即涅槃性也。原彼万行万法，皆是因缘生，此乃佛家之通义。然人即识得此缘生义，不另执有外道所谓自性者，仍可意谓彼由缘所生者，与此能生之缘，终为有而非空；而部派佛学，亦有于此分析诸法，而归于主一切有者。然大乘空宗，则谓缘生之义，是一切法皆依缘而有之义。一切法同依缘而有，为他法之缘者，亦依缘有；则缘生非谓实有能生之诸缘，诸缘亦实无能生之"力"，以生其所生。若有此"力"，则仍同外道之执有一自性矣。若缘无能生之"力"，以生其所生，则所谓缘生，唯是此有，依彼缘之聚，而如是如是现之谓。故凡所谓有，非他生，亦非自生，非自他共生，亦非无因缘而自生（《中

---

① 印顺法师《性空学探源》，溯大乘空宗之根原于四阿含，谓《大智度论》所谓十八空、如空空等之名，皆原自阿含，以见大乘空宗之兴起，正所以返至释迦之说法之本意。其言可祛一般以大乘非佛说纯为后起之说之偏。然此固非谓大乘《般若》之畅发空空等十八空之空，非对小乘为一佛学之新发展也。

论》)。知凡有者，皆唯是依彼缘之聚，以如此如此现，缘聚方有，缘散则无；则缘聚而有之有，亦不可执为常有定有；即虽有而未尝不空矣。由此以言缘生，即可即不碍言空，而人亦可即缘生以知无"常有""定有"可执，而证空。而于一切空，如内心空之内空、外物空之外空与合此二者之内外空，皆不更执，则称为空空。空之所以当空，亦正以缘生之有，虽非常有、定有，而亦非毕竟无之故。由此空空，而十方世界无不空，《大智度论》称之为大空。既空空，而不更执"空"与"诸法之有"之任一偏，以在第一义上，不离诸法之实相，而见诸法实相空，名第一义空。知此空空、大空、第一义空三者，更无有余不空法，所见既空，见主亦空，是名毕竟空。此毕竟空亦空，乃终成一"空"与"一切法之有"不相为碍之中道。人能照见一切法之有与空不相碍，照见一切法之共有此空性，即能照见一切法共同之真如、法性或实际，是故当学此般若波罗密也。此中所谓空性法性等名之所指者，其实即亦不外此一切诸法之缘生而无有自性。故谓"言诸法无有自性者"，即"以性空破诸法各各性"（《智论》五十二）。此诸法之无自性，"诸法之无所有性，是为诸法自性"（《智论》五十八）。故诸法即以无自性为其自性，而有一无自性相。此"诸法之无自性相，即毕竟空相，此毕竟空相即一切法相"（《智论》五十五），"即一切法一相，所谓无相"（《智论》十八）。故此空相法性，亦即一切诸法之无自性性、无自性相、一相、无相。无相又称无性、无我性。又此空性法性遍一切法，而可实证，即一切法之真如、实际、不变异性。此中诸无自性性、法性、空性与实相、无性、无我性、真如、实际等之名，为同义语。[1]此"一切法性，若有为法，若无为法，是性非声闻、辟支佛作，非

---

[1]《大般若经》，对此法性有十二名：真如、法界、法性、不虚妄性、不变异性、平等性、离生性、法定、法住、实际、虚空界、不思议界。对法论有七名：真如、无我性、空性、无相、实际、胜义、法界。《华严经·回向品》第八依真如性相说真如名，则有百名，此为最多者也。

佛所作，亦非余人所作"，是性非由作，亦无自性之可说，"诸法性
不可得"，"是性性空"（《大智度论》三十一"十八空"，及四十六
"摩诃衍品"），直名性空。故曰："性空者名本来常尔，或性自尔"
也。至于此似一往言空之教，所以不与佛家之本慈悲以度众生等无
量方便之行相碍者，则以此空既空，则亦不妨碍怜愍众生，引导入
空之故。① 至于人欲有证此空之般若波罗密，而知此空性法性，及
此空性法性之性亦空等，其究竟义，固在知此证空之般若波罗密，
原不容有任何一边之执着。有不可执，空亦不可执，所谓"般若波
罗密，譬如大火炎，四边不可取"（《智论》十八）是也。然此般若
正为诸佛母。至于人之学般若，则其初步，当于其次第所知之一一
法，一一顺之而观其缘生相、空亦空相、无自性相等。缘是而有三
三昧：即空三昧、无愿三昧、无相三昧之正定工夫，以有一切智、
道种智、一切种智等。② 此固非本文之所能及。然要之一切法无量，

①《大智度论》七十九：虽观一切空，不舍众生；虽怜愍众生，不舍一切空。观一切法空，
　空亦空故，故不着空，是故不妨怜愍众生。虽怜愍众生，亦不着众生相，但怜愍众生，
　引入空。是故虽行怜愍而不妨空，虽行空亦不取空相，不妨怜愍心，如日月相须。
② 近世欧阳竟无先生讲般若，纯依《般若经》讲三三昧，并论般若学为唯识学。声
　闻能知蕴处界，名一切智。菩萨广大，三乘道相，无所不学，名道种智。佛一切
　皆寂，又一切一切，无所不知，名一切种智。菩萨学小，观空不证，箭箭注楛，
　直至菩提，是名般若。言一切智智，无量无边，空无所有，然后能容。一切智智，
　反正杂处，空无所有，然后无碍。是故应以空为方便，学一切智智（《大般若经·
　第二分序》）。又谓"举足下足，皆为一切有情，为一切智智"，"以无相为相，而
　遍学一切"，"以无性为性，而渐次修学"，"以无际空、毕竟空"，"以种种众多不
　可思议，甚希奇法"，"安立众相"，"随修一法，无作无相，而能一切一切，周遍
　圆满"。（《方便般若序》）"空然后有用，有用然后能行。般若者，用也；用也者，
　行也。"（《大般若经·第五分序》）"巧妙不可诘者，法界也；巧便不可阶者，般若也。
　以是般若，驭是法界，直上青冥，行大王路。"（《大般若经·第六分序》）故重方
　便般若。谓"执一实相，莽莽荡荡，日月悠久，几何其不流于败种焦芽，沉空滞
　寂也哉"（《方便般若序》）。然观东晋南北朝之般若学，仍以实相般若之问题为主。
　当时谈空性法性，皆重其体义，而非其用义。欧阳先生之重般若之用义、行义，
　亦可谓之更超进一步，以般若学通瑜伽学者。然此则非本文所多拟及者也。

三昧与三智之工夫无量，所证得见得之空性、法性，亦无量。吾人今既于一切法，可姑加以分类为说，则于此空性、法性，亦可随之而分为多类以说也。①

　　然不管法有多种，依法之种类而立之性，有多种，然吾人依一切法之缘生即空，由破执而证知之一切法之实际、实相、空性、法性，则遍一切一味，而无二无别。故诸法虽多，法相虽多，而此实相法性，则为一而非二亦非多，而无多之可说者也。

　　按此佛学之言空性、法性、实际、实相之论，固与中国传统言性之说异旨。然佛学输入中国，至东晋而大盛，中国人所以不觉难于接受者，则以有魏晋之玄学，与之互相援引，此乃人所共知。如王弼承老子言，有体无致虚，而任物之自然之性之教；郭象承庄子言，更有观物之独化，而玄同彼我，与物无不冥之义。王弼言自然之义，固为于一一之物，只见其自然而任之，不更问其所以然义，然亦非必归于否认物自有其所以然之说。循郭象之言独化，言吾身之为独，吾身所接之物之为独，亦意可涵其各有一特殊的所以生成之理之义。故郭象尝由吾人当前之生，以言其"生之所有者众"，"理之所存者博"（《庄子·大宗师》注）。此当前之生之所有与理之所存，即此生之诸因缘也。故王郭虽不重一事一物之因缘之分析，然彼等既言一一之物，各有其自然，各能独化，即亦未尝不可意涵其各依特殊因缘以生以成之意。循此思想，亦即不能拒绝此佛家重析诸缘以明缘生之论。般若宗即缘生以言空者，言空不碍有，又可

①《大智度论》三"十八空"：诸法无量，空随法空，则亦无量，何以但说十八空？答：诸法如是，各有定数，以十八种法破，是故理有十八空。此即谓破执之法可分为十八，故说十八空。依性空义，此十八空自性亦空，故若另作类分，则亦非必说十八空。如《金光明经》说八空。欧阳先生《藏要叙》，谓其亦足摄十八空竟。则再加归约，或再加开别，依种种分类，以说种种数目之空，固无不可也。

与体无致虚之意相印合。故佛学可与当时玄言，相援引以入于中国也。

二　道安言性空，罗什、慧远言法性义

印度佛学传入中国之后，初盛者为大乘般若之教。道安屡讲《般若经》，鸠摩罗什更多译般若经论，其学亦归宗在般若。慧远尝与罗什问答法性之义，僧肇为四论，更称心而谈般若义。吉藏谓道安讲性空义，[①] 余三人皆亦言及性。然今当并举其言，以见诸家所谓性，皆与中国先秦两汉之先哲所谓性之一名，初不同其义，唯沿用一名而已。

吉藏《中论疏·因缘品》，叙道安言性空本无之旨曰："释道安本无义，谓无在万化之前，空为众形之始。夫人之所滞，滞在末有；若宅心本无，异想便息。安公本无者，一切诸法，本性空寂，故云本无。此与方等经论，什肇山门义无异也。"按昙济六家七宗论，以道安为本无宗，僧睿则称之为性空宗。然道安则皆未尝以之自名。今将问此所谓本性空寂之性，果何所指？

按道安言本无，盖是"无为本，有为末，而在无之本上，无末有之滞；末有之滞，于此皆空寂"之意。若然，则所谓性空，即应涵无此或空此"世所执所滞之实有之自性"之意。至于谓此"无此所执所滞"之本性，即为空寂，则当是如后之慧远所谓"无性之性"，乃为更进一层次之义。然亦可同为道安言性空本旨之所涵。今按中国先秦两汉学者之言性，皆非指常人所执所滞之实有或自性，亦不可视为无与空者。若谓"无此所执所滞"之本性，为空寂，此空寂之言，乃以遮为表；亦不同

---

① 《大智度论》中屡及性空之义，如卷三十六：空者性自空，不从因缘生，若从因缘生，则不名性空。又卷九十释实际品，即全以释性空义为事也。然道安讲性空，在《大智度论》译出之前。道安之性空义，不必即《智论》之意也。

中国先秦两汉之性之一名，皆直接有所表者。是见僧睿、吉藏用以讲道安学之"性空"之名，其所涵者，皆一昔所未有之新义也。

然对此本无之说，僧肇《不真空论》，则以其为乃主张"非有无此有，非无无亦无"者，则此实即上言般若宗之空"有"亦空"空"之旨。唯僧肇意，以为本无宗只言"无此有"及"无无"，乃"情尚于无，多触言以宾无"；未能即有而无，"即万物之自虚"，是未免"假虚而虚物"，尚未契于真正之非有非无之旨。今按：若僧肇所评为本无之说者，其中亦包括道安，则此便不同于吉藏之谓道安之言与僧肇之旨实不异者。然此僧肇与道安之异同，乃别一问题。僧肇固亦未说道安无此"本无""性空"之义，则谓道安有此义，仍不误也。

至于罗什之著，今大皆已佚。《大藏经》卷一八五六《鸠摩罗什法师大义》上，记慧远尝问罗什法性与真际同异。罗什尝答曰："诸法如相，性自尔故。如地坚性，水湿性，火热性，风动性；火炎上为事，水流下为事，风傍行为事。如是诸法，性性自尔，是名法性。更不求胜事，尔时心定，尽其边际，是名真际……初为如，中为法性，后为真际。知诸法如如，名如来；正遍知一切法，故名为佛……诸菩萨……观诸法实相，尔时名为如；深观如故，是变名法性。若坐道场，证于法性，法性变名真际。"李证刚先生《维摩诘经集注》卷三《弟子品》辑僧肇注曰："如、法性、实际，此三言同一实耳，但用观有浅深，故别立三名。始见法实，如远见树，知定是树，名如。如是法转深，如近见树，知是何木，名为法性。穷尽法实，如尽知树根茎枝叶之数，名曰实际。此三未始非树，因见为异耳。所说真法同。此三空也。"僧肇即本罗什之言作而注，罗什之言则又本于《大智度论》说如、法性、实际同此一空性之言也。①

　　本此所说，如与法性、真际三名之异，唯是依观行之初、中、终之深度不同而立名。所谓法性者，即诸法之如是如是之性。所谓诸法之如是如是者，即由地如其地，坚如其坚，水如其水，湿如其湿……而其中皆无自性自相可得而见。此诸法各各自性自相之空，即诸法之各各之如如，是名为如；而各各法同为一空，是为法性。此法性，不与地性水性等在一层次。此乃正遍知一切法者，于一切法，一一各还之于其本位，所观之一切法之“一味的共同的空性、法性”。人欲知此法性，则赖人之空其对一切法之种种分别，空其种种自性之妄执者，而后能。此法性，又唯是由正智之无执，所观得之“诸法皆无自性自相，而同为一空”之空性。是此中之所谓法性、空性，亦全不同中国先秦两汉之所谓人物之性之有实作用，而由人物之能生处所见之性。依佛家之此义，以言此有体质有实作用之人物之性，如不视为妄执，亦只能属于下一层次之性，如水之下流，火之炎上，如地坚性、水湿性等，即《大智度论》三十二所谓“各有各性”之法性。唯有观各种人物之各如其体质之为体质，各如其所有之作用而有用等，以实各如所如，而更不有分别之妄执者，方能见诸法之法性。此即《大智度

①《大智度论》三十二卷：诸法如有二种：一者各各相，二者实相。各各相者，如地坚相、水湿相；……空则是地之实相，一切别相皆如是，是名为如。法性者如前说，各各法空，空有差品，是为如。同为一空，是为法性。……实际者，以法性为实证，故为际，……是三，皆是诸法实相异名……实际即是涅槃……法性者，法名涅槃……法性名为本分种……如是一切世间法中皆有涅槃性……一切总相、别相，皆归法性，同为一相，是名法相。净影慧远《大乘义章》卷一：对如、法性、实际三门分别，乃通就二谛、唯就真谛及就观入三者，分别此三门。于通就二谛观此三门中，先明《大智度论》三十三卷所谓一般事物之九法，如体、相、力、因、缘、果、善恶、限碍、开通方便，及所谓下如、中如、上如，以言其法性。更唯就真谛及就观入，以言法性，成种种深入之各层次之论。此非今之所及。然好学者不难次第循其文，以自得其义也。

论》所谓别于事法性之实法性。[①] 此所谓法性，与中国先哲之所谓性之不同，固亦显然矣。

又罗什与慧远书问："既已舍染业，心得善摄不？若得不驰散，深入实相不？毕竟空相中，其心无所乐。若悦禅智慧，是法性无照，虚诳等无实，亦非停心处。仁者所得法，幸愿示其要。"此书乃罗什先自道其所得法。汤用彤先生《魏晋南北朝佛教史》第二册第十章，引熊先生十力释法性无照之语曰："性者体义，法性犹言诸法本体，即斥指本心而目之也。"然循上引罗什之言观之，罗什所谓法性无照，是否即已直指本心之体，愚尚不能无疑。因如与法性，唯指诸法之如如性，即尚未及于本心义也。详罗什所谓"若悦禅智慧，是法性无照"之文句之义，盖是言诸法之如如之法性上，本无此禅观中之照；能知此，则能不眈悦于此禅智慧，亦不停心于此，方能更契入诸法本性空寂之如如法性也。此亦自有其理趣，盖不必即以本心之体当之也。

至于慧远，则据《高僧传》卷六，载其有《法性论》之著，而今佚。《高僧传》今唯引其二句曰："至极以不变为性，得性以体极为宗。"汤用彤先生于其《魏晋南北朝佛教史》，以体极在冥符不变之性，不变至极之体，即为泥洹，以释慧远义，盖未是。今察此二句之文句，所谓不变为性者，乃对至极，而指其性为不变，知此不变，即为得性，非谓实有不变之性。又体极之体，乃动辞而非名辞，则不能言有一至极不变之体。按汤书亦引慧远《大智度抄序》曰："非有非无之谈，有而在有者，有于有者也；无而在无者，无于无者也。有有则非有，无无则非无，何以知其然？无性之性，谓之法性。法性无性，因缘以之生。生缘无自相，虽有而常无，常无非绝有。"此所谓无性之性为法性，亦当即"观诸

---

① 智者《摩诃止观》曰："地持明法性，一事法性，性差别故，二实法性，性真实故。"慧远《大乘义章》言法性，亦分事法性与实法性，此皆同《大智度论》之分别法性为二也。

法之如其所如，对之更无分别之妄执，而知其本性空寂，别无自性，而观此无自性即为其性"之意；盖非言于诸法之本性空寂外，另有体之可体也。

三　僧肇之物性义，及般若体性义，与老庄之致虚

至于僧肇之四论，其《物不迁论》言动静，《不真空论》言有无，《般若无知论》言能证之般若，《涅槃无名论》言所证之涅槃，合为一即动而静、即俗而真、能证无知、所证无名之四论。其《物不迁论》，以"近而不知者，其唯物性乎"之一语发端，即无异自谓其旨在论物性。其《般若无知论》，又有般若体性真净之言。今亦当说其所谓性，与中国传统思想中所谓性一名之涵义，实迥然不同，而其思想所归趣之境界，则未尝不与老庄言有相契之处。下文试稍详以说之。

上已言中国传统中之人物之性，乃有实作用而由人物之能生处看之性。此生或指自然生命之生，亦可指人心之生。故性可称为生之所以然、生之质，以至可如后儒之称为生生之几、生生之理等。至在僧肇之《物不迁论》一文，所论物之动静之性，则纯对吾人之知而说者。僧肇此文之宗旨，要在说明常人视物实有动静之性，为一虚妄而不实者。故人自以为能知物性，实未尝知。此即纯为一由能知所知之相对关系中，以论物之动静之性之说，而为中国昔所从未有之一论物性之方式也。

按中国传统哲学思想，对动静之关系，可自二面看，一为以人之未与物感之寂为静，感物而生情为动；一为以阳生为动，阴成为静，即以物之始生，为动，生而成其为物，为静。此皆自人生实有此内外之相感，物之实有此生成之实事，而言动静。今僧肇论物之动静之性问题，则初纯为就吾人知之所对之物，而问其是否真有此"动静之相"可说？即问：吾人于物观之为动者，是

否亦即同时观之为静？吾人能否即动以求静，以见动静之不二？此即初纯为一问"吾人之认识上所见之动静二相，是否可不见其分别；或于一物之具动相者，亦见其具静相，以使此二相之分别，得相与而俱泯"之问题。吾人亦可说：此中之问题，亦即吾人于物所知之动静二相，或于物所得之动静二观念，是否可同时应用于一物之上，而见即动即静之问题。此问题之本性，实乃人所认知者是否即真实之问题。此中动静之观念之意义，初为知识论的，而非存在论的。故与存在论上言寂感生成以及体用等，实初不相干者。汤先生书之就其言即动即静，而视为即体即用之说，盖尚未先详其言所答问题之性质之故也。

依僧肇《物不迁论》之说，吾人于物之视为动者，如更易吾人所以观之观点以观之，则皆可说其动而未尝不静，即以证"人之即动见静，而不见有往来动静之别、今昔之时间之别与因果之生灭"为可能者。此固非谓世间无因果之事之相继以生成，人对物无未感之静，与感之之动之别之谓。若果然也，则自始无物可感，自始无物之生成变动，更何有于物即动见静，而动静一如，以见物之不迁乎？

至于此动静一如，而泯今昔与生灭之观念之别，其所以可能者，则在吾人之谓物有动，初乃由见物之有往。然吾人所以见物有往，乃由吾人求昔物于今。此求昔物于今，乃依于吾人接物而知物以后，即留一物之观念，遂望今仍有此物之存在。此即正为吾人前所谓人"直接欲由其观念而致其实在"之妄执。人因恒不离此妄执，故恒求昔于今。因求昔于今，乃见物之有往。人若不求昔于今，或改而观昔物自在昔，而今物自在今，则可不见物之有往，亦不见物之有来。而不见物之有往来，即不见物之有动相；斯万物皆若动而静，似去而留，人可求静于诸动，即动而不见其动矣。而此留此静，亦即"不去""非动"之别名。非谓人超拔出"去"与"动"之观念后，有冯友兰《中哲史》所谓曾存在者之常

在也。盖此求静于诸动，初未尝释动以求静，唯旨在见物之"动
而不去，静而不留"，以使物之动静去留之相，相与为一而俱泯，
人乃可"即物而真"耳。至于世人之本此动静去留二相二观念之
分别以观物者，唯见物或动而或静，或去而或留，人心乃迭荡于
二者之间。于是其透过此二者之迭荡所见之真实，亦如为此二者
之所分裂；而其一如之真实，即未尝直显于吾人之前。僧肇即于
此义上，言物性之不为吾人之所知。则所谓知物性，即见此物之
真实，在"即动而知其静之心之观慧之下，当下如实呈现，如实
而住"之别名。故僧肇谓能即动求静，则各性住于一世。此动而
常静之物性，即物之真相实相。此物之真相实相，待吾人之超出
"视动静为二"之"观念之对峙"而后显。此视物为有动而非静之
观念，上已言其为出自人之妄执，则视动静为二即妄执。即动求
静，则所以去此妄执。去此妄执，而物之实相真相或物性，为人
所知，亦即上节之空妄执，以知实相法性之意也。是见其所谓性，
与中国儒道二家所谓性，为用以指一存在论上之人物之生成寂感
之性，而非指此所谓知识智慧上所见之物之真相者，固绝不同其
义者也。

　　上所论僧肇之《物不迁论》，其思维之方式与其所谓性之意义，
乃承佛家般若之教而来。然亦正与老庄之言有相通接之处。老庄
固未尝如僧肇之论人之以物为动而非静，乃原于人之求昔于今等；
而老庄亦实未尝谓于物可说之为动者，兼可说之为静。然顺庄子
之教，则人能与变化同流，人心即能不滞于"故"。不滞于故，即
自然无执，亦无求昔于今之事；则万物万化，吾亦与之万化，而
心与境恒两两相孚以俱行，即亦可顺变而不失于变，而"与化为
常"。此境界，实又与僧肇所谓即动求静者无别。故僧肇之言与庄
子之旨，可相契于言外也。

　　至于僧肇之《不真空论》，言万物之即色而空，不有不无，亦
类似老子之"建之以常无有"（《庄子·天下》篇论老子语），以

及庄子之由无有以达无无之言（《知北游》）。然僧肇之言万物之即色而空，乃自当前所对万物之非真有、非真无而说。所谓真无者，即指不待缘而常无自无者，如龟毛兔角之类。则所谓真有，亦应为不待缘生而常有自有者。然常人之视物为真有，则纯为常人之所执，而实际非真有者。故僧肇一方由物之待缘而生，以言物之非不从缘起，而非真有；另一方面亦由物之既能由缘起，而知其非真无。故邪见之无，常见之有，皆非是。此言乃纯从般若三论宗之意讲来，而非中国昔人立论所取之思路。僧肇由此而即当前所对之万物之自虚，以见万物之不有不无，亦不同于老子之以先天地之道为常有常无意。老子言道之常有常无，乃言其为万物之自生之体。此体无形象无名，故常无；又恒为一切有形象有名之物之母，故常有。此其存在之地位，乃相当于佛家追问现行之根原，所建立之种子或阿赖耶识，或一真法界之地位，否则即相当于佛家所谓妄执之自性之地位。故此道之常有常无，绝不同于僧肇即当前之所对之万物，而言其即色而空、即物而虚之旨也。至于此僧肇之言与庄子之由无有，以达无无之说之不同，则在庄子之此言，乃直就人心之致虚之工夫，而言其虽能无有，尚须更上一层以无无。此庄子之无有、无无，乃皆纯在心之致虚之工夫上说者，便与僧肇之言非有非无，乃自境界上说者不同。然此中僧肇与老庄之言，毕竟又有可相通接者，则在老子之言人知道之自身之常无常有者，亦待于人之致虚守静，而本常无常有之观法，以观其妙与徼。而僧肇之即万物之自虚，亦涵“即万物之有，而观其虚或无”之观法。又循老庄之致虚，而由无有达无无之工夫本身言，人既无有更无无，则人亦能如僧肇之即色而无所执，不视物为真无真有，而即色以证空。则庄子之无有无无之工夫，虽非即万物而观其自虚之观法，亦无假虚以虚物之论，然亦为一假虚以虚心之工夫。有此工夫者，自亦能即其心之虚而观万物之自虚。此又即僧肇论有无之旨与庄子之言相通接处也。

至于僧肇之《般若无知论》，则是直就此能即动而见静，即色而观空之智慧心或般若自体而说。其要义在说明此般若之圣智，不同于常人之惑智。常人之惑智，恒有所执而有所取，乃取其所知，以成一般之知识，故为有知。般若圣知，知而不取所知，此知乃位于知识之上，亦不在一般所谓知识之范围中。般若之知如照，即照而虚，则不有其照，乃不可以有知名之，亦不可更本吾人之知，以求有得于此般若之知之相。然般若虽不可以知名，复微妙无相，而是虚不失照，照不失虚，应接无穷，而无照功者。此文反覆论辩，曲尽精微，今不详析。然直就其所指陈之境界言，则照不失虚、虚不失照二言，亦足以尽之。此正同于庄子所谓虚静之心，为天地万物之鉴，而外于一般之心知者。言有繁简，老庄与佛徒在此境界中之造诣，亦容可有浅深，其意则无别也。至于在僧肇此文中，涉及性之一名者，即为其所设第一难中"般若体性真净"一语。其谓般若体性真净，即谓此般若圣智自己之性真清净。此中之清净，即无染之善性。般若必有此无染之善性，然后无一般有执有取之惑取之知，乃得谓其无知。故此中之性，唯是如佛家部派佛学中分别论者以降所谓心性本净之净性。此纯为一价值义之性。此则不同于庄子所谓性命之情之性，乃指缘虚静之心而起，而能与万物相感应之生命性者也。至于僧肇所谓般若智之照，实亦居一般所谓生命与物之相感应之上一层次。生命与物之相感应，乃由寂之感、由静而动之一历程。般若智之照，则当说在一切此所感应之事之上，而就此一般所谓由感应而次第呈现于心之前之物相而照者。此照之体，虚而非实，故不可言因般若智与物相感，而生此照。此般若智之照，亦无待乎感而生；乃即其虚，以不失其照。故僧肇于此言寂照，而不言寂感，则与《易经》及宋明儒言寂感，言"寂而常感，感而常寂"者，亦不同其旨。中国思想之言感，初乃皆自二事物或内心与外物相对，而相感通处言。在人之感物之事中，外有所感，内亦有

感者。此感者，可只是人之身体之自然生命，亦可是有性为主于
内之人心。然僧肇所谓之般若智，则初不自见有此感者，故只自
其虚而照说。乃不须言寂感，而只言寂照。至于宋明儒所谓自心
体内部说之内感与寂感之几，则又可为不与外物相对之自感自寂。
此又当别论。上所论已可见僧肇与庄子及中国固有思想之言心性，
虽有相通接处，而亦非谓其心性论，即全同中国思想之传统之心
性之谓也。

四　唯识宗之三性论与其系统

吾人上来说僧肇之所谓性，乃印度佛学之性，其所谓般若体
性之净乃纯粹价值义之性。此所谓性之义，初不与中国思想中所
谓心所以生之性，或属于生命而能感物之性之义相同者。佛学中
与此义相通而略同之性，则为法相唯识宗所谓一业用所自发之原
之"体"之"性"，如种子赖耶之性，及种姓之心性之性。法相唯
识宗诸经论与《涅槃经》《大乘起信论》，及中国之天台宗、华严
宗所宗之其他经论，皆同为重一体性义之性者。是皆非僧肇之思
想所及之性。《翻译名义集》五于《维摩诘经》言"菩提不可以身
得，不可以心得"语下，引僧肇注曰："无为之道，岂可以身心得
乎。故度一切佛境界经云，菩提者，不可以身觉，不可以心觉。
何以故，身是无知，如草木故；心者，虚诳不实故。"其下又云：
"然净名中却云诸法解脱，当于众生心行中求之。天台释云：今观
众生心行，入本性清净智，穷众生心源者，即显诸佛解脱之果。"
《翻译名义集》此言即无异说明僧肇尚无"即心源言菩提言佛性"
之义，亦未有"即体性言性"之旨，而与天台等之即心源言性不
同者。此中由唯识法相宗之义，发展至天台华严诸宗之言心之体
性之思想，其与中国思想之心性论，可比较而论，以见其义之相
交涉者实多。此当于后文次第及之。

　　当清末以来，世之由唯识宗之论，以还顾中国先哲之言性之
论者，初或直接自唯识宗之"自性"心心所法及种子之义，以释
中国之先哲所谓性之所指。如章太炎之《菿汉微言》及《国故论
衡》卷下，即以《易》之乾坤为唯识宗之赖耶识，[①] 谓孟荀之性乃
我爱我慢之心所；欧阳竟无先生早年之谓孟子之善性为赖耶之善
种子，荀子所言之恶性乃其恶种子，告子之言性无善无不善，乃
指无记种子是也。然此皆未免忽视儒家之孟子、《中庸》，皆自始就
心之生、心之能自尽其性以成圣贤处言性。此乃向上向前看性，而
不同于唯识宗之论性，乃先就此人生之现实，加以客观的置定，视
为一现行之世界，而更向后向下反省探索其所自生之体，乃更言及
人之转染依净之修道程序，以及人之成圣所根据之无漏种者。若吾
人今能知此中有一双方思想上开始之入路之方向之不同，则吾人之
观其会通，便亦宜由两家之思想之循异途发展而渐相交接处，逐步
去看，固不能只直往提取儒佛二家之概念之相类者，以为直接比
论之据也。

　　据《成唯识论》，唯识宗之论八识与其五十一心所之性、境、
量、所依、所缘及其与种子间之关系，实至繁而至赜。然通贯于
此所言之一切中者，则为遍计所执、依他起及圆成实之三性、三
无性之论。一切染法或不善之心心所之种子现行，皆依于遍计所
执。遍计所执即心之时时处处周遍计度以妄有所执。此诸妄执在
人之意识中，即前文所谓"由心之分别所构想之本非实而视为实，
而意欲不待因缘，即由之以直接生出实在"之种种虚妄分别之所
执，或虚妄观念，而此观念即包涵一有所执取之活动者。至在无
意识之境界中，此妄执即表现为"若"依一虚妄观念，而"若"
视外在世界必有与此观念相应之实在，而对之发生一无意识的执

---

① 按明普真《楞伽科解》已早有此说。

取活动。^①在此执取活动中，有情众生一方视世界之实在为外在，一方内有观念，二者相持相对；有情众生之心识，即依其观念，以对世界之实在，有所执取。此中，心识之执取，为能取，其观念中之世界之实在，为所取。是为二取。此执取活动之自执其能取，为我执；而执其所取，为法执。其自执其能取之有意识者，为分别我执；其无意识而直出自下意识（即直接出自末那识之执赖耶识）者，为俱生我执。凡属有情，无不有执取；凡有执取，其中皆包涵一虚妄观念，或遍计所执。即在无意识之执取活动中，亦有此遍计所执。如动物与小孩，初固不知有食物可食，然其饥饿之活动，即已表示其求食而必欲得食。此其求食而"必欲得食"之活动中，即有对食物之盲目的执取。此执取中即包涵对食物之一无意识的分别。此分别，初即为一遍计所执。此在唯识家称之为无觉遍计（《摄大乘论世亲释》卷四）。至于此中遍计所执之所以亦可说为如依一虚妄之观念而有者，依我之解释是：此盲目执取中，初实涵有"期必此食物之有"之一盲目的肯定。其必欲得食之活动，亦依此盲目的肯定而来。在此盲目的肯定中，不包涵"食物之得必待因缘"之肯定，而可未尝不望"此食物之不待因缘而自至"。故此望中，即包涵有"食物可不待因缘而自至"之肯定。此即为一不自觉而无意识之虚妄观念。此无意识的求食而必欲得食之活动，亦即可视为依此不自觉的虚妄观念而有者。故可谓此无意识的对食物之执取活动，包涵一无觉之遍计所执。于此须知，谓此中必有一无意识的虚妄观念之存在，虽无法直指，然可反证。譬如在人之自觉心中，果能无此妄执，则其食欲，初虽仍可盲目

---

①《成唯识论述记》五十二，谓遍计所执中之所依，即所妄执之"义、名定相属"。此语不易解。吾意：不可谓凡由名寻思其一定之义者，皆是执，因名与义原可依约定而有一定关系故。吾意：所谓"执义名相属"，应是："由名之实有，而执其义之所指，亦为实在。"此中"名所表之义"，即此文所谓观念。由名表义，而执所指之义皆为实，即此文所谓"以观念为实在"之谓也。

的自然发生，然当此"欲"达于其自觉心时，彼如知"达此欲之
因缘"尚不具备，彼即不作"期必此食物之有"之肯定，并知其
"期必食物之有"之观念为虚妄。由此而彼即亦可自然止息其欲，
或自制其由下意识中继续涌出之盲目的食欲。是即证明：能知缘
生，即可去妄执与缘妄执而起之欲，而超化之；不能知缘生，则
有所欲，即期"必足欲物"之有，其欲即不能自止。是又同时反
证：凡欲之不能自已者，其中亦必包涵有此不自觉的"期必足欲
之物之有"之一肯定或虚妄观念或遍计所执之存在。于是，谓人
生与一切有情之任何盲目而不能自已之冲动，亦皆依于此一类之
无意识的虚妄观念或遍计所执或妄执而来，即可说。此中一切往
妄执种种不待缘而有而生之一切我法之实体及其属性等，[1] 即总名
为遍计所执自性。吾人今观世间一切人与有情众生，皆有其自觉
的或不自觉的不问因缘之有无，而不能自已之冲动欲望之相继不
断而生，即可知世间一切人与有情众生，皆有其种种所自觉的或
不自觉的遍计所执为实在者。依唯识家言，则当说此执乃遍存于
一切人与有情众生之染污性的心心所之活动中，而为其所具有，
故此一切心心所之活动，皆同具遍计所执自性。[2] 然自此遍计所
执者之体相之"虚妄不实，毕竟非有，如空华故"言，则唯识论
更有其三无性之说，对此遍计所执，说"相无性"，以言此具遍计
所执之心心所之活动，其所执为具实在相者，乃虚而不实。唯具
此能执之作用之诸心心所法，则又要为一实有之事。谓其为实有
之事，亦非谓其能不待因缘而自有，若然，则又成遍计之所执矣。
今谓其实有，乃谓为自待因缘而有，不同虚妄分别所执或遍计所

---

[1]《成唯识论》五十一：由彼虚妄分别，遍计种种所遍计物，谓所妄执蕴处界等，
若法若我，自性差别。此所妄执自性差别，总为遍计所执自性。"自性"即主辞
所指之实体，"差别"即今所谓属性也。

[2] 唯识宗言心所有八，是否八识皆能遍计？唯识家有争论。但此文不拟及于此类更
细密之问题。

执为实在者之毕竟不实。虚妄分别所执取者，就其本身言，乃被执取为不待因缘而有之实在。此被执取为不待因缘而有之实在，而与此能执之心心所法相对者，方是纯粹之虚妄，而实无者。对此纯粹之虚妄之实无而言，则凡待因缘而有之心心所法，皆为实有。此待因缘而有之实有，乃依他而有。他即因缘也。[1] 而吾人于此心心所法之有，亦即可由其实为依他起，而谓其为具依他起性者。至依三无性之说，则凡依他起者，乃"托众缘生，无如妄执"，遂可立此依他起之"生无性"。然上述之依他起者之有，既待因缘，非不待因缘而能自有者，亦即无"能自致其有之自性"，其上亦另无吾人对之之我执法执中所执之一切实我实法者，——无实我即人无我，无实法即法无我——然又实有此二无我义、二无我相、二无我之实性者。其具此二无我之性，而吾人又能如实证知其二无我性，证知其"实我实法二者皆空"之二空，则吾人缘是而生之一切心心所之活动，即能由去其虚妄之执取，而远离能取所取之二取之分，以由染污性转依清净性，即由依识而转为依智。此转依之完成，即为一切染污的心心所法之全部转化而舍离，以成就一切清净的心心所法。此清净法乃全依对所知之真实或真理或真如之无烦恼染污的无漏智而起。此中能知之知其所知，初无能所二者之分别，便不同于众生之执取活动之依识而起者，恒有能取所取、能知所知之分别者。是为"如实而知真理或真如"之无分别的根本智。至于依根本智而有之后得智，则为无分别的分别智，亦是以无分别为本。此中，人唯由上述之二空，乃能有根本智，以如实知真理或真如，故此真理或真如，即二空所显。此所显真理之圆满成就，而见其为一切心心所与其所对之一切法之实性，曰圆成实性。此圆成实，即"彼依他上，常离前遍计所执，

---

[1]《述记》五十一：众缘所生心心所，体及相见分，有漏无漏，皆因他起。此中见分即心心所之能知一面，相分即所知一面，所知中可包涵色法等，则色法之为依他起，固亦包涵其中也。

此空所显之真如为性，或依他起上彼所妄执，我法俱空，此空所显识等真性"。故不离一切依他起法。唯克就圆成实性之无，所妄执之空上说，则当依三无性中之"胜义无性"以说之。然人之能证诸法之真理或真如之清净的无漏智，其本身亦由转依而得，故亦为依他起。此与一切染污的有漏心识法之为依他起，亦初无别。故亦必由人之见道修道等工夫，为因缘，然后此无漏智得起，以证此吾人之心心所等一切法之圆成实性，或真如，或真理。故此圆成实性，纯为一无为法；虽为一切依他起之有漏或无漏的有为法之所本具，而亦为依他起之无漏的有为法之所开显，然固非同于后之承《起信论》一路思想之华严天台之性宗之徒，谓别有"本觉真心，始觉显现，圆满成就，真实常住"为圆成实之说者也（此上言性宗语，据《翻译名义集》五）。

此三性之说，乃唯识宗用以说吾人之心心所，亦即一切心识之活动之性相者。然同一心识之活动，亦可自三方面观，而见其在不同意义上皆具此三性相；而具任一性相之心识之活动，亦可本其自身之性相，以观任何其他之心识之活动。如吾人之心识之活动，为具遍计所执性，而不自知其为依他起或自计其非依他起者，则其观一切依他起之心识活动，亦对之作种种遍计，而生种种不正之虚妄之见。即其于具圆成实性而已转识成智之圣心，亦可对之作种种遍计妄执；[①] 以至对其所遍计而生之妄执之本身，亦未尝不可更自加以遍计。此为具遍计执之心识，对具此三性之其他心识之遍计。在此情形下，则此一具遍计执之心识，对具此三性之其他心识，皆只见其由自身遍计所成之遍计相，而皆不能如实知矣。复次，人有依他起之心识活动，而自知其为依他起者，则其观其自身与一切具遍计执心识之活动，亦皆见其为依他起，

[①]《成唯识论述记》五十一，真如非妄执所缘境，依展转说，亦所遍计。此即谓遍计非实能缘彼圆成实，但圆成实亦可间接为人所遍计，而对之发生计执也。

而具依他起相；即其观具圆成实性之圣心，亦将知其依转识成智之工夫而起，而具此依他起相。此圣心与具遍计执之心识之不同，唯在具遍计执之心识，乃依染业而起，所谓染分依他；而此则依净业而起，所谓净分依他也。

至于在已转识成智之圣心，则其观一切世间具遍计执或不具遍计执之一切染净心，即皆一面知其为依他起，并知其所依之他，或种种因缘；而一面证知此中之实我实法之二空，而本此证二空之心以知之；乃于遍计者如其遍计以知之，于依他者如其依他以知之，于圆成者，如其圆成以知之，则皆如其所如，而见其实际，亦皆见其圆成实相。由此而一切具遍计执之心识与不具遍计执之心识以及其他一切法，对此圣心，亦皆同显一圆成实相。此圣心于世界与一切有情，乃无往而不见其圆成实相矣。

至于吾人今欲证此圣心所证之圆成实，则须待于吾人之先去其一切遍计所执之一切实我实法之虚妄观念，此即如《唯识论》前二卷所破之外道小乘所执之实我实法之类。然亦不当限于此之所及。如今日之西方哲学宗教中所执之实我实法，亦多同为虚妄观念也。次则赖于人之知一切心心所法之现行、种子，以及其他一切法之为依他起，及其分别的所自起之因缘，如《成唯识论》中间若干卷之论心所之因缘等。此亦同不当限于此之所及。今人之本近代之心理学生理学，以及各种自然科学社会科学，而知各种法之因缘，亦同可为使吾人更知此诸法之依他起之义之所资者也。最后，人能真求知一切法之依他起与所依之他者，又当求证知此一切依他起之法上之实我实法之二者之空，一切法之同具有此二空相。人求证此二空相，即求所以证圆成实，以同于圣心。此中，人在智慧上之离妄证真之"知"上之见道的工夫，又须与行为上之舍染而取净之"行"上的修道之工夫，相济为用。此舍染而取净之行上工夫，实即转舍染污性之心心所法，以转得清净性之心心所法之工夫。人之染污性的心心所法，或为依意识之分别我执而起，明为不善之心心所法，如显然自害害他之贪嗔痴等。或为非显然的自害害他，而亦为依于人对于事物之因缘之不知，或无明而起者，此即如前所谓依无意识之俱生我执而起之自然生命之盲目欲望或盲目心态，如自然的财、食、名、色、睡之欲，以及昏沉、掉举等，《唯识论》所谓大随烦恼之类。人之能转舍此诸染污性之心心所，以使之不现者，即为人之善心所，如信、惭、愧、无嗔、无贪、无痴等之相续表现。因此诸善心所，皆为依于人之能超出其自己之私欲无知，而能自利利他者。故皆非依我执法执而起，而为与空我执法执而证圆成实之圣心，可遥相契应者。然此又非谓吾人通常之善心心所之表现，即可使人证得圆成实之谓。因此通常之善心心所之善，乃依于赖耶之善种子而生。然在吾人之赖耶中，除善种子外，复有染污种子。人当前之善心心所之种子之现行，亦并不保证其染污种子不更继之而现行。故此善乃可有可无，或有而旋无之善。唯识宗盖即依此而谓此一般所表现之善心心所，乃可有漏泄者，而为有漏善。至于能无此漏泄之无漏善，即应为表现其自身之善，而又必然自续其善，使其善之表现不为任何不善之表现所间，复能使恶种子不现行之善心心所之善。此能表现为具无漏善之心心所之种子，即无漏种。而人亦唯在其有漏善之现行，能引起其无漏种子之相续现行，以使其不善种子，不得表现，以至永不表现，而被伏被损，损之又损，至于无时，人之心心所之一切表现，乃全成为无漏种之现行。而一切妄执之根，乃可言澈底去除，而实证万法之圆成实性，即实证宇宙之真理或真如。此中，即有一至坚苦的由见道与修道相互为用之超凡入圣之历程。如唯识宗所谓由资粮位，以至加行位、见道位、修道位、究竟位之所述。人历此五位，以超凡入圣，直至究竟位，而后其一切心心所之活动，皆为无漏种子之现行，亦即皆成为相应于一切法之圆成实性或真如，或真理，与对之之正智，而起之清净法流。此心心所之活动，于此即皆为相应于此正智而起，而表现。即当只名为智，不可更以普通之心识名之。此时人之第八识心转成大圆镜智，第七识心转成平等性智，第六识心转成妙观察智，前五识心转为成所作智。此诸智，自其始于证其心识之实性真如而能所不二，更无分别之一面言，即前文所提及之根本智。自其同时能依此根本智，依无分别而分别，以正遍知世间之众生之心识与一切其他诸法之分别相，而又能依其缘无漏种而起之无尽善行，以分别利众生而度众生言，名后得智。缘根本智、后得智，以利度众生，穷未来际，是为证佛果者之无尽功德。

吾人上文之论此《成唯识论》之系统，虽省略甚多，然吾人之言，乃意在指出此系统之血脉精神之所在。此一系统因牵涉者至广，故人之研治之者，恒苦其名相之繁，而或溺于其名相之铺陈与琐屑之问题，而不能自拔。若据吾人上之所论之血脉精神之所在观之，则此一系统自为人类思想之一最伟大之成就。故即被之以繁杂之名相，仍不能掩其光辉。此一系统，乃依于一对现实之人生与其所对之世界之全幅境相，及其可能有之超凡入圣之行为历程，及所达之圣果，作一穷根究底之反省，而叙述之。其中关于心色诸法之种类，与其相互之因缘关系等之论列，虽尽可容人持异议，然皆无伤于其大体。至克就其为本于一纯反省之思维方式，以论凡圣之境、行、果言，其思想所届广度深度言，亦盖无世间之学与他派佛学，能有以超过之。对此一派之佛学之论性，如纯立于此一反省之态度上看，亦无由得而非议。吾人如循其所示之工夫而行，人亦必能成佛无疑。在此义上，此一系统之思想，即可自足而无待乎其外。人如谓其外更可有其他之佛学派别，而在中国之唯识法相一系之佛学外，所以亦实有异流之思想者，则由于人尚可有此纯反省之态度以外之态度，而人亦尚可更自外观此一伟大思想系统，若尚有不能保证人之必能依之以修行以超凡入圣而来。此固非谓在此一反省之态度下，此系统之自身不能自足之谓也。

五 唯识宗之五种姓之性及其问题

吾人之所谓自外而观，《唯识论》之系统若尚不能在理论上保证人必能依之修行，以超凡入圣者，在此一系统所自生之纯反省之态度，乃视一切凡圣之行，皆为此反省之所对者。在此一反省之态度下，人固可对人之能超凡入圣者，如何超凡入圣之工夫历程，亦穷其性相而反省之叙述之，如《唯识论》之所为。然在此反省之态度所对者之中，亦有尚未能超凡入圣之凡人在；而此反省之态度所对之圣果，固亦有种种之不同之圣果，如有成佛者，有成小乘之四果者。今问：吾人如何可说一切人一切众生，皆必能超凡入圣以达最高之圣果而成佛？则依此反省之态度，所知之世界之现实之如此如此，并不包涵有此保证。依此反省之态度，其所知之现实世界之众生，既有未入圣者，或入圣而不成佛者，则本此反省之所知，以作推论，亦只能推论出世间有此具不同之根性之众生之存在，而不能推论出一切众生同能成为最高之圣果，同有证此圣果之成佛根性。由是而此唯识宗对众生心识性相之分析，即有对众生之种姓之问题所主张之众生种姓不同，而分为声闻独觉、菩萨、佛、一阐提及不定五种姓之说。

表面观之，《唯识论》既尝述人之如何超凡入圣之五位等历程，亦应意涵人以至一切众生皆同有经此成佛历程以实入最高之圣境之可能，亦似宜归至一切众生同有佛种姓之一乘之论。然此问题，实不如此简单。因《唯识论》所述之如何超凡入圣之历程，可说是就能成佛或已成佛者所经历程而叙述之之论，此历程之任一阶段，皆由因缘具足而有。故其说不意涵一切众生必然同具足此一切因缘，而皆必能有此全部历程之可经，亦即不意涵一切众生之皆有成佛之无漏种，而必得同一之佛果。因而吾人纵假定一切众生皆有无漏种，依唯识宗法必待缘而起之教，此无漏种之必然现行，初亦无任何之保证。如无漏种之现行，必待于有漏善行之引生。此有漏善行，又原于有漏善种之现行。然人之有此有漏善种者，是否必然保证其有漏善种之现行？此已须待于其他之外缘。如人所遇之外缘，皆为使其不善种子现行之外缘，则其有漏善种即不得现行。人在无尽期之生命中，固可常遇有善缘，以使其有漏善种现行。然此外缘之是否具足，何时具足，仍为人所不能必。而即在引生善种之外缘具足以引生善行之后，如再继以引生恶种之外缘，则不善之行，仍可相续而生。众生之善种与恶种之强度，乃各不相同者。则尽可有一众生，其诸不善种子之强度，乃远超过其诸善种子；而其所遇诸外缘，其能引生其善种现行，而熏习善种使之增强者，可恒远少于引生其不善种现行，而熏习恶种，使之增强者；而其诸有漏善行之相续，更不能达到引生无漏种之现行之程度者。则此种众生，即根本无成圣之可能者。于是谓有无漏种，亦仍同于无此种者。其有既同于无，然则何不径谓其本无无漏种？

复次，吾人纵假定一切众生同有成佛之无漏种，而此无漏种亦得现行，然吾人于此仍可问：此已得现行之无漏种，是否即能必然相继现行，以根绝一切不善种之再现行，与一切不善种之自身，以使无漏种全幅现行？依法从缘起之义，此亦当看其不善种，与有漏善种及无漏种之强弱，及引现此三类种之顺违诸缘之多少而定。则一众生，尽可在无尽期中，其无漏种之现行，只至某阶段而止，而不能至其极，以全幅现行，如不能有其他之菩萨行或弘愿之现行等；则此一众生，虽可由其无漏种之相续现行至某一阶段，而得一圣果，如阿罗汉，却非必即能得同于佛之圣果者。于此，彼既不能得佛之圣果，则又何不可说其本无成佛之无漏种，而只有成其他圣果如阿罗汉之无漏种？由此而见，一切众生自有"能得圣果与否，及能成何种圣果"之种姓上的分别。此即唯识宗之所以归于坚持其五种姓各有其心性之说。此亦窥基之所以必承

《解深密经》之言，以佛之言种姓之别为佛之真实说，佛之言一切众生同一种姓而皆能成圣成佛者，乃为权说也。

对此种姓之问题，依吾人之意，若本唯识宗之循现实世界实有之事实，而加以反省之态度，以作思维，则种姓之分，盖为必然之结论。此即因吾人前所谓在此现实世界中，实有种种不同而或成佛或不成佛之众生。故依之而作思维，亦只能推论出：众生有种姓之不同。故依此《唯识论》之系统，亦即不能在理论上保证一切有情之皆必能依之以修行，以超凡入圣，而得最高之成佛圣果；亦使吾人对彼不能成佛之众生，不免若有憾焉者。然唯识宗于此所赖以维持其种姓之分之又一理论，则又是自众生界之不可断说。因若一切众生，同一佛种姓，而皆能同得一究竟之佛果，则众生必皆有成佛之一日，而众生界即断尽而空。此即违于世界之不常不断之正理。又众生界若空，则佛之功德无所施，"诸佛之功德，应当有尽，无所度故"，"则违如来功德，常无断尽"（玄奘译《佛地经论》），此乃谓必须有不成佛之众生，方能使佛之功德无尽。佛之功德若有尽则佛非佛，而无佛能成。故众生之有不成佛者，正所以使众生有成佛者。于是有不成佛之众生之使人不免有憾，又即所以成就成佛之众生之得无憾于其成佛之有无尽功德者。此言固极有理趣。然此仍唯是就此世界中，实有成佛与不成佛之众生之事实，而更为之说。若纯依理讲，则何以有的众生当成佛，有的众生只为使成佛者之功德得无尽而存在，乃永不能成佛？此整个言之，仍不能使人无憾而无疑也。然直依唯识宗之就此世界之事实而加以反省之态度看，此外亦另无更使人无憾之思想上之出路。人如欲于此持异议，唯有不依唯识宗之就现有事实而加以反省之思维方式去想，而另依一思维方式去想，乃能于此持异议。此即可另开出其他之言性之思路，亦开出其他之学术宗派与佛家之其他宗派。然此仍非谓在唯识宗所依以成立之思维方式下，其种姓之分之说为非是之谓也。

六　种姓论之应用之限度，及依佛心说一乘之义

此其他之思维方式，与唯识家之思维方式，可谓为最相反者，即为一学圣者或学佛者之如何思其自心之性之思维方式。今吾人于此可试问，学圣者学佛者，是否真能自问此一"其自身之种姓为如何"之问题，或真能判断其属于某一必不能成圣或成佛之种姓？此处便明见此问题之不能问，问亦不能答，而此一判断即必不能有。此乃因人在其学佛学圣之途程中时，彼并不能先意想其所届之结果，即决不能先自知其种姓。彼在学佛学圣之时，乃以圣与佛为其所志，而自望其能成圣，则彼亦不能先自判断其必不能成最高之圣。中国思想之孟学一路，即由士之能尚志，人之慕尧舜之一念，以言人皆有可以为尧舜之性，圣人之与我同类。同类即同种姓，故未有此种姓分别之论也。此中，若谓不管人自知其种姓与否，能自判断其种姓为何与否，要之人总有或成圣者，或不成圣者，而所成之圣，亦总有不同，故无论如何此人之种姓仍在。则吾人于此可答曰：据此以谓人有一定之种姓，仍明是先假定其最后之结果已定之说法。然人在学圣途程中，人乃根本不能先假定此结果之已定者，人更不愿先自假定其必不能达最高之圣境。故即他人之先假定或肯定其结果之为如何而告之，彼亦必不肯信受。则此假定或肯定，即对之无意义，而彼亦将反对此一假定或肯定，亦反对人对之作任何定其种姓之判断，并反对一切运用种姓之范畴于彼之自身之事。此即同于彼之拒绝种姓论可应用于彼之自身。是即见此众生有种姓之说，实不能对一一个别之学佛者而说，以为其内心之所甘受；而只能为人自外而观他人与众生，客观的将他人或众生分类，更对此他人或众生而说者。夫然，此说有效应用之范围，亦即限在此自外而观他人或众生之态度之中。此即无异于谓此种姓之论，非在任何场合皆能有效的应

用者。人即未尝不可超出此种姓论以论佛法，而另开出其他之众生心性论与佛性论矣。

吾人今试缘上所说人在学佛学圣之途程中，决不肯自认无成圣成佛之种姓，看其"所以不肯自认"之此一事所依之性，则吾人将可见其唯原于人之实超自觉的自认其有能为圣成佛之性。此"自认其有此性"之性，即为一必然善之性，而不同于唯识宗所谓有漏善，亦不同于唯识宗所谓在吾人心识中从未现行之无漏善者。中国孟子之言性善，实即循此类思路而见人之性善者。此处即见唯识宗之论性，与中国孟子一路之言性，乃纯属于异流之思想也。

至于由中国佛学思想之其他宗派思想之发展，能将此方才所说之异流之思想，逐步引进，以与中国孟子一型态之思想相连接者，初为沿再一思路进行之佛学思想。此一思想可由先试问在佛陀之圣心之自身，如何看一切人与众生之种姓之一问题，以加以引出。

凡大乘佛学皆以佛之入涅槃非灰身灭智，而仍将求利乐有情、普度众生、穷未来际者。故唯识宗亦谓佛证圆成实之真如而有根本智外，更有后得智，以正遍知一切有情之心习而化度之，以对一切众生表现无边之利他功德。此中之一问题，是佛对众生之利他功德，是否真可容许众生之终不成佛。诚然，佛若对众生有利他功德，则必先设定有众生界，众生界不能空尽断灭，然后佛之利他功德有所施。此即上述唯识法相宗言必有不成佛之众生之理由。《华严十地品》亦有"若众生界尽，我愿乃尽"，唯"众生界不可尽"，然后"我此大愿善根，无有穷尽"（按此与菩提流支《十地经论》卷三之文微异）之言。但此全部众生界之不容断灭是一义，是否有一众生，必不能由佛之化度，使之成佛，又是一义。吾人如对全部众生界作一反省，固可谓其为无量，而谓众生界永不能空尽断灭；因而世界总有未成佛之众生，以使佛之利他功德有所施。然此绝非佛之故意留此不成佛之众生，以使其功德有所施；若然，则此佛乃为其自己之功德有所施，而留此不成佛之众生，即成一大私心，而此佛即无功德而非佛矣。佛对众生之最大功德，唯在能化度众生使自作佛，则绝无故意留此不成佛之众生之理。谓有佛之化度众生之事，必有众生可化度，因而必有未成佛之众生，此固可说。然此只须众生界无量即总有未成佛之众生。此固不必如唯识家之对特定之一众生，言其永无佛种而不能成佛也。故吾人今只须试问：依于佛对众生之利他功德，是否真可容许一特定众生之无佛种姓，而永不成佛？若佛对众生之利他功德，可容许一众生永不成佛，则此佛之对此众生之功德与慈悲弘愿，岂非有尽而有量？又在佛欲化度无尽众生之无量的慈悲弘愿功德之下，此佛心岂愿见一众生之有永不能成佛之种姓？是否即以佛之无尽无量的慈悲弘愿功德，仍不能使所谓无佛种姓之一阐提成佛，或使声闻独觉亦回小向大，而皆成佛？此处如唯识宗本其种姓之说，固更可答曰：佛之慈悲弘愿功德固无尽，佛固愿见任一众生皆得成佛，然众生之业力亦无尽；又佛之慈悲与弘愿功德，虽对于一切众生平等无差别，然依于众生之赖耶中种子之情状之不同，则佛之无量功德对之之效应，仍不同，而佛即亦不能变化众生之种姓。众生之有种姓之别，乃法尔如是，佛正遍知一切法，亦不能坏法尔之如是也。然此中之根本问题，则首在此所谓法尔如是者，是否真为一根本不可变之法尔如是。如依佛学一切法毕竟空，而一切由缘起之教，此一切法既为毕竟空，"一切从缘起"，应即为一根本义之法尔如是。若然，则一阐提之种姓应亦毕竟空，而亦应可有佛种以佛之无尽之救度功德为缘而起，以成正觉；则应亦有同一之佛性，而佛性当亦无声闻缘觉、菩萨之三乘之别，而唯一佛乘矣。此即《法华经》之谓"知法无常性，佛种从缘起，是故说一乘"以明佛之所以立誓愿"欲令一切众，与我等无异"之说也。

法相唯识宗之窥基对此问题，于《妙法莲华经玄赞》，又尝分

佛性为理性之佛性与行性之佛性二义以说之。彼谓"理性遍有"，
一阐提所无之佛性唯是行性。其意是一阐提无此行性，故"虽复
发心勤行精进，终不能得无上菩提"。然窥基此言岂非同于谓一阐
提别有行性不能空？若非别有行性，缺行性唯是显理性之能力之
缺乏，则此能力何以必不可以佛力之加被而生起？岂以佛之无尽
的救度功德，仍不能使此行性生起？此岂非违于一切从缘起之根
本义？试思：在有无尽的慈悲弘愿之佛之圣心中，彼视任一众生，
皆如其一子，而纳于其大悲之怀，彼岂真能安于或忍于"任一众
生只有理性而无行性，而不成佛，或只得一未究竟之佛果"？佛
又岂能安于或忍于此一阐提种姓之性之法尔如是？若其不安不忍
于此，彼岂能不本其大悲之怀，依此一切从缘起之根本义上之法
尔如是，以无尽的方便，造作胜缘，以改变此所谓一阐提之种姓
之法尔如是？如此后一法尔，必不能改变；众生之姓，非佛力之
所能起，则吾人仍可有最后之一问：即佛如亦有"视此一法尔为
不能改变"之一念，此念如何能与直缘佛之慈悲弘愿而生之不安
不忍，真正得相容而并存于佛心？佛心既以其慈悲弘愿为本，于
任一众生皆视如一子，而愿其皆得一乘之佛果，则佛心之必然不
容有此念之在于其中，亦正为佛心之法尔如是。盖佛心若容有此
念，则佛心亦不能有其法尔如是，而佛亦非佛矣。若吾人今不忍
视佛为非佛，则亦唯有求相应于此佛心之法尔如是，以思此种姓
之问题，则人固可超拔《唯识论》之种姓论，以归于一切众生皆
能成佛，有同一之佛种姓之说，以于佛学中另开出一众生心性论
与佛性论矣。

　　注：《楞伽经》谓舍善根一阐提，以佛威力，故一时善根生。
今按：如以佛威力一时能生善根，则长生善根，应亦可能矣。

第八章　佛心与众生之佛性

一　南北朝之佛性论与《涅槃》《法华》《华严》对佛性佛心之开示

自佛学入中国后，魏晋初盛般若，重空有之问题，而及于法性，旋即由法性转入佛性之问题。按罗什、慧远已论佛性。吉藏《大乘玄论》卷三，谓中土释佛性者有十一家，虽立说不同，然皆同有感于众生成佛，应有佛性为根据而起。首倡一切众生应皆有同一之佛性者，即罗什门下之道生。读者可就吉藏之《大乘玄论》及汤用彤先生《魏晋南北朝佛教史》中第二分第十六、十七章，论道生及南方涅槃佛性诸说，以略知隋以前之中国佛性论大要。及法相宗兴，窥基乃力主五种姓之说。而后来承道生之一路思想，以谓一切众生皆有同一之佛性，无一阐提，并主声闻独觉二乘种姓皆可回小向大，与菩萨乘同归一乘之说，以与法相宗辩者，则为后之天台宗。此中之曲折，至为繁复。本文于此所拟述者，唯是谓：无论以众生终当作佛，当得佛果为佛性，或以众生能得佛之理，或能得中道真如之法，或众生之生命存在，或众生之本有之心识，为正因佛性；又无论于正因佛性之外，有无缘因佛性，与了因佛性，在经历种种思想上之论辩之后，盖终当归于得佛之理与心识及众生不相离之说，亦归于一切众生皆有佛性之说。凡言众生有佛性者，其本于印度之经典者，皆要在《涅槃经》与《法华经》。盖《涅槃经》明论佛性，《法华经》之十如是中亦有如是性之言。《涅槃经》传为佛临灭度前之所说。此经首述当佛临灭度时，其诸弟子与世界人等及帝释诸天等，皆泣不可仰，皆欲留佛住世说法。佛则为欲示一切无常义，而必灭度，乃更为说涅槃之常乐我净义，说佛虽示现灭度，而实常住世间之义。佛既常住世间，其悲愿功德自亦常在世间。此与《法华经》之说佛实常住以度化众生之旨同。一切众生既在佛之度化中，即为在一成佛之历程中，亦必然应为有佛性者，自不能有一阐提之存在。《法华经》更谓释迦实于无量劫前早已成佛，亦实不灭度，而恒说《法华》。《法华》所说之三乘归一，亦明言此为开示佛之本怀者。盖佛之本怀，原为悲愿无尽，则其度化众生，自亦必使众生皆达于究竟之佛果，而终不能有三乘之别，以使有众生停止于二乘而不得究竟；而必然将对一切众生，皆加以开示，以使之同悟入佛之知见者。此则又必然意涵众生之本有佛之知见，即本有佛性之义。道生《法华经疏》即由佛之欲为众生开佛知见，以证"众生本有佛知见分，但为垢障不现耳"之义。于此吾人今只须由二经所述，对佛之常住世间与佛之本怀，先有一宗教情操，而顺佛心之悲心弘愿，以观佛之必化度众生，众生之必在化度之历程中，则自然能有对一切众生之佛性之肯定，为其所以能成佛之理之所在；亦必当肯定众生之心识，原能证悟此"理"，具此理，以得入于成佛之途。此义则道生之言中已具之。道生言有佛性我。《涅槃经·如来性品》谓我者即是如来藏，而此藏即众生之具此理以为性之心识也。道生解佛性八德曰："善性者，理妙为善，反本为性。"又曰："涅槃惑灭，得本称性。"《涅槃集解》引生公注曰："真理自然。"其《法华经》注又曰："穷理乃睹（法身）。"则道生言人原有佛性，亦即言人原能悟彼妙理，或自然之真理，而穷理以反本灭惑，以证涅槃而成佛之谓。然其义之所本之经，则为《涅槃经》与《法华经》。而道生对二经亦皆有著述。后之天台宗之徒与法相宗辩佛性，所本亦在此二经。吾意此二经之所以为主有佛性者之所宗，抑尚不在其明讨论佛性之问题。如《法华经》即实未对佛性问题，有何讨论。《涅槃经》论佛性，亦实未能尽意。此实要在此二经所表现之宗教情操，即直接启示一人皆当有佛性之旨；故无待于其他之论证，即可使有此宗教情操者，直下顿悟此中之"一极之理"或"不分之理"，知"万法虽异，一如是同"（《法华经》）。知一如即知一理一性，而知一切众生之皆有佛性矣。

至于克就《涅槃经》之内容中言佛性者而论，则《涅槃经·狮子吼品》言："狮子吼者名决定说，一切众生，悉有佛性……佛性者名第一义空；第一义空名为智慧。所言空者，不见空与不空。智者见空及与不空，常与无常，苦之与乐，我与无我。空者一切生死，不空者谓大涅槃；乃至无我者，即是生死，我者谓大涅槃。见一切空，不见不空；乃至见一切无我，不见我者，不名中道。中道者，名为佛性。以是义故，佛性常恒，无有变易；无明覆故，令诸众生不能得见。"此所谓第一义空，实归在知生死之我之空，而知佛性大涅槃之我之不空。《如来性品》谓："佛性我为如来藏，如人七宝不出外用，名之为藏，其人所以藏积此宝，为未来故；……诸佛秘藏，亦复如是，为未来世。"此即谓如来藏乃为当来之佛果作因者。故《狮子吼品》又言："一切众生，定得阿耨多罗三藐三菩提，一切众生未来之世，当有阿耨多罗三藐三菩提，是名佛性。乃至一阐提等，亦有佛性，究竟毕竟者，一切众生所得一乘。一乘者名为佛性。"然吾人之所以不能说众生必有不成佛者，则即依般若宗义，亦可加以论定。因所谓众生不是佛者，以众生有烦恼业障故。然依般若义，此烦恼业障之性毕竟空，则众生不能只是众生，而必归于成佛是佛。此盖即凡言众生有佛性者，恒兼擅般若，如罗什道生皆由般若义入《涅槃经》之佛性义之故。唯依《涅槃经》，而言众生成佛是佛，仍在当来世；则今之众生所有者，仍可唯是有此佛性我之如来藏。此藏如"七宝不出外用"，此即"诸佛秘藏，为未来世"之旨。然众生既是皆有佛性，当来世皆能成佛，故理上应无一阐提。唯《涅槃经·如来性品》，又谓"一阐提虽有佛性，而为无量罪垢所缠，不能得出，如蚕处茧，以是业缘，不能生于菩提妙因"，则亦未尝否认事实上，可有在无尽期不成佛之一阐提。然此亦无碍其在无尽期之不成佛时，仍有佛性，而理上终无一阐提。[①] 夫然，故依《涅槃经》之言，一切众生皆有佛性，理上无一阐提，亦未尝不可认许法相宗之由事实上所言佛性之非有，与事实上之一阐提之存在。上文曾谓法相宗之窥基，即以一阐提所有之佛性，唯是理性而以少缺行性，说明事实上一阐提之存在，并本此意以疏《涅槃经》。然前引此经文，谓一切众生于未来当有菩提，又言究竟毕竟之一乘，则此经固未尝谓一阐提无行性。当有菩提，即有行性。则事实上存在之一阐提，纵至于"无尽期"，仍是暂局，无尽期亦终有尽也。故言佛性之有而非无与无一阐提，终为此经之本旨。此亦正为直接依此经所言佛实不灭度而常住世间之本怀，原在度尽一切众生使当来世作佛，所必立之义也。

除宗《法华》《涅槃》之天台宗外，华严宗亦不以法相唯识宗之种姓说为然。华严宗所宗《华严经》所言，更有进于《涅槃经》者，则在不特言众生皆有佛性，且依佛心佛眼而观众生，谓一切众生皆具如来智慧，若皆已成佛。如《华严经·出现品》谓："尔时世尊于菩提树下，初成正觉时，普见一切众生皆成正觉，乃至见一切众生皆般涅槃，普见一切众生贪嗔痴慢诸烦恼中，有如来身智，常无染污，德利具足，无一众生而不具如来智慧，但以妄想执着而不证得。"此乃不只谓众生有佛性，而是谓在佛成正觉时，即同时见一切众生佛性如已充量实现，皆成正觉而般涅槃。

①《涅槃经·迦叶品》言"或有佛性，一阐提有，善根人无；或有佛性，善根人有，一阐提无"等四句，则原文意晦，各家解释纷歧，非今所及。

此乃《涅槃》《法华》诸经中尚未有之言。此诸经尚唯言众生今有佛性如来藏，使其当来成佛，三乘终归一乘而已。然此《华严经》所言之佛成正觉时所见之如是，亦非吾人所不能理解者。因吾人亦可姑试假定吾人自己立于佛心佛眼之立场，兼本空宗之义，以谓此一切众生同有此如来智慧也。此即因众生今虽尚在迷执之中，然此迷执，皆可以因缘而化，则此迷执性空。见迷执性空，则可不见此众生之迷执之实有，此所见之众生，即迷执空之众生；而众生即当下皆成正觉而般涅槃之众生，与佛无异，同有此如来智慧矣。

　　或问吾人立于佛心佛眼之立场，虽可见众生之迷执性空，然众生之迷执自在，而不知其迷执性空，又奈何？则须知此仍不碍立于佛心佛眼之立场，所观众生之迷执性空。因依佛心佛眼以观，此众生之不自知其迷执性空，亦是迷执，此迷执亦空故。佛眼观众生，不只从众生之现实观。其现实之有迷执，不碍其有佛性，即不碍其终成正觉而般涅槃，为未来佛，而同于佛。则现在之众生，即未来佛之因，未来佛即现在之众生之果。以佛眼观众生，知始之必向于终，因之必归于果；佛乃通此终始因果而观众生，则因该果海，果澈因原；即可见众生之非众生，而当下与佛无别矣。此方为佛对众生之如实智、究竟智。故在佛眼，一切众生与佛本无差别。"为佛之因"之众生，即为当通其"果之为佛"以观之佛也。[①]此即较《涅槃经》所说更进一义，而见在佛心佛眼

[①] 宗密《普贤行愿品随疏钞》（华严印经会刊行本）二十六页，因果交澈四句谓：众生全在佛心中，故即果门摄法无遗。故《出现品》云：如来成佛正觉时，其身中普见一切众生，乃至普见一切众生般涅槃。又《佛性论·如来藏品》云：一切众生，悉在如来智内，故名为藏。故云诸佛心内，众生作佛。此即本文本节所述。至于此外下三句，如第二句佛全在众生心内，即因门摄法无遗。《出现品》云：菩萨应知念念常有佛成正觉，何以故，诸佛如来不离此心。以及第三句，"因果交澈，随一成佛，全在二心"，第四句，"生全在佛，则同佛非生，佛全在生，则同生非佛；两相形夺"，皆非今之所及。

中之一切众生，既与佛同此佛性，亦同此一佛心，亦与佛同为佛；则唯识法相宗之众生各有种姓，而谓有永不能成佛之众生，或有无成佛种姓之众生之说，即无自而立矣。

　　然方才所说者唯是言在佛心之立场上，自始由众生之迷执之无自性，与其毕竟成佛之终，以观其自始未尝异于佛。此乃克就佛心之自证境界而言。至当佛在导众生以由始至终、由因向果时，佛仍不能对众生言汝已是佛。不特不能谓汝已是佛，且为教导众生，更可加以指斥，谓汝今若是，实永不能成佛之一阐提；或汝今若是，充极其量，只能成声闻独觉，今姑教汝以声闻独觉之道；或谓汝辈之中，亦有能为菩萨而成佛者，当行菩萨道。由此而佛之立教，即可姑说小乘教以及大乘唯识教之言有不同种姓者，以为权教。《华严经》亦言佛说《华严》时，声闻如聋如哑，即亦涵大教非小根所能闻之意。此即天台、华严之所以由判教以重肯定小乘教、法相唯识教等之权教之一阶段的价值之故。至于在佛家诸经论中贤首以后之华严宗，湛然以后之天台宗，所视为能立于一切众生同有成佛之心性之立场，而将法相唯识论，引进一层，以再求达圆教之境，而直接教人观菩提心，即心之当体，以见其所依体，以求究竟觉之一之重要经论，则为《大乘起信论》。

二　无漏种之现行问题与《大乘起信论》之心真如之所以立，及始觉不异于本觉义

　　《大乘起信论》之系统，在开始点先言一心真如，为一法界大总相法门体，所谓不生不灭之性，能究竟显实，具足无漏性功德，从本已来，一切染法不相应者。此即恒常不变、净法满足之真心。是名自性清净无漏之如来藏心。依此心体之觉义，离念而等虚空界，无所不遍法界相，即是如来平等法身。依此法身，说为本觉。

更依此心体之不觉义，方有心生灭及生灭与不生灭和合之阿赖耶识，以及三粗六细等。更由修道起信，乃有始觉，以至觉心源，名究竟觉。此即见自法身以成佛。此一系统，先成立一自性清净无漏之如来藏心，而以赖耶为依之以有者，即全不同于《唯识论》之以赖耶与其有漏无漏种子之次第现行，说明凡之所以为凡，与超凡入圣、转识成智之所以可能者。吾意人如欲由唯识宗之思想，转求契入此一思想，可自一问题说来。即在唯识宗，一切种子之现行，皆有待于外缘。今问：有漏善行与何种外缘俱，方能引生无漏种之现行？三界皆属有漏，吾人将何处得此无漏者现行之外缘？此即一大问题，盖为唯识宗所未能善答，而《起信论》一流之思想所以不容不立者。兹试就我意，将此中之曲折，次第一说之于下文。

依法相唯识宗之教，成佛之无漏种，决不能由有漏善熏习以成；人之悟入"所应知相"之事，亦非现有之阿赖耶识所摄。故在无著之《摄大乘论》卷四，谓此悟入，惟赖"多闻熏习，逢事诸佛出现于世，以积诸善根"。《成唯识论述记》卷十三，所引种子唯新熏家义，则径谓无漏种纯由闻净法界等流之正法而熏起。此则纯以成佛之无漏种，乃由佛所说之正法而自外熏起之说。《成唯识论》虽破此说，而主本有无漏种，唯由熏习增长，然又谓一般有漏善，只能为无漏种生长之胜增上缘、唯闻熏习中之无漏性者，与出世法为正因缘。故《述记》五十三又谓大乘二种姓，一本性住种姓，二习所成种姓。前者指大乘无漏种，后者即指"闻法界等流法，闻所成等熏习所成"。要具大乘二种姓，方渐次悟入唯识。此即无异谓具大乘二种姓之无漏种之熏习增长，唯赖其有无漏性之闻熏习。因佛之言教，皆无漏种之现行，皆净法界之等流；故吾人闻其言教，便得熏习吾人之无漏种，使之增长。于本性住种姓外，兼有习所成种姓，吾人方有出世心种，得悟唯识正道，而由集福智资粮，历五位以成佛之事，方成真实可能。故人若无对佛所说之大乘教之正闻，亦不能有正思与正修。人至多成声闻独觉，决不能得大乘圣果也。此宗所宗之《瑜伽师地论》，亦先闻而后思修。无著、世亲护法，以至玄奘、窥基，一脉相传，皆重此正闻熏习。其教之重名义之寻思，名相之建立，亦皆本于此。依此义以言，释迦之成道，亦由其有无量劫来，逢值多佛之多闻熏习而来。然此一理论，实无异将一切后来之佛之成道，归于其前之佛之先已成道，而唯以其自净法界等流之言教，以使后来诸求道者，有其正闻，而亦有出世心种。若然，则吾人之不立于一直接依闻起信之宗教立场者，即不能不问一似愚骏之问题：即毕竟是否有最先始发出世心以自成道之佛？若言有之，彼应无师，亦为不待闻其先之佛之言教，以发出世心而成道者。如谓时间无始无终，凡为始亦为终，则又何以后必待前？何以后者不能自为始以承前，而必须待始于前者之导后？如谓时间本为假法，始终亦是假名，方姑说后必待前，则又何不姑说后自承前？今若只顺后之待前处说，则前对其前又为后，前更待前，相待无已，则终无一佛能成。然依唯识之教，则无漏种子不能由有漏善为正因以增长，必待其闻由佛之无漏种之现行，而自净法界等流之言教，乃得增长为出世心种；则在理论上，必成后后待前前之相待无已，而归于此可无一佛能成之论。则今之实有佛已成之事，即翻成不可了解之适然之事实矣。今幸有此事实，故人可闻其言教，亦可闻之而自幸能闻此难闻之佛法，而更深信不疑，以勤思勤修以至成佛。然如无此事实，或有此事实而众生之障重福薄，不获闻其言教，或闻之而不知奉行，则亦将永不成佛而已。是见此种谓众生之无漏种必待闻熏习之为无漏，然后能增长，成出世心之说，必有某一不妥当之处。然依唯识宗之教，此无漏净种与一般之有漏善种为异类，众生所能自现之有漏善行，只能熏令有漏善种增长，决不能直接熏令无漏种增长。自众生所有之无漏种之为种而言，即非现者；则无漏种无自现之义，亦非能不待熏令增长即能现者。依自类相熏之义，则能熏令无漏种增长者，即只能为其他无漏种之现行，如佛之言教相传之为其所承接者。故今循唯识宗之分别有漏种与无漏种为截然二类，众生无漏种为种子非现行，又不能自现之说，则此中之疑难，即无由得一善答矣。

然上所谓无漏种子者，即若其能现行，便能更现种相熏，以使人转识成智，以智证识之实性之真如，而有一智证真如之心者。今如假定此智证真如之心，原能缘吾人之有漏善之积集而自生自现，亦即同于谓无漏种子之能自增长以自现行。然在法相唯识宗，则虽可许心性本净，而此所谓心之性，乃指"心空理所显真如，真如是心之真实性故"。①此真实性、真如，即圆成实性，此唯是心之空理所显，即心识能空诸执障之所显，或识心转成智心之所证，而亦即同于此空理。唯识宗又只许有由无漏种子之现行，以有此智证真如之心，不许人原有一智证真如心，更不许此心之能自现。故吾人今之心识，虽可依空理以证真如，然唯在此心，转识成为智时，乃有一智证真如心之真实存在。必此心既真实存在，乃有其大用功德。吾人今既未证真如，则此真如唯是一空理，固非真实之存在事物，亦无实作用，更不能自现，以使人之心自转识成智，有正智以证知之，或使人必实有一智证真如心；则亦无所谓智证真如心自生自现之可说也。由此而依唯识法相之论，此智证真如心，固是证真如或一切法之圆成实性者，此所证之真如固为不生不灭之无为法，然吾人之心之由转杂染成清净以有此智，则初只能为依他而起之有为之事。此所依之他，本于"无漏乃能为无漏之正因"之说，便必依于对原为无漏现行所成之圣教之正闻熏习，乃能有其无漏种之现行。则人终不能有无师智、自然

---

① 《唯识述记》十三。

智，^①以自呈现其无漏种，以有智证真如心，而成佛之事矣。此中唯识宗之真如或圆成实性，只为一所证之空理，亦即其对吾人所提之问题，终难有善答之故。于此吾人欲跳出唯识宗之理论系统，以使人之自求成佛之事，在理论上真成为可能之说，便唯是谓：人之智证真如之心，为本有，而亦一能自生自现，以成佛果之心；而其所证之真如，亦即应为与证之之心合为一体；不能只为万法之空理，而应同视为一能生万法，而有实作用之实体。今将此真如与证之之心，合一为一体看，此即成《华严经》所谓"无有如外智，无有智外如"之说。今如以"真如"或"心真如"，兼名此"真如"与"能证此真如之智"或"智证真如心"之一整体，则佛之证真如之根本智之生，即同于此智证真如心之自生自现，亦即真如之自生自现；再依唯识宗说，佛智证真如而有根本智后，即有后得智；而此后得智，乃为能利乐有情、穷未来际、具无尽功德者，即能生万法者。则此智证真如心或此真如应即一能生万法之真如，而为一具佛之无尽功德之大用之实体，而决非只一空理矣。^②此即《起信论》一流之思想之所由立也。

今吾人若承认佛所证之真如或"心真如"为藏无尽功德之大用而能生万法者，则吾人今虽未成佛而尚有染障，吾之"心真如"，

---

① 于释迦成佛事，湛然《止观辅行传弘决》卷一之一："泛引教验有师无师。言无师者如《大论》第二云：'我行无师保，志一无等侣，积一行得佛，自然通其道。'《增一》十五云，阿若等五人问佛师为谁，佛答云'我亦无师保，亦复无等侣，独等无过者，冷而无复温'，律文大同。《那先经》云：'佛无师成道，自悟一切法。'《法华经》云：'佛智无师智。'言有师即受荞之说，如《瑞应》云：'至于昔者定光佛兴时，我为菩萨，名儒童，乃至买华奉定光佛……佛知其意，而赞叹言：汝无数劫，所学清净，因记之曰，汝自是后九十一劫……汝当作佛。'"湛然后固未尝否认释迦实有师，并谓有师无师，其理不二，然其谓"在因必藉师保，果满称为独悟"，即亦意许理论上有此独悟之可能。然顺法相宗之论，则盖将以此为理论上之不可能者也。

② 连真如之理与证真如之智说为一心，或一真如，或心真如，此称为"理智一如"，乃华严、天台共同之一根本义之所存，而别于唯识之论者。

仍应为能生万法，而起无尽功德者，于是所谓含藏染与净之赖耶识，即应同时为一自性清净之如来藏。吾之心真如能生万法，而吾不能证知此能生万法之心真如，此即吾之不觉，所以异于佛之觉。然吾虽不能有佛之觉，吾固终能有佛之觉，以不异于佛。由吾之终能有佛之觉，以观我今日之无觉，则我今日之无觉，即同于我之觉，尚未呈现而若无。由此而我不当说我今日之无觉为真无觉，而当说我实亦未尝无觉；此未尝无之觉，乃我自始所已具。此即称为本觉之如来藏。有此本觉，而我不觉其有本觉，故自谓无觉；亦犹言我不觉其觉，故自谓无觉耳。此不觉其本觉之不觉，即吾人之无明。此不觉或无明，与"觉"相和合，即如来藏之所以成为阿赖耶，亦即吾人之所以异于佛者。则吾人之所以异于佛者，非无觉与有觉之分；乃人有本觉，而不觉其有此本觉，尚未觉此本觉，以有始觉之故耳。然人之有本觉者，虽可不觉其本觉，亦可觉其本觉。则此本觉之觉，固有此不觉与觉之二可能或二义。此二可能或二义，即同于依心真如而有之心生灭门与心真如门。此本觉之心真如，依自而有不觉，有无明，有心之生灭；亦能依自而觉，以成始觉，成究竟觉，成佛，而具一切种智。此本觉能自觉而成始觉，故能自证其心真如之体大、相大与用大。由此而能发心，由信成就发心，以至解行发心，证发心。此中，外在诸佛菩萨善知识熏习，虽亦为必须之外缘，成就之发心，亦可为诸佛菩萨之慈悲所护念，此发心中亦当包括信佛等，然人之能有始觉而成佛，唯直接依于人之原有本觉之心真如，不与依之而起之心生灭，居一层级；虽为无明所熏习，仍随缘而不变其为一大光明藏之故。此心真如，即不同唯识家之无漏善种之为有漏之不善之所覆藏，若无光明之可见者矣。

华严宗之法藏、澄观、宗密，皆本《大乘起信论》之观点，谓唯识宗之真如，不能随缘生一切法，以自致人于始觉、究竟觉、圆觉，而谓之为凝然真如，而视之为五教中之始教。华严宗自谓其能生万法以致人于始觉、究竟觉、圆觉之真如，为不变而随缘之真如。并谓唯承认此真如之随缘不变义者，方为圆教。而此义亦为天台宗判唯识宗为通别教而非圆教之理由之一。[①] 然近人宗唯识宗之说者，则谓《起信论》之误，首在将真如与正智不分，不知真如之不生。并谓此以真如为能生万法者，乃同于外道之梵天自性能化生万物之论。更谓依《起信论》之说，则本觉既可以不觉而有无明，则在其有始觉之后，应亦可更不觉，再起无明，则人生永无觉期。再或谓依《起信论》言本觉之不觉，与由自觉成始觉，皆由自不由他，即皆无因缘，而悖缘生之正理。再或复谓《起信论》由本觉之不觉而起之无明，更能与其真如相熏，即为染净相熏，淆乱法相，非熏习正义。此中近人讨论亦甚繁，而此中之是非，亦固有其难定者在也。[②]

三　释《起信论》之疑难：自性清净心之依何而立

吾今以为欲平此《起信论》一流之思想与唯识法相之争，当先知此二者之观点之异。法相唯识之观点，乃自始为一依反省之态度而类别一切法，以观其相互关系之观点。此在无著所传之《瑜伽师地论》已然。法相唯识宗之传承，更可上溯至一切有部之说。世亲初学于一切有部，故其承无著而立唯识义，乃克就众生心识所表现之现实，视之为所对，以客观的反省其性相，及舍染取净之次第历程者。本此观点所取之态度，于染净，必分别说，于异类之三性，异类之因缘，亦必分别说。此自不能契于《起信论》一流，本一心真如以说其生灭门之无明与真如相熏，而由生灭门

---

① 智旭著《大乘起信论裂网疏》，则谓唯识宗之真如，亦有随缘义。天台之知礼，又主别理随缘。此乃谓即说真如有随缘义，亦尚可只是别教之理，而不足成圆教。然于真如之随缘为圆教之一必须条件，固无异辞也。

②《大乘起信论真伪辨》，尝辑近人讨论之文于一辑，可参阅。

可还入真如门之说。今吾人如对《起信论》之由心真如至心生灭之无明与还入心真如三者，先视作时间上相隔历之三阶段而思之，自亦必视其为混淆染净因果之论。然吾人今观《起信论》之以心真如为如来藏之说，首当知此如来藏之名，乃初出自《楞伽》《胜鬘》等经。《起信论》之书，则初传为马鸣所著。按马鸣尝作《佛本行赞经》，以赞佛之功德；《胜鬘经》则先述胜鬘夫人之三弘愿，以得正法智为众生说之后，佛乃为开示如来藏，言是佛境界，谓："人于无量烦恼所缠如来之藏，不疑惑者，于出一切烦恼藏之如来法身，亦不疑惑。"《楞伽经》与《胜鬘》略同，乃言如来藏名藏识，为善不善因，而本性清净，客尘所染，乃有不净云云。今按此心性本净，客尘所染而后有不净之论，部派佛教中之分别论者早已有之。对此一思想之流，如再上追溯其原，则为释迦所说三法印中之涅槃寂净义之所演出。当佛初说法，固可只标示此寂净之涅槃，为修道之所证，未必言其即为此心之本性。然人在其修道、求道之心中，既求证此涅槃，则必须同时自信其有能证涅槃之心性。此求证涅槃之心，亦已为一念之清净心，而证涅槃则正可说为此心之清净之全幅呈现。此盖心性本净之论所自生。此如孔子之言我欲仁而仁至，即必引出孟子性善之说也。又本佛之弘愿与学佛者之弘愿，必愿为众生说法，以咸使之成佛，则理上必须肯定此一切众生同有此清净心。故《胜鬘经》先言三弘愿，后即言众生皆有此如来藏。由此以观《大乘起信论》之传为作《佛本行赞》之马鸣之所著，亦非无故。盖马鸣能作《佛本行赞》，以赞佛之说法度众生之功德，即能与佛之度众生之弘愿相契应。而依此义以立言，亦正当说众生皆能作佛，同有其如来藏也。此与《法华经》为开示佛之本怀，方言三乘归一，《涅槃经》之因佛见众生悲泣，方言佛性是常，与《华严经》之说佛自证境界，方言一切众生无始以来是佛，同为直依学佛者之求成道之诚，与崇敬佛之诚，并求与佛之度众生之弘愿相契应，以自有其弘愿，而后有之思想。本此思想以为言，则一切众生有本净之心性，有佛性，有成佛之如来藏（《胜鬘》《楞伽》）、自性清净藏、法界藏、法身藏、出世间自性清净藏，或自性清净心（《胜鬘》），或如来清净藏（《密严》），即必然为第一义之语。此第一义之语，乃学者所当直下深信不疑，方能再及其他。《大乘起信论》之先言有自性清净之心真如，以及《楞严经》之先言一性净妙明之心、妙净明体、性净明体、妙明元心、净圆真心、常住真心、净觉真心、真精妙觉明性、圆融清净宝觉，再如《圆觉经》之先直陈圆觉，正皆同此一路思想，而论义更为系统化之著也。

对此如来藏自性清净心，《翻译名义集》以三义释藏：隐覆名藏、含摄名藏、出生名藏。此乃本世亲《佛性论》所谓隐覆藏、所摄藏、能摄藏之义，而略变其名。此书又本《胜鬘经》五藏之名以释如来藏。一为就其为当来佛果之因，今尚为染法所覆，而说之为在缠如来藏；二为自其虽在缠，而仍自性清净，说为自性清净之如来藏；三为自其致佛果而出缠，为果位功德所依，称法身藏；四为自其出缠功德之超过二乘菩萨，而名之为出世间上上藏；五为自其通因果位，持一切染净有为法，含一切恒沙性德，而名法界藏。此五藏之名，实指一物事，而说之之方式不同，遂别为五。吾人亦实可以此五方式，以说此如来藏为内在于染，兼善不善因，众生因，或超越于染而只为善因佛因，或整个之法界因；亦固可由其原净以说到其染，或即其染以指其原净等也。至于如《华严疏钞》卷十之依《佛性论》说五藏，谓自一切法不出如来自性，说为如来藏，以一切圣人四念等正法，皆取此作境，说为正法藏，以今圣人法于四德，说为法身藏，则全是自其本净上，正面说此五藏。凡此等等，固见有种种论说方式之不同。然此中最要之义，是吾人当知：如来藏自性清净心，虽为吾人在修道历程中最后之所证得者，然吾人之修道既向往此最后之所证，即必须当下即自信其能证。自信其能证，即须自信其有能证之性，亦有证之之心。此心尽可尚未充量呈现，然必须自始即信其有。此"有"，依今语释之，即一形而上之有。此形而上之有，自其为人所自证说，乃在修道之终。然自其为修道之所以可能之根据说，则当说其具于修道之始。否则修道之第一步或人之向道求清净之一念，即无自而发也。故吾人之思此自性清净之如来藏，即当视之为在人之实际修道历程之上一层面之形而上之有，而逐步贯彻，以充量实现于此修道历程中者。吾人如自其尚未充量实现而反观之，则又可说为如潜隐于此心之底层深处而深藏者。佛学说此具形而上之有之心，即多自深藏而内在于此当前之心处说，而罕自其超越于此心之上说。实则此二义皆可说。内在义中，固即涵尚未实现之超越义也。

在一般之观念中，一内在而超越之有，即非实有。故谓人有一清净心，而言其未呈现，人即意其在实际上无有。凡取自外观察或自外反省之态度，将此中现在之实际未有，与其未来之将有，截然而观时，亦必谓其将来之有，只原自今日之有此可能或无漏种子。此即唯识一系之说。然此一系之说，无论如何复杂，最后必归至此"可能"或无漏种如何能必然实现之一问题。对此问题不能善答，则他人是否能成佛，我可不知，而我之能成佛之信念，即亦可动摇，而与佛学之原始精神在自觉觉他咸登佛地之意，即不免相拂逆。然人在其修道历程中，直接自观其工夫之日进者，此中之所发现，又必然为染渐去而净日生。此时人所最当直接契入者，乃染之去，与净之生，恒为俱时而起之相依之二事，或一事之二面，而非染在前净在后之二事。若吾人于此先肯定此染在前，而谓其净心乃伏于其后者，乃唯顺此肯定，以观此净心之在染之后，则对此净心，如何能自染后翻出，吾人将以愈注视此染之在净前，而愈不得其解。然人在修道历程中，则明有此染去而净心即生之事实。则人于此便不能只先往观此净之在染之后，更直观此净，以分染净为二段；而必须直就染去而净生之为一事处，以观此心之染净。当吾人观染去而净生为一事之时，则此染心与净心，即亦不可说为二心，而当说为一自舍染而自转净之心。此自舍染而自转净之一心，自其所舍之染上看，固亦是染心；而自其转染取净处看，则见此一心之能自净其染之性。由此转染所成之净心，是否可说唯由此转所成，或自始为形而上的存在者，则为吾人所当细究之一问题。

对上述之问题，如吾人只自外观察反省，则固可说此净心为初非存在。然吾人如就舍染转净，乃俱时之一事上看，则吾人可说此净心之初之不在，唯以此心尚未自舍其染之故。然染舍而净生，如秤之此低而彼昂，又如花开而蕊现，云散而日来。此中染之舍，乃一消极的染之由有而无。此自是染之事。染之无，不涵净心之必有，则净心之有，不得言唯由舍染之事之所造作。便当说此净心之有，乃净心之自生而自现。净心不能无根而有，此为"根"之净心，即可说为人所本有。今无论此本有，初为超越之有或潜藏之有，而要必非无矣。故由染去而净生，以言净之继染而生，缘是以分染净为二事，是一思路。而由染去而净生，乃一事之二面，遂谓此事之所表示者，乃染自舍而净心自生，染自开而净心自现，又是一思路。此皆为可说者。然依前说，则人不能自必、自期其净心之必继染而有。依后说，则人可自信其净心之原有，而能自必、自期其能舍染而取净，以成道而成佛；而与吾人之必求成佛之志中，所显之一念之心性之善，可相互证，而人乃更有以自励其志，以成其自信，缘此自信，即可更坚其修道之行矣。此即《大乘起信论》一流之思想之所自生也。

传为慧思著之《大乘止观法门》，承《大乘起信论》之意而作，其第一卷尝论人之本来之心体中无染、无不觉、无无明之义曰："若心体有不觉者，圣人证净心时，应更不觉；凡未证得，应为觉。既见证者，无有不觉，未证不名为觉；故定知心体，无有不觉。"此书又谓"觉于净心"与"净心自觉"，其义无别。则谓圣人之证净心者非不觉，即同于谓净心之能自觉。说未证于净心，方名不觉，即同于说净心不自觉，方有不觉。我之能觉于净心，即所以证我之净心之能自觉。则谓我觉有净心，而谓其不能自觉，即明显之无义语矣。自觉即由自而觉，然自觉仍自得缘，固不必违缘生正理也。

四 自性清净心与生灭无明之关系及心生万法之"生"义诠释

至于此中吾人既肯定一心真如或如来藏或净心，为自始具足而本有，如何更缘此以说明此本有之心与染法及无明之相连，何以此心不自始如其本有之清净，不待修为即已成道成佛，则顺吾人之一般理智的推论的思维，以思此问题，盖必不能答。因此所谓本心之净中，固不涵具染与无明之义。则此本心或如来藏之所以潜藏于兼具染净之藏识中，心真如之何以生出心之生灭与无明，诚皆不可解。夫然，而《大乘起信论》之言由心真如转出三细六粗等，以及如《楞严经》之言由性净妙明之心，而"因明发性，性妄见生，从毕竟无，成究竟有"（卷七言），以有地水火风天地万物之世界，以至尘劳万种之说，皆同为一违悖理智的推论的思维中之理性原则：只许人由同推论出同来，不许由同中推论出异来者。为法相唯识之论者，习于谨守因明之原则，恒先反省其所把握肯定之事理，再缘之以作推论，亦必以此路之思想，为违悖推论原则，淆乱法相。吾人今亦以为如将此《起信》《楞严》之所言，只作一宇宙论看，乃一绝不可通之论。今谓为同于外道之一因论者，以梵天上帝，直接演出世界万物者，亦未尝不可。然吾人可说：凡此所谓心真如生万法一类之论，此所谓生，皆非逻辑上前提生结论之生，亦非如母之生子，其腹中原有子，子由之生出之生。若从此后二义之生着想，则能生世界万物一切尘劳者，固亦宜为一如唯识宗之所谓涵藏无限之染净种子之赖耶识，较为合理。《楞伽经》所言之如来藏藏识，初或重在言如来藏之一面。然亦以此经为所宗之唯识宗，则化其如来藏为无漏种，而只言藏识，亦大可表示一思想上之发展。因唯此藏识乃能涵藏染净之一切法之种子，非纯净之如来藏之可比也。纯净之如来藏，唯含藏净法，其自体只是一心，正有如西方基督教之谓上帝只涵藏万物之理型，印度教之梵天之含藏生万物之功能，固皆只为一至善之纯精神之存在，而皆宜不能含藏一切染法之种子于其中也。吾人今如本一克就现实宇宙之全，而反省其根原之宇宙论的态度以思维，亦实必须逼出一"能藏现实宇宙现有之一切现象之一切功能种子"之一实在，如唯识法相宗之兼具净染种子之赖耶之类者，方能说明此现实之宇宙何以有净兼有染之故也。

　　然吾人于此若根本不自此一宇宙论之态度出发，并本逻辑律令以为推论，而自另一"向内反省吾人在修道历程中，此心之如何对所遭遇者"之态度出发，则谓一切染法万种尘劳，以及整个之天地万物，皆由一心真如或清净如来藏以生，亦有可说。此所谓生，则为另一义之生，非逻辑中之前提生结论之生，亦非宇宙论中之"可能"或"潜能""种子"生其现行或现实之生也。此所谓生之另一义，吾人可说即"吾人之修道心之贯彻于其所遭遇之一切之中，以使之呈现于此心之前，而又与此心求转染而依净，舍染而取净，相依而转"之生。在此，吾人可先试想，吾人在修道历程中，吾人之修道之心，必有其种种之遭遇。此心所对之一切意念情欲与所接之天地万物，亦原无非其所遭遇。吾心所遭遇者，原为吾此心之所觉，或此心之觉性之所贯澈处。吾心之所遭遇者，时有变易，即此觉性之运于诸变易者之中，一方见有此心之相续生，一方亦见有诸变易者之相续生，为吾人可顺其相续，而加以叙述者。此中，自此相续生者之前后相承上看，吾人固不能本在前者之何若，即必可推论出其在后者之亦何若，亦不能径谓在前者为在后者之种子。然此中，吾人却可说此相续者之前后相承而生，其生乃心与其所遭遇者之俱起而俱生。此中之心，如真为一修道心，则此心与其所遭遇者之关系，则为一面贯彻其中，一面求转化此所遭遇者，而亦自转化其自身之一心。由此转化之所生，即应直接说为此修道心之所生。此皆可为人所共应许者。然吾人于此再试直接对此一事，更连于吾人上所陈之修道心之成道，即其本净之心之自生而自现之义，以更作一思维，而试问：此本净之心与吾人之有染而具种种尘劳之心，乃何种之关系？今本上之所论，则吾人只能言其为一"居上下二层，而此本净之心能转化此具染与种种尘劳之心，以自呈现"之一关系。此中，如以此本净之心为本，则此具染与种种尘劳之心，即可视如浮于此心之上层之波浪，而为此心呈现时，将沉没而自息者；或可视如位居于此心之下层之阴霾，在此心呈现时，即将如日出而云散者。此具染与万种尘劳之心之逐渐息灭，对此本净之心言，即其所对"一切染与尘劳，以及与其染或尘劳相连之原来之天地万物之境"之逐渐息灭。此本净之心之呈现，与具染而有尘劳之心之息灭，吾人上又言其应为一事之二面。则吾人岂不可说由此本心之呈现，即足致此染与尘劳，及其相连之天地万物之境之息灭？又岂不可说即在其未息灭之际，此尘劳等已为此心之所遭遇，而为其所贯彻，所欲加以转化者？则即在其未灭之际，吾人又岂不可说其仍依此心而存在，其未灭，由此心之容许其未灭，容许其暂浮于此心之上层，或暂位居此心之下层，而亦暂支持其存在之故？今克就其为此本心之所容许支持以言，岂不可说此种尘劳与其相连之天地万物之境，亦皆依此心而生？此尘劳等既依此心而生，此心之由修道而舍染取净，以实现其净性，而自呈现其为本净之心时，又必须化除此尘劳等，则此心即能生尘劳等万法，以有其生灭门，而亦能还入心真如门，由本觉以成始觉者矣。然既成始觉，更无不觉，自不得更由"觉"至"不觉"矣。

至此中之心在生灭门，不碍其入真如门者，亦全在此心之既知其在生灭门之染，而又能舍染以取净之故。既欲舍"染"，则心固有染；然既能舍染取净，则心固性净。心之取净，即净心之自现，则心之染与心之性净，不相为碍；与此净心未呈现时之自在，亦不相为碍。则此净心与染，尽可俱存。此俱存，与心之必由去染以自呈现，亦不相为碍。则心真如与心生灭之上下层，固可俱有；而此上下层之相贯澈而归于一，亦应为可能。此中心之二门之相生，乃纯自其可相贯澈而相依，以为上下层之关系上说者。此二门之关系，是"人可由此门以还望彼门，而入彼门；人既往入彼门，此门则隐于后，而同于不存；而见得二门可互为隐现，以相往来"之关系。二门有此关系，则可如自扇香风之以此熏彼，由此门至彼门。此熏习之义自不同唯识宗所言之熏习。此二门之说，盖非将二门并列，视如互相对立而并在并现于前之说。如二门乃互相对立，并在并现于前者，则人不能往来此二门中，此二门亦不相往来，而不相生。则染净法固当言不可相乱，亦不可互相熏习矣。然在人之修道历程中，则当下有此舍染取净同时并在之一事。在此事中，人乃既出此即入彼，人乃往来于染净法中，染净法亦一往而一来；而人亦实以净心之来，成染心之往。克就此修道历程看，人实从未见有染净二门之并在而并现，此中亦无染净并在而并现之可能，人于此亦复无暇对此染净并在，作分别观其因果之事；则心真如或净心之自在，不碍其有染，有染不碍此心真如或净心之自在，以还入心真如门，其义可知矣。人之知此义，唯赖人之直自其修道历程中，有此舍染取净之事之心上，如实深观，方可见得。盖亦必真修道者，而又自观其修道之心者，乃能深契此流之思想。人才生懈怠，或不能克就其修道之心而自观，或观之而又走作，则终不能深契于此义矣。

　　上述此一义之思想，唯对能自观其舍染取净之修道心者，而有意义；故若对只于世界作因缘观与空观者，即皆无意义。只由空观因缘观，亦终不能成就上述之此一义。人如将此一义用因缘观以说之，以成一客观的宇宙论，谓在无始之时，先有一心真如、如来藏，或性净妙明之心，昭然独在，由此化生万物，则固亦同于外道之梵天上帝，而为唯识宗所谓遍计之所执之自性，亦宜其为唯识宗之所斥；固远不如唯识宗之立赖耶，以藏万法之种子，以说明此现实之人生宇宙之所以成者矣。唯《大乘起信论》，以及《楞严经》《圆觉经》之写作之法，则皆不能使人无此疑。人之学佛者，亦实有视同梵天上帝之说以解之者。实则凡此诸经论所谓心生万法之生，皆当全部摄入一修道心中所遭遇之万法，为此心之修道之历程所贯澈处，亦即此本有性净之心之所贯澈处，去求了解。即《楞严经》所谓，由一本净之心而因明发性，性妄见生，以至有地水火风天地万物之类，皆实当视为描述此本净之心之呈现之际，其所次第遭遇，所次第贯澈者之语。否则人读之未有不成窒碍者。人亦必先能直下自观其修道之心，见得此本来性净之心，存于其当下一念求道之诚之中；然后能读之，而知如何能使此中所言者发生意义之道。是即此一流之思想，终必发展为重人之修道之工夫，而又必期于学者之自悟其当下本心之禅宗之故也。上文吾人之不惜觊缕以言者，亦即在使人知此一流之思想所立之义，皆本由人之念及"佛之开示本怀、佛之自说其内证之境、菩萨之弘愿与人之求遥契于佛之本行，以修道成佛之志"而来；并亦可上溯至部派佛学之心性本净论，与佛"初说涅槃寂净，而望人之发心以趣之"之根本精神者。故今亦宜当顺此一精神之表现于历史之线索，加以了解；不可错用其心，而更循其他思维方式以求解者也。

五　一心之舍染取净义，及天台之性具染净与佛性有恶义

由此《大乘起信论》一流之思想，言一切众生皆有佛性、佛

心、心真如与本净之如来藏，而此义又可由人之念及佛所开示之本怀，自观其修道作佛之志，以直下有所契入。故依此一流之思想以言心，可直重视此吾人当前之意识心，而对此意识心，复不作意识心观，而即由之以见其自具之心真如、自性清净心或清净如来藏，以为其本心。故此一流之思想，不似唯识法相之论，先平列八识，而特重阿赖耶识者。唯识宗虽谓意识为善恶主，然此意识中，有善心所之表现，亦有不善心所之表现。其分析此各种心所之性相，亦不可不谓细密。然在唯识宗所谓意识中，却未尝有一能直以转一切不善心所，"恶此一切不善心所之表现，以归向于善，而善此一切善心所之表现之一恶恶善善之心"，可容人之直承之，以转染取净者在。唯识宗虽言转依，然此转依唯由善心所之表现，既日积月累，则善种子日以熏习而增盛，恶之种子即日以减损，以言此赖耶之性，乃日转舍于染而转依于净。是谓转依。故此中实能为转依主宰者，乃此意识底层之赖耶。然赖耶既能转依，此转依之事应可表现于意识之直接自觉之中，意识中应亦有一面知转与一面知依之一知在。此知似可以唯识宗所谓胜解与慧等心所当之。然唯识宗谓此胜解与慧之心所，为无善恶者。此一面能转染舍染，一面取净依净之"知"，则只应说为善而非恶者。而自人之沿此"知"，应可去一切不善，生一切善言，则此"知"之相续生之源，自应为一至善之流行，或本来清净心之呈现。然唯识家之意识心中，则无此一事物。简言之，即无此一"能自向其心真如或本性清净之如来藏，以使之呈现"之一自觉的心之活动存在。更未能言：人之能直下自悟此心为其本心，或此本心之能当下自呈现而自悟矣。反之，人若能于此承认其当下之自觉心，自有一知舍染取净，而自向于其心真如，或自性清净之如来藏，而使之呈现之"知"，或承认此自觉心，能自悟此本心，或此本心能自悟者，即可不重此自觉的意识心以外之尚有末那、赖耶、五识心等之一面，而将不重此心识之多之一面。因其心所向之心真如、如来藏为一，心之求成道成佛，乃成一佛心，非八识心成八个佛心也。此能兼知转染依净之一"知"，既通于心之染净二面；今通过此"知"以观染，则知染之心，既涵去染之能，此染者之性亦即通于净；心又能取净去染，则净者应亦通于染。由此而于唯识宗之遍计所执性为纯染，圆成实性为纯净，依他起者分染净二分，以使染净截然不乱，善不善截然不相乱之说；循此一思路以观之，亦即将更不谓然矣。在此一思路中，其通染净以言性者即天台宗之说。而重通唯识宗之三性以为一者，则有法藏之论。传为天台宗慧思所著之《大乘止观法门》，亦有其通三性之说。此后一书传在宋代乃重自日本取返中国，故湛然未加论及。此书盖决非慧思所著。[1] 何人所著，亦不可知。观其大旨，乃会通《大乘起信论》与天台止观之说以为论。故亦为明以后之天台学者如智旭之所宗。此书通染净之义，又可连于传为智者所著之《观音玄义》之性具善恶、佛性有恶之说。佛性有恶之说，尤为湛然、知礼以下，视为天台宗要义所在者。法藏之通三性之论，则意在融通唯识宗之三性之差别。皆为圆教之说，故并略述之于下。

上节之末言依一心以观染净，则染净之性应相通接。由染之通于净，故一切众生皆有佛性，皆有自性清净之心或如来藏。由净之通于染，而天台宗，更有性具染净之说，且归极其义于佛性之亦不能无恶，而成其佛性有恶之说。言众生皆有佛性，可由上文所说"人之求成道成佛之志，及依佛之悲愿必不忍不安于众生之不成佛，故必归于众生有佛性佛心之义"，以求契入。此尚易为。谓性具染净，而言佛性亦有恶，则此为天台宗一家之说，今欲会其义则较难。然亦非不可解。此中要在天台家所谓性恶，乃又为另一义之

---

① 《海潮音》三十七卷十二号，有《〈谛观大乘止观〉作者考》一文，可供参考。此文疑此书为唐末天台宗人所著，但所传此书，乃经日僧重取回中国，亦非不可能。则此书亦可为较早时期之著。今按此书于遍计所执性仍用分别性之旧译，阿赖耶用阿梨耶之旧译，疑著者或在玄奘以前，亦未可知也。

性。此即由法门不改而来之性之义，而亦中国昔之所未有者也。

台家佛性兼具善恶之说，见于传为智者说灌顶记《观音玄义》，及传为慧思作《大乘止观法门》。《止观法门》谓："一一众生心体，诸佛心体，本具二性，而无差别之相，一味平等，古今不坏，……悉具染净二性，法界法尔，未曾不有。但依熏力起用，先后不俱。然其心体二性，实无成坏。是故就性说，故染净并具。"《观音玄义》又径以佛之性德，有善亦有恶，以与表面断尽一切善之阐提对言，谓为皆性具善恶者。其言曰："阐提断修善尽，但性善在；佛断修恶尽，但性恶在。问性德善恶，何不可断？答：性之善恶，但是善恶之法门。性不可改，历三世无谁能毁。复不可断坏。譬如魔虽烧经，何能令性善法门尽？纵令佛烧恶谱，亦不令恶法门尽。如秦焚典坑儒，岂能令善恶断尽耶？"

"问阐提不断性善，还能令修善起，佛不断性恶，还令修恶起耶？答：阐提既不达性善，以不达故，还为善所染；修善得起，广治诸恶。佛虽不断性恶，而能达于恶；以达恶故，于恶自在……以自在故，广用诸恶法门，化度众生，终日用之，终日不染。……机缘所激，慈力所熏，入阿鼻，同一切恶事化众生，以有性恶，故名不断，无复修恶，名不常。若修性俱尽，则是断，不得为不断不常。阐提亦尔，性善不断，还生善根；如来性恶不断，还能起恶；虽起于恶，而是解心无染，通达恶际，即是实际。"

后知礼《观音玄义记》又释智者之言法门曰："法名可轨，轨持自体，不失不坏；复能轨物，而生于解。门者能通，可出可入。诸佛向门而入，则修善满足，修恶断尽；阐提背门而出，则修恶满足，修善断尽……断常名，通别人缘理断九。以定断九，故昧性恶，名为断见；不能忘缘，是以存修恶，名为常见。断修存性……"

此智者与知礼之言性具，佛性不断恶之旨，可谓明晰。依天台所判之通教别教，如般若法相之诸经论，皆谓佛既成佛，而证真如，缘正理，即别于十界中其余九界之众生与圣者，而断九界之恶性。天台则谓佛虽断修恶净尽，仍能通达于余九界之一切恶法门。由此而佛与九界众生，合为四圣六凡，以有其"如是性"；而一界又摄十界，以有同一之如是性。故"机缘所激，慈力所熏"，佛亦能"以同一切恶事化众生"，而"不染于恶"。不同于阐提之不断性善，而还为善所染，以有其修善。其本此义，以言佛性有恶，明乃纯以恶指一可轨之法门之自身而言。此恶之为可轨之法门，对佛实无起修之任何实作用。故此性亦非能有业用之体性之性，而只为佛心之所对之一不改之法门，如法性法位之为常住，^①而为佛心之所通达透过者。然佛亦正由此而得由佛界以通达于一切众生之修恶，而可与之同作一恶事，以其慈力遍度众生者。故依天台之说，佛虽不存修恶而不常，亦能不断性恶而不断。则其修善，虽充量体现善之法门，而亦同时以其悲智，通达一切恶法门，而用其事以度众生，以见其修善于"对恶之法门之运用之中"；而善恶之性，乃同具于佛，佛修善成而于恶亦通达，不为善之碍。唯佛真知恶之可通达，而不为善之碍，乃能去修恶而全修善。此亦同于谓唯能知善知恶，知净知染，而为善去恶，取净舍染，而又永不去其善恶染净之兼知之"知"者，方得成佛之谓。此所谓不断性恶者，实唯是不断此所知之恶法门之谓；非谓此"能兼知

① 佛家经论原多言法性、法位为常住。如《楞伽经》："佛出世，若不出世，法住、法位、法界、法性，悉皆常住。"《俱舍论》卷九："如来出世，若不出世，如是缘起法性常住。"《十地经》："此诸法性若佛出世不出世，常住不异。"《大智度论》卷三十二："有佛无佛，如法相、法位常住世间。"卷八十六："法相、法性、法住、法位、实际、有佛无佛，法性常住名为净。"《宝雨经》卷六："若诸如来出现于世，如是法界自性常住。"《法集经》卷三："一切诸法，不生不灭。"语皆大同小异。可知其为大小乘共许义。今按智者《摩诃止观》卷五辨性之三义，皆要在本不改为性说。《金光明玄义》卷上："佛名为觉，性名不改。"湛然《止观辅行记》卷三，谓："言法性者，亦是诸法具三谛相性，亦性分不改，三谛性具，始终无变。"后知礼论性，尤重此不改义。此不改之性，即指不改之法门而说也。

此善恶法门，而起修善以止修恶之修道之行，所依以自生之体性"为恶之谓。而吾人前所论，如《胜鬘》《楞伽》《大乘起信论》等经论所谓心真如、清净如来藏，则正当由此能起修善而止修恶之心之体性上，加以透入识取者。由此透入识取者如为善，即自仍不得为恶。此中亦更不能于善之外，再进一义也。观《观音玄义》所进之一义，实亦唯自此中佛之知善知恶之"知"之常在，以观其通达众生之修恶中之恶法门，而不断此法门；并不断对之之知，而能与众生作外表为恶之事，以度众生而已。故此佛性之恶，与《大乘起信论》等书所谓本净之心，实不在一层次。能兼会其义，亦无必然之矛盾也。

至于在《大乘止观法门》，其答净何以能除染之问，则又曰："染业虽依心性而起，而常违心；净业依心而起，而常顺心。违有灭离之义，故为净除；顺有相资之能，故能除染。"此文中之所谓心性，乃于其前文所谓法尔之染净二性之外，更进一步以言心。人谓此书应出于智者之后，或亦可由此以说。此书明以"心"指一本净之心，方得言染与之相违，净业与之相顺。则此书所说之心，应正是指上节文所谓上一层次之本净之心，而同于《起信论》之言者。此书更缘是而论何以一净心如来藏体，能具染净二相、染净二性。其中亦有重重义理，非今所及。要之不外说明一切世间之染净之业，不碍此本有净心之体用、始觉不异本觉，是皆见其意在发明《大乘起信论》之旨者也。

六　《大乘止观法门论》与法藏融通三性论

至于对三性之问题，在《唯识论》之系统，言三性之遍计所执、依他起与圆成实性，三义乃截然分别者。遍计纯染，圆成纯净，依他起，分染净二分。吾人之心识活动，不离遍计，则皆有染。而证圆成实之根本智与后得智，在唯识宗，二者亦不同其义。

然在《大乘止观法门》卷三，则于三性用真实性、依他性、分别性之三名。然其论此三性，则谓三性皆有净染二分。在真实性，一以有垢净之心以为真实性，即众生体实事染之本性，二以无垢净心以为真实性，即是诸佛之体性净德之本实。在依他性，"净分依他性者，即本真如体，具染净二性之用，但得无漏净法所熏，故事染之功斯尽，名为清净；即复依彼净业所熏，故性净之用显现，故名依他。所现即是所证，三身净土，一切自利利他之德是也。……染浊依他性者，即彼净心虽体具违顺二用之性，但为分别性中所有无明染法所熏故，性违之用，依熏变现虚妄等法，所谓流转生死，轮回六趣。"性顺之用，"虽未为无漏熏，故净德不现。但为诸佛同体智力所护念。故修人天善，遇善知识，渐发道心，即性净之用也。"在分别性中，"清净分别性者，即彼清净依他性法中，所有利他之德，对彼内证无分别智，故悉名分别，所谓一切种智，能知世谛种种差别。……染浊分别性法者，即彼染浊依他性中，虚妄法内，有于似色、似识、似尘等法，何故皆名为似，以皆一心依熏所现故，但是心相似法……当起之时，即不知似尘似色等，是心所作，虚相无实，以不知故，即妄分别，执虚为实。以妄执故，境从心转，皆成实事，即是今时凡夫所见之事，如此执时，即念念熏心，还成依他性，于上还执，复成分别性。如是念念虚妄互相生也。"

此《大乘止观法门论》之开三性为六，其中，唯染浊分别性与《唯识论》之遍计所执相似。在遍计所执中，吾人缘所见之色尘与识，而对之取相，遂以此相为实有；不知此中唯有种种相，而无吾人所执之实，故只能谓为似尘、似色、似识。所谓似者，可指其似实尘、似实色、似实识，而非实之义。吾人凡言某物似他物，乃只就其相，不就其实而言。故似某物之物，乃唯有其相而无其实之物。则似尘、似色、似识，即只有色相、尘相、识相者而已。此相本无实，而人在分别一相时，即视之为实，视若在外，视若能常住。此即佛家所谓妄执之通义。故《大乘止观法门》之昏浊分别性，可谓之即《唯识论》之遍计执也。然舍此而外，则其所谓真实性，乃指有垢及无垢之净心。此与《唯识论》之圆成实性，唯指吾人之心识，由空我法之执，而证得之一切法之真如实性或真理而言者，则全不同其义。此中之无垢净心，乃略相当于《唯识论》之四智；有垢净心，则略相当于藏无漏种之赖耶。然于此赖耶，《唯识论》唯言其为无记心，未尝言为有垢净心。依《唯识论》，有垢则非净。而《止观法门论》，则谓凡夫皆有此有垢之净心，为其所具之实性。此书又畅论此凡夫之有垢净心，与佛之无垢净心之本为一统体之净心，更不同于《唯识论》众生各有八识之说。又其言依他起，谓由净业使净性显现，无明染法使染性显现，皆为依他起性；此他乃指净业染法，而性指其真实性中之染净之二性。此亦不同于《唯识论》之依他之他，乃泛指因缘，依他性即缘生性之说。在唯识宗，凡非虚妄之法，皆有待缘而生之性质，即曰依他起，非"依染法净业而染净之二性起"，方谓依他起也。此《止观法门论》所谓染法净业，实即心体之染净二性之表现之用，乃纯是承《大乘起信论》体用之范畴说，全非唯识之旨矣。至于其言清净分别性，则《唯识论》中无清净遍计执之名。如在《唯识论》名相中，勉求其义之相当者，唯是后得智之名。此智之相，正为依内证之无分别，而显分别相者。然此则不属于《唯识论》之三性中之遍计分别性者也。

此《止观法门论》中之三性，几全与唯识系统之三性之原义相异，其旨乃在由唯一之自性清净心，具染净二性、染净二业与染净二分别，以说三性。此中性在内，业为内之性之表见于行，分别为对众生色尘等之分别相，皆各有其染净，而统于一心。此即明为一意在贯通唯识法相宗之三性之染净隔别之论，与三性、四智及根本智后得智之分，而成之一直下澈心性体用，以澈内澈外之系统者也。

七 华严之真如随缘不变义

至华严宗之会通三性义，则是就唯识宗所谓三性义而会通之者。其所根据者，则是《大乘起信论》之真如不变而随缘，随缘而不变之义。如法藏《华严一乘教义分齐章》论三性同异曰：

"真中二义者，一者不变义，二者随缘义。依他二义者，一者似有义，二者无性义。所执中二义者，一者情有义，二者理无义。由真中不变，依他无性，所执理无。由此三义，故三性一际，同无异也。此则不坏末而常本也。经云众生即涅槃，不复更灭也。可约真如随，依他似有，所执情有，由此三义，亦无异也。此即不动本而常末也。经云法身流转五道，名曰众生也。是故真该妄末，妄澈真源，性相通融，无障无碍。问：依他似有等，岂同所执是情有？答：由二义故，故无异也。一、以彼所执，执似为实，故无异法。二、若离所执，似无起故。真中随缘，当知亦尔。以无所执，无随缘故。"

此中所说依他之似有义、无性义，及遍计所执之情有义、理无义，皆本法相宗所说。此中唯一异点，是华严宗特重三性相即之义，依此三性相即之义，而有真如之随缘不变之义。真如能随缘不变，乃原自《起信论》之一心真如，有不生灭与生灭二门之说，不生灭即不变，生灭即随缘也。然此所谓真如心能随缘不变，乃重在谓：能证真如，而具圆成实性之心，能随缘以成染净而不变。此乃重在言真如之为运于一切价值上为相对之染净中之绝对者；而非只重在言真如之为在生灭中之不生灭者，或变中之不变者。按此义，亦非《唯识论》之所许。因依唯识义，染净乃相违法故。然法藏则以《唯识论》之真如之不兼随染净之缘，为凝然不动之真如。依法藏于此章所说，"且如圆成（即具圆成之心）虽复随缘成于染净，而恒不失自性清净；只由不失自性清净，故能随缘成染净也。犹如明镜，现于染净，虽现染净，而不失镜之明净；只由不失镜明净故，方能现染净之相。以现染净，知镜明净；以镜明净，知现染净。……当知真如，道理亦尔。非直不动性静，成于染净；亦乃由成于染净，方显性净。非直不坏染净，明于性净；亦乃由性净故，方成染净。"此言真如与染净之关系，与《大乘止观法门论》言自性清净心与染净不相为碍，其旨不殊。但《止观法门论》唯言自性清净心具染净性，能修净而通达于染，故分别为染法净业所熏。此同于由镜之明净，故现染净。然染业与心之性相违，能顺心之性者，只在净业；故不言此性净之心，能直成于染业与净业之中也。然法藏则兼论真如心之不动性净，以成于染净，此即不只言性具染净，且言由净性以起染起净，成染成净，染净乃皆直接为一性净之真如心之所起所成矣。本于吾人于前节所谓本净之心之贯澈于其染或尘劳之中，而支持其存在之义；亦原可说此染与尘劳，亦即由此染或本净之心，使之存在或成其存在者。成其存在，而又不为所染，而仍能不变其性净，遂亦能舍染取净。法藏之重此不变之一名，即将真如心之非无常义，特加昭显；《止观法门论》之自性清净心之一名，固尚未能昭显此本心之非无常义也。又此真如随缘之义，复可将此心之成染成净之义，皆特加昭显。若只说心具染净二性，即只显得此心之兼具染净之性；则虽曰此心能知修净而恒下通达于染，亦尚未昭显一切染业净业，皆由此一净心直接所成之义也。

由此真如心之能兼成此染净，而兼具不变随缘义，而染净业又皆依他起法，则依他起法，即皆直接为证圆成实之真如心之表现，依他起性即与圆成实性为不异。遍计者即执似有之依他为实，故曰以彼所执，执似有为实。依他若离遍计，则依他之似有亦不起。是见依他遍计之相依。真如既随缘，亦即与计执俱；以无所计执，则不名随缘。是知圆成实之真如心，即一方为成依他之染净法，亦成染中之遍计执者。故真如随缘，依他似有，所执情有，三者无异。此即不动本而常末，本澈于末。真如之不变，则言其为其能成依他遍计，而又超乎其上，以不变其自性者。故亦终能本其不变，以知依他之无性（即性空）所执之理无；而能舍依他之染中之遍计，以见依他之无性而性空，而即依他以见圆成。是即由末以上达本，不坏末而常本也。

　　《止观法门论》本其言三性之说，而连于止观之说者，大要在即止染以断修恶，而观净以成修善，而归于其即止即观之说。然华严则可谓重在以观摄止，而有其观行论。此盖亦依于真如能随缘，及圆成、依他、遍计三者间，有本末之相贯之故。因本末既相贯，则可即末观本。观染中之遍计理无，即知无性，而可悟圆成之真如之实理；而此观中，即已摄有止在矣。唯此中微细之别，则今不拟深究。

第九章　华严之性起与天台之性具及其相关连之问题

一　综述中国佛学中言"性"之问题之发展与天台华严间之诸问题

历东晋南北朝至隋唐，中国佛学所讨论之问题，与性之一名相关连者，有法性、种姓之性、三性、心识体性、性之善染等问题。般若宗言法性，即诸法之无自性性；而谓有种姓、心识体性者，则虽遮拨一般之自性，同时建立一胜义之自性。此即见有不同义之自性之问题。至遍计、依他、圆成等三性，初乃就一切法之共同的遍计或依他、圆成等相而立。故此三性实皆共相、共性；而属于依他或遍计或圆成之种种法，又各有其殊相、殊性、自相、自性。三性相望，亦各有其自性、自相；而净染之性相，尤显然不同。于是此三性是否异而有相通之处，即成一问题。华严宗于此，乃主此三性相即，为法性宗；而以三性迢然不相即者，为法相宗。此则为主要连于吾人前所谓同异总别之性及价值性之问题。约而论之，此中种种关连于性一名之问题，皆不出于吾人前所谓性之六义之外。唯此诸义之性，又彼此相连，复与佛学之其他问题相连，故成一错综复杂之势。然观整个中国佛学教理之发展，则于一切法之差别，在东晋时期之佛学者，已共许为：可由法性与般若二概念，加以统摄。至于种姓，乃自一有情生命之整体之可能性而说，故种姓之性亦为一统摄性之概念。众生种姓之分，为法相唯识宗所坚持。然天台华严则又或由别教一乘，或由同教一乘，谓一切众生实共一佛种性，以更加以统摄。又唯识宗之于八识差别、三性差别、种现差别、有漏无漏差别，皆分别就其共相自相、共性自性，加以辨析者，在天台华严，亦皆以清净如米藏、自性清净心、法界性起心、心真如之名，或十界一如、一念三千、一心三观等教义，加以统摄。于是此心性之一名辞，亦愈至后来之佛学，其涵义愈丰，在诸佛学名相中之地位愈重要。上文所述性之六义中，印度传来之自性之一义，乃渐全为心之体性之义所代。至禅宗而其所谓自性，乃直指心性自己，若全忘印度传来之自性之原始义。此于下一章当更及之。由是可见印度佛学之以法之一名为主，而以性之一名附属于下者，经千余年之中国佛学之发展，乃转而成以心性为主，而统摄一切法之佛学教理。此中之故，盖唯有溯原于中国思想，原有一重心性之传统，中国学术之原重融通，而不安于徒事分析与排比布列，乃必向此以略摄广之途而趋。鸠摩罗什初来中国，即致憾于此秦人之好略。孰知千余年之后，此秦人之好略，竟亦能广摄印度诸宗之教理，经度其中之种种问题，加以判别融通，以向此以心性之一法统摄一切法，而纳佛学于中国学术思想之传统之大流乎？

然此上所谓摄一切法而归之于心性，唯指中国佛学思想之方向态度，而言其如此。实则天台华严之圆教，亦非即归于一优侗颟顸之佛性真如而止；而人类思想之发展，更终无底于具一合相之一概念之一日。如天台华严，虽皆为圆教，而其所以为圆教者，亦仍有不同。即其本宗之诸祖之相继相承，仍有种种异同，而可见其中思想之发展者。故隋唐迄至宋明，天台华严之间，与同宗天台、同宗华严者之间，乃仍有种种之相互辩论。其问题之直接关连于心性之一名者，则华严宗之法藏澄观之言性起与天台之言性具，即不同，而为一大问题。此一大问题，又关连于佛性是否毕竟有恶之问题，理毒是否即性恶之问题，复关连于心之体性毕竟自何处见之问题，心性与法性之同异问题，无情者是否有佛性之问题，除心之性具、理具三千诸法外，是否一一具体事以及色法亦性具三千之问题，当前介尔一念之心性，是否具三千之问题，心之性与佛性众生性之无差别，自何义上建立等问题。此诸问题，更又关连于圆教之义界之规定、圆教与别教之分别、别理是否随缘之问题，观行之工夫应取真心观或妄心观、缘理是否须断九之问题，以及如何自果上说佛之法、报、化等身之关系，法身是否无色，涅槃三德三障之关系，性与修之纵横之关系等问题。此诸问题，再关连于某一经论之当判归何教、为真为伪，如何科判文句、解释文句之问题。此皆极其复杂，而为自隋唐以至宋明之天台华严之间，与天台宗内部之山家与山外间所争论者。唯自宋至明之言天台华严之教理者，皆有与禅净律合参，而更归于重实行之趋向。至明末而佛教之大德，又皆有一任诸宗并存，即所以为融通之气度。且不仅对佛教诸宗取此态度，即对儒道亦取此态度。而明末之儒者自王龙溪以降，亦多不更辟佛老。故明末之会通三教之论特多，其流风直至于清。于是隋唐至宋一段期间，华严天台之争、天台之山家山外之争中之种种教理问题，人乃视若皆已经解决，而日渐为人所遗忘。实则其中亦包涵种种未尝真解决之问题。此中诸佛家大德之种种论辩，又尽多能如理而说，以曲尽玄微；非仅关涉佛教之自身，而亦关涉具普遍性之宇宙人生之种种根本问题，为中国思想史中一大宝藏之所在，亦一切穷玄者之所当究彻。以吾之疏陋寡学，及此文题目之所限，固不能尽举而论之。此下唯当本上文所言之性之名义，略就所见，试论此中关连于心性之诸问题之缘何而起，以及宜如何融通之方向，以便学者于此中之思想，有一逐渐契入之途。

二 华严宗之性起义之所以立

吾意天台华严言性起性具之异，当溯原于二宗所宗之《华严》《法华》二经之性质。依华严天台之判教，同以《华严》为佛始说其自证境界，如日初出之始照高山。此即吉藏所谓根本法轮，而不同于法华之为佛导三乘归一之最后说之教，譬如众流之汇归大海，如吉藏所谓摄末归本法轮者。[①]简言之，此二者之别，即一直接说与间接说之差别，或直显与开显、流出与会归之差别。[②]此二说法之方式，原不相冲突。故两宗于此共尊二经。两宗之诸祖师，亦多互相影响而互相尊戴；而二宗之义，亦原可并行不悖。然此中如依华严之以佛之自证境界为本，此所自证者，自唯有一法界性起心或第一义真心；一切诸法，即莫非在一相摄相入之大缘起中，而依此心而起。此心既净，则不得说为染与恶。众生有染与恶，由其尚未有同于佛之自证之故；如有此自证，则无此染与恶。是此染与恶，即在理上为毕竟非实而空者。于是其现有之染与恶，亦只为一依于"此理上之非真实"而有之事相，亦即缘此理，而宛尔现起之一事。此事之染与恶，如依理而观，乃毕竟空。此理即其性，此性即能证其空之心之本净之性。此有染与恶之事，亦依此本净之心所起。今于一切法界中一切染恶法，皆作如是观，即见一切染净善恶之法，皆此心所起，而此心即可名为自性清净之法界性起心，而其所起之一切事

---

① 吉藏之判教，克实言之，固非华严天台所能同意。宗密《华严疏钞》，亦尝非吉藏之言。然大体论之，则吉藏之言，非不可说，故今方便取之以为论。
② 续法《贤首五教仪》卷四之二，论天台之同教一乘与华严之别教一乘之五差别，即自直显与开显、会归与流出说来。

之理之性，只是此心之性，则另无性为其所自具。^①克就事相以言事相，固有种种，亦有染恶等相。然于此不得言其所依以起之性，亦不得言起。此起乃自事法之依性而起上说，即自事法之以此性，为其法所具之性，以生起上说，^②则起当属于性，为此性之用。于是一般所谓缘起，其本即在此一性起；一切法之相摄相入，所成之大缘起，即一法界性起心之依法界性，所呈显之大用矣。此即华严宗之所以必言性起，而在性之根本义上，不能言染与恶之故也。

依华严宗在性之根本义上，不能言染与恶，故若谓性亦具染恶，即为只能在第二义上说。至于所以在第二义上可说者，即因此心之性，既能现起染与恶，即可由其能现起，以反溯亦具有此能如是现起染与恶之性。唯除说此心性具有此能现起染与恶性外，同时又当说此心性有转染起净、转恶依善之性。则此心性，即只为在此第二义上兼具染净者。此即同于《大乘起信论》《大乘止观法门论》以一自性清净之如来藏心，兼有生灭不生灭二门，而兼具染净之旨。华严宗之澄观，所以能摄取湛然佛性有恶之思想，

---

① 法藏《华严问答》:缘起无自性，故起。本具性言起者，即其法性，为其法具之性，故名起耳。

② 宗密《普贤行愿品别行疏钞》卷一（华严印经会本）第七页："性起者，性即上句真界，起即下句万法。性全体，起为一切法。法相宗真如凝然不变，故无此起义。此宗所认真性，湛然灵明，全体即用，故法尔常为万法，法尔常自寂然。世出世间，一切诸法，全是性起；则性外更无别法。所以诸佛与众生交澈，净土与秽土融通。法法皆彼此互收，尘尘悉包含世界，相即相入，无碍镕融，具十玄门，重重无尽，良由全是性起也。依体起用，名为性起。"又十二页谓："华严圆宗具别教一乘、同教一乘二义:性起门即别教义，缘起门即同教义。"又澄观《华严疏钞》卷六十二第四页："总有六义，证成性起：一、若取相说，览缘出现，故名缘起；从法性生，故名性起。又净缘起，常顺于性，亦名性起。二、法性随缘，故名性起。三、若以染夺净，则属众生，故唯缘起；今以净夺染，唯属诸佛，故名性起。四、从缘无性，方显性起；又由见缘，推知性起……"

于华严宗之教之中，其关键即在于此。[1] 然此中之性具染净，既只能限于第二义上说，此性所具之染净，乃唯依于第一义之性所起之事而立，于是此第二义之性具，仍摄在第一义性起之下，不可持之以倒说第一义之性起。今若不限在第二义，而泛说性具染净，竟在第一义之佛心，或众生之心性本身，说其兼具染净，谓佛性有恶，则非华严宗之所许。此即宋之华严宗之子璿，所以必以性恶之说为邪说，谓传为智者所作，言佛性有恶之《观音玄义》一书，为伪作之故；[2] 此又即受华严宗影响之天台山外派之智圆，虽归恶之原于人之理性之成毒害用，而仍不说性恶也。

循上所言，吾人可谓华严宗之精神，即在扣紧佛在自证境界中，只证此自性清净之法界性起心，为第一义，以立教。由此而其在观行工夫上，即必然为由观诸法之相摄相入之法界缘起，以求直接契入佛所自证之唯一之真心。此即华严之五教中，所以于天台四教之外别立顿教，其圆教中必包涵顿教义之故。此直接契入之所以可能，则在吾人众生之真心，原即佛所证之真心；心佛众生，乃三无差别。然此中佛与众生心之所以无差别，又更宜由佛与众生心，同以此空寂之灵知为性而见。此空寂之灵知之性，乃吾人当下所具有，亦可当下证知者。此如水之湿性，一触即得。此即圭峰之所以本神会以灵知为众妙之门之旨，[3] 而重在教人本此

---

[1] 宗密《普贤行愿品别行疏钞》卷一，九十六页明谓"总摄染净，归如来藏"为终教义，"泯绝染净"为顿教义；唯"法界性海圆融，缘起无碍，全真心现"，乃圆教义云云。据此则华严之摄天台佛性有染恶之义，乃以其终教义摄之，固不视为圆教义也。至于丁氏《佛学大辞典》引贤首《菩提心章》"具德门中，性具善恶，法性实德，法尔如是"云云，此乃自法性遍善恶说，亦同《起信论》一心二门之旨，而非即同天台之义者也。

[2]《海潮音》四十卷十二月号安藤俊雄《天台宗实相论》，引子璿及普寂、从真之《止观复真钞》《四教仪集注诠要》，皆反对天台性恶之说者；并以《观音玄义》，文拙义浅，非智者所著云。

[3] 宗密《普贤行愿品别行疏钞》（华严印经会本）九十六页，又《禅源诸诠集都序》卷二。

灵知，以求直接契入佛之真心之故。此即直摄禅宗之顿超法门以诠教，而使后之华严与禅，更结不解缘之故也。

三　天台宗之性具义之所以立

然在天台所宗之《法华》，则非佛之自说其内证境界；而是佛所以化导三乘，以同归一乘之最后说。三乘之所以能同归一乘，由于在外面看来，分属三乘之人，实具有同归一乘之密藏佛性。一切众生之所以皆能成佛者，亦因其具此密藏之佛性。此佛性未显，则不能起功德，亦不见其为万法之所自起，遂必不能于此言性起；而只能言众生于所具之染恶之性外，兼具净善之佛性而止。①如佛性为成佛因，亦能成佛果而有无尽功德；即只有如佛之已备办因以生果者，可说果实已由因起。至若尚未备办因，但由世间之众生现有之果，知其有佛性为因，可修成佛果者，即只能言此果具有其因，不能言因实已起此佛果也。据智𫖮《法华玄义》，天台之教，要在开粗显妙，由三乘之教之种种粗，以知一乘之教之种种妙；亦即由世间种种世法之果相之粗，以知出世因之妙；此又即由种种迷惑之有，以知破此种种迷惑之空；是为由众生性中开显佛性。天台即以止观为此开显之工夫。此止观之工夫，如智𫖮《摩诃止观》之所陈，要不外本三谛圆融之理，循种种之方便，更次第观种种阴入、烦恼、疾患业相之境，以上达于观二乘以及菩萨、佛之境；处处即观而止，即止而观，以止观双运。此可简名之为一"始于观染，以求除染而转净，以成上达"之工夫论。此正依于一"摄末反本，或垂迹反本，开粗显妙，而由粗入妙，即众生性，以开显佛性，以转凡成圣"之教理而来。依此教理而

①《华严五教仪》卷四之二，辨性具性起之别曰：具中无起，盖内虽全具，外犹未起故。又曰：起必含具，以外全起，内岂不具故。此即上一节所谓依性起之说，可在自其第二义之中，言性具染净善恶也。

有之工夫论，圣境既初为所向，性体尚待开显，固只能视为所具。其归于湛然以降之持性具之说，以与华严性起之说对勘，亦义有所必至也。

依天台性具之说，吾人众生即具佛之心性，故六凡道中即具四圣道，众生界即摄佛界。其所以又言佛界亦摄众生界，而佛性亦有染有恶者，则亦依于《法华》之旨原是重在垂迹显本，以化度在凡之众生而来。佛既垂迹以化度众生，则佛界即澈入众生界。此一澈入，不只见佛之无量功德，亦见佛界之不澈入众生界，佛界即非佛界；又即见佛不摄受众生之染恶而化度之，则佛即非佛。此摄受，依于佛之悲心弘愿，乃必不能只为超越而外在之摄受，必须成为内在而摄众生同己之摄受。则众生界之染恶，便不能不兼存于此佛之心性之内；而佛之化度众生，亦或不免于与众生作同一恶事，而同居一恶法门中。佛既与众生作同一恶事，同居恶法门，而又欲化度众生，使出于此恶法门之外，则此佛之所修者，又唯是净而无染之道。于是吾人一方须谓佛性中，兼具此染净善恶之法门而佛性有恶，一方亦须谓佛之修唯是善。然此二义中，天台特重前义。而吾人众生之修止观者，必须知佛之心性之兼具染净善恶，方不至将佛之所修者全是善，与吾人之不离染者，视如天地悬隔，误认佛界在己之外；吾人乃可即吾人之染业恶业之所在，以知佛性之亦在是，而全性以起修。故湛然《十不二门指要》五《染净不二门》曰，"若识无始即法性为无明，故可了今即无明为法性"，台家之法性即佛性也。知此，则人之染业恶业，固现在此，此染性恶性，亦现在此，仍不碍吾人学佛之修善，而更不修恶，遂有天台之所谓圆悟、圆断、圆修之说。此圆修等与他宗如华严之不同，在他宗恒由直证佛心佛性或众生之真心真性，本来无染无恶，以起修。故视第一义之心性，为纯净无染者。即唯识宗亦有一义上之心性本净之说。盖知本来无染，则可不见染，此即所以去染。然天台则独以此心性为兼具染净法门。此乃在性上即具此二法门，不可破、不可断，而亦本不须破、不须断。知其本不须断，而更不求断，即可专注目在修上。于是在此修中，人纵居于非道之魔界，亦不见有染法门须舍须断，是即通达于染，无染待断；而其修，便唯是悟，而更无所作。^①一悟而兼通达善染，则如荆溪所谓，"刹那染体悉净"，"迷则十界净秽俱染，悟则十界净秽俱净"。一悟而俱净，此即所以修净而去染，而由圆悟以成圆断圆修，^②以使其修善满足者也。

　　吾人若知天台性具染净之教，亦归在使人专注目于修，而于修中能观染事染业之空，即知天台之止观，所以归在当前介尔一念之心上用工夫之故。吾人凡夫当前介尔一念之心，^③固涵染而为一妄心。然人能即此一念之妄心，而依其所具三千诸法，即假即空以观之，以契归一即中之中道，即依中、假、空三谛圆融之理以观之；则"一念空，见具十法界，即是法性"，是即成一不思议境。"此境无明、法性，宛然具足。既是法性，那得不起慈；既是无明，那得不起悲。观此空，见本性空寂，若虚空。"观此一念心之"五阴即是涅槃，不可复灭，本无系缚，即是解脱"。^④即不待乎人之舍此当前介尔一念之妄心，另观一离妄之真心；亦不待人另求直接契入此心之寂灭之灵知，以求一顿超直悟。凡彼欲离此

① 智者《摩诃止观》卷一谓，谓圆顿者，初缘实相造境，即中无不真实，系缘法界；一念法界，一色一香，无非中道。己界及众生界佛界亦然。"阴入皆如，无苦可舍；无明尘劳即菩提，无集可证；边邪皆中正，无道可修；生死即涅槃，无灭可证。"后四语即无作四谛也。知礼谓唯言性具十界染净，乃别无可舍、可断、可修、可证，而可言无作。故其《十不二门指要钞》曰："他宗极圆，只云性起，不云性具，又不论性具百界，俱论变造诸法，何名无作耶？"

②《十不二门指要钞》上："性恶融通寂灭，今既约即论断，故无可灭；约即论悟，故无可翻。如是方名达于非道，魔界即佛。故圆家论迷悟；但约染净论之。……诸宗不明性具十界，则无圆断圆悟之义。"

③《摩诃止观》卷五："介尔一念之心，即具三千诸法。"此介尔一念之心，即为后天台之所常用之一辞。

④ 并取《摩诃止观》卷十语。

当前一念之妄心观，以别观真心者，乃反见不亲切，而如出自一欣羡之情。宋代天台山外诸家，盖因受华严宗之影响，而主张观真心。山家之知礼，以为此乃坏天台一家教法，而力加以破斥。此实有所不得已。山家之所以终被视为天台之正宗，亦实可当之无愧。即在此山家之能坚持此观妄心，而反对观真心之一点，亦足断之为天台之正统也。

四　妄心观与真心观，与性起及性具中二性之义之不同

然吾人居于今日，欲自外平论天台华严与山家山外之得失，则须知妄心固可观，亦最宜于当下成观，然真心亦非决不可观。盖能本三谛圆融之理以观妄心，而见此妄心之即假即空即中者，即是真心或真心之呈现。人心可反缘，则此真心之呈现，即可转而为所观，如宗密所喜言之珠光照他，还能自照是也。[1] 纵谓此中无能所之相对，真心不可称为所观，然要可自悟。是即见人非无直接契入真心之途。则华严与禅宗之言顿教与顿悟，亦未为非是；而山外之唯以真心为所观，此观之义可同于自悟，则亦无知礼所问若真心为所观，孰为能观之问题。若然，则华严天台及天台山家山外之事，即是两种观法之方便，而皆可随机应用者矣。

至于天台与华严，对佛性之染净善恶之辨，及性起性具之说之所以异，则当追根至于此中性之一名，其所指之别。即华严宗所谓性起之性，乃直指法界性起心之性，而此心性，乃一存在之实体者。如华严宗或称之为性海圆明、性海具德，即见此性唯是体性之性。此体性必有其用，故能有所起。此所起者，在众生界，固兼具染净善恶，如《起信论》之言，一心生二门。华严之澄观，

---

[1] 如宗密《普贤行愿品别行疏钞》卷一，一一九页，以"即体之智，还照心体。举一全收，举理收智，智非理外；举智收理，智体即寂。如一明珠，珠自有光，还能自照"。

固亦明受天台湛然之影响，而用不断性恶，以言性起之义。① 然此
实仍是在第二义上说。自净能夺染上说，则第一义之性或佛性上，
仍当泯绝此第二义上之染，以言其真净。故谓依佛性论，唯以清
净法界为法身。然在天台，则谓在第一义上之佛性亦有恶，而天
台宗如知礼，即径言天台之所以异诸宗，全在此性恶之一义。此
便与华严宗，似仍有一根本之冲突。然实则亦非必不可销之冲突。
因溯天台所谓性之义，初乃本《法华经》所谓十如是中之如是性
之义而转出。此所谓如是性，与下文如是相等，乃就十界之种种
范畴法相而说。故此性初未必有体义。而《观音玄义》《大乘止观
法门论》，所谓染净善恶之性，吾人于上文已言其只是就染净善恶
二法门之不改，而名之为性。此所谓佛性之兼具染净善恶，亦唯
克就佛之有此不改法门，以与众生同作一恶事而言。此中之法门，
乃佛所出入，有如房屋之门，中虚而无实，而可供人出入，即见
其非实体。此义同于法之性，实非体性之性之谓。众生在染恶门
中，佛化度众生，亦在此门中。此门不改，则众生与佛，同此一
染恶之性。此乃离于一切实体实用，而纯同于吾人前所谓价值义
之性者。就价值义之染净善恶之性说，吾人固可谓净终是净，染
终是染，善终是善，恶终是恶，其自性无改，其自身之法门如是
即如是，则佛固不能使之改。佛既可作在此法门中之事，自亦可
说佛具此法门以为性也。

　　然对天台之所谓性，吾人如以体性之性义衡之，则佛虽与众
生同作一染恶法门之事，其迹同，而其心则不同。佛由修善满足，
所自证之境界，或佛之心性之体中，毕竟全幅是清净纯善。佛之
一切化度之迹上之恶与染，乃皆依此清净纯善之心性之体，所表
现之作用方便；则佛之心性，固不可说有恶与染也。缘是而众生
所具之真心真性，若与佛之心性同，其中亦固不可说真有恶有染

① 如《华严疏钞》卷六十二，八十八页。

也。说有恶有染，唯就此心性之全体大用未彰显时之事上说。则对无此事之佛上说，或克就此事所依之"其染恶之毕竟空之理"上说，固不能言有恶有染也。若必说此中仍有恶染，则只能是一虚而无实之法门轨则，谓此为性，此乃纯自此法门轨则之自身之如是如是而不改，以谓之为性，则虽曰心性，实即只一般之法性。如知礼《金光明玄义》所谓"法是轨则，性是不变"之法性，此即心性即法性之性，决非指一实有之性体。于此谓性具染净，亦非谓性体具染净之谓。若必谓性体具染净，即只能如《大乘止观法门论》或《大乘起信论》之由自性清净心或心真如之兼贯澈染净法，以转染以成净处，说此性体在第二义上性具染净；固终不能在此性体之第一义上，说其兼具染净善恶也。若然，则天台于此，便仍将认许华严在第一义上言佛性真净之义矣。故本吾人之意以观华严天台之所言之性，实各是一义，各有所指，而性之是否兼具染净之说，乃各有所当。天台华严之言性，与所立之教，即是各说一法门，亦各在一法门中出入，若相交涉，而实不相交涉。此亦其所以得并行而不悖之故也。

五　缘理断九、非情成佛及别理随缘诸问题

上述华严天台之言性，乃各据一性之义以为言，固可并行不悖。然因华严所重者，在言一佛所自证之法界性起之真心自性清净，以及缘此而有之佛之功德之无尽等；则华严宗所向往之境界，即对吾人在凡之心识，多显一超越之色彩。天台之言佛与众生之性，同此染恶，则佛与世间众生，更见其相即而不离。由是而天台之学者，其能本三谛以观妄心之眼光，以视人之本《华严》之教理，而作真心观之工夫者；即又可视之为只缘一佛界之真心，而断九界之妄心诸法之染恶者。此即知礼之责"缘理断九"之论所由出。又华严宗及天台宗中受《华严》影响之山外，其观佛与

众生，依缘理断九之说，乃只见其同此一真心；则在"心佛众生，
三无差别"之三者中，只有此心为第一总摄之概念。如《华严》
所谓"心如工画师，能画诸世间，五蕴悉从生，无法而不造。如
心，佛亦尔；如佛，众生然"。依此义以说佛之具天台所谓三千诸
法，与众生之具三千诸法，即皆当本于心具三千诸法，而后能立。
然依天台山家之教，则重在此"心"之即存于实际之佛界与众生
界之中，遂不必唯以心为总摄，而可视心与佛、众生三概念之所
以能总摄，乃各自一方面言者；其总摄之效用，亦齐等无高下；
而山家乃可责华严与山外，尚未能实见此三者之无差别矣。^① 又
在华严宗，以修之根据，依性而起，性亦即见于修，此固亦为性
修不二之圆教义。然在华严，不谓真心之性有九界之染恶，性乃
纯净善，则在性之自身上，便不能见对此染恶之销伏义与修治义，
因其纯净，在性上更无染恶之可销伏也。天台则以佛性有此一恶
法门，而佛性之善法门，又直对其恶法门以及恶事，显其销伏义、
修治义；然亦终不自此善法门之具此销伏义、修治义，以言此恶
法门之可断。一切恶法门，在此义上乃永恒不变，而善法门亦永
恒地对此恶法门及恶事，以有此销伏义、修治义；^② 而吾人乃可即
在此恶法门修恶事之际，以见有对此恶事恶法门，具此销伏义修
治义之善法门在。于是吾人乃能即此吾人之染恶事与染恶业之所
在，以全性起修，即此"障性中之般若解脱法身之三德"之三障
之所在，以开显性德成修德，而由观行工夫以实证得此大涅槃之
三德，以成佛果矣。又依华严宗，以真心为法界之大缘起之本。
此真心固能摄一切法，然一般心识与色之法，其地位则不得与真
心并；而在第一义上，遂不得言真色亦能摄一切法；乃于色法可
言其有法性，而不能言其有佛性。于是言佛性，只在有灵知之心

① 知礼《十不二门指要钞》上。
② 按此当即当天台之教通于净土之忏悔之处。

能自觉者上言，如草木瓦石，则虽有法性之真如空性，然不能言其有佛性能成佛。[1] 若在天台，初固亦以观心为本，唯言心与佛众生无差别，[2] 不言色与佛众生无差别，天台所兼宗之《涅槃经》与《大智度论》，亦有佛性法性之别，谓非有情物，如墙壁瓦石等无佛性。顺此义，亦宜只许心摄一切法而具三千诸法，或此心之真如理，能具三千，不宜言色具三千，一切具体事皆具三千。然顺天台宗重佛法与世间法相即之义而发展，乃竟有如湛然之泯除法性与佛性之分，有情与非情之分，所主之无情之草木瓦石，亦有佛性能成佛之说。下此而有如知礼之言心法具三千，色法亦具三千，理具三千，事造亦三千之说。此中法性与佛性之分、有情与非情之分、心色之分、理事之分之所以可加以泯除，而认为同具三千诸法者，则由吾人之观行之工夫，原可即事依理以成观，可观心或观色，亦可观此色心之不二；而依即空即有即中之三谛圆融之义，以观色心，固原可见得此色与心之实际无二，一色一香之无非中道也。循此以思，则当众生成佛之际，即不可只说众生之心成佛，其身与土不成佛。众生之为众生，有其依正二报，以

---

① 《华严普贤行愿品别行疏钞》卷二，九十一页："性净在有情界，即名佛性；在无情界，即名法性。"《华严疏钞》卷二十五，四十五页："第一义空不在智慧，但名法性；由在智慧，故名佛性。以性从相，则唯众生得有佛性，有智慧故；墙壁瓦砾，无有智慧，故无佛性。"又卷十五，四十一页："人有灵知之觉，今第一义空，与之为性，故名佛性。非情无觉，但持自体，得称今真性，与之为性，故名法性。……《智论》：在有情数中，名为佛性；在非情数，名为法性。《唯识》亦为证前。即第十论云：又自性身，依法性土。虽此身土，体无差别，而属佛（与）法，性相异故。……此公意云：属佛是相，属法是性……以能依名所依，为法性身。"此即兼举《般若》《唯识》，以言一般法性与佛性，乃一属佛与一属法而当分者也。又卷三十九，七十七页，对非情是否有佛性之问题，则较取一融通之见解，而曰："以性从缘，则情非情异，为性不殊，如涅槃等。泯缘从性，则非觉不觉，本绝百非，言亡四句。若二性互融，无非觉悟。起信以色法即智性，说名智身，以智性即色法，说名智法，说名法身。"今按此中之二性互融，以通情与非情、智与色之言，即同于湛然之言无情有佛性之旨；然此二性，亦可不融而说；则仍可言情非情异，而可不许无情有佛性也。
② 此即上文所引"如心佛亦尔，如佛众生然"一语之晋译。

有其根身与器界。佛亦有其依正二报，以有其报身与报土。此报身报土与佛之法身不可二，则众生成佛，即其依正二报，其根身器界全成佛，其器界中之一切草木瓦石，俱时成为"与佛之正报法身不二"之"依报之佛土中之草木瓦石"。于是佛之成佛，即无异草木瓦石皆成佛。乃不容人于此作草木瓦石，为非情之想，亦不容人于佛之报土中之草木瓦石，作未成佛之想。[①]吾人于此，只须兼能揽因果、自他、依正，以观己心与佛及众生，知"即我心、彼彼众生，一一刹那，无不与彼遮那（佛）果德身心依正，自他互融，互入齐等，我与众生，皆有此性，故名佛性。其性通达，不于佛之依正中，而生殊见"（语皆见《金刚錍》）。则于吾人所见之世界中之草木瓦石，固当言其有佛性，而亦当视为吾人成佛时之依正二报之所在，而与吾人之成佛，一时俱成者也。此无情有性之说，纯本吾人众生与佛之自他、因果、依正不二之义而立，亦本于众生与佛之心及其依正二报中之色法亦不二之义而立。本此心色不二之义以观，则心具三千诸法，色法亦具三千诸法；正如在阿弥陀佛之报土，不仅佛能说一切法，林池树鸟，亦皆能说法也。至于吾人在当前之观行之工夫上，虽要在现前介尔一念之心上起观，此乃唯因吾人处下界，多执着色之故，然亦未尝不可在色法上起观，如观"一色一香，无非中道"。至于在上界众生之多执着心识者，则正当在色法上起观，则心具三千与色具三千之义，即皆同不可少而平等不二矣。

凡上所说天台宗后期思想之发展，其反对缘理断九，重心佛众生之无差别，言性修不二、无情有性、色法心法同具三千等义，以别于华严之重直观真心，皆表现天台之重即具体之世间法以修观，而开显佛性之精神。缘是而知礼之发挥智者所传之众生即佛

---

① 湛然《金刚錍》专论无情有佛性之义。《止观辅行传弘决》卷一之二，亦略言十义以明之。

之六即义，即特说明此"即"，乃当体全是之"即"；^①而在其心目中之圆教之标准，亦即较华严宗所论，更为严格。今按华严宗，圆教之事事无碍，即摄终教之事理无碍义。《起信论》之谓心真如为缘起之法界之万法之本，即能随一切缘起而不变，即事理无碍之终教义也。华严宗谓圆教、终教同有此真如随缘不变之义，此即其异于始教别教之真如之不随缘者。天台山外亦承受此义，以分辨别教与圆教，谓真如随缘即圆教义。然在山家知礼，则谓只真如理能随缘，尚不能称圆教，而可只为别教。此即所谓别理随缘之说也。观知礼之意，盖谓只言真如理随缘不变，尚只是克就真如理自身而生之论。此真如理，唯佛能自证，则此亦是克就佛之所证而生之论。今吾人于此，若不能于当下介尔一念之心，观其性具十界，亦具佛界，与佛所证之真如理，则此随缘不变之真如理，仍为超越外在，与吾人当下之介尔一念之心，隔别不融，不能在"当下一念之观一心中得"，即不能称为圆教。只依此真如不变随缘之义，人如不能免于妄心，又不能于此能证真如之真心，直下有契入，便亦在观行上，无下手处。故必须兼许此当下一念妄心，本具足三千性相，百界千如；并即此妄心之染恶之在恶法门中，而本上所说全性起修之义，以起观行；乃能即此妄心之境之假，而观其即空即中，直观蔽中法性，^②以去思议取不思议，达阴境成不思议境，以开显此法性，即开显佛性也。此处乃真有圆顿止观之工夫之可说。是见天台山家之所以主别理随缘，谓华严

---

① 《十不二门指要钞》卷上："应知台家明即，永异诸师。以非二物相合，及非背面相翻，直须当体全是，方名为即。"

② 《辅行记》二之四："今观蔽中法性，但观贪欲即是法性。法性无性，是故名为世谛破性，即是性空；此性即法，法体即空，名为相空……贪欲即是道，恚痴亦复然。若有人分别淫怒痴及道，是人去佛远，譬如天与地……淫怒痴性，即是解脱，一切尘劳如来种。"此天台妄心观之切挚义，全在直对淫怒痴之妄心，直下以空假中之圆融三谛观之，而即观即止，见性解脱。吾人今纵不及道其详，亦可粗会其为一不动声色之霹雳手段，以去思议取不思议者。其中固有大慧存焉者也。

宗以真如随缘不随缘，判圆别之论，为不然，亦皆由其重当下之
"观行即"之意而来者也。

　　此文乃就天台思想之发展，其山家对山外之华严思想之抉择，
以见天台宗一贯精神，乃在即此世间而开显出世间之道，以即众
生性而开显其佛性。此即纯为一垂迹以显本，摄末而归本之教法。
其一一教理，实亦唯依此观点，而次第开出建立，以自别于他宗。
然此亦非谓其有此诸教理，即必然胜于华严宗一筹之谓。因自《华
严经》直说佛自证境界者之为一根本法轮言，即非《法华》之摄
末归本法轮所能代。依华严宗之直接标出一自性清净之法界性起
心为宗，以统法界之大缘起，亦可自成一法界之缘起观。华严宗
固亦非只有教无观。华严宗之法界观，或不如天台之即介尔一念
心之心，以观其具三千诸法即空即假即中之切挚，足以称尽精微
而道中庸。然华严宗本其四法界、十玄、六相之论，以展示"无
尽法界，性海圆融，缘起无碍，相即相入"，如因陀罗网重之无
际，"微细相容，主伴无尽，十十法门，各摄法界"，[1]而依之以成
观；则可以拓学者之心量，以致广大。由华严之教观以通于禅，
以直契一念之中之"昭昭不昧、了了常知"之灵知，则可以导人
于极高明。凡此上所述天台宗山家对山外所接受于华严教义之料
简，在华严宗与山外，亦非必不能答。吾人居千岁后，试推度当
时之天台家山外之所以承受此华严教义，而主真心观，主心法具
三千，色法不具三千等义，亦必有其自信不疑之处。唯其书多散
佚，今不得而详考耳。吾人在今日，如代华严宗与山外之人构思，
前文已指出真心非不可观，即不可观，亦可悟之义，又已指出得
称为性体之佛性，必以无染恶为第一义；则吾人今如欲更为"心
具三千色不具三千，无情之物有法性而无佛性，毕竟不如有情者
之实能成佛，以及心法为佛法众生法之本"，更建立理由，加以说

————————
①《华严疏钞》卷四。

明，亦非不可能之事。顺天台之言一心三观之原始义，亦原非全无向"只许心具三千，将草木瓦石，唯摄在一心中，不更言无情有佛性，只以一真心为佛法众生法之本之山外义"而发展之理由。唯如此则较远于天台原始之垂迹显本、摄末归本、重观行即之精神，而天台将失其自家教义，难以自别于华严，亦失其若干切挚之教义耳。然吾人如立于天台宗之外，而顺华严宗之所宗"原是佛自说佛心之自证境界，以立根本法轮之《华严经》"以观，则在佛自说之佛心之自证境界中，固不宜如天台宗之说佛性有染恶等，亦不宜如天台之言色具三千，更由佛之报身报土，以辗转说到草木瓦石之成佛也。故依吾人之意，以观天台宗之教理，仍未必能代替华严宗之教理。此中大问题，仍在华严之法界观之致广大极高明之价值，毕竟是否能与天台之止观之尽精微而道中庸之价值相比。吾意如依哲学与审美之观点看，则华严之通透而上达，盖非天台所及；若自学圣成佛之工夫看，则华严之教，又似不如天台之切挚而警策。然自人之求直契佛所自证境之目标看，则徒观佛所证之境界之相摄相入，又不如直由一念灵知，以顿悟己心即佛心，更不重教理之诠说者之直截。然此后者则尤为禅宗所擅长。华严宗与禅宗相接，而真正之禅者，则又尽可视作华严之法界观之工夫，如法藏之言种种百万法之相摄相入者，如贫儿之说他人之富贵，画饼之终不能饱。昔人言不读《华严》，不识佛家富贵。然识佛家之富贵而仍为贫儿，则亦未胜于不识。则禅宗之重心悟而弃教观，即又可视为华严宗之向上一着。故于此下一章，略说禅宗之见本心、悟本性之法门。

第十章　禅宗与佛学他宗及惠能《坛经》之自性义与工夫

一　禅宗之向上一着义

吾人于上章之末，言禅宗重心悟而弃教观，此即不特与华严之言法界观者不同，亦与天台之言止观者有异。天台华严皆依教理以修观，禅宗则初无华严天台之一套教理。天台华严之言修观，至少在初步，须辨别种种能观心与所观境，而禅宗则教人直接自悟本心。在此自悟中，无能观所观之别，亦无能悟所悟之别。此自悟为工夫，而此工夫只是一本心之体之自己昭露呈现。此即可将佛家所言之教观，全摄在一"道在心悟"一语中。然自禅宗之兴起之历史看，则禅宗与佛家诸派之教理，亦非无关系。禅宗之借教悟宗之事，可言者亦甚多。世传为禅宗之初祖达摩，尝以凝壁住壁观为教，亦初由深信含生之伦同一真性，而由理入；此理为性净之理，即为借教悟宗者。① 故达摩尝以《楞伽》四卷授学者。世传为禅宗二祖之慧可，亦讲《楞伽》经义，摄山讲三论之慧布，亦参慧可而得其意。后之牛头，亦初学三论，世传为四祖之道信，亦教人念《般若》。至于开后世南禅之惠能，据《坛经》所载，初闻人诵《金刚经》，其师五祖弘忍即为讲说者；亦尝听印宗法师无尽藏尼讲

---

① 汤用彤《两汉魏晋南北朝佛教史》七八五页至七九〇页，颇述早期禅宗与《楞伽》《般若》、三论之关系。

诵《涅槃经》。今按《金刚经》言般若义、空义、无所得义，未明言性，《涅槃经》乃言佛性。惠能之言"明自本心，见自本性……一切万法，不离自性……何期自性本自清净，何期自性本不生灭，何期自性本自具足，何期自性本无动摇，何期自性能生万法"，初盖由其有所接于此《涅槃经》一流佛性常住思想而来。若惠能只闻人讲诵《金刚经》无所住而生其心，未必即能悟此即佛性之"心之自性"；《金刚般若经》中，固无此自性之一名也。《坛经》之《般若品》，言及佛性，尝谓："佛性非常非无常，是故不断，名为不二……佛性非善非不善，是名不二……不二之性，是名佛性。"今按佛经最多言不二之义者，乃《维摩诘经》。此所谓佛性非常非无常，则出《涅槃经》。然《坛经》之用此一语，又有与《涅槃经》异义者。即《涅槃经》之此一语，乃自二方面说佛性。佛性非常者，非世间之常之谓；非无常者，乃谓一切众生，同有常乐我净之佛性之义。《涅槃经》要在说明后之一义。而《坛经》则盖只取此一语，以破二边之执，故《顿渐品》惠能又言佛性无常，以破佛性常之执。此即纯为《般若》、三论之言双非两不之旨。其本此旨，以言非善非不善之不二之性，是名佛性，又见其不同于贤首慧思以性净心兼观染净法，即净法以知净心之正面的教法；而为一意在教人超出染净善恶之相对，由非善非不善，以求上达此净心，而亦不见其净之教法。《坛经》所载神秀偈："身是菩提树，心如明镜台，时时勤拂拭，勿使惹尘埃。"此正是求此心如明镜之净而自去其染之教。惠能偈："菩提本无树，明镜亦非台，本来无一物，何处惹尘埃。"则是不以看心之净为教，而纯本般若宗之不可得之义，而本之以言"心之无善恶二者之相对之性，不自视如明镜之净，亦不更见有尘埃之染，而超此染净，于染净心皆不可得，即所以见此心之性"者。便为又一创造性的心性之工夫论矣。

由此工夫论，而惠能之言"自性能含万法是名为大"之义，遂曰："若见一切人，恶之与善，尽皆不取不舍，亦不染着，心如虚空，名之为大。"又言"兀兀不修善，腾腾不造恶，寂寂断见闻，荡荡心无着"。是皆明与昔之佛家之立教者，必言舍染取净，去恶成善，语言上有所不同。然何以此不见善恶染净，可为见本心见本性，以悟心成佛之道，今亦须试加以说明。

按人在舍染取净去恶成善之时，其心初固皆见有染净善恶。然舍染取净之目标，则在无染无恶。当无染无恶之际，自当无染恶可见。至人之取净为善之事，依般若之教，则在人既有净有善之后，亦不当自谓有此善此净。如其有之，则又成执，生大我慢。故人之修道，理当归向于超善恶染净之一境，方为至善至净。由此以言心体之善恶染净，便当说此心体之最上之一性质，即无善无恶，无染无净，而毕竟空。此即通于《般若经》之教。依此以言，则对《大乘起信论》之言自性清净心体兼有生灭真如二门、《楞严经》之谓一自性清净妙明心而能有尘劳、天台之言性具染净、华严之谓真如不变而随缘成染净诸义，即皆可不须说。如既说之，亦还当超至此染净善恶等之上，以求直下与诸宗所说"具染净成染净而超染净"之净心或心真如，直接相契，以有此净心之自觉方可；而既契在净心，又复不当自谓其所见之心体为净。因如自谓其所见为净，则不特有净染相对，而一心分成所见与能见，亦分成能观与所观，二者相对，已落二边。此便即非真正之净心自觉。真正之净心自觉首应无此能见所见、能观所观之相对。由是而学人之徒自信有净心在此染净心之上者，亦即为其当前之心与净心，或能信之心与所信之心，二者尚遥相隔而相对之故。吾人若真欲自觉自见得此净心，亦首应无此中之相对相隔，自亦应无此心与此心之净为所见。亦必无此所见之"心与净"，方为此心之真正自见自觉，而自悟其心之真净之性。夫然，而人真欲明心见性，成道成佛，便当求直接契入此无染无净无恶无善之一心境，即此一心境，以悟此心之性；方能使此心自明，此性自见，是为明自本心，见自本性，而自悟心以成佛。此中之工夫之要点，纯在由一切能观所观、染净、善恶及其他种种相对者之中间，直心上达，以超拔于此一切染净善恶等相对之外。人在其舍染取净之一般修道工夫中，亦必须由其所知之染净，求向上一着，以深观此能舍染取净之心，乃以无染无净之可见为归者，方可契入此心此性之无染无净、无善无恶，而顿超直悟至此第一义之本心本性也。

惠能自谓其教是为上上利根人说之顿悟顿修之教，即必须上上利根人，乃能受此教之谓。盖世俗人，唯溺于染，其心恒外驰而不知返。修道者初唯见染，其所殷勤从事者，亦唯在观一切染，而一一去之，如在小乘；必再进一步，乃能知向于一切善法。然于此人又或不免自执其所行之善；遂当更上求般若之教，或上探能具染净成染净之本心净心，以超拔于一般所执善恶染净之上。此中，人之上探此本心净心，又或视之为超乎吾人现有之心上者。人于此，如只自下望上，能所相隔，即仍尚在沉迷，如上文所说。今人若欲自见其尘劳万种之心，即此本净之心，则非此心能直下顿超其尘劳万种不可。人欲有此顿超，自又须自超其"自下望上，能所相隔，以自观此净心态度"而后可。大约当时之神秀一派，即以观心之如明镜之净为教法。据神秀下之普寂所传之禅法，亦即以"起心看净"为宗。① 然依惠能之教，则此起心看净，亦还须超拔，因有净可看，即落能所二边，亦如前说。故必再迈过此一看净之修持工夫，而直不见有此如明镜之心，亦不见有染净善恶等。此即非上上利根者，不能一步越过此层层之一般之修道工夫与其中之意见执着，以直契此最上一层之工夫也。

① 胡适有《新校定的神会和尚遗著两种》一文。(《中央研究院历史语言研究所集刊》第二十九本) 由此文可知承惠能之神会，如何反对承神秀之普寂之起心看净之说。如自佛教思想史观之，普寂、神秀之看心之净，其教理之渊源，应即《大乘起信论》以来之自性清净心之说，而惠能则能真知此心之不可为看之对象者也。

二 禅宗之施教方式进于般若经论之处

吾人今若再就印度及中国之佛家之传统的教法之观点以观，便见惠能实开出一佛家施教之新方式。此中关键，在惠能既能本般若之观点，以说其前之佛学所重之本心本性，而谓人不当于此见有净心，以超拔于染净善恶之外，同时亦用此本心本性自性之名言，将"印度传来之般若宗之一往遍观法空之态度，与诸宗对法界八识三身四智所说之种种义谛，以及种种工夫"，一齐收摄于此"自明本心、自见本性、即心即佛"之教中，使人可于言下顿悟，而不待外求。由是而惠能之教所表现之精神，即无异一般若宗之精神与中国以前之重本心性净之教之一新综合，其所以能成为后之中国佛学之主流者，其故盖亦在此。

印度之般若诸经，固无不重说般若、说空，而重无所得、不可得之义；然观其论说之方式，则实重在自各方面去说种种法之不可得，说种种之空，与种种观空之般若。说般若者，固初不自为此对种种法，作分类之事，此为其异于法相宗之经论者。然印度他派哲学及法相宗等，原已有其对种种法之分类在此，则说般若者，即恒须顺之，以说其不可得，说其空，以有其种种之般若慧之表现，而有种种之般若可说，种种之"不可得"可说。此说不可得、说空、说般若之言之数，亦在原则上，可与人所能说为实有之法之数相当，而尚可更多过之者。因人说有一法，此法即可成执，即当有一说其空之言，以说其不可得而说其空，以破其执。但此言又可成执，为防其执，又须兼说其空。于此，说空之言即已多于说有之言二倍矣。下此以往，若言再成执，则成无穷。由此而吾人可以了解：何以世传佛说般若二十二年，历时最久，而今存《般若经》尚有六百卷之故。此六百卷《般若经》固多重复之处，然亦多分别各陈一义。吾人今即不加以全读，而只就智旭之《阅藏知津》，对

《般若经》各部之要义之陈述以观，已可知其中之义谛实丰。龙树释《般若经》之《大智度论》，其立义又有更丰之处。故真善说般若者，亦确未尝不可有无量义可说。佛菩萨以无量寿说之，亦终不可尽。此中之故，全在说般若者，可顺世间法执，一一举出而说之之故。印度言般若之经论，亦确皆是分别就世间计执，一一分别举出说之，此其卷帙之所以为繁。即中国一般人所视为较简而勤诵读之《金刚经》，今观其次第由种种境行果之法，一一说其空，即仍是此路数。至简者，如《心经》，仍是自五蕴之色、受、想、行、识，四谛之苦、集、灭、道等，一一说来。凡此等等说空之经论，皆是顺应印度人所重之一切法之种种之分类，为其说空之底据。故吾人可说，印度之佛学中，其正面的依一切法之类别，而分别说其依种种不同之因缘而生者，为法相唯识宗；而其反面的由一切法之缘生即空，而仍顺一切法之类别之分，以说其所涵之空义者，为般若宗。此即空有异轮，而实不异也。

然此一印度经论说空之方式，因其乃顺一切法之类别而说，则人之读之者，即仍须沿一次第之历程；而由此所见得之空义，即初仍不免为一平铺于一切法之类别之上之种种空义。人缘此所证之空，最后则当为遍满法界之大空。至于当人往求知此种种空义或证此遍满法界之大空时，此种种空义、此大空，即成人之所求知求证，而今所尚未得知得证，而似在外者。此中，人即未尝不可有一对此中之一切法之种种空义之一驰逐，或外求证此大空之一驰逐，此即又成一最高级之执取。诚然，善言般若者，固可更说空，以更破此驰逐执取。然说般若者所遗之经论，赫然在此，则闻者仍不能不念及此中之种种空义，或有未为我知者，而视之为在我之所闻之外，即仍可生一加以执取之心。此即般若学者之一大病痛，而可使其永只"口说般若，而实不知般若义"者也。在此处，善说般若者，便不当示人以经论在此，谓汝当勤读；而当唯以直使学人自去其执，以知一般若义，而有所证于空为事。

如学人不再更执此空，则亦可更不说"空此空之执"之语，以使语又成病。夫然，故真善说空，而又意在使学者自证般若者，便须先教学者放下一切经卷，亦不须于一时将一学者以后所可有之迷执，前曾有之迷执，一一分类，举而说之。因此中之说不可尽，而对学者之当前迷执之破除，并无直接之用处；而徒引其心外驰，以瞻前顾往，乃翻自陷于当下未有而可能有，或昔曾有之迷执之中也。此中所需之使人去执，以知般若义而证空之语，只宜当机对学人之当下之特定所执而说。此说之目标，亦只在使学人当下去其所执，以有其当下之般若慧之呈现。至于当下之特定所执外，学人心中，其前时后时之其他一切执，既本不在当下，便亦非当下之执。克就其不在当下而观，即不待破而当下实已是空。人果于此能知其不待破而已是空，则只须此当下之特定所执真能空，亦即可登大王路，立地证一切法之空，一念直趣佛地，以见性成佛矣。是见善说空、善弘般若教者，最后便必须归至其一切言说，皆只成为当机对执而说，不先作空之类分，亦不作般若之类分者。缘是而其说空说般若之言，即亦势必归于无一定之次第，或一定之成型规矩者。其言说既当机而应，亦才应而即止。学人若于此有所悟入，则千万语不为多，一语一字亦不为少，而皆可当下圆成具足，无欠无余。此即惠能之承《般若经》之精神，而变其分类而次序说空之方式，所开之一"无类可分，以及无次序可定"之直下教人空一切善恶染净之种种迷执之施教之方式也。在此施教方式下，一切般若经论，以及无量经论之言，皆可由说者之就其当机之所宜，加以自由运用。于是一切经论其立论树义之方以智者，到此皆可在一自由运用之圆而神之最高般若慧之下；而其中一一之言之意义，亦皆自其在经论之系统中之原来之地位，超拔而出，而可随不同之机，以显其无穷之妙用者矣。此则昔之言般若者所未及，而为由惠能所开之禅宗所达之境。然此又亦正为顺般若宗之精神，至乎其极者，所必至之境也。

然真欲学者达上来所述之境，而使人当下见此般若，仍必须有若干基本的名言或观念，作收摄人之一往向外驰逐之心之用；然后人之学佛者，乃不至如唯识法相宗之徒，一往求观一切法之有；亦不至如一般般若学者之只知分析种种之空义，以自溺于对有对空之种种知见，而自陷于其高级之执取之中。禅宗于此，乃用其前之中国佛学之心性之名言，以为此收摄心思，以回归于内，以便实见此般若之用。由此而有自性般若、自性菩提之名，及明心见性、自见佛性、自悟成佛、即心即佛之言。然此中所谓性、自性，则又与印度《般若经》之言法性实性实相者，初不原自同一之思维方式而来，亦初不同其义。惠能之禅宗，本其所承于其前中国佛学所言心性之义，乃更加以融通，而摄入于其新造之用语之中。及至禅宗之用语，为后世之所习知，此诸名言之原义，乃反为中国人所忘矣。

依吾人前专论般若宗一章之所论，印度般若宗所谓法性实相，乃指一切法之缘生无我，所显之空相、空性。此乃克就一切法，而言其具此空相空性。此一切法中，固包涵心法，心法中又包涵凡夫之心法，如诸烦恼法，以至学圣者之心法，如六度万行之类。依《般若经》，此一切法同具此空相、空性，凡夫之烦恼法与学道者之六度万行，亦无不具此空相空性，以至吾人之观此一切之观，亦具此空性空相；种种观空之观法，亦具此空性。是为一切空观。然无论吾人之一切空观所观者如何广大，此空观之转进如何深入，其中要有此中之所观之法。此空法空相，乃克就诸法之空相以言其相，而即此相，以言其性，此乃印度般若宗所谓性相之原义。此初与法相唯识宗所谓性，乃由一一法之现行而分类之，并溯其究竟之因等，所立之性，固不同其义；亦与克就人之修道历程中，直接内省其所以能修道而成圣成佛之根据之心性，初不同其义。此后一义之心性，如所谓佛性、如来藏、净心等，皆有其正面之善的意义。此乃因在一般之修道历程中之人，初重在自去其染与恶，故必须有对其佛性如来藏等之善之正面的肯定与自信，乃能自励其舍染取净、为善去恶之志之故。然在惠能之禅宗，则盖先承此《涅槃经》言佛性之思想，又进而知人之另有一"直超于染净善恶之对待之上，直契其心之净，亦不自见其心之净，以自证其心之非染非净、非善非恶"之一法门。于是对此所谓本心本性，亦直下本般若宗之旨，以言其乃"非善非恶、非净非染、自性真空"，以为其本性。见此本心本性之自性真空者，乃是般若，于是般若亦本心本性或自性所固有，故名曰本性般若，亦名曰自性菩提；而般若之见本心本性或自性，亦同于此本心本性之自见，亦即是此本心本性之自呈现。由此而在惠能，般若宗之般若之义，与中国佛学传统中之心体自性本性之义，其原为二义者，今即由"此心体或自性或本性之依般若而不可说之为净，不可看之为净"，以相融为一义。于是在般若经论，原用以指一切法之空相空性之名，即转而唯用以指吾人之心体本性自性之自身之空性空相，而不重在用以遍指一切法之空相空性矣。此即惠能之所以能以一本心或本性或自性之名，绾摄以前佛学传统中之心体自性之义，与般若经论中之空性空相法性之名之义为一之故也。

三　《坛经》之摄归自性之言说

由吾人上来之所说，惠能所开之禅宗，乃顺般若宗之精神而至于其极，以表现一自由运用语言，以使人见此般若之施教方式；而此方式即一顿教法门，以使人自明其心自见其性之超于染净之上，而知此自性即般若者。故惠能之教，乃以即般若之自性，摄般若经论中所谓空性法性之义。由是而进一步，即为将佛家诸宗所传之法界、八识、三身、四智，及一切修行之工夫，皆就学者之所问，而随机以答，以作人当下明其本心见其自性之用。在此随机之答中，对此诸名之义，亦即必将收摄之于吾人之本心自性之内而说之。此则即就《六祖坛经》之内容，而略加分析而即可见者。然此亦非谓惠能之意，在将一切佛家诸宗所传之名相，皆一一以本心自性之概念为之说明，以见其皆不离此自性本心，无溢出其外者之谓。若然，则又成印度之唯识法相与般若诸经论之思想形态，非禅宗之思想形态矣。依禅宗以观，穷一切法之名相而尽论其有与空，固不可能之事，而亦不必要之事。此皆所谓戏论，而无补于教者之当下之说法利生，亦无补于学者之言下得悟者也。此义上已详之，今可不赘。下文举《坛经》之言，亦唯所以证其施教之方式，在处处引归自性本心而已。

《坛经·疑问品》，人问升西方净土，惠能谓心净即佛土净，"东方人造罪，念佛求生西方；西方人造罪，念佛求生何国？凡愚不识自性，不识身中净土，愿东愿西；悟人在处处一般。……世人自色身是城，眼耳鼻舌是门，外有五门，内有意门。心是地，性是王，王居心地上。性在王在，性去王无。性在身心存，性去身心坏。佛向性中作，莫向身外求。自性迷即众生，自性觉即佛。慈悲即是观音，喜舍名为势至，能净即释迦，平直即弥陀；人我是须弥，邪心是海水，烦恼是波浪，毒害是恶龙，虚妄是鬼神，尘劳是鱼鳖，贪嗔是地狱，愚痴是畜生。善知识，常行十善，天堂便至；除人我，须弥倒；去邪心，海水竭；烦恼无，波浪灭；毒害忘，鱼龙绝。自心地上，觉性如来，放大光明，外照六门清净，能破六欲诸天。自性内照，三毒即除，地狱等罪，一时消灭；内外明澈，不异西方。不作此修，如何至彼。大众闻说，了然见性。"

此即对众人直下告以世界与四圣六凡，即在此心性之内，心净即世界一切土净之言。

再如《坛经·忏悔品》言"无相忏悔，灭三世罪，令得三业清净"，而言其发四弘誓愿。乃于佛教大乘之四弘愿上，各加以自性，而曰"自性众生无边誓愿度，自性烦恼无尽誓愿断，自性法门无量誓愿学，自性佛道无上誓愿成"。由此而言："归依自性三宝，谓佛者觉也，法者正也，僧者净也。自心归依觉。……自心归依正，……自心归依净，……若言归依佛，佛在何处？若不见佛，凭何所归？言却成妄。……于自色身，归依清净法身佛；于自色身，归依圆满报身佛；于自色身，归依千百亿化身佛。……于自性，万法皆现……此名清净法身佛，……回一念善，智慧即生，此名自性化身佛；法身本具，念念自性自见，即报身佛。"《机缘品》又曰："清净法身，汝之性也；圆满报身，汝之智也；千百亿化身，汝之行也。若离本性，别说三身，即是有身无智。若悟三身，无有自性，即名四智菩提。"下文乃进而释唯识法相宗之四智曰："大圆镜智性清净，平等性智心无病，妙观察智见非功，成所作智同圆镜。"乃归于一偈曰"三身元我性，四智本心明，身智融无碍，应物任随形"。

又在《付嘱品》言："三科法门，动用三十六对，……三科者……阴是五阴，入是十二入……界是十八界……一十八界，皆自性起用。自性若邪，起十八邪；自性若正，起十八正。"此即言五蕴、十二处、十八界，皆不离自性。以此推之，则万法一切法，皆不离自性矣。

上言惠能于世界、凡、圣、佛之三身四智，一切法界皆归摄于自性或本性或本心而说。然此自性本性，毕竟为何物，涅槃寂灭之境毕竟如何？见性成佛，所见者为何？谁受涅槃乐？则此又不可说。如《机缘品》："请问如何是某甲本性，大通乃曰：汝见虚空否？对曰见。……曰：汝之本性，犹如虚空，了无一物可见，是名正见；无一物可知，是名正知；无有青黄长短，但见本源清净，觉体圆明，即名见性成佛，亦名如来知见。……师曰：彼师所说，犹存见知。……不存一法存无见，大似浮云遮日面；不知一法守空知，还如太虚生闪电。此之知见瞥然兴，错认何曾解方便？汝当一念自知非，自己灵光常显现。"此即谓于本性上，无法可见，亦不能对之存无见而守空知。知此守空知之非，乃现灵光，而可言见本性。则见本性者，乃无所见，亦不见此无所见，而自知其见与无见皆非之谓。此即纯本般若之义，以言本性者也。

又《机缘品》答志道问何身受寂灭之乐，"问曰：若色身者，色身灭时，四大分散，全然是苦；……若法身寂灭，即同草木瓦石，谁当受乐？又法性是生灭之体，五蕴是生灭之用……生则从体起用，灭则摄用归体。若听更生，即有情之类，不断不灭；若不听更生，则永归寂灭，同于无情之物。如是一切诸法，被涅槃之所禁伏，当不得生，何乐之有？师曰：汝是释子，何习外道断常邪见，而议最上乘法？……涅槃真乐，刹那无有生相，刹那无有灭相，更无生灭可灭，是则寂灭现前。当现前时日，亦无现前之量，乃谓常乐。此乐无有受者，亦无不受者，……外现众色缘，一一音声相，平等如幻梦；不起凡圣见，不作涅槃解，二边三际断；常应诸根用，而不起用想；分别一切法，不起分别想。劫火烧海底，风鼓山相击。真常寂灭乐，涅槃相如是。"

至于对摩诃般若之为自性，亦唯有消极之语言可说。自性真空，而此空亦不可着。如其《般若品》曰："摩诃是大，心量广大，犹如虚空，无有边岸，亦无方圆大小，亦非青黄赤白，亦无上下长短；亦无瞋无喜，无是无非，无善无恶，无有头尾，诸佛刹土，尽同虚空。世人妙性本空，无有一法可得；自性真空，亦复如是。……莫闻吾说空，便即着空。……世界虚空，能含万物色缘，日月星宿、山河大地、泉源溪涧、草木丛林、恶人善人、恶法善法、天堂地狱、一切大海须弥诸山，总在空中。世人性空，亦复如是。"此上二段文即皆言见本性，即知其"见与无见皆非"之语也。

四　内外二边不住义

由上所引，可知惠能之教，乃一面将一切法摄归心之本性，而教人自见本性，一面又言，于此心之本性，无所可见，亦无所

不可见。涅槃之寂灭中，亦无受寂灭者，不受寂灭者，自性般若
如虚空，此虚空亦无空相。此即一方收摄人心之向外驰逐，以引
归于内，而又言此内之无可住处。有如对人向东行者，谓汝宜东
归，而即其东归，又谓此东方无可归。然此实正为惠能立教之精
神命脉所在。若于一切法不先摄归本性，佛学中仍有循法相唯识
般若经论而穷其法相，观其法性之一路。若不谓此心非善恶染净，
佛学仍有自信其真如心、净心、如来藏之常，而由止观之工夫，
以求契入之一路。然惠能之禅宗，则在此二者之间另开一路。此
乃即般若以观"本心之自性"，即此本心自性以观一切法之般若。
乃于一切法，既引归见自性，于见自性，又言此中无自性之可见，
无涅槃之可受，亦无空之可着。此即归于在教上，对涵一切法之
法界，无一套说其缘起法相法性之教理，对内之心识，亦无一套
心识论之教理；而只有一工夫之指点。此工夫，无其自身之教理
上之一定立脚点，亦不能有其教理上之一定立脚点。此工夫不能
外住法界，亦不内住于自己之心识之内。即于内外二边，皆无住
处。而其所用以指点工夫之言说，虽可任取之于其他言教理之宗
派，即皆全只作工夫之指点之用。对住于外者，则以引归内之语
言为用；对欲住于内者，则以内无住处之语言为用。故《坛经·定
慧品》，惠能自谓其法门乃以"无念为宗，无相为体，无住为本"。
按"外离一切相，名为无相"，此即重在"外于相而离相"。又曰：
"于境上心不染曰无念，于自念上常离诸境，不于境上生心。"此
所谓无念，则要在使人不于境起念，以生对自性之邪见。故其下
文曰："只缘说见性，迷人于境上有念，念上便起邪见，一切尘劳
妄想，从此而生。自性本无一法可得，若有所得，妄说祸福，即
是尘劳邪见。故此法门立无念为宗。"此言无念之意，在不于自性
上，另有一法可得。然此又非沉入空无之谓，故其下文再曰："无
者，无诸尘劳之心；念者，念真如本性。"此亦非以真如本性为所
念之谓。故下文更曰："真如是念之体，念即是真如之用。真如自

性起念，六根虽有见闻觉知，不染万境，而真性常自在。"是见此无念之工夫，乃纯顺"入于本性之真空，而此空亦不可得，而不可着"以言者也。

至于所谓无住者，则《定慧品》曰："念念之中，不思前境，若前念、今念、后念，相续不断，名为系缚。于诸法上念念不住，即无缚也。"此所谓无住，即不住于念，而于念无执之谓。此无住，乃偏自念念之不住上说。然念念不住，即念念外不住境而无相，亦内不住于自性，于自性能无念，而只本真如自性以起念；则无住之义，可通摄过去、未来、现在之三际之断，与内外二边之断，所谓二边三际断也。

吾人如了解此惠能所言之工夫，乃在外无相、内无念，而念念不住，亦不住内外之义，便知其所以不以凝心看净或空心静坐不动为工夫之故。因此后者即心住于内，求于自性中有一法可得，或着于无记空，并误以无念为念无；而不知真如自性起念之不可无，虽起此念，仍可不念万境而无住，以念念寂灭，方见真性之本空也。缘此吾人即可了解其所言坐禅或定慧之义。其言曰："此门坐禅，元不着心，亦不着净，亦不是不动。起心着净，却生净妄，……却被净缚……外离相为禅，内不乱为定。"此禅定与慧乃不可分。故曰："定是慧之体，慧是定之用；即慧之时定在慧，即定之时慧在定。定慧如灯光，……灯是光之体，光是灯之用，名虽有二，体唯是一。"此即谓不可只空心静坐不动，或着心看净，离慧以求定；而当即慧见定，即定以有慧，如体用之不可离。一般世俗之人，心念外驰，似有慧而无定，则慧归于狂慧；而修道者则又恒空心静坐以求定，则定为沉空。是皆不知定慧不二。唯惠能言定慧不二，则要在对离慧求定者言之。凡人之离慧求定者，即不知"无念非沉空，空元不可着，真如自性起念，而念无住，则无缚，而能内自不乱，以有其定"之义者也。

总此惠能之言以观，则其所言之工夫，亦可以"无住"一语概之。不住内外二边之法，而念念不住，即所以成道。故《定慧品》又曰："迷人着法相，执一行三昧，直言常坐不动，妄不起，……作此解者，即同无情，却是障道因缘。……道须通流，何以却滞。心不住法，道即通流。心若住法，名为自缚。"此道之通流，即工夫之通流。工夫之通流，唯赖心之不住于内外之法。此道之通流而心不住法，亦可概惠能之言工夫之要旨也。

五　惠能之施教方式与相对语言之相销

缘此道之通流，而心不住法之义，故惠能所开之禅宗之施教方式，乃重在就人之偏执与住处，因机发药，而不能有一定之方。然人之偏执，要不外偏在二相对者之一；则能知相对者，即可知学者之所偏执，而因机发药。上所谓内外之二边之见，乃就人所最易执之二边之见而言。若推广言之，则二边之见之相对之语言，亦有种种；而凡人之相对语言，亦皆可引起人二边之见。按《坛经·付嘱品》中言："三科法门之三十六对，如无情五对，明与暗对，阴与阳对；……法相语言十二对：如有与无对……色与空对，动与静对，凡与圣对，僧与俗对；……自性起用十九对：如邪与正对，痴与慧对，乱与定对……实与虚对……烦恼与菩提对……常与无常对……法身与色身对，化身与报身对……"实则世间相对之语言，固亦不限于此之所举。《付嘱品》所言，乃惠能教人之说法，以不失本宗之道。其根本义，则是："出没即离两边，说一切法，莫离自性……若解用，即道贯一切经法……自性动用，共人言语，外于相离相，内于空离空。若全着相，即长邪见，若全执空，即长无明。……但依法修行，无住相法施。……若有人问汝义，问有将无对，问无将有对，问凡以圣对，问圣以凡对；二道相因，生中道义。如一问一对，余问一依此作，即不失理也。设有人问，何名为暗，答云明是因，暗是缘，明没则暗，以明显暗，以暗显明；来去相因，成中道义。"此即见惠能之教法，乃要在教者之心，恒运于一切相对之两边之中，以此显彼，以彼显此，于相对见其乃相因而出没者，出此没彼，没彼出此，更远离二边，以引学者入中道。此中道即在"教者当学者没此而成执时，即出之；出此而成执时，即更没之；而常出常没，以不出不没"中见之。故教者之因机施教之言，要在足以与学者之所执，相销而互泯；乃可以表为遮，或以遮为表，或即遮即表，或非遮非表；双照两边，以不落两边；非四句百非之所能尽，复非离四句、绝百非之所能尽；而一切言说遂皆唯有当机活用。心若不滞，道即通流，是能道贯一切经法。此亦即所以使一切经法之言，皆成活句，而非死句，而问答之无穷无尽，乃皆为自性之动用矣。后来禅宗大德之施教，虽更有种种之方式，固亦皆可以此"出没即离两边，说一切法，莫离自性……道贯一切经法，自性动用，共人言语"加以概括者也。

由惠能所开禅宗之对语，乃重出没即离两边，外于相离相，内于空离空，吾人即知禅宗之言，必不能组成一套教理，亦不能如一般宗教有一定之信条之故。因其对语之旨，乃正在使此对语自相销而心意互契，以超出一切语言而归默。此吾人于《原言默》中已略及，今须更说者，是此对语在根柢上依于一人之能透至名言之外之一般若慧之呈现。教者无般若慧，则不能知学者之执见之所在而善说；学者无般若慧，则不能知教者之意之所在而善闻。不能善说善闻，则言虽契理不能契机，便为废语戏论。唯言能契机，而教者之言乃皆见自本性，学者亦可因之以自见本性。故禅宗虽望人自见本性，然自其施教之重对语而观，则又全是由教者学者之机感，以使教者学者皆在对语中自见本性。此禅宗之教所循之路道，即不同于昔之佛家学者，欲由诵经读论，外穷法相法性，以契万法之真如之路道；复不同于聚众人于一堂中，由高僧大德讲经说法，使人各得其解之路道；又不同于一人独处茅庵、静修求道之路道；复非纯为一人闭门求顿超直悟之路道；而只宜称为一由教者学者之机感之直接相应，以悟道成道之一路道。此则远原自中国原有一师徒对话之传统，由孔门问答之所开；亦有一朋友对谈之传统，如魏晋清谈之所启；方有此禅宗之人由师徒间之机感之相应，以使人悟道成道之一方式。在此机感之相应之中，人之心思之运用，不在己亦不在他，而在己与他之相对之应答之中，以言销言，以言泯言，而成其相互的心之通流、道之通流，以各自见其本性。此固不同于一般人之谈话之散漫无归，亦不同于西方式学者、宗教家之共讨论一论题或教义，以求一结论——即与柏拉图式之对话亦有不同，因其仍有一论题，而为一小规模之讨论也。凡讨论，有论题，即以论题为所对，而意在决定客观事物之何所是，或客观的义理之是非。此初非以人与人直接的心之通流为目的；因其语言之应用，固在说一为对象之事物或义理，不重在直接表现说者之自己心意也。而中国所重之人与人之对话，则重在人之各由语言以表现其自己心意，而使他人可由其言以知其心意。此乃直接以心之通流为目的。心之通流，即吾于《中国先哲对言与默之运用》一文中所谓心意之交通。大约中国魏晋之清谈，乃重在此心之通流，以更有人格间之互相欣赏。儒家由孔门师弟，以至后之宋明儒者之问答，则皆一方人各自言其心之所自得，一方更欲他人之言有以启予心，使人与我咸能自成其德。此则重在人格之互相完成。禅宗欲人悟道，亦可谓一求人格完成之事。唯在儒家之问答中，问者恒为主动；而在禅宗之对语中，则因教者必须针对学者之迷执而破斥之，而教者乃更居主动之地位。此又其不同也。至于禅宗之重言语之相破，并以言语外之棒喝等为施教之方便，则吾于《中国先哲对言与默之运用》一文中，已及其义，今不再赘。

第十一章　由佛再入儒之性论

一　佛家言性思想之限度之讨论

方中国魏晋六朝至隋唐佛学大盛之日，中国传统之儒者，正从事于经注与经疏，其智慧心思之所注，皆惟及于世间礼乐政教，人生日用之常，而不能外是。此与佛教高僧大德之期佛果之究竟，而穷法相之广大，探心识之精微，极语言之施设与当机立教之妙用者，诚不可以相及。然佛学之言心性，即其归极于禅宗教人当下见性成佛者，仍只对人之已发心作佛者，乃有其意义。世人固不能同有此发心，而别有其不可或已之世间事在。即人之谋所以生存之一切饮食男女之事，亦自有其本身之严肃性。又此客观天地万物之接于吾人平日之心知者，是否确如佛家之可视为唯识所现，或只言其具空性、法性或佛性而已足，此在常人固不能无疑。而顺佛家言众生皆有佛性之思想而发展，最后亦必迫至一问题，即毕竟草木瓦石是否皆有佛性之问题，如前文所提及。如草木瓦石，皆有佛性，草木瓦石亦皆可成佛，则此佛性固是周遍万物，无乎不在，而一切存在，亦皆可入于涅槃；佛之立教，即不只为一般所谓有情众生而施设，亦为一切存在而施设，佛家所言之性，亦即真可为一切存在之性。依前文所述，天台宗山家之正义，草木瓦石固同有佛性。禅宗之徒，盖亦依此而谓"青青翠竹，总是法身；郁郁黄花，无非般若"。然此所谓草木瓦石有佛性之理由，不外依于色心原不可二，色法之世界即心法之所充满，故于佛之法身，只能作无所不在想；而佛之成佛，即佛心与佛之色法之世界，顿时俱成，故草木瓦石，亦无不成佛。此固非不可说。如人之一朝而登九五之尊，则其毛发指甲、冠履衣裳，皆同登九五之尊是也。然此既是依于佛之世界之所在，一切心色原不可二而说，则吾人于此仍可问：在佛之世界中之草木瓦石之自身，是否真能各别成佛？若谓草木瓦石之自身，能各别成佛，则草木瓦石初无觉，如何能成佛？而湛然之谓草木瓦石无情，而有佛性，亦实未主张草木瓦石各别成佛之说也。[①] 然今仍须讨论：所提及之此一问题，是否即无意义？是否因佛之世界所在即其法身所在，便不当有此问题？吾人将可证其不然。因如克就佛之世界所在即佛之法身所在而言，则不特草木瓦石在佛之世界中，一切有情众生亦在佛之世界中，若谓佛成佛，则此世界中一切物之自身，亦无不成佛，便应言一佛既成，一切有情众生皆同成佛。诚然，此自佛眼观，固未尝不可如此说。如前引华严宗之谓当佛成正觉，同时见一切众生之迷执性空，而皆成正觉是也。然此佛眼之所观，仍毕竟不同于众生眼之所观。依众生眼观，固知佛自登正觉，而彼仍在迷，亦不知其迷执空也。然众生虽在迷，因其有觉性，故能转迷成觉以成佛。于是此众生之转迷成觉，便仍当说为在佛之成佛之事外之事。此事，对各别之众生自身言，又各为一真实可能之事。则吾人于此便当问：于佛之成佛之事外，是否有草木瓦石自身成佛之事，亦为真实可能者？今湛然于此，既不承认草木瓦石，能各别成佛，即无异否认此事之真实可能，亦即无异否认草木瓦石自身之能成佛矣。

　　吾人之所以必讨论及此问题之故，乃意在说明世间总可有一克就世界中客观存在之自身，而问其本性之如何之一客观问题。

① 《金刚錍》设客言："仆闻之乃谓一草一木、一砾一尘，各一佛性，各一因果，具足缘了（即缘因佛性与了因佛性），若其然者，仆实不忍。仆乃误以世所传习，难仁至理。"可见湛然亦初无一草一木一砾一尘，各别成佛之义也。

故人纵能成佛，以至其成佛时同时见其世界中一切人物皆成佛，仍有克就此诸一切人物之自身，而问其是否各别皆有觉，是否各别能成佛之一客观问题。由此即见只论人与其他众生能成佛之心性，尚未必即足以穷天地万物之性；并见除此人与其他众生求成佛之事外，天地间仍有其他之事之存在，而此事初非皆为自觉作佛之事者，如草木瓦石自身之存在生长之事是也。更沿此以观，一切人以外之其他众生，如禽兽，其现在所作之事，与人类非佛徒所作之事，亦可见其初非皆为自觉的作佛之事；其作事所依之心性，自亦未必皆为作佛之心性。诚然，自佛法之一胜义，实可说一切法皆是佛法，一切人所作之世间事，虽不自觉为依佛法或依作佛心性而作者，实亦不自觉的直接间接是依佛法，亦依作佛心性而作者，佛家固有世间法与出世间法不二之义也。然复须知，如真顺世间法与出世间法不二之义去讲，则言世间法而不言出世间法，以致据世间法，而表面呵斥出世间法或佛法，应亦同为未尝不可。此即禅宗之所以自言饥餐渴饮、运水担柴之事外，别无佛法，而亦可呵佛骂祖也。然若佛徒可呵佛骂祖，仍是佛法，则世间人呵佛骂祖，只言其他一切法，更不言佛法，或浸至只言其他一切法而反对佛法，亦未必即非佛法也。佛经谓佛说法恒有不可测之密意，唯佛能知，而非世人之所知者。然又焉知世人之立言，无其不可测之密意，非世人之所知，亦非佛徒所知者耶？若然，则克就吾人今所论之心性问题而言，除佛家所言之作佛之心性之论外，世固可有似无关于作佛之事之心性之论，浸至反对佛家心性论之论，用以说明此世间之人物之所作世间事者，仍当为真正之佛徒所视为佛法之所在者矣。此亦即在中国固有思想之流中，除佛家精微博大之心性论之外，仍有儒道二家之心性论之流，与之并行，鼎足为三，虽或相非，而皆天地间所应有，亦大心菩萨所应许者之故也。

二　佛家心性论之原始动机，与中国传统思想论人性之态度

吾人上文唯在循佛家思想之言一切法皆佛法之言，以引吾人之目光，至佛家之言之外，而渐注目在中国儒道二家思想之流。至于吾人如真立脚在中国儒道二家之观点，居于佛家之外，来看佛家之论心性，则可见佛家之论心性，无论如何精微广大，要皆仍只为依佛家之原始动机，欲求出离世间之苦与染业而来。缘此一动机而反观世间众生之苦与染业之种种相，而探求其因缘与解脱之道，即一切佛家之言之所以立。然此世间之所以为世间，是否只当以苦与染业积聚之地说之，即成一根本问题之所在。世间若干存在物，如无情之草木瓦石之自身，是否皆能感苦造业，更求觉悟以成佛，上已言其为一问题。而人以外之有情众生，虽能感苦，是否皆可如人之造染业，以及一般人之生于斯世，其所实造、能造之染业，是否多于其能造、实造之净业，亦皆为问题。此诸问题，固不易解决，今亦暂不论。然既可成为问题，则吾人固亦可不先判定世间为苦与染业之积聚之地，自居于一欲出此世间之心境，以对此世间，作此一反省的判断也。若不先作此一反省的判断，则吾人之观世间一切人之性，一切有情与无情物之性时，固可另有其用心之出发点与方向，由此而所见得之心性，亦自不必全同于佛家之所言者矣。

此不对世间先作一反省的判断，谓之为苦与染业之集聚之地之一种心境，吾人可说之为直接面对世界，而与之作一平等的感通之心境。吾人依此心境，以观世间万物之性与吾人之性，尽可先注目于吾人与万物所同有之自然生命性，如告子、庄子、《淮南子》等道家之流，与以后之道家之言性命双修者之言性；亦可先注目在吾人之一切生命及无生之物之共同的所以生之理，如宋儒

周程张朱之言性；亦可先注目在人之感孺子入井，感嗟来之食而不食之时，所表现之恻隐羞恶之心情中之仁义之性，如孟子与陆王之言性；亦可注目在人所感之他人与物之个体性、独性，如魏晋之王弼郭象之言性。凡此诸性论，皆不先视世间为苦与染业之积聚之地，而亦不先由"问此苦与染业之所以然，与如何超拔出离解脱"之观点，以观人与物之性者也。

此种依人之面对世界而与之作平等的感通之心境，而就其所感、能感，及感后之所生者以言性，与佛家思路之不同，吾人可姑举一例以为证。如吾人上文言禅宗之施教方式中，特重机感之相应。此一教法，初即直承中国学术传统原重以人之语言成就人与人之直接感通而来，固非印度之所原有。然此人与人之直接的感通中所表现之心情，依中国儒家义，则明可见有人之仁流行于其中，此仁即人之性。禅宗之大德之教训其徒，亦恒自谓老婆心切，而其徒亦以其师之棒喝，皆所以见其师之慈悲；则其师徒之相感，即明有仁之流行于其中。然禅宗之人，却又唯以其机锋相感，为使人各自见其本来具有之真空本性、真如本性之资，而不直下即就此相感，以言其性之仁之流行于其中。于此，人之只直指此相感中之仁为性者，便于世界之染业与苦等，初无一反省的判断，亦初无自其中出离解脱之意。而彼谓唯其真空本性，方为吾人之真正之本性者，则明本于一"求出离一切苦与染业，解脱一切染净善恶之执障"，而欲顿超直悟之心。今禅宗唯由人之欲出离解脱之心，以见其真空本性，于此谓之性，而不肯即其师徒间之机锋相感，以见性之仁之流行于其中。是则明见其求见性之用心方式，与儒者之言，固有入路上之不同也。

三　李习之《复性书》之言复性义，及其言与老释同异

当唐代佛学大盛之时，承中国传统思想之流而言性者，一为韩愈之《原性》一文，二为李翱之《复性书》三篇。如以韩李之言性之论，与其前之汉儒、后之宋明儒及同时之佛学之论相比，皆不足言有特殊之创发之见。韩愈论性三品之言，与王充《论衡·本性》篇所言者，其旨归无异，而无其详密。李翱《复性书》之论性，亦不逮后之宋明儒者之精微。然李文三篇，在中国思想史上，亦可说有前承汉儒、后启宋儒之价值。论者谓其文有邻于佛老者，亦非不可说。盖复性之名，原带道家意味。先秦儒者言养性、成性、尽性、化性，汉儒如董仲舒言性非教化不成，扬雄言性善恶混，言修其善者为善人，皆不言复性。唯《易》言不远复，亦未必即复性之义。庄子乃重教人"性修反德，德至同于初"，使人反其外驰之心知与情欲，而复其自然之性命之情。后《淮南》之书，亦承之而言反性。魏晋之何晏言圣人无情，王弼亦言性其情。今李翱言灭息妄情，由情复性，以性其情，其用语之类庄子、《淮南》、何、王之言，不可为讳。妄情之一名，尤为佛家喜用之语。如宗密《普贤行愿品疏钞》谓："若以情情于性，性则妄动于情；若以性性于情，情则真静于性。"即明以妄情能使性动，而言性其情者。李翱又言："诚而不息则虚，虚而不息则明。"于诚明之际，间之以虚，亦非《中庸》所原有。虚之名初为道家所重，而与佛家重空之意可相通。又其既以诚为性，以"明"见性，又谓"明所以对昏，昏既灭，则明亦不立矣"，遂意只言复性之诚而足。此亦非《中庸》原义。因《中庸》之明，可不对昏而言，昏不立而明仍可立也。再其言："人之所以惑其性者，情也，情既昏，性斯匿矣。"谓情能匿性，亦非孟子"乃若其情，可以为善"之旨。吾人昔于论《礼记》之言人情之一节，尝谓周秦儒学之传，

原是重性情之教。《中庸》《易传》承孟学之传，皆兼尊人之情性。《礼记》诸篇亦大皆重以人情言礼乐之本。墨家初尚功利乃兼忽性与情。至于重性而见情之为害，乃或言无情忘情者，则始自道家。汉儒尊性贱情，乃有性善情恶之论。何晏言圣人无情，王弼言性其情，而佛学传入后所言之情识、妄情中之"情"字，乃皆涵劣义。习之《复性书》谓情昏而匿性，乃承此流之义而言，亦甚明显。自庄子以降言情为害，至李习之，而言情可匿性，谓"情不作，性斯充矣"，此其所谓情，皆明非指孟子所谓之侧隐羞恶恭敬是非之性情而言，而当是指一"自然生命之情欲，又与一外驰之心知相结合"，而生之一往不返之情欲。此乃一穷之而不能尽之"情欲"，或"性之欲"，则亦诚可如《乐记》《淮南》之言其乃可灭天理而为性害者，或如习之谓其为能使人溺之而不知其本者，而亦为人所当无而去之者也。然此固非谓"可由之以见性之侧隐、羞恶"等情，亦当无有之谓，或"有节之自然生命之情欲，如饥欲餐、渴欲饮之情"复当无有之谓。更非谓人之喜怒哀乐好恶可全然无有之谓。《庄子》内篇《德充符》载庄子答惠子，谓其"所谓无情"者，乃指"不以好恶内伤其身"者言。则庄子所欲无者，亦只指内伤其身之好恶，非必即一切好恶哀乐皆当无之谓也。此亦正似习之之言灭息妄情，仍言性可因情而明，承认圣人之有情。唯圣人有情，而无"此可使人溺而不知本"之情耳。然庄子在周代，习之在唐代，咸能深有见于此一种虽初由性生，而可由其往而不返，以与性相对，而反为之害之情欲，而知于此当用一无情之工夫，则亦固皆有卓识在。不可以其与孟荀等之性情合一之言不相类，而尽斥之者也。

至于习之言"诚而不息则虚，虚而不息则明"，固不同于《中庸》之诚明并言之旨。谓诚而不息则虚，盖谓唯诚而不息而后不滞不执，此中固有虚义。虚则能容能照，而有明义。此固非不可说，亦未尝不可通于佛家所谓不滞不执之义，或空我执法执以去障之旨者。吾人亦可谓此习之之意，或正在说明儒家之诚之不息中，亦摄具道家佛家言虚言空之义，以见儒与佛道之可于此相通；故用此"虚"之一言，间于《中庸》所谓诚与明之间。至于所谓"明与昏，性本无有，明者所以对昏，昏既灭，则明亦不立矣"，此亦可说类似佛家之"无无明，则般若亦不可得，不修恶而善亦不修"之形态之思想。然此不立者，谓不立其名，固非亡其实；谓既有"明"，即可不再立"明"之名，以免人自居于明，自执其明，固亦有其旨义，而为后之儒者所当加以应许者也。

四　佛家不立诚为教之理由之讨论，与儒者何以必立诚为教之故

然习之言性，毕竟有与汉儒之言性情，与道佛二家言心性大不相同者，此即在其通篇乃以诚言性，而言性善，并以至诚无息为圣德；斯固纯本先秦《中庸》之意而立论。后宋儒之周濂溪、张横渠，亦更承《中庸》而以诚为天道人道之本，以抗佛家之说。今若谓儒佛之教，有毫厘之差，亦可由佛家之未尝重此诚之概念而见。[①] 诚然，佛徒之求法之诚与修道之诚，远者可无论，近如惠能以及后之禅宗大德之传法，皆自谓不惜身命，其说法又皆苦

----

① 佛家之名中，固有诚之一名。圭峰《华严疏钞》，亦尝引《书经》"享于克诚"之言，而释之，然要不重诚之一名。又如《翻译名义集》十三引南山之"真诚出家"，"怖四怨之多苦，历三界之无常，辞六亲之至爱，舍五欲之深着，是名真出家。"又卷四"浮昙末"："此云至诚，发三种心，一者诚心，二者深心，三者回向发愿心。"释以"至之言专，诚之言实"，此乃释诚心一名者。又净土宗所宗之《观无量寿经》所言"众生愿生者，当发三种心"，正即此三者。然此所释之诚心，只三心之一，非贯彻始终以至成佛之心也。今查丁福保《佛学大辞典》中，则唯见诚信一名。是见佛学之在学理上，实不重此诚之概念。然此非谓学佛者其人之不诚。《法苑珠林》二十七《至诚》篇谓"难行难忍，能行能忍为至诚"，佛徒固多能行难行、能忍难忍者也。

口婆心，岂曰无诚？然惠能盖终不由其实有此不惜身命之诚，而立诚以为教，宁自谓其不惜身命，由于见身命之性空；亦盖不愿人之许之以诚，而宁谓此不惜身命之诚之亦不可执，而此诚之性亦空；则儒佛立教之异，仍不得而泯。又人之有不惜身命之诚者，能自谓此诚性亦空，亦固是佛家之大德与大慧。然吾仍有进者，即人之能有此诚，不自执其诚，而自见其诚之性空固可；但吾人若于他人之以至诚舍身命者，谓此事之所以可能，乃因其身命之性空，于是对他人之此至诚舍身命之事，亦只谓其性空，则大不可。今惠能若自厕身于其弟子之位，以观其自己之不惜身命，谓此中无诚，或不谓此中有至诚者，亦大不可。是见纯就个人之自修而言，谓当于一切见空，于自己之无量功德，亦谓其性空，虽皆无不可，而亦正所以更见其功德之实无量；然就另一忘我的客观的观点，而谓人之求佛道之心志与行为中，或于其他之人之一切为善去恶，以勉于圣贤之心志行为中，不见其有诚，或不谓其有诚，则大不可。今若更将人之求佛道，或勉于圣贤之心志行为中，必有诚之一言，更加扩大而说，则可谓一切人之勉于所事之心志行为中，皆有诚在。至于自一切人皆有可为圣贤或求佛道之诚性而观，更可谓一切人皆以诚为性。由此再进一步，则亦可谓一切有情皆有诚，正如依佛家义之当言一切有情皆有佛性也。然宋儒如周子、张子，于此乃更推进一步，谓天地万物皆依此诚道为本以生，亦依此诚道以为性。明道、伊川、朱子，更以理言性，而由此理之必实现于气言诚，亦言此理之为实理。此即皆缘李翱之以诚言人性，而更直接于《中庸》以诚为天道与人道之本之义，逐步引进而成之说。由是儒者之言性理，乃与佛家之以真空言法性本性，以真如为空理，朱子所谓只有"空理流行"者，[1] 显然异趣。然佛家之徒，明有一修道求法之诚，而不重此诚之概念以说

————————
[1]《朱子语类》六十三。

人性与天地万物之性者，果又何故？

　　吾人今对上所提之问题，若加深思，便知佛家之用思，虽极其广大精微，而穷深极远，然仍有所忽略。此即其终未能克就其心志行为在其修道历程中之有所趋向，而即就此"能趋其所趋，向其所向之相续"之所以可能上，自见其性之诚是也。如以禅宗而言，其谓本性或心体超善恶染净固是。然惠能又谓，此只能对上上利根人说，此上上利根人，亦须有直心去顿超直悟，方能及此。此中，吾人便可试问：此直心去中之"直去"，或顿超之"超"中，是否有一性在？此性毕竟为何？由此"直去"与"超"之所达者，可谓只是一真空之自性，此所超者或离之而去者，可说只为尘劳之万法。然此"超"、此"直去"，则是一"能趋、能向此真空自性"之一"能"之性，而非其所向所趋之自性真空之性。试思，今若无此能"超"、能"直去"之性，则此"超"、此"直去"不得成就，真空之性亦不得显。是见此能"超"能"直去"之性，乃一"成此真空之显"之性。"成此真空之显"之"成"，固非空而为有；而此"成"，亦即为一人之"能自成其证真空"之性。此"成"之性，即一性德之诚或诚性也。禅宗之徒，于此或将说：此能"超"能"直去"之事，乃如唯识宗言转依，乃才转染即依净、才离此即达彼、才去凡即成圣，中间并无停留处，故曰顿超；又此中亦无趋向之一名之可用，更不可言能趋能向之中，另有一"性"在。然吾人以为此语并不能释吾人之难。因此中间纵无停留处，仍毕竟有一转折处。此中之"转此以见彼"之一"转"，毕竟不同于"此"与"彼"。能顿超之"超"，亦不同于由"超"之"所达"。此"顿"所以形容"超"，则不能遽谓中无此一"超"为转折也；亦如唯识宗之舍染依净之不能无此一"转"也。于此若谓此顿超之事，乃一刹那而山河迥异，不同于诚之为一相续之功，则吾人将谓：即在人已有顿超直悟以后，禅宗明仍言有修之工夫，以使此自悟之境相续。此相续中，岂非有相续之功？

则又焉得无诚？若谓依佛家之空义，此中更不当见有"相续"，此固未尝不可。然此不见有相续之不可为无相续之证，亦如禅宗之徒之不惜身命者之不自见其诚，非其无诚之证也。

至于在禅宗以外之其他佛教宗派，则未有不尚相续之修之工夫者，此相续之修之工夫中，必有一诚贯澈，应更无可疑。然此佛教他宗仍不重诚之为一性者，又何故也？于此，吾人如一加深思，便知佛家在禅宗以外，凡解教理者，其修行之工夫，皆要在依观以起修起行，佛家之所以不重此"诚"之故，盖正可于此中求之也。

按佛家所修之观，或为一般之因缘观、空观、禅定观，或为唯识宗之唯识观、般若宗之中观，或为天台宗之止观、华严之法界观，其中固有种种之不同；然凡由观以起修与起行者，乃观为先，行为后。此中之观，必有所观之义谛境界，为其心所向。因观有所向，行乃自继，以成相续不断之修。然凡此观之所对，可为种种心色之法，却不能有"诚"之一法，为观之所对。至其继观而起之相续不断之行中，则虽实有一诚之贯注，然人在观有所向时，其继观而起之相续不断之行，却不能当下即成为所观。当此相续之行，成为所观之时，仍应依佛家一般之观法，视为一串念念生灭之法，并当视为亦依众缘而起，其性本空者。则此中虽可见有此相续不断之行，而尽可不见有一诚之贯注。则诚之为能成就此相续不断之行之一性，即不得而说矣。然此中之真问题在：当一切相续不断之行，在成为吾人之所观时，人只见其为一串生灭法，而不见有一诚之贯注，是否即足证明此中实可无一诚之贯注，而只为一串生灭法？此自己之相续不断之修道之行，岂不可原非只是一串生灭法，而原有一诚之贯注？唯以吾人在反观时，吾人之行，当下便有一间断，或吾人之观之之事，不能一时而毕，必须分成段落；然后乃见此相续之修行，成一串之生灭法乎？此问题或不易答，然吾人于此亦可由观他人之修道，而能相续不断者，必不只视之为一串念念之生灭法，而恒视若其中有一贯之精神或一精诚之贯注，以证此说之必于理有若干未当之处。

如吾人读高僧之传记，见其某年闻人诵佛经，某年出家，某年从某师问道，某年自建茅庵，某年更建道场说法，对徒众开示，某年舍身圆寂。吾人于此所知者，固只为一串之生灭之事。然吾人岂能谓其一生之事，只为一生灭法，而无一贯之精神，不见其一生之有一精诚贯注乎？此必不然矣。诚然，依佛家唯识之教，可说此所谓精诚贯注，即其转依之工夫之实际，而即其"有漏无漏之善种子之不断化为现行，现行更熏种子，现现种种，自类相生；于是善种增强，而善行转胜"之别名。至如依《大乘起信论》，则可说此精诚之贯注，不外依自性清净之心真如以自发心之别名。然试问：何以唯识家只以种子为性，只言种子之生现行，为此性之呈用，而不就其现现种种，自类相生处，种子成更强之种子，善行成转胜之善行处，以言此中亦有一生成之性，以使其一生之行，见一精诚之贯注乎？《大乘起信论》又何不就此依心真如而发心者，其心之相续而"发"处，见此心真如之自生自成，于此心之"发"之中，而见有一诚性在乎？则佛家于此之不言此一诚性，又毕竟何故也？

依吾人之意，此中唯一可为佛家辩解之理由，仍只是此一诚之观念，对佛家之依观起行之工夫为无用。因依佛家之教，只须其依观起行之工夫，能相续不断，则此中如要说诚，诚亦自在，而不须更立此诚之概念。至克就人之内心之修持工夫而观，言诚而念及诚者，固未必能诚，不言诚不念诚者，亦尽可有诚。本依观起行之义，则观中所非必须有者，亦可终身不言。则人由观空因缘等以起行者，尽可不须言此诚。若为断疑惑懈怠，则可以"起信"为功；或如唯识家之只以信或精进或不放逸之心所为诚，亦已可矣。固不必因人之全部心志行为中，可有一贯之精神或精诚之贯注，以谓有诚之一法，周遍于此相续之心志行为中，以为其一性矣。[1]

在上文吾人既代佛家为一最后辩解，则吾人之结论为：纯自人之内心之修持工夫上说，吾人于佛家之不立诚为教，不以诚言性，尽可加以应许。然吾人仍须重申：当吾人客观的观他人与万物，或视自己或他人为万物之一之时，却又不能不视其中有一诚之表现在，否则吾人不能有对之之敬诚，而吾人之道德生活，即势必有所缺漏。如吾人于高僧大德之一生之事，不见其中有精诚贯注，则吾人对之，即必不能真致其敬诚；而吾人若只视其一生之行事，乃一串生灭法，则吾人已有之敬诚，亦势必全化为乌有。吾人若更进而将世间一切有道有德之人与常人，其尽心竭力于其所为之事，只视为一串生灭法，吾人对之之敬诚，亦同将化为乌有。反之，若吾人能视一切人之行为中，其中皆多少有一精诚贯注，或谓一切天地万物中，皆有一诚道流行，则对一切人与天地万物，亦皆可有一敬诚矣。李习之言人性之诚，而周濂溪、张横渠，皆言天道人道之诚，即皆意在成就此一对一切人与天地万物之敬诚，为其别于佛者之所在。兹试更详佛家所以未能肯许此义，儒者所以必言此义其他理由所在于下。

---

[1] 吾尝初疑佛学之不重言诚之故，乃由于《中庸》言诚，以择善固执为义，而固执与妄执为邻，为防滥，故不言诚。又尝疑佛法说空，亦必以言诚为妄执，如章太炎《菿汉微言》，以《中庸》之言诚为天之生物之道，乃同大自在之说，而加以斥贬是也。然吾后来之意，则以为佛家既有其修道之诚，则亦不能离此诚道；其不言及，唯有其观行之方便上之理由，而无真实义理上之理由。吾怀此相类之意已二十年。于二十年前，吾尝作《宋明儒学之精神》一文，发表于《理想与文化》第九期。其文以言生生不已之几，为宋儒之所以别于佛，即所以明此义。当时王恩洋先生及尚在支那内学院之张德钧先生皆作一长文评斥，以吾意在诋佛学。实则吾乃意在明儒学自有其立根处，而此立根处，亦非佛之所能外，即可见儒佛之通处。今文所论，亦意在于是也。

五　儒者对天地万物之敬诚与对一切存在之价值之正面的肯定

依佛家义，吾人固当对人有敬诚，且当于人作未来之佛想，以生恭敬之心；推而极之，则于一切众生，亦可视为无量劫中之父母，而以恭敬心、慈悲心以遇之。此意亦非不伟大神圣而庄严。然试问：吾人对草木瓦石之无情，是否亦当有此敬诚？依佛家义，一一草木瓦石之自身无觉，不能成佛，便理应无对之之敬诚可说。至若吾人谓佛之法身无所不在，则当前之草木瓦石，皆佛之法身之所在，固亦可引起吾人恭敬心。然此仍是恭敬佛，非恭敬此草木瓦石之自身也。克就草木瓦石之无情而言，依唯识宗义，彼唯是一切有情众生之阿赖耶识中四大种与色法种子之现行，其本身无独立于我之心识外之存在意义，便不同于其他众生之心识，在一义上为独立于我之外者，更不能言对之有敬诚矣。然在儒家之思想之传中，则于一切他人与万物，皆肯定其一义上对我之个体，为一客观之实在，而为异于我者。异于我而超越于我之上之外，而我又感其超越于我，我即可亦对之有一敬诚。此即《礼记》之《乐记》之所以言"异则相敬"也。

然佛家之不重人对他人与对无情之天地万物，皆同有一敬诚者，其理由更有所在。此即除因佛家视无情物不具心识，兼视一切之他人与天地万物为一串生灭法之时，一切皆可不堪敬之外，上文所提及之世间之为苦与染业之积聚之地，亦为使世间之成非可敬，而世间众生只为可悲悯，而唯待佛菩萨之超度者。此亦为历史上为儒佛之学者之一所见不同之所在也。

依吾人之意，固可承认人所能为之不善或所造之染业，实无穷无尽，而其所能导致之世间苦恼，亦无穷无尽。此凡深观人心知之无穷，其与自然生命之欲望相结合，即可化出无穷之贪嗔痴等迷执者，皆可知之。此义，在中国亦首发之于道家，而印度传来之佛家，更能穷极此中之法相而述之。儒者于此亦实未尝不可在一方面，对道佛于此所言者，全部加以承认。然人以外之自然物，是否亦能造此无穷之染业与不善？或其行为是否真有不善？又整个之世间，是否只为一苦与染业之积聚之地？则此中亦有问题，如上文所已提及。诚然，自然界中有众生之相残，并有由相残而生之种种之苦，此是一事实。此一事实，表示此自然界之总有某一种之不完满；又表示众生相互间，彼此皆为一无明所蔽，而不能相知相亲，此即见众生之各有其迷执为障。此义亦当为大心儒者之所认许。然吾人是否可因此而说：此一切自然界之生命或一切有情众生，皆唯是依其迷执为障，以造染业或孽债，而受所造染业之报，以偿还孽债为事者，其存在于此世界之本身，乃无内在之价值者？此即顺佛家之教义而观，亦可见其非能作决定说者。

　　依佛家之教义，人不当杀生。此不杀生之教中，实意涵人当尊重爱护众生之现实生命之义，而此尊重爱护之情中，即包涵一对"现实生命之存在于此世界"之价值之肯定。谓现实生命不当被杀，同于谓现实生命当生，此岂非一肯定现实生命之存在于此世界较善于死亡与不生之论？人于此若问：现实生命既为染业之积聚，何以不当杀之，而必任其生，杀之又何为不可？则佛家尝谓依此而主当杀生者，为大邪见。何以为大邪见？则有种种之理由可说。如众生因造业而受报，以成其此生，则应使之自尽其报，而不当杀之，以使其不得尽受其报。此一说也。又彼虽以受报而生，然我杀之，则我已作杀业，而我将受报，此二说也。再彼虽以造业受报而生，然依我之慈悲心，则不当杀之，杀之则违我之慈悲心，我之慈悲心为善，则杀生为不善。此三说也。然此三说中之第一说，谓人当使已生者尽受其报，即至少涵有受报可轻其业障之义。则由生以得受报，即仍为当有而善者。第二说谓我杀生我受恶报，亦直接涵具生为善，而生不当杀之义，若生为绝对之不善，则杀不善即善，不应受恶报也。第三说乃谓依于我之慈悲心之为善，故违之则成恶，此义固不直涵生之自身必不可杀，杀生必对之为恶之意；而唯涵在慈悲心中，人自以其杀生为不善之旨。但此后一义仍涵：不杀而"见"生命之存在为善之"旨"。若见生命之存在之"见"为善，而无生命之存在，又不成就此"见"；生命之存在，既能成就此"见"，即仍须肯定其为善矣。

由上所论，可见佛教不杀生之教，必意涵：对生命存在于此世界之为善，有一义上之肯定。则吾人于充满万物之生命之世界，更应对之有一肯定，而以其存在为善，便不能只视为染业之积聚之地矣。

至于吾人如更就一客观之观点以论此问题，亦可知众生之相残，不必即为此世界之绝对之不善。因众生之相残，亦皆为自求其生而相残。众生之相残，对被残者，虽为恶事，然对赖能残他而得生者言，亦未始非善。众生之相残，恒为强者胜弱者。强者之生命力，固大于弱者之生命力，则亦未尝不可言弱存而强亡之价值，不如强存而弱亡之价值也。若然，则世界之有弱肉强食之事，虽仍见此世界之不完满，却不足证自然世界之向恶而趋，而非向善而趋矣。至于吾人如暂不观此世界中众生之相残之一面，而观世界中之花放鸟啼、山峙川流之万物并行不悖于天地间之一面，则吾人固可谓当前之天地中，亦有一并育万物之天道，而万物亦各有自成其生，而亦互不相害之性在。此道此性，亦即一普遍的生物成物之诚道，成己亦未尝不愿成物之诚性也。今若本此观点，以观天地万物之生死，亦未尝不可视其死，皆所以成后起之生，故其死亦如君子之死，只为终而非为死；而可以始终生成之概念，代一切之生死与生灭，以至不见有生死与生灭；而此亦未尝非直接超生死超生灭，而达于佛家所谓不生灭之一道也。人若能取如此之世界观，而肯定此充满万物之世界之存在价值，则此世界亦非只堪动悲悯，而不堪敬爱者矣。是即中国周秦至汉之儒者之所持，可暂以《中庸》立诚之教为其代表，而为中国人既闻佛教之精微广大之论之后，宋明儒者更直接承之而重加以发展之思想。然此又非谓佛家之所见到、所重视之世界阴暗一面之全不存在，弱肉强食之世界，为理所当然，有生灭生死之世界，为最好之世界，佛家所言之有情之执障与人之贪嗔痴之毒焰可弥塞于天地，皆全为废语之谓。亦非谓"佛家之求根绝世间之弱肉强食，求生命之有无量寿无量光，破一切有情之迷执，以超度此世界"，非一至极之理想之谓。此中要在知言之各有其分际，各有所当，而自其"当"在何处以思之；人固不可先存门户之见以徒执一偏以为说。则吾人自可有更向上一着，于儒佛加以会通之途，而非此书所及者也。

六　周濂溪之立诚之教与李习之复性论之异同

宋明儒之真能承《中庸》言诚之旨以发挥儒学者，首当推周濂溪、张横渠。然上已言李习之已开始以诚言性之说于先，故今宜将其言与周濂溪之言并论，以见濂溪之更进于习之者何在。吾意在《复性书》中言诚之为人性，其旨与濂溪，初无大殊别；而于诚之为天道之一义，则习之实尚未之能及。濂溪乃视诚为一天道，故能言此天之诚道之表现于使万物之各自生而自成，以正其性命处，由此以见此诚道之统天之生物之仁与其成物之义。故此天之诚道，即为一立体性的贯注于天地万物，使之由生而成，而树立于其中之道。故曰："大哉乾元，万物资始，诚之原也；乾道变化，各正性命，诚斯立焉。"缘此而其言人道，亦有其立诚之义。人之立诚之道，要在人之由思以作睿，而睿作圣。此诚道之在圣，乃自其"静无而动有，至正而明达"，以有其五常百行，而"仁育万物，义正万民"处见，此亦显为一立体性之事业者。至李翱之言复性，则其第一篇，首由情昏匿性，"七情循环而交来"，使"性不得充"处说，故以"情不作"为充性、明性之首务。其第二篇又言"弗虑弗思，情乃不生"，而以无思为斋戒。圣人乃有情而无情，其思乃为无思无虑之思，而可以去情之昏者。故其言工夫，乃先使一般之思虑与情之不作，为复性之资。至其言已能复性之圣人，则谓其"寂然不动，不往而到，不言而神，不耀而光"。圣人所垂之礼之节、乐之和，皆所以教人忘嗜欲，而归于"诚而不息则虚，虚而不息则明，明而不息，则照天地而无遗"，"广大清明，照乎天地"，"本性清明，周流六虚"，乃能使"视听昭昭，而不起于见闻"。至其释致知格物，则以"物至知知，其心昭昭辨焉，而不应于物"为说，谓"心不可有须臾之动"为修道。此为其说，明重在心之神明不耀不动于外，而能平面的广度的"广大清明，而其照无遗"之一面；而非重在其能立体的"建立五常百行，以仁育万物，义正万民，而贞定的成就之"之一面；其书固言及圣人之制作，参乎天地，其变化，合乎阴阳，行止语默，无不处于极，以及"无不为"，"感而遂通"，"赞天地之化育"之语。然此诸语，唯是泛说圣人之所为之广大，而未尝落实在以仁育万物、义正万民，使万物万民皆归于贞定之旨，以立诚于圣人之事业之中。故其言诚，乃由无妄以致清明广大之意多，相续无间以有所生成之意少。此便不同于濂溪言天道之诚之生物成物，归于使万一各正、小大有定者矣。总上所言，即见习之对《中庸》以喜怒哀乐之未发之中，所契者多，而于《中庸》之生物成物之旨所契者少。此则细反复其全文之三篇，持与《中庸》及濂溪之言相较，而可见者也。

　　由习之之重在以清明广大之义言性之诚，故其工夫只在由无思无虑，以使情不作上。此即所谓"复"之工夫也。情有惑而昏，有溺而陷，昏则不清明，溺则不广大；今能灭息此情，则广大清明皆备矣。此亦可称为一至简至易之返情以见性之教。人于情陷溺深者，其思虑心知之明，先随情以俱往。今言无思无虑，以撤出此思虑于情障之外，而情亦返，心知即顿尔通明。此亦为人间之一实事。然谓圣人之工夫，惟在返情以复性，则与周子之言相较，便见其未足。盖人之真将思虑心知之明，皆陷入于情之中者，亦不数数觏。则撤出此思虑而返情，亦未必即能洞见本心之明。情障去而思虑心知之明，未有以自尽，则无情而仍昏。如顽钝之人是也。至周子之言，"思曰睿"，则重在人之有一"积极的自求其思之通，而自达其神应"之一面，而此一面亦未尝不本在无思之诚。此即濂溪之言进于习之者也。

由濂溪之重思通与神应，故亦重观人之动之几，能知此"动而未形、有无之间之几"，以见几而作，正所以使思能通微。此自更非习之所能及。由此而周子之言性，遂有"诚无为，几善恶"之言，其意盖谓性之刚柔善恶中之别，皆始于几微之动。其《师第七》言曰："性者，刚、柔、善、恶、中而已。刚善为义，为直，为断，为严毅，为干固；恶为猛，为隘，为强梁。柔善为慈，为顺，为巽；恶为懦弱，为无断，为邪佞。惟中也者，和也，中节也，天下之达道也，圣人之事也。故圣人立教，俾人自易其恶，自致其中而止矣。"此文之意，非止平列五者为说。乃是谓刚柔之所以兼有恶，在其不能无偏，故能知致其中而恶亡，而刚柔乃皆以中和为本，而未尝不善。此中，善恶之别，在知致其中与否，而知致其中之几，亦知善恶所始分之几。故曰几善恶。而圣人之所以为圣人，亦正原于其常知有以致其中，乃有知而无不知，是为知几。此知几，为知动之微、圣学之本，而为善之原。圣人常致其中，而以其诚自精，乃自然由中以和，神妙万物，泛应曲当，无不中节；是即本知几之动之微，以由幽而达明。故曰："诚精故明，神应故妙，几微故幽。"是见唯有周子言几善恶，乃谓当知致中及善恶所自分之几，方可贯通于其以诚神几言圣人之旨。后贤或注周子"几善恶"之言曰："心之一几动而善恶二分"（胡五峰），"心之萌动于几微，直出者为正，为天理；旁出者为邪，为人欲"（朱子），"以其有无不形，故谓之几，几善恶者，非几即恶"（罗念庵），"几则通于体用，而寂感一贯"（王龙溪），"几本善而善中有恶，言仁义非出于中正，便是几之恶"（刘蕺山）。此诸言虽各有其旨趣，然以之释周子之言，则盖皆未能合周子"刚柔善恶中"之言，以观其言知致中之几，知善恶之所以分之几之旨，则亦未能道出周子何以以诚神几说圣人之旨也。

七　张横渠之即虚以体万物谓之性，及气质之性之名之所以立

濂溪之言天道之诚，乃立于一一万物之各正性命处，言人道之诚，乃立于圣人之志业；而圣人之志业则在以仁育万物以义正万民，使万一各正。是见濂溪所言之诚道虽为一本，而此一本必表见于万殊之成就。至于同时而稍晚之张横渠，其书亦重诚。其反对佛家，亦即意谓佛家之视天地万物为幻妄，未能肯定天地万物之为客观的独立的实在而说。佛家固非视天地万物如一般之所谓幻妄。如唯识宗亦承认他人之心识，在一义上独立于我之外，而各变现其山河大地，并亦承认山河大地等色法，自有其各别之种子也。然吾人仍可说：自唯识宗以山河大地，唯是心识所变现言，山河大地，乃无独立之客观实在性者。横渠之思想，则依于一先将天地中之人与万物平观，而视为同原于一本之太和以生，故于人与万物之各别的实在之性，初步乃在一平面上，俱加以肯定，故曰"天下同谓之性者，如言金性刚、火性热、牛之性、马

之性，莫非固有"，^①于是我与外之他人与万物，亦初为同立于一
平面上之各别之个体，初不须就其有情与否，能觉、能成佛与否，
以分为二类。而儒学之传，亦原未有一般动物亦能学圣成圣之义，
故横渠之对天地万物加以划分，亦唯就人之异于其他万物以说。
此即在人能有心知之觉，以知其所自生之本之太和或乾坤父母，
而为其孝子，以视民为吾同胞，物为吾与，以为天地立心，为生
民立命。然人虽能为天地立心、生民立命，亦不能因此而谓天地
万物与生民，皆唯在我一人之心知之中，而否认其客观实在性
也。故依此义以言性，一方面可就我与天地万物之同源共本之太
和，说其中有"散殊可象之气，依清通不可象之神，而浮沉、升
降、动静相感之性"，以为其所以生"絪缊相荡，胜负屈伸"之始，
而为万物之所自化生之本。在另一方面，则亦当由此天道之太和
之化生一一个体物，或此一一个体物之受天命而生成，说其各皆
有一依其气之清通之神，以与其他万物相感，而相施受之性。此
中之"施"为气之伸，"受"为气之屈；伸为神，屈为鬼。故《动
物篇》曰："凡物能交感者，鬼神施受之性也。"此性之所以为我
与一切人及一一之万物，受天命而生成时，所个别的具有者，亦
正以其出于一共本同源之太和之性之故也。故《诚明篇》曰："性
其总也，性者，万物之一源，非我之所得而私也。"吾人今见彼无
情之万物，未尝不能与他物相感，以成变化，而各自生自成，以
有其生命之始终；则无情之万物，无不同有此气，亦无不同有依
此清通之神，以有"与他物相感，以相施受，而生种种动静变化"
之性也。性为物之相感相施受以生种种动静变化之源，故横渠于
其"性其总也"之语下，又系以"合两也"之一言，两即动静，

---

① 张伯行编《横渠文集》所附《性理拾遗》语。按：此所谓性之固有，乃泛指一一
  事物之性相之实在说，与后文所论横渠之所谓人物之性，皆依于其气之清通能感
  上所说者不同。此火之热、金之刚等，乃依物之能感之性，而见于外之性相之第
  二义之性，固非横渠之所重者也。读下文自知之。

或施受之谓也。

横渠言性，纯就气依清通之神，而相感处说，故《正蒙·乾称篇》谓："感者性之神，性者感之体。"又曰："妙万物之谓神，体万物之谓性。"《诚明篇》曰："天所不能已者谓命，不能无感者谓性。"如人之受气于天而不已其受，以成此人之生，为命，则此命即表现于人所受之气中。然此气依清通之神，以与他物相感之性，则又超溢乎吾人所受之气之外。故《诚明篇》又曰："命行乎气之内，性通乎气之外。"性通乎气之外，即依于神之通乎气之外。唯因依清通之神，而与他物相感应之性，通乎气外，方能妙万物，而体万物，以与他物相感应也。故《神化篇》曰："性性为能存神……存神然后妙应物之感。"此"与万物之感应"，依于"气之清通"，即依于"气之虚"，"气之无"。故《乾称篇》又曰："性通极于无。"然气依其虚或无，以有感，亦不能不有感；感而体万物，则虚而未尝不实。故《诚明篇》又曰"不能无感者谓性"，"未尝无之谓体，体之谓性"，又曰："至诚，天性也。"合而言之曰："通有无虚实者，性也。"（《乾称篇》）又《诚明篇》曰："尽性，然后知生无所得，死无所丧。"此亦依于性之通于有无虚实，然后可谓无得无丧也。

于此人如问：一人或一物之能依其气之清通，而与他物相感之性，毕竟其范围有多大？则此当答曰：克就由气之清通，即可与一切其他之气相感处说，则任一物皆可说有"能与其他一切物相感，而更摄入于其自己，或以其自己遇之、会之，而体合之"之一性。故横渠谓"体万物之谓性"。此体万物之谓性，乃一物之"一"，摄其他之"万"之性。此有似华严宗所谓一能摄一切之性。在濂溪之系中，有一太极之诚，立于万物之各自正命处，然未尝言万物之间，皆原有一依其气之清通，以相体合之一性。此中便只有"一本散为万殊，而立于万殊中"之一度向，而无"万殊间，亦彼此能依其气之清通，而互体，以使万物相保合，为一太和"之一度向。此即横渠言性与天道之进于濂溪者也。

由人与物，皆原于一本之太和，而有依其气之清通，以体万物之性，故人即缘此而可本其心知之明，以穷万物之理，以知万物而成万物，自明而诚，以自尽其性。故《诚明篇》曰："自明诚，由穷理以尽性也。"此性之尽，惟见于此心知之明，能知万物而成万物。故曰："心能尽性，人能弘道也；性不知捡其心，非道弘人也。"人能尽性而自明而诚，以知物成物，"立必俱立，知必周知，爱必兼爱，成不独成"（《诚明》）；则人道之立诚，同于天道之生万物、成万物之诚，而更可"自诚明，由尽性以穷理"。故曰"天人合一存乎诚也"。此即将《中庸》与周子所重之诚道之义，亦包涵于其思想系统之中；而张子亦同可说诚道之为一贯天人之道，或言人之依气之清通，而体万物之性中，亦有一生物成物之诚之性在。今将此生物成物之性，分别为二者而观，亦即为仁义之性。人之就所知所明之万物之分别的得生得成之理，而本仁义之诚，以生之成之，亦即人之穷理尽性，而达于此性所本之一原，以成性至命而成圣也。（本文释横渠言性之旨，与朱子直本伊川性即理之义以释《正蒙》者不同。读者察之。）

然人中有能穷理、尽性、至命，以成圣，而至诚无息，与天合德，以生物成物，而为天地立心、生民立命者。人中亦有不知学圣人者，或学之而不能成圣者。至于人外之万物，更不足以言与人同有此心知之明，以知其他之万物等。此又何故？此则唯原自此人物等，虽亦有其气之清通，以体万物为性，而其清通之量，乃至小至微，故不能实尽万物而体之。此即谓：人与万物之性之虽同，而其量则有异，故其由体物而感物而知物之心知之明，皆不同。夫然，而人与人，人与万物，即有种种层级之差别。此差别，即其气质之差别。言气之质者，犹言气之质碍。气之质碍多者，则其气之清通所及之范围小；质碍少，则气之清通所及之范围大。是为横渠所谓性之通蔽开塞之别。此所谓质碍，亦实即由见人与万物之气之清通所及之范围，似有终不能更加以扩大之处，便反照出此中之气，若为一硬质，而能自碍亦碍他者。于是横渠有此气质之性名名。气质之性者，即在气质中之性，即克就"气质之依其清通之量之有限"，而有之"体万物之能之有限"，而言其性。依"体万物之谓性"之言，若此体万物之性，一无障碍，则将无一物之不体，此即天地之性。天地万物聚散于太和，亦即聚散于太虚，而太虚为天地之性。天地之太虚，固能无物不体也。圣人之本此天地之性而尽之，固亦能无一物之不体也。然在一般之人与万物，则其体万物之性之表现，便总似于其存在，或生命，或气之内部，有一不能化之硬块质碍在，而其性亦即为一在气质中之性，当称为气质之性，非天地之性矣。人之欲同于天地与圣人者，则须自变化其气质，即变化其生命，或存在，或气中之硬块质碍。必至此硬块质碍，化除净尽，此气方成一清通无碍之气，凡有所感，皆能体之，而以心知之明遇之，进而生之成之，而对之自尽其仁义之诚，人乃可以希贤而入圣矣。此中希贤入圣之工夫之所重者，乃在自变化其气质，而去其碍此气之清通者。能使其气之清通至极，即能有心知之明，与仁义之诚，而能无一物之不体。此所谓无一物之不体，非自其外而观，见一一物皆能为其所知所成，如上帝之全知全能，天地之能生一切万物之谓。而是自其内部之清通看，于其所感所遇者，皆能体之，而无内部之碍，即为能体万物，而能自尽其性矣。故我之成为圣人，乃即就我之为一有限之个体，只禀得此天地之有限之气之所能为。因我只须能去此气中之一切质碍，而感物能清通无碍，即已超出我之气之有限，而无"限"，以与天地合德矣。

由上可知，张横渠之论人性，其始乃自人之为万物之一，而依其气中之清通，以能体万物而谓之性。依气之清通，而内无质碍，故感物而能应；中无所阻，其应亦无方，此之谓神。其应物而生变化，亦外无所滞，随物曲成，此之谓化。唯圣人能极仁义，以极神化。敦乎仁者，生化无穷，即非定体之所能限，故曰"仁敦化而无体"。精乎义者，应无不宜，即非方所之能域，故曰"义入神而无方"。然任何人之依其气之清通，而能体物之性之表现处，亦即其神之所在，其体物而能由行为以生之变化，亦即其化之所在。[①]此中所谓体物之"体"，乃体合、体会之体，故为一动辞。故此谓体物之谓性，不同唯识宗所谓一法之自生之体，如种子之谓性；亦不同于天台、华严诸宗所谓一切染净所自发之心体之谓性，或人之所以有成佛之事之所本之如来藏、佛性、真如心之谓性；此亦复不同于一种类之共同性相之谓性。凡此等等，皆初由人之反溯诸法之所自生或分其类别所成之性之概念。此横渠所谓体万物之谓性，乃就一人物之能往体万物之"能"，而谓之性。此乃一向前看其能往体物，而见之性；而此往体，亦初未定其所体之物，为何种类之物者。克就此往体物之性言，其中初无一定之内容，而唯是依气之清通而虚，以往体"万物之实"之性。此往体，即依此气之清通而后可能。此气为实，此清通则为一虚。以虚能体实，此即气之"实"，亦天地之"实"、天地之德之所在，故曰："天地以虚为德，至无者，虚也；虚者，天地之祖。"又曰："太虚者，天之实也，心之实也。"（张伯行编《横渠文集》卷十语录）克就此虚之为虚而观，亦可谓之空无所有。此虚之概念，则初为道家所重；后人谓横渠喜言虚，乃邻于佛老，此亦非必不可说。然横渠之虚之不同于佛家之空者，则在佛家之空，乃谓空诸妄执之意。人对空亦可妄执，故空亦当空，而空后更无所得。若言一切实法之所以生，则空宗虽谓"有'空'故，一切法得成"，然亦主缘生。唯以缘生者，皆无自体自性，缘生者皆性空，亦依性空而缘生；故只言"有空故，一切法得

---

① 《宋元学案·豫章学案》，谓延平言：昔闻之罗先生云横渠教人，令人留意神化二字。张子神化之义，后为王船山所发挥。今皆不能详也。

成"，未尝谓空能生万法也。万法依空而缘生，此"空"亦遍为万法之实相实性，然此亦非谓空为万法中之一一法所分别具有，而存于其内部者之谓。横渠之谓气之清通、气之虚，则大可谓为本于一天之太虚，而为一一之气所分别具有，而存于其内部者。气实，而即本其内部之虚，以往体合其他之实，以相感应而生变化。此变化之产生，方相当于佛家所见之缘生。此气之虚而能体物，则当说为缘生之所以可能之根据。依横渠意以推论，则吾人如谓世间实有由众缘和合而生之事物，则此众缘，应各为一气之实；而此和合，即气之实之依其虚，而相体合，以相感应之谓。故此气之依其虚或清通而体物，乃第一义之性。横渠曰："合虚与气有性之名。"气依虚方能体物，故此虚乃一有用之虚，物乃具之，而依之以相感应，而有其生变化之实事者。此即不同于般若宗所谓遍在之"空"，对物之本身无实作用者。至于佛家所谓证空之菩提心，诚亦可依其证空而能繁兴大用，然此亦不同于横渠所视为内在于一切万物之实中之虚，对物之有实作用也。思之可知。

由上文所论，故知横渠之依此气之实中之虚，以言其有能体物之性，此虚即不能作佛家之空解。吾人如谓其原自中国《庄子》内篇《人间世》言气能虚而待物之义，则有可说。然庄子于此，只言人之气能虚而待物，未尝言一切万物之气，皆能虚而待物，且能依其虚以往体物。《庄子》外篇合万物为一气之化所成；阴阳家与汉儒，又分一气为阴阳，更为五行，而由阴阳五行之气之流行，以言天地之时序、万物之生成，并以人物皆以气为其生之质。然亦皆未言及一一散殊之气之实中，有一虚，有一清通，并即此气之能依虚与清通，以体物处，言气之性。汉儒依五行之气之别，以言人之生之质，并即生之质言人之性，于是人性便有种种复杂之情形可说。然横渠所谓依虚以体物之性，则初只是一单纯的往体万物之性，唯此方为天地之性或圣人所自尽之性。圣人能尽此性，其生物成物之德，又可直赞天地之化育。由是而言人性之种种复杂情形，即皆非自此天地之性上说，而只为自其所谓气质之性上说者，亦即连于此天地之性之表现之种种滞碍上说者。故此气质之性，实为由此天地之性之表现之限制上，所反照出的，而只为"气质中之性"。非同于汉儒之所谓性，乃直接依气质之有阴阳五行之分，气质之本身之有复杂之情形而建立，以见人之有不同生之质者，即有不同之性之说矣。唯此汉儒之言性，方真可谓言气质自身之性，而为道地的气质之性也。横渠之言，即实已大进乎此。不仅其天地之性进乎此，即其言气质之性，而谓其依于天地之性而有，并可变化，以返于天地之性，亦进乎此。是学者不可不深察而明辨者也。

横渠之所谓依气之虚与清通，而能体物处，所言之性，其自身固为一至单纯之"往体物"之性。然人由往体物而表现为心知之明、对物之礼敬，以及生物成物之志行，则又可分别以仁义礼智等说之，而有所谓仁义礼智之性。此诸仁义礼智之性，亦皆可纳之于人依其气之虚往体物，以生之神应变化历程中，即人之精神生命之气之神化历程中——或人之道德修养历程中——以指其属于此气之神化历程之何段落、何方面，而可说此一切性皆气之性，而未尝虚悬。然此气之性，乃当自其往体万物，以成其神应变化处见之，或自此气对其他万物之关系与态度，乃时向于与物感通处见之。遂不可将之黏附于气上，以视为此气之属性，或自此气所成之生命之质中以见之。如汉儒之说也。简言之，即此性当由"此气之依其虚，以超拔于其气之实，以往体万物之气之实"见之。此"性"、此"往体"之自身，乃一气之用。此用乃向于他。此向于他之本身，又只是一理。顺此理，以知万物之所然之理，则为穷理。唯向他穷理，乃能自尽此向于他，以往体之性。故此性，乃一气之向他、向上而向前之性。唯可由观气之伸长升起处，体会得之。此非是由"反溯推求一已成事物之所以然，或所自发之体”而见得之性，而是“前观一事物之顺其气之所往所之，将即他物之所然者而体之”以再回头见得之性也。

八　略释邵康节以物观物为性之义

如吾人了解横渠之性，乃依气之清通而往体物之性，此体物，乃将顺物之所然，而体之者，吾人即可了解邵康节之即就人之能以物观物，以见人性所在之论所自生。邵康节尝谓：“以我观物，情也；以物观物，性也。情昏而暗，性公而明。”今问：何以可说以物观物为性？以物观物乃观物，与人之性何干？然实则所谓以物观物，即就物之所然，而观其所然，而然其所然之意。此能就物之所然，而观其所然，而然其然，自可说为出于我之性；而此能就物之所然而观其所然，则固始自吾人之就物之所然，而体之也。邵康节虽年早于横渠，亦未尝师横渠，然顺横渠所谓体物之谓性之义，亦即可引出“就物之所然，而观其所然，以为其所然”为性之义。顺物所然而体之观之以道，而性乃“道之形体”矣。

邵康节以物观物为性之说，乃由顺人之“能体物，而然物之所以然”，以见得之人性。人因有此性，而人之心乃能遍就物之所然，而客观的观之。由此而人即能超出其私情之限制，而其心乃公而明。于是，邵康节有其观物、观象、观历史之变，所成之一套宇宙论与历史哲学，合以为其《皇极经世》之易学。邵康节所谓以物观物之性，亦表现于“对一切物之象之观”之中，而遍运于一切所观之物之象之上，而不滞于任何所观之物之象之中者。今就此性之表现之不滞，而能遍运言，即可称为神。故邵康节亦即神以言性。然此性、此神，虽遍运于一切所观之物之象之上，而就其一时所观之物之象而言，则此为就物之如其物，象之如其象而观之者。此中又可见物之各定，象之各定。由此而可言有一客观的知识之成就。人之求能于物如其物、于象如其象而观之，以有客观之知识，亦即所以使人超拔于其主观自我之昏暗之私情，以见其性之公而明，以入于圣人之途者。此即为张横渠以外之另一形态之思想。在此思想中，以性情相对较，谓二者一公一私、一明一暗，大有类于李翱之言。然李翱以为人欲复性，唯赖无思无虑，而灭息其情，而使心之神明，不耀不动于外，以物至而后知知，为格物。康节则以顺性而充其以物观物之心知，使其神运于一所观之物之象之中，正所以自拔于情之昏暗之道。此则意在顺性以伸此心知之思虑为事，以观物为格物，以使人自然自拔于其情之昏暗之外；而非同于李翱之求事先无思虑，以灭息其情，唯待物之至而后知知，以恒得自保其心之清明广大之论矣。

第十二章　二程之即生道言性与即理言性

一　性与生命之道路

宋明理学家中周濂溪、张横渠以及邵康节之天道人性之论，虽不同，然同自人性之其欲于物有所生以有所成，或能往体物而不遗，或往以物观物，而神运于万物等处以言人性。此人性虽属于人之个体，此个体固初只为天地万物之一；然此人性，同时亦为使人超拔其个体，以及于他人与天地万物，而可导人成圣，而与天地合德者。此中之性，乃一将人向上提升，以达高明，自内开拓，以致广大之一理想原则，而非一说明人生之现实之因果之一现实原则。人之尽此性之意义与价值，应纯自此性之为人之得有其道路，以导人由卑下以向上提升，以达高明，由狭小以自内开拓，以致广大，并有其所生所成处看。人于此若只回头看此性之何所是，则亦可不见其丰富之内容，而若只为一空虚之原则。有如人只面对任何之道路而观，皆可觉其空虚无物。唯有缘此道路，以前行遥望，然后见此道路，乃可引人以无远弗届，而瞻顾四方者。故此性必须由人尽之之工夫，或此性之自尽于人之工夫中，乃见其价值与意义。人之能见及此性之自尽于其工夫之中者，此性亦即恒显为在前为导之一道、一理。而克就一道、一理之在前为导，而尚未为我所行践言，此道、此理，即为纯形而上，亦尚未全实现于我之生命之气之中者，而凡吾人未能尽之性，亦皆可说为尚未全实现于我之生命之气中者。由此即开出明道伊川之以性即理、性即道，而不以此性此道皆属于已成之气之一新路之思想。今吾人于此须注意者，是依此一新路之思想，以谓性即道、性即理，初非是视此人性为一客观的天道之一表现，如周濂溪、张横渠之思路；而是自始直就人生命之所以能由卑下而高明，由狭小而广大，此中应有一道一理，内在于此生命之中，而引导之以上升，而使其内部日趋于扩大者，为其生命之性。此性之必有，亦即由人之生命之实往上升，而自扩大处，可自加以证实。凡人之不自谓其生命上升扩大，已至乎其极者，即证明其生命，尚有更上升更扩大之道路可走，而此道路已先在于此。此道路为我之所能行，即见我有能行之性。此道路，虽可视为我之心思之所对，若为客观，而其内容又不外乎我之性，即同于此性，而内在于我之生命者。此中之性，只是一生命之上升而扩大之性，即一生而又生，以成其生之充实之性。故此性，亦只是生生之理、生生之道。然人有此生生之理、生生之道，以为其性，则其生命之沿其心思之所及，以求上升扩大，即可至于对此心思所及之天地万物之所在，亦皆视为我之生命之所在。而此性、此理、此道，遂为一使我之生命，通于天地万物之生命，而见其为一体，使我之生命成圣人之生命者。此性、此道、此理，亦即不能说为我所私有；而当说为我之生命与天地万物之生命之共同的生生之道、生生之理，或所谓天道、天理，亦我之所以能与万物一体而与圣人同类之性理矣。

二　明道之通生之道与神气言性义

以上所言之此道，即理、即性之义，乃二程思想之同处。唯明道谓"天理二字，是自家体贴出来"（《二程外书》十二），更能扣紧吾人生命之生，以见此理、此道之即性，与气与神之不离。而伊川则特重指出性即理之义，及理与气之或不相即，而为二之义；而二家之学，遂不同耳。所谓明道扣紧吾人生命之生，以见此理即性而与气与神不离者，此可由明道之喜言生之谓性，又喜言生道、生理，并言“若道外寻性，性外寻道，便不是圣贤论”，“性即气，气即性”，“气外无神，神外无气”等，^①以证之。明道之所谓生之谓性之语，似同告子生之谓性之言，而实不同；亦与汉儒以生之质言性大异。大率一般所谓生之一名，或指已成之一生命之个体，如佛家众生之生。此为一名辞，乃与性之名义无关者。生之一名与性有关者，或为就一生命之状态，而名之为其性，如就牛之有牛之状，而名为牛性，马之有马之状，而名为马性——此为一形容辞之性。缘此而谓一生命之有某状态，原于其生命之有某一内质，使之有某状态，此即为一生之质之性。此即汉儒所说。至于告子之所谓生之谓性，盖亦初就生之状态或生之质上言；并以一生命之为保存其自身之状态，兼延其自身之状态于后代之食色之欲，为一生命之根本之性。故曰“食色性也”。然明道所谓生之谓性，则初不连于一生命之状态内质上说，而是即就人物之生，而谓之为性。然此又非自此生之所生出者上说，复非自此生之事上说，而是即此“生”之自身而谓之曰性。亦即就将此“生”之自身，当作“人物之存在所循之道路或一道、一理”看，而谓之曰性。此性即道即理。故此与横渠就气之虚，而能体物感物上，说此气之有性者，仍有毫厘之别。盖横渠所谓体物感物之性，初尚是往反溯生物之生之所以然，方见得乃由于其所以成之气，有此“能体物感物之以虚涵实”之性。明道之所谓生之谓性，则初乃直对此生之理、之道，而谓之曰性。此理、此道，虽不离已成之事物或气，而为此气之“去生”之理，然亦不能说此“去生”，即在已成事物或气之中，而为附属于此已成事物或气者。因已成之事物或气之去生他物，此

---

① 第一语第二语皆见朱子所编《二程遗书》卷一。第三语见《遗书》第十一。

已成之事物或气，同时即自己有一变化或自化。既自化，即不能为此"去生"之所附属也。复次，此"去生"，亦不附属于其所生之物，因此"去生"，乃先其所生者。此"去生"，只是一创造原理，即只是一生之理。此理只是一能然，或当然，或必然，或自然，而非一实然的已生或已有之物。然一切实然之物，皆依此理而生，亦复皆更能去生，以有所生，故此理又为物之性。然克就此生之理之自身，说物之性，则又不须连于物之状态，或其所生之物之状态上说。由此而一切物之相继，即可说为一纯一的生之性、生之理之所贯彻；而见此性、此理之为一生生不息之性之理。于是一切物皆同此一理、一性，同循之以为其生命前行之路道，以为一生之道；于此又即可见万物之同源于一理、一道，同出于一本，而为一体。此即明道之所以言"所以谓一体者，皆有此理，只为从那里来，生则一时生，皆完此理也"。

上所及之理之能然、当然、必然、自然义，当略释所本。按陈安卿尝问朱子（见《朱子大全》卷五十七），"理有能然、必然、当然、自然"。朱子答曰："此意甚备，但要见所当然，是切要处。"要之理，是指一去有所然，以有所生，而非指已有之实然，此为宋明儒凡言理者之公义。此四义中，大约在明道则由自然之道中即见当然之理；伊川则偏自以当然言自然之理；朱子则由当然、自然义，以重说事物之分别的能然与必然义。如以今语释之："自然"似本体论之自己如此如此地去然；"当然"似道德论上之当如此如此去然；"能然"似宇宙论上之就存在事物，而言其能如此如此地去然；"必然"似就理之自然、当然、能然者，而更就其反面之不可能处，说其只可如此如此地去然，而不得不如此如此地去然，以成为实然者。此似一逻辑知识论之概念。然此理之"自然""当然""能然""必然"之本义，则皆在实然之事物之上一层次，而言其去然即去生，当然则是四义中之切要处。此二者必须熟习在心，否则于宋明儒学之言，必触处成滞，而下文亦无法讲矣。

　　识得上文所谓一物依理而生，即依理而去然去生之义，即知此理即一物之去然去生，以能有其所生之性。然此理此性之表现于去然去生，在明道之意，又非只孤立表现为一抽象普遍而浮现于物之上层的生相；而是表现于其具体特殊，而落实地与天地中其他之物相感而有应之事中。因必有此感应之事，方实有所生也。此感应之事，即此性此理之表现为生之事。故此性此理亦即感应之理；而离此感应之理，亦无生之理。明道亦极重此天下之物无独必有对，以相感应之事，乃至于中夜思之，而手舞足蹈。①此感应之事之即生之事，原为中国传统思想所同重。然欲真识得此感应之理即吾人所具之生之性之理，则只泛观万物之相感应，尚不切；只观其他人与物之相感应，亦不切。此亦必须直落实到吾人之一己，而观此一己之如何与其他之天地万物相感，然后能深切著明其义。此正明道之言所已及。吾人今果依明道之言，而纯在吾人一己，如何与天地万物相感应，②以求知吾人所具之性之理，便可见得：吾人之一己，在与其他天地万物之感应中，乃一方有吾人自己之心之生而内感，③同时有此所感之天地万物之生于吾人之心，及缘"吾人对天地万物之所为之事"之"生"，而亦有之"天地万物之变化"或"生"。此中所见者，正是己之去感去应，与所感所应之天地万物之一种"生则一时生"之关

---

①《遗书》二下，《二先生语》："天地间只有个感与应而已，更有甚事。"朱子《近思录》定为明道语。又《遗书》十一："天地万物之理，无独必有对，皆自然而然，非有安排也。每中夜以思，不知手之舞之，足之蹈也。"此有对，即成此感应者也。

②《二程遗书》十一。按此感应之义，首发于明道。《伊川易传》卷三，咸卦九四，发明感通义，颇精详，然其旨皆原自明道也。

③二程言感之第一义是内感，如《遗书》卷十五谓："感而遂通，则只是内感。"《朱子语类》九十五释之曰："如一动一静，只是一物先后自相感。"人之自己之心之生，其先后自相感，皆内感也。

系。由此以观此生之理、生之性，便唯有说此生之理、生之性，在己亦在物，在内亦在外；是己之理亦是天之理；是己之性如此，亦天之命我如此。人在天地间，感天地万物，而应之以己之生，时时皆可见得其乃"受天地之中以生"，而具此生之理为性，小见天之命我以此性。故明道曰："民受天地之中以生，天命之谓性也。"

据上所言，明道所谓生之理、生之性，乃一方合内外之物我，一方彻上之天命与下之人性者。故此性此理，果如圣人之继续不已的呈现于吾人生命之中，则人与天地万物相感应之事，即为变化无方，而其生物成物之事业，亦为继续不已，彻始彻终，而无穷无尽者。而此事之为可能，即又更反证出：此性此理之"实为一合内外、彻上下，而亦贯彻始终"之生生不息之理，亦即导吾人之生命以日进无疆之一大而无外，亦与物无对之一绝对之道。明道所谓"无始无终，亦无因甚有，亦无因甚无，亦无有处有，亦无无处无"之一自有而更无原因、无乎不在之道是也。[1]此中，就人与物相感应，而浑然与物同体，不见物与我之为二，而一齐生言，名为"仁"；就此感应之变化无方，而妙用不测言，名曰"神"；就此生物之事，及其中我之生命之气，与所感之物之气之流行不已言，名曰"易"；[2]就此理、此性、此道，于以得见其为

---

[1]《遗书》十二无始无终一段语，全文为："一阴一阳之谓道，自然之道也。继之者善也，出道则有用。元者，善之长也。成之者却只是性……如此则亦无始亦无终，亦无因甚有，亦无因甚无；亦无有处有，亦无无处无。"合全文以观，此乃言此绝对而自有遍在之道，必由阴阳感应之用而见，亦必成于性。即见其非如西方之上帝之可为一"在阴阳感应之先，自无中创造世界者之初为一寡头的上帝，而无原因以自有"者也。

[2]《遗书》十一："生生之谓易，生生之用，则神也。"此言易即神。《遗书》卷一，《二先生语》："上天之载，无声无臭，其体则谓之易，其理则谓之道，其用则谓之神，其命于人则谓之性，率性则谓之道。"《宋元学案》定为明道语。此即通易、神、性、道以为言也。

物之所自生之本言，名曰"元"。此元之为物所自生，即物之善之本源，故即善之长也。① 至于自物之亦具此道、此元，以为其性，又自为元，以自有其生物之道言，则为继此"元之善"而有之继之者之"善"。万物之"相继不已，本此元以生，而更生物"之生生不已之事，即为一善之相继而不穷。吾人之"自求尽己性，而与天地万物相感应，以合内外而求仁，以有其生物成物"之事业，即皆所以使此善充满于"我与天地万物之内外"与"我之生物成物之事业之相续不已"之中者也。

明道之此即生之理而言性之论，其通道、气、神、易、元之观念，以成一合内外、彻上下、贯始终之圆教，乃意在发明万物之一本之性。至人之所赖以知此一本之性者，则又当落实在人之一己之自识其如何与天地万物相感应或感通之道，而于此中识仁而定性。明道即由仁者之"浑然与物同体"，圣人之"廓然而大公，物来而顺应"，以知此一本之性之为相继不已之善之源。此识仁与定性，乃明道之工夫论，亦即所以见此一本之性者。此当别详，今不更赘。至于对人与物之性之不同，在明道之意，则是自物之不能如人无所不感通，而有种种之消极的限制上说。故谓物之气昏，而不如人之能推，即不如人之气之清而有感斯应。明道言牛之性、马之性，与人之性之不同，特就马不能做牛的性，牛不能做马的性上说；而于人则特言其"在天地间与万物同流，天几时

---

① 《遗书》二："元者，善之长也，成之者，却只是各正性命也。"此言就元为万物之源，而言其为善之长。《遗书》十一："天地之大德曰生，天地絪缊，万物化醇，生之谓性，万物之生意最可观。此元者，善之长也，斯所谓人也。人与天地，一物也。"此则通天地大德、人性、万物之性之见于其生意、元与善以言也。

分得出是人是物"说。^① 此即见明道所言之人物之气之差别，乃纯自人与物，对此一本之生之理之性，是否能充量表现，所反照而看出者。观明道之言，固未尝不重正面的说人物之气质之种种之不同也。

三 善恶皆天理义释滞

依明道之言，此一本之生之理之性，为一切善之元。然明道常言"善恶皆天理"（《遗书》二上，又十一），又言"圣人即天地，天地岂尝有心拣别善恶，一切涵盖覆载"（《遗书》一上）。又《遗书》一上，所载生之谓性一节，乃记明道言性之语最长者，亦谓："人生气禀，理有善恶，善固性也，然恶亦不可不谓之性也。"故朱子谓其言"似有恶性相似"（《朱子语类》六十五）。此皆若与明道之言一本之性之理者不合，而初不能使人无疑。朱子更言"理有善恶，但不甚妥"（《语类》九十七）。朱子于此乃终于谓此生之谓性一段文之性字，有不同之二义：谓"善固性，恶亦不可不谓之性"之性，为气禀之性。此即谓明道言"生之谓性"之性，亦连气言，而为气禀之性。至于人生而静以上之性，乃天道之性，

---

① 《二程遗书》二上，《二先生语》："告子云生之谓性则可，凡天地所生之物须是谓之性。皆谓之性则可，于中却须分别牛之性马之性。是他便只道一般。……天降是于下，万物流行，各正性命者，是所谓性也；循其性而不失，是所谓道也……循性者，马则为马之性，又不做牛底性；牛则为牛之性，又不为马底性……人在天地之间，与万物同流，天几时分别出是人是物。"此段文以"生之谓性"之性，为万物所同具，即一本之性。此乃明道义。若在伊川，则"生之谓性"之性，乃指气质之性矣。此二人用名之不同也。可看下文论伊川一节。

即义理之性云云。① 然此与本文谓明道之生之谓性之性即理即道之言不合。今循吾人之解释，则此中之疑，亦实不难答。此要在知明道此所谓善恶皆天理等言，皆非依于一静态的观善恶为二理二性而说，而正是意在动态的观此善恶二者之实原于一本。因一切恶，初只是过不及，② 即皆可由人之返于中正以得化除者。既可化除，则终不离乎一本，而皆可说为天理或性之一阶段之表现。其生之谓性一段文中，言人生而静以上不容说，而即生以言性，即表示其说性依于一动态观。此即生以言性，自不能离此生命之气以言，故下有"气即性，性即气"之语。即者，不离而相即之谓也。至再下一段谓"人生气禀，理有善恶，然不是性中元有此两物相对而生"，即明谓善恶非静态的相对，以存于性中之物，而是由性或理之不离气禀而表现时方有者。盖如气禀清，则性得表现，即有善；气禀浊，则性不得表现，其表现或偏而不全，以有过或不及，便有恶。此中之善恶，皆由对照性而言，亦皆依性而有。善固为性之表现。恶原于过不及，过者过于性之一偏，不及者不及于其他之一偏；过者之所过，其内容亦原于性；其不及，则气之昏，使性于此不得表现，亦只对照性之全，而名为不及也。故此明道所谓"善固性，恶亦不可不谓之性也"，即犹言善固因性之故，而得为善，恶亦因性之故而谓为恶也。但人性既在表现历程

---

① 《朱子语类》九十五对生之谓性一段，问答甚繁。其释生之谓性，屡谓只有生字，便带却气质，故生之谓性，即连气禀说。然只此性，乃可说者；人生而静以上之性，只是理或天道，故不容说。朱子又谓"不容说之性，正是本然之性，性之本体"云云。此无异谓程明道于此文只说到气质之性，未及于本然之性。然程子所谓不容说者，亦可是其不说为性之所在，并非必程子心中尚另有一"生之谓性之上"之性在也。明道之所谓生之谓性，虽是即生即气禀以说性，而却非克就气禀以言之气质之性，而正为一贯于气禀及气之即理即道之性也。本文即循此义以释明道之言，其详或尚须将明道朱子之言合看，再加疏解。

② 《遗书》二上："天下善恶皆天理，谓之恶者本非恶，但过不及便如此。"

中，亦即在一生之相继之历程中。在此生之相继之历程中看性，①则善固可继之以过与不及而有恶，过不及之恶，亦可返于中而得化除，以更得继之以善，如水之流行之可由清而浊，亦可由浊而清也。水之由浊而清，并"不是将清来换却浊，亦不是取出浊来置在一隅"，因清浊实同此水，水在流行中，原自能由浊而清；即以喻无论气质之昏与明，皆同此性，而气质之昏蔽，亦原可自开通而变化，以复于清明，以使其生之相继，皆为善之流行也。水可复清，即喻水原以清为性；人可变化气质，以归于有善无恶，即证性原善。故曰："水之清，则性善之谓也。"其文乃更重牒"不是善与恶，在性中为两物相对，各自出来"之语。此整个之论，即纯为自一动态观，以说此生之性之表现流行，并由此中之气禀之浊碍之可化，以言此性之原能自清，即原能表现流行，以见其本有之善者。

　　知此明道言性，乃依一动态观，以观一性所表现之善恶之二态，此二态乃可变化者，则知此二态之相对之关系，乃一互为消长增减之相对关系。故《二程遗书》十一记明道语谓："万物莫不有对，一阴一阳，一善一恶；阳长则阴消，善增则恶减。"程子于此结以"斯理也，皆天理"之言，即无异谓人之天理或性，乃即在此阳长阴消，善增恶减中，实现其自己者。然阳长而善增之极，唯见继之之善，而更无恶，即又见其初之二者之相对，终不成相对；而此相对只为一绝对之天理之实现其自身，所经历之一阶段。但此所经历之一阶段，有此相对之善恶，又毕竟依于此天理之要实现其自身而有。故善恶皆依于天理，皆为此天理所有之表现，而善恶亦皆属此天理或性上之事，故皆属性。唯依此以说，而后恶与善，同不能在天理与性之外，另有根源，以为天理或性外之二相对者。是见

----

① 此继之者善也，朱子谓与《易传》之义不同曰："《易》所谓继之者善也，在性之先。此所引继之者善也，在性之后。"（《语类》卷九十五）所谓在性之后，即由性之表现于相继历程而说之性也。

明道之善恶皆天理、皆性之言，正所以彰此天理或性之绝对无二之义，亦所以完成上一段所释之"此道与物无对"之旨者。吾人固不可孤提此一语，以谓程子之果又有一善恶为二性二理之论也。若孤提之以言，则不特明与其言善恶非二物相对之言矛盾，使此全文成不可理解，而与明道其他之言，亦皆不可相通矣。

四 伊川"性即理"涵义申释，及气质之性与义理之性之分别

至于伊川之学，则更能于人所知之当然之理与行为实践之距离，特作一反省，遂知理气之为二，及理之超越而尊严，恒常而贞定者。此理之所在，又即一切人同具之性之所在。故伊川曰："性即是理，则于尧舜以至途人，一也。"（《遗书》十八）性理既超越而尊严，而人之尽性践理之道德生活，即彰其严肃性。此吾已于《原太极》一文中论之，今不多赘。吾今当补陈者，唯是此性即理之义，虽实已涵具于明道生之谓性、性即道即天理之思想中，然明道之言此义，乃初将道、理、性，连于吾人生命之气、神等，以相即而说。此中之性、道与理，既皆原连于吾人生命之气，则言性即道即天理，亦自然之结论。然伊川既别理于生命之气，使理气如相悬隔，而更要说此理之即吾人生命之性，以见此悬隔之统一，则学者非有一思想上之自下至上之跃起者，未易悟此义。伊川此言，亦别有一划时代之意义，其为朱子所盛称，亦非无故。① 兹就此与明道所言之理、道、性、气、神之名，相较而论：理恒为人之所知所对，初是客观义重者，而性之为人所内具，则初是主观义重者。如以理与道相较，道为人之所行，则尚连于

①《语类》九十五，朱子于明道取告子"生之谓性"之言，视为"认告子语脉不著"，而于伊川"性即理也"，则曰："岂不是见得明，真有功于圣门。"此外朱子称及伊川此语尚多，不必一一引也。

主观。以理比神，神用于外，又为连及于客观者。明道之善合内外而为言，亦正由其能即道以言理，即神以言性之故。伊川则偏在即理以言道，又并不如明道之即神以言性，于是通内外主客之悬距，乃全赖性即理一义之建立。观于中国之以前思想史：如魏晋王弼、郭象之言理，皆自客观义言；汉儒之视性，为人所内具之生之质，则自主观义言；佛学之言理法界者，自客观义言，言性者，自主观义言。在一般之观念，更多以理为客观者，乃天下之所共知之大公而普遍者，而性则为主观者，乃一人之内具私有而特殊者。人既视理为客观、性为主观，而凡人之离性以言理者，其所谓理，乃外在而非内在，恒倾向于说所知之自然之理或超越之玄理。至于离理以言性者，则其所谓性，乃或私曲而幽隐，恒倾向于言个人内具之气质。在人之道德生活中，凡不知此性之即理，而以理制性者，则其理，恒只尊而不亲，其性亦卷曲而不伸，人乃恒疑于其性之善；凡不知理之即性，而任性以为道者，则其性，乃虽亲而不可尊，于理则悖之而远离，人乃更违善而近恶。唯知性即理，乃能知天下之大公之理，即一人之所自有，而客观普遍者，即在此主观特殊者之中。缘是而吾人之践彼天下之公理，即所以尽我一人之性。践理即所以伸性，伸性无待于悖理；乃能即理之所在，以观性之所在。然后见凡理之所通达，皆吾性之所通达；所知所对之理之广大，即性之广大；理之超越而高明，即性之自超越而自高明。则理尊而性亦尊。又人果能即性之所在，观理之所在，则性在吾之生命，理亦在吾之生命，则昭然之天理，即吾生命之所内具，吾人之性，乃自似幽而明，似隐而彰，则性切而理亦切，性亲而理亦亲。性与理既皆尊而皆亲，则知理之为善，即知性之为善，乃更不疑乎性之善；而顺理以为性者，则性尽而善尽，近性即所以远恶。如以今语释之，此中之理，如吾人之客观而超越之理想，性如吾人今日之所谓生命之性。人孰不知其所向之客观而超越之理想为善？今谓此人之所向之此理想之所在，即此性之所在，或此理想原为内具于吾人之生命中，以为其性，亦由此生命而发出者；人尚孰能疑于其生命之性之善，而不以此理想之实现，即吾之生命之性之实现乎？而此即人之理想之善或理善，以言性善之义，亦可先引伊川一段语以证之。

《二程遗书》二十二："性即理也，所谓理性是也。天下之理，原有所自，未有不善。发而中节，则无往而不善；发而不中节，然后为不善。凡言善恶，皆先善而后恶；言吉凶，皆先吉而后凶；言是非，皆先是而后非。"此即伊川由理善以言性善之明文。盖理为人所视为当然，即原为人所共肯可，而视为善者。人之发而中节，合于此理，即其发亦善。至其不中节不合理者，亦是对此理而为不善，唯以人先肯可此理，乃有所谓不合理之不善。如人之先有所谓吉者，乃有不合此吉者，而谓之凶；先有所谓是者，而后有不合此是者之非。故先必有此理之被肯可，而视为善，乃有不合理之恶。而人之真正之性，正当自有其所肯可之理上看，则此理善，即人性善也。至所谓人之恶者，唯由人之行自不合于肯可之理，而未自尽其性以说。此则属于"人自己对其所肯可之理或性，加以表现实践"之能力问题，即人之气质之性之问题，或人之性之如何连于其气质，此性如何在其气质中表现之问题，亦即下文所谓气质之性之问题。固不关此第一义之即理想性之性者也。

然恒人之所难，却正在：即其客观而超越的诸理想或所肯可之理之所在，直下视其为吾人生命之性之所在，总意此理想或理，既为超越客观，便为外在虚悬，以至宛若如梦如幻；乃以吾人之生命之性另有所向，而与之成对峙；世乃罕能自信其真正之理想或所肯可之理之所在，即其真性之所在者。此不特在世俗凡情为如此，即东西之哲人、宗教家之能思造渊微者，亦恒难于此义，透澈了悟，直下承担，更不复疑。如彼西哲以理想界、价值界或天国、上帝之超然于人性之上者，或谓人性唯具原始罪恶，或唯是一自然之冲动，原不内具理想，只能在外加以约束规范者，固皆不能知此理想或理所在，即生命之性所在之思想之流。即中国传统思想中，由告子、荀子，至董仲舒、王充、刘劭之传，凡只就生命之现实与气质以言性，而视"礼义为圣王所制、天所定命、风习所成，以为自外化性之用"者，以及佛学中之不知人之成佛之理想所在，即人之佛性所在，亦真正之人之人性所在，而疑于人之同有一佛性，而另有不能成佛之众生性，为其真性所在者，莫不皆同此一流之思想。是皆未能即人之理想或所肯可之理之所在，以为人之生命之性之所在，而不知伊川所谓性即理之深旨者也。

由上可知，伊川言此性即理，即无异谓吾人之理想或所肯可之理之所在，无论其所及者如何高明广大，以至无限量，其为吾人之生命之向往，即无非吾人之性之所在。天下实无性外之理想或理，亦无为理想或理所在，而居性外之物，乃见此理此性之至大，而实无限量。[①] 至于此中克就吾人之生命之现实言，固只是一有限量的气之流行，而自具形质者。汉儒之即气质以言生之义，亦为伊川所承。然此气可通以理，而此气之流行之能有所向，即已见其具"能有所向之理，而已通于理"。此具理而通于理，即此生命之气所以能流行之性。故不可以气为性，而唯可即气之所以流行之理以言性，故曰性即理也。言性即理，而"生命之气"之性，既在理不在气，人乃知以气从理，以理率气；则理高明而气亦高明，理广大而气亦广大。吾人有限的生命之气，由通之以理之无限量，以扩大超升，而吾人超凡入圣之途，于是乎在。今如

①《二程遗书》二十五伊川语："道孰为大？性为大。千里之远，数千岁之日，其所动静起居，随若亡矣。然时而思之，则千里之远，在于目前；数千岁之久，无异数日之近。人之性则亦大矣。"《遗书》十八："问：心之妙用有限量否？曰：自是人有限量，以有限之形，有限之气，苟不通之以道，安得无限量？心即性也，在天为命，在人为性，论其所主为心，其实只是一个道。苟能通之以道，又岂有限量？天下更无性外之物，若云有限量，除是性外有物始得。"此皆就心之思或理想或道理之所在与所通者之大与无限量，以见此心之所在、性之所在之大与无限量之言也。

只言理气之异义而为二，而不言理之即性，人仍可只对理气二者之关系，作客观外在之理解，若无关于吾人生命之超凡入圣之事。人乃或只谓唯于彼已呈显于心目之前之理想，方是理。而不知即尚未呈显于心目之前，而凡理之所通者，皆是理；凡吾人所可能发出之真理想，皆是吾人内部所具之理想；此内部所具之理想，未呈显而先在，皆吾人之未显之性。必言此性之即理，人乃知天下有未显而已为吾人所具之性之理，此性理方为已呈显之理想之本源之所在。而彼所已呈显之理想，尚只是此隐微之本源之体之用之一端耳。夫然，故人当有某理想之呈显时，固当自此用之一端，以更通之以理，扩充其理想，以求知此隐微之体之全，与用之全。然即在人尚未知所以自定其理想，如尚未有此用之一端时，人亦当知此时此心之冲漠无朕，而实万象森然已备，此寂然不动之性理之体之全，自在其中。其未感而"未应不是先，已应不是后"，因其感而应，亦只是依此内具之寂然不动之理之感而遂通，未尝外于此理，以有此感通之能也。凡此感通，皆是"内感"以外通。所谓内感者，乃自家之"能感"自相感，而生生不息。能感不息，方能外通，以有通外之感。若非先有此性理之内具，使内感不息，亦无"内感"以通外，亦无"更升起呈显自觉的理想，于心目之前"之事也。而通常所谓未应未感，亦只是对"当有此感此应"之超自觉的内具的理想或性理之尚未形于心气，而称之为未应未感。此即朱子之所以更缘此以谓"未应固是先，却是后来事；已应固是后，却是先有此理"。（《语类》九十六）盖未应已应，同依此当然的性理之先有而有，亦依其先有而立名，则唯此性理为真正之先。此性理，即一纯形而上之先；而已应未应，皆同自心气上言，其自身固自有先后，然对此性理言，则同为居后者。是即朱子之理先气后之说之所本也。

伊川言性即理，此性理，无论是否呈显为吾人心目之前之理想，或只为一内具的理想或性理，即无论人之是否能有感而应，其为理则无二。然凡已呈显出的感应之事，皆为用，皆必依此隐微之寂然之性理之体而有。又当其既有，则体在用中，微在显中，是谓体用一源，显微无间。故此性即理之义立，一方可见天下一切普遍客观之理想，即吾人之主观特殊生命之理想之所在；一方亦见未呈显而能呈显于吾人心目之前之理想，亦莫不自始为吾人之所内具之理想或性理；然后吾人于性理之全，乃见其为"百理俱备，平铺放着"，而为"吾人之此生命之气之流行，得扩大超升，以使吾人成贤成圣之事，得以可能"之充足的理由或内在的根据之所在也。故此伊川言性即理之旨，不仅所以缩理于性，使人能以理观性，以性观理；尤意在即理之为客观而有自在自存之义，以言吾人之此性理之显微体用之无二，不以未显未应而减，亦不以既显于感应之中而增；乃永恒贞定的浩浩不穷，以为吾人之生命之气之流行，得扩大超升，以成圣成贤之性理，而却非吾人成贤成圣之工夫之所造作者。[①] 此其立义之有进于先儒，正其所以为朱子《答徐子融书》所称为"自古无人敢道"，"颠扑不破"（《语类》五十九），"千万世说性之根基"（《语类》九十三）之故也。

由伊川所言之性理，为"体用一源、显微无间"，不以已应未应而增减，乃冲漠无朕之中，而万象森然已备者；故克就此理此性言，便只是为一纯义理，而此性亦即一纯粹的义理之性。此纯粹义理之性，自其为纯义理而被视为吾人主观之生命之流行之路道言，曰道；自其赋于人，以对吾人之生有所命，而其本源又超越吾人现有之生命言，曰命；自其非我所得而私，亦非人所造作，而原为自己如此如此然而言，曰天；自其具于吾人之生之内部，而表现形著言，曰心；自其形著于心，而更接于物，以有种种人之活动言，曰情。此数者初无别体，而原只一性理，极高明而亦

---

① 张横渠以性为气之虚而能感之性，必实有感通工夫"存虚明顺变化"以"成性"，故有"纤恶必除，善斯成性"之言。然伊川则明进乎此义矣。

极平易，亦更别无奇异之可说也。故《遗书》二十五曰："称性之善谓之道，道与性一也。……性之本谓之命，性之自然者谓之天，自性之有形者谓之心，自性有动者谓之情。凡此数者，皆一也。圣人因事制名，故不同如此；后之学者，随文析义，而求奇异之说，而圣人之意远矣。"

对此义之性，为与一般之所谓性，互相分别，伊川又称之为"性之本"或"极本穷源之性"，此为伊川所最重之性之义。唯此性在其表现形著而为心与动而为情处，同时连于一"去表现形著此性，以有其情"之气质。今将此性理连于所禀之气质之刚柔强弱而言，亦即将此性连于吾人之生命之气之实现此理想之能力而言者；则伊川称为气质之性。此二性之分，与横渠之分天地之性与气质之性略同。缘是而伊川论昔贤言性之说，遂以孟子言性善者，乃"性之本"或"极本穷源之性"。[1] 至于孔子之言"性相近"，[2] 告子及诸言"生之谓性"者，则为论其所禀。[3] 伊川之谓生之谓性，乃训气质上之所禀受言。此其与明道所谓生之谓性，实即生之理、生之道而谓之性者，乃对同此生之谓性之语，作不同之解释。简言之：即明道所谓生之谓性，正是伊川所谓义理之性、

---

① 《遗书》卷三："若乃孟子之言善者，乃极本穷源之性。"

② 《遗书》十九："性相近也，此言所禀之性，不是言性之本，孟子所言便是性之本。"

③ 《遗书》二十四："生之谓性与天命之谓性同乎？曰：性字不可一概而论。生之谓性正训所禀受，天命之谓性，此言性之理也。今日天性柔缓，天性刚急，俗言天成，皆生来如此，训所禀受也。"又《遗书》十八："凡言性处，须看他立意如何。且如言人性善，性之本也；生之谓性，论其所禀也。孔子言性相近……性一何以言相近？曰：此只是言气质之性，如俗言性缓急之类，性安有缓急？此言性者，生之谓性也。又问上智下愚是性否，曰：此是才。若论其本性，岂言相近？只论其所禀也。"《二程遗书》二十四，《文集》五，与吕大临辨谓："犬牛人就其性本同，但限于形，故不可更。如隙中日光，方圆不移，其光一也。性所禀各异（如人有人之性，物有物之性，牛有牛之性，马有马之性），故生之谓性，告子以为一，孟子以为非也。"按告子之言生之谓性，未必为以牛之性、马之性、人之性为一；程子视之为非一，即其重气质之性之差别故也。

性之本、极本穷源之性；而伊川所谓生之谓性之性，则乃是此义理之性连于气质之禀受言，所成之气质之性也。观明道之未及于此后一义之生之谓性，即见明道之亦未如伊川之重此二性之分。然伊川之分此二性，初亦唯由其对当然之性理与实现之气之能力之不同，而有之种种之距离，有更多之反省而来。伊川固与明道同谓义理之性为人性之本，唯由观人之同欲实现义理，而其力有刚柔缓急，乃于此言气质之差别。伊川似非单就此刚柔缓急之相，名为性。而是在人之同欲实现义理上，说同一之义理之性，而就刚柔缓急为践理之力，说气质之性。此乃以义理之性言人共同之性，以气质之性言人之尽此性之能力之种别。以今语释之，义理之性，犹言人与人共同的生命之理想性，气质之性，犹言此各人之生命之种种现实状态与其理想性。则义理之性乃类之概念，而气质之性，则将此类概念之所指，隶于各种气质之中，而成之种概念也。程子言："论性而不及气，则不备；论气不及性，则不明。"① "明"固当明其所以同，"备"固当备其所以异也。唯欲兼说人性之所同，与其尽性之能力之所以异，乃有此二性之说。此固非谓人有二性，以相对为二物之意。则谓伊川之言于明道之言有所进可，谓有所违则不可。明道之连生于气以言性，而言生之谓性，其义虽与伊川不同，亦非只有伊川所谓气质之性之谓。否则明道之说，将全无异于伊川心中之告子之说；而循伊川之论，人之变化其气质之性之偏蔽，以从义理，乃从其外之另一性，亦无殊告子之义外之论矣。

---

① 《二程遗书》六《二先生语》，未定明道或伊川说。《朱子语类》卷五十九，谓为伊川说，则更近是。

第十三章　朱子之理气心性论

一　生之理贯众理义与朱子之太极之理之全之超越义

朱子言性理之论，多本于伊川，而又重气，此盖兼本诸横渠重气之旨而来。谓朱子之思想，即一理气二元论之系统，此言不必尽当。因朱子虽以理气为二，谓理气二者"推之于前，而不见其始之合"（《太极图说》第三节注），然又以理为气之所以生之本源，则理为元而气非元。而朱子虽以理气为二，亦有理气不离而相保合之义。（此皆详之于《原太极》一文）故上所引之后一语又曰"行之于后而不见其终之离"，则理气亦二而一者。然吾人却亦可说，在朱子之思想系统中，确有将此一理气所合成之宇宙与人生，自上下内外之各方面，加以展开之说。此首为将伊川之性即理之义展开为"统众理于一理"之太极之理之全之超越而自存；次为就此理之全之不皆为人物所能实现，以言理之全之世界，与人物之气之世界相悬距；三为就人物之气之分别各有其所表现之分殊之理，以言人物之性之差别；四为既将此理气合成之世界加以展开，乃更以心为绾合理与气，人与天地万物之上下内外者；五为将此心之功能展开为未发之性与已发之情、才、志、意、欲等各方面而说；六为自此一心之或觉于理而上通于天，或觉于欲而下溺于物，展开为人心道心之别及天理人欲之别，更以人心听命于道心，以存天理而去人欲，为学圣之功；七为其言学圣之工夫，亦展开为动静内外，齐头并进之主敬、涵养、省察、致知格物等各方面而说。凡此等等，朱子皆欲一一使其"名义界分，各有归者，然后于中自然有贯通处"。象山尝病朱子之学之支离，"其条画足以自信，其习熟足以自安"。朱子为学，则意谓"浑然无所不具之中，精粗、本末、宾主、内外，盖有不可毫厘差者。……文理密察，缕析条分，而初不害其本体之浑然"，"虽曰贯通，而浑然之中，所谓粲然，初未尝乱"，而务为"枝枝相对，叶叶相当"之论。朱子弟子则谓朱子于学，"莫不析之极其精而不乱，然后合之尽其大而无余"。[1] 此数言之旨，未尝不同。此中，朱子之由性理以通太极之理，即朱子之学之由伊川之学以通濂溪者；由理气之距离，而更及于气之实现理与心之统性情，即朱子之学之更通于横渠者；其言天理、人欲之别，人心、道心之别，及主敬、涵养、省察、致知之工夫，则又多本诸二程之教为说。朱子会通综合此诸义，以注四书五经与昔先圣贤之言，而其学问规模之广大弘阔，遂为秦汉而还所未有。但吾人今唯将顺前文所述之理学思想之应有之发展，姑将此七义中前六义，其如何引生，所本之问题之线索，试为说以通之，以便学者于其所言之义，可自求一加以凑泊之径路。至于其言工夫与其人性论之关系，则将别陈于《原德性工夫论》一文。

　　吾人上所论诸宋代理学家之言性，初皆可称之为一纯一之性。说其为纯一，乃或就其原于纯一之天道之诚，而成为内在于己之生物成物之性说（如濂溪之性）；或就其为人依其气之清通以体物不遗之性说（如横渠之性）；或就其为成就人之以物观物之性说（如康节之性）；或就其为我之生命之流行开拓，以与天地万物为一体之道之理说（如明道之性，此亦为伊川所承）。然缘此最

____
[1] 所引第一语见《朱子大全》卷四十二《答吴晦叔书》；第二语见《象山全集》卷一《与曾宅之书》；第三语见《朱子大全》卷三十三《答吕伯恭书》；第四语见《朱子语类》卷六十二论《中庸》纲领，他处亦尝屡言之；第五语为第一语之下二句；第六语见黄勉斋《朱子行状》。

后之说，而更克就人之心思所知或求知之道之理而观，则其中又
明有种种，此则非诸儒之言性言理言道之根本义所在。然诸儒于
此理此道之有种种，亦实加以意许；否则穷理、论道、行道，只
须一二言而已足，一了而百了，何须说此许多。然人心思所知之
当然之理有种种，如人之职事之有种种，[①] 如何可与一道一理一性
之言，不相违悖，则须先会得诸儒之言一道一理一性之意，乃能
明白。吾意此当顺上来论明道伊川之言之意以说。此即吾人之心
思所知或求知之理，虽有种种，然此种种，要为同一之"能虚而
清通，明达于外"之纯一的心思之所知；亦即皆由此一纯一之心
思，加以呈现，而实现于吾人之前者。此所知者之呈现而实现于
吾人之前，即由吾人之生命之向前流行，而自扩大开拓，以呈现
而实现于吾人之生命之中。然我之生命之所以能向前流行，则依
于我自己之性之实现。此实现于我生命中之种种所知之理，又由
我之性之实现而实现；则种种之理虽不同，然其"所依以实现于
我之心思与生命"之理，便只是一纯一之生之理、生之道、生之
性。当吾人之此生之理实现之时，即同时连带有此种种其他所知
之理，逐渐实现于吾人之生命之中，以成为此生命之内容。由是
而可说此生之理，乃统此心思所知之理；而此一切心思所知之理，
亦即皆可视为此一理之内容。吾人于此一理，亦可就其所包涵之
内容而说之有种种。如明道之谓"天下之理"，伊川之说"百理俱
在"是也。若然，则吾人之穷理、论道、行道，便自有许多事在；
乃可今日格一物、明日格一物，今日知一理、明日知一理，而格
物穷理之事，亦有种种之方面矣。然此固无碍此能格物穷理之心
知之纯一，此心思之在吾人之生命中。此生命之能相续格物穷理，
唯依于此生命之有此纯一的自超升扩大之生之理，方使一切格物

[①] 朱子恒喻人之心思如官人，当然之理之性为职事（《朱子语类》卷五及他处皆及之）。
　此喻显性理之为当然之理，甚切。

穷理之事，成为可能；并使由此所知之一切理，得一统摄之地也。

吾人如知为吾人之性之"生之理"，可以统摄种种之理，以为其内容，则吾人更可问：毕竟吾人之性理中所具之理有多少？则吾人当说自性理之为理看，其所具之理，应为无穷无尽。因所谓理皆为吾人心思之所知或所求知者。而克就此心思之正在"求知而自开拓其知"之历程中言，无论其所知已有多少，彼将不为此已有之所知之所限制，而可更有所知。故无论世间之理有多少，此心知如顺其求知之性而极之，皆此心思所能知，而终不能溢出此"求知而能开拓其知"之心思之所能统摄者之外；亦即不能溢出于此心思之"能自超升扩大之理之性"之外，或此心思所在之"吾人生命之性之理"之外。若然，则吾人之性理，即为一能统摄天下之无穷无尽之理；而吾人所具之性理，亦为百理皆备，或具足众理，而元无少欠者矣。此义实乃顺"性即理"之思想，所必然发展出者。伊川已较明道更喜言理，亦更重分别的格物穷理，而重理之多。朱子则更承之而发展，明显的说出："一理浑然"者，即具"万理粲然"者于其中，人心能"备众理而应万事"，"学者且要去万理中，千头万绪都理会，四面凑合来，自见得是一理矣"（《语类》百一七）。

然此中另有一面之问题，即为人心既具无穷无尽之理以为性，何以其心思所知之理，又如此其有限？人之能如圣贤之天理纯全者，何以又如此其少？芸芸万物，如鸟兽草木、水火土石之伦，更不能如人之知种种之理，尤不能如圣贤之知万物之本于一理。此即见理固重要，而理之实际实现于人之心知与万物之存在或生命之中，尤为重要。此实际之实现之事，固须依于此能实现之理，然只有此能实现之理，仍不能为此"实际地实现之事之有"之充足条件。此另一条件，即为有精神之气、生命之气、物质之气，简言之曰气，以实际地实现理。此即朱子之于晚年所确定之"理为形而上之道，生物之本，气为形而下之器，生物之具"

之论。在此有理有气之宇宙中，^① 此气之相续流行而相续生，固由
于气之"有能生其继起之气"之理，以为气之本。而有继起之气，
即有此生气之理之实现于气，以为其安顿处。^② 由生之理之实现，
亦连带有此生之理所统摄之众理之实现。然何以一般人之生命或
任一存在之物，其现有之生之理，不能使其后之气相续生，以至
无疆，以使其所统摄之一切理，亦皆全部实现？此中，吾人自理
上观，则理既能实现于现有之气，依生之理亦应有未来之气之生，
则其何以不相续引生未来之无尽之气，以使任何一物与一切人之
生命存在，皆日益扩大超升，咸归于如圣人之天理纯全、万物皆
备，则不可解。此不可解，亦同于无理可说。然此亦不关乎理之
自身之事。理之自身，亦绝不能涵有"其自身之不能实现"之理。
因如理自涵有不能实现之理，则人心思之知理，人之行为之践理，
皆不可能。人之心思之求知理，行为之求践理，固必须预先设定
此理之可知可行，而可实现。故自理上观，任何之理皆决不能更
自涵有一"不能实现于气"之理。其不能实现于气，亦即不能更
有一理可说，为其不实现于气之理。夫然，而理之不实现于气，
亦不碍此理之为至尊而无上，更不碍此理之超越而自存。缘是而
纵彼现有之天地万物与其气，皆暂一齐灰飞烟灭，更无一人之心
能知此理、行此理，此理之自为一"净洁空阔之世界"也如故。
唯依朱子之有理必有气之义，则在此一天地已毁之后，气又必有

---

① 按朱子早年之注张横渠、周濂溪书，固已早及于理气之问题。然其论学书札，多
论心性工夫。晚年与蔡季通论人心道心，乃连理气以为论。王懋竑《朱子年谱》
记朱子六十一岁，朱子答黄道夫，乃明言："天地之间，有理有气。理也者，形
而上之道也，生物之本也；气也者，形而下之器也，生物之具也。是以人物之生，
必禀此理，然后有性；必禀此气，然后有形。虽不外乎一身，然其道器之间，不
可乱也。"后人所编《朱子语类》首卷自理气论起，盖亦正因其晚年与学生问答，
其重点在是之故也。
②《朱子大全》五十八《答杨志仁》："有此理方有此气，既有此气，此理方有安顿处。"
此二语为朱子全部理气论之中心。

再依理而生者，自将再有天地。本此以推之于天地未生之时，亦应先有此天地之所以生之理，而此天地之前，亦应更有其前之天地尝毁坏来。然天地虽有成毁，此理则永无成毁。今撇开相继成毁之天地不言，便唯见此理之为相继而成毁之一切天地之所自生。此理为一切天地所自生之理，亦天地中一切万物之所自生之理，复即我之所以生之理，即我之性。然克就我与万物及天地之不存，而此理仍可说自在言，则此理固不能专属诸现有之天地，亦更不能说之为某人某物之性理，乃亦不须说其为我之性，而尽可说之为超越于一切天地万物之上之绝对之理之自身。至克就人物而说其性理，则应只在此理之实现于人物之气，而为其气之理之际说。详言之，即必依此绝对之理，而有种种之实现此理之气之流行后，乃可依于此诸气之流行中，皆有此理之分别实现于其中，以对此诸气之流行，分别名之为一一存在之物，更总名之曰万物；然后可说万物皆有其性理，万物之各正性命。此即朱子之所以必有一形而上的绝对之理之论，并依此理之"可不为人物所实现，或超越于一切天地万物之上"；而以此理，释濂溪所谓在阴阳之上之太极，而谓太极为理，并谓太极之理为人物之性理之所从出也。

由朱子之所谓理，不以未有加以实现之气而不存，故朱子能由人心之具众理以为其性，进以言太极之总天地万物之理，为人之所以得具众理以为其性之本。然人心虽具此太极之理以为性，此理又可不实现于气，则人心即亦不能自保证其心思之必然相续，其生命之必然相续，以知此理而行之。人愈自理上看，愈见得此理之自在，此理之尊严高卓，而广大悉备，亦愈见得其皆实现于气之无必然之保证。于此即见理气之相悬。此理之全，固无必不能实现于气之理，亦无"必使气全幅加以实现"理，因此皆气上事，非理上事。诚然，任何特定之气，皆依理而生。自气之生之源说，气上事即理上事。然当气之依理而生，以自成其为气时，自其成为如此之气，而只实现如此之理，更不实现其他之理言，却只是气上事，非理上事，亦非其气之理所能过问者。于此，朱子之或说"气强理弱"，虽言未妥善，意则可解。^①人固不可以此责理，或谓理别有其"必不能实现于气之理"也。吾人于此中可确定者，唯在：理之全之太极中之理，总应有"必能实现于气"者，亦应有"不必实现于气，而只'可'实现于气"者。今谓理有"必"实现于气，或"可"实现于气云云，亦不须说是因为理尚自有一"可或必实现于气"之理。因所谓"必"或"可"实现于气者，即谓气有生之理，依此生之理，而必有或可有气，继之以生之谓。此言所指之实事，唯是：依"现有之气之生"之理，而可有或实有气生以从之之谓。气从理生，是之谓理生气，即见此理为生之理。不须更说此生之理，更有一可生气之理，或必生气之理也。若如此说，则人可言：理所有之此"生气之理"，仍是理非气，便应更有其"可"或"必"生气之理。遂犯无穷过。而气亦永不能从理生，理亦永不能生气矣。

吾人上所谓太极之理之全之中理，应有必能实现于气者，有不必而可能实现于气者。吾人此言之意是：若吾人所谓之理，乃指"能贯万理"之"生之理"，或太极阴阳动静之理之自身，而暂离其所贯之其他之众理而言，则当前之气之有此生之理，其后自必有一气之生，此理即为必能实现于气者。又当此理实现于气时，亦必有其所贯之万理中之一理或若干理，得随之以实现于气，以成世界中某种之事物。此即自理而观，天地虽毁而必相继以有天地，"自未始有物之前，以至人物消尽之后，终则复始，始复有

<hr>

①《朱子语类》四："气虽是理之所生，然既生出，则理管他不得。如这个理寓于气了，日用间运用，都由这个气，只是气强理弱。"此言不尽妥善者，因强弱皆气上之概念。然朱子意盖唯是谓：气依理生，如何之气中即只有如何之理，更不能通其他之理，便只有此气裹其中之理以流行，乃或悖于其他之理或太极之理之全。故姑说为气强理弱。实则此只是已有之气所实现之理，有一限制，不能对其他之理亦并加以实现而已。

终"(《朱子大全》卷七十《读大纪》)之故。然此一时所生之气，何以不能尽显此生之理所能贯之万理？或此万理中之其他之理，何以竟无相应之气以实现之，则毕竟无理之可说。又此万理中毕竟是某一理或某若干理，随此生之理之实现，而连带实现，亦非此某一理或某若干理之自身所能决定。由是而对所谓万理中之任一特定之理言，是否有能实现之相应之气，即为不定者。或待其他条件——如其前、其外之有他理之实现于气为前因——方能决定者。故克就此特定之理自身言，此相应之气即为可有可无者。故吾人依朱子之说，以总天地万物而观之之时，虽可谓天地无无气之时，亦无理不生气之时，然此言，乃唯"对此生之理之自身，视为一必生气之理，并必有其所贯万理中之一理或若干理，随之以实现于气，以成世界之事物时"，方可如此说。至于对此"生之理"所贯之万理中之各一特定之理之自身而言，则有理固可无气，理固不涵相应之气之必有，自亦不涵其必无，则不可说之为必生气之理，只可说之为"可有相应之气生"之理，姑简名之为"可生气之理"。此处亦不须说"理"之可生气者，其自身更有一"可生气之理"，以使之成为可生气者。因此将犯无穷过，如上所说。实则所谓理之可生气者，即"理或有相应之气以实现之或无此气"之别名，而非有他也。

二 万物所具之理气之定限，与人之气质之性之差别

吾人如知理有必生气者，则知理与气之不相离，天地万物之必有。吾人如知理又有可生气而不必生气者，则知尽天下之气，亦终不能尽实现天下之理之全，或太极之理之全。此乃一现有之世界中之最顽梗，而只可说其如是如是，而更无理可说之一事实。此事实之全所展示者，则为：太极之理虽无所不备，而依彼亦必有天地万物之气之生，然此天地万物之气，则只能实现此理之全

之中之若干，而不能尽加以实现者。以至在一义上可说：圣人于此理之全亦不能尽实现之。圣人之天理纯全，亦唯自其生命中无障碍此理之实现处而言，此固为使圣人可与天合德者。然此亦非谓圣人能尽知万物万事之自然、实然、能然与当然之理，完成一切当有之生物成物之行为，使一切事物之理皆得实现之谓也。此即《中庸》之所以言"虽圣人有所不能焉"。① 实则不只圣人有所不能尽，天地亦有所不能尽，上帝亦有所不能尽。因天地尚有其未来，上帝尚有其未完之事业，此皆依理而能有、当有，而天地与上帝，尚未实有气以实现之，而其能有、当有之理，已未尝不先自昭垂者也。此即《中庸》之所以言天地之大，犹有所憾，《易传》之言天地之不与圣人同忧，仍终于未济之故；亦即西方之上帝犹须化身为人，以上十字架受苦难，中国《诗经》之上天亦时或有"方艰"之日之故也。循此以观，则见此宇宙之太极之理之"冲漠无朕，而无形无影"之一理之全之世界，乃永大于一切现有之天地万物，一切存在之气中所已实现之理者。此理与此气，亦永不能免于一义上之上下悬距者。至于吾人自现有之天地万物中之一一个体人物而观，则更为唯见其所实现之理之各不相同，各有所不能实现之理，而皆各只能实现其定限之理者。此其所以各只能去实现定限之理，在一般科学之论，恒溯其故于其前因或外因。此即成就一般之科学知识。然因复有因，此中唯有无穷之追溯。人在此追溯中，其每一步之所得者，唯是一物所实现之定限之理，与其前其外之物所实现之定限之理之相关共变。然于特定之一物，及为其前因外因之一一特定之物，所以只各各如此如此，以分别实现其定限之理，则仍不能直下有一究竟之说明。此直下

---

① 朱子尝谓："一个书不读，这里便缺此一书之理，一件事不做，便缺一件事之理；大而天地阴阳，细而昆虫草木，皆当理会。一物不理会，这里便缺此一物之理。"（《语类》百一七）此言本意固在勉学者不可不穷理，然诚欲于一切事物之理，皆无所不知，固圣人有所不能尽也。

究竟之说明，唯在说：天地间穷古及今，遍满世界之一一各别之物，如一一分而观之，乃各缘其能实现理之气之种种限制，便自有种种之气之流行不同，及其所实现于"理之全"中之理之不同，而亦有其消极的未能实现之理；而一一分别之物，即各有其所只能实现之定限之理，以成其为一一各别之物。朱子《答黄商伯》（《大全》卷四十六）谓："论万物之一源，则理同而气异；观万物之异体，则气犹相近，而理绝不同。"此谓万物一源之理同，是指此太极之理之全，即为万物之共同所以生之一源。本此一源而生万物，即见"天命流行，只说当是一般"。唯以万物之气之异，而各有其限制，所实现于理之全之中之理之不同，以有其消极的未能实现之理，方有此万物之别，故曰理同而气异。然在此万物之气既已分别实现其定限之理，而万物得"各正性命"以成就之后，再就此定限之理之积极的内容之为"理之全"中之若干理，而视其为积极的标别"特定之物之所以为特定之物"之"特定内容"者以观之，则万物之异，唯在其实际所实现之特定之理之异，而不在其皆同有一能实现理之"气之流行"。克就其皆有此气之流行以观，实亦不见其不同，[1] 故曰"气犹相近"。[2] 实则于此匪特气犹相近，即谓其在有此气之流行一点上，全相同亦可也。

由朱子既言万物之气所能实现之理，各有其限制，而分得于此理之全者，互相殊异；故其言人性，亦承横渠、伊川之言气质之性之说，谓人之性不离气质。按二程虽言气质之性，然亦直自人之性理即天理，即天所命于人处，以观人性。《二程遗书》言：

---

[1]《语类》卷四论人与万物之气之同，乃自人与万物皆能知觉运动说，此乃限在人与动物之同处说，尚非人与一切万物之共同处也。

[2] 于此说气犹相近，或气全同可，说理气皆异，亦未尝不可。如《全书》六十一《答严时亨》："人与物性之异，固由气禀之不同，而所赋之理，同亦有异。"只看依何观点说耳。大率朱子早年之说，多承程子，而言万物之理同，其不同在气。如《全书》三十九《答徐元聘》中之所说。其后则言："气有纯驳，理有偏全，归在气异理异。"则他人亦未尝不可自其理气之同者，而言理同气同也。

"民受天地之中以生，天命之谓性也。"（《遗书》十一）即谓民直
受天地之中以生，为天命之性。此语或明道所说，然伊川亦未必
有异义。朱子承张程之言气质之性之说，则更重在透过人所禀之
气质，以观人所受于天之理以为其性者。故其《中庸注》，释天命
之性，即以"气成形而理亦赋焉"为言。此明见其与二程之异。
朱子之意，盖谓性乃自人物受生以后说。在人物未受生前，此性
即理，此理"在天则曰命，不可说是性"，必人物受此理"生物得
始来，方名曰性"。（《语类》五）故此性理之在人物，自始即"与
气质相滚，而同在此"。然人物之受此理，乃气成形而理具其中，
"方此理始具于形气之中，而谓之性。"（《语类》九十五）"成之者
性，则此理各有个安顿处，故为人为物，或昏或明，方是定。若
是未有形质，便是天地之理，如何把做人物之性得？"（《语类》
七十四）理具在形气为性，乃屡称邵子言性者道之形体。然依人
之气质，以观性理之在人，人于理或易知易行，或难知难行，即
见其气质之有清浊之别、昏明之别、知愚之别；又人于理，或于
动静阴阳相对之理，皆能兼备，以得其正，或不无偏至，又见其
气质之有偏正之别。① 人于见理以后，或即能依此理，而终身行
之，遂有相续不断之气，依此理以生，或行之而时有间断，其相

①《朱子语类》九十八谓横渠言"凡物莫不有性，由通蔽开塞，所以有人物之别，
蔽有厚薄，故有智愚之别"，不如吕与叔言"蔽有浅深，故为昏明，蔽有开塞，
故有人物"之分别得分晓。又《朱子大全》六十二《答李晦叔》："清浊偏正等说，
乃本《正蒙》中语，而吕博士《中庸说》，又推而明之，然亦是人物贤智、愚不肖，
相对而分言之，即如此。若大概而论，则人清而物浊，人正而物偏（此即本节下
一段所论）。又细别之，则智乃清之清，贤乃正之正；愚乃清之浊，不肖乃正之偏。
而横渠所谓物近人之性者，浊之清者也。物欲浅深厚薄，乃通为众人之性。"（按
此物欲之浅深厚薄，乃自其气质之浅深厚薄言者）依此朱子言此蔽有浅深之四句，
当初出自吕与叔，然《程氏经说》及《张子全书·性理拾遗》，亦同见有此四句。
按《经说》之《中庸说》，朱子亦谓与叔所著，则所谓《程氏经说》，犹程门经说，
此言固本诸与叔；而《性理拾遗》，则后人更将与叔本张子之意而有之言，编入
张子之书也。

续之气，依之而生者，时或断而不知续。于是见人气质，尚有厚薄强弱之别。人之气质之强且厚者，其知理而行也力，而不免于过；其气弱而薄者，其知理而行也轻，而恒见其不及。亦见有厚薄强弱之别。又彼气质之强弱厚薄与清浊偏正相连，其义又各有其别。气清且正则愈强愈厚，而其知其行多合乎天理；气偏且浊而愈强愈厚，其知其行，乃多出于物欲。故清浊偏正，乃"性质"（Quality）之概念，为善、不善之所由分；而厚薄强弱，乃度量（Quantity and degree）之概念，与善者相连，则随之善，与不善者相连，则随之不善。此外，如人之见一理而行之或更无杂念之起，或则恒有杂念混入，是又见气质之纯杂之别。此人之种种气质之差别，皆可依其人之存在的生命及心之气，与其所知所行之理之种种关系以言者。而为朱子言人性之所特重。盖人之学圣之事，固当一面须就气质之所长，加以发展，一面亦须就气质之所短，加以变化；人一日未至圣人，于气质之性，则一日不得不加以正视也。

三　人与万物之性之差别

朱子不特重人气质之性之差别，亦喜言人与万物之气质之性之差别。按人与禽兽之不同，明道唯笼统就物之气昏说。伊川则言之较多。然二程皆重在言人物之生，原完备此理，以言人物之一本。朱子受李延平之教，而延平告之以"理不患其不一，所难者在分殊"，乃更言人物之性之种种层次上之同而异之处。如朱子《答徐子融书》谓："人物所禀，形气不同，故其心有明暗之殊，而性有全不全之异耳。……若所谓仁，则是性中四德之首，……然唯人心至灵，故能全此四德，而发为四端。物则气偏驳，而心昏蔽，固有所不能全矣。然其父子之相亲，君臣之相统，间亦有仅存而不昧者。然欲其克己复礼以为仁，善善恶恶以为义，则有

所不能矣。然又不可谓无是性也。若生物之无知觉者，则又其形
气偏中之偏，虽若不可复论仁义礼智之仿佛，然亦不可谓无是性
也。……即知天下无无性之物，除是无物，方无此性，……即如
来谕：木烧为灰，灰阴为土，……既有灰土之气，即有灰土之性，
安得谓枯槁无性也。"（《大全》五十八《答徐子融》）此乃明谓人
得理之全，动物或得其偏，生物之无知觉者，更为偏中之偏。① 然
即下至灰土枯槁，亦皆无不各有其性。此中，人与万物之不同，
要在人固有其气质之昏蔽与偏至，然人皆能自开其昏蔽，则通于
明；亦能知自去其气质之偏，则偏而未尝不全；物不能自开其昏
蔽，则其气偏而塞。所谓"昏暗者可使之明，而塞者不可使之通
也"。（《语类》四）然克就物之偏之微通处，物之父子相亲、君臣
相统，如"虎狼之仁、豺獭之祭、蜂蚁之义，却只通这些子，譬
如一隙之光"而言，"却专"（《语类》四）。人心无所不通，却"事
事理会"，反或"泛泛而易昏"（《语类》四）。朱子之此言略同程
子之言"禽兽亦有羞恶之心"，又言"人虽是灵，却斫丧处多"（皆
见《二程遗书》二下）。是见程朱亦谓人物之性，互有得失。至于
物之无知觉者，如草木，则固连此禽兽所偏之一德亦无。然"草
木之向阳处便生，向阴处便憔悴，他有个好恶在里"，其"一般生
意，亦可默见"。又植物虽无知觉，然其质却坚久难坏。（语见《性
理大全》卷二十九所引）则植物亦有长于动物之处。至于彼全然
无情之枯槁灰土，虽即此生意亦无可见，然朱子尝言"谓之无生
理则不可"（《语类》四），故亦有性。如木烧为灰无生意，然"烧
甚么不则是甚么"（《语类》四），即见其亦有理有性。盖此朽木之
烧甚么只是甚么之"甚么"，即为朽木所具之一特殊形式之理；其
是甚么总是甚么，便见其能自持其为甚么，自具其所以得存在之

---

① 朱子又尝将人与动植比观谓："本乎天者亲上，本乎地者亲下，人头向上，所以最灵；
草木头向下，所以最无知；禽兽之头横了，所以无知；猿猴稍灵，为他头有时也
似人稍向上。"（《语类》九十八）

生理。总而言之，则"天之生物，有血气知觉者，人兽是也。有无血气知觉，而但有生气者，草木是也。有生气已绝，而但有形色臭味者，枯槁是也。是虽其分之殊，而其理则未尝不同。但以其分殊，则其理之在是者，不能不异"(《大全》五十九《答徐方叔》)。[①] 此生理即太极之生之理，此"甚么"之本身，即此生之理所贯之万理之一，而同属于太极之理之全者。是见此太极之理，实于人与动物、枯槁之物，无不贯彻。此中人与人、人与物、物与物之差别，乃唯由其气对理之全之所能表现者之差别，方见理之在是者不能不异，以成人与万物之分殊。合此理与气，以论人与万物之性之理，而于其中见一由偏至全、由昏至明、由塞至通之层级之不同；则为朱子论性理之言之所特及，而为以前之儒者所未及者也。

四　朱子之人物之差别观与东西哲学中其他之说之比较

如将上述之朱子之人物之差别观，与东西思想中其他之说，比较而论，则此朱子之人与万物之差别观，似即一人物之层级观。此层级观在希腊柏拉图、亚里士多德以降，至今之哲学思想中，亦多有之。然西方哲学之说此人与万物之性之层级，其形成之所以然，则恒归于人与万物各有其不同种类之形式之理。或谓上帝之造万物，其心中即原有一层级的世界之基型，以使人与万物，各形成其种类，而合以见一高下之层级。在印度之思想，则以任一有情之生命，在无尽之轮回中，原有化生为六道有情，以及超凡入圣之可能，故其暂所体现之任何生命形式，皆原为其生命所

[①]《朱子语类》六十一，《尽心》章僩录，以"草木腐败之物为有知觉"。又《语类》卷六十僩录："如一盆花，得些水浇灌，便敷荣，若摧抑他便枯悴，谓之无知觉可乎？"此是从植物之能感应说。故以大黄吃着便会泻，附子吃着会热为例。此是别一义，亦非不可说者也。

内具。至其今之所以只显此一形式，而非其他，则有一消极的无明原则，以说明此生命形式之限制。此二者，各为一伟大之玄想。今观朱子之以人物之气之昏暗偏塞等，说物之不及人，人之不如圣，亦即以气为一"消极的说明人物之主观的限制"之原则。唯此气在生生不息中，则又有对其已有之限制之自己超越，此则原于天理之贯注于气，或天命之流行不息，以使气生生不息之故。然无论气如何生生不息，而克就一阶段之气而观，其为一限制原则也如故。至于就客观的天理之全，或所谓太极之理之全而言，则朱子一方说之为人物自身所内具以为其性理者；一方亦说之为超越于一切人与万物之上，以自贯彻于人与万物之气之流行中，以成一天命流行，而生此人物者。然依此天命之流行以生人物，则又初非一依预定之一层级之基型，以生出各种类之人物。此天命之流行，乃为一整体的理之全之流行，对一切人物，初为平等，而无心于加以分别者。由是而此"人物之分别"之所以形成，即为依于其气质之有昏明、通蔽、开塞，若对此"理之全"加以一划分或割截，方自成其为只表现如何如何之理，以成为某一种一类之人物者。此即较近于印度思想之以一切可能之生命形式，原为当前之任一有情生命之所内具，唯以无明之限制，方不得全部加以表现，而只能表现某一生命形式之说；而较远于西方思想之以人物之性，乃先天的为其所属之种类之形式，或上帝心中之层级的世界之基型，所预定之说者。至于朱子之说较印度思想为胜者，则在依印度思想，以说一有情之内具一切可能之生命形式，并由轮回以次第加以实现，尚易言之成理；然如何可说草木瓦石，亦具一切生命形式，而能轮回，则较难。印度思想亦明承认有无情物。对此无情物之性之理，势当依另一不同之原则，而别为之说。是即未能以一原则，贯彻的说明人与万物之所以差别之故。至于朱子之以一气质之昏明通塞之差别之原则，说明一切人物之差别，则与西方思想之以层级的基型之表现于各种类之存在事物，皆较能自成一贯之说明。然吾今无意于此讨论此三说之是非。兹唯举之以使学者可相观而善。又此三者，虽为说不同，然皆同先注目在人物之种类之差别、个性之差别，而有之论，亦皆可引人对各具体之生命或存在之性相，作分别之研究与了解者。此在西方，即由此引致对各种无生物、生物、人类之科学的研究；在印度，即由此引致对有情生命内具之潜意识、超越意识境界之探索；在朱子，则由此引致其重"即凡天下之物，莫不因其已知之理而益穷之"之格物穷理之论。朱子之言固可通之于西方所谓科学之研究，亦未尝不可通至印度思想所重之内具之潜意识等之研究者。盖人之气质之性之领域，自其恒为人之所不自觉而言，亦实即整个属于潜意识之领域者也。

吾人以上讨论朱子之重即气质之差别，以观人性与物性之别，遂附带将其说与西方印度思想，加以比较，或离题过远。然吾人之目标，唯在由此以见朱子思想之此一面之重要。由朱子思想之能及此一面，再合其言"理之全"或太极之全之超越于气以观，则见朱子之思想实如吾人前所说，乃将一理气之和所成之世界，而更自上、下、内、外四方加以展开者。此中所谓"上"，为万物一本之"理之全"或太极之全之广大，而人可由其超越在上，以见其尊严与高明者；此中之所谓"下"，为理之实现于气所成之人与万物之性之种种差别分殊，而人可由其实际，以观其富有与广大者；此中所谓"内"，为人之气质中之理性之通于太极之理者，人于此可见性理之精微者；此中所谓"外"，为人之气之接于天地万物之气，而有其情与知，人更可即其物而行其情，更穷其理以致其知，于此可见日用常行之中庸。至于能缩摄此上下内外之理气，以通此宇宙人生为一，则为吾人之"心"。朱子实亦较其先之宋儒更重此心之统摄理气之义者。唯以朱子既将此宇宙人生之理气之和，自上、下、内、外四方加以展开；故其虽以心为统摄之具，此心亦将随其所统摄之理气，以展现出其涵义与功能之各方面，而亦可自开为人心道心之别矣。此将于下文次第及之。

五　朱子之以心为统摄之概念及心之涵义

克就朱子之言人心之性理之论而言，因朱子知此人之性理乃
上通太极之理之全者，故不能不重此性理之内在而超越于吾人现
实之生命与心之义。此所谓超越，乃自其先于一切实现之之事，
为吾人所当实现，而又不能为吾人之现有之心之气，与有此心之
现有生命之气，所全幅加以实现而言。今观吾人生命之年寿之有
尽，吾人之心之气之依于此吾人之生命，则"此理之不能全幅实
现"之义，亦有不能逃者。克就此理或此"形而上者"之形于
"形而下"之事看，此即天理之全之显于无尽之气，以成一天命
之流行而生物之事。此天理之全，自其广大悉备，为万物所同循
之以生者言，曰天道；自此天命之流行言，曰易；自此流行之不
息于已生之物，而恒更有"能有所生"之用言，曰神。此中，乃
以"易"之一概念，统"道"与"神"。此"易"或此天命之流
行而生物，原可说为天地之生物之心之所在；但天之生物，只是
一理之直呈显于气，初未有思虑安排，而亦为超思虑安排者。故
此天地之心，不同于人心，而为一超此思虑安排之心或"无心之
心"；亦可不说其有心者。然在人分上，则人显然自知其有一能
知觉、能思虑安排之心。此人之一切去知觉、去思虑安排，一般
说是因人心要实现其理想，此亦即实无异于"理要实现于气"之
谓。人之实现理于气，赖于人心之内外之感通，正如天之生物之
依于阴阳之感通。① 故在天，可以无心之心而成化之"易"，为统
摄理气之概念；在人则当以心为统摄理气之概念。心正为一面内

① 《语类》卷六十五："《易》中只说阴阳变易而已，……在人言之，其体谓之心。
……心只是动静感应而已。"

具理，而一面能求表现此理于气者。此内具之理，在人在心，即名曰性，此相当于在天所言之道；此理之表现于气，以应万事万物，曰情，此相当于天之神，而此心则相当于天之易，亦相当于天之无心之心。故朱子尝释程子之言曰："其体则谓之易，在人则心也；其埋则谓之道，在人则性也；其用则谓之神，在人则情也。"（《语类》九十五）此由在天或在人之道与理、神与情之义之分别，而将在天之无心之心，与在人之心加以分别，并在人心之中，分内具之性理，与应物之情，即朱子对心之义之第一步加以展开也。

此人心之分为内具理为性，外显理于情之二面，而以心为之统之说，乃本诸横渠心统性情之言；亦本诸程子"心有指体而言者，寂然不动是也；有指用而言者，感而遂通是也"之语。然察程子此言之本旨，其所谓寂然不动之体，初盖是克就性理之冲漠无朕，而为此心之内容，遂指目以为心之体。此理即在心之已发之动用之中，而贯彻于此动用中，以为其骨干，而为其体。依此，则心与性理，似应是一。然伊川尝言心唯是已发，似有性理之自身是未发之意，而涵心性为二之旨。朱子初尝本"性为未发，心为已发"以开心性为二，后来又从心之自身之兼有未发之寂之静一面，而合动静、寂感以为一心之自身之体用二面。则其言与"性为未发，心为已发"之说，又不同。而于二程之以心为性之动之发之言，谓"直理会不得"；乃以心为主，以统性情。[1]而其所以有此以心为主之说，乃缘于程门以下对工夫问题之讨论，所逐步逼出，后当于《原德性工夫》之文中，再详辨之。吾

---

[1]《语类》五十九："明道曰：禀于天为性，感为情，动为心。伊川则又曰：自性之有形者谓之心，自性之动者谓之情。则情与心皆性之所发。如伊川所言，却是性统心情者也。自性之有形者谓之心，某直理会他不得。以知此语是门人记录之误也。"由此一段，即见明道、伊川皆尚偏以心偏属动发，尚未如朱子之本张横渠心统性情之旨，以一心兼动静、寂感、已发未发而说之者也。

今之及此，唯在指出朱子对心之自身之有此一更加展开的说明，遂唯本"心体之寂"一面，言其内具性理于其自身，而以心之用之感一面，言此性理之表现于气，而见于情；于是性情二者之有隐显内外之相对者，乃全赖此心兼有寂感二面，以为之统。此心之所以兼有寂感二面，而能统摄此性理，与其表现于气之情之二者之故，则又原自此心之虚灵不昧，以"内主乎性，外主乎情"，①亦为此一身之主。盖心之虚灵不昧即贯幽明、通有无，②通无形有形二义，亦通未发之寂与已发之感二义。虚言其无形，心即以其无形之虚，而寂然不动，以上通于内具之无形之理；更以其灵，以感而遂通，更不滞于所感之物，而得显其内具之生生不息之理之全，而不陷于一偏；复以其不昧，使其相续感物，而有相续之明照之及于物与物之理；并使此心内具之生生不息之性理，亦得相续明通于外，而无始终内外之阻隔。此中后一是消极说，前二是积极说。前二中，第一之虚是静态地说，第二之灵是动态地说；第一又是直就心之相以说其用，第二则是就心之用以说其相。此中之要点，唯在心之为"贯幽明、通有无"者。因心有其虚一面、无一面、无形一面，乃能寂然不动而内具理；而心又以其灵，乃能感而遂通，而有其由无而有、由无形而有形之一面，以使理表现于气。故心乃以其未发之寂，上通内通于性

---

① 《全书》四十二《答胡广仲》："未发而知觉不昧，此非心之主乎性者乎，已发而品节不差，此非心之主乎情者乎。心字贯幽明、通上下，无所不在，不可以方体论也。"

② 《朱子全书》五朱子道延平语，而朱子后屡及之。至对心之界说，则朱子或谓："虚灵不昧，具众理而应万事。"（《大学》明德章注）"人之神明所以具众理而应万事。"（《孟子·尽心》章注）又或谓："心之知觉，即所以具此理而行此情。"（《大全》五十五《答潘谦之》）此是皆自心之具众理是性，应万事是情，而虚灵知觉或"气之虚灵，则与形器渣滓正作对，而主身应物"处说着也。（《答林德久》，《大全》六十一）又曰："心之为物，至广至灵，神妙不测，常为一身之主，以提万事之纲。"意亦无殊。（《大全》十四《甲寅行宫奏札》）

理，而主乎性；以其已发之感，外通、下通于气，而主乎情。性之见乎情，即理之形于气，即吾人之依理以有其身体之行为。故心主乎性情，即主乎此身，而心主此身，以在此腔子里，即心主性情而统性情、统理气。然将心与理气三者比观，则心不如性理之纯是无形，亦不如气之纯是形。故又谓"心比性微有迹，比气自然有灵"。至于朱子之言心为气之灵、气之精爽，则是就心之连于气，而附心于气以说者。自客观的宇宙论之观点看，人之心固必连于其自身之表现于气者以言，则此语亦可说。然如纯自心性论之观点言，此语亦不须说；如要说此语，则至少须与心者"理之所会之地"（《语类》卷五）合说方备。而说心之"能觉者气之灵，所觉者心之理"，亦较只说心为气之灵、气之精爽为周备。至于由"心为理之所会之地"，"心能觉理"之义，而纯从心性论之观点，以看此中之心与理之俱呈俱现，则亦可不说心为能觉、理为所觉；而尽可以满心而发者皆是理，或心即天理之昭明灵觉，而言心即理。此即可成陆王之义。然朱子于此盖亦有意焉，而未能及。此则又由其宇宙论之观点，以说心为气之灵之观点碍之。循其宇宙论之观点看心，则心未表现于气，即可说无心。即他人之心之表现于气者，吾人自外而观，亦可说只有一他人之性理之流行于其气，而可说其无心。此正如吾人之言宇宙之易道，可说其无心而成化也。然纯自心性论之观点上看，心未表现于气，其虚灵不昧之能觉之体仍在，便不须连气而说。于此如只内观此虚灵不昧之体所具之性理，与此能觉之灵之俱呈俱现，则尽可见心与理之形而上的合一，以为一本心；如吾于太极一文之所论。而依此本心之为心理合一之义，以观宇宙万物之依天理之流行于气而有，亦即可说此天理与一天心合一，则亦可确立天地之实有一超思虑之天心，为吾人之"宇宙即吾心"之本心；而不可只说之为一无心而成化者，或只有一无心之心也。此即本于心性论上之内观，再推而上之，以统宇宙论上之外观之说，而为

陆王之心即理之说之所归。然在朱子思想，则其于心性论上虽亦
有此一内观，而未能充其义，以统其宇宙论之外观；乃或反而以
宇宙论上之外观所成之心为气之灵之说，混淆于其心性论上之内
观初所见之心，乃以"理为所觉"，为"理之所会之地"，其"自
理说心之义"，遂不能更循此内观，深入向上，以与陆王同归矣。
然此亦非朱子全无此内观之说之谓。故吾人今如克就朱子之在心
性论上所有之内观而说，则固可不说心为气之灵、气之精爽，而
只须说"心为内具理而通于理，更表现之于外，以通于气"而已
足。此亦正为相应于心统性情、寂感、内外，而言之语。而所
谓心之主宰运用义，亦唯由此，方见其实义。盖所谓心之主宰运
用，应指心之能使理呈现或不呈现，并使人之身之气生起或不生
起而言。理之自然流行于气，气之自然表现理，是一自然之变
化，或自然之易，不是心。心之主宰运用，唯在"气既有而能使
之无，或未有而使之生；或于理之表现者之偏而失正，而能矫其
偏失，以复其全正"等上见之。此即同于谓：心之主宰运用，乃
在对气之有无之主宰、理之偏全之运用上见之。故"心本应为居
气之上一层次，以承上之理，而实现之于卜之气"之一转捩开阖
之枢纽。亦唯如此，然后可言心之为主性情、统性情或率性以生
情者。此则观朱子之言心之主宰运用，固明涵具此义。由此以言
心，虽不必即引至陆王之心即理之义，然亦不必涵心只是一气之
灵之说，而见此心之固有其独立意义在也。

　　此心之独立意义，一即前所谓之虚灵不昧义，另一即缘此
而有之主宰运用义，此上文皆已及。若更分别言之，则虚灵不
昧义，乃要在言心之为一能觉能知；主宰运用义，乃要在言心
之为一能行。心能知能觉，而感物，以有所知，而成知觉。既
对物有知觉，而心乃有应物之行，以表现其性理。此心之行，
首为依其性理之原有所向，与所感之物之现有所是，二者相接，
便有其相顺或相违之关系，而此心遂有其好恶喜怒哀乐之情。

故情即心之理或性之直接表现，而更还向物而生起者。心之感物，初依于物之来感吾心之性理，此即"由外而内以成吾人之知"之历程；而心之感物而应之以情，性理遂表现于情，即为一"由内而外以成吾人之行"之历程。心之虚灵不昧，要在其具性理，以有此知；此心之主宰运用，要在其能表现性理，而行此情。心始于知，终于行，以感于内而发于外。即足以见此心之内外间之无阻隔。此又正原于心之虚灵不昧。此即朱子之分心性情为三，各有其独立意义，而又未尝不相依为用，以成一心统性情之整体者也。

六　心之诸功能

至于朱子之言一般所谓心之其他功能，如志、意、欲、才等之分别，则为将心开为内在之未发之性，与见于外之已发之情之二面后，再就心之缘已发之情，而有之活动之种种方面而说。此为对心与情之概念，再作进一步之开展所成之诸概念。故谓："志、意都属情，情原较大。"（《语类》五）志之一名，在朱子训为心之所之。此所谓心之所之，即指心之生情，而情之相续，如有所往，而心亦有所往之别名。此所往，不只涵有对外在所感之事物而往之义。因人之志恒是欲实现一理想于事物，故此往乃直向一理想而往，或向心所欲实现之性理而往之义。志可说为心之自动的升向其理想或性理之活动，乃由情之所生起，亦由情之能自动之一面，所开出之活动。至于意，则朱子谓意为心之所发，又谓意有主向。其与情之分别，是情为性之发于心，即性之直接表现或自然表现于心；而意为心之所发，则要在言其经心之一自觉的主宰运用而发。故谓："如爱那物是情，去爱那物是意。"于此即见意乃主宰此情、运用此情者，此即见有心之自觉的主宰运用在。至于意与志之分别，则朱子尝本横渠"志公而意私"之说谓"意是百般计较，是志之经营来往的，是那志的脚"。又谓："志是公开主张地，意是潜行间发地；志如伐，意如侵。"（皆见《语类》五）此上之前一语，即谓意为在志求实现之历程中，所经之种种意念上的打算安排的阶段。故志显然为导在前，诸意念乃隐然随行于后。故曰："志如公然在此，意为尾随潜行。"（《语类》五）"志便清，意便浊；志便刚，意便柔；志有主作意思，意有潜窃意思。"（《语类》九十八）以今语言之，即"意"为"志"所贯彻之"复杂多歧的心之发之历程"。此历程之所以有，则当说由心对事物之理，有多方面的次第认识之故，亦由心之性理原所包涵之分殊的众理，亦在次第中表现于心之故也。

至于欲，则初当是心之志意之欲实现其自己；此实现，恒为一事物之成就。则欲即可直接以事物之成就为目标，此是内在于志中之欲。然人心亦可直接欲得一事物，更不愿经志意之努力。然所欲者，要必连于好恶等情。欲依情生，而可直接以一已成就之事物为对象，而欲之。此中之欲，必连此对象，方称为欲，乃与情之可只连于心以说者，其义不同。朱子谓："心如水，性犹水之静，情则水之流，欲则水之波澜。"（《语类》五）水之波澜，由水之触物而起，正如欲之由心之扑着事物为对象而后起者也。由情而生欲，此心即直接以事物为对象而欲之。当此心依于一个体之形气起念，并只视其他人物亦只为具形气之物时，则此心更或一往向物而逐取，遂只知玩人玩物，乃或违其性中之天理，而化出所谓物欲与人欲。而人此时之心，亦乃若全失本有之道心，以至沉陷于物中以物化。此于下文论人欲处，当再详及此人欲之所自生。

以欲与志相较，志所向者恒在理，欲所向者恒在物。理在上而物在下，故志恒对理，而向上升起，欲恒对物，向下沉陷。故朱子或谓欲如水之流，而恒至泛滥（《语类》五）。至于以人之"意"与"志"相较，则意初虽恒依志而起，然其经营来往，恒是在已成之众多事物上着念，以成其经营来往。故意若离其所依之善志而起者，即恒散落在种种所欲得之已成事物之上，而连于物欲，易落于私。此即朱子之所以或言志公意私也。

至于所谓才，伊川已言："才出于气，气清则才清，气浊则才浊。"（《遗书》第二十二上）又曰："才禀于气。"（《遗书》卷十八）朱子尝谓伊川之言与孟子所谓才皆善而出于性之旨不同。（《语类》五十九）并进而言："才是心之力，是有气力去做底。"（《语类》五）"一般能为谓之才"，"才是能去恁地做底。"（《语类》五十九）是见"才"即心之能统率气，以实现其理想或性理之力。故又谓："才字是就理义说。"（《语类》五十九）此心之统率气，以实现其理想或性理之力，即心之气之"由情、志、意、欲而实现性理"之力，故谓"才是有气力去做底"。此力有大小，即见其所能实现之性理有多少。如朱子谓："恻隐有恳切者，有不恳切者，则是才之不同。""才如水之气力，其流有缓有急，即是才也。"才力有大小多少，即为一量的概念，而此才亦可说即心所统率之"实现理之能量"。"人能尽其才，则仁至义尽，如谓尽恻隐之才，必当博施济众；尽羞恶之才，必当至一介不取。"（《语类》卷五十九）然依于人之性之不能离气质之限制，而事实上人之才，乃有种种之不同。此则可依伊川之"气清则才清，气浊则才浊"以说。[1] 吾人谓心能统性、情，以及志、意、欲等，然所统之"性之实现于情志等者"之量之大小多少，亦即依其才之大小多少，以定其外限。故才之一概念亦即依于气之力，以自外统括"心之实现性之理之全体于情志之气之量"之一概念也。至于人之窹、寐、鬼神、魂

---

[1]《语类》五十九，朱子论才，谓当兼孟子伊川说方备。则朱子与孟子伊川又微有所不同。朱子之说，即将才视为一面出于心性，一面出于气，而连此二者之概念也。

魄①等，亦皆可连心之动静、心气之往来，及其与身体之关系，以加以界定。今皆从略。读者可自参考其书。

在心之性与情、才、意、志、欲之中，自以内在之性理为主。朱子于此性理，又恒称为众理、百理、万理。就其理之大者而说之，则朱子恒说其为具四德，即仁义礼智之性理。此四德之统于仁，亦由仁以开出，当于下节再及于"其表现于人之气，为爱恭宜别之情，以与天之元亨利贞之道之表现于春夏秋冬之气者相照映"诸义。至在所谓情中，如仁之见于爱，义之见于宜，礼之见于恭，智之见于别等四端之情；则此皆直接称性而生之道德的情。此外则又有所谓七情，即喜、怒、哀、乐、爱、恶、欲等之七情。朱子对此二情义，虽偶或加以配应而说，②然又谓其难分。其归旨盖当在以七情与四端之情各为一类。故亦尝谓："四端之情为理之发，七情为气之发。"(《语类》卷五十三"人皆有不忍人之心"章广录)此"四端之情"与"七情之情"之同异关系，原是一可讨论之问题。韩国之朱子学者，于此即讨论甚繁。中国明末之刘蕺山即通二情义而说仁义礼智即喜怒哀乐。然蕺山所谓情，初指一在中而未表现之情言，乃别是一义。其旨趣所在，后当及之。若就一般所谓表现于外之喜怒哀乐等而言，则吾人今于此亦可姑以二义，代朱子说明其与四端之情不同之理由。一义是同一之仁爱之性情，或同一恻隐之心，尽可表现为喜怒哀乐不同之情。如人之爱人者，见所爱之人则喜，见有害之者则怒，见其被害而死则哀，见害之者之去，或起死回生则乐；是即可证同一之仁爱之

---

① 朱子此外更或由心之是否接物，是否有思，而言心之动静。如其《全书》五十七《答陈安卿》谓："寤寐，心之动静也；有思无思者，又动中之动静也；有梦无梦者，又静中之动静也。"

② 如《朱子语类》卷八十七义刚录，刘炘父问七情分配，曰："喜怒爱恶是仁义，哀惧主礼，欲属水、属智，且粗恁地说，但也难分。"又同卷贺孙录一段，又谓"哀惧从恻隐发"，则朱子此言与上说自相矛盾。此段文最后又言："七情不可分配四端。"则归在二情之不同其义也。

性情或恻隐之心，可在不同场合，分段表现为喜怒哀乐之四情。二义是爱恭宜别之情，一般皆视为善，故朱子谓为理之发。而喜怒哀乐，则一般皆视为有发而中节与不中节，或善与不善之别者。于此同为喜怒哀乐，其善不善之所以不同，在理；所以同为喜怒哀乐则在气。故朱子谓之气之发也。依此二义，如爱恭宜别之情，称为性情，则喜怒哀乐之情，便宜称为感情。唯朱子于此又未明分别立此二名耳。今分别此二情之义，则如喜怒哀乐之感情之中节者，即兼为合理，亦为性之直接的表现之性情；则不中节之喜怒哀乐之发，应别有其天理外之根源。此在朱子，即以原于人欲之私为言。人之喜怒哀乐之感情，亦实有以其人欲之私为根据，致所发乃不合于正者。然人何以有此人欲之私，则又当溯源于人之心。此为人欲之私所缘之以起之心，自应不同于能直接表现性理或天理于性情之心，或天理纯全之心。由此而朱子于人之心，乃又分为道心与人心，而一心亦可开为二心矣。

凡上之所述，可见朱子之思想，如何依其理气之论，而将人心展开为种种之方面而说，以成其上下内外四方无所不备之系统。然此上所言，又尚不外一朱子心性论之概念间架的铺陈，可以见朱子之思想所及之平面的广度，尚不足以见朱子思想之深度与精密度。欲见朱子思想之深度与精密度，尚须由朱子心性论与工夫论之关联处，更牵连其余诸家思想而讨论之。此较为复杂，当俟另文专论原德性工夫时再及之。至于虽牵连及他人之说，而只就朱子思想本身之发展上看，即可知其定论所在，而又较上文所及之更深入之二问题，则是尝与张南轩反覆论辩之仁之问题与人心道心之问题。兹分别略说之于下。

七 仁之界说，其前后、内外、上下与本末

关于仁之一问题，自昔儒者所言已多。除孔子只言为仁之方，

无对仁之定义式之言外；孟子尝言"仁者人也"，又言"仁者爱人"；《墨经》亦言"仁，体爱也"；庄子谓"爱人利物之谓仁"；韩非言"仁者中心欣然爱人也"；《乐记》以"中心物恺，兼爱无私"为仁，董仲舒谓以仁爱人；郑康成自人相偶训仁；韩愈谓博爱之谓仁。大体言之，于仁为爱人之意，初为儒家与诸家共许。然在程明道《识仁篇》，则言"仁者浑然与物同体，义、礼、智、信，皆仁也"，又谓："医书以手足痿痹为不仁，此言最善名状。仁者以天地万物为一体，莫非己也。认得为己，何所不至。若不有诸己，自与己不相干。如手足不仁，气已不贯，皆不属己，故博施济众，乃圣人之功。仁至难言，故曰己欲立而立人，己欲达而达人，能近取譬，可谓仁之方也已。欲令如是观仁，可以得仁之体。"①明道又谓"切脉最可体仁"（《遗书》三），"医家以不识痛痒谓之不仁；人以不知觉不识义理为不仁，譬最近。"此即不直接以爱言仁，而以直下识得天地万物之生命之为一己之生命，如一气之贯于一体之四肢，无麻木痿痹之感，为识仁之体；乃大不同于前此之以爱言仁之说。至于伊川则更谓："心譬如谷种，生之性，乃仁也。"（《遗书》卷十八）又谓："仁之道，要之只消道一公字；公只是仁之理，不可将公叫做仁；公而以人体之故为仁，只为公则物我兼照，故仁；所以能恕，所以能爱；恕则仁之施，爱则仁之用也。"（《遗书》十五）合伊川之言以观，则其意盖谓人能体此"公"而无私，则能本其生之性，以物我兼照，是即为仁。此言物我兼照，生之性为仁，略同明道之言生之谓性，而即生命之相感通言性之旨；亦不殊明道以与物同体言仁之旨。唯明道言

①《二程遗书》二上，《近思录》及《宋元学案》皆引此语。《遗书》卷四另有一段，盖同一语之别一记。其言曰："若夫至仁，则天地为一身，而天地之间，品物万形，为四肢百体。夫人岂有视四肢百体而不爱者哉。圣人，仁之至也，独能体是心而已。……医书有以手足风顽，谓之四肢不仁，为其疾痛，不以累其心故也，夫手足在我，而疾痛不与知焉，非不仁而何？"

与物同体为仁，乃自仁之心境之状态说，而伊川乃谓公为仁之理，则犹言"公"为所以得此仁之方、之理，其本旨固无大别也。

二程以"公而与物一体"之生之性为仁，而手足痿痹为不仁；杨龟山亦由疾痛之感，言以天地万物为一体，为仁体。吕与叔《克己铭》谓："凡厥有生，均气同体，胡为不仁？……皇皇四达，洞然八荒，皆在我闱，孰曰天下，不归吾仁？痒疴疾痛，举切吾身，一日至之，莫非吾事。"谢上蔡则进而以知觉为仁，谓："今人身体麻痹，不知痛痒，谓之不仁；可种而生者谓之仁，言有生之意。"（《语录》）皆缘明道伊川之言之旨，而略变其义，要皆不外自仁者与物同体，或由同体之感而有之疾痛痛痒相关之知觉上，指点仁体之所在，以使人识仁。[①] 此与二程之言仁，同为所以导学者之识仁而为仁之言，初非意在为仁之一名之所指，求一精切之定义也。后之胡五峰著《知言》，乃较重在对一一之性理之名言，为之作一较精切之定义，以仁为人心之当循之道，而有"仁者心之道"之一言。朱子则正承此"知言"之意，而重对种种心、性、德、道之名言之界说，乃对二程以下之言仁者，皆有所疑，而有其《仁说》之著。此则大不同于二程、游、杨等之言仁，乃"意在示学者以识仁为仁之方，其言仁之意义，皆只为指示的；非兼意在对仁加以定义界说者"矣。

然克就朱子之言仁之界说而论，其所以必变二程以下之说识仁之方之言，亦有其工夫论上之理由。当在《原德性工夫》文中，另及之，兹暂略。克就仁之界说而论，朱子之仁说之言，亦确有其精切之处，吾人须加以承认。依朱子之意，以公言仁之语所说者，唯是仁之前事。人无私则公，公则仁之性依之以现，然非无

[①] "心不在焉，视而不见，听而不闻，食而不知其味，不见不闻不知味，便是不仁；但存如见大宾，如承大祭底心在，便是识痛痒。"（《宋元学案·上蔡学案》）

私或公之自身即是仁。此中由无私而公则仁，尚须另有一物始得。①
此即仁之心性之自身。朱子言："无私以间之则公，公则仁。譬如
水，若些子碍，便成两截；须是打并了障塞，便滔滔流去。"此即
谓无私而公，如水之去障塞，而打并在一起。然此中须另外有水，
在此流。此水乃比喻此仁之心性之表现为爱，若只言"公，则无
情"，兼言"仁，则有爱"，"公字属理，仁字属人"。②伊川谓"公
而以人体之"为仁，自亦必有一心性去体公，而后公。伊川亦有
生之性为仁之言。此即朱子于伊川之言较契合之故。然朱子亦谓：
"公而以人体之之言，微有病。"③盖此言毕竟未指此仁之源，及其
必见于爱之义也。

至于对天地万物为一体或物我一体之言，则朱子尝谓此为仁
之后事，为仁之果，又谓此是言仁之量。即谓此只是言人之行仁
充量之结果，而仍非仁之本身或仁之本质，尤不可谓必先知物我
一体或一理，乃有仁，以倒因为果，成义外之论也。④

至于对上蔡之以知觉训仁者，则朱子以为此乃就仁之包乎智

---

① 《朱子语类》卷六、卷九十五，讨论公与仁关系处。《朱子全书》五十八答杨仲思、
　陈器之书，皆辨公与仁之别。但《语类》卷九十五道夫录有一条言："公不是仁，
　公而无私便是仁。"此仍当是谓公而无私，则能仁，非即以此公而无私便是仁之谓。
　若然，则与他处之言皆不合矣。
② 《朱子文集》五十八《答杨仲思》。
③ 所谓有病者，观《语类》九十五，此语之全段文自明，今从略。
④ 《朱子语类》五十三："只是一个人，也自有这恻隐。若谓见人我一理，而后有之，
　便是两人相夹在这里，方有恻隐，则是仁在外，非由内也。"今按郑康成以人相
　偶为仁，或一切只自仁为二人之训诂，而由人与人之外在的社会关系言仁之说，
　正皆以仁在外非由内之说也。

言。^① 此不必为上蔡之本旨。今顺朱子意看，则其意盖是谓：当人有仁之表现而及于事物时，对事物固有知觉，对其自身之仁之表现，亦有一自觉，而知其为是，并知反此之不仁为非。此即见其心之能觉理，而具智之德。然仁之表现之本身，则初不从智始，亦不可径以知觉言仁。在朱子之意盖谓，说仁应克就仁之本身与其原始的表现处看，不应自其前事后事看，亦不应不自其最后之表现之智上看，乃能对仁有一精切的定义。此其用意，固未尝不是也。

至于胡五峰之谓"仁者心之道"之一语，朱子初与张钦夫书尝取其言，而谓："仁者心之道，敬者心之贞。"然其著《仁说》，仍改而说仁者心之德，不说仁者心之道。此则盖由道之一名，乃就心之由内达外之表现上说，而非直就心之内部，或此表现之本源处说。朱子之所以改取仁者心之德之言，即意在就此心之表现之内部之本源处说仁也。

朱子之不契于其前诸贤之说仁，在诸贤之未扣紧仁之表现之内部的本源处说仁，其《仁说》则扣紧此义而说，故径说仁者心之德、爱之理。此仁之为心之德、爱之理，又一方与天地之生物之心之德之理相应，而同为一生物之理。此天之生物之理在人，

①《朱子语类》卷百零一论谢显道及卷二十"孝弟也者，其为仁之本欤"章，皆有二段辨上蔡以知觉言仁之说。又《朱子大全》三十二《答张钦夫论仁说》："谓仁者心有知觉则可，谓心有知觉谓之仁，则不可。盖仁者心有知觉，乃以知包四者之用，犹言仁者知所羞恶辞让云尔。"又卷四《答游诚之》："仁自是爱之体，觉自是知之用，界分脉络，自不相关。但仁统四德，故仁者无不知觉耳。"又卷四十二《答胡广仲》："上蔡之言知觉，谓识痛痒，能酬酢，乃心之用，智之端也。"可见朱子处处以上蔡之以知觉言仁，为以智之端言仁。然上蔡所谓知，亦可不只是智。如《朱子语类》卷五十九载"问知是心之神明，似与四端所谓智不同。曰此知之义又大"。则朱子亦承认此一广义之知。然此广义之同于神明之知，仍与仁不同。故《语类》六十八谓："仁是有滋味底物事，做知觉时，知觉却是无滋味的物事。"此所谓知觉无滋味，即谓智之能觉仁，其义之同于知觉或神明者，其本身亦只是一纯形式之知觉或神明，别无其他内容，故谓之无滋味也。

即人之生之性。故朱子之此言与伊川之以生之性言仁之旨合。此仁之在人心，又包仁义礼智之四端，其表现为爱恭宜别之四情中，则恻隐之心，又无不贯，此亦正如天之生物之心中元之为德，能统元亨利贞之四德；而其表现于四时之气者，其春生之气无不通。此即成一通贯天人、情性、本末，而使之亦枝枝相对，叶叶相当，以言仁之思想系统；而又可综合昔之儒者以爱言仁，与近贤言仁之旨于其中，其用意之精切，固亦有进于先儒者。兹引其说仁之前一段之言于下，再略释之。

"天地以生物为心者也，而人物之生，又各得夫天地之心以为心者也。故语心之德，虽其总摄贯通，无所不备，然一言以蔽之，则曰仁而已矣。……盖天地之心，其德有四：曰元亨利贞；而元无不统；其运行焉则为春夏秋冬之序，而春生之气无所不通。故人之为心，其德亦有四：曰仁义礼智；而仁无不包；其发用焉，则为爱恭宜别之情，而恻隐之心无所不贯。……仁之为道，乃天地生物之心，即物而在。情之未发，而此体已具；情之既发，而其用不穷……曰克己复礼为仁，言能克去己私，复乎天理，则此心之体无不在，而此心之用无不行也。又曰居处恭，执事敬，与人忠，则亦所以存此心也；又曰事亲孝，事兄弟，及物恕，则亦所以行此心也；又曰求仁得仁，则以让国而逃，谏伐而饿，为能不失乎此心也；又曰杀身成仁，则以欲甚于生，恶甚于死，而能不害乎此心也。此心何心也？在天地则块然生物之心，在人则温然爱人利物之心；包四德而贯四端者也。"

此朱子论仁之言，宜顺其所言之序，更逆回之以观，方更得其深义。自朱子之言必克去己私，然后仁之理见，而"此体浑然，此用昭著"。[1] 即涵摄伊川以无私而公为仁之前事之旨；谓存此心

---

[1]《大全》卷三十二《答张钦夫论仁说》曰："仁乃性之德而爱之本，但或蔽于有我之私，则不能尽其体用之妙。唯克己复礼，廓然大公，然后此体浑然，此用昭著。"

而与人忠，行此心而及物恕，亦程子恕为仁之施之旨；及物既恕，即视物我如一，而明道仁者与物为一体之旨，亦可涵于其中。然必言不失乎此心，不害乎此心之宁逃饿而杀身，则所以见仁者之未必能功成事就于外，而唯所以不失不害此心于内之旨；而言仁唯当扣紧此心之德之理以言之旨亦见矣。

朱子就仁之体用之表现上说，谓人之无己私，乃仁之前事；即谓人之无己私，只是仁之表现之主观上之一消极的条件。而万物之在前，而被我之所知觉，则为仁之表现之客观上之积极的条件。于此，吾人如欲由及物之恕，而与物同体，以有所谓仁之后事，必须有一仁之表现之本身，缘我之主观上之无私，以次第贯通于我对物之知觉之中。否则由此公而无私之知觉所得之物我之一体，将无异于一太空之包万物以为一，即全与人之道德实践为不相干者。此则尚不如以爱言仁者之本此爱之情，由我之爱物而通物，尚有一正面的实践工夫历程中之物事在也。然朱子更别仁于爱之情，而以仁为爱之情之本，仁只是心之德，亦心之理。又以此爱之情，更下贯于恭宜别之情，方底于智与对物之知觉。朱子更上溯仁之本于天地之生物之心。此则将仁之内外上下本末之意义，皆加以展开，而又足以摄昔人之以爱言仁，近贤之以知觉、无私而公及与万物一体之感，言仁之义者矣。

朱子别仁于爱之情，而以仁为心之德、爱之理，即谓仁之自身在爱之情之表现之上一层次。仁之自身，只是一超越于感物之实然之事或情之上一层次之当然之理。此理即心之性理，亦心之性德。此性理性德，又原于天命之理，即天理之在吾人者。此天之理，只是一生物之理，此仁之理亦只是一生物之理。自朱子之宇宙论言，所谓天地之心，乃表现于天地之气之依此生物之理而流行以生物上；人之心则当自人之生命之气，依此仁之理而流行，以爱人利物上说。此中之心，乃一理气之中介之概念，亦一统摄之概念。此文尤重在以天地之心之一名，统天地之生物之理，与此理之流行于天地之气二者，以言其以生物为心。又以人之心之名，统摄人之心之具此仁理为性德，及此理之流行于吾人生命之气而为情，乃言其以爱人利物为心。故此《仁说》之根底，仍连于其理气之论。此理气论之精义，一在无其气而理已先在。故人虽无爱之表现，而能爱之仁之理已在。此乃所以保持此仁之理之超越性，此义不须多说。二是此仁之表现乃初表现为对其他之人物之爱，此中须先肯定我与其他人物之分别。然此中之爱，依于我之克去己私，而流行及物，以通我与万物为一。而此通，是依一次序而通，亦即依于气之流行次序而通。如天之生物之依本末次序而生。天之生物之本末次序是由春而夏，而秋，而冬，人之爱人利物之本末，亦由爱而恭，而宜，而别。此天之生物之事与人之爱人利物之事，皆一次序之历程；而此天之生物与人之爱人利物之德，亦即可开为四者去看。故一元可开为元亨利贞，一仁可开为仁义礼智。四德之在人，初步只是人自去己私，以向他而爱，此是仁之直接表现；次则对所爱者自身之一尊重恭敬，是为礼之表现；再次则为就所爱者之为如何，而知爱之之道，以何者为宜而正当，是为义之表现；最后则为依此宜而正当之道，使事物亦得其宜，而有正当之成就，以贞定为一存在；而吾人之心亦知其如此如此地成就而存在，而亦得贞定其自己。此即为智之表现。此中仁开为四德，而由四德之表现于爱恭宜别之情，方完成此仁之表现。故此整个之爱人利物之情，必落实到一一具体之人物之爱利。具体之人物无穷，则此仁之表现于爱人利物之情之事，亦无穷。故可言此仁之体无不包，此爱人利物之恻隐之心无不贯。此仁之心亦"即物而在"，"其用不穷"。然此中对一一人物分别的爱之利之之情之事，又一一皆须依爱恭宜别之序，以行其情而成其事。此即须与穷理致知之事相连。又爱人利物之事之落实处，在一一之人物；故必有对一一之人物，加以分别。此即不能只以"公而无私""与天地万物为一体"或笼统之"痛痒相关"之知觉言，加以总包者。此处只能言：人时时爱，即时时有及物之恕等。人时时依一公而无私之心，及推己及物之恕，以视物我如一；即时时有一浑然与物同体，而时时于所爱利之人物，有分别的痛痒相关之知觉耳。凡此等等，皆见朱子言仁，实不同于其前儒者之言仁者之只为就事指点，各举一方面而说；若作仁之界说看，皆不免浑沦笼统之弊者。朱子于仁，乃就其前事为公，后事为与物同体；内为心之知觉之性，外形于知觉物而生之情；上通于天，下贯于人；本在己之一理，末散而为由爱恭宜别爱人利物之万事，而加以界说。此连仁之前后、内外、上下、本末以论仁，固有其精切细密之旨，存在于其中也。此外朱子于仁义礼智之四性德等，尚有其分别之论述，以见其何以又皆统于仁。此皆具详其书，今不赘述。

八　人心道心之开合

至于人心道心之问题，则盖为朱子晚年屡加论述之问题，乃就其《仁说》中之问题，而更进一步，加以开出者。依其《仁说》，人之心，初只以仁为心之德，则人只有一仁心。此一心乃具性理或天理，而亦能表现为爱人利物之情，而即具成己成物之道之心。然此尚非朱子所谓道心。朱子所谓道心，乃由人之表现其心之四德而成，亦即心之天理性理，实际实现或表现于心而成。此即不同于统言人有具性理之心。此道心待于人之实克去己私，以实表现心之四德而成；则尚未去己私之心，即非道心。此非道之心，就其亦可克去己私以成道心言，或就其己私可不妨碍道心之呈现言，便又是另一意义之心。此一意义之心，如其己私足以妨碍道心之呈现，而又不能自克，更是一意义之心。于是人之一心之呈现，即可自其已实现表现其性理者，而名之为道心；就其可实现表现道，或其己私不妨碍道心之呈现者，而名为人心；就其人心之己私之足以妨碍道心之呈现者言，称其私为私欲，或不善之人欲，而此心即为一具不善之人欲或私欲之心。由此而一心即可开为二心或三心以说。人之欲表现实现其仁之性理或天理，即须本此《仁说》中所言克去己私之意，以化除具私欲之人心，以使不善之人欲净尽。而对可实现道之人心，则当使之听命于道心，或化同于道心。然此中之"尚非道心而又不妨碍道心"之人心，是否真有一积极内容，而自有其独立意义之可说，则是一问题。如此心无其积极之内容、独立之意义，则开一心为道心人心二者，即无其根据，更不可开为三心。如其有积极之内容可说，其与天之生物之生生之理，是何关系？又此人心中如何可有一妨碍此人心之合道，而为道心呈现之阻碍者之私欲之起，以使此人心成具不善之人欲之人心？再此具不善之人欲之人心既起，如何使道心得再现？或如何使吾人之性理天理，得自然实现于人心以表现于情？此人听命道心，化同于道心，须待何工夫？再则一心既可开为二者或三者，如何可说是一心？则此中有种种之问题。于本章中，除关于工夫之问题，今暂不及论外，须知即对此人心道心之界说，朱子前后之言，亦有不一致者。兹先说朱子对此人心道心之界说，前后之见解之变迁，然后更纯理论的说明朱子之开道心人心与具不善之人欲之人心为三，确有其根据；更说明此不善之人欲与人之道心正相对反，乃人所必当化除，而亦必能化除者，以结束本章。

　　朱子之言人心道心人欲之问题，韩国朱学者韩元震《朱书同异考》，尝谓其前后有四说。兹本其言，更加以引申而论之。大率朱子初以"人心为私欲，道心为天理"（《答张敬夫书》），"梏于形体之私为人心"（《大全》三十六《答陈同甫》），"人心之危者，人欲之萌也；道心之微者，天理之奥也"（《大全》六十《观心说》）；此与程子"人心，私欲也；道心，正心也"（《二程遗书》十九），"人心惟危，人欲也；道心惟微，天理也"（同上十一），其旨略同。

此皆以人心之义同于人之不善之私欲。至于其《答吕子约书》,谓
"操舍存亡,虽是人心之危,然只操之而存,则道心之微,便亦在
此",此则以由人心之操而存,即见道心之微。故《答许顺之书》,
又谓"操而存者为道心,舍而亡者为人心"(《大全》三十九)。此
中,人于此人心,一加操存,道心即在,则此人心,亦即未尝不
可通于道或天理者;然亦尚未改其人心道心相为对反之意也。至
在其《与蔡季通书》(《大全》四十四)则又谓:"人之生,性与
气合而已……性主乎理而无形,气主乎形而有质。以其主理而无
形,故公而无不善;以其主形而有质,故私而或不善。以其公而
善,故其发皆天理之所行;以其私而或不善也,故其发皆人欲之
所作。……然但谓之一心,……固未尝直以形气之发,尽为不善,
而不容其有清明纯粹之时,……但此既属乎形气之偶然,则亦但
能不隔乎理,而助其发挥耳。不可便认以为道心也。"此则以人心
非即不善,其本虽在形气,然其清明纯粹,亦能不隔乎理,则无
复人心与道心相对反之意。朱子后与郑子上书,则又谓其与季通
书,语尚未莹;然亦未视为非,并谓:"此心之灵,觉于理也,道
心也;觉于欲者,人心也。"此似为其最后之论。而其郑重写作
之《中庸序》,亦缘此而作;今观《语类》七十八辨《尚书》中人
心道心之义,即多本于其最后之定论。其《中庸序》曰:"心之虚
灵知觉,一而已矣。而以为有人心道心之异者,则以其或生于形
气之私,或原于性命之正,而所以为知觉者不同,故或危殆而不
安,或微妙而难见。然人莫不有是形,故虽上智不能无人心,亦
莫不有是性,故虽下愚不能无道心。……必使道心常为一身之主,
而人心每听命焉。"此即自一虚灵明觉之心,或原性命之正,而觉
于理为道心;或原于形气之私,而觉于欲者为人心。《语类》七十
八佐录,又谓"道心是知觉道理底,人心是知觉得声色臭味底";
再方子录谓:"形骸上起底见识,便是人心;义理上起底见识,便
是道心。"此即谓人心乃由形气起见而知觉形气者也。此中之"形

气之私"与"知觉形气"，即初无邪恶之义，亦不同于与天理相对反之人欲。此所谓"觉于欲""知觉形气"，即自此人心之知觉运动之"于声色臭味之形气有所向者"而言。则其清明纯粹者，自亦可不隔乎天理。此与其早年之言"自其所营为谋虑言，即谓之人心"①之一语，亦相合。因营为谋虑，只是一人心之欲有所向之活动，其本身虽不必是觉于道者，然亦可合道，则亦无与天理为相反之人欲之义者也。总此上所述以观，是见在朱子之学之所归，其所谓道心、人心，及与道心为对反之不善之人欲，明为三义；而其中之人心，则克就其本身言，乃虽有危亦可合道，而为可善可恶之中性者也。

所谓朱子之开一心为道心、人心、不善之人欲为三，确有其根据者，兹可先试就人之"知有饮食男女之欲，而有求其生存，延其生存于后代之欲"之知觉运动而论。此中，人既自知其有知觉运动，便不能不说是有一心。然此心又明异于自觉的依仁义礼智之性理或道，而生恻隐羞恶辞让是非之情或朱子所谓具爱恭宜别之情之心。②此依于自求生延生之欲，而知觉运动，以及营为谋虑之心，亦有其喜怒哀乐等，即此心亦有情与意等。人亦未尝不可即其知求生延生，能知觉运动之处，以说人之性。如告子所谓"生之谓性""食色性也"之说是也。若然，则此心之此性、此情、此意，应亦不同仁义礼智之性等，而别为一种。然此心与其性情意等，又未可说即为不善。因此由知觉运动，以自求生延生之心，依朱子之形上学言，即亦同依于太极之生生之理、生生之道而有。此生生之理、生生之道，即天之生物之理之道，初非不善，则此

---

①《朱子大全》三十三："《遗书》言人心私欲、道心天理，熹疑私欲字太重。心一也，自其天理备具，随处发见而言，则谓之道心；自其有所营为谋虑言，则谓之人心。"则此时朱子已不谓人心皆为不善之私欲矣。

②《语类》卷六十二："人心道心，一个生于血气，一个生于义理。"又卷七十八："饥寒痛痒，此人心也；恻隐、羞恶、是非、辞让，此道心也。"

心亦非即必不善也。吾人之自求生与延生于后代之事，亦至少可在吾人立于一天之立场以观时，视为一善之流行之所在者也。

此种人之自求生与延生而能知觉运动之心，虽亦为依于一天之生之理之道之善而有，而可依天之立场，以说为一善之流行之所在者。然此又毕竟不同于人之自觉的依仁义礼智之性，而生之恻隐羞恶辞让是非之情之善。此后者中之仁等之性，固亦可说其本源亦是一生生之天理。然此生生之天理，于此乃内在于心，而为其所自觉的表现于其情之中者。此便不同于吾人之知有饮食男女之欲之心，其所本之生之理或生之道，只为"超自觉的贯于人之生命中，以驱率吾人生命前进，使其自求生而延生于后代之欲之情"之不能自已者。人如只有此后一心，人即既无异于禽兽。人必兼有自觉其内具天理而依以生情之心，人方有异于禽兽。人亦唯由此以有其自觉的德行之善，以成人格本身之内在之善；而非只是有一"自一客观之天的立场可视为善"之"具情欲之心"而已者也。则此二心之所发，虽同为善；其所以为善之意义，则有二种，而毕竟不同者也。

至于除人之缘饮食男女之欲，而有之知觉运动，以及营为谋虑之外，人尚有其他对物之知觉运动，营为谋虑，亦非真觉依于理而发，而又初为依于吾人之形气与万物之形气相感，而自然发生之生命性活动。如人游于自然界中，随意之见色闻声，而对所感事物之好奇求知之活动之类。凡此诸活动之所以生，自天而观，亦依于生生之理；而自人而观，则人亦初不自觉其当然之理，而初非依一自觉其合理之心而发者。然此诸活动，亦同可不隔乎理，而能接受当然之理之为之主，并可助"理"之发挥者。即吾人出自道心之活动，朱子亦尝谓："但有一毫把捉的意思，虽云本为道心之发，然终未离人心。"（《大全》四十二《答吴晦叔》）其意盖谓出自道心之活动，亦表现于气与形，故可为人心之所把捉。此把捉之结果，因可导致种种人欲之不善——如占有、矜骄等——

而与其他之人欲之不善，固无不同。然此把捉之初几，则未必即一不善之人欲，而尽可只是一中性的知"此道心所表现之形之气"之人心而已。

由上可知朱子之分心为人心道心二者，乃确有其所据，因此二心之意义确不同。道心于此理有自觉，此固为自人与自天而观时，皆为善者。人心则无对此理之自觉，而有其所向之欲，然亦依于天之生生之理而有，亦不必违理而可不隔乎理，并助理之发挥者。故自天而观，固当谓其善；自人而观，亦不必为恶而可为善者。由是以分此心为二，亦即可更缘之以说明违天理之不善之人欲之起源。此不善之人欲，不能依道心以起，即只能说直接依于人心而起。其所以起之几亦至微，而初又正不外：人之具形气以生，而对有形气者，其人心恒自然有一知；继之而对若干有形气之物，有所偏向与所欲，再继之而有此欲之相续生，而相续求遂。此所成就者，即人之具此形气之特殊的个体的生命，与继此个体而有之后代之个体的生命。缘此而人对有形气者之知与欲，所依于天之生之理之道，亦即限制于此对有形气者之知与欲之中，以流行。此即为朱子所谓出于形气之私之人心。此出于私者，如不与出于道心所发之情志等相悖，而为此道心所主宰以听命于道心，则固善，亦为上智之所不能免。然此出于私之人心，亦尽可自求发展，以一往下流，而陷落于所知所欲之若干特定之具形气之物之中。此即有一离于道而违悖天理之可能。此即为由人心以成不善之人欲之始。而此人欲之正式表现，首即表现为人之只从其形气之私起念，而对其他人物之生，漠然无感；于其他人物之生与己之生，同本于一天之生道而生，更无所知；乃不能自觉此生道，即我之性理所在，并自觉的求尽此性理，以爱人利物为事。于是其于其他人物，虽亦未尝无知觉，亦未尝不对之运动，然此所知觉者，与对之运动者，亦唯是他人之形气之外面的表现，实未尝知觉他人之形气之内在的生命；而亦未尝对此生命之存在，真有所感知。由此而再进一步，则其对他人物之形气，皆欲取之为我之用，而视之同于其他一切可为足我之欲之一只具形气之工具；于是玩物丧志，玩人丧德，无所不至。此即人之灭天理而穷人欲，而人之无穷罪恶所自生。然此中人若无人心之知觉，与缘之而起之营为谋虑，只有一如禽兽之求生延生之欲，固无此所谓罪恶。因人之视人如物而玩之，亦正待人之有此人心之知觉营为谋虑等，而后可能。故此人欲之罪恶所根，不可说只在人与禽兽同之食色之欲，而实亦在此人与禽兽异之人心。自此人心所包涵之知觉之一部分言，与道心中之知觉之一部分，固无别。然道心中除此一部分外，尚有所知觉之道或天理之内在于其中。而此人心中，则无此道之内在于其中；而只有一出于形气之私之欲，如自后面来推动指挥主宰此知觉，以及营为谋虑等之进行。于是此人心，即可为此人欲所推动、指挥、主宰，以单独进行发展，而昧其道心，以至全违道心，而有化出无穷之不善人欲之事矣。然此人心若不如此以单独进行发展，而能如上文所说，虽有知有欲，而同时不昧其道心，而听命于道心；则人心亦非恶，而固为上智所不能无。是又见此人心之克就其自身言，初为可善可恶，而为中性的。其与道心之异，即中性的可善可恶，与善之异。然学者首须于此"两者交界处理会"（《语类》七十八）。至克就实际之人心言，如其不觉于理，以听命于道心，化同于道心，[①]又必以其觉于欲，而归于单独发展其欲，以离道违道。故此人心又非真能自持其独立存在，以自持其为一无善无恶之心者。由此而在实际上之人心，即或向上而听命或化同于道心，或向下沦为具不善之人欲之心，又终无中立之可能。此即仍通于朱子早年所谓一心操则存其道心，舍则亡其道心，而沦于不善之人欲之心之旨。由

---

① 《语类》卷六："自人心而收之，则是道心；自道心而放之，便是人心。人心与道心为一时，恰似无了那人心相似，……道心都发见在人心。"《文集》五十一《答黄子耕》："盖以道心为主，则人心亦化为道心矣。"此即本文所谓"化同"也。

此而所谓三心，即仍归于二心。然此二者，既一善一恶，互相对反，①"此胜则彼退，彼胜则此退，无中立不进退之理"（《语类》十三）。二相对反之心不容并存，则实际上人所有之心，又仍只是一心而已矣。此即朱子之所以明言三心，而又亟称陆象山之人心道心只言一心之说之故也。②

　　由上所论，故知朱子之说，乃将一心开为道心、人心与具不善之人欲之心三者。而在实际上人所现有之心上看，人心中不善之人欲肆，则道心必日亡，人心听命于道心，而化同于道心，必求净去此不善之人欲，而归于一道。溯吾人之生，原依道依理而生。生在，此道、此理即在。此见天命之不已。故人只须即此"现有之具人欲之心"，加以上提，以觉于道，即有道心可听命，而可使人心得化同于道心。此具不善之人欲之心，虽现有，然此心必可去。其所以必可去者，因此具不善之人欲之心，乃纯为后起，而实自始未尝直接有根于天命天理者。天命我以虚灵知觉之心，此心固一面通于天理，亦连于我之形气之求生之欲等者。然由此心之通于天理，而觉天理以成道心，固自觉的具内在之善；人之求生之欲，对天为善，此中亦初未有人欲之不善。人欲乃起于人心之知觉运动之只顺形气之欲，以单独进行而来，此乃第二义以下之事。人心之知觉运动，只顺形气之欲，以单独进行，而不能觉乎理，以听命于道心，以化同于道心，此可说原于吾人之气质之昏蔽，方不能觉乎理。然此气质之昏蔽，只使人不能觉于理，亦尚不直接产生不善之人欲，故只可说为不善之远源。如直说一切不善之所自生，则唯在人心之因不觉乎理，而更顺形气之

---

① 此"对反"是自第二义上说。在第一义上自只有天理而无人欲。《大全》七十三《知言疑义》："天理者，莫知其所始，其在人则生而存之矣；人欲则梏于形、杂于气、狃于习、乱于情，而后有者也。"

② 如《语类》卷七十八，称陆子静非有两个心之说。又卷百二十六谓："陆子静只是一心，一边属人心。一边属道心。"他处尚屡见称述陆子此说之言。

私以单独进行，而下流，以违于天理之际，此事即纯为后起，而无根于天命天理者。以其无根，故此心亦终可觉于理，道心亦终可以操而存也。至道心之所以必可操而存者，则因此不善之人欲，既原于人心之下流而后起，则见此道或天理，原位于不善之人欲之上一层次。人之不善之人欲，不直接以此道或天理为根而生，则亦固不能阻止此人心之上达于道，以使道心操而存也。此即朱子之言下愚不能无道心也。知人之道心之必可操而存，与此人心之私欲之为后起，则亦知此私欲之必可除去矣。

又此道心必可操而存之义，亦可自不善之私欲，原亦依于人心而有，亦即原依于一虚灵知觉而有之义以说。人无心之知觉，以玩物玩人，固无不善之私欲，则此私欲正依此知觉而有。然此心之知觉之所以可能，即依于心之虚灵。心不虚则不能摄物以有知，心不灵则不能既知物而更有所知。故能知觉之心，其体必虚灵。然心既虚灵，即能超出于所知之人物之上之外，亦可超于玩人玩物之不善之私欲之外，以觉于天理，而存其道心。故由心之为虚灵而能知觉之义，亦即可反证人之道心之必可操而存。不善之人欲，无人心则无所自生，人心无虚灵知觉，亦不成人心。然人心既有虚灵知觉，又可超私欲而存其道心。此即同于谓有不善之人欲者，即必然能有道心。有道心而使道心常为主，又必能去一切不善之人欲。此即又同于谓：有不善之人欲者，必能自去此不善之人欲。再即同于谓：此不善之人欲之自身，原自有其可去之理，或由存在以归于不存在之理。此理之实现，即天理之流行，不善之人欲之净尽也。至于实成就此天理之流行、不善之人欲之净尽者，即圣贤之学问工夫也。

朱子之以人心可下流，以有人欲之不善，颇似汉儒董子之言人性之有依阴气而有欲者；朱子之言人心之可上听命于道心，又如董子之言人性之有依阳气而具之善。其言不善之人欲，以道心之操而存，即可化可去，又如董子之言人心之能奉天道，而扶阳抑阴，以去恶而为善。此中之大不相同，则在董子以阴阳之气言性，而不知以理与道言性。道家重道，而魏晋玄学言玄理与名理，皆不知扣紧理或道以言性。此以理或道言性之流，乃宋儒自周张二程以来所开，朱子之所承，而大进于魏晋两汉学者之处，固非董子之所及。董子亦不知以虚灵知觉言心，更不知人之不善之情欲，亦由人对此虚灵知觉之一种运用而成，而此虚灵知觉，乃依于人心而通于道心者。由朱子之说，人之不善之人欲与道心，此二者，同依于一虚灵知觉而有，故不善之人欲可化之理，即在此人欲之自身之中；然后去不善成善，乃有一真实之必然可能之根据。[①] 故此朱子之《中庸序》中之分人心道心为二之义，固不可忽。而其开始一语"心之虚灵知觉，一而已矣"之言，亦为"人心可通于道，道心不可终昧，不善之人欲必可净尽"之关键语，以使其既开心为人心道心二者，而又未尝不统之于一心者也。

按此心为虚灵知觉之一义，初导源于庄子、荀子，而魏晋思想之言体无致虚，与佛家之言空，以及圭峰之以灵昭不昧之知言心，皆在义理上为一线索之思想。在宋儒，则张横渠谓合性与知觉有心之名，并以"虚而能体万物"，为人之气之性，又以知觉而不存象，以溢乎耳目之外之心，为大心。此皆为朱子以虚灵知觉或虚灵不昧言心之近宗。然朱子之言此心所具之性，则要在承二程性即生生之理之义，如上所说。此性之见于情，为此理之表现于气。朱子之重人物之气质差别，则又实上接汉儒之以气言性之旨。缘是而朱子言圣贤之学问工夫，即要在使此心恒知觉不昧，以涵养性理于未发；而当此心之已发，则学问工夫在一方致此心之知，以外穷物理，而即物穷理，以自明其性理，再一方以此涵养得之性理之心，省察其意念之是非，以自正位居体，而主宰运

---

① 此根据或只是必需条件，尚非充足条件。充足条件为虚灵明觉与天理合一之形而上的本心。朱子有此义而未透，象山则能透识此义，详辨亦在《原德性工夫》之一文。

用此身之气，并于此言诚意正心修身之功。又一方则是本吾人所穷得之天地万物之理，而知吾人所以裁成辅相之之道，以显为齐家治国平天下之业。是为尽己性而尽人性、尽物性，成己、成物而成圣之实事。此则还契于《中庸》《大学》《论》《孟》之圣教。于是，凡此自汉以后言气言心之虚灵知觉，与言性理之论，在朱子皆以之为弘扬此圣教之用，以使之听命于圣教，以化同于圣教；如使人心之听命于道心，以化同于道心。呜呼伟矣。

第十四章　象山、慈湖至阳明之即心性工夫，以言心性本体义

一　象山以朱子之学之所归趣，为学者之立志之始向，与其对心性论之态度

前数章述周张程朱之心性论，于其言德性工夫者，多略而不论。盖于此二者，在诸家犹多分别说之。自象山、慈湖以降，由白沙、阳明至王学各派，以及东林学派及刘蕺山，则于心性论与工夫论，乃更罕作分别说。大率皆谓离心性上之觉悟别无工夫，而离此觉悟工夫，亦不能言心性之何若。而此诸家之言心性工夫，皆恒指归在一语。此亦始自象山。盖象山之学即不外辨志、辨义利，[①] 以自发明其心即理之本心，故人谓其除先立乎其大者一句，全无伎俩，而象山闻之曰"诚然"（《全集》三十四）。朱子亦尝谓："江西诸人之学只要约……临事尽是凿空杜撰。"（《语类》卷百二十）然象山则自言其正未尝杜撰立说以多生枝节。象山固自言"在人情事势物理上做工夫"。亦固非不承认人之思想可有种种义理之可见。故亦尝谓："天下之理，若以吾平生所经历者言之，真所谓伐南山之竹，不足以受我辞。"又谓："千古圣贤，若同堂合席，必无尽合之理。"然在根本上则象山谓"其会归"，只是"此

---

① 《全集》卷三十四《语录》陈正己问傅子渊：象山教人何先？对曰：辨志。正己复问曰：何辨？对曰：义利之辨。象山访朱子所讲者，即义利之辨；象山之辟佛，亦自此说。此是象山之学之彻始彻终之核心所在也。

心此理，万世一揆"。① 其书随处言"此心之灵，此理之明"，"人心至灵，此理至明，人皆有是心，心皆具是理"，"此心此理，昭然宇宙之间，此真吾所固有"；又言："此心炯然，此理坦然，物各付物，会其有极。此理此道，本非崎岖曲折，人只须直道而行，则至健、至严，自不费力。"至于即此一"大纲提掇来，更细细理会去"，② 此则存乎学者之其人。象山固无意于一一义理，细为分别讲说，如朱子之教之于天道之理气、人道之心性与内外工夫上，开出种种方面、种种层次之义理，以立为种种条目学规也。③ 然朱子之教，虽立有种种之条目学规，就其归趣而言，亦不外使此心不善之人欲净尽，而天理纯全，人心化同于道心，此身通体是一道心主宰，以成己成物。有如上章之末所说者。此亦正不外乎求达于心与理一，而此心即此理之一境，则亦未尝不可一言以尽之。朱子所以说种种复杂的义理，乃由其先将天、人、性、命，作客观的分解，开为种种方面而说，此即连于其艰苦的学圣历程中所经历之复杂工夫。然克就朱子之学之所归趣向往而言，则亦未尝不在此至纯一而至简易之"心无非理、即心即理"之境。如吾人前论朱子言道心时之所已及。故吾人今论象山之学，亦可说其不外就此朱子所归趣向往之至纯一至简易者，直下加以标出，以为学者当下所立之志之始向，而即以此"志向之定立"为根本之工夫。则朱子之所归所终，即象山教人为学之始，而朱子所言一切复杂的义理与工夫，亦即可摄在一简易直截之工夫下，而由此开始一点定立之志向之"逐步实现，所加以贯彻，以归纯一"者。

---

① 见《全集》三十四《语录》。又二十二《杂说》："圣人并世而生，同堂而学，同朝而用，其气禀德性，所造所养，亦岂能尽同？至其同者，则禹益汤武同也。"又谓："自古圣贤，发明此理，不必尽同。如夫子所言，有文王周公之所未言；孟子所言，有夫子之所未言。理之无穷如此。"

② 第一语见《全集》卷七《与詹子南》，第二语见卷二十二《语录》，第三语见卷十三《与李信仲书》，第四语见卷一《与赵汝谦》，第五语见卷三十五《语录》。

③《全集》三十四《语录》谓象山平时未尝立学规，但就本上理会，有本自然有末。

固可不必一一举之而尽论之于先，如朱子之立为种种之条目学规矣。

观象山之全集所载，大均为其书札及语录。此盖由其深感于"千五百年之间"学者"蠹食蛆长于经传文字之间者，何可胜道，方今熟烂败坏"（卷一《与侄孙濬》），故无意于注疏论著之事，而唯于书札问答中直对人而自抒胸臆，开口见胆。观其书札，其与人论事理、谈学问，皆笃实恳切而朴实，其言简而文温而理，无意露精彩，更无意"同律度量衡，以齐一天下"。[①] 然观其语录中问答之辞，则又直截了当，鞭辟策励之意至切，而亦更意在使学者当下有所感奋兴起，似立谈之顷，即欲学者见得此本心之即理，自知其一念思诚，姑不问大小广狭浅深，即未尝不同于圣人，[②] 以自立其志之始向。而其《全集》三十五与李伯敏一段话，尤可为代表。其言曰："请尊兄即今自立，正坐拱手，收拾精神，自作主宰，万物皆备于我，有何欠阙；当恻隐时自然恻隐，当羞恶时自然羞恶，当宽裕温柔时自然宽裕温柔，当发强刚毅时自然发强刚毅。"又曰："某平日与兄说话，从天而下，从肝肺中流出，是自

---

① 《全集》三十三，《象山行状》谓象山言天下唯有两途：一途朴实，一途议论。象山固尚朴实者也。又卷一《与曾宅之》引《中庸》："'君子之道，淡而不厌，简而文，温而理'，道无奇特，乃人心所共有，天下所共由，天下之在我久矣，特达自立，谁得而御。"又卷三《与曹立之》："虽天予之圣亦非有天下之理，皆已尽明，而无复可明之理，……人各有能有不能，有明有不明，……比来言论果决，……方将同律度量衡，以齐一天下，……当小心退逊，以听他日之进。"又《全集》三十五："若是圣人，亦逼一些子精彩不得。"又："道理皆眼前道理，圣人田地亦只是眼前道理。"

② 象山除言四海与古今圣人之心同理同之语（见《全集》卷二十二及卷三十六《象山行状》；但二者文句略异），人所共知外，其他如卷十三《与郭邦逸书》及卷二十二《杂说》等，皆言此意。卷六《与傅圣谟》言此人与圣人同处之不可不识曰："今之学者岂皆不诚？不知思诚时，所得所中者，与圣人同不同？若其果同，则是滥觞与溟渤皆水也；则大小、广狭、浅深之辨，亦自不害其为同，第未知所谓同者，其果同乎？故尝谓其不同处，古人分明说定，等级差次不可淆乱，亦不难晓亦无可疑，独其所谓同者，须要真实分明，见得是同乃可。"

家有底物事，……古之学者为己，所以自昭其明德，今之学者只用心于枝叶……孟子云，尽其心者知其性，知其性则知天矣。心只是一个心，某之心，吾友之心，上而千百载圣贤之心，下而千百载复有一圣贤，其心亦只如此。心之体甚大，若能尽我之心，便与天同……伯敏云：如何是尽心？性、才、心、情，如何分别？先生云：知吾友此言又是枝叶。虽然此非吾友之过，盖举世之弊。今之学者读书只是解字，更不求血脉，且如情、性、心、才，都只是一般物事。……若理会得自家实处，他日自明，……只是要尽去为心之累者……就心上理会。俗谚云：痴人面前说不得梦，又曰狮子咬人，狂狗逐块，以土打狮子便径来咬人，若打狂狗，只去理会土。圣贤急于教人，故以情、以性、以心、以才说与人，如何泥得？若老兄与别人说，定说如何样是心，如何样是性、情与才，如此分明说得好，划地不干我事，须是血脉骨髓，理会实处始得。……又问养气一段，先生云：此尤当求血脉，只要理会我善养吾浩然之气，当吾友适意时，别事不理会时，便是浩然，养而无害，则塞乎天地之间。"此外，《全集》三十五又载，象山云："人须是闲时大纲思量，宇宙之间，如此广阔，吾身立于其中，须大做一个人。文子云：某尝思量我是一个人，岂可不为人，却为草木禽兽。先生云：如此便又细了，只要大纲思。且如天命之谓性，天之所以命我者，不殊于天，须是放教规模广大，若寻常思量得，临事时自省力，不到得被陷溺了。"再《全集》三十六载："先生言万物森然于方寸之间，满心而发，充塞宇宙，无非此理。孟子就四端指示人，岂是人心只有这四端而已。又就乍见孺子入井，皆有怵惕恻隐之心一端指示人，又得此心昭然，但能充此心足矣。乃论诚者自诚也，而道自道也，诚者物之终始云云，天地之道，可一言而尽也。汝耳自聪，目自明，事父自能孝，事兄自能弟；本无缺少，不必他求，在乎自立而已。"又《全集》三十五《语录》："自立自重，不可随人脚跟，学人言语。""道遍

满天下，无些小空阙，四端万善，皆天之所予，不劳人妆点，但
是人自有病与间隔了。"（《全集》卷三十五）《全集》三十四《语
录》又曰："此理在宇宙间，何尝有所碍，是你自沉埋、自蔽蒙，
阴阴地在个陷阱中，更不知所谓高远地。要决裂破陷阱，窥测破
网罗，须思量天之所以与我是甚的。""廓然、昭然、坦然、广居、
正位、大道、安宅、正路，是甚次第？却反旷而弗居，舍而弗由。
哀哉！""只是附物，原非自立，若某不识一个字，亦须还我堂堂
地一个人。""吾于践履未能纯一，才自警策，便与天地相似。"此
皆可视为答李伯敏一段话之注解者也。

上所引语录中语，较其一般书札中之言，更见象山当面对人
讲学之直截简易之态度；而其所望于学者，亦唯在其"自得、自
成、自道，不倚师友载籍"（《全集》三十五《语录》）之意，亦跃
然如见。此中象山之自道即讲学，讲学皆自道；讲己之心，即人
之心，即圣贤之心，即天地之心，讲理当如此，即心本如此，讲
心如此，即性如此，情如此，才如此。便不须如朱子之分别心、
性、情、才，以解字义。此即理会实处根本，理会学问之血脉骨
髓。此实处，不外收拾精神，自作主宰，则能一念自警策，便与
天地相似。常思量放教规模广大，则宇宙内事即己分内事，己分
内事即宇宙内事。此便是提起大纲以为人。如此为人，并非与草
木禽兽比较而说，才涉比较，便已落在与草木禽兽相对，故又细
了。则朱子之比较人物之性之种种差别，比较人之气质之种种差
别，以及比较种种内外工夫之次第历程，皆落第二义以下，非学
者初当用心之处矣。盖凡用心而落在"自己与己外之一切"之比
较上，则此心由直与天地相似以降落而下，失其大者，而非先立
乎其大者也。夫然而朱子之一切对理气心性内外工夫之精微细密
之论，在此象山之简易高明之教下，皆成闲议论，故《朱子语类》
卷百二十四载人谓陆子静不喜人说性也。吾人今日若真能凑泊上
象山之为学工夫，于此朱子之所言，亦本可视为闲议论。朱子之

一切之言，其所归趣，亦原只在成心与理一之圣贤，唯言工夫则尽有次第，而尤喜教人读书。然象山则直下教人知"心与理一之圣贤"，为与我同类，由此自知其"此心此理塞宇宙，古先圣贤常在目前"。（《全集》十二《与张辅之》）是即以朱子之学之归趣之所在，为学者立志之始向，而即持此志以亲师取友，共期在为圣贤。则朱子所言之次第工夫，固亦非必先知者也。

按象山言于古圣贤常在目前，乃其实感如是，如其自言谓："吾于孔子弟子，方且师仰敬畏，未尝不惕焉愧畏而师承之。"（卷三《与张辅之》）象山亦最喜教人亲师取友，谓"亲师取友，心亦无有穷已"。（卷三《与黄元吉》）又称扬子云"务学不如求师"，及韩愈"古之学者必有师"之言。（卷四《与符舜功》）其书札语录中，随处言及师友之义。此皆要在使学者以具体之人为范，而自求有以属其心。朱子亦尝称道从象山游者，多能自尊德性；又谓象山精神能感发人（《语类》百二十四）；复谓明道说话，自是感发人，近世所见会说话、说得响、令人感动者，无如陆子静。（《语类》九十五）"子静之精神紧峭，其说分明能变化人，使人日异而晡不同。"（《语类》百二十二）遥想陆子之教，重直接感发人之风，此其与朱子教人重在读书格物穷理之为一间接之教法，固明为二型也。

二　象山对一心分天理人欲之反对，及其言一心之升降

上言象山之教，要在使学者能直下先立乎其大者，自网罗陷阱种种限隔中拔起，以廓然、昭然、坦然，更不有所依附；而自亲师取友，尚友古先圣贤，以见得圣贤之"心与理合一"之心，即己之"心与理合一"之心。故学者果能立其大者，则"一是皆即是，一明皆即明""荡其私曲，天自大，地自广，日月自昭明，人之生也直，岂不快哉，岂不快哉。""居广居、立正位、行大

道"，^① 而我即可"堂堂地做个人矣"。而此中所谓足为人心之"网罗陷阱""限隔"者，在象山之意，则一为意见，一为物欲；^② 而意见蔽锢之难去，则尤深于物欲，此则象山之所特见。一般所谓人欲，皆不外物欲。象山则初不以人欲为蔽理溺心之唯一祸首；而对天理人欲之一问题，在象山观之，人若先无意见之蔽锢，便能自此物欲之限隔中拔起，便尽可更不见有天理人欲之相对，而只见得此心此理之"遍满天下，无些小空阙"，更无限隔之者。故象山之书中屡言天理人欲、道心人心之分为未当。此一分别之所以为未当，尚非为一纯理论之问题，或对此诸名之义界之规定之问题；而是：如天理人欲成相对并存之二事，则人心纵然一念警策，与天地相似，仍上有天理在此心之上，或下有人欲存此心之底，则此心终不得与理为一，乃不免自与理成相对或与欲成相对。此一相对之感，即足以致此心之再落于细小，而使象山之简易直截之工夫成不可能。此盖即象山之所以于其他心性之问题，都无所辨析，而对此一问题，则尝略加辨析也。

《象山全集》三十五载象山曰："人心，人伪也；道心，天理也。非是。人心只是说大凡人之心。惟微是精微，才粗便不精微。谓人欲天理非是。人亦有善有恶，天亦有善有恶（日月蚀恶星之类），岂可以善皆归之天，恶皆归之人，此说出于《乐记》，此说不是圣人之言。"同卷又载："天理人欲之分，论极有病，自《礼记》有此言，而后人袭之。《记》曰：'人生而静，天之性也；感于物而动，性之欲也。'若是，则动亦是，静亦是，岂有天理物欲之分；若不是，则静亦不是，岂有动静之间哉？"

"天理人欲之言，亦自不是至论。若天是理，人是欲，则是天

<hr>

①《象山全集》上一段语，见《全集》卷三十五《语录》，下一段语见卷三十四《与包详道》。

② 如卷一与赵汝谦书及《与邓文范》，皆谓："愚不肖者不及焉，则蔽于物欲而失其本心；贤者智者过之，则蔽于意见而失其本心。"其他处言意见之蔽锢之语亦甚多。

人不同矣。此其原盖出于老氏……《乐记》之言，亦根于老氏……且如专言静是天性，则动独不是天性耶？《书》云：'人心惟危，道心惟微。'解者多指人心为人欲，道心为天理，此说非是。心一也，人安有二心。自人而言，则曰惟危；自道而言，则曰惟微。罔念作狂，克念作圣，非危乎？无声无臭，无形无体，非微乎？因言庄子云：'眇乎小哉，以属诸人，謷乎大哉，独游于天。'又曰：'天道之与人道也相远矣。'是分明裂天人而为二也。"（《全集》三十四）

依此象山所辨，其根本义正在心即理。理即天理，而人之本心即天理、即道、即性，则天理与人心，不能成相对。此性非只是静，而亦是动，故亦不能以静是性，而谓动即不是性。而所谓人心之危，今本象山之他处之言，合而观之，则要不外自此心可自限隔宇宙，而自小，以一念汨没上说。心汨于物，即此文所谓罔念。由此一念之迷罔，而自降落、陷溺、沉霾、汨没于物，则有物欲之生。至若陷落在已成之知见，则应名意见。象山所谓物欲意见之生，即相当于朱子所谓不善之人欲之起。象山固亦言人当有自意见与物欲求自拔起之自作主宰之工夫，此与朱子之言去不善之人欲之旨，实亦无别。此中，象山所重者在视心之降落与拔起，只是一心之向上向下之历程中之事。此心之沉陷限隔于其心之所着，即成物欲意见。自其中拔起，而不自限隔，以见其心之无限隔，而"无声无臭"，并知此无限隔之心，即吾人之本心，即能自明、自立、自主之道心；自此心之有沉陷限隔之危，而待乎人之自警策，方得免于此危言，"其得其失，莫非自我"（《全集》三十三）言，则曰人心。此即明与朱子之将一心分为道心、人心与不善之人欲三者之言异。然朱子所谓道心、人心，亦同为一虚灵知觉之心。此虚灵知觉之心有道为知觉之内容，便是道心；若只依形而上之道或理而有其知觉运动营为谋虑，而未自觉此道此理以为其内容，则为人心。人心之为其个体之形气之求生或延生之欲等所主宰驱迫，浸至违于此道此理，而玩物丧志，玩人丧德，曰不善之人欲。此人欲，吾人上章言其乃人心之虚灵知觉陷落于具形气之物之所致，亦由此心之自限于物之所致。则此朱子所谓人欲，亦不能外于象山所谓沉陷限隔，而别有根原。故朱子亦常言天理人欲之分，唯是一心之操存舍亡之分，亦尝屡称许象山之谓只有一心之言（《语类》一二四），"说人心混混未别，亦不妨"（《语类》七十八）。此中，朱子与象山毫厘之异，盖唯在朱子不直下说此具不善之人欲，原于一整个之本心自己之沉陷而致，而于其所谓道心，又不说为吾人之所本有；而只说依于一中性之虚灵明觉心之有道为内容与否，乃或上升以合于道，或下降以陷于物，以开为道心与具不善之人欲之心。至于克就此虚灵明觉之心之知觉运动之本身而言，即称人心。此便与"象山之自此一本心之自降陷，以言物欲意见之起；自此一本心之自升起，以言其拔于物欲意见之外；又自此本心之可降陷，以言其为危之人心者"，唯有毫厘之别。此中之要点，唯在象山说本心，即连于其中之道之理而说，故此一本心，亦即道心，而为人所本有。此心之沉陷，即无异此整个之心之沉陷，而此心之起，亦是此整个心之全起。然在朱子，则人心虽可沉陷离道，而道并不随心以俱陷；又心之由陷而起，亦未必即能全上合于道，故重其间次第之工夫。而朱子之教，乃可说为渐教。依象山之教，则人自发明其本心，此道此理即俱时而见，则为一顿教。而循象山之言，以论朱子所谓存天理去人欲之工夫，亦即唯要在自见其有"此心即理、即道"之本心。此心能自陷，自亦能自起，此中不须更溯其原因于外。盖自此整个之心之如是升起、如是降陷而观，亦毕竟更无外在之原因之可得。今知其无外在之原因可得，知此降陷在己，升起亦在己，即知此己之一心，亦原不以降陷而真不存在，而亦原是能自升起者。人今自觉此心之存在，自觉其能自升起，亦即"此心之自显其存在，于此自觉中，以得实自升起"之工夫之所在。本心明，而所谓不善之人欲或物欲意见自去，人心之危亦去。则发明本心、识得本心一语，便可以尽圣贤之学。更不必再如朱子之以"去人欲""使人心听命道心""存天理"之三言并说，而分别各有其工夫论者矣。

关于象山发明本心之工夫之涵义之说明，后当于《原德性工夫》一文中再及。此上唯将象山简易之教之宗趣，一加标出而已。

三　由杨慈湖之心之精神义、陈白沙之觉义，至王阳明之良知义之心学之发展

至于象山以后此一流之思想之发展，则首为象山弟子杨慈湖之于《先圣大训》中，随处以"心之精神是谓圣"一语释孔子之言，并由此精神之无所不运，观天地之变化即吾心之变化，以言"己易"，而知此己易，亦即所以为学圣之工夫。杨慈湖之自《大戴礼》提出心之精神是谓圣一语，亦初由象山之亦喜用精神之一名而来。象山言本心之自明、自立、自作主宰，全赖一"收拾精神，使心不可汩一事，以自立心……如是有精神"，而更提起"此精神，居广居，立正位，行大道"，即以证"人精神千种万般，夫道一而已矣"。此将精神全系在心之自身之向上拔起与道上说，亦为象山慈湖与朱子之言不同之一大端。[1] 盖宋学之初起，原重于此神之一概念，周濂溪言"性焉安焉之谓圣"，"充周不可穷之谓神"，"动而无动，静而无静"为神，又曰"诚神几曰圣人"。此神乃连圣人之诚之运用上说，而直接为一圣德之表现。至张横渠，乃以

---

[1] 朱子亦尝言"收拾精神"，其意偏在凝聚精神以主敬；象山则意在由此以言自作主宰，故又言："自出精神与他批判，不要与他牵绊。"（《全集》卷六《与吴仲诗》）"振迅精神，从实端的自省。"（卷六《与吴伯颐》）"聚精会神"（卷十二《与赵然道》），"一有缓懈，一有凝滞，则精神立见"（卷十二《与赵咏道》），皆自向上拔起处言精神之语，非可如陈清澜《学蔀通辨》之只以养神之义释之者也。

神分别连于天地之化与圣人之德上说。圣人之气至清而应物无方，固因其能"精义以入神"，而天地万物之依其气之清通处，而相感相应，以成其变化，亦同依于一"神之不测"，而神之观念乃连于气。邵康节亦兼于心之出入、有无、动静之间，及天地万物之自相出入于有无动静之间，言神。明道曰："其体则谓之易，其理则谓之道，其用则谓之神。"又曰："生生之谓易，生生之用，则神也。"（《遗书》十一）"穷神知化，化之妙者，则神也"，"惟神也，故不疾而速，不行而至。神无速，亦无至。须如是言者，不如是，则不足以形容故也。"（《遗书》十一）此皆直接连于易之生生之道之理，以言其用为神。道理为天道天理，亦人性所在之一本，故此神用，乃在我，兼在物，而合内外者，而神与性连，亦与由内达外之气连。此神既直说为道之用，则其与气之相连，应为神通过气而表现之意，非神隶属于气之谓。《二程遗书》十一所载明道语有"圣人之神化，上下与天地同流者也"。又载明道言鬼神之为德也一段语。《遗书》卷七言"玩心神明，上下同流"；卷十五"道无精粗"，下文又言"物形有大小精粗，神无精粗"，"所存主处便是神"；卷十一言"圣人神化，上下与天地同流"。盖皆明道语。此同以神明与心或德或道连说。明道最喜言《易传》"圣人以此斋戒以神明其德"之一语，此语亦实涵义无穷。至于在伊川，则其言穷理格物，乃方以智之工夫，而所得之物之理，乃定而有常，非变化无方者。又其言主敬，乃主一无适之工夫。遂于神之妙用不测，谓只能在圣人之大而化之之德上言，不能在学者分上言。故《伊川文集》卷五记其答横渠书，疑横渠言学者养气之功"遽及于神"之说。伊川意谓：学者之事，在以心之思虑，使气完理正，理正而"不私之至，则神"，"养气至此犹远，不可骤同语。"是在伊川，神纯是圣人之"大而化之理与己一"后事（《遗书》十五），非在学者分上言者。伊川重在教学者。缘是而神之概念，在伊川遂远不如心之思虑与理或性等之重要。然伊川尝言："以形体言之谓之天，以主宰言之谓之帝，以功用言之谓之鬼神，以妙用言之谓之神，以性情言之谓之乾。"(《遗书》二十二上伊川语) 此中之神之义，通于天之形体，与气自不离，却不只是隶属在气上说。因此神之义亦通于帝、鬼神、性情、乾，而性与乾则纯是理也。至于在朱子，则当其释周子及明道之言神时，未尝不知神不只属于阴阳之气，而直连理或道以言神。[①] 亦尝答杜仁仲书(《大全》卷六十二)谓："以神即是理，神字全作气看，二说皆非是。"然观其自立论时，其一般之说，则偏在由气言神，而特有契于横渠之言鬼神为二气之良能，谓其更善于伊川之以鬼神为造化之迹之说。[②] 朱子乃明言气之精英者为神。(《语类》卷一) 其注《中庸》"鬼神之为德"，亦特引《礼记》"其气发扬于上，为昭明、焄蒿、凄怆，此百物之精也，神之著也"，并确定谓鬼神"莫非阴阳合散之所为"，而将神或鬼神之意义，定限在形而下之气之一边。故谓："精神魂魄，有知有觉者，皆气之所为也，……鬼神便是精神魂魄，……皆非性之谓也。"(《答廖子晦书》) 又《语类》九十五谓"神是心之灵妙处"，"气之精妙处"，"到神，气又是粗了"，然"亦只是形而下者"云云。《朱子语类》中有"论鬼神"一部，其中恒用及精神二字，皆指死者之气或生者可与死者相感之气而言。故在朱子言中之神，几全失自明道伊川以降，即一理一道之生生之用说神，即心之妙用之周流，以见神及"神与性，元不相离"之旨者。由是而朱子言一切工夫，亦恒落实在知理、践理之——知行之事上，无所谓纯属于一心自身之运用上之工夫，如明道所谓"玩心神明"，"自神明其德"之工夫矣。朱子于《孟子·尽

---

① 《语类》九十四，《通书·动静》章："理则神而莫测，方其动时，未尝不静。"神不属阴不属阳，神超然形器之表，贯动静而言。又解明道"其理则谓之道，其用则谓之神"，曰："以能阖辟变化之理则谓之道，其功用处则谓之神。"皆未尝连气以言神也。

② 《语类》六十五："程子之说固好，但浑沦在这里；张子之说，分明便见个阴阳在。"

心》章所谓"君子之所存者神"，固亦尝本程子语而注曰："心所存主处，便神妙不测。"然若心只为气之灵，则此神妙莫测，亦只自气上说者矣。然在象山，则其所谓本心之自明自立，乃克就此本心对其自身之运用而言，而于此本心，亦不依气之灵而说。其所谓收拾精神，即精神之自己收拾，亦是此心之自己收拾，以拔乎物欲等之上之别名。象山于神字上，更加一精字。精字有精一义、凝聚义，亦原有收拾义。便不似神字之只表不测无方者之易于散漫，亦易落在气之流行上看，以附属于气者。此象山所喜用精神之一名，亦即更宜于表状"此心之自己收摄凝聚、自作主宰，以精一其自己，而其运用又无方而不测"之一名。象山之此意，即慈湖之谓此精神即心之精神，而以"心之精神是谓圣"，为其论学之宗旨之所由出。自慈湖之明用此"心之精神"之语，遂将横渠、康节以来所言之神，显然归摄在心之主体上说，而更无泛滥散落在气上说之虞。而慈湖之言心之精神是谓圣，亦无异对濂溪之自圣德上说神之旨，加以翻转，以接象山自心上说圣之旨；更自此心之精神上说圣，而圣即成心之精神之充量实现之别名。夫然，而凡有心之精神者，皆可成圣，"能自知其心之精神，即所以成圣"之义，即由此言而彰。此即所以接象山之旨者也。后之阳明以良知之流行为气，凝聚为精，妙用为神，言心之良知是谓圣（《书魏师孟卷》），则慈湖之言之进一步，更将朱子视为神所属之气，与精及神并称，而皆还之于此心者也。

慈湖既言心之精神是谓圣，故作《复斋象山二先生祠记》（《象山全集》三十六）曰："道心大同，人自区别，人心自善，人心至灵，人心自明，人心即神，人心即道，人心之广大无际，变通无方，……倏焉而至千里之外，又倏焉而穷九霄之上，不疾而速，不行而至，非神乎？不与天地同乎？"此言二陆先生之学，亦即自道其所学。此心之灵之明之神，其变通无方，即可与其所接天地之物之变通无方，同其广大。则天地之物之变通无方，即皆在此心之神之中，亦在此心之灵之明之道之中，更无内外疆界可说。夫然，而可言"此心无体，清明无际，本与天地同，范围无内外，发育无疆界"（《绝四记》），"吾性澄然清明而非物，吾性洞然无际而非量，天者吾性中之象，地者吾性中之形。故曰在天成象，在地成形，皆我之所为也。混融无内外，贯通无异殊"，"天地我之天地，变化我之变化。"（《己易》）此慈湖所以言"易者己也，非有他也"。此慈湖之"己易"之说，不外发明象山所谓"宇宙即吾心，吾心即宇宙"，"吾知此理即乾，行此理则坤"之旨。（《象山全集》三十四）然慈湖《己易》之言此天地之变化，与吾心之变化为一，[①] 乃是广度的说，延展的说，亦散开的说。便不同于象山之言此语，乃要在人直下提升其精神，以会得"宇宙即吾心"之一整全之意，而自其所溺者中拔起，更奋发植立，乃为强度的说、凝聚的说、总摄的说者。慈湖之如此广度说己易，亦同时包涵一"人对其心量之广大，作一自己观照、自己玩味、自己欣赏"，而带美学情调，并以此情调为一修养工夫之底据。然象山则未有此种对心量之广大之自己观照等之言，而只要人直下提升其精神，以得一整全的宇宙即吾心之意，则纯为一使人心自警策之纯道德性之语言。此皆其机甚微而差别甚大者也。"

慈湖既以人之自观其心量之广大之美学情调，为一修养工夫之底据，而此一观照，欲求其顺适，则须摆掉一切，不见此外一切。人乃不特当无"与之相对可使其心陷溺之人欲"可见，即可为人欲孳生之所据之"意"，亦所不当有。故曰："人心自明，人心自灵，微生意焉，故蔽之而有必焉，故蔽之而有固焉，故蔽之而有我焉。"人之必、固、我之私，恒为常言之私欲，此人所共知。然其根源，则在此心之于其清明广大之中，有一微起微止之意。

---

① 《王龙溪语录》卷五谓象山言："我不说一，杨敬仲常说一，此便是障。"或此乃象山与慈湖之一不同耶？

此一微起微止之意，即人心之自限于一方向之开始。当此心之自限于一方向而成必、固、我，即象山所谓人之限隔宇宙，而自入于网罗陷阱之中。故慈湖发明孔子毋意之教，以不起意为宗，亦即使人自拔于象山所谓"限隔"之一根本工夫，而亦缘象山之言，更有所进之一义也。

　　至于明代同此一途之思想，则诚如黄梨洲所谓"自白沙而始明，自阳明而始大"。白沙之学之别于象山、慈湖者，初在由"捐耳目，去心智，浩歌长林，孤啸绝岛"，放下一切，从事静坐，而见"吾心之体，隐然呈露，常若有物，日用间种种应酬，随吾所欲，如马之御衔勒"。故主由"静中以养出端倪"。①《王龙溪语录》卷七谓"端即善端之端，倪即天倪之倪"是也。此端倪之名，兼通孟庄儒道之义。然以白沙之言而观，则此端倪，即此心体之呈露而为自然之觉之端始。此心体之觉，不同于伊川朱子之心之知，乃以理为所对，亦不同于谢上蔡之觉，乃克就生命痛痒相关之感上言者。白沙言此心体之觉，能将"上下四方、往古来今，一时穿纽，一时收拾，微尘六合，瞬息千古"，正如象山之言"宇宙即吾心，吾心即宇宙"。白沙言"才一觉则我大而物小，物有尽而我无穷"，亦如象山之言"才一警策，便与天地相似"。然此白沙之言此一觉，而同时见得我之大与无穷，乃重在由此觉以涵盖天地万物之变化，而顺应其变化，以与俱无穷，此即更契合于杨慈湖之观玩"己易"之旨。又由白沙之"有此觉，以与天地万物之变化无穷之意"说来，则亦涵以己之生生之几，与万物之生生之几，自然应会，以俱生俱化之旨，有类明道之言观万物生意之趣。此中亦别有一种美学情调。白沙言："天地我立，万化我出，随时随地，无不是这个充塞。"又言："色色信他本来，何用尔手劳足攘，舞雩

────────

①《朱子语类》卷百三谓："南轩说端倪两字极好，此两字却自人欲中出来。"则言端倪，不自白沙始也。

三三两两，正在勿忘勿助之间。"即亦不离一美学情调。唯此是一当下随机自得之美学情调。言："色色任他本来，勿忘勿助，未尝致力，而应用不遗。"亦类明道所谓"胸中无一事，浩然与天地同流"，此即梨洲之所以虽谓白沙能"以四方上下、往古来今，穿纽凑合，为一匡廓，以日用常行分殊为功用"，而仍是"以虚为基本，以静为门户"。则白沙之美学情调，又不同于慈湖之"观玩天地之变化，视皆我之所为，以自玩味其心量之大"之美学情调，未能更收摄于虚静之中者。后之罗念庵盛称白沙致虚静之说为千古独见（《明儒学案》念庵学案《与吴疏山》），则此义固白沙之基本也。

慈湖与白沙之学，皆有自得之乐，言不起意，与静中养端倪之工夫，亦有鞭辟近里之义。然皆高明之趣多，而艰难之感少，其言皆不足以励学者之志，而不宜于立教。白沙门人湛甘泉，乃本白沙与湛民泽偶及之"日用间随处体认天理"，而以之标宗，乃志在讲学立教。昔罗豫章教李延平默坐澄心体认天理，工夫偏于静，今益以"随处"二字，则工夫无间动静。随处体认得天理而涵养之，勿忘勿助，以知行并进，即处处皆求有以自得，而契于白沙之旨。然天理一辞，则又所以树"正当""中正"之则。心能随处体认天理，即见"心也者，包乎天地万物之外，而贯乎天地万物之中"。心固无外，于甘泉之"随心、随意、随身、随家、随国、随天下，随处体认其理"，阳明责以求于外，甘泉固可不受。甘泉之不以阳明之致良知之教为然，乃以学者于天理"体察未到，将误认于理欲之间，遂以为真知"，亦未为不是。然"随处"之言，虽周遍而无不摄，仍为广度的而非高度的。甘泉只教人随处体认天理，而未教人自体认其"已体认得天理之心知"果是如何心知。此体认得天理之心知，若不更自体认，则或可当所谓"勿助"，然未必能"勿忘"也。今若人能还自体认"其体认得天理之心"，则自是更上一层楼。而此心知，正阳明所谓具天理之昭明灵觉之良知之灵丹一粒也。人能知此良知而致之，则甘泉所谓体认得天理，以知行并进，即亦在致此良知以即知即行之事之中矣。盖致此良知于事事物物，即更体认得"所已体认之天理于事事物物中"，是亦即涵甘泉所谓随处体认之天理之义也。此即阳明之进于甘泉。以阳明之学观甘泉，虽言心包天地万物，心贯天地万物，而能本此心随处即物而体认其天理；然尚未能体认其"体认得天理"之心，是心即理之心，即尚未真见自家主宰，而仍是求理于此一"心即理之心"之外，亦未出程朱所言格物穷理之义之外。此即梨洲之谓甘泉仍为旧说所拘也。甘泉弟子洪觉山谓体认天理，当是不离根之体认，乃避去随处二字。又其弟子唐一庵，亦改而以讨真心标宗。是见其门下已感甘泉随处体认天理之言，未免大而未当，缺一心上之归根处。至余如王湛之辩格物等，自可另文疏导，今暂不及。

阳明之良知天理之昭明灵觉，乃合心与理而言。此与象山之合"此心之灵"与"此理之明"，为一心即理之本心之言，大体无异。然知之一名，一般用以指心之用；而本心之一名，则一般用于以克指能自作主宰之心之自体。故象山之发明心即理之本心，重在教人自见其心体，以自立自树，而阳明之言良知之昭明灵觉，即重在此良知之对其所知而表现之运用。此良知之所知，在阳明非单纯之外物，而为吾人对物之事或吾人对物之意念。良知乃知此意念之善恶，同时而有对此善恶意念之好恶，缘此好善恶恶，以有为善去恶之行。由此而致良知之工夫，即为一纯道德性的，精切而笃实的，即知即行之工夫。此中，良知之知，以善恶之意念为所对，便非如慈湖之言不起意之教，只以除去意为事者。然知善恶之意，而济之以好恶，即以此良知之好恶，主宰意念之存亡，便非任意念之迁流，而心无所主者。但此良知之主宰，既表现在对善恶之意念之好恶上，即又略不同象山言本心之自作主宰。象山言本心之自作主宰，乃意在使此心自立自树，自物欲意见之陷溺、网罗中超拔而起。"苟此心之存，则此理自明；当恻隐处自恻隐，当羞恶，当辞逊，是非在前，自能辨之。……所谓溥博渊泉,而时出之。"(《全集》三十四)故能"满心而发,充塞宇宙,无非此理"。此象山之言本心之自作主宰,并不表示此心之将其所发者,摄还于心,重加以主宰。然阳明之言致良知,则包涵此一"心对其所发之意念,更自知而自好恶,使此心对其所发者之意,摄还于己,重加以主宰"之义。此即致良知中之自诚其意之工夫。依象山之教,自作主宰,即满心而发,无非是理,自然者即当然,此固为一最简易直截之顿教。人若真能使本心洞明,则发者皆善,亦可除满心而发之外,无须对此所发者,再辨别其是非善恶,重加以主宰之功。阳明之致良知之工夫至乎其极,亦能若是。然吾人非圣贤,则此心之所发者,尽可有人欲之夹杂其中,此朱子所以不信已发者之皆正,而必继以事后之省察之工夫,事前涵养之工夫之故。[①]于此,吾人便须更使此吾人之本心之明,随所发之意,以与之俱往,即随而辨其是非善恶,而好善恶恶,是是非非。此即致此本心之明,于意念之善恶之好恶之中。亦即阳明所谓致良知之工夫。是即较象山之言,又更深透一层,而工夫亦更精切笃实一层。如粗浅言之,则象山于其满心而发者可直下自信而更不疑,而阳明之言吾人之致良知,则是谓人于其心之所发,须更随其所发,以随时有一自加以精一之工夫。"今日良知见在如此,则随今日所知扩充到底;明日良知又有开悟,便从明日所知扩充到底,如此方是精一的工夫。"(《传习录》卷下)此即无异将朱子所重之省察之教,更摄在象山之发明本心,以事涵养之教中,方成此致良知之说。至其又不同于朱子者,则在朱子之言省察,只以天理为对照之标准,而依阳明之致良知之教,则谓:"心之本体,即天理也,天理之昭明灵觉,即良知也。"故此天理之呈现,自始即呈现于一昭明灵觉之心之中。此中对照之标准,即当说是此"即

心即理之心体或良知之呈现"；而致良知之工夫，即此心体之呈现而更自起用。又在朱子，虽不只如程子之以性为未发，且以心有其未发之一面，并以涵养之工夫为与此心之未发一面相应者，然于省察，则纯视为已发。若在阳明，则省察虽为已发，然省察乃依良知或心体为对照，亦此心体之用。此心体在省察时，即自呈于此省察之用之中，故省察虽为已发而不离未发，已发同时是未发。故在阳明之省察中，亦有未发之存养在。而自另一面看，一般所谓未发，不过指吾人之心暂未有感物之事而言。然在此心体良知未感物时，其能善善恶恶，而是是非非之明自在，亦恒自戒慎恐惧；则未发而亦未尝不发。此未发中之戒慎恐惧，恒自戒慎其善恶之念之发，自恐惧其所发之陷于非是，此即无异一事先之省察，或超越的内在之省察，而非只是一静态的涵养之事。凡此等等，固皆缘于阳明之能将心之动与静、已发与未发通而观之之故。然朱子虽重涵养未发之心体以立本，亦尝极论戒谨恐惧于将发未发之际，"以为学者切要工夫"（《语类》卷百十三）。此于其《中庸注》及《语类》中论《中庸》处，及晚年训门人书中，最可见之。故克就工夫上言，阳明之重戒慎恐惧，实大类乎朱子。而朱子之以戒谨恐惧，为通未发已发者，亦无异于阳明。[①] 唯阳明将此戒谨恐惧，纯隶属在良知之知上说，而知即本心之发用，此则

---

① 《语类》九二："已发未发，不必太泥。只是既涵养又省察，无时不涵养省察。若戒惧不睹不闻，便是通贯动静。"又《文集》四十八《答吕子约》亦以戒谨通已发未发，唯《中庸注》曰："至戒惧而约之，以至至静之中，无所偏倚。"似以戒惧之功，归在不睹不闻之未发。然谓约之乃归至静，则戒惧固非纯是静也。又《文集》七十二《张无垢中庸解》，谓："未发以前，天理浑然，戒慎恐惧，则既发矣。"又似以戒慎恐惧，偏在已发。然此所谓既发，亦可只自其通于已发，异于纯未发而言，则亦不必违于其兼通未发之旨也。其《中庸注》"慎独"则曰："独者，人所不知，而己所独知之地也……迹虽未形，几则已动。"刘蕺山盖谓己动，即仍属已发边，故谓朱子乃以心之所发言。然既曰迹"未形"，则亦属未发也。唯《文集》五十三《答胡季随书》，于季随以戒惧专属于"涵养于未发"之说，又称之为甚善。盖亦姑加称许，或朱子于此时尚未有定论也。

可说是遥承象山之即在本心之发用中，见此本心之体之精神而来。
至于其异于象山之教者，则唯在象山之发明本心，唯是一心之自
体之正面之自明；而阳明之良知，则更重此心之自体之彰其用于
"对意念之善恶是非"之明之知，而又好善恶恶，为善去恶，双管
齐下，以反其反而正其正，以致此良知，而贯澈于为善去恶之笃
行工夫耳。

四　阳明四句教与其心性工夫论之关系

阳明之致良知之教，以意念或事为物，以正其意念之不正者
以归于正，为格物致良知，其旨吾已详之于《原致知格物》篇。
至其言良知之兼已发未发，未发时恒自戒慎恐惧之言，则须至刘
蕺山于知中点出"意"为之主，乃能畅通其义。今不能多及。本
文论阳明之言心性，复不拟多解释阳明如何将心性情意知等名，
通释为一之言。如阳明尝谓："性一而已，仁义礼智，性之性也；
聪明睿智，性之质也；喜怒哀乐，性之情也；私欲客气，性之蔽
也。"(《传习录》)"自其理之凝聚而言，谓之性；自其凝聚之主宰
而言，谓之心；自其主宰之发动而言，谓之意；自其发动之明觉
而言，谓之知。"(《答罗整庵书》)今皆不多加解释。盖此皆不过
谓心、性、情、意、知在存在上互相关联以为一体，亦初不能将
朱子所言之诸名所指之分别义界，加以抹杀。只谓此等等，在存
在上互相关联为一体，亦不难解，学者皆可自思而自得之。下文
唯拟顺阳明言心之体为至善，而又言其为无善无恶之一重要问题，
一绎其义，以见阳明言心性之根本旨归之所在。

此上一所提之问题之所以重要，是因阳明之言心体之为无善
无恶，似同告子之说，其用语亦近禅宗。此乃晚明之东林学派及
刘蕺山，所同加以反对者。然黄梨洲《明儒学案》，则谓阳明之言
无善无恶，唯是言无善念、恶念，实则阳明只言心体之至善云云，

以释学者之惑。梨洲之言固是，然语焉未详。吾今将一细说明阳明之意与告子及禅宗之不同，并试言何以至善与无善无恶，皆可同用以说一良知之心体之故。

按此中告子之言性，明与阳明之言异者，在告子言性无善无不善，其意在言自然生命之性之无善无恶。而阳明于性，尝谓心之体，性也，性即天理；而天理昭明灵觉即是良知。故此心之体之性，即良知之天理。此精神生活道德生活所根之性，与告子之自然生命之性，明不相同。至于阳明之言无善无恶为心之体，固与禅宗相似。然禅宗之为此言，乃望人直下顿超于一般染净善恶之对待之上，以直下悟得此自性般若、本性菩提之谓。此亦明与阳明之用语有别。本此四句教，《传习录》下、《明儒学案·浙中学案》及《龙溪语录》，皆载阳明尝自言有二种教法，可由此中开出。其中之一种即是本此第一句之无善无恶，以言意、知、物，皆无善无恶，以接利根人之教法云云。然据钱德洪《王阳明年谱》所记，则阳明实只一种教法。吾意钱记应更为近真。即阳明果有此二种教法，亦应自一根本意旨而开出。而由此四句教之一贯说来，应可见其根本意旨之所在。则吾人仍不可单提此中之首句为说，应连下三句，以见其根本意旨之所在。此下三句，固皆未尝教人以悟此无善无恶之心体为事，而唯是教人以知善知恶，而为善去恶之致知格物工夫；则其根本意旨，固明与禅宗之直下教人不思善不思恶者，不同其路数也。唯四句中下三句，既教人以知善知恶、为善去恶之工夫，而只由"无善无恶心之体"之言，又明不能导引一知善知恶、为善去恶之工夫。阳明于他处固又尝言："无善无恶理之静……即至善。"然只说一至善之理之静，亦似仍不能直接导出此一工夫。则吾人固当于此四句教，求有一切合之解释，方可见此四句根本意旨之所存也。

依吾人之意，吾人如欲于此求得一切合之解释，仍当谓此中所谓无善无恶之心之体或理之静，初乃由人之既能知善知恶，而有为善去恶之工夫之后，所反证而得者；略如吾人前论禅宗时之所说。盖人既知恶而去恶之后，则恶固不存；知善而为善之后，亦不当有"自以为善之念"。是不动矜持之气而只"循理"，而心止于善之理之际，固可无善无恶之可得。由此更反观吾人之所以能有此为善去恶，而归于无善无恶之工夫，其所依之体，即亦当视为在究竟义上乃一无善无恶之心之体或理之静矣。亦唯以此心体在究竟义上为一无善无恶，然后此心体之感物而应，乃先无一定之善，为其所执，成象山所谓意见定本，反以窒塞此心体良知之虚灵之用。[①]此固亦原类似禅宗之归在本心本性之无善无恶，以"使心不住法，道即通流"，故阳明亦尝称《金刚经》无所住而生其心之言也。

至于欲细说此中阳明与禅宗之不同，则仍在吾人前所说：阳明虽谓此心体可以无善无恶说之，然初未尝教人以不思善、不思恶，以悟此心体之无善无恶为事，而仍教人知善知恶以为善去恶为工夫，故有此下之三句。此阳明之意是：无善无恶虽为心之体，然意之动仍有善有恶；如禅宗之徒，已悟其无善无恶无染无净之心体者，其意念之动，仍有善有恶、有染有净是也。则此仍须有"为善去恶"之工夫以当之。如惠能之《坛经》之亦言平时之净心及为善之工夫是也。然人既有此平时之为善去恶之事，此事之所以可能，则由于此所谓无善无恶之心体，同时为一知善知恶、好

[①] 阳明弟子钱德洪尝辩阳明之所以言至善即无善无恶之旨曰："至善之体，虚灵也，犹目之明，耳之聪也。虚灵之体，不可先有乎善，犹明之不可先有乎色，聪之不可先有乎声也。……今之论至善者，乃索之于事事物物之中，以先求其所谓定理者，以为应物宰物之则，是虚灵之内，先有乎善也。虚灵之内，先有乎善，……而窒其虚灵之体，非至善之谓矣。……虽至善之念，先横于中，积而不化，已落将迎意必之私而非时止时行之用矣。故先师曰：无善无恶心之体，是对后世格物穷理之学，为先有乎善者，立言也。"（《复杨斛山》）此语盖得阳明言无善无恶之本旨。然吾意则以为此未发时之为无善无恶，亦正由知善知恶为善去恶后之亦归在无善无恶之所证实。否则此四句教中之下三句为无意义矣。此详在下文。

善恶恶、为善去恶，以贯彻于善恶之中，而为其主宰者。合而言之，即此阳明之无善无恶之良知心体，乃能知善知恶、好善恶恶而为善去恶，以达于至善无恶；更能忘此善而自证其"无善无恶，即至善"之心体。然禅宗之言中，则不见有此一贯彻于一切动起之意念之善恶之中，而好善恶恶、为善去恶，方自证其无善无恶之心体。在禅宗欲人悟其无善无恶之本心本性，恒要人在其尚无善恶意念之动起之际下工夫，如《坛经》所谓"兀兀不修善，腾腾不造恶，寂寂断见闻，荡荡心无着"，"不思善，不思恶"之工夫是也。否则当于其意念之起者，更无之而无念，或有之而于境无相，以使念无，而归在不住于念，而无住；唯无住，然后能见得此无善无恶之本心本性。故惠能之工夫，最重无住，如吾人前之所论。然人之是否皆只在无善恶之意念之动起处下工夫，或有之而任其不住，即足自见其本心本性，则为禅宗之言是否具足之一关键，亦阳明之教与禅宗之教之一分水岭之所在。

依禅宗之意，一切恶与染，皆由于执着与心之有所住，则心之无所住，自无恶无染，此似不成问题。然心中既有一恶与染之意念之起，则只不更住于其上，并不能使此恶与染念不更起，如唯识宗之言种子习气仍在是也。则此处言不住之工夫，即断然不足。人于此盖当：即在此恶与染念已过去，不为心之所住时，更反顾反省其踪迹，以实知其为非、为恶，而求根绝之、化掉之，方见吾人之工夫之切实。此则于佛教之他宗，另有其种种观行之工夫。依阳明之教，则至少对一般学者，言人之致良知，必须念念存天理、去人欲。[1]自去人欲方面言，人须搜寻病根或心中贼之所在，而去除之、剿灭之；在存天理之方面，亦当依其所知之善，

①《传习录》上所记阳明语，即处处以存天理去人欲为言，并明答陆澄省察克治之功当如治盗贼，有个扫除廓清之意，搜寻病根加以拔去。其《传习录》中下卷则此类语较少，此则阳明自身之学所操益熟，所得益化之故。然四句中之知善知恶为善去恶，固仍涵此意也。

而即知即行，以完成其为善之功。此便明非在善恶念未起之先用
工夫，或当其既起，即以不住为工夫之说，而大不同于禅。禅之
不住，可为一使新染、新执着不再起之道，而非必即从根化除旧
染、旧习之道也。不住者，使人对染恶，不更由住而增，亦使于
善，不更执之以生染恶之道，而非使其善必得相续以完成其为善
之道也。

　　阳明之教人致良知，重点在四句教之下三句，以教人于善恶
意念起处，即知其善恶，以为善去恶为工夫。能真知而笃行是之
谓诚；故阳明重真诚恻怛。[①] 此与《中庸》、孟子之意无殊。人若
能真诚恻怛，以致其知善知恶之良知，而诚其好善恶恶之意，以
成其为善去恶之行，则善日以长，而恶日以消。此良知亦将能自
见其恶之在日以消之中，善之在日以长之中，而自证其良知之至
善而无恶。于此若言此至善即无善无恶，则无恶是实际，无善则
为良知之不自有其善而再生一善念之谓。此应为二层次之言。[②] 合
以见良知之不可为善恶之概念所判断之一对象，而只为能知善知
恶为善去恶之超越的主体。然在后一层次上，良知之不自有其善，
及良知之由知善知恶为善去恶而成为一切被判断为善者之“源”，
又实更所以见良知之至善者也。此即阳明之既言心之本体为无善
无恶，又以至善为心之本体，合而说之故。此至善之名则禅宗所
无。禅宗亦未尝由心体自性之能自视无恶亦无善，以言此心体之
兼为一至善之心体也。

[①]《答聂文蔚书》："良知只是一个天理，自然明觉发见处，只是一个真诚恻怛，便
是他本体。"

[②]《传习录》下黄以方问，阳明谓："恶念既去，又要存个善念。如日光之中，更添
一灯。"又谓："心体上不可一念留滞，不但是私念，便好的念，亦着不得些子，
如眼中放些金屑。"前一喻谓已无恶，不可如灯之自照，而自以为善，以添善念；
后一喻亦先言无恶念，后言无善念。则见此无善恶，乃先无恶而后无善，此二者
固不在一层次。此无善，乃善而不自有其善之善，故谓为善之至者也。

五　良知之无善无恶与至善

　　阳明之由良知之知善知恶、好善恶恶而为善去恶，以言良知之至善之义，其更有进于先儒之说者，则在先儒之由心之善以见性之善，如孟子之说者，皆唯由正面说性善。凡正面说性善者，乃只就其善端表现处而言之，即不能必其无不善端之表现，而亦可有非善非不善之表现。故荀子亦可由人之有恶之表现，以言性恶；扬雄更兼由性之兼有善恶之表现，以言善恶混；告子亦可自人之初无一定之善与一定之恶，而言无善无恶；董仲舒复可自人初未有善恶之表现，而可兼有善恶之表现，谓性只为一生之质，为人之善恶所自而生是也。董仲舒固亦尝言人有善善恶恶之性，又言心能栣众恶，然亦未尝由此以言心以善善恶恶为性，而仍归在人性为阳善阴恶之和合体之说。在此人性为善恶混之诸说既起之后，而欲确证人心之性善，便只有一方承认心之兼有善端与不善端之表现，同时指出此心在另一方，又能在上一层次，自善其善兼恶其恶，方见此心之性之毕竟唯向在善。若只如孟子之唯就心之有善端之表现，以及由礼义之善能悦心，见心之能自善其善而安于善，而未言此心之能反其反面之不善之表现，能自见其所安之不在不善，其所向乃在自去其不善以止于善，则尚不足以确证性善也。此在先儒之言中，唯《大学》之言诚意之工夫与《中庸》之言自诚自成之性德中，方见人有此"如好好色、如恶恶臭"，以好善恶恶，而戒慎恐惧，以免于不善之心性。然《大学》之明文所及，唯只说工夫，《中庸》之明文所及，只言性德，又皆尚未明言此工夫乃本于性德之在心，则意虽无缺，而言有所憾；是于"心之性之为能自善其善、自恶其恶，以自见其所止、所向，唯在至善"之一义，尚未能一论论定。故上文所提及之汉以后之儒者杂善恶以言性之论，仍纷纷而出。及宋儒崛起，明道伊川乃以理善言性善。理之所在自当是是非非；性之所在，自然善善恶恶。
二程之论遂得超拔于汉儒言性之论之外，而将汉儒所言之性，一
举而归之于气质之性，谓为不足以言此第一义之义理之性者。朱
子承程子以理善言性善，其书亦屡言人有善善恶恶之性，并力辩
人欲之不善者之不出于性。其于性之善，固亦深信而不疑。然朱
子只以此性为心体所内具之理，而未能以此性即此"本心之体，
在其所自呈之善善恶恶之用中"之所直接展示。朱子所谓心，以
虚灵明觉之义为本。此虚灵明觉之心，可显理而为道心，亦可不
显理而为人心，与具不善之人欲之心。则此心之本身，并非必然
能自呈其善善恶恶之用，而由此以直接展示其善善恶恶为性者。
于是朱子于"心之本身"之性之善，又反不能如孟子之作决定说。
象山乃确立心即理之义，由满心而发之心之用中见此心之理。然
又未尝直就此本心之兼善善恶恶之用，以见此心之能反反而正正、
唯定向乎善之至善之性。而此义则由于阳明之以良知即心之本体，
而后大发明之。阳明之所以能发明此义，则又由其良知之知善知
恶，同时能好善恶恶，即自然见得此良知之有此善善恶恶、反反
正正，而唯定向在善之至善之性。此心之良知，对善恶之于知中，
同时有对善恶之好恶之情在。必具此情，方实有此知。[1] 故吾人可
即此情以观其知，然后此良知之性之为善善恶恶，而定向于至善
者，乃必然而无疑，而性善之义，乃可一论而论定。此则先儒所
未及者也。对此良知之知之涵好恶之义，下文更略说明之。

　　按一般所谓好恶，皆以一特定之事物，为好恶之所对。然吾
人之所以好恶某特定之事物，初亦唯由其感此事物之某一种价值
意义。此价值意义，可为此事物对我之个人之生命之利或害之工

① 阳明之此义，亦可谓远原于象山。《朱子语类》卷一二四："'君子喻于义，小人
喻于利'，……伊川云：惟其深喻，所以笃好。子静必要好后方喻，……看来人
之于义利，喻而好者多。若全不晓，又安能好？然好之必喻矣。毕竟伊川占得多。"
此可见程陆之异，而朱子则为折衷之论，更近伊川者也。

具的意义，亦可为一事物之本身之道德上之善不善之意义。而当吾人之意念为吾人之所面对，而加以感知之时，则此意念之道德上的善不善之意义，亦即为我所感知，而我之好其具善的意义而恶其具不善之意义之情，即缘之而起。此所谓善即合理之谓，不善即不合理之谓。人有此好合理而恶不合理之情，即见吾人之心之性理，原为一能去不合理而成合理之理，亦即一善善恶恶而止于至善之性理。此性理为善善恶恶者，朱子固亦言之。然朱子于理外尚有气，性外尚有情，而气之昏蔽又可使此性理不显于情，亦使此善善恶恶之性不显。于是显性即全赖于心上之工夫。如心上之工夫又依于气，则性理离气，即终不能自显，而此心即只为一不能呈用之心体。缘是而朱子亦即不能自信其心之性理之原能显，此心体之原自能呈用，更不能以此自信之本身为工夫，以迈进于圣贤之途。具如吾人于《原德性工夫》一文评论朱子时之所辨。此朱子之论之所以于此有所不及之故，则又可追原于其未能在第一步即透过此好善恶恶之情，以见此心之性理之原为"能去其不合理之表现以成合理"之理。如不合理之表现原于气之昏蔽，合理原于气之清明，变化气质之昏蔽以自致于气之清明者，由于心之工夫或心之用；则此心之性理，即为"通过此心之变化其气质之昏蔽，自致其气之清明之用或工夫而见得"之性理，亦即此心之用或工夫中所呈现之性理。而此一性理，即为贯澈于气质之中，而真实的主宰之，并为此心之体用之全中之性理，而非气质之昏蔽之所能蔽者。然朱子则终未能进至此一义，若依阳明之言，则此心体良知之性理，自始即为一通过此好善恶恶之情而见，亦即通过好合理而恶不合理之情而见之性理。而此性理亦即自始为一"好合理而恶不合理"之理，同时亦为一"贯澈于气质之中而真实的主宰之以自变化其气质者，而自致其气之清明之善善恶恶而至善"的心之性理。此心之性理果见于好善恶恶之情中，见于对气质之昏蔽之变化中，见于清明之气之流行中，则全情皆性，全气是理，而气皆无不善。人今能真知此义，而自信得及此心之性理或心之体之至善，即可以此自信之本身为工夫，以迈进于圣贤之途矣。

吾人若知上所谓心之体之性理之至善，应由心之情、心之工夫、心之用之好善恶恶以识得，则知阳明之所以言此心之体用之关系为"即体而言用在体，即用而言体在用"之关系之故。"即用而言体在用"者，由用识体，即情见性，即气见心之理之谓也；"即体而言用在体"者，此用皆体之所呈，而皆在体中，情皆在性中，气皆在心之理之贯彻中，即此心之理自流行之谓也。阳明之此二语与《坛经》载惠能之言定慧曰"即慧之时定在慧，即定之时慧在定"，句法相同；而《传习录》上又明载阳明之谓定即心之本体，则似不能谓阳明非依《坛经》之句法，以言其良知心体与其用之知善知恶、为善去恶之关系。[1] 然此中二家之言，仍有其不同。此即在惠能所谓定即心之体，乃直就心体之无善无恶，不为善恶所染而言，故谓之定。惠能之所谓慧，乃照境而能外无相、内无念，念起亦能不住于念之般若慧。此慧不同于唯识宗所谓能简择善恶之心所之"慧"，乃唯是此无善无染之心之体之定之用。然阳明所谓心体之用，其表现于知善知恶好善恶恶之用或工夫，则纯以简择善恶为性。此简择，又不同于唯识宗之慧心所，虽能简择善恶，而其本身又为"初无一定之善恶性"之一思辨之能力者。此良知之简择，乃直依于一至善之良知天理，由知善知恶、

---

[1]《传习录》卷上："侃问：'先儒以心之静为体，心之动为用，如何？'先生曰：'心不可以动静为体用。动静，时也。即体而言用在体，即用而言体在用，是谓体用一原。'"又《传习录》下阳明与王汝中谈佛家实相幻相，阳明尝言："有心俱是实，无心俱是幻；无心俱是实，有心俱是幻。"王汝中谓前二语是本体上说工夫，后二语是从工夫说本体。此与上段文可互证。即体而言用在体，即全用在体，故外此实无心用，但心用宛然；故有心为实相，无心为幻相也。即用而言体在用，即全体在用，外此实无心体，但心体宛然，故无心为实相，有心为幻相也。此皆明用禅语，不必讳，而亦不违儒家之义者也。

好善恶恶，以简择于善恶之间，而为善去恶，以贯澈实现此良知天理之至善为归者。此实现，即所谓致良知之事也。此致良知之事，又不同于禅宗之所谓运用般若慧之工夫，唯以照境而无相、无念、无住为事者之顺适而单行。此乃是一由对一般之善恶之好恶，而善善恶不善之双管齐下，以归于一至善之实现之工夫。由是而此工夫所依之心体，或能以此工夫为用之心体，即非是只依其不为善恶所染以有其定者；乃是依其能自贯澈于知善知恶之知、好善恶恶之情、为善去恶之行之中，而能贯澈实现其自性，以有其定者。此即要在定于有善有恶之意念之心之动之后，而非是定于有善有恶之意念之动之前。此一心体，亦即一能包容善恶意念之动，而更由"好善恶恶以归于定"之心体。便不同于惠能之心体，要在"以无善无恶为体，而直接表现于其无念、无相、无住之般若慧之用中"之心体矣。

六　阳明学之三变与四句教

依阳明之以心之体即良知，良知即天理之昭明灵觉，而此体之呈用于为善去恶之中，亦即其呈用于"自贯澈其天理而使之流行，以去除一切不善之人欲"之中，则天理人欲，固亦可相对而说。阳明之设教，初亦恒以存天理、去人欲并言，颇似朱子之言天理流行、人欲净尽之旨，而不同于象山之不喜将天理人欲对言者。然阳明所谓良知天理之流行，必兼表现为善善恶恶，于善善上见良知天理对其自身之肯定，而于恶恶上见对"违此天理者"之否定；则不善之人欲又实不可与天理为相对，而在天理既流行之后，亦必撤消此天理人欲之相对，以归于唯有一"即天理之昭明灵觉，即良知"之绝对的心体。王龙溪《滁阳会语》、钱绪山阳明文序说、《明儒学案》皆谓阳明之教有三变。《明儒学案》据龙溪说谓：初"以默坐澄心为学的，有未发之中，始能有已发之和，视听言动，大率以收敛为主，① 发散是不得已事"。此正与朱子之重涵养本原之工夫相近。此一工夫，即意在存天理以去人欲。第二变乃指阳明"居江右以后，专提致良知三字，默不假坐，心不待澄，不习不虑，出之自有天则。盖良知即是未发之中，此知之前更无未发；良知即是已发之和，此知之后，更无已发。此知自能收敛，不须更主于收敛；此知自能发散，不须更期于发散。收敛者感之体，静而动也；发散者寂之用，动而静也。知之真切笃实处是行，行之明觉精察处是知"。此为阳明自立其致良知之教之阶段。在此阶段，不重收敛以存天理；而由良知之自致其知，依其本身之天则天理，以表现流行为知善知恶、知是知非而好善恶恶、为善去恶之知与行。是为已发之和，而为感之用、为发散、为静而动。此已发之和即此未发之中之表现，而不离此未发之中。故曰："未发在已发之中，已发之中未尝别有未发者在；已发在未发之中，而未发之中未尝别有已发者存。"（《答陆原静书》）于是一切感之用，即寂之体之用，发散与动，即能自收敛而静者之发散与动；故能感而寂、动而静、发散而自收敛。此中由良知之知善知恶、好善恶恶之用，即已见此良知之体之表现为存天理去人欲，亦已见此良知之体之超于此天理人欲之相对之上，故能承体起用以知善知恶、好善恶恶，以有其已发之和而不离未发之中——即不离此良知天理之心体之绝对。至于阳明之教之第三变则是"时时知是知非，时时无是无非，开口即得本心，更无一假借凑泊，如赤日当空，万象毕照"。则是谓人欲之恶者、非者才表现即为此良知之所非、所恶而化除；而合天理之善者、是者，才表现，良知亦即知其是、其善，而不自以"为善"。故能时时知是知非，时

① 大约《传习录》第一卷以收敛涵养为主之言较多，故陆澄记曰："专涵养者，日见其不足，专识见者，日见其有余。日见有余者日不足，不足者，日有余矣。"又多言良知是未发之中之旨。中卷则多言致良知以是是非非之旨，言即存养即省察。下卷则较多"时时知是知非，时时无是无非"之言矣。

时无是无非，即时时见得性体之万古常发常不发，如钟之未扣时原是惊天动地，已扣时原是寂天寞地。(《传习录》卷下)人于此乃唯见一超是非超善恶而无善无恶又为至善之一绝对心体之呈现流行于所感之天地万物之中，如赤日之照万象。此则为“人欲既净尽，而不见此人欲之净尽；天理既流行，亦不见有此天理之流行；至善而不见有善，乃只有此无善无恶之良知心体之明，如万古一日”之境界。此固可说为高于朱子之念念不忘人欲与天理之相对之境界，亦大进于其早年之唯意在以收敛求契于未发之中，而存天理以去人欲之一阶段之学，并有进于梨洲所言居江右时之只言一良知之自收敛自发散，以统已发与未发者。在此一境界中，时时知是知非而时时无是无非，常发常不发，开口即得本心，更无一假借凑泊，如赤日当空，万象毕照；亦即大同于象山言“满心而发，无非是理”之境。然象山言此心具四端万善，而不言其超善恶，以为一无善无恶之至善，则又不如阳明之言乃透过意有善恶心超善恶之义，以言此心之至善义。然阳明之所以能至于此，又正由其言学圣工夫自始为一面存天理，一面去人欲，一面知善好善，一面知恶恶恶之一致良知之工夫，亦自始为正反两面双管齐下之工夫之故也。此则正有类于朱子之存养本心之明与省察天理人欲之分，二者之并用；而不同于象山之重“一念自沉陷限隔中拔起，以直升而上达”之工夫者。至阳明之别于朱子，则当说在其能缘象山之心即理之教，以先立此即天理之昭明灵觉、即良知之心体，以为其“双管齐下，而一面存养天理以知是，一面省察以知是而亦知非”之所本。于是存养省察二工夫，在阳明乃得打并归一。由此以观，则阳明之学亦朱陆之学之综合，阳明之学存，而朱陆之言，益见其皆不可废。阳明虽言心体之无善无恶，然此无善无恶之心体即至善，且必先有此知善知恶、好善恶恶、为善去恶，以贯彻入善恶之内之工夫，或缘存天理去人欲之工夫，至乎其极，然后有此一言之可说。则此固大不同于告子之以自然生命为无善无恶之言，亦不同于禅宗之直下由心之无念无住，以超于善恶之念，契入心体之无善无恶之通脱，若可离四句教之后三句以为工夫者矣。

此上本阳明之四句教与体用之相即之义，论阳明之学，吾人所着重者，是四句之第一句，须透过后三句而了解，方见其体用合一之旨。此中如克就阳明自己学问之发展言，则观《传习录》上所载阳明之早年之教，初在将朱子以下之存养与省察之工夫并用而观其通，谓："存养是无事时省察，省察是有事时存养。"同时即将似向外之致知、格物、明善、穷理、道问学、博文、惟精，皆作为内在之诚意、修身、尽性、尊德性、约礼、惟一之工夫。①由此方有其知行合一之说。此时阳明亦较重收摄静养之工夫，亦屡言去人欲、存天理，以持志如心痛，此即重在凝聚静敛之工夫。如上所谓第一阶段之学是也。至于将存养省察之二工夫，知上之工夫与行上之工夫，打并归一上看，此即无异将朱子所开为知行二面、内外二面之致知格物与省察存养，打并归一。同时将朱子之道问学之工夫本身，视作陆象山之尊德性的工夫之工夫。此时阳明虽言心即理，亦皆自即心求理，为一学者最切近之工夫上说。此时之工夫，其归在存天理、去人欲，即重四句教中之第四句为善去恶。至于上所谓阳明之学之第二阶段，重在明未发之中，与已发之和之不二，此中即是本体，此和即是工夫。此时乃以致良知三字，代替"知行合一"、惟精惟一之合一等言。良知为心即理之心体，致知即为工夫。而此致良知之旨亦与象山之发明本心之言，最为相近。此时之阳明之学，亦可说重在四句教中之第三句知善知恶是良知。至于阳明之学之最后一阶段开口即得本心，时时知是知非，时时无是无非，则可说是以当下之心体之自见即是

---

① 《传习录》："惟一是惟精主意，惟精是惟一工夫。……博学、审问、慎思、明辨、笃行者，皆所以为惟精而求惟一也。他如博文即约礼之功，格物致知者即诚意之功，道问学即尊德性之功，明善即诚身之功，无二说也。"

工夫。此心体知是知非，而又无是无非，即知善知恶，而又无善无恶，则是重在四句教中之第一句。然此阳明之学，虽于各时期各有偏重，又阳明在说四句教时，开口虽说的第一句，而自其成学施教之历程而观，则当是以第四句为基，再至第三句第二句，乃见得第一句。而吾人欲了解阳明之学之全体与四句教之全幅意旨，亦正当透过后三句，以了解第一句，则不特阳明之学之三阶段，皆涵于此四句教中，而阳明之如何先将朱陆之工夫论打并归一，再归于本体工夫之打并归一，以融贯朱陆之学之学术史的意义，亦可见矣。①

---

① 黄梨洲答董吴仲书谓良知即未发之中。而于四句教承蕺山意谓非阳明学之本。近人徐世昌编《清儒学案》卷二，全录此一书。本文意则以四句教不悖"良知是未发之中"之说，亦与梨洲所谓王学三变之旨可相通。然梨洲《南雷文定》，不再收此书。今亦未暇细辨此书之得失也。

第十五章　阳明学派及东林学派对"至善"及"无善无恶"之重辨与刘蕺山之言心性之本体工夫义

一　王学精神与双江、念庵之由归寂以通感之教

吾人于上章虽力辩阳明与惠能之异，然阳明在儒学史中之地位，亦较象山更近于惠能。佛教中自惠能而不重经论之注解，除指点学者以自见本心自证本性工夫之言之外，另无独立之说法相、说法性、言识、言心之宇宙论本体论或知识论之哲学。由此而后起之禅宗大德于各经论，亦皆自由运用，随机取义，以为问答之资。故禅宗五宗，虽各有宗旨，然吾人殊难只就其所留下之语录，一一本佛家经论中之名义，加以分别说明。儒学之传，自象山言不注六经，即不同朱子之重经论之注解。象山发明"心即理"之本心，即是工夫，乃无独立于工夫论外之心性论，自亦无朱子一套分别言理气之本体论宇宙论之系统，以及朱子一套格物穷理之知识论。阳明更言此本心之体即良知，致良知即良知之自致，而明言即本体即工夫，亦更无致良知工夫外之心性本体论。阳明又言："悟后六经无一字，静余孤月湛心明。"其讲《大学》古本与征引圣言，已重得其言外之义，不拘于古训。而王门之诸子，更纷纷以己意释《大学》之心、意、知、物之名，更显然为本一六经注我之态度，除自道其于良知心体之所见，与缘之而有之工夫之外，另无独立之本体论、宇宙论、知识论之可说。王学之诸派

之盛，其精神意趣之不尽同，亦如禅宗之五宗之盛，而宗旨不尽同。今之难用儒家之名言，一一清晰指出王学诸派之不同所在，亦如禅宗之五宗宗旨之难以佛家教理之名相，加以论述。然禅宗之五宗宗风之异，不在于佛心佛性所见不同，而纯在教法。又多反面立言，故更难本心性论之观念以分别。而王学之诸派之异，则尚可说由于其对良知心体之所见不同，而工夫乃缘之而异，又多是自正面立言，故尚较易本心性论之观念，加以分别耳。

　　大率王门六派中，江右、浙中、泰州，各为一路，而宗旨互有出入，而与阳明之所已言者，亦有不同。此盖皆由阳明所谓致良知之工夫中，原可有之一问题而引起。因阳明之言良知能知善知恶，虽无问题，然良知之如何顺其知善知恶之知，以达于实为善去恶，而实致其良知，则有一问题。此即因吾人之心中，既有善恶意念之不断生起，吾人如一一皆随其生起，而知之以致良知，则意念之生起无穷，吾人之良知之知之，便亦可成一无尽之随逐。于是良知之知，乃似永落于意念之生起之后一着，亦即永不能真澈上澈下，以使此良知为此意念之生起之主宰；亦不能使此良知有一"知善知恶，即必能好善恶恶，而为善去恶"之自信。缘是而亦不能使此良知，自信其依自身之光明，所发出之是是非非，不为种种潜伏之不善之意念所污染，或下沦为个人之意见，或出自个人之私欲者。由此而王门之江右一派，如聂双江作《困辩录》谓："若于念虑事为之著于所谓善恶者，而用吾之知，纵使知之，其于义袭何异。"于是转而言：致知者当"求其真纯湛一之体而致之"，"必充满其虚灵本体之量"。（《寄王龙溪》）此即明不以知善知恶为致良知之工夫，而以先求此虚灵之良知之本体，能充满其量于吾心为先务也。此本体自虚灵，亦自寂，未发而"炯然在中，寂然不动，此定体也"。（《答欧阳南野》）故又名不睹不闻之寂体，亦本寂之良知，又即是"性"，故曰"寂，性也"。此寂体"主宰乎感应变化，而感应变化，乃吾寂体之标末耳。故不能即感应变化之知致之，亦不能以知发为良知，而忘其发之所自也。"是则在双江之意，欲求此未发之寂体，必超拔于吾人一般向外之感应，以求此主于内之寂体甚明。而欲求得此寂体，则思虑无所用，故谓："才涉思虑，便是憧憧，至入于私意。"而唯当放下一切思虑，以归于此寂体。能归于此寂体，"寂然不动，中涵太虚，然后千变万化，皆由此出。"而后有发而中节之和。故曰："归寂以通天下之感，致虚以立天下之有，主静以该天下之动。"此其为说，乃以"致良知者，只养这个纯一的本体，本体复，则万物备，先师之良知是未发之中，……此是《传习录》中正法眼藏"，是明以致良知为"致中"，见良知之体；而非以顺此良知之知善知恶、好善恶恶之用，以及于为善去恶，为致良知，而实有不同于吾人前所论阳明之学。梨洲谓双江之学近阳明在南中时，以默坐澄心为学的，以收敛为主之旨。此则阳明早年之学，固非阳明之定论也。然双江之学，乃由感于当时之以知善知恶为良知，恒以知之发为良知，不见良知之本原而来；则双江之言，又自别有其真知灼见，固非只以维持阳明初年旧说为事者也。

　　双江之言归寂之说，当时阳明之徒，疑者甚众，然终为罗念庵所深契，以双江言为霹雳手段，而念庵论学之旨，亦同双江。念庵《夏游记》谓："阳明之学为圣学无疑，而速亡未至究竟。"又谓："知善知恶即是良知，依此行之，即是致知。予尝从此用力，竟无所入。"此则无异不以阳明言"知善知恶是良知"之言为然。念庵又言："良知者，言乎不学不虑，自然之明觉，盖即至善之谓也。""吾心之善，吾知之；吾心之恶，吾亦知之，不可谓非知也。善恶交杂，无主于中，则谓知本常明，不可也。""知善知恶之知，随出随泯，特一时之发见焉耳。一时之发见，未可尽指为本体，则自然之明觉，固当反求其根源。故必有收摄保聚之功，以为充达长养之地。"足见念庵之意，亦在由知善知恶之良知之用，翻上一层以求自然明觉之良知之本体。此便唯赖于收摄保聚，至于"枯槁寂寞，一切退听，天理迥然"。(《寄谢高泉》）而后知"自其后念之未生，而吾之寂然者未始不存，谓之感前有寂可也；自其今念之已行，而吾寂然未始不存，谓之感中有寂可也"，"感有时而万殊，寂然者为一。"(《答陈明水》）此寂之所在，为"知之所以良"之源头，应即双江之寂体，亦即良知或心之本体所在。故又谓："言心有定体，寂然不动者是也。"（同上）然念庵后于《读困辩录抄序》，又于双江之言寂体有所疑，谓："寂无体，不可见，……收摄敛聚，可以言静，而不可谓为寂然之体，……心无时，亦无体，执见而后有可指也。"此即谓此心固寂，然不可言更自见其寂；不自见其寂，故体之名，亦不可立。此心之寂，固非不发，乃自其"发而不出位者言之，谓之寂"，自其"常寂而通微者言之，谓之发"。此心自发、自通微，而不出位，故自有一纯内在的工夫。此心乃自洗、自藏密，其曰：《易》言洗心，非为有染着；《易》言藏密，非为有渗漏。"(《答唐一庵》）即说此洗心藏密之工夫，并非意在对治染着与渗漏。无染着而自洗，无渗漏而自藏，正是此心之不出位之自发、自通微之内在的工夫，于此方见真寂端倪。故念庵更言人于此真寂端倪，果然察识，自能"随动随静，无有出入，不与世界物事相对待；不倚自己知见，作主宰；不着道理名目生证解；不藉言语发挥添精神"，而超于对世界事物之意念，一般之知识、意见、名目、言语之意念之外，以成其收摄保聚之功。人有此工夫，"当极静时，恍然觉吾此心，中虚无物，旁通无穷，有如长空云气流行，无有止极，有如大海鱼龙变化，无有间隔。无内外可指，无动静可分，上下四方，往古来今，浑成一片；所谓无在而无不在，吾之一身，乃其发窍，固非形质所能限也。是故纵吾之目，而天地不满于吾视；倾吾之耳，而天地不出于吾听；冥吾之心，而天地不逃于吾思。古人往矣，其精神所极，即吾之精神，未尝往也；否则闻其行事，而能憬然愤然矣乎？四海远矣，其疾痛相关，未尝远也；否则闻其患难，而能恻然蠹然矣乎？是故感于亲而亲焉，吾无分于亲也；有分于吾与亲，斯不亲矣。感于民而仁焉，吾无分于民也；有分于吾与民，斯不仁矣。感于物而爱焉，吾无分于物也，有分于吾与物，斯不爱矣。是乃得之于天者固然，如是而后可以配天地。故曰仁者浑然与物同体。同体也者，谓在我者，亦即在物，合吾与物，同为一体，则前所谓虚寂而能贯通，浑上下四方，往古来今，内外动静而一之者也。"此言乃念庵自言其由收摄保聚之功至极，所证之此寂然不动之心体，自具感而遂通之用者。人能收摄保聚，以证此心体，而缘心体以自呈其无限之感通之用；即由一般之善恶之意念之超拔，以自见心体之良知之恒能自致而流行无碍，更可无虑及意见私欲之夹杂于中；亦所以免于"人之良知之对善念恶念之随逐无已，以翻成漏泄，而终不能为此诸意念之主宰"之害者也。

二　王龙溪之先天心体上立根之学，与见本体即工夫之教

至于浙中王龙溪，则不以江右之归寂主静之说为然。江右归寂主静以复本体，近似阳明初年教法与白沙之重致虚；远则类濂溪之主静、豫章延平之默坐澄心。而龙溪则遥契慈湖不起意之旨，又不似慈湖之以不起意之心，现玩己易；乃以不起意而不历阶级，以直下悟得此超动静之先天心体为宗。此则更近乎禅宗之顿教耳。

龙溪之言此先天心体或良知本体最重要之一义，乃承阳明所谓"无善无恶心之体"之一语，而特重此心体良知之超乎善恶之上之旨；而于良知之良之一字，亦视为剩语，或径以知或知体代之，"以主宰言谓之心，以虚灵言谓之知，原非二物。"（《龙华会记》）龙溪又深言此知体与识及意之分别。其言及此者，散见其书，要义不外其《意识解》所谓："夫心本寂然，意则其应感之迹；知

本浑然，识则其分别之影。万欲起于意，万缘起于知；意胜则心劣，识显则知隐。故圣学之要，莫先于绝意去识。绝意，非无意也；去识，非无识也。意统于心，心为之主，则意为诚意，非意象之纷纭矣；识根于知，知为之主，则识为默识，非识神之恍惚矣。"（《语录》卷八）此外龙溪又谓："知无起灭，识有能所；知无方体，识有分别。变识为知，识乃知之用；认识为知，识乃知之贼。"（《语录》卷三）又言"意者寂感所乘之机"，并与上所言相发明。此其辨识与知，正邻于佛家之辨"分别识"与"无分别智"。谓识当根于智，即欲以无分别智统分别识。其辨意与心，而谓当绝意以使意统于心，则有类于慈湖言绝意之旨。故龙溪特有契于慈湖。（《语录》卷五《慈湖精舍会语》一文可见）意象即意念，则绝意又似禅宗之无念。意识固原为心知之应感之用，然当心知之应感，而滞于其所应感之迹，则心失其寂，而成识神之恍惚，以有意象之纷纭。于是识显知隐，意胜心劣；乃或"离心起意"，则万欲缘此意象之纷纭而起。故必心之应感，不滞于其迹，宛若绝意去识，然后统意于心，而意乃诚，识统于知，而后可以言致其知也。

　　由此龙溪之辨心与识与意之别，对纷纭之意象意念，必当使之无，亦即人之往来于心之诸善恶之意念，亦当使之无。然此中之化意为心之应感之用，以使意统于心而诚意，虽是一工夫，却是已落在意念之后之第二义的工夫。故龙溪以诚意为后天之学。第一义之工夫，应在自正其应感之心上用，此方为先天正心之学。在诚意之学，有意待诚，而意有善恶，亦当知其善恶，以好善恶恶。然在先天正心之学中，则此心自始能应感而无迹，初无善恶意念之形成，而只为一超于善恶意念之上之无善无恶之心体之呈现。此以良知心体为无善无恶之言，吾人前已谓其本为阳明之教，原非不可说。由良知心体之知善知恶而好善恶恶、为善去恶，使恶既去，而善亦不自以为善，固可立此义。由此良知心体之知善知恶之知，原在此所知之善恶之上以观，此知原自虚灵，无定本定理之善，先横于中，成眼中金屑者，亦可立此义。龙溪之言心体之无善无恶，则复自善恶之意念之纷纭，原依于心之化为识，而离心起意以有；则克在心体上看，即原来着不得识字、意字，自当直说之为超善恶，说其为无善无恶之至善者，而人亦即可直以契此心体为工夫。契此心体之工夫，即此心体之呈现，而自正位居体于一般意念之上一层次，即自然无意念之纷纭之起。是此正心之学，其不在意上立根，正所以有其自然的诚意之功者。故曰："一切世情嗜欲，皆从意生，若能在此先天心体上立根，则意所动自无不善，世情嗜欲，自无所容，致知功用，自然易简省力。若在后天之意上立根，未免有世情嗜欲之杂，转觉繁难。"（《龙溪语录》卷一）是见龙溪乃由"别意于心，心之在善恶意念之上一层次"，以言："心之无善无恶之至善"，及"在心上立根之学，乃在意上立根之上一层次"者。此即与阳明之未尝如此别意于心者不同，亦异于阳明之言"无善无恶心之体"，而不碍其言"此心之用之必须通过对善恶之意之知，而好之恶之以流行，亦未尝于致知诚意之学外，别立正心之学"者矣。

此龙溪所言之先天正心之学，只是使此心体呈现，非谓"要去正心"。故曰："心体本正，才正心便有正心之病；才要正心，便是已发之意。"（《语录》卷六《致知议辩》）又曰："须知未发之功，却在发上用；先天之功，却在后天上用。……前谓未发之功，只在发上用者，非谓矫饰于喜怒之末，徒以制之于外。节是天则，即所谓未发之中也。中节云者，循其天则不过也。养于未发之豫，先天之学是矣。后天而奉天时者，乘天时行，人力不得而与。曰奉、曰乘，正是养之之功。"（同上）此即言在后天之发上所用之工夫，即不外以循未发之天则，而奉之为工夫。即奉此先天之心之本体，而流行以发，即是后天工夫，而工夫即不外"合本体之工夫"，亦即此本体之自见，又即此本体之自用，而自呈现、自保任。故曰："真见得本体之贞明，而行持保任，工夫自不容已。"
(《答吴悟斋》)此以见本体即工夫，便不同于江右之双江、念庵之
必先归于未发寂体，以起工夫者。双江念庵之言归寂，在欲自拔
于意念之憧憧往来者之外，固与龙溪实无不同。然龙溪则以"良
知即是未发之中，即是已发之和，是千圣斩关第一义。若良知之
前，别求未发，则是二乘沉空之学；若良知之后，别求已发，即
世儒依识之学，或摄感以归寂，或缘寂以起感，受症虽若不同，
其为未得良知之宗，则一也"。(卷六《致知议略》)此即谓如世儒
之依识固不可，谓别有未发之良知之寂体而求之，便无异"疑致
知不足以尽圣学之蕴"。(《语录》辨聂双江之言)亦是冒过当下现
成之良知之用，而不免沉空。① 故其答念庵书谓双江念庵之"收
敛握固，便有枢可执，未免犹落内外二见；才有执着，终成管带，
便是放失之因"。其意盖谓只此有"未发寂体而求归之"之一念，
便是别求，而分"所求"与"求"为内外二者。此一分内外，更
向未发之寂体而求归，便是对此寂体，加以管带，而不免自窒此
体之发用，故又为放失之因。则要见心体良知，便须直下即见得
为其即寂即感、即体即用、即本体即工夫、即主宰即流行、即未
发之中即已发之和者，然后能"见体而工夫自不容已"，更无管带
滞塞而至放失之病。是方为先天正心之学。在此先天正心之学中，
此心体良知，原不落善恶意念；故此心体良知之主宰，自见于其
流行与用或工夫中，尽可不表现为一般所谓知善知恶、好善恶恶、
为善去恶之事，而仍有其本自然之明觉之寂而能感，以成其流行
或用或工夫之事在。此心体良知之"自然之明觉，即寂而感行
焉，寂非内也；即感而寂存焉，感非外也。动而未形，有无之间
者，几也。……此几无内外，无寂感，无起无不起，乃性命经纶
之本，常体不易，应变不穷。譬之天枢居所而四时自运、七政自

---

① 《龙溪语录》卷三："沉空者，二乘之学也；溺境者，世俗之学也。"

齐，未尝有所动也。此几之前，更无收敛；此几之后，更无发散。盖常体不易，即所以收敛，感而寂也；应变无方，即所以为发散，寂而感也。恒寂恒感，造化之所以恒久不已。若此几之前，更加收敛，即滞，谓之沉空；此几之后，更加发散，即流，谓之溺境。沉与溺，虽所趋不同，其为未得生机一也"。（卷三汪子晤言）在良知心体之自然之觉中，无善恶念之可知、可好、可恶，而恒寂恒感，生几自在；即主宰，亦即流行，不须更着善恶之字；则此知是无善无恶之知，心是无善无恶之心，由心而动之意，是无善无恶之意，知所对之物，亦是无善无恶之物；而亦别无致知善知恶之知，诚好善恶恶之意，而为为善去恶之格物之工夫可说也。缘此而阳明所言之四句教即可统于"见此无善无恶之心之体，以自有其无善无恶之知之用"之一语，亦已可矣。此心体既自有知之用，而亦即全体在此知之用中，即用即体，用外无体。龙溪乃或合称此心与知名曰一点灵明。此灵明之恒寂恒感，"譬之空谷之声，自无生有，一呼即应，一应即止；前无所来，后无所去。无古今、无内外，炯然独存，万化自此而出。"（《语录》卷七《斗山书院会语》）是谓现成的"当下本体，如空中鸟迹，水中月影，若有若无，若沉若浮，拟议即乖，趋向转背，神机妙应，当体本空"。以言此心体良知之无善无恶、即有即空、即体即用，则其与老庄言道之常无常有，禅宗以不思善、不思恶为工夫，以见自本心明自本性者之异，固亦微矣。[1]

　　龙溪尝本阳明三间屋之喻，谓良知之学，范围三教之宗。其言曰："二氏之学与吾儒异，然与吾儒并传不废，盖亦有道焉。佛氏从父母交媾时提出，故曰父母未生前，一丝不挂，而其事曰明心见性。道家从出胎时提出，故曰囝地一声，泰山失足，一灵真性既立，而胎息已忘，而其事曰修心炼性。吾儒却从孩提提出，故

---

[1]《龙溪语录》卷三明称惠能不思善不思恶，又不断百思想，此上乘之学不二法门也。

曰孩提知爱知敬，不学不虑，曰大人不失其赤子之心，而其事曰存心养性。夫以未生时看心，是佛氏顿超之学；以出胎时看心，是道家炼精气神，以求还虚之学。良知两字，范围三教之宗。良知凝聚为精，流行为气，妙用为神，无三可住；良知即虚，无一可还。此所以为圣人之学。"（《语录》卷七）本良知之教"不求养生，而所养在其中，是之谓至德。……不求脱离，而自无生死可出，是之谓大易。……良知两字，即性即命，即寂即感，至虚而实，至无而有，千圣至此，骋不得一些精彩；活佛活老子，至此弄不得一些伎俩。"（卷四《东游会语》）龙溪以一念灵明言良知，而归在以良知范围三教，以儒家之存心养性，摄佛之明心见性，道之修心炼性；正宛若华严宗之圭峰，以一念灵知言心，而作《原人论》，合儒道之人天教与佛家之出世教，而通之以层次。龙溪又本一念灵明言佛家超三界之义曰："三界亦是假名，总归一心。心忘念虑即超欲界；心忘境缘，即超色界；心不着空，即超无色界。"（《语录》卷六）忘念虑者，不离心起意也；忘境缘者，不以有能所之识为知也。不着空者，良知妙用常存生机不息也。圭峰《禅源诸诠集都序》以解悟证悟辨禅，龙溪更言澈悟曰："从知解而得者谓之解悟……从静中而得者谓之证悟；从人事练习而得者，忘言忘境，触处逢源，愈摇荡，愈凝寂，始谓之澈悟。澈悟于人事之摇荡之中。二氏得之而绝念，吾儒得之而通感。"（《语录》卷六）通感而真无一法可舍，此儒者之所以超三界，而又能真成就世间法也。以澈悟者之一念灵明，观世出世间，则龙溪言："天积气耳，地积块耳，千圣过影耳。一念灵明，从混沌立根基，从此生天生地，生人生物，是谓大生广生，生生而未尝息。"（《语录》卷七）则范围三教，即范围天地之化而不过也。黄梨洲《明儒学案》，于龙溪范围三教之言，皆不征引，乃意在别儒与二氏。然缘阳明之诚意之学之发展，而出此龙溪正心之学，此正心之学，固原可有范围三教之义。阳明之学与禅之不同，前已辨之。则由阳明发展为龙溪之学，既义有所必然，龙溪自仍属儒宗。《龙溪语录》卷七载："或曰议阳明之学，亦从葱岭借路过来，是否？先生曰：非也，非惟吾儒不借禅家之路，禅家亦不借禅家之路。昔香岩童子问沩山西来意。沩山曰：我说是我的，不干汝事。终不加答。后因系作证悟，始礼谢禅师。当时若与说破，岂有今日？故曰丈夫自有冲天志，不向如来行处行。……虚寂之旨，……儒得之以为儒，禅得之以为禅，固非有所借而慕，亦非有所托而逃也。"龙溪自是以虚寂范围三教，未言二教范围良知之虚寂，则后之排龙溪于儒学之外者，何哉？

三　泰州学派安身之教之即生言心

至于泰州一派，则大皆重将心与生命一贯而说之，而尤重德与乐不二之旨。阳明亦尝言乐为心之本体，此乃自良知之原为不安于不善，而安于善，亦即原为安于其自身之天理，而安于其自体，而乐其自体者说。然人之良知之心之自安自乐，亦即吾人之生命之全体之本性之安乐，人能自致其良知，而见得此良知之心之自安而自乐者，同时亦当有其生命自身之乐。此一生命为吾人自身之生命，亦为一与天地万物之生命相通以为一之生命。因吾人之良知之灵明，为天地万物之灵明，则吾人自身之真生命，亦即能以此良知之灵明，照彻天地万物之生命，而与之相通为一之生命也。此吾人之真生命，通于天地万物之生命，即通于自然之生命。然此通于自然之生命，又非只自其通于"自然界中现有之相对峙为各别之个体"之自然生命而言之，此乃要在自其能通于自然之生命之生生不穷者而言之。则吾人之此真生命之活动，亦有自然生命之自然的生生不穷之义，复有其不涉安排、不经思虑，而自然、自发、自动之性质。此一真生命之真生活，则正为泰州学派之所向往。故王心斋首倡安身为本，而以齐家治国平天下为末,以论物有本末之义,而自成其格物说;并谓能安身而安心者方为至上,安身即安顿此生命也。又尝作《乐学歌》谓:人心本自乐,唯以私欲自缚而不自觉;而人由良知之自觉,以去其私欲之学,则还能自得其乐,而亦自乐其此学云云。心斋之重此吾人生命之安顿,与由良知自觉之学所得之乐,其意实甚显然。其子东崖,更重自得而自然之生活。故曰:"鸟啼花落,山峙川流,饥餐渴饮,夏葛冬裘,至道无余蕴矣。充拓得开,则天地变化、草木蕃;充拓不去,则天地闭、贤人隐。"泰州之门之有樵夫、陶匠、田父同游,亦皆正由其学、其教,原重通于实际生活之故。其传至于颜山农、何心隐、罗近溪、李卓吾,其讲学皆赤手搏龙蛇,不离生活,患难死生,亦能直下承担。罗近溪之讲学,尤重合生与觉、合"心与己之生、天地之生",以言仁体,而亦深知人心之一般念虑之可厌,而以人之由学虑,而再复于不学不虑之赤子,[①]正所以成其为圣人。乃由捧茶童子之恭敬,亦可见道。此其为教,同以超拔于吾人一般之憧憧之念为首务,而不重阳明之良知之知善知恶之义;亦不以在善恶念上之省察,而存善去恶,存天理去人欲之工夫为重者。盖徒事于知善知恶或省察,皆尚未出于道德上之善恶之思虑计较安排之外者也。近溪合生与觉以言良知之即仁体,故重在即人之赤子之心,日用常行中,指点此不学不虑之仁体。人果识得此仁体,则明觉在是,生命亦在是;心在是,己之生与天地之生,皆在是;私欲自销,光景自除,不假人造之思为,而人之视听言动,自然合乎天则,为乾知坤能之直接表现;则圣境匪遥,触目皆道,而乾知坤能皆不外此仁体,诚所谓"天德出宁而造作俱废"矣。关于近溪之学,吾前已有文评述之(《民主评论》五卷五期),兹唯言其与念庵龙溪同不重以知善知恶、为

---

① 王龙溪言:"终日学,只是复他不学之体;终日虑,只是复他不虑之体。"(《语录》卷六)此与近溪言不学不虑之旨亦近。然近溪举赤子为说,则重在赤子之生命中之不学不虑。

善去恶为致良知之工夫，而同重在直契一超思虑计较安排之本体
为工夫之意如上。

四 东林学派之性善义

阳明学派言心体之寂，至江右之双江念庵，而极其精微；言
心之即寂即感，至龙溪而通透无碍；即生与心言仁，至近溪而圆
熟浑化。然于言心性之善，则诸家之高明，亦或不免有智者过之
之处。诸家固皆言至善，即龙溪亦然。然诸家皆以善恶之念之憧
憧往来为大忌，亦以知善知恶、好善恶恶之工夫为第二义。第一
义乃超善恶之意念之上之"寂体""一念灵明"或"乾知坤能"之
澈悟。在此第一义上，龙溪言此灵明无善无恶即至善，盖意谓善
与恶乃相对待者。"性有所感，善恶始分；……本来面目，有何
善恶可思得。"（《语录》卷五《与阳和张子问答》）故以善恶之辨
属第二义。在第一义之灵明上，则当说"性本无恶，善亦不可得
而名。"（同上《答中淮吴子问》）"人心无一物，原是空空之体。"
（《龙溪语录》卷三）至于江右之双江念庵之言寂体，泰州心斋之
言乐，与近溪之言乾知坤能，虽不似龙溪之重在说其为无善无恶，
然亦可不对之说"善""恶"二字。而泰州之传至周海门著《圣学
宗传》，由伏羲孔子直述至近溪，以立此陆王之学之道统，则又大
倡心性无善无恶之论。凡此以性为无善无恶之说，非不能极高明。
盖至善之极，不与恶对，善自可不立；至善之极，无善可善，善
亦可不立。孔子曰：予欲无言。则言语道断，心行处绝，亦儒佛
共有。既曰无言，善于何有？则只以空空与虚寂说性，固无不可。
然今复须知：若本"无言"以言至善无善，则至虚亦无"虚"，至
寂亦无"寂"，空空亦无"空"，至善无善亦无"至善无善"。若在
第一义上说无善无恶，而仍存虚寂之名，则情之所尚，仍在虚寂，
而吝在以善为名。则今仍当问：此虚寂毕竟是善否？如其是善，

则善仍为第一义；如其非善，则尊虚寂为第一义，又何为者？又
在世俗名言中，此之无善无恶之名，所指实多；若谓未见有善恶，
皆是无善无恶，皆是至善，则恣情纵欲之人，亦可自谓未见有善
恶，而皆可自视其行事为无善无恶，而为至善之流行；则圣凡一
味，修为尽废，狂肆之弊，其何能免？故在晚明之评论王学之言，
所争乃在此一善字。盖自罗整庵，已疑阳明之合良知之知与天理
为一之说，意谓良知之明觉只是心，而不同于天理之性。湛甘泉
标出体认天理，疑阳明之致良知格物之说，而亦屡以天理之"正
当""中正"之义为言；盖亦意谓阳明未能重此天理之善。阳明言
良知天理，固正因其有见于心与天理之合一，亦未尝不重此性理
之至善。然阳明毕竟有以无善无恶释至善之语，而甘泉之传，于
此盖终不释然。故当王学之流，至于周海门，大倡性之无善无恶
之说之时，而甘泉三传之许敬庵，乃明标性善义，以与海门有九
难九解之辩。许敬庵与李见罗相善，见罗更明以止至善与修身标
宗，主摄知归止，"不能止则修，修所以归止"，而攻阳明之以知
为宗，实不知性之善云云。李见罗又与东林学派高攀龙交，而高
攀龙与顾宪成亦同有疑于阳明未识性善之义，尤反对其并世如周
海门等之言无善无恶之论。宪成尝谓："论本体只是性善二字，论
工夫只是小心二字。"高攀龙谓："格物，格至善也，以善为宗，
不以知为宗。"此东林学派之"小心格物以去狂肆之知，宗性善以
矫无善无恶之论"，皆意在正王学之重"知"而不重"善"之弊
者也。

　　然东林之言性善格物，实亦透过王门之论而后为言，其中亦
不无创见卓识。如顾宪成谓："近世言无善无恶……只是不着于善
耳。余窃以为经言无方无体，是恐着了方体也；言无声无臭，是
恐着了声臭也；言不识不知，是恐着了识知也。何者？善之心，
原是超出方体声臭识知之外也。至于善，则是心之本色，说恁着
不着？如明是目之本色，还说得个不着于明？聪是耳之本色，还

说得个不着于聪否？又如孝子还可说莫着于孝否？……昔阳明遭宁藩之变，日夕念其亲不置，门人曰：得无着相？阳明曰：此相如何不着？斯言可以破之矣。又曰喜怒哀乐之未发谓之中，是所空者，喜怒哀乐也，非善也。上天之载，无声无臭，是所空者，声臭也，非善也。善者内之不落喜怒哀乐，外之不落声臭，本至实，亦至空也。又欲从而空之，将无架屋上之屋、叠床上之床耶？或谓性体虚明湛寂，善不得而名之，以善名性，浅之乎视性矣。窃意善者万德之总名，虚明湛寂，皆善之别名。[①] 名曰清虚湛一则得，名曰善则不得，十与二五，有以异乎？将无浅之乎视善矣。阳明曰四无之说，为上根人立教；四有之说，为中根以下人立教。纵曰为善去恶之功，自初学至圣人，究竟无尽，彼直见以为权教，非实教也，其谁肯听？……惟其执上一语，虽不忽下一语而不可得。至于忽下一语，其上语虽欲不弊，不可得也。"

顾氏言方体、声臭、识知、喜怒哀乐，无一可着，无不可空，亦意在言性体之有虚明湛寂之义，王门之高明之言，亦未有过于此。然又谓善非所着，唯是心之本色，则重善之旨，皎然明白。今试观彼东林之士，以冷风热血，洗涤乾坤，杀身成仁，舍身取义，若非能空生死，焉能至此！然空生死以成其善，则善毕竟不空。而所谓心之虚明湛寂，亦是一善，则二名自应俱存。唯虚明湛寂，又不足以尽善，聪明忠孝，固皆同为善，则善大于虚明湛寂。虚明湛寂，唯上智之所至，聪明忠孝，则中下之资之所共有。今如只上希虚明湛寂，谓为无善无恶，则中下之资之人之宗善，便未能为究竟，只上希无善无恶而不宗善，则虚明湛寂之善，未必可得；而托诸无善无恶，以成狂肆之弊，即不可免。今若直下宗善，则上中下之三根，无不普被矣。今曰宗善，善固至实，然

[①] 按《龙溪语录》卷三《宛陵观复楼晤言》曰："善者，虚明湛然之恒体也，……利者，晦浊黯然之客形也。"今谓虚明湛然，只是一种善，而为善之别名，其意固不同于龙溪也。

亦未尝碍念念只有善者之能空一切存在事物，不着于一切方体、声臭与喜怒哀乐。盖善原为一纯粹之价值性之名。此与一切存在事物之名，初不同其类。是乃可横贯于此一切存在事物之名之所指之中，亦初不为此中之任一名之特定所指之所限者。故此中之任一名之特定所指虽空，而善自不空，而此任一之名之特定所指，固皆有其善不善之辨。即曰空一切以成虚明湛寂，虚明湛寂仍在此善之项下。此即善之所以至实。而为高攀龙所以言"一点至善，是真宰处"之言之所由立也。

　　高攀龙之言，其透辟多有过于宪成者。彼尝谓阳明之所谓无善，第曰无善念云尔。黄梨洲亦尝言："阳明之无善无恶，只是无善恶念。"然若无善只是无善念，固"非真无善也"。故高氏谓阳明之以善为念，乃"自吾性感动而后有；……吾所谓善，元也。万物之所资始而资生也"。无善则万物不得资始而资生，是善为物之存在之性，在念之先而已有者也。故又谓："无善之说，不足以乱性，而足以乱教。"性元自善，在念起之先，无善之说，在念起之后，焉得而乱之？然谓之足以乱教者，则以"无善之说，教人不着于善，而着于无。着善则拘，着无则荡，……一着也。……今惧其着，至夷善于恶而无之，人遂将视善如恶而去之，大乱之道也。故曰足以乱教。古之圣贤曰止善、曰明善、曰择善、曰积善，盖恳恳焉。今以无之一字，扫而空之，非不教为善也，既无之矣，又使为之，是无食而使食也"。(《方本庵性善绎序》)

　　然则于着善则拘之病又奈何，则高氏意圣人之教，自有使人有善而无着之道。此即在"使人格物，物格而善明"。至其可以使人有善而无着者，则由高氏言格物之义，虽似重申程朱之义，而又转进一层。在程朱之义，格物为即物穷理，物实而理亦实。此中，若人更执理为善而着之，则不能不拘；若视物为外而穷之，则不免于丧己。阳明言心即理，即所以去视物为外之弊，言无善念，即所以去着善之拘之弊。然高氏则意谓由物格以明善，正所

以使人有善而无着者。此则由于其于格物之别有一新观点。其
言曰：

"伊川曰在物为理、处物为义。此二语关涉不小，了此即了圣
人艮止心法。胡庐山以为心即理也，舍心而求诸物，遗内而徇外，
舍本而逐末也。呜呼，天下岂有心外之物哉？当其寂也，心为在
物之理，义之藏于无朕也；当其感也，心为处物之义，理之呈于
各当也。心为在物之理，故万象森罗，心皆与物为体；心为处物
之义，故一灵变化，物皆与心为用。体用一源，不可得而二也。
物显乎心，心妙乎物；妙物之心，无物于心；无物于心，而后能
物物。故君子不从心以为理，但循物而为义。……八元当举，当
举之理在八元，当举而举之，义也。四凶当罪，当罪之理在四凶，
当罪而罪之，义也。此之谓因物付物，……内外两忘，澄然无事
也。"（《理义说》）

"圣人之学，物还其则，而我无与焉。万变在人，实无一事，
无之极也。……是故以理为主，顺而因之而不有者，吾之所谓无
也；以理为障，逆而扫之而不有者，彼之所谓无也。"（《许敬庵语
要序》）

高氏之言之别于伊川者，在于伊川之在物为理、处物为义之
言上加一心字。盖义者，我如何处物之当然之则也。此则在心。
然我有如何处物之则，则物亦有如何被处之理。此"则"为在心
之义，亦即在物之理。故曰"心在物为理"。阳明固尝言心在物则
为理（《传习录》下），则阳明之旨，高氏未尝违。然此心若不格
物，即物而知其当如何被处之理，则虽曰物与心未尝不同，然此
时心与理俱寂，吾之义藏于无朕者，尚未得而明。必格其物，而
即物以知其当如何被处之理，而后此心由寂而感，理乃呈于心，
而后义能循物，物亦乃实与心为用。理固在物而亦呈于心，义则
循物，而因物以付之，则行义既毕，而内外两忘，物还其则，而
我无与，是无之极也。此中之理义俱尽，即止于至善，"内外两忘，

无之极也",则于善又未尝着。不着善,正所以止于至善,斯有善
而无着矣。然人若不知"心在物为理",不由格物,以使理呈于心,
而以义循物,徒从心以为理,则于此心中之理义,将不免视之为
我有,不能内外两忘,亦不免于有着;若求不着,则唯有并此理
义而无之,即必归无善。人乃不能于理义俱尽,更有善而无着矣。
此盖高氏之重申程朱格物之旨,而又兼存王学言无着之义,而成
其以善为宗之教者也。

　　上述之高、顾之言,皆明以"言空""言无""言无着"者,
亦不能废以善为宗。以善为宗,即明善,明善即知性。此善乃万
德之总名,亦人生之一切活动之所能同具。而人生之一切活动,
虽曰以心为主,而心自主乎身,心性之一切表现,亦不离乎气质,
则气质之性亦当无不善。故高攀龙尝以气质之性与天地之性虽可
分为二,亦可混而一;而东林学派之孙淇澳等,更力主性即气质
之性,性善即此气质之性善。按明代之学者之宗朱者,如薛瑄、
曹月川、汪石潭、罗整庵等,于朱子理气为二之说,皆不谓然,
而主离气无理。王阳明以良知之流行为气,王龙溪言性为气质之
精华(《龙溪语录》卷一),亦皆意谓心性不离气质。至杨晋庵,
更进而力辩性即气质之性,别无义理之性。其言与孙淇澳同旨。
杨晋庵以至孙淇澳之言性即气质之性,又初皆非淆乱性与气质之
二名,不承认人之有义理为性之谓;而唯是谓:此义理既为性,
则此义理即为气质之所以为气质之性而在气质中。知此义理此性
在气质中,而不离气质,则谓性善,即人之天生之气质,其性为
善之谓。此人之气质之善,初乃指人依其不同之气质,而与其他
人物相接,所共同表现于其自然发出之恻隐羞恶等中之心性之善,
而为人所共认者而言。自此而言,则人之气质虽有异,而其性之
为善,则相近而亦相同。故孙淇澳曰:"如水有万脉,流性则同;
山形万状,止性终同。"(《东林学案》二)然后儒或以气质之异,
而疑其性之善之同,乃外气质而言性。既外气质以言性,而又见

人之习之有不善，遂以气质为不善矣；不知"如生意是性，生意默默流行，便是气；生意显然成像，便是质。如何曰性好，气质不好？故所谓善反者，只见吾性之善而反之，方是知性"。（同上）吾人试观，彼凡主无善无恶之说者，大皆就此心体知体之能超乎善恶念之外，以言此性为无善无恶。然人之善恶之念，乃人向内反省，方见其憧憧往来于胸中者。此意念，固可以超拔，以证悟一超善恶以上之境。然人在未有其反省所得之善恶念之先，人尚有直接依其气质与其外人物相接时，即直接表现于恻隐羞恶等中之心性之善，如上所说。人有此善，乃有善念，人念违此善，乃有恶念。则此人之直接依其气质所表现之心性之善，乃原始义之性善；固非此一切玄远通透之言无善无恶之心体知体之论，所能加以跨越而否认者也。则孙淇澳等之就此人之依其气质与其他人物相接时之直接表现，以言气质之性之善，虽似降一层以观人性，而亦正所以立人性之善于不拔之地者也。

五　蕺山之即心与情言性，与即意之定向乎善，以通心之已发未发之工夫

刘蕺山之言性，亦不以义理之性与气质之性为二。故曰："人心即道心之本心，义理之性即气质之本性。"又曰："性即理，理即气质之理，岂可曰义理之理乎？"谓性为气质之性，"是就气质之中指点义理者，非气质即为性也。"此义理此性，乃为主乎此气质，而能变化之者。谓性为气质之性，非以气质为主体，而仍是以性为主体。必言气质之性者，其旨正在说此性之体之"无时不能自呈其用于变化气质之偏蔽，以成一元气之周流之中"。缘性不离气质，而蕺山亦反对一切离心言性、离情见性之说，而恒即心即情以言性。故曰："仁非他也，恻隐之心是；义非他也，羞恶之心是；礼非他也，即辞让之心是；智非他也，即是非之心是。"又

言："恻隐之心，喜之变也；羞恶之心，怒之变也；辞让之心，乐
之变也；是非之心，哀之变也。"此以恻隐、羞恶、辞让、是非，
即喜、怒、哀、乐之变，更为蕺山之创说。盖其所谓喜、怒、哀、
乐，初非一般所谓表现于外之喜怒哀乐，而为天道之元亨利贞运
于於穆，而内在于人心者。"维天之命，一气流行，自喜而乐，自
乐而怒，自怒而哀，自哀而复喜。"此即由元而亨，而利，而贞，
更贞下起元之事。昔朱子尝以天之元亨利贞之四德，配人之仁义
礼智之四德。仁义礼智为内在于人心之性理，则元亨利贞自亦内
在于人心。今蕺山更言四德即四端之情，即喜怒哀乐。则此心中
不仅具本然之天性，亦具本然之天情，以为此心之德。而此天情
之具于心而自运，又即天道之元亨利贞运于於穆，以诚通而诚复，
是谓之中；其见于外，则谓之和。中则内自具此诚复而诚通，乃
"似无而非无"；和则外见此诚通而诚复，乃"有而不滞于有"。故
曰："当寂然不动之时，人之喜怒哀乐四德自在，未始沦于无，及
其感而遂通之际，此四德亦未始滞于有。"故《中庸》所谓喜怒哀
乐之未发之中与已发之和，亦相即而不二，不可视为内外对立之
名；实乃内外相生，由中而和，以见于外，"既见于外，复反于
中"，而"中"为大本天枢，以使"一元生意，流行不息"者。蕺
山依此以言性之善之第一义，亦直接自内在于此心之此天情之自
运而言。故曰："子思从喜怒哀乐之中、和，指点天命之性，……
分明天地一元流行气象，所谓不识不知，顺帝之则，全不涉人分
上，此言性之第一义也。"其次则当自本于中而形于和，以发为恻
隐、羞恶、辞让、是非之人道边事上看性之善，更不自善念上说。
此下当及之。

　　本上所说，蕺山论人之修养工夫，乃以诚意为宗。此其所谓
意，全不同于慈湖阳明龙溪所谓意念之意。此意乃内在的存主于
吾人之心之中，以使此心之天情之运，周流不息，诚通诚复，其
发于外皆本于中而形为和，恒知定向乎善而无移；有如心中之定

盘针，"渊然在中，动而未尝动，静而未尝静"者。此以意非意念而为存主于心中者之说，前亦有之。如江右之王塘南已谓"动静者，念也；意者，生生之密机"，"性之用为神，神密密常生谓之意；性为乾，而意为坤；有意则渐著而为念。"此乃以意贯乎性、神与念之间，而非念者。泰州学派又有王一庵谓："心虚灵而善应，意有定向而中涵。"其旨要在言意之主宰乎心，"不着四边，不赖倚靠"，乃以意非心之所发，而为心之所存。然蕺山之所谓意，则既为存主于心中，亦为使心之所发，恒知定向乎善者，如心中之定盘针。^①故此意亦即吾人之自然表现的知爱知敬之善中之"知"之所依，亦吾人之知善念知恶念之"知"之所依。人之知爱知敬，爱敬发乎自然，亦人之自然之定向乎善之事。在此知爱知敬之中，此知随爱敬而起，而知即在此爱敬之中；爱敬纯为善，此知亦只是善而无不善。此知爱知敬之善，虽不同于上文所谓第一义之善之纯为内在之一元生意流行之善，然自其为直接依于意之定向于善，而自然发出者言，亦为不与不善相对之绝对，而此知，亦即同于此恻隐恭敬之心之情之自身中之自知。至于在知善恶之知中，则此知初在善恶念之外，乃一面知善，一面知恶，而同时好善恶恶者。此亦阳明之所已言。然蕺山之进于阳明者，则在言此好善恶恶，乃依于此良知中之意，而为"觉有主"之主。此意之一面好善，一面恶恶，乃好必于善，恶必于恶。"好必于善，如好好色，断断乎于此；恶必于恶，如恶恶臭，断断乎不于彼。"必于此而必不于彼，乃正见其存主之诚处，"故好恶相反而相成，两用而止一几"。由此"意之好恶一机而互见"，不同于起念之好恶之"两在

---

① 按《龙溪语录》卷六，亦言："人人自有良知，如定盘针，针针相对，谓之至善，少有过与不及，便谓之恶。"此与蕺山之言固异。然蕺山所谓定盘针，亦正不外于龙溪所谓良知之能针与针相对应处，见得一贯乎此针针之中之至善之针，而为良知之主者。是蕺山之学与龙溪之王学，亦只有毫厘之别，而未尝不可通也。读者可自思之。

而异情"。蕺山即以意为良知之心之主宰，亦即心体中看出之性体，
故又曰"意为心之体"；并由此意之于善必好、于恶必恶、恒定向
乎善，以言性之至善，及其为物之不贰，故名独或独体。此亦略
如王一庵之以意为独。唯一庵尚未重此独之必显为好善恶恶之旨，
而蕺山则曰："性光呈露，善必好，恶必恶，破此两关，乃呈至善，
故谓之独。"此恒定向乎善之意，存主于"知善知恶之良知"之
心，以于善必好，于恶必恶，以发为好善恶恶，即能自见于流行
之中。故此"独"，为常存者，亦常发；为主宰者，亦时在流行中。
人于此更当知者，即是纵在无善恶念之相对见于前时，此有意为
存主之心，仍为常存常发，为主宰而自流行，以生生不息者。此
时，虽无善不善之念在前，而此心之定向乎善之生生之意，亦自
为存主于中。此意中自有知，以知善不善之几于念起之先，以自
为戒慎，正见得此意之为一绝对自作主宰之独体。此独体之自作
主宰，即见于其如是如是之自戒慎中，而不待于所戒慎主宰之善
恶念之起，方见其能自作主宰也。此自作主宰，即意之自诚，而
自致中以致和之事。吾人唯真识得此意之在善恶念未起之先，能
自诚而能自致中以致和，乃有静存此本体，以为工夫之诚意之学。
此静存之工夫，即主敬。此静存、主敬，即摄动察与穷理。故曰：
"人心道心，只是一心，气质义理，只是一性。识得心一性一，则
工夫亦一。静存之外，更无动察，主敬之外，更无穷理；其究也，
本体与工夫亦一，此慎独之说也。"此中所谓静存工夫，其妙用所
存，全在人于此可不待不善之念或私欲之起，才继以知之，以恶
恶而去恶；而是先知戒慎之于独知独觉之中，故曰"知在善不善
之先，故能使善端充长而恶自不起"。此方是"由诚而明，便占先
手"，此乃不同于"由明而诚尚得急着"者，更不同于"离诚言明
终落后着"者。是方为真正之慎独工夫。此慎独之工夫，要在能
"才动于中，即发于外，发于外即无事矣，是谓动极而静；才发于
外，即止于中，止于中则有本矣，是谓静极而动"。一动一静，生

意周流而心无倚着，则致中即致和矣。盖溯一切私欲及不善之念所自起，其初皆只是其发之有所过不及，而过不及之始，则只原于一念之偏倚。此"有偏倚之一念"，其意至微。蕺山尝曰："今心为念，念，心之余气也。"盖人应感于物，即有气之动，于此如才发于外，即止于中，一应即止，则气复归静，更无余气之留。然人应于物之后，恒不能一应即止，而不免有余气之留。此余气既留，即足更滞其以后当有之发，而使之亦不能才动于中，即发于外。动者不发，又成余气。余气为滞，即偏至之气，而人不能致中；不能致中，亦不能致和。故必化念还心，去其余气，才内动即发乎外而无事，才发即止乎中而反本；然后一动一静，恒无事而亦恒不离其本之在中。斯乃致中即致和，主宰不失，得见"一元之气，流行不息，粹然至善"；而倚着之念、偏至之气才起，即为此独知独觉之所知，而"自然消融"。夫然，而人之接于物而生之心情，乃自然皆为知爱知敬一类之恻隐羞恶辞让是非之纯粹正面的绝对善；非只如知善知恶、好善恶恶、为善去恶中所成之善，乃由去相对之恶而得之相对善者矣。

本上所论，故蕺山于阳明之四句教之说，亦视为尚未能鞭辟近里。故易之"有善有恶者心之动，好善恶恶者意之静，知善知恶者是良知，有善无恶者是物则"之四句。此四句之要义，乃以一般所自觉之有善有恶之心之动，为最低之一层面，而高一层面之知善知恶之知，又藏于更高一层面之好善恶恶之意之中。至此意之好善恶恶，则本于意中自具有善无恶而体物不遗之物则，以为其天理或性；故意能为心之主，而于此有善有恶之心之动，能知好其善，恶其不善，以定向乎善。此意之好善恶恶，两用而一几，以恒定向乎善，即见此意之静。就此能知善知恶之知中所藏之意之定向乎善以观，即同时见得具物则以为性，而藏知以为用之意之至善。此意即独体，亦即心之真体也。今观蕺山之旨，盖以一般之工夫，乃于此心有善恶念之动之后，方加以省察，以知善知恶，而为善去恶，其工夫之层次最低。更高一层之工夫，即观诸意念未起时之未发气象，以存养于善恶念未起之先，此即延平之说。朱子则言存养省察，双管齐下。阳明更由人之能知善知恶而兼好善恶恶，自见有一良知之主宰，以言良知。蕺山意谓依此良知之教，人恒随善恶念之起，以致其良知，此良知乃对善恶念如落后一着之"监察官"，欲就善恶念之起，而一往不返之势，"逆收之，以还之天理之正则"。故以为此乃不免于使"心之于性，先自相仇，非精一之学"，"起一善念，吾从而知之。知之后，如何顿放此念？若顿放不妥，吾恐其剜肉成疮；起一恶念，吾从而知之，知之后，如何销化此念？若销化不去，吾恐其养虎遗患，总为多此一起。"故一具更胜义之工夫，盖即为求直下超拔此善恶念，以契良知本体之工夫。此即江右之所以求未发之寂体于已发之感之先，龙溪之所以要直悟无善无恶之心体，泰州近溪之所以倡"不学不虑以为知"。其旨皆同在直下超拔于善恶念之上者。然欲超拔此善恶念，而以无善无恶为归，则是"荡之以玄虚"；不知即在无善念恶念之起之地，此好善恶恶之意之静，自在其中，自具体物不遗，有善无恶之物则；或者乃谓此处更无静存之工夫可用，则又将不免"荡之以情识"，而肆无忌惮矣。须知在此善恶念未起之时，吾人之意之恒自戒慎恐惧，以自慎其独，即表现此意之自为主宰以流行。此中虽无善念可好，无恶念可恶，然才动于中，即发于外；才发于外，即止乎中；才有一念之余气，即知化念还心，销其积滞。"天命流行，物与无妄"，"还他本位"，"不许乱动一毫手脚"，则此自慎其独之静存之中，已涵动察，而在工夫亦即除"静存之外，更无动察"。盖在此自慎其独之静存之中，能于"不善之所自来之一念之余气"，才起即加以销化，便使所发皆善，是即好善恶恶，于善恶念之未起之先，而已含一最原始义之动察也。如今谓善念与恶念为相对，则善念之善，为相对善。至于正知善知恶而好善恶恶时之良知，固为统善恶之相对而转恶成善之绝对善。然虽曰绝对，仍与所统之相对为相对，便仍非至善。
而在此蕺山所谓静存之工夫所呈之本体之善，则为"尚未有相对
之善恶可统"之绝对的或真正的绝对善，方为至善。此一摄动察
之静存工夫，非省察已发之后，非观未发气象之说，非涵养省察
并行，非致良知之好恶于善恶念之已生之后，亦非超善恶念，以
只求契于无善无恶之心体者，不免归于荡之以玄虚与情识；而是
静存彼先儒所谓未发者，而见"此所谓未发者实即常存而常发，
恒自定向乎善之本体"，即以是为工夫者。此方为立于真正之绝对
的至善之地之本源上的第一义之工夫。由此工夫，而当人感物而
应物时，此绝对善之本体之流行，亦直接表现于绝对善的对物之
恻隐羞恶辞让是非，与一切发而皆中节之喜怒哀乐之流行动用之
中；而人之明觉之知则在此恻隐等中行，如孩童之知爱知敬之知，
乃恒在爱敬之中，而未尝外溢于此流行动用之外，亦不冒起于此
流行动用之上，而唯以自内照明此流行动用为事，而后能全知在
德。是为蕺山言知藏于意之极旨，而为先儒之所未能及者也。

　　按此蕺山所言之诚意之工夫，固可说是居于阳明所言之知善
念恶念，而好善恶恶之良知之上一层面，而本此工夫，以见得之
本体之善以言性善，亦即为真正绝对之善，而更无一毫之可疑之
性善。然此实又与阳明言良知之恒戒慎恐惧，而不睹不闻以生生
不息之旨相通。阳明之谓良知于不睹不闻中，恒自戒慎恐惧。对
此戒慎恐惧，吾于前论阳明之学时，曾名之曰超越的内在省察。
此乃属于良知之本体之自身，而为其善恶念未起之时，所自具之
一戒慎其善恶念之发，而恐惧其发之陷于非是之一本体上的工夫。
则蕺山之功，便唯在于此良知之戒慎恐惧中，更见此意之自诚而
恒定向乎善，以常存常发，以为此良知之体，而谓此知乃藏于意
者而已。此即蕺山之所以于阳明之言良知，多有所疑，而亦谓"乃
信阳明先生所谓戒慎恐惧是本体之说，非虚语也"，又自谓其言以
诚意为本，乃"阳明本旨"之故也。

又蕺山有三原之文：一《原心》、二《原性》、三《原学》；后二文归在不可外心言性言理，外心言学，由学以使"气血皆化为性"，而千古传心之统，可归为一。其中言仁义礼智之心，即喜怒哀乐之变之旨，上已及之。至其《原心》一文，多连属诸心性之名，而为之界说。今录其大体于下：

"生气宅于虚，故灵，而心其统也，生生之主也；其常醒而不昧者，思也，心之官也。致思而得者，虑也，虑之尽，觉也。思而有见焉，识也。注识而流，想也。因感而动，念也。动之微而有主者，意也。心官之真宅也。主而不迁者，志也。生机之自然不容已者，欲也。欲而纵，过也。甚焉，恶也。而其无过不及者，理也。其理则谓之性、谓之命、谓之天也。其着于欲者谓之情，交而不可穷也。其效情而出，充周不可穷者，才也。或相什佰，气与质也。而其为虚而灵者，万古一日也。效灵于气者，神也；效灵于质者，鬼也。又合言之，来而伸者，神也；往而屈者，鬼也。心之神，其为是乎？……约言之，则曰，心之官则思也。故善求心者莫先于识官；官在则理明，气治而神乃尊。自心学不明，学者往往以想为思，因以念为虑；及其变也，以欲拒理，以情偶性，以性偶心，以气质之性分义理之性，而方寸为之四裂。"

学者细观此文，即可以知蕺山之所以"通心、思、虑、觉、识、想、念、意、志、欲、过、恶、理、命、天、情、才、气、质、鬼、神"之名义而贯之以说，并反对一切"以理欲相拒，情与性、性与心、气质之性与义理之性，相对成偶之说"之旨，不拟更作释矣。

第十六章　王船山以降之即"气质""才""习"
　　　　　"情""欲"以言性义

一　王船山之道、善、性三者之大小义

　　宋明儒学之言心性之精微与高明，至蕺山而鞭辟入里，披露至尽；故谓此心此性，在人为人极之所以立，亦即能"通天地万物以为一心"，"非一膜所得而囿"者；而克就其通天地万物为一心言，亦更别无此心之本体之可觅。此心有此性此理，却别无此性之所以有之性，此理之所以有之理。故蕺山更谓"性无性""理无理"。而另转一方向之思想，即为如黄梨洲《明儒学案序》之言"盈天地皆心也……心无本体，工夫所至，即其本体"之说；转而重观天地万物之变，人事历史之变，建制立法，以明外王之道之学。此即开为梨洲之史学与经世之学。当时之顾亭林，则又病其时言心性者之不学无术，而主以行己有耻一语，括修己之道，并以博学于文，为治人之资；以矫谈心性者之空疏之弊，而救之以言三代之治体与天下郡国利病之实学。此如循梨洲之言以观之，则此心之工夫所至，既皆心之本体之所至，则此实学之工夫之所在，亦皆此心之本体之所在，而亦可摄之于心性之学之中。然在亭林则初无此意，其思想之来源，尚遥承朱子之教，其博学于文，盖类同于朱子之即凡天下之物，莫不因其已知之理而益穷之之事。后之清代学者，乃或谓宋明儒之心性之学，为全然无用，而对此心性与天地万物之关系，恒视如相对之二者；于此心性，多连于

吾人一身之气质、血气以观之，如颜元戴震之说是也。当明清之际，能上承宋明儒学之问题，反对王学之流，亦不以朱子之论为已足，而上承张横渠之即气言心性之思路，又对心性之广大精微有所见，而能自树新义，以补宋明儒之所不足者，则王船山是也。

对于王船山之言心性，吾于二十年前尝作《王船山之性与天道论》(《学原》一卷二至四期）及《王船山之人道论》(《学原》三卷第二期）二文，论其言"道大而善小，善大而性小"，"不以气质之偏为不善"，"尊生而重情才"，"人之不善，唯原于流乎情、交乎才者之不正，而不在气质或气质之性之本身"，"命日降而性日生"，以及"人之精神大往大来于天地，以死而不亡"之诸义。此皆似与程朱陆王之言不同。然吾今将说明凡此船山所立之新义，皆由于其重在本客观之观点，以观理或道之相继的表现流行于人与天地万物之气中而来。此与程朱陆王之自另一观点所立之义，亦无必然之冲突。船山之所以重此理之相继的表现流行于气，则由其学之上承横渠之学之精神，而又特有得于易教之故。其言易道之别于先儒者，要在以太极只为一阴阳之浑合，力主乾坤之并建，以言宇宙人生历史之日新而富有之变。缘是而其命日降、性日生之说，乃得以立，而更有其人之精神之死而不亡之义。此即本节及下二节当更略加解释者也。

按《易传》言"一阴一阳之谓道，继之者善也，成之者性也"，此虽似分三层次说，然义亦可相贯，三者应原无孰大孰小之可说。宋明儒之就吾人生命中之道善性三者之关系，而向内反省以观之者，大皆谓道或理之所在，即善之所在，亦性之所在。如程朱之即理之善以言性善，陆象山之以言心即理，而具四端万善，王阳明之言良知即天理即至善是也。然吾人如纯本一客观之观点，先将吾人之自己与万物平等观，而克就现有之一人一物，所能客观表现理，而言其所具之性，则吾人固有理由说此性所及之范围，不如现有之天地之气之流行变化之中所表现之善，所及之范围之大，更不如此天地之气之流行变化，"所以得成为可能"之理之道之大。盖现有之天地之流行变化之气，乃顺道与理，而继续开拓者，而此现有天地之气，则又尚不足以尽此道此理，而表现之。程朱于此可言理先而气后，则船山自可言道大而气小也。又自客观之观点言善，则未有表现，不足以言善，而天地之善即亦只当自其表现于流行之气上者说。故道大而善小也。至于将天地之气之全之流行，所表现之善，与得于天地之气之一分而成之人物之气，所表现之善相较，则固亦可说前者大而后者小，而人物之气所表现之善，原于其性，则天地之善之全，又大于人物之性之善，可言天地之善，亦大于性矣。然船山之此义，亦唯对一客观的"观一个体之人物之性、天地之气之流行中之善及此善之所以成之理或道三者之关系"之观点，而后可说。若在人主观的向内反省其生命中道、善、性之如何相关时，则人固仍可缘程朱陆王之论，自谓其性之所在，即当然之理、当行之道所在，故率性之谓道也。率性而表现此理于气之流行，即善，亦即修道之事善。然若气之流行表现此理此性为善，则此理此性之自能表现于气，亦先自是善。若然，则对此道、性、善之关系，当如朱子说"在天地言，善在先，性在后，是以发出来，方生人物"，而"在人言，性在先，善在后"。[1] 此即谓天地生人物以道，而有其善，人物乃有其性；则天地依道而有之善，固先于人物之性，亦可说大于人物之性。然人物既有性，而性显其善，乃有修道之事，则善在性后，亦在性中；依性之善而修道之事善，而道应即在此性之善中。依此后义而性包括善，善包括道，则不可于此分大小，亦未尝不可说性大善小，善大道小矣。此中人所取之二观点之别，盖略类逻辑中所谓对一概念之可分别就外延与内涵二者而观之别。如自外延观，一概念之外延之较大者，自其内涵观，则又包括于内涵大之概念

---

[1]《朱子语类》卷五淳录，又卷九十五论程子与《易传》言继善各是一义处，亦有此义。

之中，而反若较小。故在外延观，可说生物大于人，人大于中国
人；而自内涵观，则生物之概念在人中，人之概念在中国人之中，
而中国人之概念之内涵，乃大于人，更大于生物是也。自外延观，
即客观的观一概念之所指之范围之大小；自内涵观，即自内反省
一概念内部所具之意义之大小。此正如客观的观道、善、性三者，
与自内反省此三者，其大小之所以不同。船山本前一观点，而谓
道大善小，善大性小，固与程朱陆王自后一观点，言道与善皆内
原于性，无此所谓大小之言，可并行不悖者。至船山之所以未尝
由性之具善、善之具道，而言性大于善、善大于道者，则唯由其
限大小之名于外延之意义之故。然彼亦未尝不承认此不同观点之
存在，故谓"大者博而不亲，小者专而致精"，以谓道大善大，而
不如性之所涵者之专精。然此小者之所以专而致精，亦正以其能
自内涵具彼大者而专之精之也。今观船山于《读四书大全说》等，
言人之率性修道之功，亦未尝不本于此性之内原涵具善与道以立
论，则亦当未尝不可应许此另一义上之性大而善小、善大而道小
之说，或更不于此分大小也。唯船山为矫宋明儒者之偏于本向内
反省之态度以立言者，乃重取客观的观点，以观此性在天地间之
地位，故有此道大善小、善大性小之论耳。固非其说既立而程朱
陆王之义可废之谓也。

二　船山之尊生尊气与尊情才义

至于船山之不以气质之偏刚偏柔为不善，亦原于其重取客观
的观点，以观人所具之性之表现之故。重此表现，则舍气适足以
孤性，性善即气之性善。气之表现性之善，纵有所偏，既是表现，
则已有善，表现而偏，能反之于中正，固所以见性道之全；然纵
以偏继偏，只须其表现，能相续不断，亦见善之流行。船山所谓
"以阳继阳而刚不馁，以阴继阴而柔不孤"是也。此船山之言，与

昔之宋明儒者喜言中正中和，若只以中正中和之表现为善者，亦可谓大有不同。然昔之宋明儒者之此类之言，乃意在树立圣人之大中至正之道，以为标准与极则。宋明儒之论圣贤气象，固亦未尝不谓有阴阳刚柔之偏至者与中正者之别，如明道之言颜子如景风庆云，孟子如泰山岩岩，伊川言颜子春生，孟子秋杀，上蔡言颜子似弱，孟子似强，即皆意谓孟子颜渊二贤之各有气象之偏，未能如孔子之为元气之气象，而大中至正也，然此又何害于二贤之贤？细考宋明儒之所以尚中和中正，若有恶于气质之偏者，唯在由此偏可致蔽塞，以成种种生命流行之阻滞与窒碍。然若人之偏刚偏柔者，其刚柔之表现，皆合乎理，则虽偏亦未必成蔽塞。刚能相继以成至健，柔能相继以成至顺，则此中自有生命之流行无碍，亦正所以成彼刚柔之德者。此亦正当为宋明诸儒之所应许。唯船山因其更重人之性之道之表现于气之流行之相继，故亦更能言一切偏至之善德。善德之成，其要点唯在性道之表现于气之无蔽塞、无滞碍而生生不息。故匪特至刚至柔皆至德，浸至刚柔之气之错综而表现，如适得其时与位，而合乎天理，亦无非善德。此即《易经》之所以不只于乾刚坤柔上言德行，亦于乾坤相错综所成之六十二卦皆言德行之故。船山盖亦由其得于易教者深，方能不就此人之气质之有偏，而疑其性之德之善也。

至于船山之尊生而重情才之表现，亦由其重性之客观的表现于气之流行而来，此尤显而易见。因吾人之生，即一气之流行之历程，情原即性理之表现于气之别名，才即气能表现性理之别名。此为宋明儒共许之通义。宋明儒皆言以理率吾人生命之气，亦决无存心忽视此人之才情之事。然人之生命之情才之表现，或流于人欲，若不先尊理而尊心，则又无以去人欲而复天理。程朱陆王即意在树立一尊理尊心之教。然尊理尊心，而或忘此理此心之必表现生命之气，以成情才，则实际上又不免归于对情才之忽视。故船山继尊理尊心而言尊生，更尊此理之表现于生命之气之情才。

生命之气之流行，固宜求其充盈盛大，沛然莫御，然后天理或性乃得其充量之表现。船山遂谓圣人必气盛而情亦盛，德优而才亦优。此即不同于宋明儒之言圣之只在其德之纯者。言圣人之所以为圣人，只在德之纯者，乃自"气质"之"性质"上说。而以圣人当情才亦茂者，则兼自此德之表现于气之"量度"上说。质固当求纯，而量亦当求大，则二言未始相悖。然必质先求纯，然后其量之大者，皆见善之充扩。否则才情之盛者，唯是一霸气之纵横，则亦不可入于尧舜之道。此即必先有程朱陆王之尚德之教，树立于先，方宜有此船山之尚情才之论，继之于后。然尚德之教既立，则自亦当更言如何使此德有充量之表现，则亦不能不有此船山之尚情才之论。此中先后贤者所言之轻重之不同，正所以成其为一圣教之相继，以成此儒学之发展者也。

由船山之于先儒之尊理尊心之外，更尊生尊气之流行所成之情才，故船山说此恶之源，乃不特不在理、不在心、不在气质，亦不在情才，而在情才之流之交。此即谓：恶乃唯存在于一人之情才之表现，与其他人物之情才之表现之相交接，而或相与阻滞之"关系"上，亦即其所谓人之阴阳之气之变合之差。如吾人论王船山之文所已详及。依船山之言，恶唯存于此"关系"，而去恶之道，亦要在化除此人与人之情才之"关系"。然此关系，既为人心之所知，而人心亦能自反省及此关系，乃由人自己之情才之如何流行之所致；则人固亦可自知其情才之流行之有不当，并知凡此不当，而仍自流行不能自已者，即一违天理之人欲，而当求有以自去其欲，而有正心诚意以修德之工夫。船山之善言此工夫，亦无大殊于程朱诸儒。然船山之说此恶之地位，唯在人之情才之流，积习难返，更交激互荡，以致相阻滞之际，便不如先儒之推恶之原于气质之性。此正有如说水之波涛汹涌至于覆舟，唯在其异流之水势既成，而更相阻滞激荡之际，而不推之于此异流之所自生之源。此即更所以证：此恶之无根于吾人之生命之原始，亦唯足致吾人"生命之诸活动之流行之互相阻滞"者，方得称为恶；则尊生之义，即更由兹以更显矣。

察此船山之唯在情才之流之交上，说恶之地位之说，固与程朱由气质之性，言不善之源者异。然程朱之此说，乃自人之气质有待于开通变化，否则将致性理之蔽塞，而有不善之生以说。此义实亦非船山之言之所能废。盖人之情才之表现之相交接，而相阻滞激荡，即已可说是因人之气质尚未能清通而开明，以使其情才之表现交光互照，以相应成和之故。凡一切求彼人己之情才之流相应成和以去恶之事，亦莫不可视为人之所以开通其气质，变化其气质之事。船山固亦承横渠之教，以言变化气质也。若更细察船山之意，其异于先儒言气质之性为不善之源之说者，则盖仍在船山之言善恶，皆自性或理或道之客观表现上说。船山于天道之善，在天道之见于气之流行上说，故谓道大善小；于人道之善，在性之由气质而表现说，故重气质、尊生而尚情才。其于恶，唯在此人己之诸情才之流之积习已成，致相阻滞，不能相应成和处说；即不在未有情才之先说。情才原于性理之表现于气，气固或未能自开通而不表现理。然此"不表现"，只就其本身言，亦不是恶。唯此气既表现理以成情才，情才之流行，有其方式，而此方式或特定化、机械化，以使气成为习气，而后来之情才之表现，更夹杂此已往之积习以俱流，气乃不免于锢蔽而自塞，遂与天地间其他人物之气之表现流行——即其他人物之情才之表现，互相阻滞，乃有恶。则此恶便不可溯源于元始之气之自身，而唯当溯源于成情才之气之表现流行方式之特定化、机械化所成之习气。习气成而当下之气之流行，不能表现其当表现者，方见有气之蔽塞阻滞，而为其与其他之气相阻滞而致恶之源；固不可以此恶，推诸气之表现流行之自身，更不可推诸气或气质之自身也。船山于此，固自有其卓见在，而有所进于先儒。然吾人亦仍未尝不可说：此气之表现流行上，总有一化为习气，以致蔽塞之几，而有待于吾人之开通于几先。则此气质之未开通，仍间接为不善之源。是船山之义立，先儒之言亦不可废。唯船山之言善，可使吾人更注目在此气之表现流行，随处可夹杂习气，而生蔽塞，以成不善之一点；人亦更当知：即就吾人当下之气之表现流行处，以当下免于习气所生之蔽塞，而开通之于几先，以与客观之他人或其情才之流行，其亦当有而为善者，及天地万物之气之表现之流行，随处求相应成和，为修德之工夫之本耳。

三　船山之易教与大往大来义

吾人以上论船山之言心性之诸新义之异于先儒者，皆未尝不各有其所当，而可并存不悖，亦即是本船山之讲学之旨，以使诸先儒之教与船山之教，得相应成和，而共一圣教之流行者。此船山之诸新义，如谓道大善小、善大性小，尊生、重情才、不以恶归罪于气质或气质之性，同皆由于船山之更重本一客观的观点，以观"道或理之继续的表现流行于气中之种种涵义"，然后加以建立者。船山之此一观点，近承横渠之教而远本于易教。其所进于横渠者，则在横渠犹是得于《中庸》者多，得于易教尚不如船山之多。横渠之由气之虚而能体万物处言性，此性为气之能感之所以然，其本身尚为一未表现者。而船山之所谓性，则克就"天道之流行于气以有善，更底于人物之成处"，言人物之具性。此中人物为一实有，则性亦为实有。此实有之性，不离气，故天道相继表现流行于气，而天命日降；人之性亦不断表现流行于气，其性亦日生。此天命与气及性，皆同在一相继的表现流行，或创造之历程中之义，则横渠之所未详。横渠与程朱之言性，皆自万物之同源共本上说，而船山言性则兼在人物之气之流行本身上，说其随流行以日生。至船山之能言此义，则纯由其特有得于易教，而亦更有其乾坤并建之说之故，方能成立此命日降而性日生之说，以及人之气之大往大来于天地中，以死而不亡之说也。此亦皆同原于其重"客观的观理之相继的表现流行于气"之态度而有之思想。兹特详之于下。

关于船山所得易教之所在，吾人可说凡本文第三篇论《易传》时，所谓由有德行者神之知来、知之藏往，以原始要终，以见"阴阳之相合"，"天地之日新与富有"，"万物之往来之相生相涵，往者之性见于其迎来，而直贯于来者之中"，以见乾坤之不二等诸义，盖皆为船山之所承。而船山之言之进于汉宋诸儒之言易者，则在其不以太极为至高之一理或元气，而以太极为阴阳之浑合，而主吾人方才所提及之乾坤并建之义，以说理气之关系。其意是谓二气虽浑合为太极，然不可视此二气为一气之所分，或一理之所生。船山之旨，乃重在言乾坤阴阳之恒久不息的相对而相涵，以流行表现，即以说理之相继的表现流行于气之事，而缘是以畅发宇宙人生之日新而富有，以成一相续之历史之一面。故船山之学，归在论史。按《易传》未明言阴阳是气，亦未明将乾坤之道隶属于二气。船山则承汉以来之说，将乾坤之道隶在阴阳二气之流行中，以为其道其德，而更重在说此乾坤为不离此气之理。此二气之流行，固原依其有此乾坤之德之道之理；然此德此道此理，亦顺此气而流行。故气既流行，则其理亦非皆如故，万物万器，既各有创新，非同旧有，则其道亦不能守故辙，而必随之以新；而此整个天地之乾坤之道，实亦未尝不挟其中之万物之新、万物之道之新，而亦更新。故此船山以乾坤并建，言天地万物之日新而富有之要义，乃不仅意在谓此全部之已成之天地万物必迎来，以有天地万物之继续新生以顺往；而是来者既来，其道亦新，以使此天地万物与其道，咸更归于富有；于是其再迎来者之道，又不同于其所以自来之道。此方足以真说明宇宙之历史之变。缘此以观天地万物之日新而富有与往来之不穷，更当知一切新生与方来者之继已成已往者而生，不仅是顺往而使之成，亦兼是自成为往者之所得寄；乃使往者得更生于来者之中，以随来者之日新，而日新，而来者亦以是方得更成其富有。来者自求所以继往，而往者亦自寄于来者，如乾之既继坤以更起，而坤亦自寄于新起之乾。日新富有，相依而进，日生者日成，日成者亦日生，但有新新，都无故故，方可见此天地之盛德大业也。

天地阴阳之气曰阴阳，其理其道，曰乾坤。乾坤即天地阴阳之道之理之性，其见于气曰情。简言之，乾坤即天地之性情。人受天地之阴阳而生，曰命；人有命则有其性情，故性情即人生之乾坤。天地之道既日新富有，相依而进，日生者日成，日成者亦日生；故人在其生命之历程中，其一生之事，前前后后，相依无间，以日生而日成，而其德其道其性情，亦日生而日成。此即上文所提及之性日生之义。更溯此性之原于天之降命，则其性既日生而日成，天之降命而赋人物以此性，亦非一赋而不移；而是在人之性之日生日成之中，时降新命于其生，此即上文所提及之命日降。性日生、命日降，原为一事而二面，而此一事则正所以成此人生之日新富有之相依而进者也。

人之性命日生日成，其日新富有，相依而进，故船山又有死而不亡之义。船山谓人亡之后，其气或精神，非一逝而不还，恒能出幽以入明，而感格其子孙；圣贤英烈之逝，即以其精神，公之来世与群生。此吾亦已略及之于《原命》之文。今更及者，是人之所以非一往而永逝，而必有死而不亡者存，不特在彼"能往"者自身，应亦"能来"，以自见其往来之不穷；而亦在人物之相继而生于世，其前之启后，后之承前，以使命日降而性日生之事之中，即蕴涵此前者之往，必非一逝而不还义。盖前启后与后承前，乃一事之两面。来者果不以前者之已往，而不承前；则前者亦将不以其已往，而不启后。人之亡也，生者未尝不欲继其志，是即后来者之不以先死者之往而不承前之证。来者之承前，即来者之向往者之志而往，以继往。来者既必求继往，而向往者往，往者自亦即必虽往而仍向来者来。此正依于上所陈"来者之求继往，与往者之自寄于来；乾之更继坤而起，与坤之自寄于乾；日新与富有，二者原相依而进"之义。故吾人今只须"不直自来者中之无往者，以观往者，亦不直自往者之无来者，以观来者；而唯自来者之原自往者来，而今亦向往者往"，以知此往来之相依，则亦能知往者之必向来者来矣。人之继往者之志述往者之事，及对往者之祭祀之诚敬，既是以生者还向死者往，则死者亦自必缘是，而亦向生者来。谓死者断灭无有，唯是依于人之只求见往者于来者中而不得，方谓其断灭无有，此外更无其他意义。吾人今不直求往者于来者之中，亦不直求来者于往者之中，而唯求往者于其"为来者之所继"之中，则知：来者既有此往者为"所继"，此往者即无所遁于此"为来者之所继"之外，以另有所往，而唯有自寄于来者之中；吾人自亦能更求来者于其"为往者之所寄"之中，以知来者存而往者亦非一逝而不还矣。夫然，故人在继志述事与祭祀中，生者之一念之诚，既唯念在此先死而往者，以为其所继。此先死而往者，亦即不能不为此生者所继，而自遁于生者之外，而必将自寄于此"诚欲继之之此生者"之中。是谓求死者于死者所寄之生者之中，则生者存，而死者亦皆洋洋乎如在其上，如在其左右之鬼神，实未尝亡者矣。凡人之有至性至情，而能对死者致继志述事与祭祀之诚者，盖必能有日见得此中之理之无可逃，而义之所必至。是乃迥异于西方之言灵魂不朽之论，惟自此灵魂之定常不变之体性以立论之干枯而无情味者也。船山之言，合而观之，实具见此义。故不揣固陋，更试为之发挥其微旨如此。观先儒如朱子之既由祭祀以言鬼神之感通，既散之气应能聚，而又疑其终归散，不能一论论定者，皆由其尚未能真见及此中之往者来者、生者死者，相依为命之义者也。①

————————————

① 关于朱子之鬼神论义旨所存，当别为文述之。

今再试探彼先儒如朱子等之所以不能真见及此中之往者来者之相依为命，盖亦可说唯由其尚不免求往者于来者、求来者于往者，以观此中之往来者之关系之故。此一求往者于来者，或求来者于往者，乃由人之先分来者往者为二，而其心思又更往来其间，以上下求索，未尝能直下观彼往者来者，其并在一流行中所表现之相继相寄之关系，以观此流行之实际。故亦未能自往者之为来者之所继，以观往者之必为此"所继"，而自寄于"往者之继之"之中之义。此又当溯源于先儒如朱子者之未能知乾坤之并建，故不能知阴阳二气之相浑合以流行使然。吾今更通观船山之言，以略释船山所以重乾坤并建之旨于下。

船山所谓乾坤并建之义，乃谓此天地之健皆存乎顺，天地之顺皆存乎健；天地之阳皆存乎阴，天地之阴皆存乎阳；由阴阳二气之相浑合而流行，亦即见乾坤之相保合于一太极；却另无所谓混一之太极之常，以为一阴阳乾坤销归于一之地。盖若果有此阴阳乾坤销归于一之地，此中之乾坤阴阳既相销而相泯，则将不能说明此天地万物之何以生生不已，而来必继往、往必自寄于来之义。若来者不继往，往者不自寄于来，则于宇宙人生之日新而富有之易义，未有真正之说明。然世人既公认宇宙人生之历史中，其"往者之为尝有"，乃永不能使之无者，又承认此宇宙人生之历史之全之内容，乃日归于丰富，新生之事物，其所背负之历史事物，亦日积月累，而益富厚者，则谓此宇宙人生非日新而富有者，亦不可能。今真欲说明此日新而富有之义，便宜归在此乾坤并建，乾继坤，坤亦自寄于乾之说。乾继坤，而坤德亦日以新；坤更寄于乾，而乾德亦日以富。此中乾之继乎坤，即来者之继往；坤之寄于乾，即往者之寄于来。来者之继往，即往者之开来，而迎来者以使之生；往者之寄于来者，亦即来者之既送往，而亦迎往以相与成。由此往来之相继相寄，相开相送而相迎，以有此天地万物之生成，则天地之气有生成之相续，而非生灭之相续；而人物

之精神之气、生命之气、物质之气，皆同有往来而无断灭，死乃
为生之大造（《周易外传·无妄》）矣。船山之此言，虽不必当归
于天地之气无新增之义，然要可言天地之气，非一往即一逝而无
余者。程朱之言气依理生，而新新不穷之义，船山固未必能废；
然程朱之言往者之气，一逝即尤余，娶未能见往者之能自寄于来
者之义者。汉儒虽言阴阳之气相生，而对此阴阳之气之相继的表
现流行，而使宇宙日新富有，有新新而无故故之义，盖仍未之能
识。汉儒如董仲舒，亦仍以为阴阳之气不得两起，而喜以阴阳之
生克消息，说四时之气之变化，一年而后复其故。此则皆未尝见
及阴阳既相继而相寄，即亦未尝不可相与而并在，与此阴阳乾坤
之德，乃时在日新中，一切生人之命之性之德之道，亦时在日新
之中，以益归于富有之实义者也。

四　颜习斋之即气质与习言性，及戴东原以血气心知言性与焦循之以旁通情言性

　　颜习斋之言性，主要见于其《存性编》。彼初自二气四德化生
万物，以说人性之源，并绘图以表此二气四德之间之错综变化之
复杂关系，兼以见其所生之人物之气质之不齐。此其系统，实近
乎汉儒之阴阳五行之论。然其言四德以代五行，则表示一更重气
之德之论。由此而其言人性，虽重气质，然实重在此气质之具性
以为德。其反对宋学者，要在以宋儒皆重静而轻动，重内而轻外，
重心而忽身，务穷理而忽实事，重明善复初，而忽习与性成。其
原皆在离气质以言性，谓义理之性善，而以气质之性为不善。习
斋则力辩性即气质之性而俱善，与王廷相、孙淇澳、刘蕺山、王
船山之谓性皆气质之性同旨。唯孙淇澳、刘蕺山虽谓性为气质之
性，然二人皆重在实现此气质之性于吾人之气质之中，由践形以
成就吾人之道德人格。夫然，而人之成仁取义以捐躯，亦即所以

尽此气质之性之所以为气质之性。故尚气节而重忠烈。船山之重气质之性，则要在言人之气质之偏刚偏柔所成之德，皆各有其可贵，而不以先儒之只尚中和之德为然。船山又以沿气质而有之才，其本身亦为可贵，故人之只德优而才不优者，不如才德兼优者。此则盖因唯有才乃能成就客观之事业之故。[①] 是即不同于宋儒之重德不重才，亦不同于阳明以圣人之所以为圣人，在其质之纯而不在其质之量，如金质之纯不关于其量之为九千镒或一万镒之类。至于颜习斋之重气质之性，则要在言无论人之气质如何不齐，其智愚等才之有大小，然要皆善，而亦皆可用之以有其身体之动作行为，以成于习而形为事。故人果皆能笃行，而合以成事业，则亦不需计较其才之大小，而相忘其才之大小，于其俱习而俱行之中。习斋重身体之动作行为，使身体之眼耳手足，皆有以尽其用，则其尊身之意尤显。身体之动作行为，必与物相接，乃能成其礼乐射御书数之事，则于天下之自然物、文物，亦自当同加以尊重。唯人能扞格此类之物，方为格物。此习斋尊身而亦尊物以切实用之旨，显然易见。唯其谓宋儒之言心性，必归于务内轻外，重心轻身，而唯以静坐读书为事，则盖未必然。因宋儒亦谓此心性为主乎身之气质者，则亦可言一切身体行为之践此心性，以与天下之物相接，以成事业，皆所以尽心尽性也。宋儒之重静坐读书，实宋儒之实际上所习者在是，非谓缘其重心性之教，人只当以静坐读书为事也。朱子尝教学者"接四方之贤士，察四方之事情，览山川之形势，观古今兴亡治乱得失之迹。……自古无不晓事的圣贤，亦无不通变的圣贤，亦无关门独坐的圣贤。……圣贤无所不通，无所不能。……且如礼乐射御书数，许多周旋升降文章品节。……又如律历刑法天文地理军旅官职之类，都要理会"。（《语类》一一二）朱子亦尝斥半日静坐之工夫为非。是见颜习斋

---

① 拙著《王船山之人道论》（《学原》三卷第二期）。

之厌弃当时学宋儒之学者，徒事静坐读书，并溯其风之开自程朱之"半日读书，半日静坐"之说，因以反对程朱之心性之说；实亦由其末流之弊，以罪责其本源之说，而"非即其本以言其末之或尚有不足"之平情之论也。吾人今只须诚顺宋儒以心为主乎身，而能应万物成万事之义以引而申之，则亦未尝不可导至习斋之说；以谓学者之只习于静坐读书者，尚不足言使此心为主乎此身者也。若然，则习斋亦不必言"必破一分程朱，乃入一分孔孟"矣。然此亦非谓习斋之特重此具气质之身体之行为，以格天下之自然物、文物，及尚习尚动之言，与即此气质之运用以尽性之言，乃无功于世道者之谓。此则待吾人之善知其言与宋儒之所言之分际，而知有以并存之者也。

戴东原、焦循之同于习斋者，在不离气质以言性；而异于习斋者，则在二氏更详论"理义"非"得于天而具于心"，而唯是生生之条理。此吾已述之于《原理》与《原太极》之文。至东原言性之具体内容，则要在本《礼运》人有血气心知之性之言，以谓"血气心知者，性之实体也"（《孟子字义疏证》天道条）。人有血气而有欲，有心知而有觉。其言曰："人与物同有欲，欲也者，性之事也；人与物同有觉，觉也者，性之能也。欲不失之私则仁，觉不失之蔽则智；仁且智，性之德也。"（《原善》中）其所谓血气与欲，即指人具自然之生命之身体之欲；所谓心知与觉，即又指人之所以能使其欲不私，并能自求其知之不蔽，以成其仁智，合于义理，而全其性之德者。此并"身体之生命之欲"与"能合于理义之心知"二者以言人性，亦与朱子之合人心道心，以言心之旨相类似。因朱子之人心，即包括具自然生命之食色之欲之心而言之者也。宋明儒凡言生者，亦皆重人之有此自然生命，则戴氏之重此血气之性，亦非宋儒皆不重血气之证。唯朱子之言人心道心，重言其为居上下二层次者；而宋明儒之言生者，亦重在此生中之所表现之理或心性。戴氏之言血气心知，则以血气与心知，为平列之两面，以并属于一整个之人者。人内本其血气，以成其生生，而外有心知，以知在外之物理，并接于天地中其他人物之生；遂能本其血气所发之情欲，更以情絜情、以欲度欲，而知他人之生、知他人之情欲；人乃知所以遂人之欲，而同人之情。能同人之欲之情，即得其理。故人之心知，乃内本于己之血气，外接于他人之血气，与种种之物理，而与之同在一平面上，而非超越于此血气之上，与此血气成上下二层者也。则戴氏之言，固亦有一实义。然吾人复须知，在吾人之道德生活之反省之中，此心知又必自反省其依血气所发之一切行为之是非，此心知乃必为居于血气之上层者。人本其心知所知之义理，以衡断所接之人物之是非之时，此心知仍必然为居于其所衡断之人物之上层者。又人在面对天下事物而求其理时，人若知此"理"不只限在此血气之身当前所对之事物之中，亦贯于古今天下之一切同类事物之时，则知：此心知亦必居于所对之事物之上一层面，方能见及此一事物之理之可旁通贯摄其他一切同类之事物，而此理即亦为居于此一切事物之上层者。克就此心知与其所知之理，乃在当前所对之事物之上层而说，则此心知，即亦有一能超拔于我个人之血气以外以上之意义，而此心知所见之理，亦即有一可离此当前事物而自在之意义。由此便可推至此理之可离任何特定之事物而自在天壤间之意义。则宋儒固可谓此心知与理，居于血气与事物之上，而分为二层；以说此心知与理，不与居其下层者，同其存在之地位与有无之命运，并说此心知之知此天下万物之公理，如直接得此理于天而具之于心者矣。今果得宋儒之言之所以立之旨，固不可如东原之尽举而废之也。

然东原之评宋儒之言虽多有未当，此亦非"克就人在日常生活与其他人物相接之时而言，人之心知与血气之不在一平面以互为内外，而相依为一体"之谓。戴氏之言，指出在人之日常生活中，其接人物，乃内以其血气为本，而外运其心知，亦可谓能补宋明儒之言之未备。此于吾人之血气与心知及所接人物三者，皆视为位居一平面，而"以己之欲度人之欲，以己之情絜人之情，以冀得人之相与之理"之态度，亦正可使人平情应物，而不致"以理已全具足于心，乃高举其心知，以超冒于其所接之人物之上，以成一天下之大傲慢者"。戴东原《答彭允初书》，谓"言性之自足者，必自大"。此虽未识宋明儒所谓吾性自足者，唯是一性理上之自足，非人自谓已能实现其性理之全，而在现实上自足自大。然戴氏之言此，亦未尝不足资为宋儒之学者之警惕。为宋儒之学者，在其自作反省之工夫时，虽本无妨自觉其心知之在其一切血气之上，其闲居而评断人物之是非之时，亦固可以道自任，而唯本此理，定天下人物之是非。然当其应事接物之时，若因思及其心之性理之自足，更一念颠倒，亦可化出一现实上之自足自大，而自视其心与其人，若高居所接之其他一切人物之上者；缘是而或不免自封于其当前已知之理，执一废百，而成意见。或者乃更坚执其意见，鼓荡其血气，以成意气；乃以理责人，以理杀人，而荼毒天下生灵之流弊，即有不可胜言者。此则皆缘于不知其在个人之反省中，所呈现之"居于一切所对事物及自身之血气之上层之心"，一落到与其他人物正面相接时，便须即浑忘其性理之自足与其所已知之理，以由上层落下，使此心知内在于身体之血气之中，而更不冒溢于此血气之上。此即极高明者之所以于平居对人应事之际，仍须道中庸，而自视不异于常人；乃能与常人同本此血气之身，而运其心知以接物；于物之理，不敢以意见为评断；于人之情欲，亦更不执意见为苛责，而后方可言君子之温良恭让之懿德。此则东原之言，未尝不可为主宋儒之学者之诤友，而其言亦有足资为宋儒之学者之反省者在也。

至于焦循之论性，则大体皆本东原之言血气心知之义，而又径以饮食男女为人性之大端。故其于《孟子正义·告子》章"食色性也"，注曰："饮食男女，人之大欲存焉。欲在是，性即在是。

人之性如是，物之性亦如是。"然又谓"人与物之别，唯在人有心知，知欲之限而不逾，知有五伦以相亲相治"，此人与物之异，又本于"禽兽之情，不能旁通"，"人之情则能旁通"，其"情之阴则受治于性之阳"，是"性之神明……使之善"（《告子》章句"非才之罪也"注）。故唯人性为善。而孟子之言性善，亦唯指人为说。遂不同于程朱之以理释性者，谓万物之同有是性，禽兽蜂蚁，亦有其一隙之仁义之论。又焦循于此人性之善，既唯自人之情之能旁通处说，而由此情之不断旁通所成之德，即为原于后天之学者。故由此而致之善，亦皆由于学。焦循与东原亦皆同重自此人之后天之学，以言人禽之异与人性之善，而不自人本来已完全具足之形而上之理性，以言人性之善。此类之言，屡见二氏之书。按昔荀子以人之善待于学，故言性恶，董子以人待教而善，故言性非善。而戴东原、焦循，则由人之能学以言性善。同重此一学，而有此三型人性论之异者，亦唯是观点之异耳。

按焦循人情能旁通之说，乃本于《易传》"旁通情也"之言。彼既本此观念，以之注《孟子》，又以释《易》之全经，而作《易通释》等言《易》之三书；并于《论语通释》中，以通情释孔子之仁与一贯之道，可知此为其思想之中心。其重情之旁通，乃谓即情可以见性，由此而足矫汉儒以来之学者之贱情贵性之弊。吾于《原心》一文，亦尝论先秦孟子之学，本为即情即心言性者。第三章论《礼记》一节，亦尝辩此即情言性，乃先秦儒学之本旨；而《礼运》《乐记》之言礼乐，尤重本乎人情。然荀子之言礼及《礼记》中如《坊记》与后儒之言礼，乃或只重礼为人之情欲之约束防闲之一义，而世之尚礼法者，乃或不近乎人情。汉晋之学者，更本情恶之论以绌情；佛家与宋明儒之言心性，亦贱情识与情欲。此其所贱之情，虽皆有所特指，然要皆未能兼对人情之贵者，亦郑重以言之。则将无以导天下人之正常之生命情感，使之咸得抒发而畅流，是固当更补之以重情之论。此在宋明以来之学者，固亦多有即情见性之言；而王船山更大倡尊情之论。然习斋则重身体力行而忽情；东原虽言同人之情、遂人之欲，而其为学重在知，乃于旁通人情以自求光大而成德之旨，未能备足。焦循则庶几乎于此意。顾其虽向往于《礼记》之即人情言礼乐及《易》之"旁通情也"之旨，而又徒知疏通文句以为之证，故言多拘碍而不切挚。此即尚不如船山之能以其深闳之识，磅礴之气，以发挥气质之用、性情之德，于事功之树立与诗礼乐之教化者也。[1]

五 总述宋明清之心性论之发展

吾人今试更回顾此整个之宋明清之言心性思想潮流之发展，则当谓此一思想潮流，乃开自周濂溪张横渠之重视"此客观存在之宇宙之真实、人物之性之真实、自然生命之流行，原有天之诚道立于其中而生民之命，人亦当有以立之之道"而来。将此思想，与其前之佛家思想，对较关联而论，则此一思想之潮流，又如原自"为中国佛家思想之所归"之"能涵天盖地或涵盖乾坤之自性清净之如来藏心"，再自己超越，以吐出此天地或乾坤，视为客观存在，而更求客观的建立人道于其中而来。缘此而周张之外之邵子，更言以物观物，而兼观万物之象数与历史之变。此皆为《中庸》所谓"致广大"之功。至明道方转而即吾人之生而谓之性，伊川更即性以言理，此则初意在显此能自立于天地间之人道之尊。缘是而朱子一方将宇宙人生之理气性情，自上下内外，加以展开而说，一方更言人心之能通理气、统性情，绾合上下内外，以为其枢纽。象山再言此心之即宇宙，而此心之至尊而无上之义亦见。象山之言乃由致广大，而亦更上达以"极高明"。杨慈湖又进以言天地之变化，皆吾精神之所运，亦即一心之变化，以言己易。陈

---

① 拙著《王船山之文化论》(《学原》三卷一期)。

白沙亦言才一觉即物小而我大，物有尽而我无穷。阳明崛起，而言良知为吾心之灵明，即天地万物之灵明，而良知之知善知恶，为善去恶，以裁成万物，即所以生天生地。此则更以一心、觉、良知，涵盖乾坤之说。龙溪更超此良知所知之善恶，以达于无善无恶而至善之一念灵明，于混沌中立根基，外示尘劳，心游邃古。双江念庵直契未发之寂体，依寂通感，旁通无穷。心斋即身即生言学，至近溪更即乾知坤能言仁体。皆是言心性至极高明之境。东林之言一点至善为真宰，此体愈穷愈微，蕺山之以人之意根之为独体，如天枢转于於穆，则由言心之高明，更于此心求"极精微"，以更无余蕴。而此皆同为意在由尊心以尊人也。

　　及乎梨洲船山以降之学者，更由此明儒之通天地为一之心，再自超拔之，以观客观之天地之化古今之变，则如儒学之自其心学之流中，更自放出此心，以旷观世界；乃皆善言治道，以成就礼乐文化之事业，以为万世开太平、为生民立命。此则出于尊人类之历史文化之相续不断，望人之生命之代代相继于无疆之志，而缘是以尊气质、尊生、尊情才，并尊此生与情才所化成之人文，既皆由船山畅言之；则船山之学，可谓由明人心性之学之高明精微，而更还求于"致广大"，如吾人前论船山之所及。至彼颜习斋、戴东原、焦循之言，则弘阔不足与船山比。习斋意在务当世之所急，而期在当身之实用，未能如船山梨洲之兼志在通古今之变。然其重习行而切事务，则可谓能不务高明广大，而锐志以求"道中庸"。戴东原、焦循以心知不离血气情欲，而重同民之欲遂人之情，亦皆循此道中庸之意而来。然纳诸于周张所开之近代儒学之大流以观，则顺其初之重在此客观宇宙中立人道之志，而尊理、尊心、尊独体之思想之发展，亦非至"此并人之气质、生命、情才、身体与一般人之情欲，而俱尊之之思想"不止。若不尊此气质生命以及于一般人之情欲，要不可言人之成其客观之事业，以立人道于世间。此必见诸事业，志伊尹之所志，固周濂溪所已言之于先者也。今就此清儒之能兼尊此等等，以完成此一大流言，则此诸家之言虽平实而缺精彩，然能补先儒之高明之所不及，亦即自有高明；能舍精微以言粗迹，则粗中亦自有其精微；能不外务广大，而归于切实之日用常行，以道中庸，亦未尝不知广大。此则非克就一二人之言以絜长度短之论，而是通此一大流之思想以观之论。是清儒之志亦未可厚非。此中，颜李之业无成，戴焦与其他清儒之功，徒见于考据注疏之事，则可谓能如《中庸》之所谓"温故"，而戴焦亦兼治西来之天算历法之学，则意亦未尝不在"知新"。下此之公羊家之流，则兼欲由温故以开来世，则顾王黄之志之所遗。清末之人，乃更务于知新，以变法而革命。此皆见乎行而形乎事，亦赖人之情欲之鼓舞而后能为。然天下皆尚在行与事，而于人之心性情欲之本源之反省，乃未之能及。情欲兴，而即人之情欲之所以为情欲，乃俱以忘；而中国千年来之心性情欲之思想之流亦断。晚清乃有如章太炎、欧阳竟无诸先生之重拾唯识法相之坠绪，以言性之说。当代又有本西方心理学与哲学神学，以释中国先哲所谓人性之言。此则异流之思想相杂以为论，更未能相观而善，其言遂多混淆失实者矣。

　　大约凡此本印度佛学及西方科学哲学为底据，以释中国先哲之言性者，除恒不免依于不同观点而言之各种类各层次之性，加以混淆之外，又恒不免先高自位置，而将中国先哲所言之性，位之于一较低之层次。如章太炎、欧阳竟无诸先生初年之以善恶心所言孟荀之性，以《中庸》《易传》之诚与乾坤为妄执之自性或末那、赖耶之类。不知自孟子之所谓性、《中庸》《易传》之所谓诚与乾坤，以及宋明儒所谓本心性理，其本源纯属清净，乃与佛之真如涅槃如来藏等在一层次。故欧阳先生晚年亦悔其旧说，终谓《中庸》之天，无异佛家之一真法界矣。至于本西方传来之思想等以论中国言性之论者，则又或以此性即心理学上之本能动机之类，人类学上之人与其他动物不同之种类性之类。初不知中国先哲之言人性，并非只徒视人性为一客观所对，以言其种类性；而是兼本种种不同之观点，以言人之面对天地万物与其理想，而与天地万物亦相感应，所表现之种种心灵生命生活之路向，以言人性。其义理之所极，则在言人性通于天道天理与一切善之源之至善，与圣贤之所以为圣贤之性。故此所谓性，对西方之学言，即与西方理想主义哲学中所谓道德理性、道德意志、超越自我、超越意识，西方宗教神学所谓神性或超性之性，居一层次。彼西来之传教士，以中国先哲之人性，为一其所谓自然性，及彼本心理学人类学，以言性之无善无恶，或只具若干先天本能气质欲望者，盖皆只及于告子与荀子所言之自然生命之性一层次。至学者之由人之性格之形态与人在社会关系中之交互反应之形态，以言人性者，又只及于汉魏人言人在政教关系中所表现之才性之一层次。是皆咸与儒佛道言性之胜义，相距甚远。然五四以来之言中国思想者，亦竟多只知重申颜戴一流之论，而儒佛道言性之胜义，乃日以晦暗而不明，皆宛若归于无义矣。此则不可不博观深究先哲所谓性之一名之诸义，与其义之自何观点而立，其所谓性乃属何一类，居何层次之性，又此诸义之相沿引生以发展出之迹相如何，然后有如实之了解，而可容吾人之作进一步之发挥之资。吾人居于今日，欲自面对宇宙与吾人之理想，以自成为一人，求自尽己心，以自知己性，亦当以诚敬心，面对此宇宙之绿野神州中之先哲，而知其言心言性之为如何，以为吾人之一事，此又即《中庸》所谓"敦厚以崇礼"之实学也。兹更本上文所论，舍其精神血脉，就其粗迹，而将性之一名宜有之诸义，及中国先哲言性之发展，扼要归约，以为最后一章，以便初学之有所持循，并结束本书。

第十七章 总论性之诸义及言性之诸观点，与中国言性思想之发展

一 性之诸义与言性之诸观点

本吾人上之所论，足见中国昔贤所谓性之涵义，实极为复杂而多歧。今先撇开昔贤之说，而唯纯理论的分析此"性"之一名之诸义，盖至少有下列数者：

一、性指吾人直对一人或事物而观看之或反省之时，所知所见之性相或性质；此性相性质，初乃人或事物之现在所实表现，而为我所知所见者。此可称为"现实性""外表性"或"外性"。

二、由吾人所见所知之人或事物之性相、性质，为人或事物所表现，吾人遂思及此人或事物在不为吾人所知时，亦当有此性质性相。进而思及此性质性相，乃附属于人或事物之自身，为人或事物之所以为人或事物之内容或内在的规定，或内在的潜能，或可能、本质（Essence），或所蕴，以至虽不表现而仍在者。此可称为"本质性""可能性"或"内性"。

三、吾人既知人或事物之内性本质，再还观其表现之性相，即以后者之所以有，乃依于前者；而人或事物之本质，遂可视为因、为体；其表现之性相，可视为果、为用。由此而凡一人或一事物之所自生之因或究竟因，皆可称为一人或一事物之体，亦一人或一事物之所以然之性之所在。凡此向人或事物之后面的因去观看思虑，而发现之体性，亦可称为"后性"；或吾人追溯事物之

所以然，至于其初所发现之"初性"。

四、就人或事物之体及人或事物本身，而观其所致之果，或所呈之用，或其活动后所终止归宿之处之所然，而以之为人或事物之性之所在。此可称为"由此人或事物之体之前面之果之用"，以视为此体之性之所在，故仍可称为体性。但此乃向前面、向后来终止处之所然，加以观看思虑之所得，可径名之"前性"或"终性"。

五、克就人或事物之本质，而观其有一趋向于表现之几，或观一潜隐之本质之原有一化为现实或现实化之理，乃以"现在之人或事物之由其体性与现在之如此然"，而正趋向于一将如彼"然"之"几"或"理"，而谓之性。此可称为一始终内外之交之中性，贯乎人或事物之已生者与未生者之当前的"生生之性"。

此五性，乃克就一人或一事物之五方面而言之性。至将一人或一事物与其他人或事物，相连而观，则一人或一事物与其他同类之人或事物，所共表现之性相，是为种类性。一人或一事物所表现之异乎其他人或他事物，或表现其为一绝对无二之个体之特殊个别之性，是为个性。一人或一事物，除能与其他人或他事物有同类之关系外，复能与其他人，或他事物，或其自己，发生种种关系。而将一人或一事物之性，抽象而观时，亦可发现此性与其他之性或与其自身之种种关系。此皆可统称为关系性。由此人或事物间与其各种之性间，有种种关系，进而观其相生或相灭、相成或相反、相顺或相违，即可发见上述之一人或一事物及其性，对他对己对事物或对一定之理想而言之利或害、善或不善、真实或不真实、美或丑之性，此为价值性。此上为将人或事物与性，相对而观时，所发现之相对性。

又凡上所谓对他对己而说之性，亦可改而不对他不对己，而直自其自身以说，则与相对性相对者，为绝对性。如吾人可先说人之爱人利物之性，使其他人物生成，亦使其得自尽之以成圣成贤，是为对他之善，或对己之善。然人亦可以此能对他对己而生之善，皆属于此性之自身，则此善，即所以目此性，而为绝对之善性矣。至于二事物间之关系性，初固唯见于此二事物相关系所合成之全体中。然克就其中之任一事物之"在此全体中"而观，即皆自有一"在此全体中"之性，亦即自有此"与其他之物相关系"之性，而此性即为属于其自身之绝对性。至于一事物或一性对其自身之关系性，则此关系性乃属于此"能自对其自身"之自身之全体，即仍可视为属于此自身之全体之绝对性。此外，一事物之属于一类而表现之类性，亦可由"一事物之有此与其他同类事物为同类"之一特种关系，而将此类性本身，属于一个体，则类性皆成为个体之性，如谓我有"为人类之一"之性；而此个体之性，亦可不对其他个体或其自己以说，则皆成为一属于个体之绝对性矣。此义思之可知。

至于吾人所赖以知事物之种种性之凭借，则系于吾人种种之观看、思虑、反省之态度。此可为一直接的向外观看之态度，由此以直接发现一一人或事物之特殊个别性相。二为由此向外观看所得，进而思虑反省其共同性相、关系性，或寻求其内在之本质、前因后果、体用，此可统为一向外之思省态度。三为直接的向内观看或反省之态度，由此以知我当下知情意等心理活动之性相。四为由此直接反省所得，而进以思虑反省我之心理活动之前因与后果、体与用等，此为向内之思省态度。五为初用向内反省，以自体会得其内心之趋向与生几等，更即以向外观看所得者，为之印证；或由向外观看，而想见一趋向、生机之潜移默运于事物之前后之际，更即以向内之反省，为之印证。此为求向内反省与向外观看二者互证之态度。凡此诸向外观看向内反省之态度等，又可为纯知的静态的反省观看，此乃不须通过我之实现理想之意志行为者；亦可为通过我之此意志行为，以作之动态的观看反省。如由我对他人与自然物之行为，以知他人与万物之性，由我对自己之道德修养以知我之性等。又此动态的观看反省，亦可及于吾人所假想之"吾人之行为在其达最终之理想时，此他人与事物或自己之性之究竟，当为如何、必为如何而实为如何"。此外，吾人之向外观看他人之性，亦可包括观看他人之如何观看我，或他人之如何观看他人；而我亦可由此他人如何观看我与他人，以知他人之性。又由向内反省之态度而自知我之性之如何后，我亦可进而反省他人之如何反省，而知他人之如何自知其性等。于是同用一向外观看或向内反省之态度，其所达之"深度"即有种种之不同。而此外观反省二态度之运用，其所及之范围之大小，又原有其"广度"。此二态度之或表现为静态与动态的，而自持其为静态的动态的之或久或暂，即其悠久之程度或"久度"。由此二态度之运用之深度、广度与久度，再济以人之心思之明或昏，而人由此所知者，乃或粗而或精，或疏而或密，而有种种精密之度。此二态度之相互错综为用，所成之态度，如以动观静，以静观动，或以内观外，以外观内，更归于使内外动静之所观，咸得互证，以便与上所谓内外前后之交之中性，更相应合等，又皆有种种之不同。此即知人论性之所以难，而有种种不同深浅高下之论，乃相悬不可道里计；而古今东西之言性者，所以复杂多歧，人不易观其会通者也。

　　然在此一切复杂多歧之言性之诸论之中，吾人仍可由人之十目所视、十手所指之大处，以知古今论性之言之所会聚之地，与所自出发之观点之大者。此则不外或为由向外观看思省，以知人与万物在自然或社会所表现之共性、种类性及个性、关系性；或为向外思省而知之人与万物，所同本或同归之形上的最初最始之一因或最终果之体性，或形上的实体性；或为由向内观看思省而知之吾人之当前有欲有求之自然生命之性，与有情有识而念虑纷如之情识心之性，更求知其实际结果及原因之体性；或为向内思省而知之吾人之心灵生命所向往而欲实现、欲归止之人生理想性，而即此理想性，以言人之生命与心之最初或最终之体性与价值性。分别由此四方面出发之言性之论，则恒须通过一内外先后之交之性，即吾人前所谓"趋向"或"几"之性，以为转向其他之观点之中枢。此五性，即吾人今可凭之以观中国先哲言性之思想之流变者也。

二 告孟庄荀之四基型

大率中国思想最初所发现之人性，乃由一向内反省之观点，而发现之具自然之生命欲望或情欲之性，如《诗》《书》《左传》《国语》中所谓性，即初不出此义。告子所谓生之谓性与食色之欲并言，亦即指此自然之生命之性。孟子之言人之性不同于禽兽之性，虽初亦似为从自然中看人之种类性之观点，然其言性之善，则直自人心之恻隐羞恶之情中之趋向于或向往于仁义等之实现处或此心之生处，以言之。此即一自人心之趋向与向往其道德理想，以看此心之性之善之态度。此性之善在孟子即人之终能成尧舜之圣贤之根据。故孟子之言性，乃由吾人上所谓趋向之性，以通于有成始成终之道德生活之圣贤之性者。至于庄子则由向内反省，而有见于人之一般之心知之运用，恒使人失其性命之情，而欲复其性命之情；故不以此心为性，亦不以此义之心为最高义之灵台灵府之心。至其所谓自然生命之性，则非只一自然生命之欲，而为可与其灵府灵台之心俱运，以游于天地之变化，而与万物之生命之生息相通者，人乃亦可由向外观看万物之生命之性，以自知其性。此即别于告子之以生言性，而其所谓心，亦不同于孟子之为一纯道德心，而当称之为一能与天地万物并生之虚灵明觉心。至于荀子，则更向内反省及人之自然生命之情欲之趋向于恶，以言性恶，而化庄子之虚灵明觉心，为一当其虚壹而静而有大清明时，能兼知为人伦之统、人文之类之道之全，而古今一度，以成就历史文化之相续之心。吾人尝名之为统类心，或历史文化心。吾人亦可由其向外观看历史文化之统类，以自识其有此知统类之道之心。此心果能知统类之道之全，而依之以行，则此心为道心。勉求上达于道心，未之能及，而不免危栗之感者为人心。荀子言人心之有危，亦可不知道不行道，略似庄子言人心之有险、有心厉、有贼心者。此告、孟、庄、荀四家之论，亦即中国最早言心性之四基本形态。此中之"心"：有其性善者，如孟子之道德心；有非善而须更加超化者，如庄子所谓一般之人心；有超善恶者，如庄子所谓灵府灵台之心；有可善可恶者，如荀子所谓能知道行道，而亦未尝不可不知道不行道之心。此中之性：有单纯的自然生命之欲望之性，而可善可恶者，如告子之所谓生之谓性；有自然生命之欲望之性，而趋向于与心所知之道相违反，亦即趋向于恶，以与善相违者，如荀子之所谓性；又有由自然生命之通之以心之神明，则与天地万物并生而俱适，亦超于狭义之道德上之善恶外之性，如庄子之所谓性；再有克就道德心之生而言其善之性，如孟子之所谓心之性。此中心性各有四种，亦即后之心性论之基本观念之所本者也。

三　四基型之言性之综贯形态

此先秦之四家之言性，盖初不相师，而各自独立创发之思想。后人对之加以综合而泛泛言之者，则为《礼记·礼运》所谓人有血气心知之性。此言即将人之生命性与心知性，皆包括于性中。《乐记》谓人生而静，为天之性，静为超善恶；而其所谓天之性，即后文之天理，则又应为善。由性以有欲以至人化物，又有不善。是为对人性之善不善及超善恶，分别从上与下、源与流之不同层次上说，而加以综合所成之论。至于能在真实义上，求贯通综合此上之四型之言性者，则应为承孟子言心性而来之《中庸》《易传》

之言性。《中庸》未尝言心，而其言由择善固执，而本三达德，行五达道，以成己成物之事，实皆赖乎心之诚明。然诚明之功，要在自尽其性，而明即心知，故不言心而只言性。此《中庸》之教之要义，在由择善固执，以使一切一般所谓不善之心与生命之活动，皆由人之"诚之"工夫，以归于化除。人之诚之之工夫，正由自率其性以自尽其性而来。尽性而无不善，则见一切不善之非性，而足以销化荀子言性恶之义。人能尽性而无不善，即圣人之不思而中，不勉而得，以上达天德之无声无臭之境。此与庄子所谓"入于灵府""入于天""与天地精神相往来""与造物者游"，虽不必全同其义，而其为超一般思虑心知，更不见有善恶之相对之境则同。《中庸》言尽己之性，则能尽人性、物性，以上达天德，而赞天地之化育，则又见此性为吾人之生命之性，而亦通乎万物之生命之性，与天地之化育之德、生物之道者。此即足证此吾人之性，即天之所命，亦即天之生物之道之在于我者。此性根本上为我之道德生活所以可能之性，即孟子义；亦为天降于我之此自然生命中之性，即未尝不具告子以自然生命言性之旨；又为与万物之生命、天地之化育相通之性，即足以包摄庄子"性修反德，……与天地为合"，"周尽一体，……性也"，以游于"变化之途"之旨。然《中庸》谓人尽己之此性，即兼能尽人性、尽物性，以成己成物，如天道之兼生物与成物，皆本于一诚；唯天下之"至诚"而后能化，又化必归于育。则纯为儒者之传，而非庄子之所有者也。

至于《易传》之所以亦为一综合之论者，则以《易传》之言"继之者善也，成之者性也"，"成性存存，道义之门"，其本在孟子性善之传，正与《中庸》同。而继之之善，原于一阴一阳之天道，而《易传》于天道，尝言何思何虑，即天道为超于思虑中之善恶之上之境。《易·文言》言"大哉乾元，万物资始……乾道变化，各正性命"，此性命即自然万物之性命，亦即指一切自然之生

命。以天道观人，人亦初为万物之一，而有其自然之生命者。然
人之自然生命中，又即原具德性。人能神明其德，而可穷理尽性
以至于命，与天地合其德，则人之自然生命同时亦为一道德生命、
精神生命也。

至于《易传》与《中庸》之不同，则在《中庸》虽言天命之
谓性，亦言天道人道，同本于一诚，然重点乃放在"人之如何自
己率性修道、尽性，以成圣，而上达天德，亦见圣道之同于天道"
之主观内在的工夫中之一大段事上。而《易传》之重点，则放在
"人之运其神明之知，以客观的仰观俯察一变化之道之弥沦天地，
而神明之知，存乎其人之德行"上，则玩易亦君子之事，而穷理
即所以尽性以至于命。既知天地变化之道，而更进退存亡不失其
正，即圣人之所以裁成天地之道、辅相天地之宜，亦人道之所以
配天道地道，以成三才，而尽性至命之功业之所在。然此在《易
传》属第二义，其与《中庸》之重点放在先自率性求尽性，以归
于上达天德、天道者，固不同也。故《中庸》《易传》虽同为合内
外、彻上下之圆教，然于上下内外之先后轻重之间，仍有异也。

四　秦汉以降至魏晋之种类性、关系性与个性

秦汉以降，本儒家道家重性之旨，而视性为客观的政教之准
则者，有《吕览》《淮南》，此即开汉魏学者之客观的人性论之始。
此客观的人性论，大皆初依于向外观看人性之现实的表现而成。
董仲舒为成就政教之可能与必要，而以人性为"天质之朴"，然于
此天质之朴，则又分解为阴阳善恶之性情而说。扬雄、刘向，亦
同有对人性之分解的说明。汉儒凡以阴阳五行之说言人性者，皆
同以人类为自然界之万物之一类，而可以同一之阴阳之气、五行
之质，为其因本者，乃多以"生之质"之言，为性之定义。至于
后此如王充、荀悦之性三品、九品之说，则是自此生之质所内具

之善恶之成分，以分人为上中下之等类。此中之王充，因其以气说命，以命定性，性之善恶只为一始向，待命而后成者，故有一善恶本身之价值性之观念之暗示。而魏之刘劭，则进而本观人之才性，以定人之品类之观点，以论人之种种才性，在各种相关之情形下之种种表现，与其对社会政治之功用价值之所在。其论又可说为将人从自然万物之环境中拔出，而重在观人在社会文化环境中，如何表现其性者。然此汉儒之说，其初意皆在成就客观之政教，而亦皆同为将人性客观化，就其体质种类关系而观，所成之性论也。

魏晋人之重个性、重独性之思想，则为人在社会文化环境中，更求拔出，而求自别于社会中之一切其他之人，以回到其自己之思想；亦为人之由客观的社会文化世界，再回到个人主观内在的世界之思想。由此而人乃自内反省以发现其个性、独性，而终于发现此个性、独性之本质，即能体无，而一方超拔一切，一方涵容一切，以即一一所遇之物，而观其自然自生而独化之论。此中人固自见其独，亦见万物之无所不独。而此时之王弼、郭象，所以状此一心境之为超善恶之上者，则其言正与庄子之言灵台灵府天君者同；而有异于汉儒之"以性为内具善恶，对政教之成就言，又只为一若无善无恶之朴质"者。然庄子乃于其所谓灵台灵府天君上，言人之见独，而不于所接之物之自生、自然、独化上言独，则庄子于客观义的由万物之自然自生独化而有之个性，尚未能如王弼、郭象之更能重视也。

此上所述中国传统论性之思想之发展，在先秦，所重者是由人之内在的反省之观点，以发见之自然生命性、道德的善心善性、不善心不善性及超善恶之心性等。至两汉，而逐渐转为取向外观看之客观的观点，以观人性，亦更重人性之分解的说明；乃论及人之善恶之成分、品级，人在种种关系中所表现之才性及其种类与才性之价值性，以及自此"种类""关系"超拔而生之个性等。

然此皆又仍兼重在由吾人之心性或生命之能有所趋向向往，其对吾人所趋向向往之道德文化理想之为逆为顺，或才性对客观政教之成就上之功用上言性。即兼重吾人所谓自一事物之前性或一人物之"向其前、向其终，以生，以发展，以有所实现之趋向或生几"上，观性；而非徒"由向后追溯一人物之现实的生理心理活动所自发之原因、实体或潜伏而未实现之本质"，以观性者也。

五　佛家之向内思省追溯所见得之性：所执之自性、空性或"无自性"性、体性与佛性；及佛家言性之善恶之四型

上文言由中国传统思想，不重向后追溯所得之原因实体及潜伏之本质以观性；然印度之论性，则正是初本于一自"事物之潜伏而未实现之本质"，或"最初之原因本体"以观性者。印度哲学中所流行之"自性"之一观念，即一潜伏而未实现之一本质之观念。唯此观念，则首为佛家所否认。探此观念之起源，亦实初由吾人所观得之事物之表面之性相，抽象而形成一观念之后，再推之于事物之内部或后面，以形成者。此自性观念本由吾人所构成，只依心而有；而人妄以之为实在、常住者，并妄以为缘此自性，即有实在事物之生；乃不知：任何事物之生，皆待其他事物为缘。事物之缘聚为生者，无不缘散而灭，更无常住者。故此自性之观念，只为一妄执。佛家之般若宗即为破此自性之观念最澈底者；乃由缘生以讲空，而空亦不能成所执，亦非自性，故谓空亦空。般若宗之所谓法性空性，即以无自性为义，亦即一切法之无自性性。万法之空性法性，既即万法之无自性性，此性之义乃对任何法，皆只有遮义而无表义。唯因其可对一切法而说，故有一普遍的遮义。吾人亦可说一切法皆有此空性。而所谓一切法皆有空性者，亦即于一切法，吾人皆不能对之执有自性，此自性之

观念，对之皆不能用，吾人皆当在其前，见此自性之观念之虚妄，而实去此虚妄，以成吾人之般若智而已。故此空性法性之名，虽可遍用于万法，而亦可称一切法之共同之类性。然又不同于一般之类性，因其无积极之内容，而只有一消极的"无妄执之自性"之内容。此内容，又唯为般若智之所证得；亦实即般若智既去其一切之妄执自性之后，"其自身之无此自性之相"，反照映于其"所照之一切法之上之无自性性"，而非能离此般若智以言者也。

由上可知，佛家般若宗所谓法性空性，乃一特殊义之性，因其为似属于客观一切法，又实不能在一切法中，得其存在之地位；只依于主观方面之般若智中之无此妄执之自性，而反照映于此客观之一切法之上之无自性性也。至于真正由客观的观一切心色诸法之当前所表现之相状、性相、性质、关系等，克就其自己之如是如是，以思省其对自身而为如是如是，以谓其各有一义上之自性外，更由是以反溯其原因或"所依以生之体以言性"者，乃唯识法相宗之流。依此宗，诸法之性相，或同或不同，即可以加以类分。诸法所依以生而为其体为其性之所在者，亦有各种类之不同。又体又有体，体性亦有不同深度之体性；愈具深度之体性，即愈为潜隐而未现实者——如赖耶识，其体之用，即最潜隐而不易见者。此外，尚有诸法之关系性，如其他种种之因缘性。又有诸法之价值性，如善恶染净等。此乃可依诸法之有种种之类，而各有其体用，与种种直接或间接、同时或异时、为主或为辅之因缘关系，而或相生或相灭等处，加以说明者。此即唯识法相宗所以于性相、体性、类性、关系性、价值性等诸类之性，所论皆备之故也。

般若、法相唯识，为纯印度之佛学，经鸠摩罗什、真谛、玄奘之传译，僧肇、窥基等之弘扬，其根本精神亦未大异。故僧肇之所谓性，亦同般若宗之法性空性，而无中国传统之生之义，亦不涵有所趋向向往之义。僧肇所谓住于一世之性，实只为一性相之性。在中国佛学中，唯《大乘起信论》及天台华严之流，能本印度《华严》《涅槃》《法华》之自"学佛之终极理想或最后果，成佛所以可能之心性根据"，以发展出种种以佛性、自性清净心、清净如来藏心或心真如，为吾人之心识之体，或究竟因所在之论。此由人学佛时之前面之最终理想在成佛，以观人之自始具此佛性、自性清净心等心之观点，则与中国传统思想之由趋向向往以看性之路数为近，而此一流之佛学之所以更能生根于中国，其故亦在此。

大约在印度之小乘佛学，因勤求出离，乃以现实人生为流转之染法，而人之五蕴之性皆染，即皆不善。唯识法相宗则以种子有善恶染净，而赖耶识之自身则又无善无恶，此即以无善无恶者涵净染善恶之性之论也。《涅槃》《华严》二经，直就佛性佛心以言人可成佛之性，则为纯善者。《大乘起信论》本自性清净之一心，以生二门而具染净，则是以净心而摄染净善恶者。至天台宗则由此以言性具善恶染净，以言佛性有恶者。华严宗言真如随缘不变，则更重此真如之净，乃虽表现为染净，然实不染，而未尝不净者也。至禅宗之言一自性本心而无善无恶、非染非净，则是由心性之净，以更及于其超染净善恶，而无染无净、无善无恶者也。是见佛学中亦有言性恶、无善无不善、性善、超善恶之四型。其归趣之别有所在，涵义之另有特殊之处，固不碍其与前此之中国思想之言性之亦有此四型者相类也。

六　宋儒言性之观点态度与佛家之不同，及周程之观点

由李翱至宋儒之周濂溪，重提出《中庸》诚之观念，以为天人之道与人及万物之性之本。周濂溪之言由太极之动静，而有阴阳五行，以化生万物，及横渠之由太和之道以生人物，则根本为《易经》之路数，而摄《中庸》之义于其中。邵康节之观象数，亦

为易学之精神。然周、张、邵之言人性，同重此性之为一能生而能成，以有所实现之性，此即一直接由其前面之用，以见得之人性。此非如佛家之唯识宗之由向后追溯人之现实之活动所自生之因，以见得之种子赖耶之类，而较近于《大乘起信论》等所谓能由本觉以显现为始觉之心真如、自性清净之如来藏之类。其不同，唯在彼所谓心真如、自性清净之如来藏，唯能由其自己之实现，而使人成佛更度众生者；而周、张、邵所谓能实现之性，则一方可使人成圣成贤，一方亦可实现于"客观的成就其他之人与自然界之万物之事业"，或实现为一"以物观物之心"，以使物亦得实现其性，而呈现于吾人之以物观物之心之前而已。

至于程明道之以即生而谓之性，言人与万物"生则一时生，皆完此理"，乃由浑然与物同体之仁，以识"此道之与物无对"，则此乃初自人之能浑化"其自身与万物之为不同类而有之分别"处说。此乃扩大一人之生命之个体，而如以全宇宙为一个体者。其《定性书》之旨，言圣人以心体万物而无心，以其情顺万事而无情。此与王弼之圣人之有哀乐以应物，又能体冲和以通无者，其相去只在一间。明道之圣人之喜怒，依理之是非，以物之当喜而喜、当怒而怒，故喜怒不系于心；而王弼之圣人则唯赖其神明茂，而体冲和以通无，以不伤于哀乐。王弼之圣人，无明道所谓"仁者之生物之意，浑然与物同体之感"，王弼亦未能如明道之言，视天地万物与我皆同此一生生之道、生生之性也。此明道之通我与天地万物为一体，以见其同此生生之道、生生之性之言，除包涵《中庸》之言诚，以"合内外"之意，亦与《大学》之教，重"通内部知意心与外之家国天下为一"之旨，遥相契应。故程子由重《中庸》而兼重《大学》。伊川承明道而由重诚以重敬，兼以致知穷理为工夫，而谓性即理。伊川言此性之为理，以明客观普遍之大公之理，即吾人主观特殊之生命之气之流行之性。则理不外于性，性亦不外理，而内尽己性、外穷物理为一事。此正所以申明道之言合内外之旨。此中之理乃当然之义理、理想，而此义理、理想之所在，即性之所在。故顺理想而有知与行，即穷理以尽性之事。此性此理，为一有其前面之变化或动用者，非如一般所谓为所对之事物性质性相之为一定不易；亦非只由反溯当前事物之原因，或所自生之体，方加以建立者；而是由吾人内心之自体贴得确有此性此理，具有导吾人之知行之动用，而后方亦说其为寂然不动、感而遂通之心之体者也。

七　朱子之观点，与陆王之承孟学传统及清儒之观点

至于朱子之言性即理，乃承于伊川；而其言理即太极，则通于濂溪；言心统性情，则本于横渠。性以通于太极之理，而益见其尊严。性具于心而见于情。心虚灵不昧，具众理为性而以情应万事；其知乃能即凡天下之物莫不因其已知之理，而益穷之，以至乎其极；其行则足以成物、修身、齐家、治国以平天下。是见此心，其性理、其情、其知、其行之广大。至其言此心之善，则是由"性即理，理善而性善"以说，此乃本于伊川。然其意亦在通于孟子。至于其以心外穷理，而重心之知物理，并以心之本身只为一虚灵之知觉，可尽性合道以成道心，亦可不尽性合道而止于为人心或流于人欲，则其论又略有似于荀卿之言心。朱子之思想之方式，既不同于周、张、邵之由外观宇宙以观人，亦不似明道之直下浑合内外以为一，复不似伊川之言性即理以穷理即尽性，而贯内外为一；而是重在于天道人道之上下内外之各方面，皆一一加以展开而说，此乃兼求尽量运用向内反省与向外观看之二态度，以言心性，而有之思想也。

然与朱子并世之象山，则直接依内在之自省自悟，而言心即理。此则更同于孟子之即心言性。象山之以孟子之先立乎其大者为教，亦足见其对孟子最能相契。慈湖即心之精神之运以见易，

白沙言端倪之觉。至阳明之承象山而言致良知，以好善恶恶，则又是摄《大学》之诚意之教，于此本心之良知天理之实现历程之中。此皆可谓孟学之流。在阳明学派中，双江、念庵反求心之寂体，龙溪即一念灵明以悟即本体即工夫，近溪言不学不虑之天德：此皆意在超拔于一般善恶念虑之上。此诸贤之言，乃类于《中庸》之以不思不勉言圣人之达天德，《易传》之以天下何思何虑，言天地之道，亦似庄子之言灵台灵府之位在一切思虑之上；并与禅宗之以心体自性为无念无相、无善无恶之旨，同为在一层面上之说法。而观近溪之识仁体于"此心与己之生及天地之生"，三者之合一之中，以见乾知坤能，皆不外此仁体，而达天德，则又近契明道以浑然与物同体言仁之旨，遥通于《中庸》尽己性以尽物性，以赞天地之化育之旨，并以此心之"知"，契合于易道中之"乾知"，以此心之"能"，契合于易道中之"坤能"之说也。

至于东林学派刘蕺山之再即气质以言性，似汉儒即气言生之质、生之性，而实大不同。盖汉儒即气言生之质即生之性，非待外来之教化，即不能自善，因其只是气，只是质也。东林蕺山言性只有气质之性，则此性乃是理，而此理仍为定向乎善者。故此性在气中，固自善；即其所在之气质，亦与此性之善俱善。故此只有气质之性之说，初非意在纳性于气质之中，以泯其善，而正是由此气质中之有此性，以广见此性之善于此气质之中。而蕺山尤善言此性体或意之自为主于一元之气之自无而有、自有而无之周流不息之中；故亦能自变化其气质之粗，以成此至善之流行。则此性之在气质之中，未尝不奥密而深隐，亦超乎一般所谓气质之上者也。

自象山阳明以下之言性之说，皆是人直接内部反省其道德的心性而生之说，无论如象山之直下发明一与理为一之本心，慈湖之言"心之精神是谓圣"、白沙之言"静中养出之端倪"、阳明之言致良知、双江念庵之言寂体、龙溪之言一念灵明、近溪之即生言仁以达天德与蕺山言意根之至善，皆初是由人在道德生活之自反省其正呈现之道德心、道德意志或道德生活之内容、初几、归向而立之论也。

明末之王船山，则规模弘阔似朱子，而亦兼取内在的反省与客观的观看之态度，以论天人心性与历史文化之道。而其重命日降、性日生之义，则更为能极中国思想之重向前面看生命心性之意义者。至于克就其反对明儒之只知重内心之反省处看，则其思想态度为由内观，以转向外观自然之化与社会历史之变者；而其精神，则近承横渠为生民立命之言，遥契于《易传》之以继言善之旨，而更重慧命之相续无间，以广天地而立人极者。至颜习斋之重气质之性与身体之习，戴东原之以血气心知为性，皆是通心与自然生命以言性之路数。唯习斋更重身体之动，而东原则较重心知之能静察外在事物之条理，二人一重行、一重知为异耳。戴东原之重以心知观外在事物之条理，既与考据训诂声音之学之流相接，而与西来之科学精神更相契应。此亦即民国以后提倡科学者或善言考据之学中科学方法者，恒喜东原之学之故也。

吾人上循历史之次序，以综述中国先哲言性之思想之变迁，亦当略及今日流行之性之一名之义。此则当回到本文第一章首之所言，即今中国流行之性义，大皆本于一客观的观点所言之人物之性质性相。此乃由向外观看而继之以思省之态度所发现，如上所谓由向外观看之态度所知之外性。及缘此外性，而知之人物之"本质性""可能性"。至将人物相连而观，则今人又重在知人物之种类性，及其在种种相对的关系中所有之关系性。此乃一方缘自佛学中所重之性相因缘性等观念，已融入中国思想之故，一方亦由西方之科学哲学之观点，原着重向外观看人物之现象、性相、性质，并求对人物之未来加以预测，以便加以利用，遂亦重对人物作种种类别之类分，与其可能性之思索，及种种关系之研究之故。然于中国之佛家所谓遍于一切法相之空相空性，以及儒家、道家、佛家纯缘向内之反省之态度，通过我之动态的意志行为，而识得之内在的理想性及体性，以及本文所谓居内外前后之交之中性之生几等；则今之为西方科学哲学宗教之学者，盖知之者甚鲜。即有类似之观念，亦初不名之为人物之性，而只视之为上帝性、神性之类。此乃由世之分裂天人，不能降神明以内在于人物而来。凡此所及，皆非一二语所能尽。然要之，可见今日一般流行之言性之义之局限，未足以通全幅中国先哲言性之思想之广大、高明与精微，而此正为种种混淆之论所自起者也。吾今之对各种言性之思想，一一加以分疏，而不另为之综合；盖亦重在先去此种种混淆之论，以免其相蔽相障之害；并见其在不同之观点下，皆各有千秋；小德川流，大德敦化，尽可并行不悖，方见此中之思想天地之广大。庶几会而通之，存乎其人，而人亦皆可各自求有以达于高明与精微也。

原德性工夫　朱陆异同探源（上）
——程陆之传及程朱之传与工夫问题

一　朱陆异同之问题

　　朱陆异同为中国儒学八百年来之一大公案。朱陆在世时，吕祖谦即以二家之言有异，而约为鹅湖之会。据史所载，其异点初在朱子以道问学为先，而象山则以尊德性为本。世或由此以泛说二贤之别在此，然实不甚切。近人或竟谓朱子之学，要在由道问学以开清人考据之学，及近世之重科学知识，则离题愈远。按鹅湖会后，朱子《与项平父书》谓："子静所说是尊德性事，而熹平日所论，却是道问学上多了，今当反身用力，去短集长，庶几不堕一边。"则朱子固无专主道问学之意也。《象山集》载门人谓朱子重道问学，而象山谓：不知尊德性，焉有所谓道问学？然儒者又焉有不尊德性者？朱子固重温故知新，博学多闻，然观其书札语录，大皆以心性工夫与友生相勉，其所尊在德性，志在为圣贤，又复何疑。象山尝以伊川及朱子持敬之说为杜撰，又以朱子之学"揣量摸写之工，依仿假借之似，其条画足以自信，其习熟足以自安"，谓为朱子之大病（《象山全集》卷一《答曾宅之》及卷三十四），又尝与门人步月而叹，谓朱子如"泰山乔岳，只可惜学不见道，枉费精神，遂自耽搁"。（《全集》三十四）是皆自朱子于德性之工夫有所未济说，亦未尝泛说朱子不知尊德性也。朱子于象山，尝谓其为"十分好人""八字着足""于心地工夫，不为无见"。（皆见《语类》卷百二四）则亦固尊象山之能尊德性也。朱子又谓："子静门人类能卓然自立；相见之次，便毅然有不可犯之色。"（《语类》卷百十三）则见朱子兼尊象山门人之能尊德性也。至朱子之所以不契于象山之学者，则固尝谓："子静千般万般病，在不知气禀之杂。"故谓其工夫，乃未必不出于人欲之私云云。（《语类》卷一二三）然此亦是自象山之尊德性之工夫，尚不足以变化气质，而去人欲以说。朱子之偶及于象山之不读书、不务穷理，亦只意谓其缺此道问学之功，则于德性有亏，非谓朱子徒以道问学望于象山也。象山自言"于人情事势物理上做工夫"（《象山全集》三十四），又言"自古圣贤发明此理，不必尽同……理之无穷如此"（《象山全集》三十四），亦非不知格物穷理之义也。自二贤一生之学而观之，其早年鹅湖之会，于尊德性道问学之间，略有轻重先后之别，不能即说为根本之不同甚明。而朱子与象山在世时讲学终未能相契，其书札往还与告门人之语，或致相斥如异端者，乃在二家之所以言尊德性之工夫之异，随处可证。后之王阳明近象山，其所以不契于朱子之学者，亦要在对朱子于存养省察与格物穷理，及知与行之工夫，加以并列之说，不以为然，未可缘之以学至于圣人；乃疑朱子之学之不免分心与理为二，其格物穷理之言，不免流于认理为外，而较契于象山之心即理之说。是见在阳明已知朱陆之异，不在尊德性与否，而在所以尊德性之工夫与对心理之是一是二之根本见解之异同上。然阳明又为《朱子晚年定论》，谓朱子晚年之学，未尝不以心与理为一，而即心以知理，亦类同于象山发明本心及其致良知之说。是则谓朱陆始异而终同，若前此程篁墩《道一编》所论。其时罗整庵，则谓阳明取以证其说者，如朱子答何叔京之书之类，正出于朱子之早年。整庵著《困知记》又谓佛家之所以异于儒，在知心而不知性，则象山阳明只言发明本心致良知，皆知心而不知性者。于是唯有程朱之兼言心与性理者，方为儒学之正传矣。整庵与阳明之宗主不同，然其以朱陆之异在心与性之问题则一。下此以往，凡主程朱者，皆谓陆王之重心，为不知格物穷理而邻于禅。如陈清澜《学蔀通辨》，论朱陆早同晚异，陆学唯重养神，张武承王学质疑，亦疑阳明言非实理也。王学之流，则又皆明主心与理一。周海门编《圣学宗传》于朱子之一章，亦多选取朱子之言心与理一，而即心即理之言，以见朱子之未尝有异于陆王。则言朱陆之异同，当在此心与性理之问题上措思，固阳明以降宗朱子与宗陆王者共许之义也。钱宾四先生《中国近三百年学术史》，于李穆堂一章，提及穆堂著《朱子晚年全论》，取朱子五十岁后书札三百五十余条，又言朱止泉著《朱子未发涵养辨》，皆谓朱子之未尝不先尊德性、务涵养而重践履，而合乎陆子。此二书愚皆愧未及见，钱先生书又未详及其内容，亦未知其于此心与性理之问题，如何看法。唯窃谓今若果只言朱子未尝不尊德性务涵养，则此本可不成问题。朱子之言涵养，尝经思想上之曲折，其言涵养之归趣，与陆子未必同。今如缘二贤皆重涵养，谓朱陆本无异同，则又将何以解于朱陆在世时论学所以不相契之故？又何以解于后世之宗朱或陆者，其学风所以不同之故？以此言会通朱陆，抑亦过于轻易。唯吾既未见二家书，亦不能更作评论以自蹈轻易之失耳。

　　吾今此文所欲论者，是朱陆自有同异。此同异固不在一主尊德性一道问学，二家固同主尊德性也。此同异亦初不在二贤之尝形而上学地讨论心与理之是否一，而初唯在二贤之所以尊德性而学圣贤之工夫上。对此心与理之问题，彼程朱之徒，谓陆王之学，只知心之虚灵知觉而不知性理者，固全然为误解；而阳明以降之学者，谓朱子以心与理为二，而主格物穷理为义外之论，亦要看如何说。朱子固亦尝以佛为以心与理为二，吾儒以心与理为一；又谓象山不重格物穷理，为视理为外，乃义外之论矣。实则求心之合乎理，以使心与理一，亦程朱陆王共许之义。心不与理一，则心为非理之心，而不免于人欲之私。必心与理一，然后可以入于圣贤之途，儒者于此固无异辞也。今谓象山以心与理为一，乃要在自象山之视"满心而发，无非是理"，而教人自发明此即理即心之本心上说。朱子果有以心与理为二之言，则初是自人之现有之心，因有气禀物欲之杂，而恒不合理，故当先尊此理，先有自去其气禀物欲之杂之工夫，方能达于心与理一上说。此工夫所达之心与理一，是否即此心与理合一之本心之呈现，而外无其他，又在此现有之心尚未能达心与理一之情形下，是否此心与理一之本心未尝不在，固可为朱陆之异同之所在。然此异同，亦属于第二义。在第一义上，朱陆之异，乃在象山之言工夫，要在教人直下就此心之所发之即理者，而直下自信自肯，以自发明其本心。而朱子则意谓人既有气禀物欲之杂，则当有一套内外夹持以去杂成纯之工夫，若直下言自觉自察识其心之本体，则所用之工夫，将不免与气质之昏蔽，夹杂俱流。此在后文皆当详说。是见此心理之是否一之问题，如只孤提而纯理论的说，尚是朱陆异同之第二义而非第一义也。

吾人谓朱陆异同之第一义在二贤之工夫论，唯在此工夫论之有此异同，而朱陆乃有互相称许之言，亦不免于相非。至在朱子晚年之言论，如王懋竑《朱子年谱》所辑，其非议陆子之言尤多。朱子既注濂溪横渠之书，又编《二程遗书》，而其言主敬致知之工夫，又皆承于伊川，乃于二程之学，表彰不遗余力；而象山则言伊川锢蔽深。后世遂以朱子为周张二程之正传。守程朱门户之见者，更咸视象山为异端。然象山亦尝称明道，又象山之学虽自言得自孟子，若于其先之宋儒无所承袭；然其发明"此心即理之本心"之工夫之教，以及缘是而有"宇宙即吾心，吾心即宇宙"，"以己之此心此理，通四海古今之圣贤之心"等言，在其前宋代之诸理学家之言中，亦多有类似者。明道、伊川、上蔡、龟山、五峰之言，固皆有足为象山之先河者在。而朱子之不契于象山一型

之教，亦不由对象山而始。实则朱子早对明道伊川以及上蔡龟山
五峰之言之类似者，皆先已有所致疑。朱子之大不契于象山之言，
亦由来者渐。其以象山为近禅，而举其辟佛之言以责象山，亦正
如其所先已致疑于明道以下诸贤之论。朱子盖早已意谓其前诸贤
之以直下识仁或察识本心为工夫者，皆不知人之气禀物欲之杂，
而其工夫乃皆不能无弊者。由是而后，朱子有其涵养主敬、致知
格物穷理为先，而以察识省察为后之工夫论，以救其弊。然朱子
则未知其所言之工夫论，亦不能无弊；复未知欲救一切工夫之弊，
则正有待于象山所谓自信其本心，而发明其本心之工夫。又朱子
之主敬涵养致知之工夫，虽本于伊川，其所欲涵养之心体，则又
实并不全同于伊川所言之心体，而转近乎与伊川问答之吕与叔与
象山所言之心体。至于朱子之言涵养心体之论，所以不同于伊川，
又由朱子对程门自龟山、豫章、延平传来之言涵养工夫之论，与
五峰之言察识之工夫论，困心衡虑，历经曲折，而后自定其说。
由是而吾人欲论朱陆之异同，必须上溯二家之渊源，以见其同原
于二程之学，而所承之方面，有相异之处，则有程朱之传，亦当
有程陆之传；又当溯朱子之言工夫所以不同于象山，其渊源于程
门以降诸贤所论之工夫问题，及朱子所历经之曲折而后定者，果
何所在。故吾人之下文，将首述二程以降诸贤之言，足以为象山
之说之先河者，次当述朱子之所以疑于此足为象山之言之先河之
说之故，纯在朱子之意其未能针对此人之气禀物欲之杂，然后可
进而言朱子之所以不满于象山之只言发明本心之工夫之故。吾即
缘此以更进而详评朱子对象山之言不免有误解，与朱子所言之工
夫论亦不能无弊。再继以言欲去一切圣贤工夫之弊，正有赖于人
之自信得及如象山所言之本心。最后则就朱子所言本心之体之别
于伊川，转近于象山之处，以言循朱子之学再进一步，即同于象
山之教，而见二贤之论，正有一自然会通之途。故于此二家之言，
不待于吾人之谓其无异，亦不待吾人之强求其同，更不待吾人之

自外立说，将二家之言，各取一端，截长补短，为之综合。此则吾人之此文所欲次第申论者也。

　　吾之所以写此一文之因缘，由吾确信宋明儒之学，同为尊德性之学，诸大儒无不归在践履，吾人学之，亦当归在是。然就诸儒所以成其践履之义理而论，则诚如象山所言，千古圣贤，同堂共席，亦无尽合之理。然吾又确信殊涂自有同归，百虑终当一致，方见天下无二道、圣人无两心，则朱陆二贤之言，自应有通处。故吾于八百年来一切和会朱陆之论，对其用心，皆未尝视之为非。唯意谓会通之不以其道，则亦徒增轇轕。大率昔之为会通之论者，皆自二贤之成学后之定论处用心，而未自二贤之学所以成之经过，所感之问题，与其成学之历史上的、理论上的渊源所自上用心，则会通之也难。程朱陆王之徒，其门户既立，通之尤难。吾今之所为，意谓陆子亦有其先河于二程以降之传，朱子正大有疑于明道伊川以来之论，而有转近陆子之义；皆非故为翻案之论，唯在先破此门户之见。吾下文之论此，则初是顺二贤之言之历史上的理论上的渊源所自，就此中之问题之线索与其曲折，而疏通证明之，志在使二贤之言，彼我皆得，两情俱畅。其态度与方法，自谓差胜昔之自二贤成学后之定论，再求为之会通之难行者。吾于此文之意，怀之有年，然此中义理疑似，诚如朱子所喜言之在毫厘间，亦不易论，而当今之世，抑尚不足以语此，宜先及其径且易者，故未遑论述。近因读吾友牟宗三先生辩《胡子知言疑义》及论朱陆之辩二文。前文就朱子于五峰之学之疑，解纷释滞，以见五峰之学，有以自立。后文就朱陆之论辩，一一为之疏通；而非徒事于排比文句，以为和会。其意乃在明象山学方为上承孟子之正传。吾于斯义，亦素未有疑。因牟先生文之触发，更查考文籍，写为此文。吾文所言，较为平易，学者可循序契入。又吾于朱子所以疑于五峰象山之言之故，亦更顺朱子之心而代为说明，然后及于象山之高明，与朱子为学转近象山之所在，以见二贤之通邮。则吾文又较多若干翻折，更不免朱子所谓援引推说太多，正意反成汩没之病。然欲穷其理致，兼取征信，又势不获已。是则望读者耐心赐览而明教之为幸。

二　辨程陆之传

吾今首将说者，是象山之学固自谓读《孟子》而自得，然自思想史之发展上，观其与朱子之学之差异之根源，则当如前文所说：二家之思想之渊源，皆当同溯至二程，唯所承之方面则有别。后世唯以程朱并称，而不以程陆并称，盖由于朱学之大盛，而宗朱之学者，又皆学术统绪之历史意识甚强，并皆知其学统之如何承周张二程而来之故。然象山一路学者，开口自见本心，则此一历史意识，大皆较淡，故亦未能对其思想之渊源，有一较清楚之自觉，或亦知之而故不言，以免学者之只多此一闻见之知，口耳之学。然今吾人在此八百年之后，对此二系思想之源流，重加以探索，则又固可于昔贤所未能自觉，或知而不言之处，再加一探源反溯之功，而明白提出以说之也。

吾今所以证象山之学导源于二程者，首拟指出象山之言"心即理，以己之心接千百世之上之下之圣贤之心"，据黄梨洲《宋元学案》、周海门《圣学宗传》、孙奇逢《理学宗传》、刘蕺山《人谱杂记》，皆载明道对神宗有同类语。曰："先贤后圣，若合符节，非传圣人之道，传圣人之心；非传圣人之心，传己之心也。己之心又无异圣人之心，广大无垠，万善皆备。"此即与象山言"心即理""四端万善皆备"之语，几全无异。然朱子所编《二程遗书》，未尝载此语。《二程遗书》中，《明道文集》卷二，载明道所奏疏，唯言及"治天下者必先立其志，必以尧舜之心自任，然后为能充其道……推之以及四海，择同心一德之臣，与之共成天下之务"。又谓"所谓定志者，一心诚意择善而固执之也"云云，亦不见上引一段语。然《朱子大全》七十《记疑》又载此段语，谓见诸杂书，更加批驳，以为"务为高远，而实无用之地"云云。朱子盖以此而不编入《遗书》耶？又承钱宾四先生面告：《宋元学案·震泽学案》王信伯奏语同此。乃查朱子《记疑》所引及文亦有见《震泽学案》者，则此语或初出自信伯。然今即据上所引明道告神宗之言，既以立志定志为先，又谓必先以尧舜之心自任，然后能充其道，择四海之同心一德之臣为辅；则亦未尝不隐涵通古今四海之贤圣之心之旨。《二程遗书》卷七又尝言："尧舜知他几千年，其心至今在。"《朱子语类》九十七并为之释曰："此是心之理，今则昭昭在面前。"按《伊川易传》卷一同人卦曰："圣人视亿兆之心犹一心者，通于理而已。"则程子固有以一理通古圣之心与亿兆之心之说也。至于明道之言："仁则天地为一身，而天地之间，品物万形，为四肢百体。圣人仁之至也，独能体是心而已。"又于《识仁篇》言："仁者浑然与物同体……识得此理，以诚敬存之而已，不须防检，不须穷索。"此亦正同于象山以"宇宙即吾心，吾心即宇宙；宇宙内事即己分内事，己分内事即宇宙内事"之旨。谓识得此理，只须以诚敬存之，不待防检穷索，即无异谓除存养此理之外，可更不须省察；亦同象山之言"满心而发，充塞宇宙，无非此理"，"当恻隐自然恻隐，当羞恶自然羞恶"之旨。此皆是谓在此第一义之工夫上，只须正面的直接承担此心此理，更无其他曲折，或与人欲私欲杂念相对而有之工夫可说；亦皆与孟子即就人之四端之发，而加以存养扩充之工夫，同为一直感直达之明善诚身之工夫也。

此中明道之学与象山之言之唯一异点，盖在明道之言心，乃与其所谓性、命、道、气、神等，浑同而说；而未如象山之言心之直标出本心，并扣紧此本心之自作主宰义以言工夫。明道对心与性与气等概念，未尝能如后之学者，明加以分别，并以此心之仁之性，即在"人之自识其自己之生与万物之生，同源共本于一生生之天道、天理、天命之流行处见之"。此己与万物之生之变化流行，皆为一气之流行；故性与道与理与天命之流行，皆贯乎此气；而此心之仁，亦贯乎此气。在明道此一处处浑融贯通而说之圆教中，心之一名尚无一凸显之意义。此中之识仁之道，在直观己之生意与万物之生意之相通，直观天地之生物气象，或直观天地万物之为莫非己体。此尚是横面的"自去己私，以合此内外，即以充扩其内"之工夫；而不同于象山之言，重在"自明本心，而自作主宰，以奋发植立者"之为一纵面的自立工夫者也。由于明道之横面的包摄充扩之工夫，表现在以天地万物与己为一体，及此仁之道、生之道或性之贯乎气一面，而不能离物与气以言；故明道亦同时注意及吾人之气禀，对此仁此道之表现，可为一种限制阻碍之义。而伊川则更重"由此现实的气质与当然的义理之相悬距而生"之种种工夫之问题。此即渐开另一思想之线索，而使明道之思想，并不直接发展为象山之学，而发展为伊川之学，以为朱子之学之渊源者也。

在人之学圣贤之工夫中，恒见有一气质与义理之相悬距，此乃一事实。凡吾人于当然之义理不能知、不能行之处，更一加反省，则人皆可知其气质之中，有一种昏蔽存焉。此中，如人之气清而才亦清者，如天资高之明道，或自觉其气质中之昏蔽较少，可较不感此中之问题之严重。然在一般学者，其资质才力较不及者，则如何去此气质之昏蔽，即为一学圣贤之工夫中之最根本之问题。凡欲以圣贤之道教一般学者，亦须特别注意此一问题。伊川之天资盖不如明道，而又以尊严师道为己任，于是对此如何使人自去其昏蔽，乃另开出一更精切之工夫。此即伊川之"涵养须用敬，进学在致知"之教。此伊川所言之涵养致知之工夫，实较明道之"直以诚敬存此理"之内外合一的工夫，更落实一层，以针对气质之昏蔽，而开出之工夫。敬之工夫，为主一无适，此要在使心自己凝聚；致知之工夫，则要在用此心知之明，以即物穷理，而以通达此心知之明于外。言主敬致知，皆是要自己之心，对其自身，作一主宰运用之工夫。此更不同于明道所言之"直下识得浑然与物同体之仁"之顺适。此种由心对其自身之主宰运用，以主敬与致知，亦即此心之自求去其气质之昏蔽，以使当然之义理或性理，得真正继续呈现于此心知之明，而内外并进，以夹持为用的工夫。此工夫路子，与明道有异，亦非象山之所契。故象山谓读伊川言，若伤我者；又谓"伊川蔽锢深，不如明道之通疏"。然于此克就伊川之教中，重此心之对其自身主宰运用义言，与象山之重此心之自作主宰义，亦实无分别。象山之"心与理一"，"己之心即千古圣贤之心"，"宇宙即吾心，吾心即宇宙"语言中，所表之心之广大与高明义，固可溯源于明道，而象山之言此心之自作主宰义，则虽未尝自谓承伊川而为言，然吾人仍可说伊川之言是其先导也。

今按朱子《记疑》中谓见一书记："昔尝问伊川做得到后，还要涵养否，伊川曰：做得到后，更说甚涵养？尽心知性，知之至也。知之至，则心即性、性即天，天即性、性即心，所以生天生地，化育万物；其次在欲存心养性以事天。"朱子下文谓："此程子之言，乃圣人之事，非为众人而设。"又谓："心即性、性即天，天即性、性即心之语，无伦理。"然实则伊川之自"性之本言天、性之有形者言心"，[①] 已具心之与天不离之旨。而伊川言"心，生道也"（《遗书》二十一），"心也，性也，天也，非有异也"（《遗书》二十五），亦具心即道即性即天之旨。[②] 则《遗书》五《二先生语》

---

① 《朱子大全》卷七十《记疑》中于伊川"性之有形者谓之心"一语，谓"不知有形，合如何说"，又《语类》七十五谟录更谓是门人记录之误。实则此应不难解。形即表现，即言心为性之表现耳。伊川于心性，不如朱子之以理气分别，故可直以心为性之表现也。

② 《朱子语类》卷六十一谓："伊川云尽心然后知性，此大不然。尽字大，知字零星。"若未知性，便要尽心，则悬空无下手处；惟就知性上积累将去，自然尽心。伊川言尽心正是从大处着工夫。此乃与朱子以格物穷理为知性之积累工夫、尽心为最后效验之说不同；而较近于象山重尽心之旨者也。

"心具天德，心有不尽处，便是天德处未能尽"，亦可为伊川所说也。① 至于圣人之事当为学者立志所始向，正明道伊川所常言。象山之言"心即理即性""宇宙即吾心"，正是以天与心性为相即之进一义。象山之以学者立志，当求己之心与圣人之心同然处，即以圣人之事原当为学者立志之所始向而来者也。唯伊川此段之言，与朱子之落脚义不合，故朱子必疑而去之耳。

今如要说象山与伊川之异，则仍在伊川特有见于此性理之形于心，即同时连于人之气质，而气质之昏，可蔽此性理，故此性理之明，全赖上述之此心之主敬致知，以去除气质之昏蔽之工夫。否则此在中之性理虽为大本，而未必能形于心、见于"和"，以成达道；则此性理便只超越于现有之心气之上，亦如只为一未发而冲漠无朕、寂然不动者；则性理之未发与现有心气之已发，即不能无距离。如何使此大本之中，形为达道之和，在程门之后学中，乃引起种种之问题。由此而导至朱子之学，此当俟后论。至象山之学之无此一套问题，则原自其不似伊川与朱子之重如何对治气质之昏蔽之故。于此，象山之所重者，宁是自伊川所谓自性之有形者曰心之言，以见心之所在即性之所在，乃视"理与心一"之圣人之心，即吾人之本心。于伊川所谓"人不能会心与理之为一"，② 依象山之旨以言，唯由人之未自明其本心之故，而工夫亦即在此本心之自明；而不在：持敬格物致知，以自去其气质之昏蔽，使此心之已发之和，合于未发之中之性理，以达于"心与理一"矣。依此象山义，人能自明其本心，则心在是，性理亦在是。性理既形于心，心为已发，性理亦随心之发而俱发，便不得以"心为已发，性为未发；心为感而遂通，性理仍只为寂然不动"；而应

---

① 按在伊川，心与理实未如朱子之明加分别。如《朱子语类》九十七谓："伊川实理者，实见得是，实见得非。"朱子以实理与实见不同，而疑为记录之误。然如将心与理合言，则实理之为实，正可说原于心之实见；无心之实见，则固不可言实理也。
②《二程遗书》卷五："理与心一，而人不能会之为一。"

视此心理二者，乃俱动而俱发者矣。故象山谓满心而发，无非此理也。依照象山义，即在此人之本心之自明，尚未能自充其量，以全体呈现时，其尚未充量呈现之本心之明，仍是能发，而此心之性理，亦是一能发，而不可只称为未发，更不可说其为永无所谓发，亦不可只以冲漠无朕、寂然不动说之者也。然伊川既谓"性之有形曰心"，性既形，形即发动，则其所谓性理寂然不动者，初当如《原性篇》所谓乃自此性理之为心之内容处说。自此性理之为心之内容处说，其是如此即如此，而自然其所然，当然其所然，即是不动。而所谓未发，亦可只指其未充量发而言，而仍实是一能发也。若然，则伊川与象山之言，亦未尝不可相通。唯伊川明言所及，又似"未发"即"无所谓发，寂然不动即不发，以为一超越而纯内在之性理"。在人有气质之昏蔽之情形下，看此性理，盖本当如此说。沿此而言工夫，即落在如何使现有之已发之心，与此未发性理，得遥相契合上。朱子之工夫论，亦沿此问题而来。则皆与象山发明本心，以使心理俱发之旨不同。然此非伊川言"心者性之有形"之言，与象山之言无相通处之谓也。

在程门之学者中，杨龟山承明道"仁者浑然与物同体"之言，而更由人之疾痛相感，标出"与天地万物为一"，为仁体之论。[1] 谢上蔡则由明道之手足痿痹为不仁之言，以谓不麻木之知觉为仁。此所谓知觉，应非一般之认识上的知觉事物之如何如何之知觉，亦非仁之表现完成后，自觉其是是而非非之智，此应为一在仁之表现中，生命与生命痛痒相关之"感知"。仁者之生命与万物一体，

---

[1]《龟山语录》三："孟子以恻隐之心为仁之端，平居但以此体究，久久自见。……因问寻常如何说隐……夫如有隐忧，勤恤民隐，皆疾痛之谓也。曰孺子将入井而人见之者，必有恻隐之心，疾痛非在己也，而为之疾痛何也？……若体究此理，知其所从来，则仁之道不远矣。……余从容答曰：万物与我为一，其仁之体乎？曰然。又：未言尽心，须先理会心是何物。心之为物，明白洞达，广大静一，若体得了然分明，然后可言尽。未理会得心，尽个甚？"

即有与万物之生命痛痒相关之感知。此亦实为状此仁体之呈现于
吾人生命中之极亲切指点之语。朱子所谓仁者之温然爱人利物之
心或及物恕之心，亦应自始有此一与人物相感应而视如一体之感
知，内在其中，否则此心亦自始不能有也。象山言宇宙内事即己
分内事之语时，亦固包涵有对宇宙内事之痛痒相关之感知，方能
视为分内事也。则龟山上蔡之言，皆当为象山所应许。上蔡又尝
言心有知觉："心者何也？仁是已；仁者何也？活者为仁，死者为
不仁。"复言人当识其心，即指识此活的仁心。上蔡更以此心之常
惺惺，为敬之实功。则上蔡亦非只知心之知觉之用者。此与象山
言发明本心，实相差无几。唯象山之发明本心，重此心之自树立
而自明其本有之心体一面，而龟山之以与天地万物为一体为仁体，
则未扣紧此心说；在上蔡之言中，于此心体之能自立自明自主之
义，尚未如象山言之显耳。朱子谓谢上蔡之学，一转为张子韶，
再转为陆子静。子韶之学如何兹不论，然谓象山与上蔡有相契处，
固可说，而谓其言与龟山有相契处，亦可说也。

　　《宋元学案·震泽学案》述王信伯之学，而陆象山尝从信伯
游。除本节初所引传心之语，《宋元学案》等书视为明道语者，或
初由信伯言之之外，其语录言："浩然之气，洞达无间，岂止塞乎
天地，尽心知性以知天，则不须存养。""问如何是万物皆备于我，
先生正容曰：万物皆备于我。某于言下有省。"《宋元学案叙录》
谓信伯之学颇启象山之萌芽。今按信伯之以不答为答，近禅家伎
俩。然其果以直下识得万物皆备为教，固孟子意，亦象山讲学之
旨，谓之为足启象山之学者，自学术史言之，亦可说也。

三　胡五峰之识心之说为象山言发明本心之先河

　　私淑二程之胡安国，尝与上蔡交游。《朱子语类》引及其《春
秋传》"元年之元者，仁也；仁，人心也"之言。其子五峰，更尝

见龟山。五峰作《知言》,《宋元学案》称其学以致知为始, 穷理为要, 不迷本心。其书有不起不灭心之体①之言, 更多有以此心体统摄"仁、觉、性、情、命、道"而说之之旨。《知言》谓"仁者心之道", "仁者天地之心也"(《知言》卷一), "知天之道必先识心, 识心之道必先识心之性情"(《知言》卷五)。通此数言以观, 可见五峰以仁是心之道、心之性情, 亦即天地之心之道。此自天地之心之道上说仁, 略不同于龟山之以"天地万物为一体"之仁体之言, 未扣紧在心上说, 而不免如朱子所谓视物为己之病者; 亦略不同于上蔡之以心对物之知觉上言仁, 不免使此仁与所知觉之物, 相夹杂者。至于其又谓:"心无不在, 本天道变化, 与世俗酬酢, 参天地, 备万物, 人之为道, 至大也。"②"天下有三大, 言大本, 一心也。"(《知言》卷五)"心也者, 知天地, 宰万物, 以成性者也。"又言:"气之流行, 性为之主; 性之流行, 心为之主。"(《知言》卷三)"心纯则性定而气定。"(《知言》卷二)"未发只可言性, 已发乃可言心。""圣人指明其体曰性, 指明其用曰心; 性不能动, 动则心矣。""有而不能无者, 性之谓欤! 宰物不死者, 心之谓欤!"(《知言》卷四)又曰:"性立天下之有。"(《知言》卷上)"心无生死。"观此五峰之言, 乃明以心为形而上的普遍而永恒之一流行之体, 而大同于象山之所谓"宇宙即吾心, 吾心即宇宙"之言。此中五峰之谓未发只可言性, 已发乃可言心, 显然兼继承程子之谓"心之性为寂然不动"与"心为已发"之旨。此意是谓性如不表现而不形, 即可只是未发, 但一表现, 即形为

---

① 《朱子大全》四十二《答石子重》:"胡文定言不起不灭心之体, 方起方灭心之用, 能常操而存, 一日之间, 百起百灭, 而心固自若。"自是好语, 但读者当知所谓不起不灭, 非是块然不动之知觉者, 又非百起百灭之中, 别有一物不起不灭也。《朱子大全》四十五《答廖子晦》, 亦引龟山此一段语之一部分, 而疑之。

② 复性书院重刊胡子《知言》六卷, 将凡朱子《知言疑义》中所有者皆不载, 而附朱子《知言疑义》于后。此文所引, 除注明《知言》卷数者, 皆见朱子《知言疑义》。

心；此亦即心之自循其道，以自生发，而为心之已发。此所谓心之已发，同于心之呈现，故无论在事物思虑之交，或无思无为之际，但有此心之呈现，即是发。故感而遂通，亦不碍其寂然不动，如在圣人。此所谓心之呈现，即性之表现、性之形。性虽自始为"有而不无"者，亦"天地鬼神之奥"，然有其表现，即不能不动，方自见其有而不无。此表现而相续自见其有，即其形为心。此是由性说到心。至于由心以反观性，则性之如何流行，或心如何形此性，又视此心之如何生发其自己而定。故性之流行，心为之主，而性亦由心而成。至由性之流行与吾人之身及万物之关系上看此性，则此性又为表现于吾人之心身之气之流行，以及于此心身所感应之万物之形气之流行者，故又曰"气之流行，性为之主"。此中，心主性而性主气，心乃居于一切有形有气者上一层次，与形气不直接相关者。故凡直接用以说形气之言，即不可直接用以说心。形气可说有生死，吾人亦可说形气之生死，亦即性在形气上之流行或不流行之别名。然心如尚居于性之上一层次，故生死之言，即不可用之于心。故曰"心宰物而不死，心无生死"也。

今按此五峰之言"心无生死"，正为真识得仁为心之道者，所必至之一义。因仁既为心之道，则心之自循其道，以自成其性之事，皆为超越于其一己之形气之外之事。循此道，而心之用之所通者，亦非已成之万物之形气之所能限；则此心固当不随其一己之形气，与所通之万物之形气之存亡而存亡，亦不随其生死而生死。此中，人之所难，唯在即此心之道，以观心之所以为心。大率凡人皆不免即形气观此心，乃恒于此无生死之心，问其在人死后之安在。然真能自此心之道以观心之所以为心，而根绝以形观心之观点者，则固可不问人死以后其心安在。因即在人未死之前，其心亦非即在其身体之形气中，而已超出此身体之形气，初不即在此形气中，而唯以此形气，为其所成之性之所主宰而流行之所矣。

　　此五峰之言心无生死，与明道伊川之言相较而论，则明道已谓佛家自生死起念为自私。伊川更谓儒者只见理之是非，不见有生死。此亦非谓以见理之是非作解脱生死之用。故伊川临没，或曰"平生学底正要今日用？"伊川曰"须要用便不是"。(《遗书》二十一）即谓其生平之学，只求见理之是非，亦非为求其在临终时，自生死之观念解脱之用也。此固见伊川一生之用心，始终如一，只求见理，未尝为生死而错用心。然人于此仍可问：毕竟此伊川之用心，是否有生死？或此从未见有生死，从未为生死错用心，一生只见理者，其心是否有生死？或只是其所见之理，方为无所谓隐显存亡与生死者乎？伊川于此，似只言及此理之"不为桀亡，不为尧存"，无隐显存亡之别，而未言此见理之心无生死。然人于此果依理而思，则理无存亡生死，此能见理之心，亦应同为无存亡生死者。此即五峰之言心无生死之义，正为承伊川之言而可引生出之义也。

　　然五峰虽言心无生死，又未尝只以观此一无生死之心或证此一超生死之心为学。乃归在本此一超生死无生死之心，更以之主宰性之流行，并使性之流行见于气之流行，以宰万物而成性为学。观五峰意，性虽为未发，然心之主宰性之流行，则性即发于情，故又谓"好恶，性也"。此好恶可为直依心之道之仁而好恶，则为"君子之好恶以道"。好恶以道，是为天理。但人心未尝不可暂不依道以好恶，而依一己之私以好恶，则为"小人之好恶以欲"。好恶以欲，是为人欲。前者为善，后者为恶，乃有善恶之相对，人亦当即于此有一察识工夫，以察乎此天理人欲之分，以自去其依一己之好恶，而自顺其依道之好恶。然后本此依道而有之正当的好恶之情与才之流行，以宰万物而成性。此所成之性，自其未为心所成时言，原为一未发，而不与恶为相对，亦无所谓善，是一超善恶之性。故五峰又谓孟子言性善，乃赞叹之辞，实则此未发之性，乃超于恶亦超于善之上；一般所谓善，唯是心之自体之发其主宰之用，以成性以后之事耳。此心之主宰"性"，在性成之先，则固当在善之先，而此心之性亦在善之先也。

此五峰之思想所言之"无生死"之心，乃在人之一切由好恶而有善恶之表现之上，而又贯彻于此一切表现中，以自转其"好恶以己"为"好恶以道"之心，明为一能自呈其用，亦能自主宰其用之一形而上的本心。至于在圣人，其好恶皆道，而心自循其道，以感而遂通，无生死生灭，以寂然不动，此即一"即道即心，即心即理"之心。此正较二程杨谢所言，更能与象山所谓能自明自立而即心即理之本心相近。五峰之兄胡明仲，^①更明谓"理之所在，先圣后圣，其心一也"，"圣人之心即是理，理即是心，一以贯之，莫能障者。"^②则与象山言心即理之语句全同。象山与明仲之言仍略异者，则在象山乃兼以吾人之本心，即同于圣人之心，而亦为即心即理者。象山言与五峰略异者，则在象山言满心而发无非此理，即心与性理俱生俱发之谓，如上论伊川处所已及。而五峰之心以成性之说，则循伊川所传之性为未发之说而来。性为未发，不能自发，故唯赖心之主宰运用以成之，以使之见乎情，此皆只为心之发之事。然如吾人不先说性为未发，而直以此性即理，亦即道，谓心之依其道而发，即依性依理而发，则心与性理俱发，而同于象山之言。若然则心之主性之流行，即性之流行之自见于心，不必如五峰之更言心主性。如要说心主性，亦可说性为主于心。盖心之主宰运用，乃一生生之历程。此一生生之历程，即依一生生之理、生生之性之主乎心而有者，则性亦主心也。若谓此生生之理、生生之性，未尝主心，则心之主宰流行，又如何可能？如心主性，性亦主心，则不如只说一"即性即心"之心之自主而流行，亦"即心即理"之心之自主而流行，则全同象山之心即理

---

① 五峰对其兄之学，有所不满，然在此语上，应相共契也。

② 《宋元学案·衡麓学案》。

而自作主宰之说矣。唯五峰之言，则于此犹一间未达。然此亦非谓象山之言，非不可说为五峰之思想有通处之谓也。

四　朱子工夫论之传承

吾人以上所言，在说明象山以前，由明道伊川至龟山上蔡以至胡五峰，原有一下接于象山之学脉。上节所引《二程遗书》二十五《二先生语》，有"理与心一，而人不能会之为一"。此语谓为明道说或伊川说皆可。明道伊川固皆望人直往会得此理与心一，而象山之宗旨，亦不外乎是。故今无论象山自觉及此否，其学皆实际上可说为承此一学脉而发展。至于朱子之学脉，则虽亦自二程传来，并与杨、谢、胡之言有相交涉之处，然其所承于二程等者，又另有其不同之方面。此可说不是承于二程之言"心之以性理为其内容，心与理之一"之一方面，而是承二程之言"心性理之关连于气质之昏蔽，而心与性理不一"之一方面。故亦不是直承于二程、杨、谢、胡等之言诚、敬、识仁、识心之正面的上达工夫之一方面，而是直承于二程、杨、谢、胡等之言气禀之当变化、己私之当克、人欲之须去之"反此为反面者"之下学工夫之一方面。故朱子首于明道之正面教学者须识仁，龟山循明道之旨，言与天地万物为一体及识仁之言，并以之为太高而不切，兼有弊在；并对伊川心为已发，胡五峰之缘是而言之直自发处之好恶上察识而存养，以及五峰之《知言》之"心无生死""以心成性"，而欲人直接识得此心之体之识心、观心、求心之说，同所不契，且更提出种种疑义。朱子于五峰之言识心，及以直下先立其大者，而发明本心为教之象山之学，尤不以为然。今考朱子之所以对其前诸贤之说之所以致疑，与对象山之学之所以反对，虽似有各方面之理由，然通此各方面之理由而观，则不外依朱子之意，此诸贤之言工夫，皆唯在吾人心之发用上，从事察识等工夫，而忽吾人之心之发用，恒不能无气禀物欲之杂之一方面；乃未知于如何对治此杂处，建立一由下学以自然上达之工夫。人之沿此用功者，乃不免与气禀物欲夹杂俱流，泥沙并下，终成狂肆，流弊无穷矣。

按朱子对于学圣工夫之一问题，平生用力至为艰苦，实尝历经曲折，乃有其定论。盖其初尝闻其师李延平观未发气象之说而不契，又见伊川有善观者于已发观之之言，初亦尝主性为未发、心为已发，于心之发见处，以提撕猛省为工夫。并由张南轩以知胡五峰"先察识而后存养"之旨，以得其印证。然终则自深悔其言，乃于凡只就心之发用处下工夫之言，皆以为有弊。其悔后之所悟，则在识得吾人之原有一"未发而知觉不昧"之心体，而以在此处之涵养主敬为根本工夫，以存此心体，而免于气禀物欲之杂，使"吾心湛然，而天理粲然"；更济之以格物穷理致知之功，而以此所知之理，为一切省察正心诚意之工夫之准则；乃还契合于伊川涵养须用敬、进学在致知二者，为"体用本末，无不该备"之说。（王懋竑《朱子年谱》卷一下）此涵养主敬，在朱子又初为致知之本，应属第一义，致知以穷理属第二义，而其前诸儒所谓察识之功，在朱子，乃应位居第三矣。观朱子所言之涵养主敬与穷理致知之工夫，其精切之义之所存，亦初纯在对治此气禀物欲之杂。此杂为反面者，此诸工夫，虽皆各有其正面的意义，然朱子之用之，则初意在反此"反面者"，以使正面之天理，得真实呈现于此心，更无一丝一毫之夹杂，亦使此心之天理流行，而人欲净尽。遂与其前诸贤以及并世之象山，重直接识得一正面之仁体或心体，或自明其本心，为"依正以成正"之纯正面工夫者，成不同之二型。今吾人若能识得朱子之工夫论，意在对治气禀物欲之杂，则于所以疑于其前诸贤之言及对象山之论，即亦皆可先加以一真正同情的了解。及此了解既毕，则朱子之言之限制处亦见。然后吾人可再来重看龟山、上蔡，以及五峰、象山之言察识与发明本心之工夫，何以又得免于朱子所言之弊害之故，则朱子之工夫论，与象山之工夫论，如何得其贯通之途，亦渐可见矣。

此下一节当先举证以说明朱子之所以疑于明道、伊川、龟山、上蔡、五峰、象山之言，乃皆缘于朱子意谓此诸贤未能注意及人之气禀物欲之杂之一问题之故，而朱子之重涵养主敬与致知穷理，其初意乃在对治此气禀物欲之杂，亦当随文论及。

五 朱子对明道、龟山、上蔡言仁之疑义

兹先以朱子之所以致疑于明道识仁，及杨龟山、谢上蔡言仁之旨而论。除朱子以与天地万物为一体之言，乃言仁之量，又谓以觉训仁乃以智为仁，于仁之本义不切合，吾于《原性》文中已述及之外，其言之评论及此二说者，大皆归旨在说明本此二说以为工夫之弊。兹试将朱子之言略加分析，便知朱子之言此工夫之弊，又皆是自人有气禀物欲之杂上说来者也。

如以朱子对明道之言而论，朱子固尝以明道之言，"初看便好，久看愈好"；又言明道才高。然言才高即已是自气质说。高者之言，不必对才低者亦有用。故朱子又谓明道之言亦太高。于仁者以天地万物为一体之言，在程门诸贤皆奉为归的者，朱子则谓"其言太广，学者难入"，"太深无捉摸处"（《语类》九十五），又谓求之不得其道，即"莽莽荡荡无交涉矣"。[1]朱子此类之言，亦实未尝不是。因学者才力不逮，多有气禀之拘、物欲之弊，此言固可对

---

[1]《朱子大全》三十二答张敬夫问曰："满腔子是恻隐之心。此是就人身上指出此理充塞处，最为亲切。若于此见得，即万物一体，更无内外之别。若见不得，却去腔子外寻不见，即莽莽荡荡无交涉矣。陈经正云：我见天地万物皆我之性，不知我身之所以为我矣。伊川先生曰：它人食饱，公无馁乎？正是说破此病。《知言》亦云，释氏知虚空沙界为己身，而不敬其父母所生之身，亦是说此病也。"《朱子语类》卷二十谟录一段，详说不先自爱之理上识仁，"便将天地万物同体为仁，却转无交涉"之义。又卷四十一谓吕与叔"以己既不立，物我并观，则虽天下之大莫不皆在吾仁之中"，乃"因佛家说一般大话，他便做这般底话去敌他"云云。

之可只为一超越而外在之莽莽荡荡的"大的气象"，而与其自己生命无交涉也。朱子《仁说》又谓以与物同体为仁者，其弊将至于"含糊昏缓，无警切之功"，而不免"认物为己"。何以与物同体为仁，其弊便至于此？此自不是自圣人之以中国为一人、天下为一家之心境上说，而是自学者分上说。盖在学者分上说，其心中本无此一大的仁之量；今要其勉强想象此一大的气象，此即一心气之膨涨而松散。此时学者之气质之昏蔽，物欲之夹杂仍在，则此心气之膨涨，与昏蔽相俱，而物欲又驱此心，以向天地万物而驰散；则含糊昏缓认物为己之弊，即势所不能免矣。

再如朱子对谢上蔡以觉言仁之说，则其《仁说》尝谓其使人张皇迫躁而无沉潜之味，其弊至于认欲为理。何以以觉言仁便有此弊？如以此觉为智说，则智者固不必有此弊也。此弊亦是学者之弊。学者何以有此弊？此盖因依上蔡以觉训仁之说，乃要人于人与人之痛痒相关之知觉中，识得此仁。此亦原于明道以手足痿痹为不仁之旨，并与杨龟山于痛疾或民隐处识物我一体之意相通。然于此具体的痛痒相关之知觉中识仁，此知觉自身，初不包涵理之是非之辨，而知觉恒连于气，故朱子谓上蔡以知觉言仁，"若不究见源本，却是不见理，只说得气。"（《语类》卷三十三）而此知觉中，便可夹杂物欲之私，不免认欲为理矣。至于张皇迫躁之弊，则当是自人之不能无气质之昏蔽而来。盖觉知之事，原待乎心之清明，如清明在躬，自然宽裕有余，若有气之昏蔽在心，而清明不济，则张皇迫躁以求觉，又在所不免矣。据《语类》所记，朱子又意谓上蔡以觉训仁，乃将仁之理搀和在具体之觉中，看为"活物"，而学者乃不免"却别将此个意思，去觉那活物，则方寸纷扰"。（《语类》百零一）是亦无异于谓以觉求觉，必致内在的纷扰。朱子后之反对五峰在具体之觉中识仁，反对禅学、象山一切识心之说，皆由疑上蔡之以觉言仁之说，为以觉求觉，必致纷扰而来。其何以必致纷扰，则后文再说。

朱子之《仁说》，以与物同体及以知觉言仁之说为有弊，其改而以"心之德、爱之理"言仁，则可谓无此种种之弊者。因仁既为心之德、爱之理，自初为超于物欲气禀之杂之外者。然仁之理如何表现于爱之情，其发而为爱之情，如何皆能中节，则朱子《仁说》中只见有"克去己私"一语。此克去己私一语，亦针对私而说者。至于如何使仁之理之发而皆中节，则此文并未论及，而为其工夫论中之一问题，即如何使现有之心之已发，契合于未发之性理，而致中以致和之问题。朱子实先对此问题，已有定见，乃继而作此《仁说》。朱子之对未发已发之定见，则今又当由程门以下，对工夫问题之讨论次第说来。

六　程门之工夫问题及延平之观未发

大约自明道以其天资之高，学养之粹，指出圣人之心普万物而无私，仁者之浑然与物同体，后之学者即向慕于此境。伊川承明道而言"百理俱在，平铺放着"，"性即理"，"冲漠无朕之中，而万象森然以备"，以说圣人之心之寂然不动、感而遂通，其心之所发者之无不中节；而后之学者即更欲求有一当下之工夫可用，以使其心之所发，亦能中节，以识得此心之仁体，而直契于圣人之心。由二程以降，诸儒者之言之异，皆不在此一究极之理想上，而唯在工夫之讨论上。上述之龟山、上蔡就疾痛民隐知觉识仁，皆是即生活中之事上识仁之工夫。然识仁只是知一大本，如何使人行于达道，使发者皆中节而合乎中，则问题又进了一步。对此问题，人如只于其已发处，知有过不及，而自求合乎中，乃一般之省察克治之功，此尚只及此问题之浅的一面。此问题之深的一面，则为关连于所谓未发之中之问题，如吕与叔、苏季明与伊川所讨论者。此一未发之中之问题，吾意在根柢上初乃一"如何在人之意念行为未发之先，用一工夫，使所发意念行为，皆自然中节，如圣人之从容中道"之问题。因性即道即理之义，既由明道、伊川而立，则学者之意念行为之发，自理上看，原亦未尝不能如圣人之发而中节，恰到好处。因在理上看，本来是"即事即物，无不有个恰好底道理"……程子所谓"以道言之，无时而不中"是也。此理既即吾人之性，则吾人之意念及行为之发，固亦当原能"无时而不中"也。然此在道理上性理上看，当无时而不中者，何以自事实上看，有时而中、有时而不中？何以自性理上看，人所当能，而实际上又不能表现于其心之所发，使其一一皆中节？则此问题全在人之工夫。此一工夫之一问题，自横渠、明道、伊川以来，原有一思想线索：即视此人之所发，其所以不中节，原于气质之昏蔽，及有私欲乱之；而对治之工夫，即在求去此气禀物欲之杂。此一工夫之在发后用者，即上所言之对其发之过不及者，加以省察克治，而自求合乎中之功。此乃自昔儒者之公言。然自濂溪、横渠、明道、伊川以降，言此省察克治之工夫，则皆是要人在念虑之微之几上用工夫，自导其过不及之心气之始动、生命之气之始动，以返诸正。此一在念虑之微之几上、心气之始动上用工夫，已较一般省察克治，恒在情欲已肆，行事已成后，再加以强制者，其效为深切。然此省察克治，仍毕竟是在念虑已发心气已动后用。只依此言修养之功，即仍非正本清源，以使所发者直下无过不及，自始无气禀物欲之杂之道。又凡人尚须从事省察克治之功者，即其尚未达于圣人之不思而中、不勉而得、从容中道之境之证。圣人之从容中道者，乃其心之所发，自始即循理而发，由中至外，直道而行。如濂溪所谓"静虚动直"，"静无而动有，至正而明达"，横渠所谓"圣人之动，无非至德"，"有感无隐"（《正蒙·天道》），明道所谓"圣人之言，冲和之气也，贯澈上下"（《遗书》十一），伊川所谓"不勉而中，即常中；不思而得，即常得，……自在道上行"（《遗书》十五）。此皆同谓圣人之"从容中道"，"直道而行"，更不待曲折之工夫。一般人在念虑行为已发后之省察克治，即皆曲折之工夫，而非所以直契于圣人之境，而自求其所发，如圣人之直发而中节之工夫也。然学者既原非圣人，如何能有一工夫，使此由未发至发、由中至外，亦为直道而行，更无曲折，即一至难之问题。对此一问题不能善答，圣人即终有不可学之处，仍将或不免归于汉儒以圣人为天降之说。濂溪、横渠与明道，皆言圣人可学而至，而伊川更言"生而知之，固不待学，然圣人必须学"（《遗书》十九伊川语）。圣人必学而至，而此学又必须学到"不思而中、不勉而得、自然中节，更不学不虑"，便是一至切近、至深远、至庄严而亦至难答之问题。乃整个宋明儒者共同之问题，而亦贯于宋明理学思想史之发展中者。对此问题，人即心知其答，言之亦难尽善，而闻者亦不必相契。于是而有种种问、种种答。伊川对此问题，或已心知其答，然就其对学者所答之语言上看，则伊川之答，亦明未能尽善。盖伊川之言只及于"圣人之发而中节，乃依于其中之性理，虽未发而寂然不动，亦原能感而遂通"。此言自善。然于学者之如何能有"如圣人之寂然不动、感而遂通"之工夫，则伊川之言，即有使人难明者。学者要如圣人之感而遂通，无不中节而常中，必须其未感未发时之性理之在其心，亦同于圣人，然后可发而中节而常中，以常在道上。然在人未感未发时，对此性理之在其心，似无工夫可用。因此性理之在心，而又初无过不及、无时而不中。即此"中"原在，自不待求；又此"中"既未发，亦无"中"可求。故伊川答苏季明之问，首言不能于未发前求"中"。人于此如求"思"此"中"，"思"便仍属已发。故谓"善观者唯于已发之际观之"，此亦同于谓未发不可思，亦不当观而不可求。此发此思，皆属于动。伊川尝谓知觉亦是动，又言先儒以静见天地之心为非是，盖不知"动之端，乃天地之心也"。（《伊川易传》卷二复卦，又《遗书》十八《答苏季明》）是见伊川以于此未发之性理，实无工夫可用也。然对此一"如何使学者之在中而原无时不中之性理"，能表现为

"中节之发以成为圣人"①之一问题，又仍应有一工夫，伊川乃于此言"于喜怒哀乐未发时，涵养便是"。何谓涵养？伊川言"涵养须用敬"，又谓"不愧屋漏，是持养气象"。此同于明道所谓："敬而无失，便是喜怒哀乐未发之谓中。"总此所言以观，则此伊川所谓涵养之工夫，似只在"持敬而无失，以应合于在中而未发之性理"上。此持敬而无失之工夫，似仍属于心之思、心之已发上之工夫。此亦不悖乎其言心皆已发之旨。然于此吾人却不能不有一问题，即：如心皆已发，敬而无失之功，只是应合此在中而未发之性理，则此应合，便只是以已发"遥契未发"，而非"直契未发"之一当下之应合。又此敬而不失，只表示一消极的不违理，便亦只是一消极的应合。然只由此消极的遥契的现前所有之一应合，如何可真包涵得此性理，培养得此性理，以使之能继续的、直接的、积极的表现于中节之"发"之中？仍是一问题也。

对上述之问题，人之工夫如要鞭辟近里，明似待于此心之积极的或正面的求直接契入未发之性理之自身，然后能使此性理缘此契入之工夫，以有其积极的继续表现于中节之发之事。故后此之杨龟山、罗豫章，至李延平，即更发展出一观未发气象之说。此说盖合伊川所谓"喜怒哀乐未发时，涵养便是"，及苏季明所谓"静时自有一般气象"二言之意，而更直以"观未发气象"，为

① 此语中有三个中字，有三义：一是自性理之未发在心中说。朱子《答林择之》（《大全》卷四十三）所谓只喜怒哀乐不发，便是中是也。此"在中"之"中"，是自存在地位说。二是自此在中之性理全体之"无过不及亦无所偏倚"而称为"中"，此中是伊川与吕与叔书所谓"用以状性之体段"者。朱子承之，谓"中不可直谓之性"，而非吕之"以中为性"之说。此"中"只是一价值义之状辞，而用于性理之全体自身者。此即朱子答林择之书所谓："未发之中，以全体而言也。"三是中节之中，即表现为合理之"发"之中。此合理之发，即朱子此书所谓"时中之中，以当然而言也"。此时中即和。有此和则在中之性理，亦表现于其中。故伊川谓"和"则"中"在此中，此和即中节。此中节之中，乃对"发"之合理之状辞。至于伊川所谓中和"中"之中字，则又是自第一义之"在中"之意言，此三义须分别清楚。而随文领取。

伊川所谓涵养，或代伊川所谓涵养，所成之说。朱子对此说，于其《与何叔京书》尝谓"人之于静中体认大本，未发时气象分明，即处事应物，自然中节，此乃龟山门下相传指诀"云云。盖延平尝自谓观未发气象之言，本之罗豫章，而龟山尝谓"于未发之际，体所谓中"。(《朱子大全》四十三《答林择之》) 故朱子谓为龟山门下相传之口诀也。然朱子断自龟山，即见此初非伊川之教。而龟山之言体所谓中，如何体法，其意亦不明。而豫章之告延平此言，亦未必如延平之以此为根本工夫，则谓此为延平之说亦可。今按延平此说，盖明有进于伊川之言。此因伊川之未发，只指性理，对此未发之性理，应无观等工夫可用；伊川亦明谓"善观者于已发之际观之"，未言观此未发气象也。吾意延平所谓观未发气象之工夫之所以立，盖即因其欲求直接契入未发之性理之自身。此工夫之实际，盖不外自收敛吾人之心之发，以还向于其所自来之未发，即观其气象，冀由通此一未发已发之隔，而开此未发之性理之呈现之几；则可"实见是理"，"卓然见其为一物，而不违乎心目之间"(《宋元学案·豫章学案》附延平答问)，而其后之发，自亦易自然中节矣。然在此工夫之实际上，人所为者，唯要在收敛或静敛其心之发，以还向于未发，固亦不必有特定之物或理为所观，此所观者可只此浑然的未发气象。然观得此未发气象，则此观之之心，即无偏倚，而开得此性理之呈现之几，并使发而中节之事，成为可能，而此亦确是一新工夫论也。

七 胡五峰之重已发上之察识与朱子对未发问题所经之曲折

至于对胡五峰之思想，则上章已言其以性为未发之体，心即性之形、性之用，而心之涵性，乃如用之涵体。此以心涵性之心体，唯在圣人分上，乃感而遂通，而又寂然不动者。此盖因在圣

人分上，其发乃无不中节，即心即道之故。至在众人，则与圣人
虽同有此未发之性，而其发，则不能真感而遂通，复寂然不动。①
故五峰以寂然不动，非状性之辞，而为状心之辞。②圣人之所以
为圣人，不在其感而遂通，而在其感中亦恒寂然不动。人欲求达
圣人之心之寂然不动之境，亦不待反求之于未发之性理，故观未
发之性理，亦不能为工夫。工夫唯有在心上用。吾人之心之所
发，虽不能皆中节，感而遂通，又寂然不动，然要有其发而中节
处，容吾人之加以省察，以自求自识其感而寂之心体。此其为教，
乃纯本伊川所谓善观者就"已发"而观之之旨而来。然其以寂然
不动状心，而不以之状性，则大有别于伊川之以寂然不动状性者。
五峰以察识为先而后存养，亦不同伊川言涵养工夫之要，唯在敬
而无失者之消极。五峰所谓察识，要在对现有之心之发处，作正
面的自觉反省。此一反省，初步自包括对心之发之正者不正者二
端之省察。然观过可以知仁，则即在吾人对发之不正者之省察之
中，亦可反照出心之正面之"发"处，而对此心之正面之发处，
加以自觉，以"操而存之，存而养之，养而充之，以至于大，大
而不已，与天同矣"，"本天道变化，与世俗酬酢"则感而遂通，
亦寂然不动，与圣人同其心体之呈现矣。此即先察识而后存养之
工夫，与由龟山以至延平之观未发之中，由静敛已发以还向于未

①《朱子语类》九十五："南轩言喜怒哀乐之中，众人之常性；寂然不动者，圣人之
　道心。"此正承五峰之说。朱子下文谓"某看来，寂然不动，众人皆有是心；至
　感而遂通，惟圣人能之"，是则朱子与胡氏之说之不同也。
②《宋元学案·五峰学案·答曾吉甫》谓："未发只可言性，已发乃可言心，故伊川
　云中者所以状性之体段，而不可以状心之体段。心之体段难言，无思也，无为也，
　寂然不动，感而遂通天下之故，圣人之所独。若杨尹二先生以未发为寂然不动，
　是圣人亦感物而动，与众人何异？至尹先生又以未发为真心，然则圣人立天下之
　大业，成绝俗之至行，举非真心耶？故某尝以为喜怒哀乐未发，同此大本，虽庸
　与圣无异，而无思无为，寂然不动，乃指易而言，易则发矣。故无思无为寂然不动，
　圣人之所独。"此见五峰之以寂然不动言圣人之心之发。圣人之所以为圣人不在性，
　而在此心之发，则学者学圣工夫，亦自当在发处用矣。

发，而重在涵养者明为两途。朱子之工夫论，初尝徘徊此二者间，历经曲折，而后成者。而朱子于此二者，终皆不契，则细察其故，又皆由其不忘此中工夫之弊，而此弊又皆由人之不能无气禀物欲之杂而来者也。

按朱子答林择之书，尝言于延平之说，所以不同，遂不复致思，而自叹其辜负此翁（《大全》四十三）。[1] 当延平在世，朱子已欲将观未发气象之说，与已发处察识而存养之说，合而为一。此即无异欲会通延平与由其友张南轩所闻于胡五峰之说。如延平答朱子书言："来谕言仁是心之正理，如胎育包涵，其中之生气，无不纯备，流动生发，自然之机，无顷刻停息，愤盈发泄，触处贯通，体用相循，初无间断，此意推扩得好。"[2] 此所述朱子书中之意，与朱子初答张钦夫所言略同。朱子又答张钦夫书曰："所谓凡感之而通、触之而觉，盖有浑然全体、应物而不穷者，是乃天命流行，生生不息之机，虽万起万灭，其寂然之本体，未尝不寂然也，所谓未发，如是而已。夫岂别有一物，限于一时、拘于一处，而可以谓之中哉。天理本真，随处发见。虽汩于物欲流荡之中，而其良心萌蘖，亦未尝不因事而见，学者于是致察而操存之，则庶乎可以贯乎大本达道之全体，而复其初矣。"次书又谓："自今观之，只一念间已具此体用，发者方往，而未发者方来，了无间断割截处……龟山所谓学者于喜怒哀乐未发之际，以心验之，则中之体自见，亦未为尽善。大抵此事浑然无分段时节先后之可言。今着一时字际字，便是病痛……"再一书义承前书曰："通天下只是一

---

[1] 朱子《答吕士瞻书》（《大全》卷四十六）："举程子涵养于未发之前则可，求中于未发之前不可，李先生当日功用，未知于此两句为如何，后学未敢轻议，但当只以程先生之语为正。"则朱子固明于延平之说，疑其非是。《语类》卷百三："李先生当时说学，已有许多意思，只为说敬字不分明，所以许多时无捉摸处。"又《语类》九十六尝谓："验乎未发之前，不得其道，则流于空。"今按王懋竑《朱子年谱考异》卷一三十岁及卷三五十九岁，记朱子与延平之同异甚详。
[2] 此朱子与延平书不见《朱子大全》，今所引者，见胡广所编《性理全书》。

个天机活物，流行发用，无间不息，据其已发而指其未发者，则已发者人心，未发者皆其性也，亦无一物而不备矣。夫岂别有一物，拘于一时，限于一处，而名之哉。即夫日用之间，浑然全体，如川流之不息、天运之不穷耳。此所以体用精粗动静本末无一毫之间，而鸢飞鱼跃，触处朗然也。存者存此而已，养者养此而已。"据此以观，此一阶段之朱子之思想，乃一面承认伊川至延平所谓未发者之在中之义，亦有伊川所谓心为已发，而时时发之旨，再有明道所谓浑然一体者，无时不流行于此之发中之旨。此其所见，已大进于龟山所传，于一时一际，别观未发之说。谓"一念之间已具此体用，发者方往，而未发者方来，了无间断"，"发者是心，未发者皆性"，即谓：人可自当下一念之心之发以见性，亦舍此心之发处无以见性，更无用工处。故朱子此时亦谓，"若不察于良心发见处，则渺渺茫茫无用工处"。此即可通于五峰之察其良心之萌蘗而操存之之旨，即五峰之由察识而存养之说。此其所悟，亦可谓能贯通二程以来已发未发之隔，于一念之间，即知所用工之处，"可以贯乎大本达道之全体而复其初"矣。然朱子又终悔其当时之说者，又何也？

朱子对其说之悔悟，见于答张敬夫又一书。[1] 其言曰："日前所见，累书所陈，只是侊侗见得大本达道底影像，却于致中和一句，全不曾思议。盖只见得个直截根源、倾湫倒海底气象。日间但觉为大化所驱。如在洪涛巨浪之中，不容少顷停泊……以故应事接物处，但觉粗厉勇果，倍增于前，而宽裕雍容之气，略无毫发。而今而后，乃知浩浩大化之中，一家自有一个安宅，正是自

---

[1]《朱子大全》卷三十二，编此书于上段所引"通天下"一书之后。王懋竑从之，而以"通天下"一书代表朱子后来之见。然细察《朱子文集》之"通天下"一书中所谓前书，正指上页所引"所谓凡感之而通……"一书，而内容亦与之相近。至于此书首用"累书所陈"之句，又以主宰知觉处为安宅，即不复见重心之发用，而亦更近其最后所归之以"思虑未萌、知觉不昧"言心之未发之体之旨。固宜为后出也。

家安身立命主宰知觉处，所以立大本行达道之枢要。"观此朱子之悔悟之言，其自谓前日佁侗见得一大本达道之影像，则于"未发之体之大本"，"已发之用之达道"二者之间，当有一通处，非其所悔悟之核心。此核心乃在其前书于致中和一句未尝致思。此即全是一工夫上之问题。所谓致中和之问题，在当时即：如何致"未发之在中而无偏倚"之性理，以见于"发而中节"之"发"之一问题。依此一问题，人便不能直下缘未发之体之生生不已之机，而任其不容已地发；而应在未发已发之间，有一断制，即：在未发上应有一事先之工夫。否则所发者，即只是随气之鼓动而发，不免挟湫海之泥沙以俱倾，随气质之粗猛以俱行，无宽裕雍容之气象矣。此中之病根所在，则亦正不外人原有气禀物欲之杂于气之鼓动之中，与天命流行，生生不息之机，可俱起俱行；故不于已发未发间，有一断制，于未发处无一工夫，必不能保其发之不杂不偏也。按朱子后与林择之书（《大全》四十三）尝言："事物未至，固已纷纶胶扰，未发之时，既无以致夫所谓中；而其发必乖，又无以致乎所谓和。"则人欲致中而致和，必须于事物未至时，先有以自去其缘于气禀物欲之杂而来之纷纶胶扰，然后可以言发而不乖之和亦明矣。此则正为朱子之悔悟之核心所在也。

朱子悔悟后与钦夫书，言浩浩大化之中，有主宰知觉处为安宅。然此主宰知觉处是否即指《宋元学案》所定为《中和说》三所谓"思虑未萌，知觉不昧，一性浑然，道义全具"之心体，亦是一问题。按朱子后来答石子重书（《大全》四十二）谓："大化之中有个安宅，此立语固有病，然当时意思，却是要得见自家主宰，所谓大化，须就此识得，然后鸢飞鱼跃，触处洞然。但泛然指天指地，便是安宅，安宅便是大化，却颟顸佁侗，非圣人求仁之学也。"此书自言其当时意思，却是要见得自家之主宰知觉处，此即不以大化为主，而以主宰知觉处为主；即已趣向在一不为大化所滥之心体为安宅，而有进于其前之即浑然全体之大化为安宅者。大约在其与钦夫书，虽言大化中有安宅，即安宅以识大化，而二者之间，仍未简别开，故曰有病。必至《中和说》三明白分开动与静，寂然与感通，未发与已发；于未发只言一"思虑未萌、知觉不昧、一性浑然、道义全具"之心体，方为真正之不为大化所滥之安宅，而为朱子之归宗义也。

原德性工夫　朱陆异同探源（中）
——朱子工夫论辨析

一　朱子言心之未发，及吕与叔之言心，与相应之涵养工夫

此上所提及之朱子所归宗之义，如纯理论地说，要在由此以肯定人心之有寂然不动、静而未发之心体，乃不如伊川五峰所言之全是已发，亦不如五峰之“以圣与庸之所同在未发，无思无为、寂然不动，而又感而遂通，乃圣人之所独”之说。朱子乃视此寂然不动，亦即吾人之未发之心体，而与圣人同有者。此即更将未发与寂然不动二者，再合而为一，而转类于伊川之言。其与伊川不同者，则在朱子于此所谓未发之性，亦不只视为一不发或未尝发，而明言其为此心体之内容。程子所谓直以状性之德性之体段之“中”（《遗书》未发问答），朱子固亦承之以状性理之“浑然在中，亭亭当当”，“未感于物，未有倚着一偏之患，亦未有过不及之差之体段。”（《大全》四十三《答林择之》）然此状性理之体段之“中”，已不复只是直状性理之自身，而是状一“属于心之性理”或“心之性理”之体段。朱子《仁说》之所以说仁为爱之理、心之德，亦正依此心体涵性德之义，然后能说。本此心涵性德之旨说未发，则所谓未发，只是心未尝有接物之思虑之谓，而非耳无

闻，目无见，^①心也俱无之谓。故依朱子意，于伊川所谓"静中有
物始得"^②之此"物"所指，应亦非只是一性理，而是一"思虑未
萌、知觉不昧之心体"。此正同吕与叔所指为中与未发之"昭昭自
在"之心体或本心。^③而朱子于《答吕子约书》（《大全》四十七）
乃明点出"心之有知、目之有见、耳之有闻"之一等时节，以与
"心之有思、耳之有听、目之有视"之一等时节，相简别。前者为
未发，后者为已发，即皆是在有心处，分别未发与已发。即已大
不同于伊川五峰之只以未发已发分别心性之言者，而与叔之言，
则正为朱子言心体之近宗，黄梨洲《宋元学案》于与叔学案谓"朱
子于程门中，最取先生"，非妄说也。

　　关于已发、思与动之三名之涵义，在伊川五峰，盖与朱子不
同。朱子已发未发说，亦尝谓"程子之已发，指心体流行而言，

---

① 《大全》三十《答张钦夫》："问者谓当中之时，耳目无所见闻，答语殊不痛快。"《语类》
　　九十六："谓耳无闻、目无见之说，亦不甚晓。"皆朱子不以伊川言在中者为所不
　　见之说为然之证也。《语类》九十四谓伊川解"艮其背"为"止于所不见"，此所
　　谓不见，盖即指在中之性理而言，而朱子谓"如此说费力"，而谓"止只是所当止"，
　　亦即见朱子乃以"止于不见而在中之性理之说"，为不然也。
② 对伊川所谓耳无闻、目无见之静中有物始得，朱子初亦尝以此静中之物为太极或
　　理（《语类》九十六洽录），或见闻之理（九十六去伪录）；继又谓其即指知觉，
　　如镜中之光明（九十六文蔚录）。此盖随朱子之所悟，而前后之解释不同。依伊
　　川本旨，则当谓直指性理为是。伊川答语中固有见闻之理一名也。若谓之为指
　　心体之流行，则是朱子以其后来之见，释伊川之意也。
③ 朱子固尝辩吕与叔以中之一名指性，及以赤子之心为未发之非（《语类》
　　九十七），然于吕氏之"未发前之心体昭昭自在"之旨，则实加以承认，故谓"吕
　　说大概亦是"。又《二程遗书·程氏经说》卷八，有《中庸解》一篇，据《朱子
　　语类》卷六十二及九十七，谓闻之龟山，此文实是吕与叔所著，而此文则为朱子
　　所称。今按此文即以未发为本心，本心无过不及为言。此文所谓本心，亦即其与
　　伊川问答，所谓"昭昭自在"之心也。《语类》九十七又谓陆子静力主此文为真
　　明道之书，朱子谓："某所闻甚的，自有源流，非预说也。"看来朱子确有据而说。
　　然象山所以争此文是明道著者，亦正因此文言本心正与象山之旨合之故。朱陆同
　　契于吕与叔之言心体，而朱陆之通邮，亦在此与叔之学，此世之所忽也，观本文
　　下篇自明。

非指事物思虑之交"，又谓"伊川所谓动，只似活字"。(《语类》九十六）而程子所谓思，亦或只如孟子之言"心之官则思"之思，则朱子所谓知，亦即相当于伊川所谓思。伊川所谓"心有指体而言者，寂然不动者是也"，此所谓心之"体"之本意，盖只指此未发之性理；而心之自身，则指缘此性理而发用，以感而遂通处说。故凡心之有思有知，皆是发，皆是动，而此心之发之动中，即有此性理之内容，表现于此动此发之中，则亦是心涵性理以为一。于是伊川所谓心，亦可只有如朱子所谓之"心体之流行"或"知觉不昧"之状态，并无所谓"思虑之发"者。若以上之解释为是，则亦可调和伊川与朱子之异。观程子言主敬涵养之旨，亦实与朱子之言主敬涵养之旨无别。故朱子于伊川之言主敬涵养者，亦从未有疑也。又若以上之解释为是，亦可多少调和朱子与五峰之异，因五峰之所谓"心为已发，动则心"，此发此动之原始义，亦即心体流行或心之能表现此性，或形此性言，非必指事物思虑之交之发也。

上段文依朱子与伊川五峰三贤用名之异，以调和三贤之说。此只是一就三贤之言之密义上作一调和。若就三贤之明显的立义用名上看，则依朱子之立义用名为标准，便仍当说伊川与五峰，未尝能辨别心在事物之交之思虑，与心体流行或心自身之知觉不昧，其二者之不同；若于此二者，皆同称之为动为发，则有用名不清之失。缘此用名之失，即势必对心在事物之交之思虑上之工夫，与存此心之知觉不昧之工夫，亦缺少了一辨别。缺此辨别，则涵养致知之功，亦可相混滥，而二者轻重先后，亦不明。故五峰乃以察识为致知，并主先察识而后存养；唯存养之功，至于与天同大，乃能有圣人之感而遂通、寂然不动之心体之呈现。然朱子则必辨此二者之别，并以吾人有此未发之心体流行，即见其寂而能感；而工夫之本，则在自觉吾人之有此心体，而涵养之。至于五峰言已发后之察识之事，固于伊川之论有所进。然依朱子之立义用名，仍当说伊川五峰只以心为已发之言，为有所未足，而五峰之已发后之察识，乃第二义以下之事也。故朱子已发未发之说一文，调和其与伊川之异之言，仍不如其与湖南诸公论中和书，径谓此心为已发，乃伊川为说之误，较为直截了当也。但此书中，又言伊川自以为未当而改之，此则仍是曲为调停之论。朱子之谓伊川已改其说，其证据亦不充分。又更不如吾人之径言朱子之言心有未发而又寂而能感之言，已有所进于伊川五峰只以心为已发之言，为合乎事实也。

　　然朱子之言有此未发而昭昭自在之心体，其要义不只是纯理论的讲心有如此如此之一面，其意乃在由此即可开出一工夫论，以免于气禀物欲之杂。因依此心之有此未发之体，此心体中原有一性浑然之不偏体段在，则存得此心，人即可免于一气质之偏。此心为知觉不昧者，则存得此心，便可免于气质之昏。又此心中尚无接物之思虑，则此中亦无人欲，故存得此心，亦免于人欲之杂。于是，主敬涵养之工夫，在朱子即皆所以存得此心。由是而学圣之工夫，即非如苏季明之如何去思一未发之中；亦非如吕与叔之于"赤子之心之发而未远乎中"上求中；再非如李延平之静敛已发之心，以观未发之气象；复非如五峰之即心之所发，而察识其心之道之性，由已发透入未发而存之；而是：即以此现有之"未有思虑，而知觉不昧，一性浑然，道义全具之心体"之自存，为一切工夫之本。依此工夫，人不须离心以求未发，观未发气象，故非溺于虚静；又非只在发处察识，故不随于动。此静中之工夫，确乎有心体之昭昭自在，可缘之以感物有思虑，故静而能动，亦动而能静；寂自能感，亦感而能寂。此即朱子之所以进于伊川之只观已发，不免于"反鉴"之弊者。[①] 然其精切之义之存在，则

---

① 《语类》六二："杨吕诸公求之于喜怒哀乐之未发，伊川又说于已发处观，如此则全无未发时放下底。今且四平着地，放下得得平帖，湛然无一毫思虑；及至事物来时，随宜应接，当喜则喜，当怒则怒。喜怒哀乐过了，此心湛然者，还是未发之一般，方是两下工夫。若只于已发处观，则发了又去寻已发，展转了一层，却是反鉴。"

又不在有此一知觉不昧之心之本身，而在此心能长保此知觉不昧，则人得自拔于其气质之昏蔽与物欲之杂之外，使在中而无偏倚之性理，更能呈现，以发而中节，则得渐契于圣人之不思而中、不勉而得之境矣。此中，朱子言根本工夫之要点，在对性理本身无工夫可用，对心之本身亦无工夫可用，工夫只在"如何使此心为一能呈现性理，以有其中节之发"。此即不外在由主敬涵养，以使吾心湛然精明，不为气禀物欲所杂，使浑然之性理，粲然于中；而更辅以格物穷理之事，以使此心恒得超于物欲气禀之上，而唯向在理，借外穷物理之学，以更明性理而已。[①]本此朱子之工夫论，以观彼求当下之心之外之未发，或在已发后察识者，则开始点已离心之本位，不能无偏，而气质之偏蔽，亦将随之而至。至于在接物而有思虑之发处察识者，依朱子观之，此发处即原有气禀物欲之杂，与之俱行；察识本身为一发，则同不能免于此杂，亦不能免于此察识之不精。更缘人之察识，又可使人把捉其心之私欲，缘之以起。此即朱子之所以终必大反五峰以察识为本，再事存养之学，与一切由心之所发以识心，更反求心体之论者也。

二　胡五峰言察识之精切义与其"即心以成性"之统体的历程之说

此下将及朱子对胡五峰言察识之说之评论，以见朱子之所以有反对五峰之论，纯由鉴于人心之所发，不能无气禀物欲之杂，而五峰之言，在朱子视之乃未尝真注意及此杂之一问题者，故五峰亦未知在察识之外，重对治此杂之涵养主敬及致知穷理工夫也。

兹按胡五峰言察识，正上承明道、龟山、上蔡重识仁之旨而

[①]《大全》八十："理虽在我，而或蔽于气禀物欲之私，则不能以自见；学虽在外，然皆所以讲乎理之实；及其浃洽贯通而自得之，则又初无内外精粗之间也。"（《稽古阁记》）此即借外穷物理之学，以内明性理之旨也。

来，而其言又更为精切。如以识仁之一问题而论，明道龟山之以识得我与天地万物同体之义为言，或可谓对一般学者为太高，无捉摸处而不切。然五峰于此，则有指点人如何反省以从事此察识，而切合学者之当下工夫之论。如《知言》载彪居正问："万物与我为一，可以为仁之体乎？曰，子以六尺之躯，如何能与万物为一？曰身不能与万物为一，心则能矣。曰人心有百病一死，天下之物有一变万生，子若何而能与之为一？居正竦然而去。他日，某问曰：人之所以不仁，则以放其良心也。以放心求心可乎？曰齐王见牛而不忍杀，此良心之苗裔，因私欲之间而见者也。一有见焉，操而存之，存而养之，养而充之，以至于大，大而不已，与此天同矣。此心在人，其发见之端不同，要在识之而已。"（《宋元学案·五峰学案》）

按此段文之前一部分，即谓天地万物为一体之言，学者或难凑泊。然下一部分，即指出人总有与物相感，而见其仁之流露处，便可于此察识，而自觉之，更加存养，即是一当下工夫开始处。由此存养扩充，以极其量，即可心与天合。此即明较明道、龟山言之浑沦者，更切于学者之用功，而无朱子所言之"太高"，学者无从捉摸之病者。又上蔡以知觉为仁，朱子以为或不免认欲为理之弊。因知觉为心之所发，乃连于具体事物者，而人之物欲或私欲，即可与原于仁而起之知觉，互相夹杂。然上引一段语，五峰乃要人于私欲之间，见良心苗裔，即要人于私欲中拣别出良心，故五峰又有"天理人欲，同体而异用，同行而异情，进修君子，宜深别焉"之语。五峰之为此一言，亦是有见于人之自谓出于天理者，或不免夹杂有人欲行于其中，乃与纯出于天理者，行同而异情。故当自察识其动机之出于天理或人欲。此即意正在医治人之认欲为理之病。朱子亦尝谓："胡子之言，盖欲于天理中拣别得人欲，于人欲中拣别得天理，其意甚切。"此外五峰又有观过知仁之说，亦即欲由人之自观其过，而由其知过之心，以自知其仁。

此乃更于"知过、知人欲之心"之上，识得仁或天理之一近思之
方，其意亦甚精切。然朱子之终不契于五峰之言察识及言心性等
者何也？吾人如细观朱子之所以疑于《知言》之旨，其中有似纯
属于对心、性、情、天理、人欲等名义之界说者，但归根则在朱
子之以察识之工夫为有弊，亦不足为本源上之工夫；而此弊则又
皆由人之不免于气禀物欲之杂，而察识之工夫又不足以救此弊而
来者也。兹分言此二者于下：

所谓关于心性情等之名义之问题，即依朱子之意，性或天理，
可称为体。性理为决定是善，心则统性与情，而为气之灵。才、
欲则后于情而有。人欲则由人心昧于天理或心之不存天理而起，
故直接无根于天理之善。此诸名之义，皆各有分界，不可相乱，
亦不能直下皆一以贯之而说。然在五峰之意，则以心体之一名，
兼涵心之道与性，及心之知或觉；人欲与合天理之行，即同此一
心之所发，天理与人欲二者之差别，在一是依"仁者心之道"以
好恶而发，一依己私以好恶而发。此差别在心之好恶之情所依者
之为道或为己私之不同，故亦可连贯一心而说。又在五峰意，心
之性必由心而形，而表现于"好恶以道"之情。唯在人好恶以道
时，此性乃得表现而完成，故此好恶亦即性。然人真欲好恶以道，
使其情与行皆合天理，自必当对"好恶以己私"之"人欲"加以
省察而去之，而对其为天理者，则当识得而存之，此即心之察识。
此心之察识，亦即"心之对其所发，更加以主宰，以成其性"之
一统体的历程中之最重要之事。在此统体的历程中，"本天道变
化，与世俗酬酢，参天地，备万物"，亦有其才、有其术。此中虽
无私的人欲，亦有本其合天理之欲，以求主宰所接万物之事。此
才、此术、此欲，以及心之知天地宰万物之事，亦同为包涵于此
心之成性之统体的历程中者。由是而五峰有"圣人不病才、不弃
术、不绝欲"之言，又有言"心者知天地、宰万物以成性"之语。
此中，当心之表现为天理人欲之相对之阶段，虽明有善恶之相对，

然自此心体上看，却初无此相对。又自此心之能在二者间加以深别，以去其人欲之私，使其情、其欲、其才、其术，皆为天理之所贯澈流行言，亦无此善恶之相对。此盖即五峰以心之性非"与恶相对之善"之可名，乃谓性善为赞叹之辞之本旨。然此心性无善恶，天理人欲，同体异用，及心以成性之说，则同非朱子之所许。盖朱子依其心性情才欲诸概念之分别，先界定性理为善，心为统性情，性情有别，而才欲又后于情而有，人欲乃欲之一种，非直根于心体；则固不能应许此心性无善恶，心以成性，天理人欲同体异用之言。故朱子亦尝径以"名言之失"评五峰也。①

三　五峰言名义之失，与对治气禀之杂之工夫问题

然吾人于此如更自深处，追问朱子之所以疑于五峰之言之故，则根柢唯在朱子之不许人之本此一"直上直下之即心以成性之统体的历程"，以言学者之圣贤工夫。对此一历程，应先可分为段落，以看心之性之如何，心之是否成性，天理人欲之如何由好恶以分，而后存理去欲之工夫当何处下手，可得而定。依朱子之义以讨论此诸问题，则在心之性之上看，不可言心无善恶；心之是否成性，当看此心是何心，心非必然成性；而心之为何心，关键又在心所连之气禀；其发之好恶之为天理或人欲之所以分，关键亦在此气禀。依朱子观之，五峰于此等等，皆未能识，故只知以察识为工夫，而未知涵养为工夫之本。朱子之所以必反对五峰以性无善恶，心以成性，天理人欲同体之说，亦正在五峰之未知此气禀问题之重要，故不能于此有一相应之工夫；而朱子之能知涵养工夫之重要，亦正在其能知气禀之连于心性之故也。兹更稍详之于下：

① 朱子疑胡五峰之言，主要见《大全》七十三《知言疑义》，又《大全》卷三十五《答刘子澄》、卷四十二《答胡广仲》、卷四十六《答胡伯逢》及《语类》卷百零一评胡五峰处。

　　按朱子之所以反对五峰之心性无善恶之说者，此即因就心之体上看，或就心与其性之本身关系看，吾人皆不能笼统合心性为一体；而说此二者之关系，又皆不可离人之气质以言。自心所具之性理言，此为一善之标准之所在，而其本身亦只为善者。此性理之善，固初不与人欲之恶为相对，然不得因其可超于与恶之相对之上，而谓不可以善名之。因其自身虽不与人欲之恶对，然世间既有人欲之恶，与此性理之表现所成之善，相反相违以相对，则此性理之善，亦有与人欲之恶，为相对之义，即必当有善之名，以别之，并表此性之本无有恶之善；不能如五峰之以性为"天地鬼神之奥"，便不可以善名之，而谓此善为赞叹之辞，性本无善恶也。依朱子意此性之表现，与性理之自身，"虽有未发已发之不同，然其所谓善者，则血脉贯通"（《全书》四十六《答胡伯逢》），故朱子《答胡广仲》又曰："天理固无对，然既有人欲，即天理便不得不与人欲为消长；善亦本无对，然既有恶，即善便不得不与恶为盛衰。……但其初则有善而无恶，有天命而无人欲耳。……孟子道性善只如此说，盖谓天命不囿于物可也，以为不囿于善，则非天之所以为天矣。谓恶不可以言性可也，以为善不足以言性，则不知善之所自本矣。谓性之为善，未有恶之可对则可，谓终无对则不可。盖性一而已，既曰无有不善，则此性之中无复有恶与善为对，不待言而可知矣。若乃善之所以得名，是乃对恶而言，其曰性善，是乃所以别天理于人欲也，……今谓别有无对之善，此又熹之所疑者也。"（《全书》卷四十二）至于就此中之心言，心能呈现表现或实现此性理，则为道心，此心亦只善而无恶。若心之动，违于此道，则为不善之人欲之心，亦不能言心无善恶。至克就具虚灵明觉之人心之本身而言，固可谓无善恶。然此人心，在实际上，不上合于天理，即下顺于人欲。实际上之心，固仍或善或恶。而此中之关键，则在此心之必连气而说。气有昏明之别，则心之发，即有违理顺理之别。言性无善恶，而兼谓心无善恶，即忘却心之既具此性理，而其所连之气又有昏明之别。忘却气之昏明，则亦将忘却所以直接致其明而去其昏之涵养工夫。此即心性无善恶之论，在朱子必视为不可行者也。

知心之具此理，而气有昏明，心之发有善恶之别，则于心之是否能成性之问题，亦不能一语直说。此"成"如是创成之意，则性理为心所原具，固非心之所创成。五峰谓性为"有而不无"，亦无由心所创成之意也。五峰所谓心之成性，盖因性乃由心而形著于外，由心而呈现、表现或实现之义。若然，则在朱子观之，于性之是否由心而呈现，亦将依心之气之昏明而定，亦即待于所以致其明，而去其昏之一涵养工夫之有无浅深而定，非此心必能成性，亦非直率此心，便能成性也。今泛说心能成性，则可使人于心之所发者，无论其是依于气之昏者或明者而发，皆视为可加以直率者，而又将不免忽此一心之未发之际之涵养工夫矣。

至于天理人欲，同体异用之说，谓同一心体之好恶之情，其依于道以生者为天理，其依己私以生者，即为人欲。此在朱子，乃视为直将已发之天理人欲，并平等归诸一心体之所发之说；此一心体，将兼为此天理之善，与人欲之恶之本源，则心体亦将为善恶杂糅，而兼为人欲窠子矣。此中朱子之评论，固不免于五峰有误解。因五峰固可说：唯仁为心之道，惟合乎天理之情，乃直承心体而有；人欲之好恶，则此心体之流行之落入己私而有；固非将二者平等的归源于一心体，为一心体之二几^①之论也。然五峰即作此辨解，以朱子义观之，其同体之言，仍有病在。此即五峰之忽略心之道之呈于心之用，必以心之气为媒介，而非一由心体而直呈为用之事。因有此气为媒，即有气之昏明。气必清明，而后心之发皆合乎天理；气有昏蔽，则天理不显于心，而心乃或自陷于形气之私，以成人欲。人于此，若不知心体之呈用，必连于

① 《朱子大全》五十九《答赵致道》有图说明胡氏善恶二几之失。

气之昏明以言，则不知天理人欲之所以分之关键，原不在已发之好恶上言，亦不在心体所具之性理上言，而在此心气之昏明之能否实现性理上言。故不可以已发者兼有天理之善与人欲之恶之相对，而谓能发此二者之此心体之性，超于此善恶之相对之上，而为无善无恶；亦不可对此已发之二者之或善或恶，并归之于能发之之心体，以疑此心体所具之性理之善。当知在此心体之所具上看，"当然之理，人合恁地便是体，故仁义礼智为体"，①此体上便实只有天理之善，更无人欲之恶与相对，所谓"竖起来看皆善，横看后一截方有恶"（《语类》九四）是也。今不知此义，亦即不知使此"浑然之性理，得粲然于心"之涵养工夫，方为一切工夫之本。于是五峰之此说，若不沦于只观此心体之超善恶之一种观心之论，即将归至：于已发而异用之天理人欲上，更下察识之工夫。此即皆不能于如何使浑然之性理，得粲然于心之问题上着眼；亦不能知去气质昏蔽之涵养工夫之切要。此专务言察识之工夫，尤为朱子所致憾于五峰者。由察识以识心观心，亦为可缘重察识而生之弊，乃朱子言之累累者。然此察识与识心观心之工夫，其弊之所自起，皆由其缺乏平时一段对治气质之昏蔽之涵养工夫，而人之气禀物欲之杂，乃随其所用之工夫以俱流矣。此下再分别评之。

四　朱子论只重察识工夫之弊

观朱子书信中对五峰所传之重察识，并于察识中，就所识得之合天理者而存养之之论，致疑之点甚多。大要言之，朱子之意是谓：察识之工夫，只及于已发之动，而未及于未发之静，而"心体通有无、赅动静，故工夫亦通有无、赅动静方无渗漏"（《大全》

①《语类》卷百零一评论胡五峰之学处，方子录。

卷四十三《答林择之》）；于此，若只"以察识端倪为下手处，缺
却平日涵养工夫，则意趣偏于动，无复深潜纯一之味，而其发之
言语事为之间，亦常躁近浮露，无有圣贤气象"。（《大全》六十七
已发未发说）此即工夫之有偏，而德性亦有偏，乃不免于气象之
偏，遂不能矫气质之偏也。若于静中之未发上无工夫，必待"发
而后察，察而后存，则工夫不至者多矣"。"盖发处固当察识，但
人自有未发时，此处便只合存，岂可待发而后察，察而后存耶？"
（《大全》三十六《答张敬夫》）此即谓要有深潜纯一之味，使工夫
绵密，必于静中有涵养主敬工夫。然此尚只是以涵养补察识之不
足之言。至于涵养主敬之工夫，所以当为察识之本者，则以先无
涵养主敬之工夫，只言随事察识，就其"善端之已萌"者，"有所
觉知"，以"自得施功"；则不知人未先有存养之功夫，不能有此
自得，亦不能有深义之觉知，^①则其察识亦必不精，更不能保其察
识之无差谬。故朱子与张敬夫书下文更谓："初不曾存养，便欲随
事察识，窃恐浩浩茫茫，无下手处，而毫厘之差，千里之谬，将
有不可胜言者。"又《答胡广仲》（《大全》四十二）曰："须是平
日有涵养之功，临事才能识得，若茫然都无主宰，事至然后安排，
则已缓而不及于事矣。"故必"未接物时，便有敬以主乎其中，然
后事至物来，善端昭著，而所以察之者益精尔"。朱子言在随事
省察，求有所觉知之前，必先有一段涵养主敬，而后方有深义之
觉知，善端昭著；即意谓：必涵养主敬，以使心恒虚灵不昧，而
后义理昭著，方能察识不谬，而有深义之觉知。是见在朱子涵养
主敬之工夫，正即人于未发之际，所以谋自去其气质之昏蔽之功
夫也。

　　朱子所谓人在未应事接物时之主敬涵养工夫，尽可卑之无甚

---

① 《大全》四十六《答胡伯逢》即重在以此言察识之非学者所能先事，故于此书中
　引明道之"人之制怒须先能忘其怒，方能观理之是非"为说，人必于观理之是非，
　先有一段功夫，地位已高，才能有"此深一义觉知"，"不应无故而自觉"云云。

高论，初不外于"整齐严肃、严威俨恪、动容貌、整思虑、正衣冠、尊瞻视"，[①]以至洒扫应对进退等所谓小学之功。然此小学之功，正为大学之格物、致知、正心、诚意之本。故谓："诚欲因夫小学之成，以进乎大学之始，则非涵养践履之有素，亦岂居然以夫杂乱纷纠之心，而格物以致其知哉。"此小学主敬涵养之功，固成童之所当先备，然亦学者一日所不能废，而当时时以之为主者。[②]此小学主敬涵养之功，不同于察识以及一切格物、致知、正心、诚意之功者，在其为先自觉的，亦为超自觉的工夫。此乃传统儒者所谓礼乐之教之精义所存。二程更以主敬涵养，即所以致此心之简静、清明、高远，以使理自然明之道。[③]然世之学者于思辨察识上用工夫者，其最难之事，即是由其自觉反省的工夫中，再翻出，以肯定此一先自觉或超自觉的工夫，为自觉的工夫之本。此一工夫之所以当为本，正在吾人之先自觉的自然生命中，原有一依于气质物欲而生之堕性。人之心灵之清明，首赖于此心之有主乎此身之一面，以种种规矩约束此身一面，方能使此心惺惺了了。此种种规矩，有其机械的形式性，然其意义，则纯是消极的为对治气质物欲之机械的形式而有，其目标只在呈现心灵之清明，使浑然之天理，得粲然于中，则非可诃责。朱子重此先自觉超自觉的工夫，为一切自觉的格物、致知、穷理、正心、诚意工夫之本，乃意在：面对人之气禀物欲之杂，而求有以磨炼销化之之道，而由下学以期上达。此中不能不谓有一极笃实精切而庄严之旨在。缘此以观只重察识工夫者，唯于心在应事接物之"发"时，方加

---

① 《语类》十二。

② 又《朱子大全》四十二《答吴晦叔》："敬为小学，今者未尝一日从事于小学，而曰必先致其知，然后敬有所施，则未知其以何为主而言格物，以致其知也。"

③ 《二程遗书》卷十五："敬以直内，有主于内则虚……此道最是简，最是易，又省工夫。"卷六："涵养到着落处，养心便到清明高远。"卷十五："一者无他，只是整齐严肃，则心便一。一则自是无非僻之奸。此意但涵养久，则天理自然明。""敬则自虚静，不可把虚静唤做敬，人居敬则自然行简。"（《遗书》十五）

察识，并于此"觉而操之之际，或指其觉者，便以为存"，即明为前面间却一段主敬工夫，而亦于所以"接之之道，不复致力"，则势必"一日之间，存者无几何，而亡者什八九矣"。（《大全》四十三《答林择之》）至于对五峰之言"就本心发见处察而存之"，可至"与天同大"之言，则朱子《知言疑义》尝曰："今日已放之心，不可操而复存者，置不复问，乃俟异时见其发于他处，而后从而操之，则所操者亦发用之端耳。于其本源全体，未尝有一日涵养之功，便欲扩而充之与天同大，愚窃恐其无是理也。"（《大全》七十三）是又见朱子之持敬涵养之工夫，乃纯重在将今日已放之心，先收归自己。放心不返，则气禀物欲之拘仍在；则即有此心之发用之端，亦只此端之偶见，固难必其可扩充至与天同大矣。

朱子之工夫论，当其反对五峰、南轩之以察识为本之说时，乃以涵养主敬之小学工夫是第一义，上已详言之，此即如伊川之言："入道莫若敬，敬以直内。"至于大学之格物致知以穷理，应是缘敬而来之第二义之工夫，[①]上文亦提及，此正如伊川言："未有能致知而不在敬者。"至于就临事时意念之发，从事省察或察识，以是是非非，而免于自欺，得自诚其意，自正其心，以应事物，则应是第三义之工夫，[②]此如二程之言："义以方外。"将三者相较而论，前二者皆平日之工夫。其中之第一，乃直接对治气禀物欲之杂，以使心湛然清明，足以见理者；第二之格物致知穷理，则意在使心由知物之理，而超拔于物之形气之上一层次；同时借理以使其自心，得自位于气禀物欲之杂之上一层次，而更以此理

---

① 朱子晚年较不坚持第一第二义之先后，见本文下篇第二节。

② 此三者中第二者直接对外，间接对内，一与三皆直接对内，而有一动一静，一有事一无事之不同。论程子养观说："静中之知觉，复之所以见天地之心也；随事观省，是乃所谓动上求静，艮之所以止其所也。"（《大全》六十七）又《与胡季随书》言："涵养者，本谓无事之时，常有存主也。省察于将发之际，谓谨于念虑之始萌也；省察于已发之后，谓审之于言动之后也。"（《大全》五十三）此则又开省察为二：一在将发，一者已发，然要皆发上之事也。

为其第三义之察识、诚意、正心之所据。此三义工夫，固皆朱子所不废。然此中之第三义必本乎第二义与第一义，其理由全在第一、二义之能直接针对气禀物欲。如其言："此心此理，虽本完具，却为气禀，不能无偏，倘不讲明体察，极精极密，往往随其所偏，堕于物欲之私，而不自知。是以圣贤教人，虽以恭敬持守为先，而于其中，又必使人即事即物，考古验今，体会推寻，内外参合。盖必如此，然后见得此心之真，此理之正。"（《答项平父》，《大全》五十四）此言第三义当兼以第一第二义为本也。朱子又谓："当知凡一物有一理，须先明，然后心之所发，轻重长短，各有准则……若不于此先致其知，但见所以为心，识所以为心，泛然无所准则，所存所察，亦何自而中理乎？"（《大全》三十《答张钦夫》）此言第三义当以第二义为本也。"近世之识心者，其静也，初无持养之功，及其动也，又无体验之实，但于流行发见处，认得顷刻间正当的意思，便以为本心之物，不过如此，如此擎拳作弄，做天来大事，不知此只是此心之用耳。此事一过，此用便息，岂有据顷刻间意思，便能使天下事事物物，无不得其当之理耶！"（《答方宾王》，《大全》五十六）此即言无持养或涵养与体验致知，而徒以察识得此心；则其发出之正当者，终不得保存，亦不能应物而皆得其当，以合其正则也。

五　识心之说与气禀物欲之杂

然朱子之不契于五峰以降重察识之论之理由，除以此非第一义之工夫外，彼复意言察识者，非以"识得事之理、心之理，而更存养之"为工夫；乃是直接以心为所对，欲求直接沿心之发用，以见得此心之体为工夫。以此心识心，以心觉心，以心观心，求心体，更为朱子之大忌。朱子意禅学之精神即如是，其疑于胡五峰之察识者亦在是。而其后之攻陆象山，则更纯因朱子断定其学近禅之故也。关于朱子之所以辟禅学与疑五峰攻象山之理由，初看是在说禅之于四端五典之理，不能该备，说心外无法，而实心外有法（《大全》卷三十《答张敬夫》），说象山不务穷理，言察识者不知以穷理为先；进一步看，则在朱子谓此以心观心、觉心、识心之说，皆是在心之一时所发之用下工夫，便有裂心为二之病；再进一步看，则此中有一心之自己把捉，所造成之纷拿迫切，使工夫不能成就；而自最深处看，则此以心识心、观心、觉心，而加以把捉之者，乃是一私欲；若以此为工夫，又必不免任气禀夹杂，一任俱流，如泥沙并下，终成一大狂肆。此中姑不论朱子之疑于五峰而反对禅与象山之处，是否得诸家之真，然要之其所以反对之故，亦唯在朱子之意此一类工夫中有私欲在，而于气禀之杂之问题，未尝正视而已。兹试稍详以说明之于下：

按朱子早年著《观心说》，即意佛家为主以心观心者。朱子于此文中反对观心之理由，是说心乃"人之所以主乎身，一而不二者也，为主而不为客，命物而不命于物者也。故以心观物，则物之理得。……圣人之学，非块然兀坐，以守其炯然不用之知觉"；亦实不能更"有物以反观乎心，或此心之外复有一心，以管乎此心"。又谓此"以心使心，如口龁口，如目视目，其机危而迫，其途险而塞，其理虚，其势逆"。此即是自心之为主而不为客，心之一而不二之义，言彼主观心者，无异使一心自裂为二，如"以此一物操彼一物，如斗之相捽而不舍"（《大全》四十七《答吕子约》），"心有二主，自相攫拿"（《大全》五十四《答项平父》）。此亦即自"勉求观心使心，无异心之自退自逆，以自迫，而终自塞其心之观理之用，使理虚"，以言此观心为心之自障，而亦障理。朱子于此，尚未尝言及以心观心者，果有何所得；更未及于此以心观心者乃出于私欲之义也。

大约在朱子乃先意佛氏之说为以心观心，而本此意以观胡五峰及他人凡不以涵养主敬致知穷理工夫为先，而言察识者，即意其说，皆同此一类。故其《答张敬夫书》（《大全》三十一）谓：
"不知以敬为主，而欲存心，则不免将一个心把捉一个心，外面未
有一事时，里面已是三头两绪，不胜其扰扰矣。就使实能把捉得
住，只此已是大病，况未必真能捉得住乎？儒释之异，亦只于此
便分了。如云常见此心光烁烁地，便有两个主宰了，不知光者是
真心乎，见者是真心乎？"此即明谓凡不以敬为主，而言存心者，
皆是欲把捉其心之类，而同于佛者。此即包涵五峰之察识之说在
内。[1]唯此所引朱子之言此心把捉自己，不必能得，徒生扰扰，亦
尚只是自此工夫之不能成就上说。此外朱子所言同类语如："以心
察心，烦扰益甚。"（《答张钦夫》）"以觉求心，以觉用心，纷拿迫
切。"（《答游诚之》）"今乃欲于此顷刻之存，遽加察识，以求其寂
然者，则吾恐夫寂然之体，未必可识，而所谓察识，乃所以速其
迁动，而流于纷扰急迫之中也。"（《大全》四十七《答吕子约》）
"只要想象认得此个精灵……若曰一面充扩，一面体认，则是一心
两用，亦不胜其扰扰矣。"（《大全》六十四《答或人》）"这天理
说得荡漾，似一块水银，滚来滚去，捉那不着。"（《语类》百十七
义刚录）"又如水不沿流溯源，合下便要寻其源，凿来凿去，终是
凿不着。"（同上）"陆子静学者欲执喜怒哀乐未发之中，不知如何
执得那里来？"（《语类》百二四）"心不能自把捉，自是如此。盖
心便能把自家，自家却如何把捉得他？"（《语类》一二〇）皆是
言欲由察识心之一时之表现，以求得一寂然之心体或天理之自身，
终不可得。然亦尚未及于以心观心者，果何所得，而谓其出于私
欲也。

　　然朱子虽谓由心之一时之用，求见心之寂然之体，乃不可能

---

[1]《大全》四十二《答石子重》："今人著个'察识'字，便有寻求捕捉之意，与圣
贤所谓操存主宰之味不同，此毫厘间，须看得破。不尔，则流于释氏之说矣。胡
氏之书，未免此弊也。""若欲以所发之心，别求心之本体，则无此理矣，此胡氏
观过知仁之说，所以为不可行也。"（《大全》四十六《答黄商伯》）

之事，而见此心之光影，则在朱子又非以为不可能。如上述之见此心之光烁烁地，或"闪闪烁烁在那里"，"光辉辉地在那里"。[①]在朱子则又尝谓之为："回头向壁间，窥取一霎时间己心光影，便为天命之体也。"（《大全》卷五十《答潘文叔》）"恍惚些间，见得些心性影子。却不曾仔细见得其真实性，所以都不见里面许多道理耳。"（《大全》五十三《答胡季随》）"用心太过，意虑泯绝，恍惚之间，瞥见心性之影象耳。"（《大全》四十五《答廖子晦》）此即观心者之所得也。

然此由心之用，而把捉此心，或于此心见一些光影，或见其光烁烁在那里，不见其中许多道理，毕竟又有何要不得？则追根到底，朱子所言者，正不外说此是一私欲，人不能缘此以去其气禀之杂而已。何以知朱子乃意此识心、观心、觉心之说，出自人之私欲，然后反对此说？此可首由吾于《原性》一文论朱子之道心人心私欲处见之。朱子尝言："虽云出自道心，但微有一毫把捉的意思，即未离人心之境；……动以人，即有妄，非私欲而何？自然从容中道，方能是道心。"朱子又言："说识字即有寻求捕捉的意思。"（上页注引）朱子所谓由"识心"而有一切纷拿迫切、三头两绪之感，亦正由此中有一捕捉，而又不能遽得，然后产生者也。此外，朱子又谓佛家之求一死而不亡者，即："于自己身上，认得一个精神魂魄，有知有觉之物，便目为己性，把持作弄，到死不肯放舍，谓之死而不亡。是乃私意之尤。……改名换姓，自生自死，则是天地性中，别有若干人物之性，性各有界限不相交，更不由天地阴阳造化。"（《大全》卷四十一《答连嵩卿》）"岂曰一受其成形，则此性遂为吾有，虽死犹不灭，截然自为一物，藏于寂体之中……""圣贤之所谓归全安死，亦曰无失乎所以受乎天之理，则可以无愧而死耳。"（《大全》四十五《答廖子晦》）"非以实

---

① 《朱子年谱·论学切要语》卷二。又《语类》百十三，义刚录。

有物，可奉持而归之，然后吾之不断不灭等，得以晏然安处于冥漠之中也。"（同上）又曰："释氏之不见天理，而专认心为主宰，故不免流于自私。"（《答张钦夫》，《大全》三十）"释氏……欲空妄心见性，惟恐其死而失之，非自私自利而何？"（《大全》四十三《答李伯谏》）由此诸语，足见朱子乃意谓人之求把持此人之精神知觉，求其死而不亡，即是私欲。则一切在人之识心求心之工夫中，对自心之把捉捕捉之意，在朱子自必视为出自私欲。朱子之所以反对此等识心之说，亦唯因其意谓此中人有私欲之杂，亦明矣。大率，在朱子之意是：凡言识心者，重在识心，而不重由涵养工夫，以使心足以见理，更由格物以穷理；即无异视理为外，而不求知，便同于告子外义之论，[①] 而人亦不能升至气禀物欲之杂之上一层次；于是气禀物欲之杂，即与此识心之工夫，夹杂俱流。故曰："古之学者，所贵乎存心者，盖将推此以穷天下之理；然今之所识心者，乃欲恃此而外天下之理。是以古人知益崇而论益卑，今人则论益高，而狂妄恣睢也愈甚；则于义理之精微、气质之偏蔽皆所不察，而其发之暴悍狂率，无所不至；其所慨然自任，以为义之所在者，或未必不出于人欲之私。"（《大全》五十六《答方宾王》）

由此上所引朱子之言，可见在朱子之意，此识心之教，即未尝正面求对治此气禀物欲之杂者；故依之为学，其心之所发，即不免于不合理。朱子之反对象山，则亦归根在谓："其千般万般病，只在不知气禀物欲之杂。"又或谓其"虽说心与理一，而不察乎气禀物欲之私，其发多不合理"。再或谓其"于义理之精微、气质之偏蔽，皆所不察"，势必"若得一个心，万法流出，都无许多事"（皆见《语类》一二四），则"将一切麄恶的气，都把做心之

[①]《朱子语类》五十二德明录："告子外义，外之而不求……只就心上理会……子静不读书，不求义理，只静坐澄心，却似告子之外义。"

妙理，则其所慨然自任者，未必不出于人欲之私也"（《答项平父》，
《大全》卷五十四）。朱子又谓："只用穷一个大处，则其他一切皆
通。……为此说者，谓是天理，不知却是人欲。"（《语类》十八）
"子静……于心地工夫，不为无所见，但使欲恃此凌跨古今，更不
下穷理细密工夫，卒并与其所得者而失之，人欲横流，不自知觉。"
（《大全》卷五十六《答赵子钦》）"使人颠狂粗率，日用常行之处，
反不得其所安也。"（《大全》五十三《答胡季随》）是皆见朱子之
所以不契于象山之只重识得一心之教者，唯是意其忽略去除气禀
物欲之杂之细密工夫，乃自恃而自足，即自沦于人欲之私而已。

吾人以上顺朱子之本意，说其所以疑于龟山上蔡之识仁之教
及五峰之言察识，以及其所以反对佛家与陆象山之说，在根本上
只有一个理由，即依朱子看来，此诸说皆忽视人之原始的气禀物
欲之杂，可与心之发用俱流之一问题，而其言其学，乃皆不能无
弊。其弊之大者，即为如佛之求守此知觉精神，以冀死而不亡之
一私，如象山之只任一心之发，而归于颠狂粗率。而其责象山之
不务穷理，禅宗之心外有法，不能于四端五典，莫不该备，尚是
其言之外表之一层。在根柢上是朱子之以心之直接求自识其心，
即是把捉之私，只重识心，必忽过与此心发用俱流之种种夹杂。
朱子所以必务穷理与涵养本源之工夫，即在其以唯有此工夫，方
可对治此杂，使此心清明，义理昭著，然后可据理以为察识其心
之所资。决不宜直下先言察识之工夫，而招致把捉其心之私欲之
起，更忽此气禀物欲之杂之种种弊害。此即朱子之所以反对言察
识为本及五峰、禅宗与象山之言之故也。

六 辨朱子所言察识之弊之不必然性

上文所述朱子在工夫论上，对其前诸贤及象山与禅宗之评
论，唯是顺朱子之意而说。此下则当进而讨论其所评论者之是非

与局限，并一讨论朱陆之学如何可得其会通之邮。此中，吾首当略及朱子评论佛学、禅宗、象山及五峰之言心，未能相应而说之处。如朱子之意象山为禅学，并意想此禅学佛学之精神，即在把捉得一心之知觉精神，便与象山之学、禅学、佛学之本来面目，明显不相应。根据吾于《原性》一文所述，佛学禅宗固言观心，然观心须知心之实性之清净，心之空性，而把捉心执着心，正佛家之所破。今以把捉此心责佛学与禅宗，彼必不受也。又视佛学之超生死，为只对现有之知觉精神，加以把持捉弄，到死不放，冀其死而不亡，以存于冥漠之中，则佛家当谓：此正吾所破之常我执也。至于以此责象山，更不相应，因象山正亦尝以佛之只求一人之超生死者为自私也。① 今按象山之发明本心，乃发明一心即理之心。言发明此心，固亦许有穷理之事，前述象山之言，已可为证。象山言发明本心，亦从无见此心如光烁烁之言，并尝以告子之硬把捉为戒（《全集》卷三十五《语录》，李伯敏录）。象山又告学者"见有神明在上，在左右，乃是妄见。此见不息，善何以明？"（《象山全集》卷四）是见象山固未有对其一人之知觉精神，加以把持捉弄，冀其死而不亡也。至于善言察识之胡五峰，固有心无生死之言，然此无生死之心，乃在所发之知觉精神之上一层次，乃指以仁为心之道，亦具此仁之理之本心，非一人之知觉精神之谓也。朱子之言圣贤只求无愧此理之义，即象山辨义利，只见义不见利之旨，亦五峰之言心只求尽道以成性之旨。至于此只求无愧此理，而自求尽道之心，是否必亦有生死，正亦难言。吾人于本文上篇已说其正当为无生死者，而朱子于此，亦实未能作究竟说。朱子《答何叔京书》，首亦言"所谓天地之性即天之性，岂有死而遽亡之理，此理亦未为非"。如顺此义下去，

---

① 象山以义利辨儒佛，《朱子语类》十七德明录，及《语类》百二十四螗录中，皆言及之。唯朱子以象山所言，尚是第二义；其第一义，乃在佛说万理皆空，儒则万理皆实耳。

则性理既不亡，圣人之心与性理合者，自亦当死而不亡。而人果有一具理而能尽道以成性之本心，亦正当皆同此无生死，而鬼神亦可谓实有也。无生死、超生死之义，亦儒佛之所可共有，亦未必皆可废者。吾于《原性》一文论王船山处已及此问题，并尝一提及朱子于此问题之未有定论，亦此当另文更加以指证说明，今不赘。唯朱子之言，对佛家五峰及象山之评论，虽未必与诸家之言之本旨相应，然当时之学者，盖亦或不免求"必先有一见处，然后有以造乎平易"（《大全》三十《答汪尚书》），欲由"遽时察识，以存其寂然之体"，"意日用之间，别有一物，光辉闪烁，动荡流转……乃向无形象处，东捞西摸，捕风系影，用意愈深，而去道愈远"。（《答廖子晦书》）或求"廓然之一悟"一"迥然超绝者"（《大全》卷三十《答汪尚书》），以至由心识心之工夫，而"恍忽之间，见得一光辉辉之物事"或"一光景"者。朱子之早年，自谓见一大本达道之影像，亦此类也。则朱子之言，亦非无的而发。朱子之谓此亦为一种人欲之私，更谓徒教人察识心者，亦可引致人之此私。是皆未尝非一精切之见。大约人在对于世间名利私欲净尽之后，人反而专在自己之心性上，用工夫时，人即原可循其平日向外攀缘逐取之物欲，所养成之心习，转而求把捉执持此心性之自身。此乃人之私欲之最后一关，实亦不易破除。其所以难破除，在此一私欲之初起，只是一人心自然有之一回头之自觉，人初尽可不自觉其是一把捉之私。大约此回头之自觉，在自事物拔起之外，更过了一分，便成把捉之私。《朱子语类》卷二十谓上蔡说仁曰："试察吾事亲从兄时，此心如何。"卷三五曰："前面方推这心去事亲，随手又便去寻摸取这个仁；前面方推此心去事兄，随手又使一心去寻摸取这个义，是二心也。"此摸取仁义于后，而不见此当事亲从兄之理于前，直以此心顺此理而行，便是由回头自觉，而沦于把捉之私之始几。世之学者盖罕能知此义。朱子则深有见于是，其所以斥责一切识心之

论，与孟子说心以来而有之一切"求心之病"（《语类》十九），①
盖皆意在于是。而由人之回头自觉，向后寻摸，至于"见得"一
心之虚灵知觉之光景后，更自宅其心于其中，把捉所见，又足
自怡悦，则其破除尤难。至于学者之本来未有回头之自觉，以
有所"见得"者，亦恒不免于自期其能于此先有所"见"，以为
其工夫之把柄。然在朱子看来，凡此一切先求有所"见"，待有
所"见"，然后下工夫之一念，已是一把捉之私。盖德性之工夫，
原不能有待。谓必先有所"见"，然后有以造乎平易，以及谓必
"发而后察，察而后存"，在朱子观之，即皆为有待。未得此所
待而欲求之，即是去把捉之私。又人偶有见处，纵是实见，若便
生自负之心，以为自家之把柄足恃，乃当下直情径行，如王学之
末流，此又是把捉旧日见处之私。若依朱子之意，则人亦不当待
有见处或对旧日见处，而对之有任何把捉之私；而当知当下未应
事接物时之主敬涵养，下至正衣冠、尊瞻视，即是一最切实之工
夫。而随事格物穷理，亦是工夫。用此诸工夫，要在时时见得当
然之"道理在面前……立即见其参于前，在舆则见其倚于衡，皆
是见得理，此不成有一块物事光辉辉地在这里"。此诸工夫亦皆
实是能去气禀物欲之杂之事。于此，人真下工夫一分，即必然有
一分去气禀物欲之效，而可使人于察识时，自然察识益精，以自
有其见处者。然凡此所谓见处，自其为一时之所有言，亦只是一
时之见。人之此见，乃此心之用；此用亦可"一过便息"。如禅
宗之开悟，悟后之境，亦不能长保；又如学者之一时愤悱，亦不
必能长保，即其明证。故一切工夫，仍要退而在平时之日用寻常
之主敬涵养、随事格物上用，方能随时有以去其气禀物欲之杂，
以使人之临事察识，自然益精。则人之欲其察识之精，而求有见
处者，亦当承认此朱子所言之二工夫之重要。循此以观朱子之

────────

① 《语类》十九：" 《论语》不说心，只说实事，孟子说心，后来遂有求心之病。"

教，则其疑于以察识为本之教，而意其不足，而谓人不当重此有见处，而易之以涵养主敬、致知穷理之教，则其言固又明有所进于昔贤。此又正由朱子知人之"待察识以施功"，其中即有一病痛；并知先有此涵养致知穷理之工夫，乃所以使人免于气禀物欲之杂，以成此察识之精者之故。然凡此等等，又正可合以见朱子之察识之精，故能察识及"气禀物欲之杂于一般之察识中"，亦察识及"察识之待于涵养主敬、致知穷理之处"；方有此以涵养为本，穷理为次，察识为三之三义之工夫论也。由此观之，则吾人真重察识，亦当循朱子之此察识之精处，以了解其言之切义之所存，而吾人对朱子之所言者之正面价值，固亦当全盘加以肯定也。

七　辨察识之工夫之独立性

然吾人欲曲尽此中之理蕴，则又当更即循吾人方才所言之朱子之察识，能察识及本身之弊害等处，以更了解察识之所以为察识之性质。朱子之能察识及"察识自身之可有其夹杂与病痛或弊害"，则凡人之察识，固亦应皆能察识其察识自身之弊害。此即同于谓人之察识本身，尽可有不同之层次，而可自己批评其自身，然后察识之弊害，乃为察识之所能自见。但如察识之弊害，亦可由察识而自见，则察识即非必然有此弊害。朱子谓因人有气禀物欲，故有涵养与致知穷理之功者，其察识必益精，此吾人固无异辞。然是否无事先之涵养主敬、致知穷理，则其察识之本身，即必然为气禀物欲之所杂，则是一真实问题之所在。今吾人若真承认察识亦能察识及其自身之所杂，则此察识，即明可居于其所杂者之上一层次，而可超于此所杂之上以自运行，而无朱子所言之弊害者。若然，则谓必待识而后存固不可，然谓必待涵养穷理，而后人乃能从事察识，以免于气禀物欲之杂，亦同不可。吾人观朱子后来之论，虽在义理次序上，似仍以涵养主敬为本，然在用工夫次第上，则渐不主一定之先后。前文注所已引及之《语类》卷一一五，谓"涵养、体认、致知、力行四者，本不可有先后，又不可无先后，当以涵养为本"。此后一语即自义理次第说涵养为本，前一语即自工夫次第言其无先后也。朱子又或谓"痛理会一番"，"须先致知而后涵养"，"理不明，持守也是空"（均见于《语类》卷九），"义理不明，如何践履"（《语类》卷九），则是以致知穷理为先矣。故又谓"须先涵养清明，然后能格物……亦不必专执此说"（《语类》十八），"某向时亦曾说未有事时涵养，到得有事，却将此去应物，却成两截事"（同上）。总之，"未发已发，不必太泥，只是既涵养，又省察，无时不涵养，无事不省察。不曾涵养，亦当有省察。不可道我无涵养工夫，后于已发处更不管他。今言涵养，则曰不先知理义底涵养不得；言省察则曰无涵养，省察不得。二者相捱，却成耽搁。"（《语类》六二）依此朱子后来之论，则涵养省察之工夫，固可相辅为用，亦可各独立进行。果可独立进行，则亦未尝不可独立进行而无弊。而五峰之特重察识，则亦应无不可。察识之工夫本身，是否可单独进行无弊害，关键亦尽可不在其前之涵养穷理之工夫有无，而可只在此察识之本身之性质，如吾人方才所言，此察识之是否能运行于其所夹杂之气禀物欲之上一层次。如察识之运于此上一层次，乃可能之事，如朱子之察识及察识之弊害，即是其例。则察识固自可为一独立工夫也。此中吾人不须主张察识之必无弊害，只须主张察识可无弊害，即已足够建立察识之可为一独立进行之工夫。在下文，吾当更言前于朱子之诸贤，其言识仁与省察工夫，如善解其意而用之，即皆可无朱子所说之弊，而学者之特重察识之工夫，亦即未尝不可。次当论：如只从工夫之弊害上说，则朱子之涵养主敬与致知穷理之工夫，亦未尝不可无弊。涵养主敬、致知穷理与察识之工夫，在其皆可有弊，亦可无弊上说，其地位亦原平等。然此一切工夫之弊之根源，又皆不在此一切工夫论之本身，而在学者之对之之误解与不善用之之故。今若只自学者误解与不善用上说，世间亦无不弊之工夫。然人之求去除此三工夫之弊，更有一根本之工夫，此即为自昔儒者与朱子、象山所同重之"诚""实"或"自信"之根本工夫。若人能识得此根本工夫，则于象山之依本心之自明或发明，以言立志自信，即可见其实义。又朱子于此本心之存在，则在其心性论上与直相应于此心性之工夫论上，亦未尝不加以肯定。唯在其宇宙论与一般之工夫论上，又不能于此加以肯定。故于此吾人唯有顺朱子之心性论，与直契于其心性论之工夫论之路数，以求一会通朱陆之邮。此为吾人可逐步求得者。此下即拟将此三者，更一一分别说明之如下：

所谓朱子所言察识之弊害，可有而不必有者，即吾人之用察识之工夫时，尽可不先说"要待察识有见处，然后能造乎平易"等。吾人之用此工夫，尽可在事先无"欲把捉一见处"之私，更无别求一寂然之体，或见一光烁烁之本心之意，则亦无一欲把捉己心之私。吾人之察识，尽可是即事而用工夫，然又非即事察事，亦非即事察心，而是即事察心之理之所存，并顺此理以生其心。由此中有心之顺理以生，即使吾人之心，直接居于具体事物之上一层次，亦使吾人之心居于气禀物欲之杂之上一层次，便可免于朱子所言之察识之弊害。此中之识之一字，亦决不涵捕捉之义。朱子之谓识字即涵捕捉之义，亦明非其前之宋儒用此一字之通义。此字之义，在宋儒自明道言识仁以降，盖皆当顺孔子所谓默识之识去了解。[1]孔子之默识，正当为一无言之自识，而自顺理以生其心者，固非往识一事物、一对象而涵把捉或捕捉意味之认识也。

---

[1]《语类》一一八谓"……体认自家心是甚物？……才识得，不须操而自存"，又《语类》一二一"对心体只是要认识他"，则朱子用识字亦有默识之一义也。

明道言识仁,明是谓于浑然与物同体之心境中,求识得此仁之理。[①]
今若吾人缘此义去看上蔡、龟山、五峰所谓识仁或识心之道之义,
而循其本意,在教人识事之理与心之理,去作工夫,即皆可使人
直接超拔于气禀物欲之杂,居于其上之一层次,而可无朱子所言
之弊害矣。

　　譬如以龟山之就人之疾痛相感以言万物与我为一之仁体,及
上蔡之就痛痒相关之知觉为仁之言而论,此皆显然出于明道"仁
者浑然与物同体",其心"廓然大公",及其以麻木为不仁之旨,
与伊川之"人能至公便是仁"之旨。(《二程语录》可学录)凡此
所谓物我一体、公及知觉之概念,如视作仁之定义看,盖皆不如
朱子定仁为心之德、爱之理之精切。朱子谓其皆不足以训仁是也。
然如吾人只视此诸言,为指示人以识仁之方看,则未必有朱子所
言之弊害。朱子之视此诸言为可有弊害者,盖在此中由心之公而
及之"天地""己与万物"及"痛痒之知觉之所觉"等,皆分别为
具体事物。吾人如着念于此诸具体事物,又生心动念,不能无气
禀物欲之杂,则此诸言即可引致吾人上文所言之种种弊患。朱子
之意,固未尝不是。然吾人今只另下一转语,即若吾人是由此以
反识"吾心之所以能若是"之仁之理,则此全部弊患,即皆可无
有。于是此中之诸言,是否皆为仁之一名切合的训诂,亦无大关
系。如"人与人之痛痒相关之知觉",或"以物我为一体"与"心
之公",此三名固不同其所指,或亦皆不如"爱之理"一名所指者
之精切,然而皆不碍吾人可缘之识得在其名之所指中,有一爱之
理或仁之理之存乎其中。仁之理为超乎气禀物欲之杂之上之外者,
此原为朱子所承认。则人心之识此理,即当下可使其心超乎其气

----

① 以此例明道所谓学者先有知识,亦即此意。上蔡、龟山以及五峰之察识之识,皆
　缘此而来。《朱子大全》四十二《答胡广仲》谓:"明道所谓先有知识,只为知邪
　正、识趋向耳,未便为知之至也。"实则此明道所谓知识,固非朱子心中之知之至,
　然亦非抽象的知正邪趋向,而正是即具体事而识其理之谓也。

禀物欲之杂之上。人之识其理，当下即是一使之超乎其气质之昏或气禀物欲之杂之上之工夫。则此即事察识，知其心之理，而存养之，岂非一"虽未尝意在求去气禀物欲之杂，而自然去此气禀物欲之杂"之一纯正面的工夫乎？此一即事察识，以知其心之理，而存养之工夫，在胡五峰所举之《孟子》书所载，齐宣王由见牛而生不忍之心之例，尤为亲切。齐宣王见牛不忍，乃其已往所经之事，而孟子即告之自反省：在其有此事时，其心之为一如何之心。齐宣王亦终知此乃一不忍之心。孟子即告以当本此不忍之心，以推及于民。此处，齐宣王诚顺此"对其自己已表现之不忍之心，所察识而得"之"不忍之理"加以存养，以扩充其不忍之心，此即齐宣王所以入于圣贤之途甚明。①然则由察识而存养之工夫，正是孟子之工夫。孟子未尝言朱子之一套之如何涵养得知觉不昧之主敬工夫，亦未尝言先致知穷理之工夫，而恒唯随处教人自反，求其心之所存而扩充之。此由察识以存养之工夫，正为孟学之正传，而原在儒家之思想史中，为一可独立进行之一套工夫亦明矣。

此由察识而存养之工夫，其所以可为一独立进行之工夫，在察识而得其心之理，更存养之，即所以使人顺理以生其心，以超于气禀物欲之杂之上一层次。此察识而存养之工夫之切实义，在就此心此理之已呈现处，而顺其呈现，以下工夫。此乃不同于在致知穷理之工夫中，其理尚未知，亦不同于涵养主敬之工夫，只所以致心之清明，使足见理者。朱子重此后二工夫，乃谓理之呈现于心，须以此二工夫为事先之准备，其目标固仍在理之呈现于心。今在理已呈现于心处，从事察识，其由察识所透入者，正是朱子欲由涵养主敬致知穷理之工夫中以使之呈现之理。此察识之工夫，依上文所说初属第三义。然此工夫中所见之理，则不属第

————
① 《语类》十八德明录："齐宣王因见牛而发不忍之心，此盖端绪也。便就此扩充，直到无一物不被，方是致与格。"则朱子固有此意也。

三义，而即朱子之本心中所具之理，亦主敬致知之工夫所欲呈现之理，而为其第一义、第二义之工夫之目标所在者。此察识之工夫，乃直接以理之呈现于心者为所识，便应为第一义。而朱子所谓第一义、第二义工夫，乃为助成此理之呈现于心而有，则亦可说为第二义以下之事矣。至于由察识而存养，乃顺理之呈现于心，而更致其相续之"呈现"或"现"，以逐步扩大。此即是"现""现"相生，如前"现"不差，后"现"自亦不差。此中，后现不须把捉前现，而前现亦自为后现之所依，以相续生，则泉源混混，不舍昼夜，其流行即可达沛然莫御之境矣。至于在此流行中之气禀物欲之夹杂，人固不能自保证其必无，然此心之存养而扩充，既在气禀物欲之上一层次进行，而心之理，日随此心之充扩而日现，则人应亦可益能自照见其夹杂，而察识自能益精，克治之功亦日勤；如清流日升，而昏浊日沉，清流向于前，则昏浊落于后。若然，则谓此由察识而存养之工夫，不能单独进行，以使气禀物欲之杂，自然得其化除之道，亦非也。人于此若必疑其察识之或有差，乃并其不差者，而不加以存养，唯退而从事朱子所谓涵养主敬之功、格物穷理之事，则此亦正可为一工夫之懈怠。如清水既流，乃自窒其流，谓俟吾将此水全澄清，然后可流，岂不翻成工夫之懈怠？此如当齐宣王之已自识其"见牛而欲以羊易之之心，为一不忍之心"，而正欲顺之以充达之，以保民而王之际，孟子又立即告之以此保民而王之心中，可能有气禀物欲之杂，当暂停此心，以从事涵养致知；此何异断此宣王向道之几乎？诚然，当宣王已知存养其保民而王之心之后，孟子固亦可如朱子之更教之以平时涵养致知，以去其夹杂。又若宣王无孟子之指点，不知于何处识得其心之合理者而存养之时，亦可先姑教以涵养主敬与致知穷理之功，以俟其于他日有此一心之发，而自识自存。宣王亦不当谓待我有识处、见处，然后有工夫可用。此即朱子之补此二段工夫之切实处。朱子之反对必待有见处，然后有平易工夫可用，反对待发而后察，察而后存，其旨固吾人前文之所亦尝代为发挥者也。然在人有可察识处，乃不识之而存之，谓人当先自疑其有夹杂，以退而从事涵养致知，则朱子亦未尝能为此言。盖人若因不能自保证其发之不差，与识之不误，乃恒自疑其发之有夹杂，遂谓必先退而从事于涵养致知，则须知此涵养致知之工夫，何时能完满，使发皆无差，察皆无谬，亦非吾人之所知。朱子谓："若必待发而后察，察而后存，则工夫之不至者多矣。"此言固善。然人亦可言：若人必待涵养致知，工夫完满而后发，发而后察，则终身亦无敢发敢察之日矣。此即朱子之所以亦终必归于谓"涵养省察，不可二者相推，却成耽搁"，不可道"我无涵养则省察不得"也。然若无涵养仍可省察得，则如五峰之特重此察识之工夫，固非必不可，而亦非必然有弊者矣。

八　辨朱子所言之主敬致知之工夫，亦可有弊，并论无必然不弊之工夫

至于言此诸工夫之弊，则察识之弊，在识之不精而不见及其气禀物欲之杂，以及欲把捉此心等，朱子已言之甚备。吾文上节亦只辨解察识之以心之理为所识，更存养之，而顺理以生其心，则亦可无弊；而未尝谓察识必可无弊。故吾人于朱子之察识可有之弊，亦可全部加以承认。然朱子所补之涵养致知之功，是否即必无弊，此亦同是一问题。吾意是此涵养致知之工夫之是否有弊，亦当视吾人之以何心情，从事涵养致知，及涵养致知之所得者为何以为定。此同于谓察识之是否无弊，当视所识得为何，识后如何用工夫以为定也。

兹先以主敬涵养之工夫而论。朱子于此工夫，重在日常生活上用。如其《答林择之书》谓"程子言敬，必以正衣冠、尊瞻视为先"云云。吾人于此须知，若吾人是赖此等事，以自使清明在

躬、志气如神，或心常自醒觉，此固可去气质之昏蔽。然人于此
如着念在此动容貌、齐颜色之一定习惯之养成，以正其衣冠、尊
其瞻视于他人之前，则此亦未尝非出于气禀物欲之私，而同于荀
子所斥之子张氏之贱儒者。又人之由整齐严肃以主敬者，亦未尝
无陷于拘束矜持之病。朱子亦尝论：此病由于乃"将此敬别作一
物，又以一心守之"而来，"若知敬字只是自心当体便是，则自无
此病矣"云云。① 又尝谓不格物，"只一个持敬，也易做得病，……
亦易以昏困。"（《语类》卷十八）"常要提撕，令胸次湛然分明，
若只块然独坐，守着个敬，却又昏了。"（《语类》一一四）又辨死
敬活敬之分。（《语类》十二）今按此人之主敬，可有将敬别当作
一物成死敬之弊，亦正如朱子之谓言察识者，其以一心察识一心，
便有使此心"迭相窥看"，"外面未有一物，里面已三头两绪"之
弊，相类似；亦与由察识而欲识心之本体，于心外见一心光烁烁
地之弊，相类似，而亦皆同有一把捉之私。然人之能知此皆为私，
又正缘于人之察识。人之以一心察识得一心之为私，而于一心中，
自分主客，亦非不可说。朱子晚年，亦固自言："知得不是的心便
是主，那不是的心便是客。"② 朱子又言以前者为主以治后者之客，
则亦意许一心察识一心，非皆出于把捉之私矣。朱子既不以人之
主敬之可有弊，而能知此弊者乃是人之察识，遂谓主敬之功可废，
谓人当先有察识而后能涵养；然则固亦不能以察识之有弊，遂谓
必先涵养而后能察识矣。

　　至如朱子之言格物穷理以致知，必理明知至，而后可言深义
之觉知或察识，否则未易言自得之功，③ 又不免有"好径欲速""过
高"之病。此言固亦是。然是否格物穷理以致知之言，即无其他

① 《大全》卷五十三《答胡季随》。按持敬易犯矜持之病，二程早已言之。如《二程
　遗书》三，记明道言不可矜持太过，伊川又言忘敬而后无不敬是也。
② 《朱子语类》卷十七僩录。
③ 《大全》卷四十六《答胡伯逢》。前已举其义于上章第八节注。

之弊，亦是一问题。如以陆王之观点言，则人之格物穷理以致知，即可视物为外，视理为外，人乃逐物、逐心外之理而不知返。此虽非即朱子之教之本旨，然受朱子之教之学者，固尝有此弊矣。又朱子之言格物穷理以致知，是否即无过高之弊，亦甚难言。如朱子谓必"即凡天下之物，莫不因已知之理，而一一穷之，以求至乎其极，至众物之表里精粗无不到，然后吾心之全体大用无不明；为格物穷理以致知之功，有此功然后可从事省察之诚意正心之事"云云。在阳明观之，则此乃圣人"尽心知性，生知安行之事，非初学所能得"。（《传习录》上）阳明遂谓此朱子所言之工夫，远不如其致良知之工夫，唯要人"就其所知之意念之善而存之，所知之意念之恶而去之者"之易知易行。此阳明所谓致良知之工夫，正类似朱子所谓"觉知"或察识之功。则毕竟言觉知或察识，与言格物穷理，孰为过高，亦看此二名所指之工夫之境地而定，初不能有预断之结论可得。是见朱子之言，必以吾心之全体大用无不明，为致知格物之功，亦未尝无过高之弊也。依阳明以观朱子之意，实无异欲人于其致知格物工夫中，即做得圣人之事，而其心意之发，更无差误；此正可使人在所言之诚意正心中，无实工夫可用。则阳明如谓此乃好径欲速，又何为不可乎？

　　然如理而论，则一切所谓过高之言，是否有弊，实又皆不定。如言之过高，而唯启学者好径欲速之心，固为一弊。然必以过高之言为有弊，而务说切近之言，亦未始无弊。孟子时人固尝以孟子之言"道则高矣，美矣，宜若登天然，势不可及矣"，然孟子答以"大匠不为拙工改易绳墨"，则义之所在，理之所在，卑近者固不必推之使高使远，高远者亦不可必抑之以成卑近。人慕高远而好径欲速，与贪切近而安于卑琐，二者厥弊唯均。然此弊害之起，又不在言之高远，亦不在言之切近，而在学者之闻其言者，如何会其意而用其心。如闻高远之言，而求自拔于卑琐，闻切近之言，而自勉于循序以进，则厥德允攸；而高远之言，切近之言，又皆可无弊。则必尚高远而轻切近之言，与尚切近而废高远之言，则又同皆不能无偏，而有弊矣。然克实言之，则此一切言之弊，仍皆只是原于学者之不善会其意，而未能善用其心而来。对善会其意善用其心者，则又不只高远之言、切近之言皆无弊。即鉴于学者之尚高远而轻切近，乃姑为切近之言，而暂废高远之说，如朱子之力戒高远之言之类，对之亦无弊，因其可知朱子之意在教学者之循序以进也。同时于朱子所疑为过高远之言，如明道象山之论，对之亦无弊，因其知其意在使之自拔于卑琐也。此之谓善会言之意也。反之，如不善会言之意，不知所以善用其心，则天下亦实无不弊之言。人之不善会意、不善用心，其归根唯在朱子所谓人之不能无气禀物欲之杂，乃连此杂以知言，而后天下之言乃无不弊。欲知言而忘其言之弊，亦唯有不连此言与人之气禀物欲之杂，相关联而生之弊，以知言，而唯就言之本身之正面意义以知言而已矣。此即吾人之所以于朱子之言，可全幅加以承认，而仍不疑于龟山、上蔡、五峰之察识之本旨，而可兼存其言之故也。

原德性工夫　朱陆异同探源（下）
——朱陆工夫论之会通

一　辨诚信之工夫与本心之二义

吾人上文谓天下无不弊之言，而一切言工夫之言，无论言省察、涵养，言致知穷理，又无论其言之对学者为高远，或切近，学者如不善会其意，不善用其心，则皆无不弊。然此其咎责，唯在学者之气禀物欲之杂于其心，而不在此言。盖凡此工夫，原皆所以直接间接去此气禀物欲之杂，而言之之后，闻者乃或更又济以气禀物欲之杂，以误用工夫，则天下事无可奈何者，亦见天下之言之效，必有时而穷者。然天下之言之效，必有时而穷，而人之实际用工夫之事，则亦并不以此言之效之穷而亦穷。人之实际用工夫，而欲免于闻言而误用工夫之弊者，则此中固亦有一工夫。此即"将一一所言之工夫，离言以归实，务求其工夫之本身，如何得相续，不以气禀物欲之杂，而误用此工夫，以致弊害之起"之工夫。此一工夫，即一切工夫之运用之根本工夫。此根本工夫无他，即朱子与象山所同皆言及之诚或信或实之工夫而已矣。

此求诚或信实之一工夫之所以为根本，在一切工夫之所以有弊，皆缘于其有不实或间断之处而来。如以察识之工夫而言，察识此心，而至于欲把捉此心，则此工夫有弊。然此弊何由生？是则唯由此时人虽由察识，以求识其心之理，尚未能即实循此理以生其心而来。人不实循此心之理，以生其心，而把捉其自己之心之自私之欲乃起。而此自私之欲之起，亦即此理之不实有于心也。又如以涵养主敬之工夫而言，如人之整容貌、齐颜色，不以之为"清明在躬，志气如神"之资，遂转而着念在容貌颜色之本身，以求尊其瞻视于他人之前，则是此心之清明之沉坠于容貌、颜色之整齐之中，而自间断其清明矣。更如涵养主敬，而视敬如一物，以把持之，则是此心之自离于敬之外，而自外还求把持此敬，使心与敬间，生罅隙，而相间断矣。再如格物穷理，而视物为外、视理为外，乃向之追逐，成逐外之病；亦由心先沉陷于物，乃意彼物，外于我身，复意我之心，乃只在此身之躯壳中。身物既相外，人于此乃不知"即物穷理，是此心之顺物以知理，亦通达乎物以知理，此中物与理乃随心而俱现，即外即内"之义，遂有此逐外之病。然此逐外之病，由于此心先外陷于物，再回顾此心，如只在此身之躯壳中，以使身物相外而来。亦即同于谓其由吾人之"顺物以通达乎物"之穷理工夫之间断而来。由此以观，则知此上所述一切工夫之弊，皆由工夫之间断，有所不实，然后依于气禀物欲之杂之种种弊害，随之以起。一切工夫，原皆所以直接间接去心之弊患，弊患不同，则工夫原非一端。如执一工夫，以去不同之弊患，则工夫自可有弊。然只执一工夫，不知随心之弊患之不同，而以之相辅为用，致以所执之一工夫，为其他当有之工夫之碍，亦是使工夫成虚而不实、自生间断者。若人之工夫，能处处皆实而无间断，则一切工夫之弊，亦即无起之可能。故此使工夫皆实而无间，即一切工夫之运用之根本工夫之所在也。

此使一切工夫相续无间而皆实之工夫，即孟子所谓思诚之工夫，或"有诸己之谓信"之工夫，《中庸》所谓诚之之工夫。程子之言诚敬，亦谓："敬则无间断。体物而不可遗者，诚敬而已矣……纯则无间断。"（《遗书》十一）又言"学者须自信"（《遗书》十八）。朱子常言诚为实理、信亦为理之实有诸己，谓"实则无间断，圣贤教人只是要救一个间断"（《语类》一二一）。又谓诚乃通天人而言，信则人所为之实（《语类》卷六）云云。象山言：
"千虚不博一实。吾平生学问无他，只是一实。"（《文集》三十四）
而随处言"实理、实事、实德、实行"。①朱子谓必理见于心气之
流行、事物之流行而后实。象山亦谓必心与理一，而后诚而后实。
二贤于此，亦原无异说也。

　　然此求诚求实之工夫，乃意在使吾人之工夫能相续无间，而
不杂于弊害，亦即求其工夫之纯一而不已。然此纯一不已，又如
何真实可能？则人尽可谓：当下暂得之纯一不已，并不保证未来
之纯一不已，则相续者终可断，不杂者终可杂。人于此如念其可
断，则此念即可使之断；如念其可杂，则此念已为杂念。吾人亦
不能保证此当下已有之杂念，不更生于来日，使此来日之工夫，
亦时断而时杂。由实际上看，人在工夫历程中，固亦时断时杂也。
此即必须赖于吾人于其断时杂时，或知其可断可杂时，同时更有
一自信：即虽断而吾仍能使之续，虽杂而吾仍能使之纯。或于当
下立一志曰：今既续，如再有断，吾必更使之续；今既纯，如再
有杂，吾必更使之纯。亦可曰：今既续，吾唯求使之如其续；今
既纯，吾唯求使之如其纯。然人此志之能立，正本于吾人之自信
能使之续，使之纯；而人能立志，亦增吾人之自信其能。此立志
以定其趋向，学者之当有一自信，乃儒者之公言，亦朱子之所重。②
胡五峰尝言："立志以定其本，居敬以持其志；志立乎事物之表，
敬行乎事物之内。"朱子亦尝称其语（《语类》卷十八佃录）。朱子
晚年又尝谓："从前朋友来此，某将谓不远千里而来，须知个趋向，

---

① 《象山全集》卷一《与曾宅之》："心，一心也；理，一理也。至当归一，精义无
　　二。……万物皆备于我矣，反身而诚，乐莫大焉。此吾之本心也。……古人自得之，
　　故有其实，言理则是实理，言事则是实事，德则实德，行则实行。吾与晦翁书所
　　谓古人质实，不尚智巧，言论未详，事实先著。……以其事实觉事实。"
② 如《语类》十五"利不可做，决定是不做，心下自肯自信得及"，《语类》十八"志
　　不立，又如何去学，又如何去致知格物中做得事"。《语类》卷八及卷百十三至
　　百二十一训门人语中，言立志者尤多，不必一一引也。

只是随分为他说个为学大概。看来都不得力。今日思之，学者须以立志为本。"(《语类》一一八）然只以趣向为志，似不够分量。观朱子于五峰所谓"志立乎事物之表"之一义，亦实未能如象山之重视。象山之言立志与自信，则可谓皆立之于事物之表，而不如朱子之重敬，乃重其"行于事物之内"者。吾人今亦可言：人若不能本自信以立志于事物之表，以超于事物之上而拔起，则人对其当前之工夫之可断可杂，或暂断暂杂，即不能有一工夫，以再续之而去其杂，则工夫之继续成纯，即势必终有不可能者在矣。

然人于此又或谓：人欲求去此间断与杂，不须有一立乎事物之表之志与自信，而只须有一随顺事物而加以一回头之自觉，即可去此间断与杂。如当吾人知工夫之断时，既知其断，即已续；当吾人知此工夫之杂时，既知其杂，即已求纯。如朱子之谓知心之已放，即收其放心，"知其放而欲求之，则不放矣"，"才觉间断，便是相续处"之言是也。[1]依此说则一切工夫，唯在现在，而不须更念及未来之可断、可杂，亦可不须有一超乎事物之上之志之立与自信，预为杜绝其杂其断之计，以思出其位，而驰心于当下工夫之外，亦不必更论有心之本体。[2]此义自亦甚精辟，然亦有轻率之处。因人之知其心放者，未必知其心放者有多少；知其工夫之断与杂者，亦不必知其断处与杂处之全体。则知处不放，其余仍

————————
[1]《大全》四十八《答吕子约》："读胡子《知言》答或人以放心求放心之问，怪其规缕，散漫不切，当代之下转语，……知其放而欲求之，则不放矣。"又《语类》卷五十九："心不待宛转寻求，即觉其失，觉处即心，何更求为？自此更求，自然愈失。但要知常惺惺尔，则自然光明不待把捉。"此外在释《孟子》"操则存，舍则亡"，及"求放心"章，论及此意者甚多。

[2]《语类》卷五十九端蒙录谓："操则存，舍则亡，泛言人心如此，……亦不必要于此论心之本体也。"又㬊录及去伪录言："范淳夫之女，谓心无有出入。伊川谓此女虽不识孟子，却识得心。"然朱子于此二段文，明主人心自是有出入，而不以伊川意为然。亦即不欲于此论及心之本体，更不言有心之本体，足以为工夫之所据也。

放；知处已续，不知处仍断；知处不杂，其余仍杂。又人之知其心之放者，亦不必即能收；知其断者，亦不必皆能续；知其杂者，亦不必皆能使之成纯。则见：由知放以至全收，由知断以至全续，由知杂以至全纯，仍待一相续不断之工夫。此工夫不能再杂。此相续不断之工夫，盖非日月至焉之事，而为一生之事，更不能言由当下之一回头自觉之功而皆办。此回头之自觉，能彻上不必能彻下，能彻后不必能彻前。彻下彻前，以实成此相续之工夫，必待"于肯定此心之未来之可断可杂处，更建立一自信与志愿"，以相续之功，杜绝其未来之可断可杂之机。此立志与自信，既在今日，亦即一当下之事。此立志与自信，乃以此当下之心，涵摄彼未来，包括彼未来，使未来之可断可杂之机，即由当下之此心之立志与自信，加以化除，使不得更有断有杂，以碍全功。此固非思出其位，驰心于当下之工夫之外，而正所以见此当下之工夫之纯一充实，然后能满溢于一般所谓现在之外，以涵摄包括彼未来，而防弊于机先者也。

吾人如知吾人之立志而自信，求其工夫之相续不杂而纯一不已之"思诚""诚之"之工夫，即为吾人当下之一工夫，而意在涵摄包括未来于其内者；则此"思诚""诚之"工夫，即为一自"保养灌溉其一切工夫，而加以顺成"之一绝对无外之工夫，亦为一切工夫之能继续运用，所依之根本工夫。吾人之所以能有此工夫，又原于吾人之心之有此性，有此理。则此心此理即应为一绝对无外之心之理，而吾人亦当自发明此心、此理，不能说此外有圣人之心之理，乃异于我者，遂不反求诸己，而往求诸"己以外"之圣人。吾人真能保养灌溉此一切工夫，至于相续不已，则吾人自己之心即圣人之心，盖圣人之心即用此诸工夫之心之理之充量实现所成故，而其理亦即吾人之用此诸工夫之心之理故。吾人亦不能说外有天地之心之理，异于我；以依儒者相传之共许之义，天地之德，亦只在其生物不测，而纯一不已故。则我与圣人与天地，虽可说异，其心与理，则同此纯一不已之诚，唯或至或不至而已。吾人如知吾人之此能立志自信，以求其工夫之纯一不已之此心此理，同于圣人与天地，而此立志与自信，乃为一切圣贤工夫者之所不能废，则亦非朱子之所言之工夫所能废。而朱子既亦望学者之工夫，能相续不杂，以至于圣人之纯一不已，亦理当教学者直下自信其心与理之未尝不同于圣人与天地。此中之异，唯在圣人与天地，其心恒如其理，而能充量实现其理，吾人学者则虽立志，自信其能不断不杂，又或不免于断与杂；即似免于断与杂，亦不能不思不勉，而从容中道，自然纯一不已，不免有防断防杂之心。此即见吾人之此心之光明，尚不能充普，而自疑之阴影仍在，便终不是圣人。此“不是”不是“全不是”，只不是“全是”。即吾人现有之此心与心之理，尚未全然冥合；则由勉强之功，以更发明此心此理，乃吾人学者之分内事。朱子与象山，亦同未敢自谓其当前之此心，便已与心之理，全然冥合，而同于圣人。然二贤之所志，又唯在求此全然冥合。则对此心与此理之关系，及其存在地位，当如何去讲，又为二贤思想之异同之关键所在矣。

此中如依象山之说，吾人之此心与此理之所以能全合，以得同于圣人，乃以吾人之本心即理之故，或吾人之心，本求能自依于理，以自尽其为一合理之心。由此而象山之发明此心此理，即发明：本心之即理。所谓本心即理者，即谓吾人之心，所以有不合理者；唯以自限隔、自沉霾，而不免有病或障蔽未剥落故。则障蔽剥落尽，而此心明，[①] 发者无非是理，此即心之本来或本心矣。故吾人之此心，原即本心，原为一与理全合之本心。其有不合理，唯由病与障蔽，尚未剥落而已。即吾人现有之心，所以有异于本心，乃在外有所加。而工夫遂唯在减此外加，而复此本心

---

① 人心有病，须是剥落得一番，即一番清明。(《全集》三十九) 千古圣贤，自去人病，如何增损得道？

之明。此一义也。至于所谓心本求能自依其理，以自尽其为合理之心者，则是谓此心原能自依其理，以生生而日新，如一本之原能生生，而枝叶茂畅，枝叶既茂，而其本亦日荣；又如原泉不息，而充沛流行，放乎四海，以喻此心之日充日明而日新，[①] 理亦日充实于此心。此又一义也。依前义，则工夫皆不外日减，以复本上之高明，以鞭辟而入里，而未尝有所增，[②] 依后义，则工夫乃顺本而日积日进，日著日盛，日广日大。[③] 此二义，在象山之言中皆有之，合之则可喻如"取日虞渊，洗光咸池"。[④] 清洗所以复其光，光辉原自能日新，即所以喻：此理之未尝溢于本心，而唯内在于此心之中。复则心与理俱复，新则心与理俱新。此二义初不相违，似相异而未尝不相成。如只言复不言新，则复皆复故，心无生理；纵本心完备，亦为顽物。如新皆凭空另起，则起无所本，虚脱成二，心即断裂，亦无生理。故必复而能新，新不异故，方见生理。其所以能复，正在其能新，亦为复而新，如日自生光而光自洗。其所以能新，正在其能复，亦为新而复，如光自洗而光自生。此中实只有依自复自新之一纯一无二之理，以成此本心之纯一而不已。故此二义，相异相成，以成一义，不能以象山之言，或此或彼，即视同矛盾也。今知象山所言之此二义之不二，本心自有此

①《象山全集》卷一《与邵叔谊》："由萌蘖之生，而至于枝叶扶疏；由原泉混混，而放乎四海，岂二物哉。"此外卷十二与赵然道书亦同此旨。象山言日新语，如《全集》卷五与高应朝书："根本苟立，保养不替，自然日新。"言日充日明语，见卷五与舒元宾书。又如卷六与傅子渊书："大端既明，趋向既定，则德当日新，业当日富。"及象山与朱子和答诗"涓流滴到沧溟水，拳石崇成泰华岑"，亦同此旨。

② 后之学者，如江右、东林、蕺山，皆意在复本，以减为工夫。然减得不尽之时，还望此心之高明，则此高明，又转为深隐。至如慈湖、龙溪，则意在顺本，而披开枝叶；而光辉之日新，乃只为一现成之灵明。此二派之分，皆由对象山之二义，各有所偏重之所致也。

③《象山全集》卷二十一《论语说》。

④《全集》三十四："有士人上书云：手抉浮翳开东明。先生颇取其语，因云：吾与学者言，真所谓取日虞渊，洗光咸池。"则光辉之日新与浮翳之清洗，二义皆备矣。

自复自新之理，而真能信得及；则知人心原能自作主宰，四端万善，原自能满心而发，充塞此心，亦充塞宇宙，更无欠少；而工夫亦初不外自拔网罗，自去限隔；于此本心，知"圣贤之形容咏叹，皆吾分内事"，^①更无所增益。限隔去而本心之全体见，满心发而本心之大用存，虚灵明觉与天理，合为一心之体，而对事物之知觉思虑，同为此心之用。用之所发，即体之所存；体之所在，亦用之所充。象山虽罕言体用，然其所以罕言，正以其视体用无二事之故。吾人固可姑用此二名，以释其旨，并借此以见其与朱子言心之体用之异同也。

二 朱子工夫论中之歧义

至于朱子如何言此心与理之关系，与心之存在地位，则朱子在宇宙论与一般工夫论中，其泛说此心在天地间之地位，及泛说工夫者，与其扣紧心性论以言心与工夫者，三方面之言，实未能全相一致，而有不同之论。朱子在宇宙论上，乃以心为气之灵，气之精爽；此气依理而生生不息，以成气之流行；故气在流行中，则心亦在流行中。气之流行，或动或静，心亦不能无动静。气静，而已往之气，一去不回；气动，而新来之气，依理而新起。故气有消息、有存亡，而心亦不能无存亡。吾人之心气原可合道，亦可不合道，宇宙间除理为常在以外，更无一常在之本有而普遍之道心，以使人心必然化同于道心。故人之是否有其道心之纯一不已，以同于圣人之全心皆理、全理皆心，乃依于此道心之气，是否相续不断而定。则吾人之依当前此心之求道，自信其能求道，自信其能合于圣人之纯乎天理之心，即纯为主观的，并无宇宙论上之必然；而此亦即圣贤之所以千载而一遇，人心恒百死而一

①《全集》卷五与舒元宾书。

生也。

　　至于在朱子之泛论工夫之言中，则人心之是否合道，全以人之工夫而定。欲仁仁至，则世间亦无阻此心之合道，以成道心者。有此道心常为一身之主，以至如圣人之纯一不已，亦人之工夫之所能决定。一念之间，以心合道，操则存而道心见；一念之间，工夫不至，舍则亡，而此心下沦于具不善之人欲之心。故在此工夫论中，人在有生之日，其心固无时而无，然道心则又可有时而无。唯道心虽无，其道或天理性理固在；人心再上提以合于道，则道心又见。人于此若能使其心，念念听命于道心，而化同于道心，则道心全，而吾人之心即同于圣人之心。然若吾人之心不上提以合于道，则道固自在，而道心却无。此时如谓此道心或本心亦自在，遂离此当前之人心以别求，则工夫将沦于把捉，翻成人欲。于此，欲使人心合道，只须使此心当下自向于道便是，不必谓另有道心或本心，在此心之上，而别求之也。然在象山，则当谓此当下之心，未合于道，此乃整个本心或道心全体之暂时自沉陷、自限隔。此心既一操便在，则不操亦不能谓为不存；而所谓舍亡者，乃隐而不见之称，如逃亡者之仍在。此中操之工夫，只在自去限隔，而自求升起，即是复其本心。当其未复，隐而不见，亦原无可求。本心之复，即在去限隔、自求升起之工夫中复之；则亦不能离工夫，而凭空见得或把捉得此本心。故谓此本心自存，并不必有朱子所言之使人别求，而加以把捉之弊。至人之所以当在此本心隐而不见时，而仍当自信此本心之有者，则因如谓其无，则此心之再复，唯依于"道与天理"之根仍在，却无本心为其根。于是此再复者，便纯为新起。[1] 此心之复，又不必能一念复而全复。今若无本心为根，则此复亦可不全复，而随时停

---

[1]《朱子语类》卷五十九《孟子》"求放心"章："只存此心，便是不放，不是将已纵去了的，收将转来；旧的已过去了，这里自然生出来。"此无异谓心时时在新生中也。

止。吾人亦无理由以信其必能全复。反之，人若能信此心与天理或道，恒合为一本心或原有之道心为根，则其虽尚未全复，人亦可自信其有，而为能全复者。人一自信此本心之有而能全复，亦即此本心之自觉其有与能全复于此一自信之中。此一自信之本身，又即所以助成其全复者。此中有此一自信，则工夫皆根于本心，非凭空而起；而人之工夫之所成，即皆此本心之自复、自现而自流行之所成。此自信之工夫，皆有根于本心，则此"自信"，亦助成此工夫，而工夫乃易于得力。工夫之所成者，皆此本心之自复、自现、自流行，外此不更有所增；则人亦不能谓于本心之自复之外，别有工夫。此正所以免人对其"工夫"，自加把捉，亦不致有如朱子之言持敬，使人不免把捉此敬如一物之病者。此盖即象山所以必教人自信其原有心与理一之本心之故，而不如朱子之言道心，纯视为由人之工夫，使此心上提以合于道之所成之说者也。

朱子在宇宙论上，固以心属于气，气依理而动静，并以心为有动有静，有存有亡者；在工夫论上亦谓此合道之心，可由存而亡，亦可由亡而存，其存亡全系在工夫上。然在纯粹之心性论，与直接相应于其心性论之工夫论中，则又初不重依气以言心，亦未尝不言"超乎一般之动静存亡之概念之上"之本心或心体。此本心或心体，乃内具万理以为德，而能外应万事以为用，亦原自光明莹净，广大高明，而无限量者；唯由物欲气禀之杂，然后体有不明，用有不尽。于是人之一切去除其物欲气禀之杂之工夫，如相应于此心性论而言，亦可说不外求自明其心之性理之善，而有以复其初，以使此心之全体无不明，而大用无不尽。此其义与象山之言工夫，唯在剥落去人心之病障，以自复其本心，而发明其本心，以满心而发之旨，初无大不同；而与其在宇宙论上或泛论工夫时看心之观点，明有不一致处。大约当朱子自宇宙论看心时，乃自外看心之属于人，而依于人之气、心之表现于其主乎身，

而使此身能有运动知觉上。此心之表现，或觉于理而为道心，或
觉于欲而为人心，或顺欲而违道，以成具不善人欲之心。自此三
心之表现上看，皆有动有静，有存有亡，而道心亦有存有亡，乃
别无一"无存亡出入"之心为本源。① 至于人之是否有与圣人同
之纯一不已之道心，乃依其心气而定。则人于此，若必自信其能
有圣人之道心，即实无客观上之必然的根据。至在其泛论工夫时，
则人用其工夫，以使心合于道，而道心存，无此工夫而道心亡；
于是道心便是存而可亡、亡而可存者。然在其纯粹心性论与直接
相应之工夫论中，则朱子乃面对此心而言性。此所面对者，唯有
此心，则于此心，便可只见其存，亦宜就其存而论其存，而不见
其亡；其亡乃由气禀物欲之昏蔽，则虽亡而其体未尝不存；但隐
而不见，而其用亦隐而不见耳。此中，唯赖去气禀物欲之昏蔽，
以复其心之清明，以使此心之全体见，而后大用行，则人固当自
始有此心之全体，为其本心矣。今观朱子之言工夫之精义，实不
在其由宇宙论之观点，以看此工夫所成之道心或其在天地间之地
位一面，亦不在其泛说心之操存舍亡之处；而正在其直接相应于
纯粹心性论中，所面对之此心性，以言工夫处。此面对心性以言
之工夫，实朱子思想之核心之所在。自此核心上看，则其言本心，
明有同于象山言本心"不以其一时之自沉陷自限隔而不在"之旨
者。此中之异点，盖唯在依象山义，此"去物欲气禀之杂"之工
夫，即此本心之自明自立之所致；而朱子则有一套涵养主敬之工
夫，以直接对治此气禀物欲之杂，此一套工夫又似纯属后天之人
为者。在朱子，此涵养主敬之工夫，只在使内心之湛然之清明之
体见，而知觉不昧，以使万理得粲然于中为止，故纯为一未发时

___

① 《大全》卷四十《答何叔京书》："存者道心也，亡者人心也。非是实有二心各为
一物不相交涉也，但以存亡而异其名耳。其亡也，固非心之本；然亦不可谓别是
一个有存亡出入之心，却待反本还源，别求一个无存亡出入之心，来换却。只是
此心，但不存便是亡，存亡之间，无空隙处。所以学者必汲汲于操存。"

静中之工夫。至于心之向外格物穷理而知物理，则所以明内具之性理，以为省察诚意正心之准则，而为心之已发而动，有思虑后，以使动合于理之工夫。此二工夫，一属静，一属动；一属未发，一属已发；一属向内，一属向外；一为明体而立体，一为达用而用行；一为心之主乎性，一为心之主乎情……二者各不相同，而相辅为用。而朱子所以开工夫为此相对之二者，则又正由其在宇宙论中之先分"动静等为二"之观念，透入其心性论中而来。此乃其不同于象山之无此动静、已发未发、体用、内外等之分别者。象山之言满心而发，乃满乎心之内，亦发而充实乎万物。此即无异一即体即用、即内即外、即动即静、即未发以成已发之言。象山之有此言，又由其初未尝如朱子之依宇宙论观点，以言由气之有动静，言心之有动静，亦未尝如朱子泛论工夫时，重此心之出入存亡二面之故也。

然由朱子之宇宙论之观念之透入其心性论上，而将一本心开为动静等二面，并缘是而开工夫为涵养主敬格物穷理省察之种种之说，则与象山之言，亦实无必然之矛盾。吾人如顺朱子之心性论，以言其涵养主敬之工夫，亦可见其亦并非真视此工夫，为人之所外加，而亦可只视之为此心之本体之自明而自呈现，以成此涵养主敬之工夫；此中，即亦应有一心之本体与其工夫合一之义，而心之不昧其知觉，即为心之立体之事，亦心之用行之事。又象山所谓发明本心之教中，亦原具有一涵养工夫在，而自有其胜义可言。至于此心之发为思虑，亦即此心之知觉之用，贯澈于其知物理之事中之所成，则格物穷理以致知，以及省察之工夫，亦可同时为象山所言之"立志自信，发明本心，自作主宰"之工夫之所贯澈，而不必开为相对之二者。由此而象山之合动静内外之一工夫，即可统摄朱子所言之动静内外交修之各方面之工夫于其下，象山之所言之工夫，若为一大纲，朱子所言之工夫，则为其细节；乃未尝不可相会通以为一，亦未尝不可兼存，以分别为用，而无矛盾之可言者矣。

　　此下即当先就朱子之心性论之立场，以说朱子与象山之言本心，皆有本体论上自存义，而朱子之主敬之涵养工夫，不外本心之自明自现之义；次当说象山之发明本心之工夫中，具有朱子所谓涵养工夫，而自有其胜义；再当说象山之发明本心自作主宰之工夫，可贯澈统摄朱子所谓致知、格物、省察等工夫三者之义于下文。

三　辨朱子心性论中之本心体用义

　　所谓在心性论之立场，朱子与象山之言本心，皆有本体论上之自存义，朱子之涵养主敬工夫，不外此本心之自明自现者，因朱子在心性论中，明常用本心、心体之一名；其力辩此心之体之为未发而静，亦意在言心之已发之用，不足以尽此心之体；彼之自悔其早年之只知已发为心，而疑伊川心为已发、五峰言察识之说及一切观心识心为一光烁烁之所对，以及象山之只由此心以"流出万法"之说，皆是不欲只就心之所发以观心，而欲回头体认此心之寂然之体。此其思想，正是趋向在：建立此心之本体论上之自存自在义。朱子虽言人心有气禀物欲之杂，然亦屡言心体之原有明德，原为一光明之体，非一切气禀物欲之所能全蔽。而其涵养主敬之工夫之所以当为本，亦正在此工夫乃直接与心之本体之光明之扩充、昏昧之减少，为相应者。此乃前所已言。此主敬之一名，依一般之义，乃以敬为对人对神之恭敬虔敬，或执事之尊敬，此乃对人对事而说之敬。伊川言敬，则明白与恭相别。故曰："发于外者谓之恭，有诸己者谓之敬。"又曰："主一之谓敬，无适之谓一。"主一无适，而此心此身，自整齐严肃，即自然表现于对人对事中。此亦重在以敬收摄此心于当下，不使放舍之一面。而明道谓"某写字甚敬，非是要字好，只此是学"，亦不使此心溢出于当下之事以外，而别求其结果，以成就此心之不放舍之谓也。敬在伊川，可成就此心之虚静，以静坐致虚静，亦敬之一端。[①] 由是而此敬之本质，即非一般所谓与人事等相对之敬，而纯为一心之"持己""闲邪"[②]"涵养吾一"，以使"己与理为一，一则无己"（《遗书》二十二上）而自去其心疾之绝对之敬。后尹和靖以持守收敛为敬，上蔡以敬是常惺惺法，亦纯就其为心上之工夫说。至于朱子言敬之工夫，则一方本伊川之言，而谓主一无适之谓敬，并本伊川使身心整齐严肃之旨，而重在动容貌、整思虑、尊瞻视、正衣冠等日用寻常之事之小学工夫，以收摄涵养此心，使此心存而自能惺惺。[③] 此亦原于伊川、上蔡之旨。然在另一方面，则在朱子之言敬，尚不只是一所用之"法"或"工夫"，在心之发上用者；而是以敬涵养心之未发之体。朱子言"敬为心之贞"（《与张钦夫》），又言"未发，浑然是敬之体"，[④] "敬字只是自心自省当体"（《大全》五十三）。以此言敬之工夫，即此工夫只是心之自体之贞定于自己，或"见此未发时之浑然的敬之体"之别名；而敬之一工夫，只在使此心体常存，而除此心体常存之外，亦可说别无敬之工夫。故谓"敬莫把做一件事看，只是收拾自家精神，专一在此"，敬只是"涵养操持不走作"，"只是提撕此心，教它光明"，

---

① 在伊川，敬全转为一心上之工夫，由《二程遗书》十一论敬之一节，最可见之。《朱子语类》卷十二谓以敬字只是敬亲、敬君、敬长，全不说话，而举"修己以敬""敬而无失""圣敬日跻"之言，以谓敬可单独说。然在一般义，敬固皆有所对。单以持敬为敬，乃始于程朱。故陆象山谓持敬之言乃杜撰。今谓之程朱所特重之教亦可也。

② 敬是持己，恭是接人；又敬是闲邪之道，闲邪则诚自存矣。

③《语类》十七朱子谓伊川以整齐严肃说敬，较上蔡以常惺惺说敬为切。谓："如整齐严肃，此心便存，便能惺惺；若无整齐严肃，却要惺惺，恐无捉摸，不能常惺惺矣。"然惺惺却是归宿处，故《语类》十七又谓先由和靖之说，方到上蔡地位。朱子又谓敬有把捉时，有自然时。（《语类》一一七）吕伯英问持敬之义。曰：且放下了持敬，更须向前进一步。问如何是进一步处，曰：心中若无一事，便是敬。（《语类》百二十）此皆是谓敬当进至无事时，以只有此心之惺惺也。

④《大全》四十三《答林择之》，未发时浑然是敬之体，既发则随事省察，而敬之用行焉。

"这心便在身上"，"扶策得此心起"，"只收敛此心，莫令走作闲思虑，则此心湛然无事，自然专一"，"此心光明，有个存主处"，"今于日用间、空闲时，收得此心在这里截然，这便是喜怒哀乐未发之中，便是浑然天理"，"人之本心不明，须是唤醒知。学者工夫，只是在唤醒上。人心常炯炯在此，则四体不待羁束，而自入规矩"（均见《语类》十二），"常要惺觉执持，令此心常在，方是能持敬"（《语类》十三），"敬只是自家一个心常惺惺"（《语类》百十五训道夫），"敬只是提起此心，莫教放散"（同上骧录），"未发之际便是中，便是敬以直内，便是心之本体"（《语类》八七）。朱子又尝称焦先生之学，先立乎其大者曰："他之学亦自有要卓然竖起自心，便是立，所谓敬以直内。"（《语类》五九）是见朱子所谓敬之第一义，只是此心体之常存，亦即心之自贞定于其身，以见此心体之未发浑然是敬之体而已。至于或疑朱子之后来之不说敬为心之贞，[①] 而《语类》十二中又载人杰录"敬只是敬，更寻甚敬之体"者，则其故亦可得而言。按朱子答南轩书中言敬为心之贞，乃自仁为心之道，心之周流贯澈无一息之不仁说来。言敬为心之贞，似有心之流行到敬，便为元亨利贞之序之最后一步之意。此则仍偏在心之用与流行上言。此与其已发未发说心体流行之言同旨。朱子之思想后来之一发展，乃在此心体上更不说流行，[②] 唯于其初以"中"为状心之性之体段，则一直维持。言不须别寻敬之体者，乃由门人问"只是收紧此心，未见敬之体"而来。依朱子意，收紧此心，应即是敬，此敬即已是此心体之炯然醒觉在此。故谓不可更于此心体外别寻敬之体，

---

① 王懋竑《朱子年谱考异》卷一谓：朱子后来都无此语。

② 韩元震《朱书同异考》三谓：已发未发说以"中"由心体流行见，与湖南诸公论中和，即去此心体流行之语，则湖南书为后出。此书以无过不及属未发，与胡广仲书，则谓"以无过不及，为说未发之中不著"，是见与广仲书之为最后出。与广仲书谓"中者，所以状性之德，而形道之体；和者所以语情之正，而显道之用"，即更不以心体流行为言矣。

非不即心体之自存以言敬之谓也。

吾人如识得朱子之言敬,乃归在心体之自存上言,则涵养之用敬,即此心体之自存而自用。敬是心之常惺惺法,亦只是此心之常惺惺。此朱子之所言乃趋向在即心体之自存自用为工夫。朱子所谓心之本义,固只是一虚灵明觉,然其内容,则具备万理。故谓:"以前看得心只是虚荡荡地,而今看得湛然虚明,万理便在里面;向前看得便似纸一张,今看得满纸都是字。"(《语类》百十三)朱子《大学注》明德章又谓:"其体虚灵而不昧,其用鉴照而无遗。"《语类》十四释为"心中许多道理,光明鉴照,毫发不差","这个道理,在心里光明照彻,无一毫不明","此心本自如此广大,但为物欲隔塞,故其广大有亏;本自高明,但为物欲系累,故于高明有蔽。"(《语类》十二)依《大学》本文,此明德即天之明命所在,而人之工夫不外明此明德,顾谔天之明命,亦即不外自见此心原具之明德之谓。故朱子又言:"人之一心,本自光明,常提撕他起,莫为物欲所蔽,便将这个做本领。"(《语类》十五)又言:"人之明德,未尝不明,虽其昏蔽之极,而其善之端之发,终不可绝,但当于其所发之端,而接续光明之,令其不昧,则其全体大用可以尽明。""明德须自家见得这物事,光明灿烂,常在目前始得。"(《语类》十四)又言:"此心本如此广大,但为物欲隔塞。若能常自省察警觉,则高明广大自若,非有所损益之也。性者理之全体,而人之所以生者也;心则人之所以主乎身,而具是理者也。天大无外,而性禀其全。故人之本心,其体廓然无限量;惟其梏于形器之私,滞于闻见之小,是以有所蔽而不能尽。人能即事即物穷理,至于一日贯澈会通而无所遗,则有以全其本心廓然之体,而于性之所以为性,天之所以为天,皆不外乎此,而一以贯之矣。"(《大全》四十五《答廖子晦》)由此上所引,明见朱子以提撕、省察、警觉及致知格物穷理之工夫,皆不外去其本心之昏蔽、物欲及梏于形器之私,而复其心体。凡此等等,言人有此未发而现成之心体,本自光明、广大、高明、无限量,此朱子之学之所归宗,正大有进于其早年承伊川传来之"性为未发、心为已发"之说，只有"性为未发之心体"而"无独立义之心体"者。对其前之思想言，则朱子亦实正是趋向于：依本心之心体之建立，而以一切工夫，不外所以自明此心体之说者。朱子言："圣贤千言万语，只要人不失其本心。"（《语类》卷十二）"今求此心，正为要立个基址，得此心光明存主之处。……心，生道也……但当于安静深固中涵养出来。"（《语类》十二）此与象山之立根处，亦正无不同也。

此中如要说象山之异于朱子者，则在：朱子之言主敬之工夫，固可说为即此心之自操自存，其谓此心自有生道，亦无异谓此心自起其用，或此心体本能自呈现以为工夫；然朱子又必将心之未发已发、体用、动静分为二，[①] 则所谓心具生道，同于心具此生之理、动之理，[②] 故一方要见未用之体，一方又似要承体而别起用，则与象山之言，有毫厘之别。故其虽一方言心体本是高明广大，敬只是使此心自存自在，人能存得敬，则"吾心湛然，天理粲然，无一分着力处"。但下一句又谓"无一分不着力处"。（《语类》卷十二）于他处朱子又谓要见"未用之体"，[③] "须着此一分力，去提省照管"（《语类》卷十二伯羽录）。而其言对此心之收敛、收紧、操存、提撕之语，亦似未尝不可视为在此心之原具之明德之上，另加一后起之工夫，以复其本有之明德者。如纯依象山义讲，则此工夫之本身，应亦只是此本心之自明自立之表现，即本心之体之自呈其用。然在朱子，则终未于此作决定说。依朱子之宇宙

---

① 《大全》五四《答徐彦章》："求之吾书，虽无体用之云，然其曰寂然而未发者，固体之谓也；其曰感通而方发者，固用之谓也。且今之所谓一者，其间固有动静之殊，则亦岂能无体用之分哉。"

② 全上答徐彦章另一书曰："未发之前，万理皆具，乃虚中之实，静中之动。"此静中之动，即只指此理之具而能动而已。陈安卿问："未发之前，静中有动意否？"答曰："不是静中有动，是有动之理。"亦谓静与未发中，只有理也。

③ 《语类》一二二："子约书有见未用之体，此话却好。问：未用是喜怒哀乐未发时，那时自觉有一个体段则是。如意着要见他，则是已发。曰：只是识认他。"

论，以说此人之工夫，要为一心气之流行，有此工夫，乃有此流行。此工夫，此流行，即不能皆说为性理之本有者。则此所谓本心之明，其依理而生生者，亦可只指吾人之有生之初，所受于天之气，原有其虚灵上说。而工夫则皆为后起，以求遥契吾人有生之初，所受于天者。则由此工夫所致之此本心之"明"，即皆为修成，不能皆说为原有之本心自身之自明自立之表现。人亦尽可视彼无此修之工夫者，即无此"明"，以谓此明，乃纯由变化气质物欲之杂而后致；亦即变化昏蔽之气为清明之气之结果。而朱子又原可由其宇宙论上之此观点，以言其工夫与本体之关系，则其对所言之工夫，是否皆视为即此本心之自明自立之表现之一问题，即必不能作决定说矣。

吾人今之解决此一问题之一道，盖唯有将朱子之宇宙论之观点，暂置一旁，而直循朱子在心性论上原尝谓主敬之工夫，不外此心体之自惺惺在此，而见其自存自在之义，以进一步谓：凡此所谓人之工夫所修成之本心之"明"，亦只是此本心之体之自呈现之用。在此本心之体上，亦原有此一用，即原能自起此工夫，而一切工夫，亦莫非此本体之所起。此工夫中所见之心气之一切流行，自亦即此形而上之本心之全体之所起，而不可说为只依一形而上之本有之理而起者。此本心之全体，即一真正之心与理合一之形而上的本体义的本心。① 此心之呈现为工夫，即呈现为一依理而自建立、自生起其自

---

① 一般之思想，以心为能知、理为所知，朱子亦不能免此。欲由此义以转入真正之心理合一义，当知所谓心之知理，即心自规定其自己，为一知理之心，亦即心之自依其能规定自己之理，以成一知理之心。又即心之依其规定自己之理，以自创出自生起此一"知理之心"。而此中所知之理，则属于下一层次，以为此能自创出、能自生起之"此心"所用以规定其自己者，有如西哲康德之说一切道德法则，皆人所自建立而用以自律者。故此谓所知之理，乃第二义之理。第一义之心之理，乃直至心之能自规定、自创出、自生起其自身处，所言之此能创能生之理。此能创能生之理，与心之创生之事俱呈、俱现，皆属于"能"，而非属于"所"。今即将此一能创能生之理，更使之为此心所自觉，而成为所知，则已落于第二义之理矣。

己，以呈现为工夫。对此本体义的本心之存在，则又为学者立志之始，即当先加以自信者。此自信其存在，亦正为吾人之一切工夫所以能相续不已之根本的工夫。于是一切工夫之相续不已，亦不外此本心之流行，而可摄之于本心之自明自立之一语而已足。此即全同于象山之学，而此亦正为循朱子之学之原有之趋向而发展，所亦必至之义也。

顺此先自信本心之原有此自呈现之用，而自起一切工夫之义，以言朱子所谓主敬，以变化气禀物欲或去气质之昏蔽等修为工夫，则其对心体而言，即只有消极之意义，而另无积极之意义。一切修为之工夫，即此本心之自明自立。本心之自明自立，与去气质之昏蔽之工夫，乃一事之两面，而自始是依前者以有后者。如日出而烟雾自散，非先驱烟雾，方见日之明。故亦非先别有一敬为工夫，以去除此气质之昏蔽，方见本心之明。而当说此学者之主敬工夫，自始即是此本心之明之自现。此敬之工夫，与其他一切工夫，皆自始非与气禀物欲之杂等，只居于一相对之地位者，而亦皆即此超相对之本心之明之自现。而克就本心之明上言其自现，初亦不见有与之为相对者之真实存在，而此"似存在而为其相对者之气质之昏蔽等"之化除，乃其自现之自然结果。人能自觉此一义，以观任何工夫，而用任何工夫，则此工夫，全幅为一纯正面的承本心之体而发用以自明自立之绝对工夫，乃可更不见有堪与之为相对者之气质之昏蔽之真实存在。而此"气质之昏蔽之化除"之事，既为"此心之自明自立"之结果，便只有消极的意义，而别无积极的意义，于本心上另无所增益。如要说增益，则只是此本心之在其自明自立中，有其自起用、自流行，而可见其自己之日新。自"新"之别于旧言，即亦可说有日充日明之一自增益、自扩充。于是此所谓"气质之昏蔽之化除"，亦可说只是其"本心之明之自日新、自增益、自扩充，而其外之阴影自遁"之别名。今如只在此明之增益扩充途程中之内部看，则此外之阴影之自遁，亦不可得而见；而于一切"去气质之昏蔽之事"，亦可更不见其有，而唯有此本心之体之自立自明或本心之发明其自己，以自充塞宇宙，更无其他矣。至于人若问吾人既有此本心之明，何以又现有种种气质之昏蔽在此，则此亦非本心未尝表现之谓，如烟雾虽在，而日光亦未尝不照于烟雾之上是也。朱子谓人虽昏蔽之极，仍有本心之明，亦即此本心之明未尝不表现之谓也。至于问其何以不表现到将彼气质之昏蔽全然化除之程度，则此问题实不能客观外在地问。因此所谓不表现到全化除气质之昏蔽之程度，即吾人尚未有"充量之工夫"以为其"表现"之谓。然吾人并不能因此而疑其能充量之表现，更不能疑其自身之存在。①吾人之所以不能于此有疑，因此本心乃吾人之本心，吾人原不能离吾人之所以见之之工夫，而讨论其自身之存在。在吾人见之之工夫中，则固只见其存在，而能表现以相续表现，以求自充其量而表现矣。又此本心，不特不能离吾人之工夫，以讨论其自身之存在，亦不能于吾人在用主敬省察致知穷理等实修工夫之半途，而停下此诸工夫，逆此本心之明不断日新，表现为此诸工夫，而即体以成用之方向，而回头去求把捉此本心之体。此回头把捉之所以不可，是因此回头把捉，正由实修工夫停滞而生。而此把捉之动机，亦恒为出自私欲，而为不当有者，如上章所论。由此把捉本心之体，而见此心如光烁烁地，在朱子固以为非，而象山谓"见有神明在上、在左右，此见不息，善何由明？"亦以之为不当有者也。大率此所谓见此心光烁烁地，或神明在上在左右，或初亦不必尽出于私欲，而为人原可有之经验。

---

① 《朱子语类》卷五十三论心之操存舍亡曰："若有一处不如此，便是此处不在了。问本心依旧在否，曰：如今未要理会在不在，论着理来自是在那里。只是一处不恁地，便是此心不在了。"则朱子亦当在理上承认此心表面亡时，亦自在。然其意似以此不关工夫事，故不须理会。然实则知其在，则可有一自信，此自信即可为工夫，是则朱子之所忽者也。

如禅宗所谓光景，西方宗教所谓见神明或上帝之神秘经验，皆同此一类。此经验之所以有，可初出自人之欲求其本心全体之充量表现，而其实修之工夫，又以特殊之阻碍而力有所不足时，此一欲求，即化为一对此本心全体之充量表现之一祈望。此中实修之工夫既以特殊之阻碍，而力有所不足，又不能使此本心得自然相续表现，则此本心之光明，即凝聚而冒起，以现于其祈望中，而成一超越外在、为自心所对之光景神明，如高悬在上，宛若一非吾人之生命所有之一客观之存在。人于此乃又或自顾其自身之生命，全是一黑暗充满，或原始罪恶者。此皆人之经验中可有之事。然要之，此皆实修之工夫，有所不能继时，此本心之冒起，而凸现后，所幻现之相，固非此本心表现于实修之工夫时当有之相，亦非朱子象山所谓识本心、发明本心之言之所指。若人更凭此经验，以谓人原无此本心之光明之体，能自起用以为工夫，则更大谬矣。

四　辨发明本心中之涵养，与其贯彻于心之动静义

所谓象山之发明本心之工夫，即具有朱子所谓涵养工夫，而自有其胜义者，即象山所谓发明本心，此本心之自明自立，亦即其所以自保养。此保养，即是本心之自己涵养其自己之事，而具有朱子之所重涵养工夫在。此中二贤之不同，亦唯在朱子之言涵养，乃是相对于此气质之昏蔽，而用此工夫为对治，却未能信此工夫即此本心之自呈用，或本心所自起。然象山之发明本心，则要在自种种限隔中拔出，既能拔出，即可不见有气禀物欲之蔽，为所对治。此即如上节所谓日之自照自明于烟雾之上，便自然能使烟消雾散，亦终容不得烟雾，如本心既自明自立，即容不得种种气禀物欲之杂。象山所谓"此道之明，如太阳当空，群阴毕伏"（《全集》三十四），"太阳当天，太阴、

五纬犹自放光芒不得，那有魑魅魍魉来"(《全集》三十五）是也。人之气质之昏蔽之起者，亦更不足障此本心之自明。此即纯正面的绝对的本心之自明自立工夫之简易真切处。此一人之本心之自明自立之工夫，原非以一个心观一个心，亦非自一心之所发，别求或反求一心之本体之谓。此只是人之立志自求其工夫之纯一不已、相续不断。即人之立志求其本心之明之相续呈现而不断，以使本心日充日明。亦即无异于人之本心之显为此志而自立于人之中，以为一日充日明之本心。在此本心之日充日明中，于此姑分为前后际说，即以其当前方呈现之明，养其已呈现之明；而此当前方呈现之明，亦为后起相续之呈现之明之所明与所养。由是而此正面的自明自立之工夫，亦可说为前前后后同类之工夫所开所继。此当前之工夫涵养本心，亦为此本心之"无穷尽的相续呈现，而相为开继之工夫"之所涵养。则此一当前之工夫，即为在本心呈现所成之无穷尽的工夫中运用，如涵泳于无穷工夫中之当前工夫，而为一宽裕有余、从容自得之工夫矣。据《二程遗书》，程子尝屡及杜元凯"优而柔之，使自求之，厌而饫之，使自趋之，若江海之浸，膏泽之润，然后涣然冰释，怡然理顺"之语。朱子训门人，言读书法时，用及涵泳之语。[1]象山亦更时道及杜语，特标出涵泳二字，以意指此心之自涵泳于其义理之中。象山亦随处用此二字。陈广敷重编象山语录，即定名曰"涵泳篇"。朱子之谓以心观心，不免于迫切浮露者，其所指者何在不可知，然要不可以指象山之发明本心之教，其中所具之存养涵泳之胜义，亦明矣。

如吾人识得象山之言本心之自明自立中，自有涵养，而朱子之言涵养，亦不能离此本心之自涵养，以自明自立之义，则由朱子之涵养工夫，而益之以立志求此工夫之相续，及对本心之自信

---

[1]《朱子语类》百二十一并谓涵泳只是仔细读书之异名，此与象山言涵泳，实异义也。

之义，即同于象山所言之本心之自明自立中之涵养工夫。朱子之
所以未能及于此义，亦盖非朱子之智之必不能及此，而唯在朱子
之意：人有气禀物欲之杂，即必须先有一直接针对之为事之静中
涵养工夫。此工夫，乃自存其心体，以治此杂者；而此心体，即
初当与此杂，宛成相对，如只为一静居于其自己之体。人之主敬
以自存此体，为一静中之涵养工夫，其效亦止于拨开气质之蔽，
以不障此光明之体为止。而在此工夫中，所见得此心体之光明之
体，初亦即只是一体，而非一自起其用，而自明其明之体。故于
此一静中之涵养工夫外，再另有动上之省察穷理之工夫，与之相
对。[①] 然依象山之直下由立志自信之义，以言发明本心之工夫，则
为一纯正面的自求同于圣人纯乎天理之心之呈现，而自明其明，
并在此心之自明其明之相续中，信其本心中之本无一切气禀物欲
之杂，以自拔于一切网罗中，而举头天外。人乃能在此杂中，而
不见此杂；而即以不见此杂之本身为工夫。不见此杂，故唯见一
本心之明；亦因唯见一本心之明，而不见此杂。故此"不见此杂"
之工夫，亦即此"本心之明自起"之别名，复即"本心之自呈其
明之用"之别名。故能不见此杂者，亦同时见及此本心之原能呈
用，以起工夫，是为真发明得此本心。此发明本心之工夫，亦即
当为贯澈于动静之中，亦贯澈于静中之察识，以及致知格物之工
夫中，而不能自悬绝，以只为一静中之工夫者矣。由此而吾人可
进而言象山之发明本心之工夫，所以能通于朱子所谓心之未发之
体之静、心之已发之用之动，而贯澈统摄涵养，以及省察穷理等
工夫之故。

　　所谓象山发明本心之工夫，可通于朱子所谓心之体用、动静

---

① 朱子于此二工夫，固亦或相摄而说。如谓："涵养中自有穷理，穷其所养之理；
　穷理中自有涵养工夫，养其所穷之理。两项都不相离。"（《语类》卷九贺孙录）"居
　敬穷理二事……互相发明。能穷理，则居敬功夫日益进；能居敬，则穷理工夫日
　益密。"（同上广录）然两项二事相摄，仍是两项二事也。

及未发已发，而贯澈统摄涵养与省察格物穷理等工夫者，因朱子所谓心之已发与未发之别，原唯是"心之只有一知觉之不昧，而于物无定着、无思虑"，及"心之感物以后，对物有所定着、有思虑"之别。吾人固可于吾人之心，作此一分别，此即吾人之闲居无事时之心，与正有所事之心之分别。此处更说在闲居无事时之主敬涵养之工夫，以使此心惺惺了了，不同于有事时所须有之精明的察识工夫，固可说。在闲居无事时，或在主敬涵养之工夫中，吾人之心，于事物无所着，而只主乎此身，在此腔子里；其见于外之事，亦只在正容貌、齐颜色等，而对外在之事物，另外无所事事。至在思虑或察识之工夫中，则心于事物有所着，而对外在事物之理，亦须用此心着意寻求，而心亦须运用此身，以对事物另有所事事。故朱子于此分心之未发已发，非无其所实指之意义。在心之未发，此心只是自知觉不昧，而主乎此身，在此腔子里，此即可说为心只静居于其自己之内，而只为一主；在已发，则此心对事物有所思虑，用此身以另有所事事，则如动而外出，以往宅心于事物之内，兼为宾。此二者固不同也。吾人今对朱子之说，唯一之问题是：若吾人真见得上节所谓本心之体原能呈用之义，则朱子所言心之未发已发之别或动静之别，便非必须说为一体用之别。因在未发时心之知觉不昧，此知觉便已不能不说是用，[1] 此知觉之相续，即其知觉之用之相续。当已发时，心之着于物，而有所思虑，则心为此思虑之主体，而以此思虑为用。此思虑之相续，即其思虑之用之相续。于此，即只须说一心之二种能自相续之用之不同。此心实无论已发未发，皆无时不

---

[1]《朱子语类》卷九十六论"喜怒哀乐未发前，静中有物……乃是镜中之光明……只是知觉"。又言："伊川以知觉便是动，说得大过。"张南轩尝以心有知觉，即是已发，朱子谓不须如此说。如动与发指思虑，此知觉固非动发，然此知，总是能照而有用者也。《语类》百十三"须先就自心上立得定，则自然光明四达，照用有余"，则体上之光明，固原具此照用也。

呈用，而此心之体皆在其中。不必说未发时即为体，已发时方为用也。

若知与思虑皆心之用，则吾人可更进一步再问：就吾人之心上看，此于事物无定着之知觉之用，与有所定着之思虑之用，二者毕竟是此心之平等相对之二用，或只为此心之一用，次第表现所成之二用？试思：当吾人只有知觉时，吾人固自知无思虑，而在有思虑时，则亦自知其有思虑。思虑可有可无，此心之知觉实常在而如一，则此心之知之用，明是可兼通于吾人之思虑之有无者。则吾人岂不可更由此心之用，乃即表现于心之思虑之中，而谓此心之思虑，即此心之自运此知，以向于事物及其理，而入乎其中之所凝成者乎？观朱子之以即物而思虑其理为致知，则朱子之教中，亦固有此义矣。

今吾人再试就此心之知之用之本身，与心之致其知所成之思虑，二者一加比较，并看其关系如何。则吾人可说者应是：此心之知之本身，当其无所定着时，只是一无定限，亦无特殊之规定之虚灵明觉；而心之思虑，则为此心之虚灵明觉，兼为此事物之形相与理所规定，亦如被其所限。然在人既思虑得或知得事物之形相与理之后，则此心之虚灵明觉，又超拔于此规定限制之外，唯留此心之知。是见此心之知，实为心之用之本，而其思虑，则只为此知之运用之所凝成，亦为其所能加以超拔，而加以贯澈者。今吾人若依朱子之用名，谓此只具知之用之心，为一未发之心体，则此未发之心体，固为一贯澈于其已发之中，而恒为之主之心体。吾人于此可言：当有此未发时，或尚无此所谓已发；然却不可言此已发之中，无此未发。则此未发已发，并非平等相对之一心之两面，而实乃此一心之次第表现其知所成之两段；而其后一段之表现为思虑，其未发之心体仍贯澈其中，而为之主。则于此言发明本心之工夫，亦不当只是求在静时涵养得一未发之本心，而当是即在人之思虑之中，亦应可时时发明其本心者。则此发明本心之工夫，即为时时可当下运用，亦可当下指点他人运用，而无关于有事无事，动时或静时者。故象山谓"心正则静亦正、动亦正……若动静异心，是有二心矣"。[①]诚然，人用此工夫，而动时不得力，固可暂退而用静时之工夫。然只以静时之涵养工夫为重，吾人前说其亦可有弊。则静时不得力，亦同可重返至动时之省察或致知工夫。此中无论在朱子所谓未发或已发，动时或静时，皆有此本心之明，现成贯注在此；则于此人欲求自明其本心，皆为现成自在之事，便不能定在此动静之时际上，分本末体用。唯当自本心之发用之或为知，或为知而兼为思虑上，分说其体有次第表现之二用。至对此心自身之体，则当说为实随其用之所往之或为知或兼为思虑，而亦与之俱往，以为其主者。然后无论在静时之涵养与动时之省察、致知，方皆得为人之当下求自明其本心之体，或自明其明德之工夫之所在；乃真能于格物致知诚意正心修身之际，常见得一个明德，隐然流行于五者之间（《语类》十五），而已发未发，皆是一敬也（《与张钦夫书》）。

五　象山之言与朱子之言之自然会通

吾人如知无论在静时或动时，有思虑时或无思虑时，用涵养工夫时或用省察等工夫时，皆有此本心之自明，即知人无论作何工夫之时，皆可同时作象山所言之工夫，以时时有其本心之自明而自立；人之更时时能对本心之明之发处，自信得及，亦即所

[①]《象山全集》卷四《与潘文叔书》："若自谓已得静中工夫，又别作动中工夫，恐只增扰扰耳。何适而非此心？心正则静亦正、动亦正。心不正，则虽静亦不正矣。若动静异心，是二心也。"又卷五《与高应朝》，亦谓动静岂有二心。卷三《与张辅之》："若非尊所闻、行所知，只成得个板担，自沉溺于曲学阿行，岂有定于静，而不定于动耶。"

以扩充增益此本心之明，使本心更得呈现，更能而自作主宰，而自立者。人本心日明，自亦将愈能见得自家之病。故象山亦自谓"老夫无所能，只是识病"。（《全集》三十五）此固亦非见得一光烁烁之物事，便守此一物，据为己有，自高自大，更不见自家病痛之教也。唯此一工夫，初非先意在治病，或治气禀物欲之杂，以与之相对而立者；而初唯是一纯正面的承本心所发之四端万善，而自信得及，以成其相续无间，使此光明日显，而自然见得病痛；即以此光明照澈此病痛，而化除之，如日出而照烟雾，乃旋照而旋散耳。至于克就此发明本心之工夫，遍在于未发已发涵养省察等中而言，则此涵养省察以及一切致知穷理之工夫之细密处，亦无足与此发明本心之工夫相悖者。此一切细密之工夫，皆同可为此一工夫之所贯彻。此其所以为大纲。大纲提掇来，其余固皆可由此大纲之所贯注，而细细理会去。则朱子与其他贤者所言之其他种种细密工夫，象山亦不须更加以反对，而皆可于不同意义上，加以承认，而人用任何工夫，亦皆可如"鱼龙之游于江海之中，沛然无碍"。此即象山所以于朱子之学，虽不同其所见，而其言中对朱子之批评，反较朱子对象山之攻击为少之故。以系统规模之博大而言，朱子固是泰山乔岳，非象山之所及。然朱子之读圣人书所成之规模系统弥大，析义弥多，亦未尝不言："读书须是以自家之心，体验圣人之心。少间体验得自家之心，便是圣人之心。"（《语类》一一九）"圣人之言即圣人之心，圣人之心即天地之理。"（《语类》百零四）"而今看圣人说话，只圣人心成片价，从面前过。"（《语类》百零四）则此未尝不归宿在见心之即理、见己之心同于圣人之心，而通于象山之发明本心之旨。唯此乃朱子之学四方八面凑合将来之所终。象山则以此朱子之学之所终，为学者立志之所始，亦学者自始当直下契入之一根本义。则以朱子观象山，乃或疑其只是"拣一个伉侗的说话，将来笼罩"，"只是要寻一条索，却不知道都无可得穿"（《语类》二七），又如"若识得一个心了，万法流出，更都无许多事"（《语类》百二四），此乃"巴揽包笼"，"笼统无界分"，"若只凭大纲看过，何缘见精微出来"，而或更疑其心空而无理，只是禅，以至谓其欲把捉此心，未必不出于人欲之私。朱子之所以有诸疑之故，亦意皆可解；正如象山之言朱子之支离，"其条目足以自信"者，为不见道者，其意可解也。然象山要学者，"先且当大纲思省"（《全集》卷三《与曹挺之》），自谓"其言坦然明白，全无粘牙嚼舌处，所以易知易行"，亦未尝碍人之由此大纲，以有种种条目之细密工夫。则象山之学，亦未尝碍朱子之教。而朱子之学，既未尝不归在见心之即理、己之心即圣人之心，则亦即未尝不与象山同旨。然以朱子观象山之言，"说心与理一，不察乎气禀物欲之私，是见得不真"。（《语类》一二六，《大全》卷五十六《答郑子上》）此即谓必须先见及此气禀物欲之杂，足使心与理宛然成二，然后吾人方能实有去此杂之工夫，以实见心与理之一。以象山观朱子，则先见有此气禀物欲之杂，即不能直下见及心与理之一，而未能本此见，更以"自信此心与理一"为工夫。所见者既是有此"杂"，以使心与理不一者，则此所见者，非心与理一，乃心与理二。则由工夫之所成，而见及之心与理一，即只属修成，非真本有。然若非本有，则修无可成，而亦可不修。于此心与理一之为本有一义上，则朱子在其心性论，虽亦向之而趋，而未能圆成。如前所辨。此则舍取象山之论，盖无他途。然取此象山之论，仍可回头正视气禀物欲之杂之一问题，而即其杂，以知吾人之工夫，亦当顺其杂而有，乃未尝不可有种种复杂之工夫。以其人之道，还治其人之身，则即杂所以成纯。则朱子之教，亦无一可废。朱子之言，纵有黏牙嚼舌之处，人能一一吞咽，亦未尝不可相泯于无迹。总上所言，可见二贤之论，正如始终之相涵，博约之相资。世谓朱子以道问学为先，心理非漫然为一，陆子以尊德性为先，乃心与理一者，吾人于本文篇首尝

评其说为不切。今如识得此二家之工夫论，有此始终相涵、博约
相资之义，则固亦皆当说，而未尝不切矣。

一九六五年十二月